GERALD MESSADIÉ
DIE GESCHICHTE GOTTES

GERALD MESSADIÉ

DIE GESCHICHTE
GOTTES

ÜBER DEN URSPRUNG
DER RELIGIONEN

Aus dem Französischen von
Kirsten Ruhland-Stephan und
Ulrich Schweizer

Die Originalausgabe erschien 1997 unter dem Titel
»Histoire Générale de Dieu« bei Editions Robert Laffont, Paris.

Genehmigte Lizenzausgabe für area verlag gmbh, Erftstadt
Copyright © Editions Robert Laffont, S.A., Paris 1997
Copyright © 1998 by Ullstein Buchverlage GmbH, Berlin.
Erschienen im Propyläen Verlag

Einbandgestaltung: agilmedien, Köln
Einbandabbildung: zefa, Düsseldorf
Printed in Slovakia 2006
ISBN-13 978-3-89996-717-3
ISBN-10 3-89996-717-8

www.area-verlag.de

INHALT

ERSTER TEIL

VON DER PRÄHISTORISCHEN GROSSEN GÖTTIN ZU PLATONS GROSSEM WELTENBAUMEISTER

Zweiter Teil

Vom Mithraskult zum Wahnsinn des modernen Obskurantismus

Erster Teil

Von der prähistorischen Grossen Göttin zu Platons Grossem Weltenbaumeister

ANSTELLE EINES VORWORTS

Das unbezwingbare Bedürfnis nach Gott und die Angst davor, Ihn beim Namen zu nennen

Dieses Buch erhebt nicht den Anspruch, eine Geschichte der Religionen zu bieten – davon gibt es bereits viele und ausgezeichnete, die von sehr sachkundigen Wissenschaftlern geschrieben wurden. Nun sind Religionen und Göttlichkeit aber nicht dasselbe: Während es sich bei Religionen um gesellschaftliche Phänomene handelt, ist die Göttlichkeit ein metaphysischer Begriff. Ich hingegen habe versucht, die großen Etappen in der Geschichte des religiösen Empfindens zu beschreiben. Das vorliegende Buch ist der Entwicklung gewidmet, die der Begriff der Göttlichkeit in den Überzeugungen der Menschheit seit ihren Anfängen eingenommen hat. Es stellt also eine Geschichte des Bedürfnisses nach Gott und der Vorstellung dar, die man sich jeweils von Ihm gemacht hat.

Im Grunde schreibt man die Bücher, die man selbst gerne lesen würde, und was mir vorschwebte, habe ich bisher nicht gefunden. Es gibt bereits einige Werke, die sich als Geschichte Gottes anbieten, und ich hätte nicht gewagt, mit ihnen rivalisieren zu wollen, wären sie nicht durchweg unter einem fast ausschließlich christlichen und europäischen Gesichtspunkt verfaßt worden. Dieser Umstand wurde in den letzten Jahren dieses Jahrhunderts oft genug von namhaften Historikern und Anthropologen angeprangert. Selbst die Medien führen es uns alle Tage vor Augen. Das Abendland ist nicht mehr der Herr der Welt! Nur wenige Flugstunden entfernt findet man Völker, die nicht denselben Gott wie die Menschen in New York, Paris oder Moskau verehren. Manchmal trifft man sie buchstäblich vor der eigenen Haustür. Früher sprach man von »Entwicklungsländern« oder, weniger zurückhaltend, von »unterentwickelten Kulturen« und schloß folgerichtig, sie seien dem Abendland auch philosophisch unterlegen. Das jedoch ist keineswegs sicher.

Der Gott des Abendlandes beherrscht heute nur mehr ein Fünftel der Seelen auf unserem Planeten, vor fünfhundert Jahren war es immerhin die Hälfte, und vor knapp hundert Jahren galt noch als sicher, daß er sie alle erobern würde. Liegt diese Entwicklung etwa daran, daß der abendländische, das heißt christliche Missionseifer erlahmt ist? Daß sich der westliche Mensch »Heiden« gegenüber zu tolerant gezeigt oder daß er gar die politische Macht verloren hat, die es ihm noch vor kaum fünfzig Jahren ermöglichte, weite Gebiete der Erde zu beherrschen und anmaßend auszuplündern? Sollte der Gott der Christen nicht mehr der Gott der Heerscharen sein? Oder sollte man vielmehr bedenken, daß das Reich des Christengottes eben nicht von dieser Welt ist, wie Jesus selbst gesagt hat?

Zum erzwungenen Respekt gesellte sich also noch die Angst. Sie ist freilich zum großen Teil politischer Natur, denn abgesehen von den Metaphysikern, wenn überhaupt, war der weltlichen Macht der Gedanke an Gott niemals fremd. Die Krise des Abendlandes, die seit hundert Jahren immer wieder beschworen wird, scheint mit dem unbestimmten Gefühl einherzugehen, daß sein Wertesystem nicht oder, schlimmer noch, nicht mehr universell sei. Oder daß sich sein Gott von ihm abgewandt hat, wenn man die Gunstbeweise bedenkt, mit denen andere Götter ihre Gläubigen überhäufen. Die überwiegende Mehrheit der westlichen Haushalte besitzt elektronische oder optische Geräte, die im Zeichen des asiatischen Buddha hergestellt wurden, und ein beträchtlicher Teil des Lebens im Westen wird vom Erdöl bestimmt, das Allah in Seiner unendlichen Güte und Voraussicht den Moslems zugestanden hat. All das steigert die Macht derer, die den Gott der westlichen Zivilisation nicht anerkennen. Denn auch anderswo glauben die Menschen, ihr Gott sei der einzige und, wenn die Geschäfte blühen oder die eigene Mannschaft gewonnen hat, eben auch der mächtigste und nur sie seien dessen Günstlinge. Das Bedürfnis nach Gott ist selten uneigennützig.

Eine gefährliche Situation: Der Mensch, der an seinem Gott zweifelt, fühlt sich aus seinen Angeln gehoben. Woran soll er nun glauben? So ist seit einigen Jahrzehnten auf der einen Seite zu beobachten, wie sich Menschen (ohne sich darin auszukennen) mit fremden, vorzugsweise asiatischen Religionen brüsten, immanente, aber unbenannte Mächte des Universums anrufen und sie mit allerlei abwegigen abergläubischen oder naturgöttlichen Vorstellungen verknüpfen, oder, schlimmer noch, Sekten beitreten, die nur allzuoft von überdrehten, lüsternen und manchmal mörderischen Hochstaplern gegründet wurden. Auf der anderen Seite ist festzustellen, daß Menschen in einem immer strengeren Fundamentalismus erstarren – eine gleichfalls wenig konstruktive Haltung, wie die Erfahrung täglich zeigt, denn sie schürt religiösen Fanatismus, der über Nationalismus zu Kriegen und deren üblichen Greueln führt.

Diese beiden Extreme zeugen auf ihre Weise von dem grundlegenden Bedürfnis der Menschen nach Gott. »Es gibt keine Gesellschaft ohne Religion«, schrieb Henri Bergson in *Die beiden Quellen der Moral und der Religion*. Doch welcher Art ist dieses Bedürfnis? Unter anderem hierauf Antwort zu finden ist das Ziel der vorliegenden Untersuchung, die mir dringend nötig erscheint. Der Gottesbegriff entwickelt sich nämlich immer mehr zum Gegensatz des Prinzips der idealen Transzendenz, das für die Entfaltung des Individuums und den Frieden der Völker unabdingbar ist. Im kommenden dritten Jahrtausend droht der Menschheit ein Zustand weltweiter Verrohung, ähnlich dem des Neandertalers, von dem man nicht viel mehr weiß, als daß er mit einer armseligen Keule bewaffnet war.

Ein Beispiel unter leider unzähligen soll dies demonstrieren. In einem Artikel vom 27. Juli 1994 mit der Überschrift »Im Inferno iranischer Gefängnisse« berichtete *Le Figaro* von den Folterungen, denen ein der Spionage verdächtiger deutscher Bürger unterzogen worden war. Nachdem man ihm gedroht hatte, ihn zu schlagen, bis ihm die Lenden aufplatzten, und ihm dann einige Revolverkugeln in Hals und Schultern zu feuern, um ihn ausbluten zu lassen, falls er nicht gestehe, unterschrieb er schließlich ein Geständnis. Trotzdem wurde er mit einem Kupferkabel brutal auf die Fußsohlen geschlagen: »Sie schlugen und schlugen wie die Verrückten.« Im Abschnitt 209 des Evin-Gefängnisses, so berichtet der Artikel weiter, wurde immer gefoltert. Der Gefangene, der auf Intervention seiner Regierung hin freigelassen wurde, erzählte, er habe Männer und Frauen stundenlang unter der Folter schreien hören. »Manche schrien nach Gott, woraufhin die Folter nur noch schlimmer wurde.«

Man kann und muß sich fragen, welche Gottesvorstellung gegen Ende dieses Jahrhunderts herrscht, das von der Gegenwart Gottes im herkömmlichen Sinne des Wortes offensichtlich nicht sehr erfüllt ist. Schließlich peinigten die Folterknechte die Häftlinge im Namen ihres und nur ihres Gottes, und gerade der Umstand, daß die Gefolterten diesen um Beistand anriefen, war ihnen ganz besonders unerträglich. In ihrer Logik konnte jemand, der nicht mit ihnen übereinstimmte, unmöglich an Gott glauben.

Halten wir unseren Schauder zurück und mäßigen wir unsere Entrüstung: Die heiligen Bücher haben überdauert, um davon Zeugnis abzulegen, daß die Anhänger des Christengottes nicht anders, ja sogar noch schlimmer und mit System verfahren sind. Würden die Seelen der Gefolterten, Erdrosselten und bei lebendigem Leib Verbrannten als Gespenster umhergeistern, wäre es in der westlichen Welt, von Schweden bis nach Amerika, nicht auszuhalten. Das sind gewiß keine Beweise, daß Gott den Menschen nach Seinem Ebenbild erschaffen hat.

Wie manche Wissenschaftler und Rationalisten, unter denen einige zu meinen Freunden zählen, war ich früher geneigt, den Monotheismus und, mehr noch, den geoffenbarten Monotheismus als für solche Vorfälle allein verantwortlich zu halten. Doch die letzten Jahrzehnte brachten mich von meiner Meinung rasch wieder ab. Als 1993 im ehemaligen Jugoslawien Katholiken, Orthodoxe und Moslems bereits unter verschiedenen, angeblich politischen, in Wahrheit ethnisch-kulturellen Vorwänden aufeinander einschlugen, versetzte in Indien ein unglaublicher Vorfall einen ganzen Teil des Subkontinents in Aufruhr. Was war geschehen? Nach Zusammenrottungen der Landbevölkerung begannen die Hindus die aus dem 15. Jahrhundert stammende Babri-Moschee in Bombay zu zerstören, angeblich, weil sie am Standort eines dem Gott Rama geweihten Tempels erbaut worden war. Und das ausgerechnet in Indien, wo gerade der Hinduismus doch Toleranz predigt! Die Reaktion der Moslems ließ nicht lange auf sich warten, und schon in der ersten Woche zählte man 557 Tote, Hunderte von Verwundeten und etwa zehntausend zerstörte Häuser. Die Unruhen breiteten sich bis in das fünfhundert Kilometer entfernte Ahmadabad aus. Und alles, weil man angeblich eine Entweihung aufgedeckt hatte, die fünfhundert Jahre zurücklag.

Einmal mehr im Laufe der Geschichte hatte die Anrufung Gottes zur Tötung von Menschen gedient. Doch derartige Greuel stoßen in der westlichen Welt fast nur noch auf Gleichgültigkeit, denn das Fernsehen, das sie uns immer wieder zeigt, trägt auch dazu bei, daß sie unwirklich werden: Das sind doch Bilder von »anderswo«, denkt der Zuschauer, das könnte »bei uns« nie passieren! Der Rest der Welt betrachtet es als normal oder sogar heldenhaft, wenn der Anhänger des einen Gottes es für angemessen und verdienstvoll hält, den Anhänger eines anderen Gottes mit der sicheren Gewißheit umzubringen, daß ihn sein Verbrechen geradewegs ins Paradies führt. Irgendwo im Grunde seines Herzens schwelt im Menschen immer eine Art »Bartholomäusnacht«. Wie viele Priester, die heimlich irgendwelche *fetwas* (Rechtsgutachten) vorbereiten, Ayatollahs, die ihre Bannbulle in der Schublade haben, Rabbiner mit dem Finger am Abzug ihrer Kalaschnikow oder andere mit Bart, Mitra und Amuletten ausgestattete geistliche Würdenträger warten nur auf die Gelegenheit, unreines Blut zu vergießen!

Zu allen Zeiten haben sich Menschen mittels himmlischer Stimmen oder Erscheinungen zu Abgesandten Gottes ernannt, um andere Menschen zu töten, ohne auch nur den Hauch einer plausiblen Definition dessen abgeben zu können, was Gott, wenn schon nicht für die anderen, so doch zumindest für sie selbst bedeutet. Bestenfalls geben diese Selbsterwählten ein Bild ab, das dem »Alten vom Berge«, Hasan Ibn Sabbah, ähnelt. Er gründete die Sekte der Assassinen (»Haschischraucher«), deren Mitglieder unter dem Einfluß der Droge zum Fanatismus gedrillt wurden und die etymologisch für das französische Wort »assassin« (Mörder) Pate standen: Das Bild würde also eine betagte Person, am besten sitzend und bärtig, von weißer Rasse und von Natur aus übellaunig und pedantisch zeigen. Sogar die Griechen, die sich um Jehova wenig kümmerten, gaben dieser Neigung nach: Ihr himmlischer Herrscher Zeus, eine nur geringfügig abgewandelte Ableitung von *theós*, »Gott«, hat tatsächlich ein reifes Alter, ist bärtig und ständig schlecht gelaunt.

Nichts von alldem beantwortet jedoch die Frage: Was hat es mit dem Bedürfnis nach Gott auf sich? Ist es das Streben nach Erhebung von Herz und Geist? Oder das Gefühl, bei der Eroberung der Welt allerhöchsten Schutz zu genießen? Ist es ein irrationaler Trieb, wie uns so viele christliche Traktate über Glaubenserleuchtung einreden wollen? Oder wohl eher die durch und durch logische Hervorbringung des Verstandes, der sich nicht vorstellen kann, daß die Dinge keine Ursache und vor allem keine allerletzte Ursache haben sollen?

Ich möchte den Leser an dieser Stelle darauf hinweisen, daß ich mich in diesem Buch vor schwierigen Klippen hüten will, an denen andere durchaus bemerkenswerte Arbeiten bereits scheiterten. Die erste besteht darin, zu glauben, man könnte die Geschichte in einzelne Scheiben zerschneiden, die bei einem bestimmten Ereignis beginnen und bei einem anderen enden, sie also unter dem Aspekt eines gewissen Epochalismus betrachten. Dies wäre jedoch eine absolut unzulässige Vereinfachung, die nur dazu führt, daß man am Ende rein gar nichts mehr versteht. Es gab beispielsweise keinen »Untergang« des Römischen Reiches, sondern nur eine Folge von Übergängen, aus denen weitere politische Umbrüche und neue Imperien entstanden. Ebensowenig läßt sich der »Vandalismus« den Vandalen als Verbrechen in die Schuhe schieben, und es gab auch kein »Mittelalter«, es sei denn dergestalt, wie es sich die Neuzeit vorstellte.

Die zweite Klippe besteht in den reduktionistischen »Ismen«, die dem Leser suggerieren würden, der Verfasser habe die Gesetze der Geschichte schon aufgespürt. Der Respekt, der dem Religionshistoriker Georges Dumézil gebührt, ändert nichts an der Feststellung, daß sich seine Hypothese von den drei Funktionen nicht auf alle Religionen der Welt anwenden läßt. Auch darf die Hochachtung für Claude Lévi-Strauss nicht der Erkenntnis im Wege stehen, daß die Sprache zwar unter gewissen Umständen, aber nicht immer Mythen erzeugen kann. Andernfalls müßte man sich ja doch sehr darüber wundern, daß das 20. Jahrhundert so wenige Mythen hervorgebracht hat. Die Psychoanalyse oder vielmehr der »Psychoanalysmus«, der es ermöglichte, über all die Toten sprechen zu können, hat in dieser Untersuchung keine Rolle gespielt. Seit Malinowski in den zwanziger Jahren hat noch jeder Reisende festgestellt, daß es ziemlich dumm (oder erheiternd) ist, die Hindus oder Samoaner analysieren zu wollen: Sie kennen weder Ödipus noch seinen Komplex.

Die beste Art, in Fragen der Geschichte allzu grobe Fehler zu vermeiden, ist das Studium von Textquellen aus vergangenen Epochen, eine mühsame und oft ruhmlose Arbeit. Ein Beispiel bieten die Essener, jene derzeit so hochgeschätzten Sektierer. Manche, und immerhin respektable Autoren ließen sich unter gänzlicher Mißachtung widersprüchlicher Angaben in den berühmten Schriftrollen vom Toten Meer zu überraschenden Behauptungen hinreißen. Sie versuchen uns tatsächlich weiszumachen, daß die Essener urplötzlich aus dem Nichts entstanden seien, um Jesus auszubilden und das Christentum zu begründen. Diese Vorstellung löste eine Flut von Mißverständnissen aus. Andere verkünden an anderer Stelle, die Juden seien schon seit der Genesis Monotheisten gewesen. Ein Glück wenigstens, daß wir das Alte Testament besitzen (obwohl man zugeben muß, daß seine Texte oft bis an die Grenzen der Glaubwürdigkeit verfälscht sind). Wie sagte doch einst Henri Massé, der Leiter der *École des langues orientales*: »Alle Welt hat Ideen, und viel zu viele Leute glauben daran.«

Wie man sieht, gehen Epochalismus und die zeitliche Festlegung religiöser Systeme Hand in Hand. Ich habe mich bemüht, an diesem Reigen nicht teilzunehmen. Auch habe ich mich davor gehütet, die Entwicklung der Gottesvorstellung unter dem Gesichtspunkt der Philosophie zu schildern, es sei denn auf ausschließlich deskriptive Weise. Dafür gibt es zwei Gründe. Der erste ist, daß die Philosophie rasch zur Theologie überleitet, und ich bin kein Theologe. Der zweite ist, daß ich dann auf meine Arbeit hätte sofort verzichten müssen. Gott ist ja eine durch ein Wort benannte Idee, und trotz aller Fortschritte der heutigen Neurologie wissen wir absolut nicht, was eine Idee ist, weil wir weder wissen, wie das Gehirn funktioniert, noch eine konkrete Vorstellung von Intelligenz besitzen. Wir wissen also nicht, was ein Wort ist. Genauso gering sind trotz der Forschungen berühmter Psycholinguisten wie Jean Piaget und Noam Chomsky unsere Kenntnisse, wie ein Kind sprechen und zuweilen, mit der einen oder anderen Hilfestellung, die unregelmäßigen Verben beherrschen lernt.

Selbst bei größter Skepsis gegenüber Philosophie und Theologie ist es schwierig, die Geschichte Gottes zu schildern, ohne auf die ihm feindlichen Ideologien zu sprechen zu kommen. Es hat mich immer schon erstaunt, mit welch sturen Vorbehalten der wissenschaftliche Rationalismus dem religiösen Denken und darüber hinaus dem Gottesgedanken gegenüberstand. Denn entgegen allen Vermutungen ist dieser Gedanke eigentlich rational, wie ich in diesem Buch nachzuweisen hoffe. Meiner Ansicht nach gereicht es den Rationalisten nur zur Ehre, wenn sie einräumen, daß das Irrationale, das sie im religiösen Glauben beispielhaft verankert sehen, ein Produkt urtümlicher Logik ist. Das Bedürfnis nach Logik ist mit dem Bedürfnis nach Gott eng verwoben. Aus diesem Grund betrieben so viele Logiker und Mathematiker wie Newton und Cantor im Grunde genommen »mathematische Theologie«.

Man könnte meinen, die Skepsis der Rationalisten gegenüber dem Glauben beschränke sich vor allem auf die westliche Welt, doch zeigt uns ein Blick in die Vergangenheit und Gegenwart, daß dem nicht so ist. Die Verfechter der religiösen Neutralität des Staates im Islam beispielsweise verabscheuen den islamischen Fundamentalismus ebenso wie westliche Wissenschaftler die – zugegebenermaßen – radikalen Lehrsätze diverser christlicher Konfessionen.

Diese reservierte Haltung in der westlichen Welt hängt vielleicht mit dem Umstand zusammen, daß eine erkleckliche Zahl von Wissenschaftlern arbeitslos würde, wenn die Geistlichkeit die Macht zurückerhielte, die ihr Joseph Bonaparte mit der Abschaffung der Inquisition in Spanien entzog. Man könnte dann die Evolutionslehre, die mit einiger Verspätung von der Kirche anerkannt wurde, ebenso wie die Genetik, die Astrophysik und vieles andere mehr mit der Todesstrafe belegen. Ende des vergangenen Jahrhunderts schuf der Mönch Gregor Mendel in der heimlichen Abgeschiedenheit seines Klosters in Brünn die Grundlagen der Genetik, indem er die Übertragung von Erbanlagen bei Erbsen und Bohnen studierte. Solche Forschungsarbeit atmete damals noch den Schwefelgeruch der Hölle. Bräche die finstere Zeit jener Hydra wieder an, die die Inquisition darstellte, dann wäre es mit Wissenschaft, Technik und Industrie aus und vorbei.

In den Ländern des Islam läßt sich die ablehnende Haltung der Wissenschaftler in bezug auf die Religion und vor allem die Distanz der Glaubensvertreter gegenüber der Wissenschaft auf ähnliche Beweggründe zurückführen. Für den Nahen und Mittleren Osten wie im übrigen auch für Asien war die politische Lektion der Moderne hart und entschieden: Der Westen hatte seine Vorherrschaft nur dank seiner wissenschaftlichen und technischen Kenntnisse durchsetzen können. Erst auf diesem Wege hatte der Christ dort Erfolg, wo die Kreuzzüge gescheitert waren, und konnte endlich seine Reiche gründen. Nicht das Zeichen des Kreuzes hatte gesiegt, sondern Laboratorien, Mathematiker und die Stahlindustrie. Die vom Sinn für Effizienz geleiteten Eliten hatten sich also vom Beginn des 20.

Jahrhunderts an für den westlichen Laizismus, für die Logik und die Demokratie entschieden. Jede Rückkehr zur Theokratie hätte einen Rückfall in die politische Knechtschaft bedeutet.

Umgekehrt fühlten sich die Vertreter des Glaubens durch den Verfall der traditionellen Werte, den sie in den westlichen Gesellschaften zu beobachten glaubten, höchst beunruhigt und schoben der wissenschaftlichen Bildung, die sich in ihren Augen mit Diskotheken und Minirock verband, einen Riegel vor. Die recht simple Überlegung, die sie anstellten, lautete: Da Wissenschaft und Technik dem logischen Bedürfnis nach Gott entgegenwirken und Seine ausdrücklichen Tugendanweisungen und, darüber hinaus, die islamischen Gesellschaften und Nationen insgesamt gefährden, muß man sie bis hinter die Landesgrenzen zurückdrängen. So konnte man erleben, wie afghanische Taliban-Milizen 1996 die »Teufelskästen«, das heißt Fernsehgeräte, zerschlugen und ihre paradoxen Feinde, die iranischen Ayatollahs, Parabolantennen verboten, durch die man Fernsehsendungen über Satellit empfangen konnte. In dieser Zeit war es im Maghreb untersagt, die Evolutionslehre und die Quantenmechanik zu lehren.

Hier wie dort führte also die Logik, wenn auch aus gegensätzlichen Gründen, zunächst zur Politik und dann erst zu Gott. Die Laizisten behaupten, ihrem Land zu dienen, indem sie Gott außerhalb des politischen Bereiches ansiedeln, und die Religionsvertreter glauben dies zu tun, indem sie ihn als obersten Herrn (und sich selbst als Seine Stellvertreter) eben gerade darin einbeziehen. Demnach hat Gott für Laizisten in der Politik nichts zu suchen, während für die überzeugten Vertreter des christlichen oder islamischen Glaubens Politik ohne Gott nicht möglich ist. Doch hier besteht nur ein scheinbarer Widerspruch, da weder die einen noch die anderen eine auch nur im geringsten stimmige Definition des Wortes »Gott« liefern können, gleichgültig ob sie ihn als Jahwe, Theós oder Allah bezeichnen. Und beide gehorchen demselben Imperativ der immanenten Logik: Eine Welt ohne Ursache ist nicht denkbar!

Selbstverständlich will hier niemand die beiden Parteien

gleichstellen. Denn entschiede man diesen Konflikt unter dem Aspekt des ersten und obersten Gesetzes der Menschheit, »Du sollst nicht töten«, dann zögen die Glaubensvertreter unweigerlich den Kürzeren. Kein Wissenschaftler hat je einen Gegner oder Abtrünnigen seiner Zunft zum Tode verurteilt. Von der zutiefst katholischen Inquisition bis hin zu den iranischen Ayatollahs und anderen religiösen Fanatikern aber zählt man die Leichen zu Zigtausenden. In den Augen der Geschichte ist der größte Feind Gottes nicht der Wissenschaftler, der Atheist oder der Rationalist, sondern jedweder, der von sich behauptet, in Seinem Auftrag zu handeln.

Die Kluft zwischen Wissenschaft und Glaube hat sich mit dem Aufkommen der monotheistischen Religionen, mehr noch mit dem relativ späten Aufschwung der abendländischen Wissenschaft seit Beginn der Renaissance gewiß vertieft, doch der Konflikt als solcher blieb derselbe. Das Bedürfnis nach Gott scheint mir in der überschaubaren Geschichte der Menschheit unverändert, und nur weil es eine andere Form angenommen hat, hat es noch lange nicht an Intensität verloren. Das läßt sich um so leichter einsehen, je deutlicher man sich die grundsätzliche Unwissenheit eingesteht, wenn von Gott die Rede ist. Dazu gehört für die Vertreter der Religion wie für ihre laizistischen Gegner die Bereitschaft, sich von dem althergebrachten Mißtrauen, wenn nicht gar der offenen Feindseligkeit freizumachen, die Vernunft und Glauben trennen.

Solche Toleranz zu üben ist sicher nicht leicht, vor allem nicht für die Anhänger einer Religion. Als im 19. und zu Beginn des 20. Jahrhunderts Männer wie Graf, Wellhausen, Renan, Migne, Loisy, Bultmann und viele andere die Techniken der historischen, linguistischen und epigraphischen Wissenschaftsanalyse auf die grundlegenden Bibelstellen anwendeten und nachwiesen, daß die beiden Testamente eine lange Reihe von Streichungen, Verfälschungen und verfehlten, aber absolut menschlichen Interpretationen erfahren hatten, erhob sich großer Protest. Eine Flut von Bezichtigungen der Gottlosigkeit ergoß sich über die »Schuldigen«. Noch schlimmer wurde es, als der Nachweis gelang, daß sich die Person und die Lebensgeschichte des mutmaßlichen Gottessohnes Jesus durch die Geschichte und nicht etwa durch philosophische Immanenz erklären ließen. Ich selbst kann bezeugen, welcher Schwefeldampf aus manch einem klerikalen Schädel steigen kann, sobald der Versuch einer historischen Jesusforschung gewagt wird.

Diese Reaktionen der Intoleranz sind ebenso erstaunlich wie ungerechtfertigt. Warum wäre denn die Vorstellung so skandalös, daß die Idee des Göttlichen ihrem Wesen nach rational und logisch ist? Schließlich entstammt sie dem zwingenden Bedürfnis nach Erklärung, denn der Mensch verzweifelt in einer Welt, die ihm ohne Zweckbestimmung und demnach absurd erscheint, oder hält sich für einen Narren. Von Platon bis Sartre hat sich die Problematik, zumindest in dieser Hinsicht, kaum geändert. Darum widerstrebt es den Gläubigen, ihr Unwissen einzugestehen, während es den Wissenschaftlern (im besten Falle) widerstrebt, über etwas zu spekulieren, was jenseits ihres Gartenzaunes liegt. Wie gering ist doch das menschliche Wissen, behaupten sie, verglichen mit dem Wissen Gottes! Ihre Bescheidenheit, mit der sie zu erklären aufhören, sobald sie nicht mehr wissen, wird schlecht gelohnt, während die Vertreter der Religion von vornherein alles wissen und ohne weiteres Erklärungen dafür liefern. Doch wie man sieht, ist der Unterschied nur oberflächlich; er hängt von der Dimension der Erklärungen ab.

Ich kann gut verstehen, wenn Rationalisten und Wissenschaftler die Schuld vor allem auf die Vorstellung von einem geoffenbarten Gott schieben. Denn abgesehen davon, daß ein Konzept recht merkwürdig anmutet, dem zufolge Gott sich nur auf Erden und hier nur im Mittleren Orient geoffenbart haben soll, wo das Universum doch so groß ist, sehen sie darin eine ständige Quelle blutiger Konfrontationen. Man kommt nicht umhin, sich ihrer Meinung anzuschließen, wenn man bedenkt, wie oft es zu entsetzlichen Massakern kam, die durch die Offenbarung verursacht wurden. Mir scheint jedoch, daß die Kulturanthropologie die erstaunliche Rationalität derjenigen Kultge-

meinschaften, die nicht zu den Offenbarungsreligionen gehören, bisher außer acht gelassen hat. Ich hoffe, in wenn auch nur
bescheidenem Maße dazu beitragen zu können, daß der Leser
hierüber mehr erfährt.

Man wird mir entgegenhalten, daß die grausigen Zwischen-
fälle in der Geschichte der Offenbarungsreligionen nichts an
ihrer Erhabenheit ändern können. Und ich könnte mich in der
Tat davon überzeugen lassen, wenn ich mir die wundervollen
Chöre der Mönche von St. Athanasius in Bulgarien oder die
Johannespassion von Johann Sebastian Bach anhöre, oder die
Texte von Husain ibn Mansur al-Halladj wieder lese, deren
kunstvolle Darbietung durch Louis Massignon in Kairo ich in
meiner Jugend bewunderte. Die Rosetten von Notre-Dame in
Paris und der eigentümlich »gotische« Schwung des Tempels
von Prambanan auf Java, die asketische Pracht der Ibn-Tulun-
Moschee in Kairo und die durch und durch orientalische der
Hagia Sophia in Istanbul − all das könnte mich über die Seen
vergossenen Blutes hinwegtrösten, ganz bestimmt aber nicht
über das, das noch vergossen werden soll.

»Und Sie, woran glauben Sie?« wird man mich fragen. Ich
glaube nicht an den Atheismus, aber ich glaube auch nicht an
die Offenbarung. Die Atheisten sind Desillusionierte und die
Anhänger der Offenbarung potentielle Mörder. Ich glaube an
jenen unbekannten Gott, dem die Athener in weiser Bedacht-
samkeit einen Sockel ohne Statue vorbehalten haben. Und ich
wende mich an all diejenigen, die sich, wie ich, bemühen, dem
steinigen Pfad zu folgen, der zwischen den Wüsten der Verneinung und den Abgründen der Gewißheit hindurchführt. Dabei
geht es nicht um Mäßigung, sondern um einen anderen, einen
beharrlichen Glauben.

Die Leserinnen und Leser seien versichert, daß das vorliegende Werk von keiner Theologie oder Ideologie beeinflußt ist
und einzig und allein darauf abzielt, herauszufinden, welche
Formen die Gottessehnsucht des Menschen angenommen hat
und in welcher Weise sie sich ausgedrückt hat. Es versucht sodann herauszufinden, warum wir Christen den einzig wahren

Gott haben sollen, und schließlich, welchen Sinn wir diesem Begriff geben. Gewiß, wir sehnen uns nach Gott, wir brauchen Gott – aber was verstehen wir darunter eigentlich?

Zunächst einmal
war Gott eine Frau

Ist Gott ein alter Mann? So gestellt, mag die Frage erstaunen. Und doch beansprucht er bei sämtlichen Eigenschaften, die ihm die drei Monotheismen Judentum, Christentum und Islam zuschreiben, nicht die der Weiblichkeit. Die Art der Adjektive, mit denen man in allen Sprachen über ihn spricht, läßt keinen Zweifel zu: Er hat sehr wohl ein Geschlecht, und dieses ist männlich. Als Mann auch erscheint er übrigens Abraham im Alten Testament, aus dem die drei Monotheismen hervorgegangen sind.[1]

Ebenso erhebt er keinen Anspruch auf Jugendlichkeit, obwohl er doch die ewige Jugend haben könnte. Aber wie sollte man ihn auch anders sehen, da er seit der ersten Menschheitsgeneration doch unser Vater ist; demnach ist er unendlich alt. Nicht gerade wie ein Methusalem, aber zumindest scheinen ihn die drei Religionen stillschweigend zwischen fünfzig und siebzig Jahren, dem Alter unbestreitbarer patriarchalischer Autorität, eingestuft zu haben. So übrigens hat ihn auch Michelangelo in der einzigen Religion dargestellt, die die bildliche Darstellung Gottes gestattet: ein leicht ergrauter Patriarch in rosafarbener Tunika, der eben das erste menschliche Wesen zum Leben erweckt.

Diese Vorstellung von einem männlichen, betagten Gott scheint seit jeher bestanden zu haben. Allerdings ist er nicht einmal dreitausend Jahre alt, während der moderne Mensch, so wie er sich durch die Straßen großer Städte bewegt und Maschinen bedient, bereits seit etwa vierzigtausend Jahren existiert. Am besten sei gleich an dieser Stelle darauf hingewiesen: Die heutige Vorstellung von einem einzigen und männlichen Gott ist orientalischen Ursprungs, da sie etwa sechshundert Jahre vor unserer Zeitrechnung im Iran entstand. Auch im Judentum,

Christentum und Islam blieb sie orientalisch geprägt und dabei immer auf die Schöpfungsgeschichte gegründet. Diese nun aber wurde im 13. und 12. Jahrhundert vor unserer Zeitrechnung für das Volk der Habiru, später Hebräer, aus babylonischen Texten adaptiert.[2] Den modernen Menschen, den *Homo sapiens sapiens* und Abkömmling des Cro-Magnon-Menschen, gab es schon seit geraumer Zeit. Nur ihn kannte man, und von seinen eigentlichen Vorfahren wußte man nichts. Nie hätte jemand sonst zu schreiben gewagt, daß Gott den Menschen nach seinem Ebenbild erschaffen hat. Denn vor dem Cro-Magnon-Menschen gab es ja den Neandertaler, durch populäre (und wissenschaftliche) bildliche Darstellungen allgemein bekannt mit seinem großen Kopf, dem vorstehenden Unterkiefer, breiten Stirnwülsten und der breiten Stumpfnase, die sich kaum von der seines Vetters, des Affen, unterscheidet. Er war sehr wohl ein Mensch, der vermutlich ebenfalls eine Kultur und Technologie besaß, aber keinem Gottesfürchtigen wäre es je in den Sinn gekommen, daß Gott so ausgesehen haben könnte.

Sollte die Menschheit also 38000 Jahre lang an nichts Himmlisches geglaubt haben? Weit gefehlt! Das erste uns bekannte geschriebene Zeichen, das den Gottesgedanken veranschaulicht, ist ein achtstrahliger Stern aus dem sumerischen Reich. Dieses Begriffszeichen ist doppeldeutig, da es zugleich für »Stern« und »Gott« steht. Es ist allerdings nur etwa 5500 Jahre alt, auch wenn sein Ursprung möglicherweise älteren Datums ist, da manche Experten annehmen, daß es auf ein früheres Bildzeichen zurückgeht. Man weiß nicht, welchen Stern und welchen Gott es darstellt, und auch nicht einmal, ob noch etwas anderes in ihm steckt als der Doppelbegriff Gottheit-Stern. Und es ist geschlechtsneutral. Seine Entstehungsgeschichte aber kann man sich mühelos vorstellen. Als die Menschen Nacht für Nacht, Jahr für Jahr am noch klaren Himmel des Orients sahen, daß immer wieder dieselben Sterne auf- und untergingen und dabei die immer wieder gleichen Bahnen zogen, schlossen sie daraus, daß sie unvergänglich sein mußten. Sie besaßen also die Fähigkeit, der Zeit zu trotzen:

»Bei Schamasch weilen ewig nur die Götter,
Der Menschen Tage (aber) sind gezählt,
Nur eitel Windhauch bleibt, was sie auch tun!«

So steht es im *Gilgamesch-Epos*[5] geschrieben.

Demnach wurde Göttlichkeit mit den Gestirnen, wenn nicht gar mit dem Kosmos gleichgesetzt. Die Faszination, die von den Sternen ausging, hat die ganze Geschichte der Religionen anhaltend durchdrungen. Vom sechsstrahligen Davidstern bis hin zum Kreuz, das im Grunde einen Stern mit vier Strahlen darstellt, und von der hinduistischen Swastika, einem Hakenkreuz, bis zur Mondsichel der Moslems versuchten sich die Religionen, in diesen Ewigkeitssymbolen zu verankern. Doch damit stellt sich die Frage: Verehrten die Menschen etwa nur Gestirne? Hat es vor Gott keinen Gott gegeben? War Gott demnach nur ein orientalischer Gott? Und wie verhielt es sich mit dem Rest der Welt?

Man kannte die griechische und die römische Religion, auch die ägyptische, vor allem seit Napoleons Expedition nach Ägypten, und durch die kolonialen Eroberungen erhielt das Abendland Kenntnis von asiatischen, afrikanischen und amerikanischen Religionen. Doch hier herrschte allgemein das Gefühl, daß diese Religionen nur unvollkommene Vorläufer des Monotheismus oder eben primitive und, um es rundheraus zu sagen, barbarische Religionen waren. Mit dem Aufschwung der Archäologie im 18. Jahrhundert, dann auch der Religionsgeschichte und der Ethnologie brachte diese Frage mächtige Ideologien ins Spiel.

Tatsächlich weigerten sich manche, dergleichen gelten zu lassen, es sei denn, die erste Zivilisation wäre auch eine orientalische gewesen. Bis auf einige kleine Unterschiede konnte die Vorstellung von Gott, jedenfalls von einem männlichen Gott, nur universeller Art sein. Sie stützten diese Behauptung auf den Umstand, daß die quälenden Vorstellungen des Menschen in bezug auf die Zeit und übernatürliche Mächte unzweifelhaft ebenso alt und international sein mußten wie die Menschheit

selbst. Aufgrund ihrer tief innerlichen Überzeugung bekräftigten sie, daß der Gott der Genesis unmöglich 40000 Jahre gewartet haben konnte, um sich seinen Geschöpfen zu zeigen. Andere
hingegen erhoben im Vertrauen auf historische Dokumente
den Einwand, daß doch erst im Iran, und nur dort, im 6. Jahrhundert vor unserer Zeitrechnung die Erwähnung eines zentralen und männlichen Gottes des Guten, Ahura Masda, antino-
misch zu dem des Bösen, Ahriman, auftaucht, und zwar durch
einen Religionsreformer namens Zarathustra (oder Zoroaster,
wie ihn die alten Griechen nannten). Das hinderte indes viele
Gemüter nicht, nach dem Beweis für einen göttlichen Funken
zu suchen, der die Männer und Frauen der ersten Jahrtausende
beseelt haben könnte.

Die Diskussion nahm, um bei der Wahrheit zu bleiben, keineswegs diese offen strikte Gangart an. Seit dem 19. Jahrhundert wurde sie auf dem Wege über einzelne »Schulen«, Entdek-
kungen und wissenschaftliche Arbeiten jahrzehntelang fortgesetzt. Zu einem bestimmten Zeitpunkt dann, den man zu Beginn des 20. Jahrhunderts ansetzen kann, überließen die Religionshistoriker den Vor- und Frühgeschichtlern das Urteil. Der
Tod, der als Schwelle zum Übernatürlichen und wahrscheinlich
Göttlichen gilt, müsse, so postulierte man, seit jeher zu den für
die Lebenden wichtigen Fragen gezählt haben. Das Studium
der Begräbniszeremonien seit dem *Châtelperronien*, der jüngeren Altsteinzeit in Frankreich vor 35000 Jahren, sollte dies bestätigen. Außer in Kriegszeiten, in denen er von Leidenschaften
verblendet gewesen sei, habe der Mensch den Leichnam von
seinesgleichen niemals als den eines Tieres betrachtet. Der Beweis dafür sei, daß er ihn zusammen mit allen Zeichen der
Trauer zu bestatten pflegte, mit Schmuck und Zierat, die von
Ehrfurcht zeugten, Blumen und Samen, die die Hoffnung auf
Auferstehung symbolisierten, und vielleicht auch mit einem
gewissen Mysterienbewußtsein.

Eine bestechende Hypothese, die aber die Gefahr offenkun-
diger Fehlinterpretationen in sich barg. Der bekannte Frühhi-
storiker André Leroi-Gourhan meinte, mit der Entdeckung

eines weiblichen Schädels in einer Grabstätte von Mas-d'Azil dazu ein berühmtes Beispiel liefern zu können. Man hatte unverzüglich behauptet, es sei ein »Mädchenschädel«, was freilich niemand nachweisen konnte. Da dieser Schädel auf einem Abfallhaufen gefunden worden war, auf dem auch ein Bisonhorn, ein Rentiergeweih und der Unterkiefer eines Rindes lagen, hatte man zudem den Schluß gezogen, daß dieser Schädel in der ursprünglichen Grabanordnung »auf das Bisonhorn blickte«. Doch wie der Wissenschaftler schreibt, war das Ganze lediglich ein »Haufen aus Speiseabfällen ..., auf dem ein menschlicher Überrest liegt, welcher dort wahrscheinlich nicht mehr der ursprünglichen Bestimmung diente und in jedem Fall verschoben worden war«.[4] Einige Jahrzehnte später hat es den Anschein, als sei Leroi-Gourhan in diesem Punkt sehr vorsichtig gewesen, was ihn außerordentlich ehrt. Denn andere Experten fragten sich, ob das Beieinanderliegen eines Bisonhorns, eines Rentiergeweihes, eines Rinderkiefers und eines zweckentfremdeten menschlichen Schädels tatsächlich Zufall war und ob die tierischen Überreste tatsächlich »Speiseabfälle« darstellten. Schließlich geschah es, vor allem in der Vorgeschichte, so oft nicht, daß man Bison, Rentier und noch ein Rind bei ein und derselben Mahlzeit auf einmal verspeiste.

In der Tat bietet die Frühgeschichte eine Menge von Interpretationsfallen. Ich will nur ein Beispiel anführen: Als Arbeiter im Sommer 1856 im Neandertal, nahe Düsseldorf, die ersten uns bekannten Gebeine von prähistorischen Menschenskeletten, darunter auch einen Schädel des Neandertalers, zutage förderten, schrie die deutsche wie auch internationale Welt der Wissenschaft, wie man sich denken kann, vor Entsetzen bei der Vorstellung auf, daß es sich hierbei um menschliche Überreste handeln könnte. Mit diesen tiefen Augenbrauenbögen und den dicken Stirnwülsten, der stark gewölbten Stirn, dem deutlich vorspringenden Oberkiefer über einem fliehenden Kinn, und dann noch die schwere, gebeugte Haltung, die aufgrund des Skeletts rekonstruiert worden war – nein, das konnte unmöglich ein Mensch gewesen sein! Ein gewisser Professor Franz

Mayer aus Bonn verkündete schulmeisterlich, dies seien die Überreste eines »mongolischen Kosaken«, der sich 1814 bei der Verfolgung der napoleonischen Truppen und auf dem Weg nach Preußen in eine Höhle geflüchtet habe. Professor Mayer besetzt in der Stilblütensammlung der Wissenschaft damit einen besonders erlesenen Platz neben Professor Peter von der Pariser Medizinakademie, der behauptet hatte, Pasteurs Impfstoff übertrage die Tollwut.

Doch blieb die Frage bestehen: Bedeutete der Umstand, daß man die Toten feierlich bestattete, auch, daß man sie einem höheren Geist anheimgab und der Mensch der Vor- und Frühgeschichte demnach an Göttlichkeit glaubte beziehungsweise im heutigen Sinne des Wortes eine Religion besaß? Eine knifflige Frage. Da es noch keine Schrift gab, war es sehr schwierig, die wenigen Zeichen, die uns aus jenen frühen Epochen erhalten sind, mit einem Minimum an Wahrheitsgehalt zu deuten.

Bis in die Mitte des 20. Jahrhunderts hinein wehrte sich Leroi-Gourhan mit aller Zurückhaltung dagegen, irgendwelche Spekulationen über einen »Knochenkult« oder einen »Bärenkult« beim Neandertaler oder Cro-Magnon-Menschen anzustellen, was einige Forscher aufgrund höchst magerer Spuren bereits als These aufgestellt hatten. Das Vorhandensein eines einzigen Höhlenbärenschädels auf einem hohen Stein tief in einer Grotte muß schließlich nicht bedeuten, daß dieser Schädel als Sinnbild irgendeiner Gottheit verehrt worden ist. Vielleicht hatte ihn ein Jäger nur dort abgelegt, in der Absicht, ihn später wieder zu holen, um Waffen oder Schmuck daraus zu fertigen.

Man verzeihe mir den sicher platt erscheinenden Vergleich: Ein Archäologe des 4. oder 5. künftigen Jahrtausends, der in den Ruinen von Eingangshallen abendländischer Schlösser Jagdtrophäen wie Hirsche oder Wildschweine vorfindet, oder in den Überresten einstiger Sozialwohnungen Fernsehgeräte, die mitten in den Wohnzimmern stehen, könnte doch versucht sein, daraus herzuleiten, daß in alten Zeiten manche Abendländer der wohlhabenden Schicht den Hirsch- oder Wildschweinkult praktizierten, während die arbeitenden Schichten elektronischen Bildern und somit ritualisierten Kopien der Wirklichkeit huldigten. Den Aufsatz dieses Archäologen über die Religionsspaltung nach sozialen Schichten bei den Abendländern im 2. Jahrtausend kann man sich doch lebhaft vorstellen!

Dennoch war es derselbe Leroi-Gourhan, der trotz seiner lobenswerten Vorsicht und nach der Prüfung von 2000 Tierfiguren in etwa sechzig Höhlen die religiöse Interpretation der prähistorischen Kunst als am wahrscheinlichsten betrachtete. Er wollte beobachtet haben, daß 90 Prozent der Bisons und Rentiere, die er für Symbole der Weiblichkeit hielt, im Zentrum dieser Höhlen lagen, während 70 Prozent der vermutlich männlichen Figuren, das heißt Bären und Hörner tragende Tiere, das Rhinozeros mit einbegriffen, sich an den Höhleneingängen befanden und auf diese Weise, so behauptete er, magische Wächter darstellten.[5] Diese systematische Geschlechtszuweisung bot mehr Probleme als Lösungen, denn man muß sich nun fragen, wie denn das Pferd, das Wildschwein, die Hyäne, der Panther, die Eule oder der Lachs von Eyzies einzuordnen wären. Männlich? Weiblich? Doppelgeschlechtlich?

Trotzdem hatte die Diskussion an Fahrt gewonnen, und manche Kunstkritiker ließen sich dazu hinreißen, die Höhlen von Lascaux und Altamira als »Kathedralen der Vorgeschichte« zu preisen. Die Entdeckung einer altsteinzeitlichen Höhle im französischen Pont-d'Arc 1995, deren Wände mit Tiermalereien bedeckt waren, veranlaßte den Prähistoriker Henri de Lumley zu einem ähnlichen Kommentar: »Die Art und Weise, in der die Tiere gezeichnet sind, ist der Beweis für etwas Sakrales.« Man möchte fragen, wie dieser Wissenschaftler zu dem etwas jähen Schritt von der Intuition hin zum »Beweis« kam: Ist vielleicht die schlichte Tatsache des Zeichnens als solche schon ein magischer Akt? Und wie sähe dann die »Art und Weise« aus, die nicht sakral wäre?

Die Vorstellung, daß Menschen aus rituellen und symbolischen Anlässen Tiere an die Wände einer Höhle gemalt hatten, bot freilich einen gewissen Reiz. Doch sollte man sich vielleicht vor Offensichtlichkeiten hüten und sich noch einmal fragen, welcher symbolische Unterschied zwischen dem Landjunker der Neuzeit besteht, der den Kopf seines ersten Hirsches präparieren läßt, um ihn in seiner Bibliothek aufzuhängen, und dem »Höhlenmenschen«, der ebenfalls einen Hirsch an die Wand seiner Behausung malt. Möglicherweise überhaupt keiner. Stolz darauf, einen Hirsch, einen Bären oder einen Wisent erlegt zu haben, hat er sie ganz einfach bildlich dargestellt. Vielleicht sind es gar keine »mythischen Zelebrationen« des »Geistes des Hirsches« oder des »Geistes des Bären« oder Bisons, die in Lascaux, Altamira oder Pont-d'Arc zu sehen sind, sondern schlicht und ergreifend Berichte weidmännischer Heldentaten.

Aber diese Höhlen gibt es nun einmal, und im kulturellen Unterbewußtsein verbinden sie sich gern mit der Vorstellung von Kultstätten. Sowohl der Mithraskult wie auch später das Urchristentum wählten unterirdische Orte als Kapellen. Die Wahl der Höhlen für Felsgravierungen wies »offensichtlich« auf den religiösen Charakter dieser Zeichnungen hin. Nun weiß aber jeder vernünftige Prähistoriker sehr wohl, daß die Höhlen wertvolle natürliche Unterkünfte darstellten: So herrschte etwa vor 20 000 Jahren während der zweiten Würm-Eiszeit, im größten Teil Frankreichs extreme Kälte und Trockenheit. Der Boden war gefroren. Die Höhlen machten es möglich, ein wenig von der Wärme des Feuers zu halten. Trotzdem lassen die Grotten und Höhlen manche sehr ins Träumen geraten, und deshalb habe man »behauptet, die Menschen des Paläolithikums hätten ihre Toten häufig in den Höhlen bestattet«, schrieb Leroi-Gourhan, aber: »Hundert Jahre Forschung zeigen, daß gerade das Gegenteil zutrifft.«[6]

Sie bildeten auch weder unbedingt Kultstätten, noch waren sie die einzigen Orte, die diesem Zweck dienten. Das beweisen beispielsweise die Felsgravierungen des Tassiligebirges in der Sahara oder in New Mexico, die auf freistehenden Felsen zu finden sind. Dasselbe gilt für die Malereien von Piedras Blancas, Siega Verde und Domingo García in Spanien, der Côa-Ebene und Albaguera in Portugal sowie von Fornols-Haut im französischen Département Pyrénées-Orientales. Möglicherweise wurden für die Felsmalereien nur deswegen mancherorts Höhlen gewählt, weil es viel regnete und der Künstler sich dachte, daß sein Fresko im Freien nicht lange überdauern würde.

Diese Menschen verfügten über keine wetterbeständigen Farben. Sie waren sich sicherlich bewußt, daß die Zeichnungen mit Knochenkohle oder Ockerfarbe empfindlich waren und das nächste Gewitter nicht überstehen würden. Welcher der uns bekannten Künstler würde es wohl riskieren, mit dem Kohlestift Fresken im ungeschützten Freien zu zeichnen?

Zum Schluß bringen uns Leroi-Gourhans Bestandsaufnahme und gar seine Interpretationversuche der Bisons und anderen wilden Horntiere als »Symbole der Weiblichkeit« im Zentrum der Höhlen und der gehörnten Tiere an den Eingängen, deren »magische Wächter« sie gewesen sein sollen, geradezu in Verlegenheit: Sind Bisons und andere wilde Horntiere etwa keine gehörnten Tiere?

Man sieht, wie gefährlich Interpretationen von Systemen und Kulturen sein können, über die man nichts Bestimmtes weiß. Der amerikanische Prähistoriker Alexander Marshack, bekannt durch die Entdeckungen, die er bei der Untersuchung prähistorischer Überreste mit Hilfe des Mikroskops gemacht hatte, lieferte 1995 schließlich den Schlüssel für diese Malereien. Marshack hatte als erster die Bedeutung eines geritzten Umrisses erklären können, der auf dem Elfenbeinsplitter eines Mammutzahns ein ebensolches Tier darstellte und 1864 in der französischen Madeleine-Höhle entdeckt worden war; dieses Bruchstück stammte aus der Zeit um 15 000 bis 10 000 Jahre vor unserer Zeitrechnung. Und es besitzt eine weitere Eigenheit: Die Darstellung des Mammuts wies drei oder vier zusätzliche Rücken auf, zwei Schwänze und weit mehr Stoßzähne, als die Natur jenem Urahn des Elefanten zugestanden hat. Außerdem waren auf demselben Bild auch noch zahlreiche Pfeile zu erkennen, und damit lag es klar auf der Hand: Dieses Bild besaß tatsächlich Symbolwert. Die Menschen, die sich seiner bedienten, »töteten« das Tier *in effigie*, das heißt symbolisch, genau

wie bei uns manche nachtragenden Menschen den bösen Nachbarn »töten«, indem sie eine Puppe, die ihn darstellen soll, mit
Nägeln spicken. Hier aber war die Darstellung mehrmals hintereinander benutzt worden, höchstwahrscheinlich für Jagd-
zwecke, und jedesmal hatten es die Jagdzauberer dabei verändert, indem sie den Rücken neu zeichneten und Stoßzähne oder
Pfeile hinzufügten.

Auf dieselbe Weise analysierte Marshack die Malereien der
Chauvet-Höhle. Auch diese Malereien beinhalten zahlreiche
Überlagerungen, gleichsam wie ein immer wieder nachgebes-
sertes Skizzenheft. Beispielsweise sind darauf vier Pferdeköpfe
zu erkennen, einer über dem anderen sozusagen, was sehr eigentümlich ist. Man hätte meinen können, der damalige Künstler hätte eine Herde gezeichnet, doch dies war nicht der Fall, da
sich die Technik und die Farbstoffe von einem Kopf zum anderen unterschieden. Außerdem bemerkte Marshack, daß die Tiere nicht alle gleich dargestellt waren: Manche Pferde trugen ihr
Winterfell, denn wie viele andere Tiere in der Eiszeit und auch
solche, die heutzutage noch im Schnee leben, wechselten sie das
Fell.

Ganz offensichtlich waren diese Tiere symbolisch »getötet«
worden, genau wie das Mammut der Madeleine-Höhle. Auch
waren sie in verschiedenen Jahreszeiten »getötet« worden, je
nachdem, ob man im Winter oder Sommer jagte. Demnach besitzen die Malereien der Chauvet-Höhle sehr wohl eine symbolische Bedeutung. Diese aber ist ganz anderer Art, als man ursprünglich dachte: Sie stellten sowohl Bilder eines Jagdschau-
platzes als auch den Träger eines Zaubers über das Tier dar. Der
Hinweis auf Magie stand fest, auf einen Ritus ebenfalls, doch
auf Göttlichkeit ganz und gar nicht. Die Interpretation gilt für
die Gesamtheit der Felsmalereien, ob nun in Lascaux, Altamira
oder den anderen Höhlen. Die altsteinzeitlichen Höhlen als
»Kathedralen« oder »Kapellen« zu bezeichnen war zumindest
voreilig, wenn nicht gar ein Sakrileg.

Um Marshacks These zu bestätigen, die seither von zahlreichen Frühhistorikern übernommen wurde und der zufolge die

Tierbildnisse aus der Eiszeit in Wirklichkeit Geisterbeschwörungen oder Jagdzauber dienten, seien noch die Tierskulpturen zwar aus derselben Epoche, aber anderen Erdteilen angeführt, zum Beispiel der Löwenkopf aus gebranntem Ton von Dolní Věstonice: Die darauf eingekerbten Wundmale wurden *vor* dem Brennen angebracht. Jedesmal wenn man auf die Löwenjagd ging, brauchte man nur noch Pfeilspitzen in die Schlitze zu stecken. Es mag allerdings auch sein, daß die verschiedenen, an den Höhlenwänden abgebildeten Tiere in anderen Zusammenhängen als Symbole für jahreszeitlich bestimmte Lebensumstände, ja sogar menschliche Charaktere standen, ähnlich den Totems der Indianer in Nordamerika.[7]

Die Menschen der Vorgeschichte benutzten also Magie und hatten Rituale eingeführt. Trotzdem ergab das noch keinen Beweis für eine Religion oder einen organisierten religiösen Glauben, und es bezog sich auch lediglich auf Tierdarstellungen. Es wäre mehr als riskant gewesen, hierin den Ursprung eines religiösen Empfindens sehen zu wollen, das als Vorläufer des einzigen und entschieden männlichen Gottes der drei monotheistischen Religionen gelten konnte.

Doch es gab da noch mehr und weit Verwirrenderes: Zig prähistorische menschliche Figurinen, die, in Knochen, Elfenbein oder Stein geritzt oder gehauen, zwischen Sibirien und Anatolien, auf den Orkney-Inseln vor der Nordküste Schottlands, in Spanien, auf Sardinien, Malta und in Palästina gefunden worden waren. Kurioserweise herrschen die weiblichen Figuren darunter mit überwältigender Mehrheit vor, und sie erhielten ebenso seltsamerweise die Bezeichnung »Venus«: Venus von Gargarino, Venus von Lespugue, Venus von Chiozza, Venus von Willendorf und viele mehr (weshalb nicht Juno oder Proserpina? regte sich Leroi-Gourhan auf). Es handelte sich durchwegs um aufgedunsene, stämmige Zwerginnen mit geradezu krankhaft überentwickelten Brüsten und bis zur anatomischen Abartigkeit geblähten Bäuchen. Einige Immereifrige mutmaßten, daß Fettleibigkeit in einer Zeit, in der man nicht alle Tage zu essen bekam, eine Form von Reichtum war, das heißt, daß diese Figurinen demnach Reichtum, Überfluß und Fruchtbarkeit repräsentieren. Es handle sich hier, wie man versicherte, um Stilisierungen. Doch welch ausgefallene Idee sollte die Künstler, die verschiedenste Tiere so wirklichkeitsgetreu dargestellt hatten, zu Stilisierungen verleitet haben, wenn sie weibliche Formen nachbildeten? Oder sollten die Frauen der Vorgeschichte alle miteinander Fettklöße gewesen sein? Und weshalb so viele Frauen- und so wenige Männerdarstellungen?

Das Rätsel um die dicken Frauen wurde um so größer, als in Frankreich, in der Donaumündung, in Bulgarien, in der ehemals Moldauischen SSR, in Sibirien und auf Malta noch andere weibliche Figurinen gefunden wurden, die aber diesmal Frauen mit langen Beinen und flachem Bauch darstellten. Die Cro-Magnon-Künstler schienen offenbar sehr wohl zu wissen, was im heutigen Sinne des Wortes ein hübsches Mädchen ist. Sie wußten, wie man es darzustellen hat, und kein Archäologe hätte mit gutem Gewissen sagen können, welche von beiden, die hübschen Mädchen oder die fetten Frauen, »Göttinnen« waren und deshalb am ehesten eine sakrale Rolle hätten spielen können.

Im Laufe der sechziger Jahren erkannte man jedoch, daß die »hübschen Mädchen«, in der archäologischen Fachsprache *»stiff ladies«* (»steife Damen«) genannt, weil sie tatsächlich eine steife Körperhaltung zeigten, auf Friedhöfen gefunden worden waren und durchwegs in sehr helle Materialien wie Knochen, Alabaster, Elfenbein, helles Gestein oder Gold, gemeißelt waren. In Wahrheit also waren sie ganz ohne Zweifel Darstellungen des Todes, und das von den Künstlern angestrebte Weiß verwies auf die Todesblässe und die Farbe der Knochen. Ihre im 20. Jahrhundert so gepriesene Schlankheit symbolisierte demnach einst den Tod; im Gegensatz dazu versinnbildlichte Dickleibigkeit das Leben. Außerdem war das, was man für Feistheit gehalten hatte, keineswegs Feistheit: Die aufgedunsenen Figurinen stellten in Wirklichkeit schwangere Frauen dar, ein Symbol der Fruchtbarkeit und somit des Lebens. Tatsächlich waren etliche von ihnen bei der Entbindung dargestellt.

Wieder einmal zeigt sich, welche Gefahr übereilte und unweigerlich auf heutigen Kriterien basierende Interpretationen bergen.

Nun galt es also, frühere Argumentationen zurückzuziehen und sich von übertriebenen Vorbehalten der Paläontologen zu verabschieden. Wenn die mageren Frauen den Tod darstellten, dann standen die dicken für das Leben. Und man mußte darüber hinaus auch den Umstand berücksichtigen, daß Gott in der Steinzeit zunächst eine Göttin und noch dazu sehr dick war. Warum hatte man daran nicht schon eher gedacht, denn diese fettsteißigen Venusfiguren sind immerhin schon seit dem Beginn des 20. Jahrhunderts bekannt. Aber die Vorstellung von einer ursprünglichen Göttin, die allen anderen Göttern vorausgegangen sein sollte, behagte absolut nicht jedermann: »Was man über die Fruchtbarkeitsgöttinnen gesagt hat, ist völlig banal und erklärt gar nichts«, schrieb Leroi-Gourhan 1964 deutlich gereizt: »daß Fruchtbarkeit als wünschenswerte Erscheinung angesehen wird, gilt für alle oder fast alle Religionen, und wenn die Frau zu deren Symbol gemacht wird, so ist daran nichts besonders Originelles.«[8] Nur eben mit dem kleinen Unterschied, daß nicht alle uns bekannten Religionen 30 000 Jahre alt und älter sind und keineswegs alle die Fruchtbarkeit zu ihrem obersten Kultgegenstand erhoben.

Außerdem ist unter einem rein biologischen Gesichtspunkt festzustellen, daß die Frau eine außergewöhnliche genetische Eigenschaft besitzt: Sie allein gibt ganz spezifische Vererbungsfaktoren, die Mitochondrien, an ihr Kind weiter. Im Gegensatz zu manchen allzu einfachen Erklärungen in bezug auf die Vererbungslehre rührt unser genetisches Kapital, die DNS, nicht zu gleichen Teilen von Vater und Mutter her. Die Mutter überträgt einen zusätzlichen Teil dieses »Kapitals« auf uns, das sich, von kleinen Hüllen umgeben, als Mitochondrien in den Körperzellen befindet. Im großen und ganzen sind wir also zu 60 Prozent die Kinder unserer Mütter und nur zu 40 Prozent die unserer Väter.

Das soll freilich nicht heißen, daß altsteinzeitliche Menschen fortgeschrittene Vererbungslehre betrieben, doch es regt zur Überlegung an, ob ihnen nicht empirische Beobachtungen den Gedanken eingaben, daß ein Kind mehr von den Erbanlagen der Mutter als von denen des Vaters erhält.

In Wirklichkeit schlug aber nicht so sehr das Prinzip der Muttergöttin den Interpretatoren auf den Magen, als vielmehr die damit verbundene Sexualität. Denn wer von Fruchtbarkeit spricht, meint auch gelebte Sexualität. Die Vorstellung aber, daß die Religionen der Menschheit womöglich in sexuellen und vermutlich orgiastischen Riten mit abartigen Kopulationen wurzelten, war schwer zu akzeptieren. Historiker und Ethnologen teilten bereits (und teilen noch) den gleichen Widerwillen bei der Erinnerung an die Tempelprostituierten der orientalischen Religionen. Die Behauptung, daß die Idee von der höchsten Gottheit auf altsteinzeitlichen Sexpartys entwickelt worden ist, wäre zumindest ein gewagtes Unterfangen gewesen.

Wie groß der Widerwille auch sein mochte, die Tatsachen waren unleugbar: Göttlichkeit hatte zunächst weiblichen Charakter, immer vorausgesetzt, es handelte sich überhaupt um Göttlichkeit. Doch sie entwickelte sich dazu. Die Existenz von Göttinnen in der vorchristlichen Welt war gewiß keine Überraschung für diejenigen, die die Göttinnen der Fruchtbarkeit entdeckten. Die große Mehrheit der abendländischen Völker wußte bereits spätestens seit dem 19. Jahrhundert, daß die Griechen und Römer, die man für die Vorbilder unserer demokratischen Staaten hält, eine durchaus ansehnliche Anzahl an Göttinnen kannten: Juno-Hera, Minerva-Athena, Venus-Aphrodite, Diana-Artemis und so weiter. Diese Göttinnen wurden hoch verehrt, was die Griechen und später, nachdem sie sich an die griechische Götterwelt angepaßt hatten, auch die Römer stark eindämmten. In Griechenland waren die einzigen erotischen Exzesse religiöser Inspiration die Dionysischen und Eleusinischen Mysterien, und auch sie dauerten nicht das ganze Jahr über an. In Rom gaben die Göttinnen, mit Ausnahme der Göttin der Liebe, Venus, keinen wirklichen Anlaß zu Zügellosigkeit.

Aber eine vorweggenommene bloße Vermutung wollte es halt so, daß diese lächerlichen Phantasmen von der lüsternen Natur des Heidentums hervorgebracht worden seien. Und weiblicher Einfluß sei, wie jedermann weiß, schwächend und unmoralisch. Man brauchte nur nachzulesen, wie der Historiker Jérôme Carcopino 1939 über das Unglück klagt, das »das Schwinden der väterlichen Gewalt« und die Anerkennung des Blutsrechtes in Rom schuf, welche die Bastarde legitimierte, wodurch »die Entwicklung zum Abschluß kommt, die das antike System der bürgerlichen Erbfolge untergraben hatte, und die die Grundbegriffe von der römischen Familie schließlich ruinierte«.[9]

Mit anderen Worten, das gesamte philosophische, religiöse und bürgerliche Bezugssystem im heutigen Abendland ist patriarchalisch geprägt. Weder die Historiker noch die Paläontologen haben sich dem entzogen; und mehr als einer unter ihnen könnte Mohammeds Ermahnung unterschreiben: »Allah vergibt es nicht, daß ihm Götter zur Seite gesetzt werden ... Siehe, sie rufen außer ihm Frauen an ...« So steht es in der 4. Sure des Koran geschrieben. Unvermeidliche Worte eines Propheten, der in einer patriarchalisch ausgerichteten Welt geboren worden war.

Als es nun archäologisch offensichtlich wurde, daß es vor den Göttern, und erst recht vor einem einzigen männlichen und geoffenbarten Gott, Göttinnen gab, brach die wissenschaftliche Objektivität sogar bei modernen Autoren zusammen, und die verschiedenen Lager boten sich in aller Blöße dar. So der angesehene amerikanische Fachmann R. K. Harrison, der über den Muttergöttin-Kult schrieb: »Zu seinen hervorstechendsten Eigenschaften gehörte die Schamlosigkeit, die Verdorbtheit und der orgiastische Charakter seiner kultischen Verfahrensweisen.«[10] Über welche Informationen dieser Spezialist verfügt, um diese Verurteilung eines Kultes, der vor dreieinhalb Jahrtausenden ausgeübt wurde, äußern zu können, ist nicht bekannt. Ferner darf man sich wohl darüber wundern, daß hier historischen Tatsachen ein moralischer Stempel aufgedrückt wird. Allerdings halten sich Historiker und Ethnologen manchmal wirklich gern für Moralprediger.

Entgegen den Erwartungen ist die Wissenschaft also nicht immer die Dienerin der Wahrheit, insbesondere wenn diese traditionsgemäß weiblich und nackt ist, aber deren Orientierung wird durch die Kultur bestimmt, die sie hervorbringt. Nur mit deutlichem Widerwillen hat die Wissenschaft das Prinzip der Muttergöttin anerkannt. Trotzdem fehlte es nicht an Beweisen zur Unterstützung dieses Sachverhaltes: Bei den Indogermanen wie auch bei den Ägyptern beispielsweise hing die Rechtmäßigkeit von Staatsgewalt von den Frauen ab. Der Pharao konnte erst dann Anspruch auf seine Krone erheben, wenn er, manchmal tatsächlich und also inzestuös, seine Schwester geheiratet hatte, und bei den Kelten war »der Zugang zum Thron an die Bedingung geknüpft, mit einer der drei Machas zu schlafen. Manchmal erschien die Göttin als schreckliche Alte und verlangte, das Lager des jungen Helden zu teilen. Streckte er sich aber neben ihr aus, so entpuppte sie sich als außergewöhnlich schönes junges Mädchen. Indem er sie heiratete, kam der Held zur Herrschaft.«[11] Außerdem hatte bei den Indogermanen ein und dieselbe Göttin oftmals vielfältige Funktionen, sie standen zugleich für Fruchtbarkeit, Krieg und Glück.

Die sozialen Strukturen im vorgeschichtlichen Europa waren materialistisch geprägt, und wenn es das Prinzip anzuwenden galt, dem zufolge die Mythologien die Ideologien reflektieren, lag das Dilemma klar auf der Hand: Entweder war die Mythologie falsch oder die Ideologie. In der Folge wird es dem Leser noch ersichtlicher werden: Die Mythologien gründen auf sozialen Gegebenheiten und Persönlichkeiten, die zu Helden emporstilisiert wurden.

Was, so wird man einwenden, spielt es schon für eine Rolle, daß Gott anfangs eine Frau (oder mehrere Frauen) war? Es spielt sogar eine gewaltige Rolle, weil sie – je nachdem, ob man es vom Standpunkt der Ethnologie oder von dem der Geschichte aus sieht – den Ursprung der Göttlichkeit definiert. Die Ethnologie vertritt nämlich die These, daß die »primitiven« Stadien der menschlichen Gesellschaften lediglich die Vorstufe zu den späteren Gesellschaftsformen waren. Die Geschichte im Gegensatz dazu vertritt den Standpunkt, daß die ältesten Wahrheiten auch die fundamentalsten sind. Die Suche nach den Ursprüngen pflegt mit der nach dem Wesen der Natur zu verschmelzen. Bis zum heutigen Tage hat kein Theoretiker oder Philosoph die Frage entschieden oder zu entscheiden gewußt: Waren die ehemaligen Götterhimmel tatsächlich von unseren ursprünglichen Göttern bewohnt, oder stellten sie nur Rohfassungen von Gott dar? Mit anderen Worten, sollte die Grundvorstellung von Gott nicht doch die einer Frau sein?

Wie auch immer, Gott als einzigen und männlichen Potentaten hat es – zumindest in den Augen der Menschen – nicht von jeher gegeben. Nicht eine einzige männliche Darstellung der Steinzeit weist auf eine solche Vorstellung hin. Der Mann war im Kollektiv des Imaginären ursprünglich weit unterrepräsentiert.[12] Der Grund wurde in bemerkenswerter Weise von dem amerikanische Anthropologen William Irwin Thompson zusammengefaßt, der beobachtet hat, daß das Prinzip der Männlichkeit von derselben zyklischen Unregelmäßigkeit gekennzeichnet ist wie die sexuelle Erektion als vorübergehender Zustand. Hierin ist das Prinzip der Männlichkeit mit der Schlange vergleichbar, die nach einer Periode der Aktivität im Winterschlaf wie tot erscheint. Daher auch der Umstand, daß dieses Prinzip in sehr vielen Kulturen der Geschichte, zum Beispiel in Mesopotamien und Griechenland, mit der Vegetation gleichgesetzt wird, die laufend aufblüht und wieder abstirbt: Attis, Dammuz, Adonis, Pan, Silvanus, Faunus, Narziß und Hyazinth zum Beispiel sind Götter und mythenhafte Helden, die bei Einbruch des Winters sterben und im Frühling zu neuem Leben erwachen. Das Prinzip der Weiblichkeit hingegen ist von Beständigkeit geprägt. Die Erde, dieses Gefäß der Fruchtbarkeit, ist immer präsent, und diese Unwandelbarkeit wurde als Zeichen für eine Macht verstanden, die der des Mannes übergeordnet ist. In ihr treibt die Vegetation ihre Wurzeln; also ist sie die grundlegende Komponente des Lebens.

Die Männerdarstellungen der Steinzeit sind hauptsächlich Gestalten, die, nackt und maskiert (mit Bison- oder Vogelmasken), Zauberer zu sein scheinen, Dämonen der Fruchtbarkeit mit erigiertem Glied oder auch Kreaturen – halb Mensch, halb Tier –, die einen Vorgeschmack auf die Abbildungen von Pan und den Zentauren geben. So zum Beispiel die sonderbare kleine Tonfigur aus der Vinčakultur, die aus der Zeit von vor 5000 Jahren vor unserer Zeitrechnung stammt und eine Ziege mit Menschengesicht darstellt. Dies beweist, daß es Fruchtbarkeitskulte mit einer mehr oder weniger eindeutigen Wesenheit gab: die Erdmutter, die möglicherweise niemals mit einem Namen, gewiß aber mit zahlreichen Attributen bedacht wurde und der gegenüber die Männer lediglich Zelebranten waren. Daß diese Kulte existiert haben, wird durch zahlreiche Gravierungen bestätigt, darunter die große Komposition aus der späten Altsteinzeit in der sizilianischen Addaura-Höhle am Montepellegrino, nahe Palermo; zwölf Vogelmenschen sind darauf zu sehen, die um zwei auf dem Boden liegende Gestalten, denen man die Fersen am Hals festgebunden hat, offenbar eine Pantomime aufführen. Die Bedeutung des Ganzen ist unklar, aber man kann sich vorstellen, daß es sich hier um eine Folterszene handelt. Eine Folter, die an Zelebranten vorgenommen wird, die das Prinzip der Männlichkeit vertreten, da die Gefesselten mit aufgerecktem männlichem Glied zu sehen sind.

Der Kult um die Erdmutter war so stark verwurzelt, daß er unter dem Aspekt der Weltgeschichte bis vor kurzem angedauert hat. In Litauen betete man noch im 17. und 18. Jahrhundert zur Erdmutter Zemyna, die gleichgesetzt werden kann mit der griechischen Gaia und der thrakisch-phrygischen Semele, zwei Göttinnen, die im alten Griechenland die Fruchtbarkeit der Erde verkörperten. Die Bezeichnungen, die man ihnen unter anderem gab, »diejenige, die alles blühen läßt« und »diejenige, die die Knospen treiben läßt«, weisen klar auf die Art des Kultes hin. Bis mitten ins 20. Jahrhundert hinein verehrte man die Erdmutter noch in zahlreichen europäischen Ländern, zum Beispiel in Schottland, Irland, Litauen, Ostpreußen und auf

Malta. Am 15. August, der – erneut zugunsten einer Frau – zum katholischen Feiertag der Himmelfahrt Mariä umfunktioniert worden ist, brachte man ihr Sträuße aus Maiskolben, Blumen und Zweigen dar. Und bis zum beginnenden 20. Jahrhundert wurden in vielen Ländern Europas Riten praktiziert, die sich als hartnäckige Überbleibsel eines Erdmutterkultes herausstellten. In den Dolmen und Stelen der Megalithkulturen, so beobachtete Anfang dieses Jahrhunderts Pierre Sébillot, gab es runde Löcher, die das weibliche Geschlecht symbolisierten und denen man die Macht der Wiederbelebung zuschrieb. Man schob den Kopf oder, falls möglich, den Leib schwächlicher oder kranker Kinder in der Überzeugung hinein, daß sie dadurch gesunden könnten.

Das Thema der Remanenz der Erdmutter quer durch die Epochen der Geschichte könnte man noch weiter ausdehnen, und zwar bis an den Hof König Ludwigs XIV. Als Gemahlin des Königs von Gottes Gnaden war die Königin von Frankreich dazu verpflichtet, öffentlich niederzukommen. Wer immer sich vor den Toren von Versailles einen Hut und einen Degen lieh, konnte bei der Entbindung der Königin dabei sein. Sie war eine entfernte Verwandte der Muttergöttin, und sie verkörperte den Wohlstand Frankreichs.

Skeptiker mögen einwenden, daß ein paar rund 30 000 Jahre alte Figurinen von dicken Frauen noch lange nicht bedeuten müssen, daß die Fruchtbarkeit den ersten Platz in einem Glaubenssystem einnahm, über das man zudem nichts weiß. Aber die Struktur der altsteinzeitlichen Tempel und Grabstätten in Polen, Irland oder auf Malta ist doch recht vielsagend: Sie sind nach dem Modell der oben beschriebenen fettsteißigen Venusfiguren konstruiert. Man betritt sie durch einen schmalen Gang, der die Vagina darstellt, und gelangt so zum Uterus und, nach einem weiteren, breiteren Gang, zu den Brüsten, die symmetrisch zu einer Längsachse angeordnet sind. Auf diese Weise wurde der leblose Körper dem Schoß der Erdmutter zurückgegeben; war sie gnädig geneigt, würde sie wiederum einen anderen, lebendigen in den Schoß einer Frau legen.

Die Darstellungen der Muttergöttin variieren sehr stark: Sie erstrecken sich über schlichte bildliche Darstellungen der Vulva beziehungsweise des Schamhaardreiecks bis hin zu Bildnissen, die sie mit Bär, Hirsch, Vogel, Raubvogel, Frosch, Schlange, Biene und Schmetterling assoziieren; es gibt sogar solche, die die Göttin mit überdimensionaler Vulva beim Gebären zeigen. Sie ging offensichtlich mit zahlreichen europäischen Mythen konform: Als Herrin über den Geist der Tiere, über die Jagd und die Gesundheit war sie zugleich Ceres, die griechische Erntegöttin, Artemis, die ebenfalls griechische Göttin der Jagd, und natürlich auch Aphrodite. Ebenso verkörperte sie den Geist des Krieges, der später dem Gott Ares (römisch: Mars) übertragen wurde. Doch dieser Aspekt wurde bei der Untersuchung der paläolithischen Bildnisse nur flüchtig gestreift.

Der Ackerbau, der um das 9. Jahrtausend, das heißt etwa 6000 Jahre nach der letzten Eiszeit, in Mesopotamien einsetzte, ermöglichte das Anlegen von Vorräten und räumte das Schreckgespenst der Unfruchtbarkeit aus dem Weg. Eigentlich hätte er den Niedergang der Muttergöttin einläuten müssen. Dem war aber nicht so. Nachdem sie seit der Altsteinzeit die Jagd und die Ernte gelenkt hatte – von der Sexualität, die für die Nachkommenschaft der Stämme sorgte, ganz zu schweigen –, wurde die Muttergöttin nun auch zur Schutzherrin des Ackerbaus. Sie war die Große Spenderin für alles, sie spendete Leben, Tod und Erneuerung, wobei sie in der menschlichen Vorstellung immer wieder die Gestalt wechselte, wie die uns erhaltenen Werkzeuge und Gravierungen bezeugen: In ihrer Eigenschaft als Lebensspenderin wird sie als Bär, Dam- oder Rothirsch dargestellt; sie verwandelt sich in eine Fledermaus-, Eulen- oder Schlangenfrau, sobald sie den Tod bringt, und als diejenige, die das Leben weitergibt, erscheint sie in Form einer Vulva. Man erkennt sie in den uns vertrauteren Erscheinungsformen wieder: Ischtar, Astarte, Inanna, Kybele, Ceres und Aphrodite, alles ewig fruchtbare, ewig jungfräuliche Hüterinnen der Liebe, der Jagd und der Ernte. Und sie erfreute sich einer außergewöhnlich großen Langlebigkeit, vielleicht der längsten in der Geschichte aller Mythen.

Diese Mutter der Natur ist in gewisser Weise auch ambivalent, da sie den Tod ebenso wie das Leben und das Gute genauso wie das Böse repräsentiert. Eine ethische Färbung ist von ihr nicht bekannt: Eine Gottheit verhält sich wohltätig, solange man sie respektiert, und bringt Unheil, wenn man sie mißachtet.

Die oben erwähnte Symbolik hat sich natürlich den jeweiligen Verhältnissen der Gesellschaften entsprechend entwickelt. Im 10. Jahrhundert wird beispielsweise die Darstellung der weiblichen Geschlechtsteile mit der von wildwachsenden Samen, Wasservögeln oder auch symbolischen Bildern von der Ernte und der Jagd assoziiert. Im 6. Jahrtausend, als sich der Ackerbau im Mittelmeerraum ansiedelte und nach und nach auch Nordeuropa erreichte, ging die Versinnbildlichung der Muttergöttin mehr und mehr in die Tongefäße über, in denen man das Essen kochte – sie ist das Gefäß selbst. Ob für gewöhnliche Zwecke oder irgendwelche Zeremonien bestimmt, stellt dieses bauchige Gefäß zugleich Behältnis und Inhalt dar. Die Nahrungsmittel, Getreide oder Wild, die man darin kocht, sind Teil ihrer selbst. Die Personifizierungen der Göttin werden immer vielseitiger und präziser, bis hin zu Artemis von Ephesus im 5. Jahrhundert v.u.Z. (dem Apostel Paulus bereitete sie viel Ärger, denn eine irrige Interpretation beschrieb sie als mit einer Vielzahl von Brüsten bedeckt, während es sich in Wirklichkeit um Hirschhoden handelte).

35 000 Jahre lang lebten die Gesellschaften der Menschheit von Sibirien bis Spanien im Rhythmus der Naturgesetze, und angesichts deren Übereinstimmung mit dem 29tägigen Mondzyklus ist es selbstverständlich, daß der Mond einen immer gewichtigeren Platz in der menschlichen Phantasie besetzte. Der Sinn für Allegorien war keineswegs ein Privileg des rhetorisch gewandten Teils der Menschheit, und die Hörner, die der Mond in seinem ersten und letzten Viertel in den Himmel reckte, fielen den Beobachtern bald auf: Das waren doch Hörner wie

von Horntieren, und so kam es, daß man die Frau durch diesen Knochenkopfschmuck symbolisierte. So täuschte man sich beispielsweise jahrelang über den Bukranionkult, auf den man in Çatal-Hüyük in Anatolien aufmerksam geworden war: Man glaubte zunächst, es handele sich um einen Männlichkeitskult, einen gewiß sinnbildlichen Auftakt zu Stierkämpfen. Doch es war ein Mondkult und daher ein weiblicher Kult. Ganz Europa praktizierte ihn, und auch in Ägypten wurde ihm gehuldigt, indem man die Mondscheibe zwischen den Hörnern der Kuh Hathor, des heiligen Tieres der Göttin Isis, Tochter von Erde und Himmel, und ebenso über dem Kopf der Königskobra plazierte, die dem Pharao die Herrschaftsgewalt verlieh.

Während der ersten ungefähr 35 000 Jahre bleiben die bildlichen Darstellungen des Mannes und der männlichen Geschlechtsteile auf dem alten Kontinent und im östlichen Mittelmeerraum eindeutig in der Minderheit. Es existieren sehr wohl männliche Gottheiten, die sich durch die drei folgenden Funktionen definieren lassen: Beschützer der wildlebenden Tiere und der Wälder, wobei sie das Erscheinungsbild eines auf einem Thron sitzenden bärtigen Mannes annehmen; Beschützer des Hauses, diesmal in Gestalt einer Schlange, eines Phallus oder einer Person mit erigiertem Glied; und als Gott der Vegetation, der stirbt und wieder zum Leben erwacht und als Stier, Ziegenbock oder aber auch als trauriger alter Mann dargestellt wird. Beim Überblick ist, wenn man so sagen kann, das Strickmuster gewisser Gestalten aus der griechischen Mythologie wiederzuerkennen: Pan, Hermes und Adonis. Doch die überwältigende Vielzahl der Muttergöttin-Bilder bestätigt, daß nur sie die ehemaligen Götterwelten und somit die Gemüter der Menschen beherrschte. Für die frühen Gesellschaften dieser Regionen galt die erste Sorge dem Überleben, und dieses hing von den Bodenschätzen und später, mit dem Einsetzen des Akkerbaus, von dessen Fruchtbarkeit ab. Die Sterberate bei Kindern in jenen Jahrtausenden ist nicht bekannt, doch kann man davon ausgehen, daß sie kaum geringer war als die im Frankreich des 17. Jahrhunderts: Dort konnte nur jedes dritte Kind hoffen, das Erwachsenenalter zu erreichen, und die Lebenserwartung überschritt kaum die Fünfundvierzig. Die Fruchtbarkeit der Frauen war für das Überleben dieser Gesellschaften also ebenso wertvoll wie die des Bodens. Die Muttergöttin reflektierte sozialwirtschaftliche Verhältnisse, durch die Ideologie und Religion diktiert wurden.

Seit dem Auftreten des Cro-Magnon-Menschen, über dessen religiöses Verhalten man praktisch nichts weiß, bis hin zu den zwei letzten Jahrtausenden vor unserer Zeitrechnung haben Europa und die Länder des östlichen Mittelmeerraumes ihre Gottheiten in weiblicher und eindeutig geschlechtsbetonter Gestalt dargestellt, um jegliche Zweideutigkeit aus dem Wege zu räumen. Trotzdem wollten manche in diesen zwittrigen Wesen Darstellungen erblicken, aber hat man je einen Hermaphroditen bei der Entbindung gesehen? Erst ab dem 8. Jahrhundert v.u.Z. bevölkern sich die europäischen Tempel mit Männern, ohne deswegen allerdings jemals die Göttinnen und vor allem die Erdmutter zu verdrängen.

Und wie sieht es in den anderen Teilen der Welt, in Afrika, Amerika oder Ozeanien aus? In bezug auf Afrika ist das schwer zu beurteilen, es sei denn am Beispiel Ägyptens, das die afrikanischen Einflüsse widerspiegelte, die es über den Nil erreichten. Im vor- und frühdynastischen Ägypten beteten die Völker des Südens eine große Göttin namens Nechebt an, die sie in Gestalt eines Geiers darstellten. Im Laufe der Jahrhunderte wandelte sie sich zu Nut, die schon vor der Entstehung des Universums existiert hat, der Sonne Ra ihren Platz am Himmel zuwies und dann die Welt gebar. Für die Völker im Nildelta war die große Göttin eine Kobra namens Ua Zit. Bis zum Niedergang des alten Ägypten räumte die ägyptische Religion übrigens den weiblichen Gottheiten einen beträchtlichen Raum ein, angefangen bei Isis, der unvergleichlichen Geliebten und Schwester (deren Kult selbst die Römer faszinierte, die sogar in Rom Isis-Tempel duldeten), bis hin zur furchterregenden »kratzenden« Löwinnengöttin der Rache Pachet oder Sachmet, Hathor, »Haus des Horus«, und Nephthys, »Herrin des Hauses«, um nur einige unter den vielen weiblichen Gottheiten zu nennen.

Über die Nachbarländer Äthiopien und Libyen berichtete der Geschichtsschreiber Diodor von Sizilien um 50 v. u. Z., daß die von den Ägyptern angebetete Göttin Neith dort auch mit gleicher Ehrfurcht behandelt wurde.

Wieder einmal in Ermangelung von Beweismaterial läßt sich nicht beurteilen, wie es im Äthiopien der vorangegangenen Jahrtausende aussah. Diodor spricht von kriegerischen Frauen, was zu dem Gedanken veranlassen könnte, daß die Göttinnen womöglich einen gewichtigen, wenn nicht gar vorrangigen Platz in der dortigen Götterwelt besetzten. Heutzutage gibt es unter den nichtchristianisierten Bevölkerungsgruppen Äthiopiens wie den Oromo, die ein Drittel der Bevölkerung stellen, und den Gurage im Süden seit alters her eine weibliche Hauptgottheit namens Atete, die als Schöpferin der Welt und Göttin der Fruchtbarkeit gilt (und später paradoxerweise mit der Heiligen Jungfrau Maria gleichgesetzt wurde). Dieselbe Ungewißheit herrscht über die ursprünglichen, beachtlich vielfältigen Mythen im restlichen Afrika. Allerdings ist zu bedenken, daß es dort viele Sprachgemeinschaften und Kulturen, von den Dogon über die Zulu und Massai bis hin zu den Buschmännern, gibt. Die Mythen entwickeln und wandeln sich in Abhängigkeit von den politischen und kultursoziologischen Veränderungen. Nun mußten die afrikanischen Mythen aber im letzten Jahrtausend, zusätzlich zu den eigenen Stammeskriegen, noch den doppelten Schock der Christianisierung und der Islamisierung über sich ergehen lassen. Bereits ein kurzer Blick zeigt, daß die männlichen (oder manchmal bisexuellen) Gottheiten die weiblichen zwar nicht verdrängt haben, ihnen aber in Zahl und Bedeutung weit überlegen sind.

Der Fall der Andengöttin Pachamama und des Inkagottes Viracocha beweist Gleiches für Südamerika. Beide mußten unter dem Kulturschock durch das christliche Abendland weichen. Als ursprüngliche Erdmutter und Göttin der Fruchtbarkeit wird Pachamama auch heute mit der Heiligen Jungfrau der Christen gleichgesetzt (obwohl sie als »jähzornige und rachsüchtige Rabenmutter« gilt). Und das Bild des großen Gottes Viracocha »wurde im religiösen Bewußtsein der Andenbevölkerung vollkommen ausgelöscht«. Bei den Indianern Nordamerikas hat sich die weibliche Gottheit immerhin, zumindest bis vor nicht allzu langer Zeit, ihren Einfluß bewahrt: »Der Große Geist ist unser Vater, aber die Erde ist unsere Mutter«, sagen sie. Der Mais, der die Indianer Ost- und Südwestamerikas ernährt, untersteht dem Schutz einer weiblichen Gottheit, der Mutter des Mais. Die Puebloindianer und Irokesen hingegen rufen eher die Drei Schwestern, Schwester Bohne, Schwester Mais und Schwester Zucchini, an, womit wieder einmal der Einfluß der materiellen Dinge des Alltags auf die Erscheinungsformen der Gottheiten erwiesen wäre.

Die alten Gottheiten Ozeaniens lassen sich, zumindest derzeit noch, kaum ergründen. Zum einen gibt es dort nur sehr wenige archäologische Spuren; außerdem folgte die Besiedlung höchst unvollständigen Schemata.[14] Schließlich kreuzen sich in dieser Gegend der Welt kulturelle Strömungen, die die beiden großen Regionen Melanesien und Polynesien durchziehen, sich auflösen und dann wieder mit einer Vielfalt neu formieren, die allen Bemühungen der analytischen Geschichtswissenschaft trotzt.[15] Der Ethnologe Jean Guiart hat die Formbarkeit der ozeanischen Mythen und Religionen durch eine grundlegende charakteristische Eigenschaft erklärt: Der Ozeanier tauscht eine Gottheit ohne Umstände gegen eine andere aus, wenn ihm diese kompetenter erscheint. Doch sollte man dieser Erklärung den so oft und so hartnäckig vergessenen Umstand hinzufügen, daß es zur Zeit der Bevölkerung Ozeaniens noch keine Schrift gab. Die Mythen aus dieser Zeit sind also nicht schriftlich festgehalten, sondern konnten nur durch die mündliche Überlieferung überleben. Diese ist bekanntlich, je nach Gutdünken der Individuen und Umständen, unendlich variabel.

Daher ist eine Aussage darüber unmöglich, ob die Große Göttin vor der Ankunft des weißen Mannes und seiner auf dem männlichen Prinzip basierenden Religion über die ozeanischen

Gemüter herrschte oder nicht. Der australische Mythos um die Schwestern Wawalak, stark sexuell geprägte Wesenheiten, mag diese Annahme zwar stützen, aber er erlaubt keine endgültige Schlußfolgerung über diesen Teil der Erde. Er könnte sogar zu der Ansicht verleiten, die Große Göttin habe keinesfalls überall die Orte religiöser Verehrung beherrscht, und zwar gerade in denjenigen Weltgegenden nicht, wo ein milderes Klima herrschte als in denen, wo sie herrschte. Um diesen Punkt geht es im folgenden Kapitel.

Notgedrungen kann hier nur flüchtig auf manches hingewiesen werden. Selbst ein dicker Wälzer würde kaum ausreichen, um aufzuzeigen, welche Vorrangstellung die Große Göttin in den von ihr beherrschten Regionen über die männlichen Götter einnahm. Nun aber fragt es sich, wann, wo und weshalb die Große Göttin ihren Status verlor, die Gottheit das Geschlecht wechselte und sich die dickleibige Frau in einen mißgünstigen alten Mann verwandelte.

Männliche Götter
besteigen den Thron

Zwei Veränderungen von unvorhersehbarer Bedeutung diktierten dem Menschen das Angesicht seiner Gottheiten – die Entwicklung des Klimas und das Aufkommen des Ackerbaus. Beides hing in hohem Maße miteinander zusammen.

Die Menschen von vor 35000 oder 40000 Jahren – so lange ist es her, daß unser direkter Vorfahr, der Cro-Magnon-Mensch, auftauchte – lebten oder überlebten vielmehr in einer extrem kalten, feindseligen Welt, die nur wenig Nahrung bot. Etwa 18000 Jahre vor unserer Zeitrechnung, das heißt zum Zeitpunkt der letzten Eiszeit, schwankte die Temperatur im Juli zwischen 12 und 15 Grad Celsius, und im Winter sank sie in Eurasien um vermutlich 10 Grad Celsius mehr als heutzutage[1]; das bedeutete Temperaturen zwischen minus 10 und minus 40 Grad Celsius.

Da sich die Ernährung lange Monate hindurch ausschließlich auf Fleisch beschränkte, war sie unausgewogen und noch dazu ein Hungerbrot: Einen Wisent, ein Mammut oder einen Bären zu töten war keine Kleinigkeit. Hatte man das Tier erst einmal aufgestöbert, waren mehrere Jäger notwendig, um es zu erlegen. Dabei riskierten sie Kopf und Kragen, wie zahlreiche Spuren von Knochenbrüchen, die an einigen Skeletten der Eiszeit gefunden wurden, zu beweisen scheinen. Niederwild ließ sich im Winter selten auftreiben, und nur das Frühjahr ermöglichte die Anreicherung des mageren Speisezettels mit Wildfrüchten und Geflügel, das zarter war als das Fleisch wilder Ziegen, Schweine oder Schafe. Zwischenzeitlich setzte die falsche Ernährungsweise jedermann der Gefahr von Krankheiten aus; insbesondere die Frauen litten unter Unfruchtbarkeit und Fehlgeburten. War ein Kind aber einmal geboren, so drohte ihm

Rachitis. Die Hauptsorge war, sich selbst, eine ausreichend große Familie und einen Stamm am Leben zu erhalten, der die Familie gegen die Angriffe wilder Tiere verteidigen konnte. Schließlich waren Säbelzahntiger und Bären gefährliche Feinde: Der Hunger, unter dem auch sie zu leiden hatten, machte sie gefährlich.

Vielleicht versteht man in unserer Zeit der Abmagerungskuren nun etwas besser, daß der Tod in der altsteinzeitlichen Kunst als magere und die Göttin als dickleibige Frau dargestellt wurde. Man wird auch begreifen, daß Fruchtbarkeit und Vermehrungsfähigkeit für diese Menschen allerhöchste Bedeutung besaßen. Wie hoch damals die durchschnittliche Lebenserwartung lag, ist nicht bekannt. Doch kann man sich leicht vorstellen, daß die Frauen, ausgelaugt von zahlreichen aufeinanderfolgenden Schwangerschaften, nicht lange lebten. Die Frau als solche stellte also ein Gut, einen zugleich materiellen wie immateriellen Wert dar, was übrigens auch noch bis weit nach der letzten Eiszeit so blieb.

Vor ungefähr 10 000 Jahren ging die letzte Eiszeit zu Ende. Das Eis zog sich zurück, mit unterschiedlichen Folgen: So versiegten Wasserläufe und trockneten manche Regionen aus, während es andernorts zu Überschwemmungen kam. Diese Auswirkungen dürfen zwar nicht allzu schematisch interpretiert werden, aber es scheint doch gewiß, daß es sehr wohl einen Zusammenhang zwischen dem Ende der Eiszeit und dem Auftauchen des Ackerbaus gab, denn wenig später wurden im Nahen Osten, in dem so treffend benannten »Fruchtbaren Halbmond«[5], tatsächlich Gerste und zwei Weizenarten angebaut.

Der Ackerbau entstand nicht überall zur gleichen Zeit: In Amerika setzte er offenbar um zwei Jahrtausende verspätet ein, da die ersten amerikanischen Flaschenkürbis- und Avokadokulturen erst etwa 7000 Jahre v. u. Z. angelegt wurden. Allerdings ging die Eiszeit im östlichen Amerika auch später zu Ende als in Eurasien.

Wie bei allen Entstehungsgeschichten spielte der glückliche Zufall auch in dieser sicherlich eine gewisse Rolle. Der anschaulichste Beweis hierfür wurde 1966 erbracht, als Jack Harlan, Professor für Agrarwissenschaften an der Universität von Oklahoma, an den Hängen des Vulkans Karaca Dağ in der Ost-türkei ein wildwachsendes Getreide einsammelte, das die frühen Jäger und Sammler und späteren Ackerbauer interessiert haben könnte. Es handelte sich um reifes Einkorn. Mit Hilfe einer Sichelklinge aus 9000 Jahre altem Feuerstein gelang es ihm, innerhalb einer Stunde 2,8 Kilogramm der Ähren zu ernten, von denen ihm nach dem Entfernen der Spreu zwei Kilogramm eines Korns blieben, das um fünfzig Prozent reicher an Proteinen war als der berühmte heutige »Winterweizen« aus den USA und Kanada. Die damaligen Menschen kannten Proteine sicher nicht, doch es konnte ihnen nicht verborgen bleiben, daß dieses Korn nahrhafter war. Zehn Personen ernteten davon also in zehn Stunden zweihundert Kilogramm. Diese Form der Nahrungsbeschaffung war um vieles sicherer, als mit Pfeil und Bogen Hasen hinterherzujagen.

Später begann man, wildlebende Tiere wie Ziege, Mufflon, Auerochs, Wildschwein, Pferd und den Wolf, Vorfahr all unserer Hunde, zu domestizieren. Den Hund gab es als Haustier vor allen anderen, da er noch vor dem Ende der Eiszeit, gegen 13 500–12 000, als solches offenbar im Morgenland vorkam. Erst viel später folgte die Ziege, die um 9500 v. u. Z. im »Fruchtbaren Halbmond« auftauchte; das Schwein und das Rind, die friedfertigen und ein wenig degenerierten Nachkommen von Wildschwein und Auerochse, kommen in domestizierter Form etwa zur gleichen Zeit, um 8000 v. u. Z., im Morgenland vor, ebenfalls um 8000 v. u. Z. die Katze – wo allerdings, ist nicht genau bekannt –, das Pferd etwa um 5800 am Schwarzen Meer, der Esel um 5000 in Mesopotamien und im Niltal.[4] Man züchtete sie wegen ihres Fleisches, ihrer Wolle, Milch und ihrer Zugkraft. Jetzt brauchte man kein flüchtiges Niederwild oder Hochwild mehr wegen der Häute zu jagen. Und noch ein weiteres neues Nahrungsmittel kam in Gebrauch – die Milch.

Eine gewaltige Revolution: Zum ersten Mal stellt der Mensch seine Nahrung selbst her. Er ist nicht mehr der Bettler, der der Natur seinen Lebensunterhalt abringen muß. Seine Kleider muß er nicht mehr vom Rücken der Tiere reißen. Er hat sich zum Herrn aufgeschwungen, der das, was er zum Leben braucht, durch seine Arbeit selbst herstellt.

Hieraus läßt sich ableiten, daß die Lehre, die Adam von einem rachsüchtigen Gott erteilt worden sein soll − »Im Schweiße deines Angesichtes sollst du dein Brot verdienen« (wörtlich: »Im Schweiße deines Angesichts sollst du dein Brot essen, bis daß du wieder zu Erde werdest, davon du genommen bist«, 1. Mose 3, 19) − historisch gesehen nach der Einführung des Ackerbaus anzusiedeln ist. Davor gab es ganz einfach noch kein Brot. Doch zumindest in einem Punkt hatte Gott recht: Die Feldarbeit war sowohl im zehnten Jahrtausend v.u.Z. als auch zu der Zeit, als die Genesis geschrieben wurde, eine harte Knochenarbeit; und das blieb sie auch mehr oder weniger, bis im 19. Jahrhundert die ersten landwirtschaftlichen Maschinen aufkamen. Die Dringlichkeit des Mythos Fruchtbarkeit hatte zwar ein wenig nachgelassen, doch verschwunden war er keineswegs: eine Dürreperiode, eine ungünstige Witterung oder allzu gierige Nager, und schon war eine Ernte verloren. Bei der Auswahl, die der Mensch zwischen Gersten- und Weizenkörnern traf, um die beste Ernte zu gewährleisten, hatte die Große Göttin gewiß Federn lassen müssen, doch sie blieb die Königin des Himmels und vor allem der Erde. Davon zeugen die zahllosen Darstellungen, die die Völker des Nahen und später des Mittleren und Fernen Ostens von ihr anfertigten. Man hatte auch Fleisch, mußte sich aber vor Tierseuchen und wegen des Korns vor Ratten und Kornkäfern hüten. Immer noch regierte eine dicke Matrone die Welt; war sie zuvor überwiegend die Göttin der Sexualität gewesen, so wurde sie nun zur Göttin der Ernte und Jagd.

Wer von Ackerbau spricht, meint auch Seßhaftigkeit. In der Tat kam man nicht umhin, nahe den besäten Feldern zu wohnen, um die Früchte seiner Arbeit ernten zu können und um zu vermeiden, daß andere kamen und von der eigenen Arbeit profitierten. Also baute man an den Feldrainen Lehmhäuser. Die ersten ständigen Wohnzentren fallen zwar zeitlich nicht immer exakt mit den Anfängen des Ackerbaus zusammen, dennoch war es unmöglich, Tiere zu züchten und Felder zu bestellen, wenn man nicht vor Ort lebte. Ernten wurden eingebracht und Viehherden gehalten. Durch diese beiden Güter etablierte sich der Handel von Dorf zu Dorf: Manche besaßen zu viele Schweine und andere wiederum zu viele Schafe, also tauschte man. Bergbau und Metallbearbeitung kamen auf, desgleichen aber auch der Diebstahl. Die Leute eines armen oder benachteiligten Ortes − vielleicht scheuten seine Bewohner auch nur die harte Handarbeit − begannen, über die reichen Dörfer herzufallen. Während der Mutterinstinkt die Frauen bei ihren Kindern hielt, zogen die Männer los, um sich mit Viehdieben herumzuschlagen. Das Oberhaupt eines Dorfes oder Stammes war nun nicht mehr nur der Erfahrenste von allen, sondern auch der Stärkste und Geschickteste im Umgang mit dem Spieß. Der Gott Mars war geboren. Die Stadt erhielt fortan zwei fundamental wichtige Funktionen: die eine, lebensspendende, die der Muttergöttin oblag, und die andere, daß sie beschützte, und diese Aufgabe fiel dem neuen Kriegsgott zu.

Dies ist eine Bedeutung, die zuweilen verlorenging, obwohl der Protestantismus sie viele tausend Jahre nach der Entdeckung des Ackerbaus wieder aufbrachte: Von der Gottheit wurde erwartet, daß sie die materiellen Güter beschützte. Die Metaphysik kennzeichnet Leute, deren Kornspeicher voll sind.

Der Niedergang der allumfassenden Muttergöttin begann indessen spät und wurde bis zum Aufkommen des Judentums in keiner Religion je ganz besiegelt. Die Muttergöttin mußte »lediglich« ihre Macht mit einer männlichen Gottheit teilen. Das erste Glaubenssystem, in dem ein Gott die Macht offiziell mit einer Muttergöttin teilt und das dem heutigen Verständnis einer Religion als definiertes, wenn nicht gar strukturiertes Glaubenssystem entspricht, kam in Europa erst durch die Kelten, einen indogermanischen Zweig der Indoarier, zwischen 1000 und 500 v.u.Z. auf (genauer gesagt und aktuellem Ausgangsmaterial zufolge, zwischen 850 und 450 v.u.Z.). Als Nomaden ohne organisiertes Tempelwesen beteten sie die Wasserläufe an, die als Symbole der Reinigung und Erneuerung dienten und ihrerseits unter den Schutz von Göttinnen gestellt waren: Clota, die dem englischen Fluß Clyde ihren Namen geben sollte, Sabrina, die ihren Namen der Severn lieh, und Sequana, nach der später die Seine benannt wurde. Parallel dazu beteten sie einen männlichen Gott an: Lugh, die »Sonne«, dessen Herkunft vermutlich im lateinischen Wort *lux,* das Licht, zu suchen ist (und der selbst wiederum den Städtenamen Laon und Lyon in Frankreich, Leiden in Holland und Carlisle – vormals Caer Lugubalion, später Luguvallium – in Nordengland Pate stand). In Asien und der restlichen Welt hatten die Vorfahren der Kelten mindestens ein Jahrtausend zuvor schon Religionen entwickelt. Europa kam erst spät zu einer männlichen Gottheit, die man als deutlich gekennzeichnete Wesenheit verstand.

Der Boden für diesen männlichen Eroberungszug war längst bereitet: Die im Paläolithikum noch seltenen Phallusdarstellungen und Abbildungen von ithyphallischen Gestalten häufen sich beispielsweise seit dem Ende der Eiszeit in Frankreich, im späten Magdalénien.[5]

Hatte man diesen symbolischen Darstellungen männlicher Zeugungskraft Namen gegeben? Handelte es sich dabei um ganz bestimmte Gottheiten oder nur um grob sinnliche Lobpreisungen des Lebens? Wir wissen es nicht: ohne Alphabet kein Name! Nur eines ist mehr oder weniger gewiß: Erst durch die Kelten stoßen wir in Europa erstmals auf annähernd unterscheidbare, indivuell gestaltete männliche Götter.

Der Weg, den diese im Reisegepäck der Indoarier und später dann in dem von deren keltischen Nachkommen von Nordindien über den Iran bis zu den äußersten Grenzen Europas zurücklegten, war ziemlich lang. Doch dieses Eindringen der vorwiegend kriegerisch gearteten männlichen Götter war kein Zufall: Auch hier hatte eine tiefgreifende klimatische Veränderung den Anlaß gegeben.

Indien, das von der letzten Eiszeit ebenso betroffen war wie die übrige Welt, brachte diese jedoch schon 1000 Jahre früher hinter sich. Das geschah sogar ziemlich abrupt: Vor 9000 Jahren waren die Sommer dort heißer und feuchter als heute (die Winter dafür aber um so strenger[6]). Das bedeutet, daß sich der Übergang – obzwar nicht schrittweise und maßvoll – innerhalb weniger Jahrhunderte vollzog. Dieses Phänomen bewirkte natürlich durchgreifende Veränderungen in Fauna und Flora. Niederwild gab es plötzlich in Hülle und Fülle, Früchte, Beeren und Nüsse ebenso, und die Bevölkerung des indischen Subkontinents konnte sich mit der Jagd, dem Fischfang und dem Sammeln von Früchten mühelos ernähren. Natürlich besaßen Fruchtbarkeit und Vermehrungsfähigkeit nach wie vor große Bedeutung für diese Bevölkerungsgruppen, doch nicht mehr dieselbe Dringlichkeit wie zu den Zeiten, als man selbst noch in der bittersten Kälte Hasen, Eichhörnchen und andere Nager erlegen mußte, um seine Familie nicht verhungern zu lassen.

Eines der deutlichsten Resultate dieses Übergangs ist die Entwicklung eines unerschütterlichen Entdeckerinstinkts. Vielleicht begann damals die Arbeitsteilung zwischen den Geschlechtern: Die Frauen hatten ihre Sprößlinge zu hüten, und die Männer widmeten sich aufgrund der für ihr Geschlecht charakteristischen erhöhten Adrenalinerzeugung ihren zur Gewohnheit gewordenen Heldentaten wie der Erforschung neuer Territorien sowie dem körperlichen und bald auch kriegerischen Konkurrenzkampf. Das männliche Prinzip zeichnete sich klar ab: Nicht mehr lange, und es sollte sich in den Kulten, dann Mythen und schließlich Religionen widerspiegeln.

Dieselbe Veränderung spielte sich auch in Nord- und Äquatorialafrika ab, und es gibt gute Gründe, zu glauben, daß der Nil beispielsweise einen in bezug auf seine heutige Strömungsrichtung mehr oder weniger queren Verlauf in westlicher Richtung nahm, bevor der Übergang zu den heutigen Temperaturverhältnissen begann. In den tropischen und subtropischen Regionen, wo der Rückgang der Vergletscherung früher als in den übrigen Gegenden stattgefunden hat, drückte sich das Prinzip der Fruchtbarkeit und Vermehrungsfähigkeit nun in männlichen Gottheiten aus, und zwar mit gleicher, wenn nicht gar größerer Häufigkeit als in weiblichen Gottheiten. Es war die Zeit, als die Sahara noch grünte und die Nilzuflüsse bis vom Niger her kamen.

Der klimatische Einfluß auf die Entwicklung des Lebens und folglich auch der Göttlichkeit wird aus der Tatsache ersichtlich, daß der Phallus- oder *Linga*-Kult nach dem oben beschriebenen jähen Klimawechsel und höchstwahrscheinlich seit der Jungsteinzeit ohne Unterbrechung in Indien fortbestand. Zusammen mit dem Vagina- oder *Yoni*-Kult, spiegelt er die Allgemeingültigkeit der männlichen und weiblichen Funktion im Fruchtbarkeitskult wider.

Entscheidend ist, daß sich die Entwicklung in Indien etwa tausend Jahre früher als in Europa abgespielt hat. Im Laufe von zehn Jahrhunderten hatte Indien nämlich genügend Zeit zum Übergang vom Symbol zum Mythos. Die älteste in Indien bekannte Religion ist der Shivaismus, der Kult um den tanzenden, phallischen (aber auch bis zur Zweideutigkeit femininen) göttlichen Bogenschützen Shiva. Sein Ursprung in Zeit und Raum läßt sich freilich nicht mit Gewißheit feststellen: Die älteste Darstellung eines phallischen Gottes aus Indien ist das Siegel aus der Mitte des 3. Jahrtausends, auf dem Pashupati, der Herr der Tiere, abgebildet ist. Und es stammt aus der Mohenjo-Daro-Stufe, die wiederum zu den Zivilisationen des Industals gehört. Etliche Indienexperten unter den Historikern sind allerdings der Meinung, daß der Shivaismus trotzdem die älteste einheimische Religion Indiens ist.

Dennoch führten nicht die Hindus die männlichen Götter in Europa ein und legten damit die Fundamente des heutigen Abendlands, sondern die Arier. Ihr Einfluß war gewaltig. Die aktuelle Bevölkerung Europas ist im wesentlichen nämlich aus drei großen Invasionswellen entstanden. Als erste kam die indoarische, das heißt die der eigentlichen Arier im 4. Jahrtausend v. u. Z. aus dem Iran und Nordindien nach Europa. Nachdem diese nach Westen, also in Richtung Europa, aufgebrochen waren, ließen sie sich im Zuflußgebiet von Djnepr und Donez, im unteren Wolgatal und in den Steppen Kasachstans nieder. Die zweite Invasion, die als die »indogermanische« bezeichnet wird, ging etwa im 8. Jahrhundert v. u. Z. von diesen Territorien aus; zur dritten kam es im 5. Jahrhundert. Sie besiegelte das Ende des durch andere Ursachen bereits geschwächten Römischen Reiches. Allerdings gab es bekanntlich noch verschiedene Invasionen jüngeren Datums. Die Abendländer und ihre Kulturen stammen also von einem ursprünglich in Nordindien und im Iran beheimateten Volk ab. Daß zwischen drei großen Wellen unterschieden wird, heißt noch lange nicht, daß sich die Bevölkerungsgruppen zwischenzeitlich nicht bewegt hätten; das Vordringen der Indoarier setzte sich stetig fort, wie das Ausmaß der Besetzung Galliens beziehungsweise der Ausbreitung der Kelten zeigt.

Zahlreiche Indizien weisen darauf hin, daß die Arier ursprünglich nicht aus Indien stammen, sondern aus dem Iran und von Baktrien (im heutigen Afghanistan) oder Mesopotamien her dorthin gelangt sind. Der Grund waren neue klimatische Veränderungen, die im Laufe oder gegen Ende des 5. Jahrtausends eingetreten sind (möglicherweise die Austrocknung der Ebenen). Doch waren die Arier auch keine »gebürtigen« Iraner, denn die iranischen Hochebenen, die sie im 4. Jahrtausend besetzten, wurden bereits von anderen, nicht identifizierten nicht-arischen Bevölkerungsgruppen bewohnt. Das zeigt, daß wir noch heute, das heißt im ausgehenden 20. Jahrhundert, viele Dinge über die Ursprünge der Volksgruppen dieser Welt nicht wissen. Kein Anthropologe oder Historiker kann beweisen, daß die Abstammung der Arier in diesem oder jenem Teil der Welt einzuordnen ist. Als einzig sicher gilt, daß ihre Sprache die Mutter aller europäischen Sprachen ist.[7]

Die Arier, mit denen sich später – im 6. Jahrhundert v. u. Z. – der große Religionserneuerer Zarathustra (von den alten Griechen »Zoroaster« genannt) intellektuell auseinandersetzte, verdienen aus dem Blickwinkel der Religionsgeschichte sicherlich Aufmerksamkeit, denn sie führten die männliche Gottheit ein. Sie verdienen sie bereits ganz einfach in historischer Hinsicht, weil sie den tiefgreifendsten ideologischen Einfluß der Menschheitsgeschichte auf die gesamte Welt ausübten. Verglichen mit ihrem Imperium ist das Weltreich Alexanders des Großen, übrigens ebenfalls ein Indoarier, gleichsam nur ein Strohfeuer und das Römische Reich ein Pausenfüller. Tatsächlich blickten sie auf eine lange Geschichte zurück: Ägypten kannte ihre Götter bereits 1700 Jahre v. u. Z. In Asien dauerte ihr politischer Einfluß mehr als 2000 Jahre lang, und ihr ideologischer Einfluß setzt sich auf dem gesamten asiatischen Subkontinent von Pakistan bis Indonesien bis in unsere Tage hinein fort. Meder, Thraker, Skythen und Parther waren Werkzeuge in ihren Händen. Sie haben in Europa alles geschaffen: Sprachen, Städte, Religionen und Bräuche. Anatolier, Griechen, Römer, Kelten beziehungsweise Gallier, Germanen und Wikinger – sie alle sind Arier. Es gibt heutzutage nichts, was nicht von ihnen mitgeprägt worden wäre. Kein anderes Volk kann sich damit brüsten, das Gesicht der Welt in dem Maße verändert zu haben wie sie: Sie sind dieses Gesicht heute!

Ihr Einfluß auf ganz Europa, der zahlreiche zweifelhafte Wunschbilder (aber auch übertriebene Dementis) ausgelöst hat, läßt sich anhand der Tatsache ermessen, daß mit Ausnahme des Baskischen nicht nur sämtliche aktuellen westlichen Sprachen auf ihre Sprache zurückgehen, sondern sie bei uns auch ein theologisches System durchsetzten, das die abendländische Denkweise und die vorangegangenen Glaubenssysteme obendrein tiefgreifend verändert hat.

Auch wenn die Arier sich in Nordindien niederließen, nahmen sie die einheimischen Religionen, die dann in den Hinduismus eingegliedert wurden, darunter auch der Shivaismus, doch nur teilweise und im übrigen recht spät auf. Sie allein übten von Anfang an beträchtlichen Einfluß auf Indien aus, denn sie brachten ein sehr differenziertes Gesellschafts-, Religions- und Sprachsystem mit. Abgesehen vom Kastensystem, das bis in unsere Zeit hinein überdauert hat, verwurzelten sie in Indien ihre Sprache, von der das Sanskrit unmittelbar abstammt. Ihre Religion – inklusive Mythologie und Philosophie

– kennen wir durch den *Rigveda*, jene an die tausend Lieder umfassende Sammlung, die zwischen dem 8. und 9. Jahrhundert v. u. Z. entstanden ist. Sie ist das erste große dichterische Werk in einer indoeuropäischen Sprache und die Mutter aller Epen.

Als sie nun im 4. Jahrtausend auf ihren schnellen kleinen Pferden über die Engpässe des Kaukasus nach Europa stürmten, fanden sie uns heute kaum noch bekannte Bevölkerungsgruppen vor, Abkömmlinge der Maglemose- und Kunda-Kultur aus dem Norden, die als frühe Vorfahren der Deutschen, Polen, Dänen und Skandinavier gelten und die Eiszeiten Nordeuropas überlebt hatten. Es handelte sich um Bevölkerungsgruppen, nicht um Zivilisationen: Die ersten großen Kulturen des Abendlandes, die diese Bezeichnung verdienten, waren die minoische und die mykenische Kultur. Ihre Blütezeit erlebten sie etwa 3000 Jahre v. u. Z. im östlichen Griechenland, und zwar in dem von Peloponnes, Kreta und den Kykladen umschlossenen Gebiet. Diese Kulturen, die erst nach der ersten indoarischen Invasion auftauchten, praktizierten noch den Kult der Muttergöttin. Davon zeugen die berühmten und geheimnisvollen Kykladen-Idole, die, stark stilisiert, fast ausnahmslos Frauen darstellen. Doch sind deren sekundäre Geschlechtsmerkmale (Brüste) und Geschlechtsorgane nur schwach ausgebildet. Bei manchen wird das Geschlecht nicht einmal angezeigt, und nur aus leichten Schwellungen im Brustbereich, vor allem aber aus den fehlenden männlichen Geschlechtsorganen wird erkennbar, daß es sich um Frauen handelt. Im übrigen weisen die erstaunlichen Steingutfigurinen, die in Knossos gefunden wurden und im Museum von Heraklion auf Kreta bewundert werden können, etliche Züge auf, die unbestreitbar mit den uns bekannten altsteinzeitlichen Bildnissen der Muttergöttin verwandt sind: Die Brüste sind nackt und ragen aus dem deutlich erkennbaren Kleiderausschnitt heraus, der vom Hals bis fast zur Hüfte reicht. Außerdem hantieren diese Frauen, zweifellos Priesterinnen, mit Schlangen, den Symbolen chthonischer Fruchtbarkeit, beziehungsweise werden von diesen umschlungen – ein weiteres Merkmal der Muttergöttin, die als Herrin der Schlangen gilt.

Die minoische Religion könnte den Menschen des 20. Jahrhunderts recht gut über die frühen Religionen informieren, doch immer noch liegt vieles über sie im Dunkeln. So weiß man beispielsweise nicht, was sich auf den Hügeln und in den Tropfsteinhöhlen abgespielt hat, die die Minoer aufsuchten, um zu tanzen und Tieropfer darzubringen. Der weit verbreitete Stierkult ließ ursprünglich vermuten, daß diese Religion Männlichkeitsmotive beinhaltete. Der Stier, dessen Hörner ja bekanntlich die Mondsichel und damit ein weibliches Gestirn symbolisieren, kann allerdings eine völlig andere Symbolik darstellen, als wir sie ihm heutzutage zuweisen. Früher rätselte man auch viel über die nackten Akrobaten, die innerhalb geschlossener Einfriedungen über die Hörner von Stieren sprangen: Lag darin nicht eine Allegorie der Männlichkeit verborgen? Wohl kaum, denn in der Zwischenzeit entdeckte man, daß es sich bei diesen Akrobaten um Frauen handelte!

Das Ausufern der Sexualität im Paläolithikum und Neolithikum, über das sich manche Kritiker im 20. Jahrhundert so pikiert äußerten, hat hier nun beträchtlich nachgelassen. Abgesehen von der recht üppigen Brust, die auf den Freskenüberresten von Thera bei einer der Priesterinnen zu sehen ist, sind Haltung und Kleidung dezenter geworden: Die Frauen tragen Röcke und sind geschminkt.

Die Angst vor Hunger, Kälte und Tod, die aus der Brutalität der steinzeitlichen Kunst spricht, hat sich nun gelegt, und dieses Nachlassen der Angst hat sich unleugbar zugunsten von Kultur und Raffinement ausgewirkt: Das Mittelmeer und die Welt standen vor den Toren Griechenlands. Zwischen dem Untergang von Knossos, der sehr wahrscheinlich auf ein Erdbeben um 1700 v.u.Z. und – nach dem Wiederaufbau – durch die spätere kriegerische Zerstörung um 1425 v.u.Z. zurückzuführen ist, und dem vorklassischen Griechenland des 8. Jahrhunderts v.u.Z. verblieb keine allzu große Zeitspanne, in der sich die Idee vom Gottkönig entwickelte. Dies aber spielte sich zunächst einmal nur auf dem Kontinent und unter fremden Einflüssen ab.

Weshalb beteten die Arier als einzige ihrer Zeit männliche Götter an? Die Glaubensüberzeugungen, die sie in Asien und Europa antrafen, konzentrierten sich sämtlich auf die Muttergöttin; wie gelang es ihnen wohl, sie zu ändern? Zwei gewichtige Faktoren können das erklären. Den ersten bildet ihr eroberungsfreudiges Nomadentum, das ihnen ihre Pferde ermöglichten. Die Arier hielten nämlich Pferdeherden, und es ist durchaus möglich, daß sie damit Handel trieben. Doch im Unterschied zum Hirten- oder Handelsnomadentum, die sich auf bestimmte Gebiete beschränkten, erlaubte das Nomadentum der Arier, daß sie (im Neolithikum höchst ungewöhnlich) in unbekannte Länder einfielen. Sie zeigten sich dabei als ein aus zahlreichen Stämmen zusammengesetztes Volk, das sich über lange Zeitspannen hinweg in einer Region niederließ, um sich dann, nachdem deren Fruchtbarkeit erschöpft war und die eigenen Grenzen ihm zu eng wurden, in weit ausgedehnte Eroberungszüge zu stürzen. Dieses Verhaltensmuster ließ sich später auch bei den Thrakokimmeriern, Skythen, Medern oder Saken beobachten.

Ein Nebenfaktor, der zur Entwicklung des eroberungsorientierten Nomadentums der Arier beigetragen haben soll, liegt gerade eben in dem intensiven Umgang mit Pferden. Von mancher Seite wurde der Einwand vorgebracht, daß es in den Steppen von Südrußland ebenfalls Pferdezucht gab und beileibe nicht alle Pferdezüchter eroberungslustige Nomaden waren. Diesem Einwand könnte man wiederum entgegenhalten, daß es auf der Welt eine Menge Motorradfahrer gibt, sich aber hauptsächlich in Kalifornien organisierte Banden räuberischer Motorradrowdies wie die Hell's Angels gebildet haben.

Das eroberungsorientierte Nomadentum setzt notgedrungen Konflikte mit den Volksstämmen voraus, auf die es trifft, und daher auch einen halbmilitärischen Organisationsaufbau, der von Männern geleitet wird. Tatsächlich bildete der Krieger in der arischen Gesellschaft eine Heldenfigur. In dem Lied an die

Maruts, die im Dienste des Kriegsgottes Indra stehenden Götter des Windes, heißt es: »Tapfere Krieger, die im Aufblitzen ihrer Lanzen funkeln und mit ihrer gewaltigen Kraft sogar erschüttern, was unerschütterlich ist ...« Verschiedenen Deutungen nach soll der Name »Mars« aus »Marut« entstanden sein. Im *Purusa-Sukta* (»Lied des Menschen«), einer Art Schöpfungsgeschichte im *Rigveda*, steht geschrieben, daß der Mensch, nachdem er aus den zerstückelten Resten des Riesen Purusa von den Göttern geschaffen worden war, Brahmane wurde und sich seine Arme zu Kriegerarmen herausbildeten. Königssöhne und Krieger – Gobineau hatte bezüglich der Arier so unrecht nicht. Nur war es eben unbedacht, sie als eine »Rasse« zu betrachten.

Der zweite Grund ihrer Verehrung männlicher Götter liegt in dem den Ariern eigenen »Rassismus«. Es spiegelt sich recht aufschlußreich in der *Bhagavadgita* wider, einem siebenhundert Verse umfassenden Gedicht, das zu dem umfangreichen epischen *Mahabharata*-Zyklus gehört und den Hindus in etwa das ist, was Homer oder Shakespeare den Europäern bedeuten. Es handelt sich um einen Dialog zwischen dem arischen Helden Arjuna und seinem Freund, dem Fürsten Krishna – in Wirklichkeit die Inkarnation Gottes auf Erden –, der ihm im drohenden Bruderkrieg zwischen den Pandavas und den Kauravas als Wagenlenker dienen will. Als sich die beiden Heere »kampfbegierig« gegenüberstehen, wird Arjuna »von großem Mitleid ergriffen« und sagt »niedergeschlagen« zu Krishna, er sehe »nichts Gutes darin, die eigenen Verwandten im Kampf getötet zu haben«. Seine Hauptsorge gilt der Frage, ob durch diese »Familienvernichtung« nicht »die ewigen Familien-Dharmas zugrunde gehen; (und) wenn der Dharma verloren geht, ... werden die Frauen der Familie verderbt; wenn die Frauen verderbt sind, ... entsteht Vermischung der sozialen Stände.« Dann schlägt er vor, sich selbst zu opfern, damit das Blutbad vermieden werden kann. Doch Krishna ermahnt ihn, auf Gott zu vertrauen und dennoch in den Kampf zu ziehen, einerlei, wie dieser enden würde.[9] Kein Zweifel, dies war sowohl der erste Hinweis auf eine zentrale männliche Gottheit als auch eine Lektion in Sachen Ehre und Heldentum.

Nichts könnte klarer vor Augen führen, daß die rassistische Kastenordnung und die Überzeugung von der grundlegenden Minderwertigkeit der Frauen in der arischen Philosophie ganz eng miteinander verknüpft sind. Für die Arier konnten die Frauen allein durch Kasten gezügelt werden, und indem man sie diesem System unterwarf, wurde die Stabilität der Gesellschaft und die Reinheit der Sitten gewährleistet. Der *Rigveda* beweist auf alle Fälle ganz deutlich, welch geringe Achtung die Arier für ihre Frauen empfanden: »Der Geist der Frau verträgt keine Disziplin. Ihr Verstand ist nicht von Bedeutung.« Zwölf Jahrhunderte vor unserer Zeitrechnung und absolut unmißverständlich stößt man hier auf die Kombination von Machismo und Rassismus, die sämtliche westlichen Kulturen prägen und die nach und nach zu dem männlichen Gottesbegriff führen sollten.

Die Arier formten die Welt im Westen ebenso wie im Osten: Als sie um etwa 1400 v.u.Z. erstmals unter anderem in Indien, und zwar in Gandhara und andere östlich gelegene Gebiete[10] einströmten, fanden sie dort den Kult der Muttergöttin vor; bei ihrer Niederlage im Jahre 2102 v.u.Z. stießen sie erneut auf ihn, und noch einmal bei ihrer zweiten Invasion um 1900 v.u.Z., das heißt etwa tausend Jahre nach dem Mahabharata-Krieg (der eher als soziale Revolution zu sehen ist, die von den über die anmaßende Art der Arier aufgebrachten Draviden ausgelöst wurde). Es handelte sich um einen widerstandsfähigen Kult, da er um 1400 v.u.Z., als die ersten arischen Königreiche in Ostasien gegründet wurden, immer noch blühte, und auch um 1100 v.u.Z., als die Arier das gesamte Punjab (»Fünfstromland«) eingenommen und das Gangestal besetzt hatten, nach wie vor präsent war; auch im Jahr 1000 v.u.Z., als sie nach Gujarat eindrangen, lebte er noch.

Je weiter sie sich ausdehnten und ihre Eroberungen, Ideen und Regierungssysteme etablierten, um so mehr verkümmerte der Muttergöttin-Kult. Er tauchte gelegentlich zwar wieder auf, doch um 500 v. u. Z. hatten ihn die wiederholten Anstürme der männlichen Götter endgültig auf die Stufe eines untergeordneten Kultes hinabgedrückt. Fortan sollte die Welt, vom Himmel oben bis zur Hölle unten, den Männern gehören. Gott war nun ein Mann und sein Feind, der Teufel, ebenfalls. Die Frauen aber galten nur mehr als Hort der Erholung für die Krieger und als Instrumente zur Zeugung ihrer Nachkommen.

Die Arier trafen in den Gebieten, die sie eroberten, auf durchaus ernstzunehmende Gegner. In Asien zum Beispiel zeugte die berühmte Induskultur mit ihrer Hochburg Mohenjo-Daro von einer mindestens ebenbürtigen, wenn nicht gar höheren Entwicklung in gesellschaftlicher, städtebaulicher, technologischer und militärischer Hinsicht. Doch aus anderen Gründen, als bislang beschrieben wurden, hatte das gesamte damals bekannte Abendland, das heißt der alte Kontinent beziehungsweise Eurasien, etwa dreitausend Jahre vor unserer Zeitrechnung ein kritisches Stadium erreicht, das die Arier ausgesprochen begünstigte.

Wie der Ackerbau hatte sich auch die Technik der Kupfer- und Eisenverarbeitung inzwischen beachtlich entwickelt und die Volksstämme immer seßhafter werden lassen. Deshalb und weil sich eine gewisse Konstanz in den Begegnungen etablierte, hatten sie sich genetisch differenziert. Etliche unter ihnen begannen, sich im Umkreis großer Handelszentren niederzulassen, und es begannen die durch kaufmännische und später noch militärische Interessen bedingten Rivalitäten. Vom Aufschwung der Metallbearbeitung angestachelt, loderten die Flammen des Krieges gen Himmel.

Ein einfaches Beispiel für das Zusammenspiel zwischen der Metallverarbeitung und dem Krieg bietet der Vergleich zwischen den minoischen und den mykenischen Schwertern: Die minoischen, mit etwa einem Meter Länge, besaßen einen schlecht befestigten Griff und eine zu schwere Klinge und erwiesen sich somit als recht unhandlich. Die mykenischen Schwerter hingegen, die die minoischen bei der Besetzung Kretas durch die Mykener ablösten, waren nur sechzig Zentimeter lang, leichter und besser zu handhaben. Um König zu werden, brauchte man also gute Metallwerker.

Nun besaßen die Arier aber nicht nur einen reichen Schatz an Heldenideologie, sondern auch an Technologie. Auf diese Weise schlugen sie die Völker, mit denen sie nach und nach in Kontakt kamen, sowohl intellektuell als auch militärisch in ihren Bann: Ihre Götter setzten sich mit dem Schwert durch. So unterwarfen sich auch die Hurriter, die keine Indogermanen waren, der Befehlsgewalt der Arier und nahmen deren Götter Mithra, Varuna und Indra an. Ebenso die Hethiter, über die Diodor von Sizilien schrieb, daß die Frauen bei ihnen »die oberste Macht und die königliche Befehlsgewalt innehatten«: Um das Jahr 2300 v. u. Z. beteten sie noch die Sonnen-Muttergöttin *Wurusemu* an und hielten tatsächlich das Gesetz der matrilinearen Abstammung ein, doch zehn Jahrhunderte später hatten sie die hurritische Götterwelt übernommen und jedem Herrscher einen männlichen Schutzgott zugewiesen. Was Diodor an weiblicher Vorherrschaft beobachtet hatte, gehörte nur noch der Vergangenheit an.

Was sich im Osten abgespielt hatte, wiederholte sich mit noch größerer Durchschlagskraft im Westen. Als die zweite indoarische Welle im dritten Jahrtausend v. u. Z. über Europa schwappte und dabei die Donau überquerte, stießen die Eindringlinge auf seßhafte Volksstämme, die ihre Toten in Dolmen bestatteten und – mit übrigens reichlich schauriger Grausamkeit – den Kult der Muttergöttin praktizierten. Man brachte ihr Menschen zum Opfer dar, die getötet wurden, indem man sie niederknüppelte, erhängte, strangulierte, ertränkte oder ihnen die Kehle durchschnitt; es wäre ein Irrtum, zu meinen, der Fruchtbarkeitskult hätte nur aus lieblichen Wohlklängen bestanden.[11]

Tacitus hat beschrieben, wie die Volksstämme, die im ersten Jahrhundert u. Z. in Dänemark lebten, nämlich die Reudigner, Awionen, Angeln, Wariner, Eudosen, Swardonen und Nuitonen, die Erdgöttin Nerthus verehrten. Es hieß von ihr, sie lebe in einem Hain auf einer Insel mitten im Meer. Feierlich eskortiert, holte man sie zu bestimmten Jahreszeiten – ob im Frühjahr oder im Herbst, ist nicht genau bekannt – von dort ab und fuhr sie auf einem von Kühen gezogenen Prunkwagen umher, den nur der Priester berühren durfte. Wohlgemerkt, auf dem Wagen saß lediglich ein mutmaßlicher Geist, sonst niemand: »Er (der Priester) merkt es, wenn die Göttin im Heiligtum anwesend ist«, präzisierte Tacitus. Mit dem Signal für Freudenbekundungen wurde der Wagen von Dorf zu Dorf gezogen. Während dieser Zeitspanne mußten alle Kriege unterbrochen werden. Nach einer gewissen Zeit, so glaubte man, langweile sich die Göttin in Gesellschaft der Menschen, so daß der Wagen mitsamt der Göttin und den Priestern, die die Zeremonie abgehalten hatten, in einen See geworfen und versenkt wurde, »wenn du es glauben willst«, wie Tacitus kommentiert. Durchaus möglich, daß es sich bei den Torfmoorleichen um eben jene Zelebranten solcher unheimlichen Spazierfahrten der Erdgöttin handelte.

Der Kult um die Göttin dauerte also hartnäckig an, doch der indogermanische und von jener Zeit an sogenannte frühkeltische Einfluß[12] zeigte sich in mindestens zwei religiösen Neuerungen. Die erste, die aus dem 2. Jahrtausend v. u. Z. stammt, ist der Brauch ritueller Brunnenbohrungen, die es den Lebenden ermöglichen sollten, mit den Erdgöttern, auch »chthonische Gottheiten« genannt, in Kontakt zu treten. Die zweite ist der Kult der abgeschlagenen Häupter: Für die frühen Kelten ebenso wie später für die Kelten selbst bedeutete der Kopf das Sammelbecken einer göttlichen Kraft, die es an sich zu bringen galt, um die eigene Kraft zu mehren. Daher die außergewöhnlichen Ansammlungen von Schädeln und Abbildungen abgetrennter Häupter an den frühkeltischen und keltischen Fundstätten. Dies sind völlig neue Züge, die nicht mehr zum Muttergöttin-Glauben gehören.

Die »keltische Revolution«, die letzte arische Großtat, fand tatsächlich ab dem 8. Jahrhundert v. u. Z. statt und beweist einmal mehr die technologische Überlegenheit des indoarischen Stammes. Der wichtigste Punkt ist, daß die Kelten als erste notdürftige Straßen bauten, um ihre vierrädrigen Wagen und zweirädrigen Karren darauf verkehren zu lassen. Übrigens eine bemerkenswerte Erfindung, da die Räder aus einem Radkranz gefertigt waren, der aus einem einzigen, eisenbeschlagenen Teil bestand, was sie leichter und solider machte. Der Warenverkehr, und demnach auch die Verbreitung von Ideen, ist ein keltisches Verdienst, das sich von der Mobilität leiten ließ, die zu ihren Merkmalen gehört. Und nachdem sie sich ferner als Meister der Metallbearbeitung erwiesen (ihre Vorfahren, die Volksstämme der Urnenfelderkulturen, hatten als erste mit Bronzesicheln gemäht), revolutionierten sie den Ackerbau mit Hilfe von Pflugscharen und eisernen Sicheln (sogar das Urmuster der Mähmaschine schufen sie). Sie konnten also, wiederum als erste, intensiven Ackerbau betreiben.

Als Meister der neuen Technologien, als Handelsvolk, Krieger und Unternehmer machten sich die Kelten im jeweiligen Land nicht nur breit, sondern beherrschten es auch: Bereits ab 500 v. u. Z. waren sie von Spanien bis Osteuropa überall präsent. Um 400 drangen keltische Stämme nach Oberitalien ein und ließen sich im späteren »Gallia cisalpina« nieder; zehn Jahre später plünderten sie Rom und erreichten danach die britischen Inseln. Im Jahre 279 v. u. Z. fielen sie in Griechenland ein und gründeten 275 Galatien in der nördlichen Türkei. Zu Beginn des ersten Jahrhunderts vor unserer Zeitrechnung erfaßte Strabon allein im Keltischen, das heißt im heutigen Frankreich, sechzig wichtige und miteinander verwandte keltische Volksstämme: Die Petrokoren verarbeiteten Eisen, die Kadurken waren Leinenweber, die Ruthener und Gabalen beuteten ihre Silberminen aus, und die Sequaner produzierten ausgezeichnete, bei den Römern höchst beliebte Wurstwaren. Um den Rhein und die Ardennen lebten Kelten in großer Zahl ... Sie brauchten in den neueroberten Regionen nur noch ihre Religion durchzusetzen, was ihnen auch mühelos gelang.

Das Schriftverbot bei den Kelten bewirkte, daß wir über ihre Religion lediglich auf Informationen zurückgreifen können, die von den Römern, insbesondere von Tacitus, Livius und Julius Cäsar, stammen; das ist durchaus schätzenswert, auch wenn die wissenschaftliche Zuverlässigkeit nicht erwiesen ist. Ihre Götterwelt läßt sich mit der der Griechen oder Ägypter nicht vergleichen: Die Götter der Kelten sind als abstrakte Konzepte und eher geistige Vorstellungen denn menschenähnliche Versinnbildlichungen zu beschreiben. Wir kennen weder Skulpturen keltischer Götter noch Kultstätten. Tacitus bemerkte dazu, mit seinem üblichen Scharfblick: »Im übrigen entspricht es nicht ihrer (der Germanen) Anschauung von der Größe der Himmlischen, die Götter in Wände einzuschließen oder sie irgendwie menschenähnlich nachzubilden.« Trotzdem hatten sie heilige Stätten, was Tacitus nicht erwähnt. Sie sind also, um sie im zeitgemäßen Wortschatz zu beschreiben, Theisten, Metaphysiker und zweifellos Mystiker. Sie glaubten an Gottheiten im Himmel, die bildlich darzustellen sie für unbedacht beziehungsweise unschicklich hielten, doch ebenso glaubten sie an Geister in Bäumen und Schädeln.

Womöglich waren sie gar nicht tatsächlich religiös? Man neigte zu dieser Vorstellung eine Weile lang, ganz so, wie man auch den gleichermaßen indogermanischen Wikingern eine unreligiöse Gesinnung nachsagte. Dies wäre ein schwerer Irrtum, denn das hieße, ihre Zurückhaltung den Göttern gegenüber mit Gleichgültigkeit zu verwechseln; Julius Cäsar versicherte, daß die Gallier, die Kelten also, »ein ausgesprochen religiöses Volk« waren. Tatsächlich hat uns gerade Cäsar in seinem *Gallischen Krieg* die längste Beschreibung hinterlassen, die wir in bezug auf den keltischen Glauben kennen. »Als Gott verehren sie besonders Mercur. Er hat die meisten Bildnisse, ihn halten sie für den Erfinder aller Künste, ihn für den Führer auf Wegen und Wanderungen, ihm sprechen sie den größten Einfluß auf Gelderwerb und Handel zu. Nach ihm verehren sie Apollo, Mars, Jupiter und Minerva. Von diesen haben sie ungefähr dieselbe Vorstellung wie die anderen Völker: Apollo soll Krankheiten vertreiben, Minerva die Anfangsgründe des Handwerks und der Künste lehren, Jupiter die Herrschaft über die Götter ausüben, Mars Kriege führen. ... Alle Gallier rühmen sich, von Vater Dis abzustammen, und behaupten, das sei ihnen von den Druiden überliefert worden.«[13]

Dieser Vergleich hinkt zwar, war aber von dem römischen General gar nicht anders zu erwarten. Derjenige, den er »Mercur« nennt, heißt in Wirklichkeit »Lugus« bei den Kontinentalkelten und »Lug« bei den irischen Inselbewohnern. Er gilt als direkter Abkömmling der bereits erwähnten Sonne »Lugh«. Mars ist »Ogmios«/»Ogma« (die Versionen sind hier in der Reihenfolge kontinental/insular aufgeführt), Gott der Könige, des Krieges und der Magie. Apollo ist »Mapanos«/»Diancecht«, Gott der Medizin; Jupiter ist »Taranis«/»Dagda«, der der Priesterschaft vorsteht, und wen Cäsar schließlich für Minerva hält, ist »Brigantia«/»Brigit«, die zugleich als die Mutter, Schwester, Ehefrau und Tochter der Götter gilt[14], wodurch sie sich doch erheblich von Minerva unterscheidet, die lediglich Jupiters Tochter ist; es kann sich indes auch um »Sul«, die in Südengland verehrte Sonnengöttin, handeln. Man mußte schon römischer General sein, um dem Glauben zu verfallen, die Götter Roms besäßen Allgemeingültigkeit und brauchten, je nach geographischer Lage, nur anders benannt zu werden.

Was hatte diese keltische Götterwelt nun Neues zu bieten? Zunächst einmal die Degradierung der Muttergöttin: Sie galt nun nicht mehr als die einstige Schöpferin und allumfassende Spenderin — die Götter hatten sich von ihr befreit. Außerdem schien die keltische Glaubenswelt eine konzeptualisierte oder vielmehr verinnerlichte Angelegenheit zu sein. Das Wort »Gott« paßt nicht gut zu ihrer Himmelswelt, der Begriff »Schutzmacht« oder regierendes Prinzip scheint eher angebracht. Auf den von Cäsar erwähnten ränkesüchtigen »Dispater« werden wir noch zu sprechen kommen.

Vier Götter, eine — genau genommen — recht verkürzte Darstellung. Die Kelten kannten natürlich weit mehr als vier Götter, denn nach der Erschaffung der Welt durch die drei Brüder Odin, Vili und Ve teilten sich die Götter in zwei Gruppen, die Asen und die Wanen, die sich im Zentrum der Welt niederließen, in Streit miteinander gerieten und sich schließlich wieder versöhnten, wobei sich die obersten Wanengötter den Asen zugesellten. Die Pferde durften bei den Kelten natürlich nicht fehlen. Deren Schutzherrin ist bei den Galliern »Epona«, die »Große Stute«, neben »Brigantia«/»Brigit« eine weitere abgewandelte Form der Muttergöttin. Dann gibt es den geheimnisumwitterten »Sucellus«, den Gott mit Hammer und Vase, den wie den heiligen Rochus ständig ein Hund begleitet und der der Gott der Toten zu sein scheint. Und nicht zu vergessen der große »Cernunnos«, der gallische »Gehörnte« mit dem Hirschgeweih, der von seiner fernen asiatischen Abstammung her – denn es handelt sich ja immerhin um einen arischen Gott – eine Buddha-Pose beibehalten hat. Ihm ist der einst weibliche Aufgabenbereich der Fruchtbarkeit zugefallen; er hat wieder die Funktion der fruchtbringenden Natur übernommen, ein großmütiger Zug, den ihm das Christentum später allerdings nicht danken wird, da es ihn wegen seiner Hörner ganz einfach zum Teufel abstempelt.

In den keltischen Epen tauchen zahlreiche weitere Götter auf, angefangen bei dem irischen Midir, Herr des sagenumwobenen Landes Mag Mor, bis hin zu Mimir (Skandinavien), einem riesigen Dämonen, der in einem Brunnenschacht wohnt, dessen Wasser die Macht verleiht, Weisheit zu übertragen. Diese Epen sprechen auch vom germanischen Thor, dem Gott des Blitzstrahls, der Fruchtbarkeit und Schutzpatron der Herden und der Ehe, und von Ullr, ebenfalls ein germanischer Gott, der als Schutzpatron der Bogenschützen und Skiläufer wie auch als Schirmherr der Gerechtigkeit gilt.

Die keltischen, skandinavischen, irischen, germanischen, gallischen und übrigen Götter sind so zahlreich, variabel und von einem Stamm, einer Kultur und einer Epoche zur nächsten so auswechselbar (so kommt es zum Beispiel, daß Thor bei den Germanen den Hammer des gallischen Sucellus erbt), daß ihr Verzeichnis, oder vielmehr ihre Rangliste, etliche Bände füllen würde. Eine solche Bestandsaufnahme hätte übrigens nur den einen Vorzug, Mythen aufzudecken, nicht aber Identitäten und noch weniger Glaubenssätze. Denn die Kelten sind, wie Julius Cäsar festgehalten hat, tatsächlich allesamt die Kinder des »Dispater«, des *Vaters* schlechthin. Ihre Götterwelt ist ein Kaleidoskop, das den äußeren Anzeichen nach auf Polytheismus hinzuweisen scheint, doch beim näheren Hinsehen wird es mehr von mythischen Helden bevölkert als von Göttern im ägyptischen oder griechischen Sinne des Wortes. Allem Anschein zum Trotz ist nichts so weit vom griechischen Polytheismus entfernt wie der scheinbare keltische Polytheismus: Der griechische Olymp ist, wie Nietzsche feststellt, demokratisch aufgebaut, kein Gott widerlegt den anderen. Die keltische Philosophie dagegen gründet auf dem Prinzip des Königtums von Gottes Gnaden, wie wir später noch sehen werden. Die Götter der Kelten sind in Wirklichkeit mythische Helden, sie besitzen keine spezifischen Kompetenzen wie Apollon oder Ares. Sie erkennen für sich nur einen Schöpfer an: Dispater.

Die Druiden sollen keine theologische Lehre verbreiten, sondern eine gewisse Geisteshaltung aufrechterhalten, indem sie von Heldenmythen berichten, zum Beispiel dem um Thiassi, den durch Thor getöteten Riesen, dessen Augen in den Himmel geworfen wurden und sich in Sterne verwandelten, oder den des Wolfes Fenrir, Sohn des bösen Gottes Loki und einer Riesin, den Gerechtigkeitsgott Tyr mit Hilfe einer unsichtbaren Schnur ankettete, oder schließlich den der Midgardschlange Jörmungand, die die Welt umschlingt und ihr am schrecklichen Tag des *Ragnarök*, der der christlichen Apokalypse entspricht, ein Ende zu machen droht. Die gesamte nordische Kultur der nachfolgenden Jahrhunderte wurde von diesen Mythen und Sagen genährt, die nach den Druiden die Barden verbreiteten. Es ist unmöglich, Shakespeare oder Schiller, Beethoven oder Sibelius zu verstehen, wenn man ihre Werke aus dem keltischen Erbe herausgelöst zu sehen versucht.

Diese Hierarchie der Gottheiten in der keltischen Religion beinhaltet bereits die Voraussetzungen des Monotheismus. Alles verhält sich so, als hätten sich die Kelten noch Jahrhunderte, nachdem ihre Vorfahren Indien verlassen hatten, eine dunkle

Erinnerung an die *Bhagavadgita* und jenes Zwiegespräch zwischen dem arischen Helden Arjuna und dem Gott Krishna bewahrt. In ihm klingt an, daß es nur einen einzigen und männlichen Gott gibt, dessen Inkarnation auf Erden Krishna sei, und dieser Gott Dispater frappierte Julius Cäsar. Der Vergleich mit dem christlichen Monotheismus läßt sich sogar noch weiter treiben, denn schließlich geht es hier im Grunde um ihn – er bildet das unausgesprochene Thema dieses Kapitels: Die Kelten haben im Abendland schon den Grundstein für das Christentum gelegt, noch bevor dieses überhaupt geboren war. Man könnte fast sagen, sie haben es beinahe erfunden, denn sie führten in Europa die Vorstellung vom absoluten Endschicksal des Menschen ein, das heißt die Idee dessen, was in der christlichen Terminologie als Eschatologie bezeichnet wird. Mircea Eliade hat es klar definiert: In dem germanischen Lied *Völuspà* finden sich »die wohlbekannten Klischees jeder apokalyptischen Literatur wieder: die Moral verfällt und verschwindet, die Menschen töten sich gegenseitig, die Erde bebt, die Sonne scheint nicht mehr, und die Sterne fallen vom Himmel; von ihren Ketten befreit, bekämpfen sich die Ungeheuer auf der Erde; die Große Schlange kommt aus dem Ozean hervor und verursacht katastrophale Überschwemmungen«.[15] Diese Klischees sind die Wegbegleiter der neuzeitlichen Angst und sicher auch die Wegbereiter von Mystizismus und Nihilismus, den beiden Produkten der metaphysischen Ungeduld.

Drei Jahrtausende nach dem Einfall der keltischen Glaubensformen im Abendland prangerte nur Nietzsche dieses selbstzerstörerische System in seiner Kritik über die Ursprünge der Metaphysik an: »Das metaphysische Bedürfniss ist nicht der Ursprung der Religionen, wie Schopenhauer will, sondern nur ein *Nachschössling* derselben. Man hat sich unter der Herrschaft religiöser Gedanken an die Vorstellung einer ›anderen‹ (hinteren, unteren, oberen) Welt‹ gewöhnt und fühlt bei der Vernichtung des religiösen Wahns eine unbehagliche Leere und Entbehrung …«[16] Die Todesverachtung der Kelten, die sie zu furchterregenden Kriegern und unerschrockenen Abenteurern emporwachsen ließ, rührte aus ihrer Gewißheit, daß es ein herrliches Jenseits für sie gab. »Folglich wird der Heldentod zur privilegierten religiösen Erfahrung«, schreibt Eliade.[17] Das Leitbild für die Fanatiker der Gegenwart ist vorgezeichnet: Die Gefährten Odins »massakrierten die Menschen, und weder Feuer noch Stahl war ihnen gewachsen«.[18] Das Entsetzen der Römer kann man sich leicht vorstellen, als sie die Harier heranstürmen sahen, die sich die Körper schwarz anmalten und schwarze Schilde trugen, um zu suggerieren, sie seien Tote. Dazu ist zu sagen, daß die Kelten an Tote, Geister und die Seelenwanderung glaubten. Ihre Nachfahren glauben noch heute daran.

Die Bilder, die ihre Zeitgenossen von ihnen malten, lassen nichts von derlei Neigungen erkennen. Sie deuten nur darauf hin, daß die Kelten von Stamm zu Stamm und über die gesamte bis dato bekannte Welt hinweg ein ganzes Netz von Herrschaftsbereichen bildeten, geprägt von Virilität und ungehemmter Lebensfreude, ganz nach dem späteren Muster der »Männerbünde«, die ja das getreue Spiegelbild der elitären (Stammes-)Bruderschaften sind. Diodor von Sizilien berichtet, daß sie »unmäßig viel trinken«, und zwar unverdünnten Wein, was den Römern nie in den Sinn käme. Dieses Verlangen nach Rauschzuständen erinnert unweigerlich an die *Soma*-Orgien mit jenem Halluzinationen hervorrufenden Trank, den die Arier zu sich nahmen, um in göttliche Ekstase zu verfallen. Ebenso berichtet Diodor, daß sie draufgängerische und eingefleischte Soldaten seien und ihre gesamte Rasse »den Krieg liebt und jederzeit bereit ist, zur Tat zu schreiten« und man sie, da sie recht einfältig seien, durch List noch immer besiegen könnte.[19]

Bei der genaueren Durchleuchtung dieser Beobachtungen stellt man fest, daß die Kelten in Wirklichkeit eine Welt der Helden geschaffen haben, die keine Grenzen kannte, und aus Gewalt, Ekstase und Sinnenfreude bestand: Mit ihnen hat das moderne Zeitalter begonnen, und es ist noch nicht zu Ende. Jan de Vries betont, daß »zwischen den Begriffen ›Schlachtengott‹

und ›Rechtsgott‹ nach germanischer Auffassung kein Gegensatz besteht«[20], mit anderen Worten, daß der Stärkere immer recht behält, denn den Sieg erringt man nur durch die Gnade Gottes. Diese Überzeugung liegt auch dem »Königtum von Gottes Gnaden« zugrunde, dem dadurch eine überirdische, heilige Macht und eine zugleich moralische und politische Autorität verliehen wird. Im Irland des 8. Jahrhunderts gilt der König als Himmelsgott, und seine Macht nimmt durch die symbolische Heirat mit der Erdmutter Gestalt an, was zu einer ebenso grotesken wie empörenden Zeremonie Anlaß gibt: Er paart sich mit einer Schimmelstute, die daraufhin getötet und gekocht wird, und das gekochte Fleisch wird zwischen dem König und den Menschen aufgeteilt.[21] Diese Auffassung, das heißt die Unterwerfung dem Oberhaupt gegenüber, bedeutet aber auch die absolute Verweigerung der Demokratie, wie im Rahmen des Feudalismus geschehen. Aristokratie und Ritterorden folgten nach, und dann freilich auch Diktaturen.

Auch hier begegnen wir wieder der Überheblichkeit der Arier und ihrem tiefwurzelnden Amoralismus, gegen den sich Zarathustra empörte. Wären die Kelten nicht nach einem siebenjährigen Krieg, von 58 bis 51 v. u. Z., von Cäsar besiegt worden, könnte man sich gut vorstellen, daß sie Europa einen ruhmbedeckten Christus beschert hätten, eine blonde Version Krishnas, der selbst, wie durch den keltischen Helden Cûchulainn angekündigt, Gottes Sohn gewesen wäre. Und dann hätten sie ihn eigenhändig umgebracht, um den *Ragnarök* auszulösen.

Vorbild hierzu war übrigens der von ihnen gepflegte Mythos um den Gott Åse Odin, wie er im *Hávamál*-Lied, das heißt »Sprüche des Hohen«, einem Teil der sogenannten Lieder-Edda, beschrieben wird: Odin, der sich selbst geopfert hat, hängt durchbohrt von seiner eigenen Lanze neun Nächte lang am Baum Yggdrasil, »dem Pferd Ygg«, der in der Mitte der Welt steht. Diese Marter ist einer Kreuzigung vergleichbar, und der Galgen, wie Eliade bemerkt, wurde übrigens als »Pferd« des Aufgehängten bezeichnet. Um den Preis dieses Ritualtodes, den er sich selbst auferlegt hat und der an das schamanische Einweihungsritual bei den Indern erinnert, gelangt Odin zur Erkenntnis des Okkulten und zur Gabe der Dichtung. Er behauptet, die Toten künftig wieder zum Leben erwecken und einen Gehenkten von seinem Galgen herunterholen zu können, um sich mit ihm zu unterhalten.[22] Überflüssig, noch jegliche Parallele zum Christentum ziehen zu wollen. Achthundert Jahre vor der Ankunft des Christentums in Europa ist der Rahmen bereits vorgezeichnet und sind die Wege bereitet. Dieses setzte sich ohne große Anstrengung in den keltischen Gebieten fest; und die ersten Missionare gossen die keltischen Mythen wie selbstverständlich in die christlichen Kelche.

Offenbarung und Heil werden nach dem Vorbild der großen Übermenschlichen im Himmel nur noch durch das Heldentum der Männer gewährleistet. Die Söhne des *Vaters* müssen sich seiner würdig erweisen. Die Kelten waren in der Tat fast schon Monotheisten und zahlten dafür den Preis, daß sie nach 40 000 Jahren die Muttergöttin besiegten. Alle Religionen jener Welt, die sie einnahmen, standen von da an unter der Herrschaft des männlichen Prinzips.

Und diese Welt ist angeblich das gesamte Abendland. Denn die Angst und die Dynamik, die die keltische Kultur vier Jahrtausende lang zusammengeschweißt und ihre Stämme in die ersten großen transkontinentalen Wanderungen getrieben hatten, bestimmten sie danach zu den ersten Kolonisatoren. Mindestens zweimal vor der Entdeckung Amerikas durch Christoph Kolumbus waren keltische Seefahrer gen Westen aufgebrochen, um der Sonne nachzufahren. Das erste Mal im 6. Jahrhundert u. Z., als die Iren unter der Führung des Mönches Brendan mit Bestimmtheit Mittelamerika erreichten, und das zweite Mal, als die Wikinger unter der Führung von Leif Eriksson im 9. Jahrhundert u. Z. in Nordamerika landeten und in »Vinland« kleine Kolonien gründeten. Für die Kelten konnte es einfach kein *finis terrae* geben; nie sollten sie, den Blick nur sehnsuchtsvoll auf den Horizont des Ozeans gerichtet, lange an einem Ort bleiben.

Göttlichkeit war fortan männlich geprägt und sah unruhig zerrissenen Zeiten entgegen. Gleichzeitig verabschiedete sich das Abendland von Griechenland und seinem demokratischen Ideal – von nun an sollte das Machtprinzip die Phantasie der Welt beherrschen.

Ruinen und Rätsel
der afrikanischen Religionen

Es bedarf schon einer gewissen Unerschrockenheit, sowohl intellektueller wie auch körperlicher Art, um Afrika und seine Religionen erforschen zu wollen. In den siebziger und achtziger Jahren dieses Jahrhunderts wurde es als »schwarzer Kontinent« beschrieben, gewissermaßen als Tintenfaß. In diesem Tintenfaß nun auf die Suche nach einem ursprünglichen Gottesbild zu gehen erinnert unweigerlich an die ersten Verse von Dantes *Göttlicher Komödie*:

> »Auf halbem Wege unsers Erdenlebens
> mußt ich in Waldesnacht verirrt mich schauen,
> weil ich den Pfad verlor des rechten Strebens.
> Wie hart ist doch die Schildrung dieses rauhen,
> verwachsnen wilden Waldes ...«

Für diese Schwierigkeit gibt es drei Gründe. Der erste liegt in der These, daß das Menschengeschlecht afrikanischen Ursprungs ist. Bis 1996 glaubte man nämlich aus wissenschaftlich denkbar besten Gründen, daß die Evolutionsbasis, aus der – grob genommen – zum einen die Menschenaffen und zum anderen das Menschengeschlecht hervorgegangen ist, in Afrika – genauer: Ostafrika – anzusetzen ist, und dies in einer Zeit, die die Paläontologen immer weiter zurückdatierten und die sich etwa um die drei Millionen Jahre bewegt. Entsprechend dieser Betrachtungsweise hätten wir uns also aus verschiedenen Typen des Australopithecus zum Neandertaler, *Homo sapiens,* und dann zum Cro-Magnon-Menschen, *Homo sapiens sapiens,* entwickelt, dem direkten Vorfahren der Menschheit, wie wir sie heute kennen.

In diesem Szenario trat der Neandertaler vor rund 200 000 Jahren und der Cro-Magnon-Mensch »erst« vor etwa 40 000 Jahren in Erscheinung. Den gängigsten Annahmen zufolge sollen die ersten Menschen, Neandertaler also, vor etwa 100 000 Jahren in den Nordosten des afrikanischen Kontinents gelangt sein, und dann in den Mittleren Osten, bevor sie sich schließlich in Asien und Europa (in welcher Reihenfolge, ist nicht bekannt) ebenso wie übrigens auch in Afrika selbst ausbreiteten. Dann sei unter ungeklärten Umständen der Cro-Magnon-Mensch aufgetaucht, und beide Menschentypen, Neandertaler und Cro-Magnon-Mensch, hätten bis zum Verschwinden des ersteren vor etwa 28 000 Jahren nebeneinander existiert. Weshalb die Rasse des Neandertalers ausgestorben ist, weiß man bis heute nicht. Es wurde schon die Frage aufgeworfen, ob sie nicht durch den Cro-Magnon-Menschen ausgelöscht wurde, doch den prähistorischen Menschen werden oft mehr kriegerische Neigungen zugeschrieben, als sie vielleicht tatsächlich besaßen.

Am Ende seiner langen Reise hatte der Neandertaler die Pazifikküste erreicht und soll – wie, ist ebenfalls unbekannt – von dort aus nach Australien und schließlich ins übrige Ozeanien gelangt sein. Das war vor 60 000 Jahren, und der Cro-Magnon-Mensch war noch nicht geboren. Als er dann auf die Welt kam, trat er aller Wahrscheinlichkeit nach in die Fußstapfen seines Vorgängers und besetzte ebenfalls Australien und Ozeanien, denn dort ist er immerhin noch heute. Bei verschiedenen Gesprächen, die ich mit französischen, australischen und amerikanischen Anthropologen führte, bekam ich überall die feste Überzeugung zu hören, daß sich der Neandertaler in Australien unmöglich früher als vor höchstens 60 000 Jahren festgesetzt haben könne. Manche schätzten, daß man diese Inbesitznahme vernünftigerweise besser auf den Zeitpunkt von vor 40 000 Jahren datierte.

Also mußte man die Spuren erster menschlicher Glaubensformen in Afrika suchen.

Dann, wie ein Blitz vom heiteren Himmel, schlug im September 1996 eine verwirrende Nachricht ein: Australische Anthropologen hatten im nördlichen Australien Felsgravierungen entdeckt, die 116000 Jahre alt waren, und ein Figürchen aus Feuerstein, das ersten Datierungen zufolge 176000 Jahre alt war. Das heißt, »gerade mal« 25000 Jahre jünger als der erste Neandertaler. Das bedeutet, daß man den gesamten Ablauf, auf dem die Anthroplogie bezüglich der Entstehungsgeschichte der Menschheit gründete, nochmals überprüfen müßte. Der Göttlichkeitsbegriff, wenn nicht gar Gottesbegriff, hätte demnach auch in Australien oder Südostasien entstanden sein können.

André Langaney, Anthropologe am Musée de l'Homme in Paris, gab mir in einem Gespräch – lange vor der Neuigkeit aus Australien – zu bedenken, daß man in tausend Jahren weit kommen kann. Und erst recht natürlich in 25000 Jahren. Angesichts dessen, was man über den Neandertaler und seine relativ schwache Schädelkapazität zu wissen glaubt, und auch angesichts dessen, daß er 100000 Jahre gebraucht zu haben scheint, um seinen mutmaßlichen Geburtsort Afrika zu verlassen, kann man nicht umhin, entweder Skepsis oder Bewunderung aufzubringen bei dem Gedanken, daß er »kurz« nach seiner Entstehung bis ins ferne Australien gewandert sein soll (wie er in Indonesien von Insel zu Insel springen konnte, bevor er danach die Timorsee überquerte, die diesen Archipel von Nordaustralien trennt, ist ein weiteres Geheimnis: so jung und doch schon imstande, hochseetüchtige Boote zu bauen![1]).

Daraus wird ersichtlich, daß Afrika möglicherweise nicht die erste und jedenfalls nicht die einzige Wiege des Gottesbegriffes ist.

Der zweite Grund für die oben erwähnte Schwierigkeit besteht im ständigen Wandel der afrikanischen Glaubensformen. Und drittens schwinden diese ohnehin dahin. Ein Blick auf die jüngsten Publikationen zur afrikanischen Ethnologie zeigt, daß ihre Zahl seit den siebziger Jahren stark abgenommen hat und das goldene Zeitalter dieser Disziplin zwischen 1930 und 1970 lag. Die Gründe sind leicht zu erraten. Die Nuba im Südsudan, die (übrigens aus ästhetischen Gründen) in den achtziger Jahren durch die Filmregisseurin und Photographin Leni Riefenstahl bekannt wurden, verloren ihre Gebiete. Und es fragt sich, was binnen kurzem von den Glaubensüberzeugungen der Hutu und Tutsi noch übrig sein wird …

Allerdings sammelten Ethnologen eine große Menge Dokumentationsmaterial und Studien, um nach Möglichkeit enträtseln zu können, welche Überzeugungen es in Afrika zumindest im Laufe des vergangenen Jahrhunderts in bezug auf Göttlichkeit gab. Die beiden einzigen Instrumente, die für eine derartige Nachforschung zur Verfügung stehen, sind die Geschichte und die Ethnologie. Doch sind die Ethnologen hier erst spät eingestiegen, und so bildet dieses Kapitel scheinbar paradoxerweise das vierte und nicht das erste Kapitel dieses Buches. Wir wissen weit mehr über die drei oder vier Jahrtausende vor unserer Zeitrechnung als über die ersten historischen Jahrhunderte Afrikas (abgesehen von Ägypten, das eine Ausnahme darstellt, weil es über die Schrift verfügte). Erst im 19. Jahrhundert begannen die europäischen Mächte die Kulturen und damit auch die Glaubenssysteme dieses afrikanischen Kontinents zu studieren, nachdem sie schon vor Jahrhunderten begonnen hatten, den Kontinent auszubeuten, das heißt seine Schätze an Gold, Diamanten und Elfenbein an sich zu raffen und die kostenlose Arbeitskraft der Sklaven zu konfiszieren. Später kamen das Erdöl, die billigen Arbeitskräfte und die politische Einflußnahme hinzu. Im letzten Drittel des 20. Jahrhunderts riefen die Entdeckungen der Anthropologie und insbesondere die Überzeugung, daß die Menschheit in Afrika geboren worden sei, zunächst einmal ungläubige Bestürzung hervor, dann aber ein neu gewonnenes Interesse für diese frisch entdeckten Vorfahren, gleich den verlorenen Vätern in einem rührseligen alten Melodram. Als die Ethnologen das Terrain betraten, war es also nicht mehr unberührt. Jahrhunderte zuvor waren hier schon andere Menschen, mit neuen Glaubensformen ausgerüstet, an Land gegangen.

Die Ankunft der Forscher erfolgte allerdings recht konfus, denn wie bei allen Wissenschaften, zumal in den sogenannten Humanwissenschaften, können die Masken der Ethnologie

Grimassen und Einfalt schlecht verbergen. Zu den etwas vorschnellen Begeisterungsstürmen weißer Forscher, die glaubten, Afrika sei ein Paradies gewesen, trat auch die herablassende Haltung jener Experten, in deren Augen Afrika die letzten Spuren dessen barg, was als »prä-logisches Denken« bezeichnet wurde, das heißt des vordescartesianischen Denkens, eines wirren Durcheinanders aus Aberglauben und tiefstem Unsinn, dem es das »wissenschaftliche Denken« gegenüberzustellen galt. Im religiösen Bereich war einerseits zu beobachten, wie Farbige übertrieben stark auf die Verdienste der afrikanischen Kulturen pochten und, wie der amerikanische Hochschullehrer Martin Bernal in seiner zweibändigen Studie *Black Athena*, behaupteten, daß Griechenland aus Afrika fertig hervorgegangen sei. Zugleich gab es andere, die wie Felix Houphouët-Boigny glauben machen wollten, daß Afrika eine Hochburg der Christenheit sei, indem sie dort, mitten im Busch und ganz aus Marmor, eine befremdlich anmutende Kopie des Petersdoms von Rom errichten ließen. Nur wenige Gemüter blieben kühl genug, um im Hinblick auf eine neuerliche Plünderung der afrikanischen Geschichte die nötige Distanz zu wahren. Wohl setzte man sich für die Elefanten und Gorillas ein, aber man unternahm fast nichts, um das Massaker an einer halben Million Menschen in Ruanda zu verhindern. Es scheint, als hätten diese grotesken, furchtbaren oder herzzerreißenden Momente in der Chronik Afrikas mit der Untersuchung des dortigen Göttlichkeitsbegriffes nichts zu tun, aber das haben sie sehr wohl. Keine Wissenschaft ist gegen die Leidenschaften ihrer Zeit immun.

Fest steht jedenfalls, daß die afrikanischen Religionen für die Untersuchung der Entstehungsgeschichte des Gottesbegriffes ein unersetzliches Feld darstellen. Trotz der Plünderungen durch die Kolonisation der Weißen und der Wechselfälle der Ethnologie bildet es das einzige Reservoir an ursprünglichen Glaubensformen, auch wenn diese durch die Berührung mit den Kolonisatoren verfremdet wurden.

Diese Glaubensformen werden von den Ethnologen als »primitiv« bezeichnet, weil das Abendland immer schon meinte, daß sich Zivilisation nur durch die Technik, den Monotheismus und die Schrift definieren ließe. Jegliche andere Kulturform, die den einen oder anderen Bestandteil dieses Erbes nicht aufwies, konnte einem Vorurteil zufolge, das bis weit in das 20. Jahrhundert hinein überdauert hat, nur eine mehr oder weniger primitive Vorstufe zur untrennbar mit dem Monotheimus verknüpften Kultur der Industrieländer sein. Die Glaubensformen der eroberten Völker mußten zwangsläufig »minderwertig« und ungereimt gewesen sein, da diese Völker immerhin unterjocht worden waren. Andernfalls hätte das himmlische Licht ihre Schritte ja in eine glückliche, kolonialistische Zukunft gelenkt, und die Chassepotgewehre hätten mit anderem Firmenzeichen in anderen Händen als denen der Weißen gelegen. So nämlich sieht der Narzißmus der Eroberer aus.

Die Ethnologie litt bereits an ihrer eigenen Überheblichkeit: Wer im Laufe oder gegen Ende des letzten Jahrhunderts Zeugnisse dieser weit zurückliegenden Glaubensformen sammelte, tat dies meist in einer trübseligen Verfassung. In *L'Afrique fantôme* notiert Michel Leiris: »Morgens grauenhaft deprimiert, einfach zum Heulen.«[2] Claude Lévi-Strauss liefert die Erklärung für dieses depressive Gefühl der Verlorenheit: »Jedesmal, wenn der Ethnologe vor Ort bei der Arbeit ist, sieht er sich einer Welt ausgeliefert, in der ihm alles fremd, oft sogar feindselig gegenübersteht. Er hat nur dieses Ich, über das er noch verfügt, um überleben und seine Studien machen zu können; doch es ist ein physisch und seelisch durch Müdigkeit, Hunger, mangelnden Komfort und das Auftauchen von nie geahnten Vorurteilen angeschlagenes Ich.«[3] Man kann sich ausmalen, daß die unter solchen Umständen gewonnenen Überzeugungen nicht immer die Frucht eines Verstandes repräsentieren, der sich auf dem höchsten Stand seiner Beobachtungsgabe befand.

Ärger noch, die Erschwernisse für die Ethnologie verschärfen sich zusätzlich durch fast immer definitive historische Lükken. So wissen wir nichts darüber, wie die Glaubenssysteme der Afrikaner vor ihrem Kontakt mit dem Westen ausgesehen haben könnten. Denn die mündliche Überlieferung überstand das unaufhaltsame Eindringen »moderner« Techniken und Religionen wie der des Islams nur schwer. Vor allem sind uns mit Ausnahme des pharaonischen Ägypten keinerlei Spuren von Religionen überliefert, die sich um eine Götterwelt rankten, vergleichbar mit den Religionen Mesopotamiens oder der griechischen Religion, jenem Abbild irdischer Herrschaftsformen, die die Verhaltensweisen der Menschen bestimmen. Mit anderen Worten: Über Religionen, soweit sich dieser Begriff durch eine Theologie, Priester, ein Ritual oder Kultstätten definieren läßt, wissen wir in bezug auf Afrika nichts. Gut möglich, daß es sie gab, aber da von ihnen keine Spur mehr zu finden ist, haben sie sich mit Sicherheit gewandelt oder sind unter dem Einfluß der christlichen Mission verschwunden, die schon sehr früh die afrikanische Ost- und Westküste hinunterzog.

Das alte Abessinien und spätere Äthiopien in Ostafrika wurde bereits seit dem Jahr 340 christianisiert. Vom 7. Jahrhundert u. Z. an dehnte der Islam dort seinen Einfluß aus, und zwar einerseits den Nil entlang quer durch Ägypten und den Sudan und andererseits über das Rote Meer hinweg. Im Westen gründete vom 15. Jahrhundert an die portugiesische Mission entlang den Küsten Niederlassungen und christianisierte im Fahrwasser der Seefahrer Cadamosto und Gomes 1456 die Gebiete der Ashanti (das heutige Ghana) und das Benin (heute Benin und Nigeria). Auf den Spuren von Diaz, der im Jahre 1488 das »Kap der Stürme« (Kap der Guten Hoffnung) umsegelte, folgten die Gebiete der heutigen Kap-Provinz. In Fouta (dem heutigen Senegal und Guinea-Bissau) wurden durch die christliche Mission 1460 weite Landstriche erobert, 1501 dann an der Kongomündung (heute Gabun, Zaïre und das nördliche Angola), 1505 in Monopotapa (dem derzeitigen Mosambik) und 1520 in Gondar, im nordwestlichen Sudan.

Gewiß, die christliche Lehre wurde dem Bestehenden angepaßt und modifiziert, so daß heutzutage in Afrika etwa 6000 messianische und prophetische Christensekten existieren. Doch Christentum und Islam haben die Gesamtheit der afrikanischen Völker inzwischen völlig unterwandert und ihre kulturelle Landschaft hoffnungslos verändert.

Wer hätte sich früher schon um die Glaubensüberzeugungen dieser »Wilden« gekümmert, die nackt umherliefen, mit Lanzen kämpften und keine einzige christliche Sprache kannten? Es bedarf großer Gelassenheit, um beispielsweise das Bild eines Ewe-Altars zu ertragen, einer Art Erdsockel, der vom Blut jahrelang wiederholter Opfer durchtränkt ist, dessen widerlicher Gestank in der Sonnenhitze aufsteigt und der von einem undefinierbaren Haufen einzelner Federn, Haare und Knöchelchen bedeckt ist. Die christlichen Seefahrer und Missionare bemühten sich voller Entsetzen, Hast und auch Ignoranz, den »Wilden« Anstand und die Evangelien beizubringen. Die Ethnologie war noch nicht geboren, und so versanken große Teile der Geschichte menschlicher Glaubensformen im Nichts, da sie weder durch das geschriebene noch durch das gesprochene Wort geschützt wurden. Etwas später dann entriß der »Ebenholzhandel«, mit anderen Worten Sklavenhandel, der von den Afrikanern bereits selbst betrieben wurde, Hunderttausende von Afrikanern jahrhundertelang ihrem Land, um sie als Sklaven mit Ketten an den Füßen in die Neue Welt zu verfrachten, wo sie die Baumwoll-, Zuckerrohr- oder Ananasfelder zu bestellen und folglich die Weißen zu bereichern hatten. Auf diese Weise setzten die Christen Nächstenliebe und die Lehre Jesu in die Tat um. Was von den Erinnerungen jener Entwurzelten vielleicht hätte überdauern können, mußte rasch zu Staub zerfallen, zumal die Sklaven in Regionen untergebracht waren, wo es mit den Gottesvorstellungen der nord- und südamerikanischen Indianer, ganz abgesehen von denen der Aruaks und Kariben in der Karibik, bereits andere Glaubensformen gab. Aus der westlichen Ignoranz oder Arroganz in bezug auf Religionsethnologie resultierte im vergangenen Jahrhundert die Annahme, die heute christianisierten Hottentotten hätten bis dahin keinerlei Religion gekannt. In Wahrheit besaßen sie sehr wohl eine, die sich aber nur äußerst fragmentarisch rekonstruieren ließ; einer ihrer mythischen Helden heißt Tsui-Goab, von dessen Großtaten sie sich erzählten und den sie um Regen und erfolgreiche Jagd anbeteten. Darüber hinaus ist über ihre Glaubensüberzeugungen jedoch fast nichts bekannt.

So war es also dazu gekommen, daß ein Kontinent die Geschichte eines anderen zerstörte. Darum ist es sehr schwer, in Erfahrung zu bringen, welchen Einflüssen, selbst friedlichen, Afrika unterworfen war. Als die legendäre ägyptische Königin Hatschepsut im Jahre 1493 v. u. Z. eine Handelsexpedition um Elfenbein und Edelsteine in das Land Punt (zweifellos Mosambik) schickte, mußten ihre Abgesandten bei den Afrikanern einen starken Eindruck hinterlassen haben. Was ist davon geblieben? Wir wissen es nicht.

Um das Jahr 600 v. u. Z. begannen die Phönizier mit der Umsegelung Afrikas, indem sie den Kanal (jenen großenteils in Vergessenheit geratenen Vorläufer des Suezkanals) hinunterfuhren, der das Mittelmeer über die Bitterseen im Nildelta mit dem Roten Meer verband. Sie kehrten über die Säulen des Herkules, unsere heutige Meerenge von Gibraltar, vom Atlantik her ins Mittelmeer zurück und hatten somit sicherlich die allererste Afrikaumrundung geschafft. Es ist schwer vorstellbar, daß sie dabei nicht immer wieder an Land gegangen und mit der Küstenbevölkerung in Kontakt getreten sein sollen. Welche Spuren hinterließen sie wohl in den einheimischen Glaubensformen? Wir wissen es nicht.

Im Jahre 425 v. u. Z. passierte der Karthager Hanno die Säulen des Herkules nochmals, nun allerdings von Ost nach West, und erreichte nach seiner Fahrt entlang der afrikanischen Westküste die Senegalmündung an der Stelle des heutigen Saint-Louis. Diese Pioniere wagten sich indes nicht nur mit einem einzigen Schiff in derartige Abenteuer, sondern brachen mit mehreren Schiffen in kleinen Flottillen auf. Außerdem hielten sie sich streng daran, nur die Küsten entlangzusegeln. Mit Sicherheit hinterließen sie Erzählungen und Mythen; allerdings kann niemand sagen, in welcher Art und Weise sie sich in der Vorstellungswelt der Afrikaner niederschlugen, die ja gerade zu Mystifikationen neigen.

Im übrigen wird häufig zitiert, daß die afrikanischen Beschneidungsriten eine viel zu große Ähnlichkeit mit denen des Judentums aufweisen, um sie nicht in gewissem Maße miteinander in Verbindung zu bringen. Dies sei nur erwähnt, um zu verdeutlichen, wie vielerlei Einflüsse auf die afrikanischen Kulturen seit etwa dreißig Jahrhunderten einwirkten. Und dabei wissen wir noch längst nicht alles. Wie soll man in diesem Wirrwarr den Ursprung der Idee von einem einzigen Gott ausfindig machen, die manche zu erkennen glauben?[4]

Natürlich trennte die Sahara Nord- von Schwarzafrika, doch eine unüberwindliche Barriere, vor allem für die Zirkulation religiöser Ideen, bildete sie deswegen noch lange nicht. Jahrhundertelang zogen Karawanen aus dem Norden in den westlichen Sudan, um dort Gold aus Bambuk, Bura und Bito sowie Elfenbein, Felle und Sklaven einzukaufen. Mit sich brachten sie dabei auch Salz aus der Sahara, vom Idjil-See, aus Teghaza und Bilma wie auch Erzeugnisse des Nordens: »Weizen, Datteln, Pferde, Woll- und Seidenkleidung, Kupfer, Silber und Glasperlen. ... Dieses Handelsleben spielte zweifellos eine gewichtige Rolle bei der Entstehung der ersten schwarzen Königreiche im Sudan des 8. und 9. Jahrhunderts.«[5]

Eine historische Rekonstruktion der afrikanischen Glaubensformen ist um so schwieriger, als Stammeskriege und Völkerwanderungen bereits erheblich zur Veränderung der Kulturen beitrugen. Allein im 19. Jahrhundert bewirkten die Eroberungskriege des Zulu-Häuptlings Chaka im Kap-Gebiet das Verschwinden vieler Buschmänner- und Hottentottenstämme sowie ebenso unzählige Wanderungsbewegungen und schließlich auch die Gründung neuer Staaten wie Matabeleland unter Mzilikazi (1821–1837) in der Mitte und im Osten des alten Transvaal. Jedesmal verschwanden dabei weitere Glaubenselemente. Gegen Ende des 19. Jahrhunderts schließlich zerstörte die Kolonisation der Weißen die Mehrheit dieser Königreiche und erstickte die Stammeskulturen vollends. Denn diese Kulturen, die auf sehr schwachen Beinen standen, konnten der Erschütterung kaum standhalten.

»Bei dem fortgesetzten Leben mit den Weißen werden die Gedanken und die Gefühle der Eingeborenen über die Weißen selbst und das, was sie mitbringen, natürlich nach und nach verändert. … Allzuoft kann die eingeborene Gesellschaft diese Krise nicht überleben; die von den Weißen eingeschleppten Krankheiten und die ebenso eingeschleppte Demoralisation lassen sie in kurzer Zeit verschwinden. Wenn eine Anpassung stattfindet, hat man bemerkt, daß sie langsam beginnt und dann schleuniger wird.«[6] Andere Ethnologen beobachteten dieselben Phänomene. Das läßt vermuten, daß sich viele, wenn nicht gar die meisten oder alle afrikanischen Glaubenssysteme der Gegenwart innerhalb weniger Jahre oder Jahrzehnte unter dem westlichen oder islamischen Einfluß neu bildeten, indem sie die von den Weißen mitgebrachten hervorstechenden Elemente in sich aufnahmen – ein klassisches Phänomen des Synkretismus. Weitere Beispiele hierzu folgen noch.

Trotz der vielen afrikanischen Ethnologiestudien darf sich niemand brüsten, die untersuchten Systeme vor ihrer Berührung mit dem Westen zu kennen. Die gesammelten Informationen beleuchten lediglich einen relativ kurzen Zeitraum. Ein Beispiel bietet die im wesentlichen rituelle afrikanische Kunst, die manche Sammler im Laufe dieses Jahrhunderts faszinierte. Daß diese Objekte derart in Mode kamen, hängt nämlich weit mehr mit Exotismus und Ästhetizismus (und auch Snobismus) zusammen als mit echtem Interesse für die afrikanischen Kulturen und die Bedeutung der Objekte selbst. Außerdem hat eine vage Ideologie, die »Primitivismus« und »Modernismus« unzulässig vermengte, Ritualobjekte, die einer strengen Semantik unterliegen, in den Rang von »Kunstobjekten« gehoben, obwohl es in dem Sinne gar keine afrikanische Kunst gibt. Es besteht herzlich wenig Aussicht, daß die zusammengetragenen Objekte Mythen aus vorkolonialer Zeit widerspiegeln: Ihre ältesten Stücke sind nicht älter als dieses Jahrhundert! Die anderen sind zu Staub zerfallen. Da sie (mit Ausnahme einiger wundervoller Bronzestücke aus dem alten Königreich Benin) meist aus Holz bestanden, waren die afrikanischen Ritualobjekte äußerst vergänglich. Schon 1932, als dieser Kulturbestand noch längst nicht so ausgeraubt war wie heute, meinten die Ethnologen Michel Leiris und Marcel Griaule bereits, in Ubangi-Schari nicht mehr viel finden zu können.[7]

Die traditionellen Glaubensformen in Afrika, die die Jahrhunderte überdauern konnten, zogen sich ins Innere Schwarzafrikas, in das Land zwischen Kongo, Orange River und Sambesi bis hin zum ostafrikanischen Seengebiet wie auch in einige Kessel zurück. Doch vom 19. Jahrhundert an ließen die Berührungen mit dem Westen, der auf das hohe Ansehen seiner Waffen und die Verlockungen seines Handels bauen konnte, nichts mehr heil, weder für diese Regionen noch für andere. Daher ist es mehr als zweifelhaft, ob der aktuelle Glaube der Mbuti-Pygmäen im Iturigebiet am Kongo an einen Schöpfer und Gott der Wälder, Blitze und Stürme, den sie sich als alten Mann mit langem Bart namens Tore vorstellen, nicht einer westlichen Kultur entlehnt worden ist. Dies um so mehr, als die Pygmäen einen Gegenmythos pflegen, nämlich den des Mondes, der den ersten Menschen erschaffen haben soll. Unter den Pygmäen wird man kaum lange Bärte finden, und dieser Tore ähnelt allzusehr, und nicht nur phonetisch, dem germanischen Gott Thor, der gleichfalls für Donner und Blitz steht. Der Verdacht drängt sich einfach auf, daß sich dieser »Tore« erst spät, nämlich bei der Besetzung Westafrikas durch die Deutschen, genauer: Kameruns ab 1882, den Glaubensüberzeugungen der Pygmäen hinzugesellt hat.

Noch zweifelhafter ist, ob der Mythos von der sechstägigen Weltschöpfung durch Wele, den höchsten Gott der Bantu in Kenia, Tansania und Malawi, der sich am siebenten Tag, nachdem er den Mann, die Frau und die Tiere erschaffen hatte, ausruhte, ein ursprünglicher afrikanischer Mythos ist. In der Tat handelt es sich hier um eine fast wortgetreue Kopie der Genesis. Woher hatten die Bantu wohl die entsprechende Vorlage? Es läßt sich unschwer erraten: Bereits 1503 hatten portugiesische Entdecker entlang der gesamten afrikanischen Ostküste Missionsniederlassungen gegründet, zum Beispiel in Sansibar, Malindi, Mombasa, Pemba, Kilona, Mosambik, Tete, Sena, Sofala u.v.a.

Als nun die Kolonisatoren ihren Gott einführten, brachten sie mit einer einheitlichen Weltsicht zugleich auch ein tragisch geprägtes Lebensgefühl mit. Selbst als beides zurückgewiesen wurde und sich auflöste, blieb doch ihr Eindruck bestehen und führte in die Entstehung der jeweiligen Synkretismen.

Kein Wunder, daß zahlreiche Ethnologen den Glauben an einen höchsten Gott an vielen Orten Schwarzafrikas beobachteten. Dieser Gott taucht unter vielerlei Namen auf, zum Beispiel als Mulunga in Ostafrika, Leza bei den Bantustämmen im nördlichen Simbabwe, als Nyambe von Botswana bis Kamerun und bei den Akan im südlichen Ghana, als Nyamye in Westafrika, als Ngewo bei dem Volk der Mende in Sierra Leone, als Amma bei den Dogon in Mali, als Olorun bei den Yoruba, als Chukwu bei den Ibo und als Soko beim Volk der Nupe, allesamt in Nigeria, als Xangwa und Gaua bei den Buschmännern, als Gaunab bei den Hottentotten und als Gamab bei den Bergdama (wobei die drei letzten Bezeichnungen sicherlich Varianten ein und desselben Namens sind, der in bestimmten Versionen widersinnigerweise auch einen Feind des höchsten Wesens bezeichnen kann).

Und selbst hier ist aus oben genannten Gründen Zurückhaltung geboten. Nimmt man beispielsweise die Etymologie des Namens »Mulunga«, »Seele der Vorväter«, oft auch in der Form »Mungu« bekannt[9], so stellt man fest, daß sie ebenso die alten Mythen wie auch ein Gottesbild nach westlichen Maßstäben widerspiegelt. Leza wird in mehreren Mythen beschrieben, einer von ihnen macht ihn zur »Mutter der Tiere«. »Nyambe«, bei den Baulen »Nyamye«, käme diesem westlichen Hintergrund mit Sicherheit am nächsten. Er ist ein doppelgeschlechtlicher Gott, halb Sonne, halb Mond, Schöpfer aller Dinge, »Einhaucher« der Seele in die Leibesfrucht und Herr über die Geschicke der Menschen.

Die Vorstellung von einem göttlichen Herrn über menschliche Schicksale aber ist den afrikanischen Glaubenssystemen fremd, da sie auf dem Einklang zwischen dem Individuum und dem sie umgebenden Kosmos gründen, und auch auf den Riten, durch die man dazu gelangen kann. Diese Vorstellung ist im westlichen Sinne des Wortes von Grund auf tragischer Natur und entspricht keineswegs dem, was man über die afrikanischen Kosmogonien und die daraus resultierenden Philosophien oder Moralvorstellungen weiß. Die Gestalt des Nyambe scheint nicht nur durch die portugiesischen Missionslehren beeinflußt worden zu sein, sondern auch noch durch die der Engländer, die sich ab dem 14. Jahrhundert in Ghana festsetzen.

Wenn schließlich die heutigen Hottentotten den bereits erwähnten Tsui-Goab verehren, so berichten doch Autoren aus alter Zeit, daß die Hottentotten ursprünglich den Mond als Gott verehrten. Demnach hat sich in den Glaubensüberzeugungen der Hottentotten ein tiefgehender Wandel innerhalb einer Zeitspanne vollzogen, die etwa zwischen dem 17. und 19. Jahrhundert anzusiedeln ist. Dieser höchste Gott residiert manchmal im Himmel, gemeinsam mit seiner Frau und seinen Kindern, manchmal in den Tiefen des Meeres, wie zum Beispiel Olokun in Benin. Zuweilen zeigt er sich wie Mulungu, wenn er den Blitz auf die Erde niederschleudert, in seinem Handeln logisch nachvollziehbar, doch manchmal ist er auch undurchschaubar oder gleichgültig wie Leza.

Einige afrikanische Religionen scheinen sich über die Generationen hinweg eine gewisse Authentizität bewahrt zu haben, da in ihnen einerseits keine spezifisch christlichen oder islamischen Elemente, dafür andererseits aber eher typisch afrikanische Motive zu finden sind, so etwa bei den Dogon um die Bandiagarafelsen in Mali, bei den Ewe von Abomey und bei den Bambara. Diese religiösen Vorstellungen, die meist von Clan zu Clan variieren, lassen sich durch drei Merkmale kennzeichnen:

1. Sie gehen auf kosmogonische Mythologien zurück,
2. sie sind polytheistisch,
3. sie beinhalten keine göttliche Offenbarung.

Der Glaube der Dogon ist von recht eigener Art – gewiß der Grund dafür, daß er seit etwa sechzig Jahren besondere Aufmerksamkeit auf sich zieht, da er eine strenge Theokratie verlangt.

Der Dogonglaube spiegelt sich in zwei Kosmogonien, einer vereinfachten und einer anderen – komplexen – wider. Beide sind gleichermaßen epische Gedichte wie Kosmogonien, und beide scheinen auf den ersten Blick westlichen Einflüssen entgangen zu sein; ihr afrikanischer Charakter drängt sich dem Beobachter sofort auf. Analysiert man sie näher, so lassen sich sieben Hauptmotive unterscheiden:

1. In der Person des Gottes Amma eine oberste Gewalt, die das Gleichgewicht repräsentiert,
2. ein verwirrendes, negatives Element, Yurugu,
3. die Bedeutung, die der Sexualität zugeschrieben wird, in manchen Versionen unter Inzestverbot, während in anderen eben dieser Inzest wiederum als Gründungsereignis geschildert wird,
4. das Motiv des fruchtbaren Wortes, das bewirkt, daß die Dogon während einer höchst bedeutsamen Zeremonie das Korn schlagen, um das Wort gewaltsam herauszuholen,
5. die Verurteilung aufrührerischer Gesinnung, die Yuguru symbolisch repräsentiert,
6. die Vorherrschaft des männlichen Prinzips über das weibliche, und schließlich
7. das Zwillings-, Gegensatzergänzungs- und Doppelgeschlechtlichkeitsprinzip, das für alle Kreaturen gilt.

Aus all dem zeichnet sich eine Moral ab, die auf dem Respekt vor der kosmischen Ordnung, der Garantin der irdischen Ordnung, gründet.

Auf den zweiten Blick dann beginnt die Gewißheit über den urafrikanischen Charakter dieser Vorstellung doch zu wanken. Denn Amma tritt bei den Dogon als höchster Gott in Erscheinung, der als Garant der kosmischen Ordnung und folglich auch der irdischen Ethik gilt. Er herrscht als Gott allein, und damit liegt seine Verwandtschaft mit dem geoffenbarten Gott der östlichen Monotheismen klar auf der Hand, selbst wenn er die Launen und Abenteuer nicht teilt, die das Alte Testament letzterem zuschreibt. Die Dogon bringen ihm auf Altären Opfer dar, wiederum eine Ähnlichkeit mit den Gepflogenheiten im Alten Testament, die nachdenklich stimmt. Das Frappierendste aber ist, daß er die Welt durch das Wort erschaffen hat, was ungemein an den Beginn der Genesis erinnert: »Im Anfang war das Wort.«

Derart enge Parallelen können, solange keine weiteren Informationen vorliegen, zu der Annahme verleiten, daß der Glaube der Dogon in Wirklichkeit eine Form von Synkretismus zwischen dem ursprünglichen, reinen Dogonglauben und der auf unbekannten Annäherungswegen verbreiteten Lehre christlicher Missionare ist. Und dies um so mehr, als die Gespräche des Ethnologen Marcel Griaule mit dem blinden Fischer Ogotemmeli, die zu unseren reichhaltigsten Informationsquellen über die Dogon gehören, in den Jahren 1931 bis 1948 stattfanden, das heißt mehrere Jahrhunderte nach den ersten afrikanischen Kontakten mit der Außenwelt. Und ferner, weil das Dogongebiet am Nigerbogen, in fast gleicher Entfernung zu Liberia, zur Elfenbeinküste, zur ehemaligen Goldküste (heute Ghana), Togo und Benin liegt.

Der Niger, der bei Plinius »Nigris«, bei Ptolemäus »Nigeir« heißt, von dem arabischen Forschungsreisenden Ibn Battuta »Nil der Neger« genannt wurde und über den der ebenfalls arabische Forschungsreisende und Geograph Idrissi sagte, er entspringe gemeinsam mit dem Nil in den Bergen des Mondes, hat schon viel Neugierde geweckt und Forscher angezogen. Er war einer der meistdiskutierten Flüsse der Welt: Keiner wußte, in welche Richtung er nun eigentlich floß. Merkwürdigerweise scheint er in der Tat in der Nähe des Meeres zu entspringen, doch in Wirklichkeit liegt seine Quelle in den Lomabergen an der Grenze nach Guinea-Bissau, von wo aus er eine weite Schleife zieht, um nach einer schwierigen Reise von etwa 4000

Kilometern schließlich in ein riesiges Delta im heutigen Südnigeria zu münden.

Zu Beginn des 15. Jahrhunderts (1405–1413) ließ sich der Franzose Anselme d'Isalguier in der Stadt Gao am Nordufer des Flusses mitten im heutigen Mali zwischen Skorpionen und dem Gesang der Flußschiffer und unter einer teuflisch heißen Sonne nieder! Ein wahnwitziges Abenteuer, dem eines Christoph Kolumbus vergleichbar und dem gegenüber die Abenteuer der heutigen Nachfolger eines Lawrence von Arabien nur blaß erscheinen. Er schrieb über seine Reise einen Bericht, der niemals veröffentlicht wurde und heute spurlos verschwunden ist. Das ist zutiefst bedauerlich, wenn man weiß, wie abenteuerlich sich eine Reise in manchen Gegenden Afrikas darstellte. Zuweilen mußte man sein Gepäck auf Kamelrücken verladen, um uneinschätzbare Furten zu passieren, oder auch ebenso argwöhnische wie gastfreundliche Stimmungen und Launen der Eingeborenen überstehen. Im Jahr 1828, genau sechzig Jahre bevor Frankreich seine Fahne über jenen Territorien hißte, die ursprünglich von den Engländern besetzt waren, machte ein anderer Franzose namens René Caillié diese Erfahrung. Er war der erste, der lebend aus Timbuktu zurückkehrte.

Ein Jahr nach dem Tod von Philipp II., dem Kühnen, von Burgund und im gleichen Jahr, in dem Timur starb, bevor er noch einen weiteren »Heiligen Krieg«, diesmal gegen China, führen konnte, im Jahr 1405 also, genau um die Mitte des »Großen Schismas«, das Europa in zwei feindliche Lager spaltete, ließ sich ein aus Angoulême gebürtiger Franzose etwa in der gleichen Gegend, nur ein paar hundert Kilometer von Timbuktu entfernt, in einem gerade oberhalb des Territoriums der Dogon gelegenen Hafen nieder, den alle Flußschiffer der angrenzenden Länder anliefen. Und die Dogon selbst, gab es sie überhaupt schon? Denn zuvor war ihr Gebiet von den Tellem, einer mittlerweile ausgestorbenen Kulturgemeinschaft, besiedelt gewesen.

Wie also läßt sich ausschließen, daß die biblischen Aspekte der heutigen Glaubensvorstellungen der Dogon nicht von den

Erzählungen beeinflußt wurden, durch die Anselme d'Isalguier in unbeabsichtigter Eigenschaft als Prophet und Missionar seine eigene Religion schilderte? Denn daß er ohne eine Bibel aufbrach und nicht über seine Religion sprach, ist kaum anzunehmen.

Und was wäre von jener noch außergewöhnlicheren Persönlichkeit Al-Hasan Ibn Mohammed al-Wassan al-Sayati, bekannter unter dem Namen »Leo Africanus«, einem Araber aus Granada, zu halten, der von Papst Leo X., dem er als Sklave vorgeführt worden war, zwangsweise zum Christentum bekehrt wurde und 1554 in Tunis wieder als Moslem starb? Vor seiner Bekehrung, im Jahre 1513, versuchte Leo Africanus nämlich ebenfalls, festzustellen, in welche Richtung der Niger floß. Auch er befuhr ihn per Schiff, hielt sich längere Zeit an seinen Ufern auf und trat in Kontakt mit der dort lebenden Bevölkerung. Mit Sicherheit weckte er deren Neugierde ganz erheblich. Die Afrikaner interessieren sich immer lebhaft für alles Neue, vor allem wenn es in der Gestalt weißhäutiger Menschen auftaucht. Ein Filmteam, das 1983 für Dreharbeiten an einem Fernsehfilm nach Timbuktu aufgebrochen war, begegnete dort Menschen, die Weiße noch nie zu Gesicht bekommen hatten. Sie rieben die Weißen an der Haut – Afrikakennern eine nicht unvertraute Geste –, um sich zu vergewissern, ob das nicht etwa Farbe war. Man kann sich denken, wie sich eine solche Begegnung vor viereinhalb Jahrhunderten bei Leo Africanus abgespielt haben mag. Woher kam er? Was wußte er? Woran glaubte er? Konnte er, so befragt, anders, als unweigerlich eine der ersten Koransuren vorzutragen:

> »Er ist's, der für euch alles auf Erden erschuf,
> alsdann stieg Er zum Himmel empor
> und bildete ihn zu sieben Himmeln,
> und Er hat Macht über alle Dinge.«[10]

Jener Nigerbogen bildete ganz entschieden einen Anziehungspunkt, denn eine der drei großen, bereits erwähnten Karawanenstraßen, die die Sahara durchquerten, endete eben hier, und man weiß, daß sich arabisch-berberische Händler, die den maghrebinischen Exporteuren als Handelsvertreter dienten, ständig vor Ort aufhielten. Unentwegt erforschte man diesen Nigerstrom, den man eine Weile lang für einen Nilzufluß und später dann für den Fluß Senegal hielt, bis die französische Besetzung des äquatorialen Sudans endlich Klarheit in die Vorstellungen der Geographen brachte. Mittlerweile waren hier nicht wenige durchgekommen. Und die Afrikaner, inklusive der Dogon, dachten nicht daran, sich den Worten dieser Fremden mit all ihrem Wissen, ihren Büchern und Feuerwaffen zu verschließen. Wie könnte man beschwören, daß sie nicht das, was all diese Reisenden mit der mondfarbenen Haut erzählten, in ihre Glaubensüberzeugungen mit aufnahmen?

Was ist daraus zu schließen? Daß die Afrikaner sich im Laufe der Jahrhunderte in derselben Situation befanden wie die Hebräer, die von den Propheten angehalten worden waren, die fremden Götter aufzugeben, um sich bedingungslos zu dem alleinigen Gott zu bekennen. Doch die Missionare waren keine Propheten, und zwischen der politischen Absicht der Propheten und dem Streben der Afrikaner nach Göttlichkeit wäre jeglicher Vergleich unangebracht. Zwar übernahmen etliche afrikanische Kulturen die Idee einer allerhöchsten Gottheit in einer Art untergründiger geistlicher Monarchie, aber sie paßten sie ihren Mythen an. Zwei Dogmen – der göttlichen Offenbarung und der Erbsünde – des christlichen Monotheismus gelang es nicht, in Afrika tatsächlich einzudringen. Weder das eine noch das andere paßte in die Weltordnung der Afrikaner. Die Offenbarung bedeutete eine willkürliche, nicht nachvollziehbare Auflösung dieser Ordnung, da sie voraussetzte, daß zuvor nur Unordnung geherrscht hatte. Die Erbsünde war in ihren Augen noch unannehmbarer: Wenn sie wirklich aus der Sexualität abzuleiten war, wie die christlichen Missionare, entsetzt über die omnipräsente Nacktheit und den Lehren des Apostels Paulus getreu, sicherlich verkündeten, dann durfte die Welt ja gar nicht existieren, und dann war jede Lehre sinn- und zwecklos.

Mit anderen Worten: Der theokratische Monotheismus konnte in Afrika nie Fuß fassen. Gott war überall und niemandes Eigentum.

Denn das Merkwürdigste an dieser diffusen Präsenz eines alleinigen Gottes und Weltschöpfers ist, daß er in den afrikanischen Religionen keine prägende Rolle zu erfüllen scheint.[20] Für die Ewe um Abomey oder die Nuer im Sudan sind die toten Vorväter weit schreckenerregender als der Schöpfer selbst; daher die überwältigende Vielfalt an Masken von Ahnen, die manchmal zu Schutzgeistern erhoben werden. Da sie als oberste Gründerväter der Clans und Stämme mit beachtlichen übernatürlichen Kräften betraut sind, bestimmen diese toten Ahnen einen Großteil des Stammeslebens. Sie allein fragt man wegen Kauf oder Verkauf von Land, wegen Hochzeiten und Kriegen um Rat, und zu ihnen betet man um Regen oder reiche Ernte. Doch zahlreiche andere Götter und Geister üben einen weitaus unmittelbareren Druck auf die afrikanische Vorstellungswelt aus. Jeder Reisende, der einmal den abgeschlossenen Bereich der für Ausländer und Beamtenschaft errichteten Stadtviertel mit ihren Geschäften und klimatisierten Hotels hinter sich gelassen hat, begreift rasch, daß Afrika seinem Wesen nach durch und durch animistisch geprägt ist. Das heißt, es ist der Auffassung, alles besitze eine Seele. Eine Neigung, die Sir Edward Burnett Tylor im 19. Jahrhundert auf den amüsanten Gedanken brachte, der Animismus sei die »Minimaldefinition der Religion«.

Dieser dominierende Animismus erklärt sich aus dem Umstand, daß vor der gewaltigen Umgestaltung durch das Abendland mit seiner massiven und zügellosen Verstädterung und der Einrichtung seiner allgewaltigen Handelsnetze die afrikanische Bevölkerung aus Königreichen bestand, die sich in verschiedene, wiederum in Clans unterteilte Stämme aufgliederten. Das Überleben dieser Strukturen hing in erster Linie von Boden und Wasser, aber auch vom Vieh ab, dessen Lebenskräfte durch übernatürliche Mächte, die über sie herrschten, »erklärt« wurden. Ebenso hing es von der Gesundheit ab, und angefan-

96

gen bei der Onchozerkose oder Flußblindheit über Sumpffieber, Lepra und Cholera bis hin zu wütenden Viruskrankheiten wie Hepatitis und Ebolafieber, wurde Afrika immer ganz besonders von Endemien und Pandemien heimgesucht. Diese Krankheiten, die einen gesunden Menschen oft bestürzend schlagartig in ein invalides, abstoßendes oder todkrankes Wesen verwandeln, sind für einen Afrikaner und Analphabeten genauso unerklärlich, wie sie es für die Europäer des Mittelalters waren. Letztere führten die Epidemien auf die Sünde zurück, die Afrikaner schrieben sie entweder bösen Geistern zu, die von böswilligen Menschen oft aufgerüttelt wurden, oder auch Ahnen, die beleidigt oder nicht bestattet worden waren. Außerdem hing das Überleben noch vom Jagderfolg ab, der von den Geistern des gejagten Wildes und deren Duell mit dem guten oder bösen Willen jener Geister bestimmt wurde, die über die Jäger wachten.

Die Sexualität, die den diesbezüglich noch zahlreicheren und strengeren Tabus unterworfenen Menschen des Abendlandes in Afrika ebenso faszinierte wie schockierte, ist für den Afrikaner das Mittel zum Zweck, seine persönliche Gunst bei den unsichtbaren Mächten und das Überleben seines Clans zu sichern. Dies ist der Grund, daß sie häufig als übersteigert und ihre Präsenz in der afrikanischen Gesellschaft als störend empfunden wird. Doch im Gegensatz zu den ebenfalls häufigen Vorstellungen der Abendländer ist sie deswegen längst kein Aktionsfeld für zügellose Hemmungslosigkeit oder von Vergnügungssucht getriebener Perversion. Sie ist, oder vielmehr war, ganz im Gegenteil äußerst strengen Regeln unterworfen.

Die Sexualität wird nicht unter dem ausschließlichen Blickwinkel des Orgasmus, sondern auch unter dem ihrer kosmischen Bedeutung gesehen. Bei den Ashanti haben daher noch nicht ehemündige Kinder weder ein Recht auf ein Leichenbegängnis, noch dürfen sie auf dem Friedhof der Erwachsenen bestattet werden. Weil diese als zur Reife gelangte, geschlechtlich differenzierte Personen gelten, können sie ihren letzten Schlaf unmöglich an der Seite unfertiger Wesen halten, denn damit würden sie eine Störung der kosmischen Ordnung riskieren und ihre Mütter der Gefahr der Unfruchtbarkeit aussetzen. Beim Stamm der Samo an der Elfenbeinküste beispielsweise müssen die Eltern eines jungen Mädchens, sobald sich dessen erste Regel ankündigt, augenblicklich jeglichen Sexualverkehr so lange einstellen, bis die Geschlechtsreiferiten für das Mädchen abgeschlossen sind. Denn die Eltern, denen ein regelmäßiges Sexualleben unterstellt wird, gelten als »dichte« Personen, deren Einfluß die Entwicklung einer »leichten« Person, wie es ein pubertierendes Mädchen eben ist, stören könnte. Dies ist ein in ganz Afrika verbreiteter Glaube, und bei dem südafrikanischen Stamm der Tonga etwa wird eine unfruchtbare Frau aufgrund irgendwelcher Verbote, gegen die sie verstoßen haben soll, für ihren Makel verantwortlich gemacht. Die Vielzahl der übernatürlichen Einflüsse, die auf alle Bereiche des Sexuallebens einwirken können, hat also zu einer Unmenge unter dem Schutz zahlreicher Geister stehender Traditionen und Riten angeregt, die den Laien und manchmal sogar den westlichen Experten verwirren.

In den Jahrhunderten vor und nach der Besetzung Afrikas durch das Abendland wurde der Kontinent von endlosen Bürgerkriegen gespalten, in denen sich die einzelnen Stämme gegenseitig bekämpften. Identitätsbewußtsein war den Afrikanern demnach ein unerläßliches Bedürfnis (wie Ende dieses Jahrhunderts ja auch aus den Massakern zwischen den Hutu und den Tutsi in Ruanda zu ersehen war). Diese Kriege brannten sich in den Ahnenkult ein, der ein nicht übertragbares und ureigenes Besitztum der Clans darstellt. Die Notwendigkeit des Zusammenhalts unter den Stammesmitgliedern, die zur Verteidigung ihrer Territorien aufgerufen waren, führte auch zu manchmal sehr harten Initiationsriten, beispielsweise jenen, die den Übergang vom Jünglings- zum Erwachsenenalter betrafen. Diese Riten wurden im Namen der meist mit den Ahnen verknüpften Clan- oder Stammesgeister nach strengen Regeln ausgeübt. Und eine große Zahl an Geheimbünden sorgte für ihre gewissenhafte Durchführung.

Die afrikanischen Glaubensüberzeugungen gewährleisten also den Zusammenhalt der Stämme, zwischen den einzelnen Mitgliedern und zwischen den Stämmen und dem Kosmos. Ihre große Verschiedenartigkeit und die Vielfalt ihrer Gegensätze schließen von vornherein jeglichen zentralistischen Monotheismus nach Art der Offenbarungsreligionen aus. Nach afrikanischem Verständnis ist Göttlichkeit über die gesamte Welt und den Kosmos verteilt. In Form verschiedenster Götter ist sie unendlich vielseitig gestaltet. Sie kann unmöglich, wie oft angenommen wurde, auf das vage Gefühl eines Theismus reduziert werden, sondern ist, ganz im Gegenteil, ständig präsent: In Afrika ist alles religiös geprägt, aber afrikanische »Religionen« im Sinne einer Religion als eines festen Gefüges geregelter Glaubensüberzeugungen gibt es nicht. Ebenso besteht keine Trennung von Mensch und Gott wie in den Offenbarungsreligionen. Für den Afrikaner ist der Mensch von seiner Geburt bis zu seinem Tod und über diese irdischen Grenzen hinaus in Zyklen eingebunden, die auf die Göttlichkeit selbst zurückgehen. Wie bei einem Musiker, der sich peinlich genau an die Partitur des Orchesters, dem er angehört, halten muß, liegt es allein an ihm, sie zu respektieren. Nur, daß es in diesem Fall keine oberste Instanz gibt, selbst wenn sich der König zur Inkarnation des einen oder anderen Gottes oder einer Göttin erklärt. Sogar der König kann vom Volk entthront werden, wenn er die kosmische Ordnung nicht respektiert. Die afrikanischen Glaubensformen genügen sich selbst, und das ist der Grund, daß man in Afrika keinen religiösen Bekehrungseifer kennt.

Zumindest teilweise kann dieses kosmische Empfinden auch die Frage beantworten, warum in den afrikanischen Religionen weder das männliche noch das weibliche Prinzip vorherrscht. Warum findet sich in den schwarzen Religionen keine Spur von einem Kult der Großen Göttin? Weil dem Afrikaner, im Unterschied zum Europäer, der in den ersten 30 000–40 000 Jahren gegen Kälte und Trockenheit zu kämpfen hatte, die Fruchtbarkeit von Haus aus in den Schoß gelegt worden war. Afrika hat keine Eiszeiten erlebt. Pflanzen, Insekten, Tiere – alles Leben scheint dieser Boden in Hülle und Fülle hervorzubringen. Niemand muß sich abrackern, um ihm seine Gaben mühsam zu entreißen, man muß ihn im Gegenteil sogar noch bändigen. Das männliche Prinzip ist ebenso wichtig wie sein weibliches Gegenstück, und zwischen beiden wird keine Rivalität empfunden. Der Mensch erschafft Gott nach seinem Ebenbild, und dieses hängt unter anderem auch vom Klima ab. Der Kult der Erdmutter und großen Göttin der Fruchtbarkeit wurde von Menschen des Nordens geboren, die unentwegt für ihren Unterhalt sorgen mußten, während der Afrikaner sich nur um Rituale zur Einfügung in Natur, Welt und kosmische Rhythmen kümmerte. Die übernatürlichen Mächte und Geister der Ahnen herrschten über die gesamte Welt; weshalb sollte man sich dann noch damit befassen, sie den anderen aufzuzwingen?

Deshalb entwickelten die afrikanischen Religionen niemals missionarisches Sendungsbewußtsein. Sie waren gegeben, oder sie waren es eben nicht, und kein Fremder wurde jemals beispielsweise zu einer Voodoozeremonie eingeladen[11], so wie sich die Menschen der westlichen Welt gegenseitig und ungeachtet aller Konfessionen und Bräuche zur Taufe, Bar-Mizwa oder zum Aïd el-Kebir einladen. Der Voodoo ist eine geheime Zeremonie und der Afrikaner kein Bekehrer. Ob nun aus Anstand oder Stolz, seine Götter sind seine Sache, sie sind kein Exportgut. Und »exportiert« man einen Afrikaner, so nimmt er sie mit sich mit.

Indiens Religion ohne Kirche und Zentrum: der Hinduismus

»O Morgenröte, du, die du den Preis des Sieges in deiner Hand hältst, bring uns diese buntglänzende Macht, durch die wir unsere Kinder und Kindeskinder schaffen können«[1], so singt der unbekannte Autor des *Rigveda*, jener arischen Liedersammlung, deren Niederschrift der Überlieferung nach vor 3200 Jahren begonnen und 300 Jahre später abgeschlossen wurde, während Europa die Schrift noch gar nicht kannte. Die Gottheiten erhörten das Gebet. 300 Jahre später kam die Morgenröte. Es war die der großen Religionen, von deren Erbe wir, oftmals ohne unser Wissen, heute noch zehren. Doch gewiß sah sie anders aus, als sich der Verfasser des Gebetes erhofft hatte. Denn Indien hatte die Arier noch nicht erlebt.

Aus dem gewaltigen Zusammenprall zwischen den arischen Eindringlingen und den Hindus sollte eine der großen Religionen der Welt entstehen – der Hinduismus, dessen Überlebenskraft auf den Abendländer um so erstaunlicher wirken muß, als er weder Kirche noch Papst, moralische Macht oder Dogmen, sehr wohl aber Moral, Orthodoxie und daher auch Häresie kennt. Letztere wird mit einer Inbrunst aufrechterhalten, wie sie in vielen anderen Religionen längst verlorengegangen ist. Als Religion, in der die Abfolge der Feste das Leben der Hindus bestimmt, greift der Hinduismus weit über die Kultzentren hinaus und auf das gesamte gesellschaftliche Leben über. An allen Straßenecken, in den Geschäften und Häusern werden Götterbildnisse gezeigt, doch nicht etwa aus Bekehrungseifer, denn man ist nicht nur von Geburt aus Hindu, sondern aus spontaner Verehrung.

Die Geschichte der Welt hat in Afrika begonnen, die der Philosophie in Indien. Hier wurde vor 2600 Jahren der Gottesgedanke der ersten und letzten Analyse unterzogen, die sich in den beiden folgenden, einander entgegengesetzten Standpunkten zusammenfassen läßt: Gott existiert nicht, da wir nichts über ihn wissen. Dies ist der buddhistische und in gewissem Maße jainistische Standpunkt. Aber: Gott existiert, da wir ja auch existieren. Das ist der hinduistische Standpunkt. Dieses Resümee ist freilich arg verkürzt, weil diese Standpunkte in nicht gar so deutlichem Gegensatz zueinander stehen. Der Buddhismus hat seither viel vom Hinduismus übernommen, der wiederum bereits sehr viel von früheren Religionen, darunter auch dem Shivaismus, entlehnt hatte. Unter den etwa 800 Millionen Menschen in Indien gibt es heutzutage nur noch an die zwei Millionen Jainas und fünf Millionen Buddhisten; mit anderen Worten, die Polarisierung hat stark nachgelassen.

Griechenland war kaum geboren, als der weise Aruni sich die Frage stellte: »Seiend nur, o Teurer, war dieses am Anfang, eines nur und ohne zweites. Zwar sagen einige, nichtseiend sei dieses am Anfang gewesen, eines nur und ohne zweites; aus diesem Nichtseienden sei das Seiende geboren. Aber wie könnte es wohl, o Teurer, also sein? Wie könnte aus dem Nichtseienden das Seiende geboren werden? Seiend also vielmehr, o Teurer, war dieses am Anfang, eines nur und ohne zweites.«[2] Bei jenen »einigen«, auf die Aruni anspielt, handelt es sich übrigens um die Jainas und Buddhisten.

Weshalb wurde die Philosophie gerade in Indien geboren? Möglicherweise durch die Gunst der örtlichen Verhältnisse und die zufällige Verbindung von klimatischen Veränderungen und genetischen Kombinationen, die verschiedene Völker und eroberungsorientierte Ambitionen geschaffen hatten. Die Flüsse waren gewaltige, warme Ströme, und das Wasser, das sich während der Monsunregen ebenfalls im Überfluß vom Himmel herab ergoß, trug zusätzlich noch zur Fruchtbarkeit des Bodens bei. Über smaragdgrünen Reisfeldern bogen sich die Mangobäume unter der Last ihrer Früchte, und der Duft von Sandelholz erfüllte die Luft. Den Göttern mußte das gefallen haben. Man könnte sich gut vorstellen, daß der Mensch, nachdem er nach der langen Reise, die er 50000 oder 60000 Jahre zuvor in Afrika begonnen hatte, hier angelangt war, Rast machte, um zu verschnaufen, und innerhalb einiger Jahrhunderte den Gedanken faßte, sich mit seinem Woher und Wohin auseinanderzusetzen.

Doch welcher Mensch? Denn welche Art Mensch als erste dort lebte, weiß man nicht. Der Neandertaler? Tatsächlich kam er in Asien bereits vor, in China jedenfalls, wie Knochenfunde bezeugen. Oder ließ sich der Cro-Magnon-Mensch als erster hier nieder? In dieser Frage steckt weit mehr als nur akademisches Interesse, denn man führt seine Götter immer im Reisegepäck mit. Und hätte man die Besiedelung Indiens rekonstruieren können, so hätte man leichter begriffen, durch welche wunderbaren Umstände der Hinduismus hier und nur hier entstand.

Alles was man mit Gewißheit sagen kann, ist, daß die beiden ältesten Bevölkerungsgruppen, die Draviden und die Munda, nicht indischer Herkunft sind. Eine der zwanzig dravidischen Sprachen, das Brahui, scheint aus dem Nordwesten zu stammen; es wird übrigens noch heute in Belutschistan gesprochen. Folglich wären die Draviden Einwanderer, die zu einem Zeitpunkt ins Land kamen, den man im 10. Jahrtausend v. u. Z. vermutet.

Die Sprache der Munda, auch »Kolarier« genannt, deren Wurzeln weiter zurückreichen als die der Draviden, ist der Khmersprache wie auch den nicht-khmerischen Sprachen und anderen Sprachgruppen Südostasiens, ja sogar der Sprache der australischen Ureinwohner allzu ähnlich, als daß sie mit ihnen nicht verwandt sein müßte.[5] Die Munda scheinen von Osten her gekommen und kaum alteingesessener zu sein als die Draviden.

Die Munda lehnten es samt und sonders ab, sich zum Hinduismus, der vorherrschenden Religion Indiens, zu bekehren. Über ihren Glauben oder vielmehr ihre Glaubensformen (die sich von Stamm zu Stamm voneinander unterscheiden) ist relativ wenig bekannt, und selbst das, was man darüber zu wissen glaubt, wäre auf jeden Fall fragwürdig, weil ihre religiösen

Überzeugungen durch die Zeit und ihren Minderheitsstatus vermutlich verfremdet wurden. Außerdem wurden sie im gesellschaftlichen Abseits gehalten beziehungsweise hielten sich selbst abseits, das eine ging Hand in Hand mit dem anderen. Während sie noch vor ein paar tausend Jahren riesige Gebiete bis hin nach Kambodscha beherrschten, leben heute von ihnen nur noch rund fünf Millionen Menschen, die sich in manchmal schwer zugängliche Stammesgruppen aufteilen. 1973 in Ceylon mußte ich große Überredungskunst aufbringen, um eine Gegend besuchen zu dürfen, in der Leute vom Stamm der Wedda, die letzten und seltenen Vertreter der Munda auf der Insel, lebten. Dieser Besuch im südlichen Bergland, abseits von Nuwara Eliya, fiel im Hinblick auf Informationen mager aus. Sie standen in einem übrigens abscheulichen Ruf, und den örtlichen Kommentaren nach war ich beinahe schon darauf gefaßt, auf ungehobelte Wilde, wenn nicht gar Yetis zu stoßen. Mit dichtem Bartwuchs und ebenso wenig entgegenkommend wie bekleidet, machten sie keinen sonderlich begeisterten Eindruck über den Kontakt mit dem Fremden und meinem Dolmetscher, der nicht nur ein Weißer, sondern auch noch Buddhist war. Begreiflich also, wenn die Kenntnisse über die Gesamtheit der Mundas nur Einzelwissen und oftmals veraltet sind.

Die Mundareligionen sind ihrem Wesen nach animistisch geprägt und basieren, mit ziemlich barbarischen Anklängen, auf dem Fruchtbarkeitskult. Die Naga zum Beispiel, ein gleichfalls wenig zugängliches Volk im Norden Birmas, dem Nagaland, sind genau wie die Kelten und aus denselben Gründen an Schädeln interessiert. Sie sind »logischerweise« der Meinung, daß Köpfe ein spirituelles Kraftreservoir darstellen: Je mehr man davon bekommt (indem man sie den Angehörigen benachbarter Stämmen eben abschlägt), um so reicher fallen die Ernten aus; was zur Folge hat, daß vor jeder anderen Ernte erst mal Ernte unter den Köpfen gehalten wird.[4] Wie auch die Kelten praktizieren sie den Kult der Bäume, die sie für den Sitz großer Mächte halten. Zwischen dem männlichen und dem weiblichen Prinzip der Fruchtbarkeit besteht bei ihnen offenbar kein

Ungleichgewicht; beide werden gleichermaßen verehrt. Bei den Naga werden die Steine, die die Geschlechter symbolisieren, Seite an Seite aufgestellt, der eine abgerundet für das weibliche Prinzip, der andere in phallischer Form: Hierin spiegeln sich der *Lingam*- und *Yoni*-Kult wider, die beide in Verbindung mit der Vermännlichung von Göttlichkeit früher bereits erwähnt wurden. Die Munda von Indien hingegen verehren die Sonne und setzen ihre Toten nicht durch Feuerbestattung bei.

Die später eingetroffenen Draviden oder heutigen Tamilen gelten als Begründer oder Mitbegründer der ersten eigentlichen Religion Indiens, des Shivaismus. Dieser Kult des Gottes Shiva, der um das 6. Jahrtausend erstmals in Erscheinung trat, ist für das westliche Verständnis höchst kompliziert. Durch seine Tendenz, Gegensätzlichkeiten miteinander in Einklang zu bringen, macht Indien dem Kartesianismus in der Tat oft schwer zu schaffen. Bereits der Name des Gottes ist eigentlich kein richtiger Name, sondern ein Adjektiv, das soviel wie »wohlgesinnt« oder »gut« bedeutet. Er soll erdacht worden sein, um zu vermeiden, daß der göttliche Name ausgesprochen werden muß, der *An* gelautet hätte. Die Bemühungen, den göttlichen Namen zu umgehen, fielen sehr fruchtbar aus, denn man findet 10008 Bezeichnungen für Shiva: »Mit dem Mond im Haar«, »Schädelträger«, »Mit dem blauen Hals«, »König des Yoga«, etc. Dieser Gott soll auf Erden gekommen sein, um die Menschen Weisheit zu lehren.

Ursprünglich war Shiva eine ganzheitliche Gottheit, was er für die streng shivaistischen Sekten vorwiegend im Süden Indiens, die ihn als einzigen Schöpfer der Welt erachten, auch geblieben ist. Er stellt nämlich Leben und Tod zugleich dar, da sich das Leben aufzehrt, um schließlich im Tod zu enden. Er ist These und Antithese von allem, männlich und weiblich, was durch die Vereinigung des einen mit dem anderen symbolisiert wird: Der Phallus beziehungsweise *lingam* in der Vagina beziehungsweise *yoni*.[5] Folglich ist er der Gott der Liebe, eine schöpferische und zerstörerische Ganzheit, mal in aller Schönheit und dann wieder schreckenerregend, für das Auge des westlichen Menschen oft aber obszön, weil eine der häufigsten Darstellungen von ihm die eines nackten Jünglings ist, der mit erigiertem Glied durch die Wälder läuft und Frauen verführt. Er ist auch der Gott des Tanzes, der nach kosmischem Rhythmus Leben und Zerstörung darstellt. Und selbstverständlich wird er auch mit Kâla, dem Gott der Zeit, gleichgesetzt.

Shiva wird unter acht wechselweise wohlwollenden und übelwollenden Aspekten verehrt: Feuer, Wasser, Erde, Sonne, Opfer, Raum, Wind und Mond. Doch er besitzt auch fünf Gesichter[6], zehn Arme und dann noch zusätzlich vier. 28 Inkarnationen oder *Avatara* sind von ihm bekannt. Mit seiner Gemahlin Parvâti und seinen beiden bekanntesten Kindern Ganesha, mit dem Kopf eines Elefanten, und Subrahmaniya (auch »Skanda« oder »Karttikeya« genannt) lebt er auf dem Berg Kailas. Shiva ist der Held zahlloser epischer Erzählungen, die in unterschiedlichen Epochen verfaßt wurden. Äußerstenfalls könnte er den Menschen der westlichen Welt an ein physikalisches Teilchen in der Quantenmechanik erinnern, denn er ist zugleich hier und dort, er ist dies und gleichzeitig das: Er gleicht einer oszillierenden Welle.

Shivas wesentliches Merkmal ist, daß ihm jegliche moralische Färbung fehlt: Er ist weder von Grund auf gut noch böse, er ist zugleich oder abwechselnd beides, je nach seiner Laune und der Verehrung seiner Gläubigen. Als allwissender Herrscher über das kosmische Sein ist er nur über die Transzendenz erreichbar, die zur Offenbarung führt. Zu ihr gelangt man im orgiastischen und sexuellen Rauschzustand, ein Konzept, das von den Ariern später teilweise übernommen werden sollte, obwohl diese dem Shivaismus und vor allem seinem Phalluskult sehr feindselig gegenüberstanden. Allein durch das Wissen um seine zugleich irdische wie kosmische Natur kann der Mensch in seiner Gesamtheit zur Erfüllung gelangen. Irdische Gesetze hat Shiva nie angeregt, und sein Besuch auf Erden, irgendwann in grauer Vorzeit, war keine Offenbarung. In dieser Hinsicht hat der Shivaismus etwas Metaphysisches an sich: Er setzt keine Tabus und schreibt lediglich die Verehrung des Gottes und das

Streben nach Transzendenz vor. Eher Kult als Religion, im wesentlichen tolerant und dadurch von Beginn an breiten und weit verstreuten Bevölkerungsmassen so angepaßt, daß sie sich jedem politischen System entzogen, schloß er alle wie in einem Bund zusammen. So war es möglich, daß er 8000 Jahre bis zum heutigen Tag überlebte und so viele Kulturen und andere Religionen beeinflußte.

Und so kam es auch, daß er sich im Abendland zum Beispiel unter dem Namen *Dionysos* durchsetzte, dessen römisches Pendant *Bacchus* ist. Dieser Gott, den man für rein griechisch hielt, ist in Wirklichkeit *Theòs-Nysa*, der Gott der Stadt Nysa, nahe Jalalabad in Afghanistan; dort stand ein Shiva geweihtes Heiligtum. Schon Homer erwähnte es, als er von Lykurg, dem Edonier, sprach, der Dionysos' Ziehmütter im 8. Jahrhundert v.u.Z. nahe dem »heiligen Berg von Nysa« verfolgte. Diese halbwegs hellenisierte Shivaversion hatte demnach die Balkan- und Mittelmeerländer, vermutlich im Gepäck der Indoarier, erreicht. Die Dionysien (wie auch die römischen Bacchanalien, von unserem Karneval gar nicht erst zu reden) sind westliche Versionen der shivaistischen Orgien. Soviel zur Überredungskraft des Shivaismus. Bleibt noch zu erklären, wie Shiva dazu kam, von den Indoariern übernommen zu werden, denn eigentlich gehörte er ja nicht zu ihren Göttern.

Als die Arier um 3200 v.u.Z. vom Iran her in Gandhara einfielen, fanden sie zwei Glaubenssysteme vor: den Animismus der Munda und den Shivaismus der Draviden. Zu Shivas zahlreichen Beinamen zählt seit einem unbestimmten Zeitpunkt auch der Beiname »Herr der Geister«; dem Shivaismus aber ist das Prinzip der Geister im Grunde fremd. Es gehört zum arischen Gedankengut. Zwischen den arischen und dravidischen Glaubensüberzeugungen muß sich eine Verschmelzung ergeben haben. Eine solche ereignete sich tatsächlich, aber keineswegs harmonisch. Die Arier brachten ja ihre eigene Theologie mit, und diese fand sich nur schlecht oder gar nicht mit Religionen ab, die man in unserem modernen Vokabular als »lax« bezeichnen würde.

Bei den ersten Kontakten prallten sie in der Tat heftig zusammen. Die überheblichen Halbnomaden, die in kleinen Scharen auf ihren flinken Pferden daherkamen, mußten beleidigt feststellen, daß sich die Draviden ihrem geistigen Einfluß widersetzten. Sie reagierten also empört und verkündeten in einer jener beredten Kehrtwendungen, die nur mit der Religionsgeschichte wenig Vertraute verblüffen können, daß die Götter, die vor den ihren in diesem Land existiert hatten, Antigötter, das heißt Dämonen, seien. Hier lief also genau dasselbe ab, was die politisch triumphierenden Christen dreizehn Jahrhunderte später mit der griechisch-römischen Religion machen sollten. Während sie, die Arier, die wahren Götter verehrten und wußten, wie man Opferungen zu organisieren hatte, beteten die »Barbaren«, das heißt die Draviden, die »fluchbeladene Städte bauten und in der Kunst der Magie Experten waren« (A. Daniélou), Antigötter an.

Der Gipfel an Widersinn aber war, daß die Antigötter nicht etwa wegen ihrer Mängel, sondern wegen ihrer Tugenden zerstört werden mußten! Die Arier waren nämlich untadelige Priester! In der arischen Kosmogonie suchten sie zu rebellieren, doch ihr wütendes Aufbegehren bewirkte, daß ihr Glück sie verließ. Die Wirklichkeit sah vielleicht prosaischer aus: Auf den altbekannten Wegen der Intoleranz hatten die Arier kurzerhand verfügt, daß die Götter der Draviden Antigötter, Asuras, seien. Als die militärisch besiegten Draviden sich endlich mit der arischen Vorherrschaft abfanden, unterschied man zwischen den alten Asuras, die man anfangs mit den vedischen Propheten verwechselte, und den neueren Asuras, die zu echten Dämonen wurden, solchen, die des Nachts ihr Unwesen trieben (»Irrende der Nacht«). Ob ein Gott gute Eigenschaften aufwies, hing also davon ab, zu welchem politischen Lager er gehörte. Und dies sollte freilich nicht das einzige Beispiel dieser Art in der Geschichte bleiben. Der Vedismus selbst wurde nur wenige Jahrhunderte später ebenfalls einer politischen Reform unterworfen.

Die Glaubensüberzeugungen der Arier sind ausgiebig in ihrer Liedersammlung *Veda* beschrieben, wovon der *Rigveda* (was soviel wie »Die Offenbarungen« heißt) die älteste dieser Sammlungen ist: 1028 Lieder zu durchschnittlich je 10 Versen ergeben 10280 Verse; viele von ihnen lernt nur der richtig zu schätzen, der einen mindestens dreimal so dicken kritischen Apparat wie der *Rigveda* selbst zu Rate ziehen kann. So erklärt es sich auch, daß Louis Renous ungekürzte Übersetzung, die als die zuverlässigste gilt und fast abgeschlossen war, als er starb, bereits 17 Bände zählt ...

Die Vedareligion der Arier bot insofern mindestens eine Gemeinsamkeit mit den alten indischen Religionen, als sie sich gegen das logische Prinzip sperrte, das ausdrücklich besagt, daß man nicht das eine und zugleich auch dessen Gegenteil sein kann: Sie hatte sowohl polytheistische wie auch monotheistische Züge, zumindest im – freilich engeren – westlichen Sinne dieser Worte. Wie Mario Piantelli feststellt, hat »die indische Sicht von Göttlichkeit den Forschern immer schon zu schaffen gemacht«, und der Hinduismus wurde abwechselnd mal als Monismus, als Monotheismus, Henotheismus oder Polytheismus bezeichnet: »Eine berühmte Passage im *Brhadâranyakopanisad* (III, 9, 1) reduziert die symbolische Zahl der Götter von 333 und 30003 auf 33, dann auf sechs, auf drei, auf zwei, auf eineinhalb und schließlich auf nur noch einen Gott.«[7]

Hinzu kommt noch, daß die Arier sehr viele Götter, die *Devas* oder »Leuchtenden«, kannten; sie hatten kaum Platz für weitere Götter. Einmal mehr muß der Begriff »Gott« hier in anderer als der abendländischen Weise verstanden werden: Götter stellten für die Arier die Triebkräfte der Welt dar. In Wirklichkeit war die arische Theologie eine pantheistische Theosophie. Doch im Unterschied zum Hinduismus, der in vielem henotheistisch ist – das heißt, daß sich die Götter in ihre Persönlichkeiten teilen und sich häufig einer in den anderen verwandelt, wodurch sich eine Art göttliche Demokratie ergibt –, war der arische Brahmanismus autoritär und besaß eine peinlich genau aufgebaute Hierarchie. Den Vorsitz über die 33 irdischen Mächte oder Götter führten vier himmlische Götter: Agni, das Feuer, Indra, der Himmel, Vayu, der Wind (ihr Lieblingsgott), und Surya, die Sonne. Über ihnen wiederum herrschte eine Dreiheit, bestehend aus Rudra, dem Gott der Zerstörung und Herrn der Zentrifugalkräfte, und Vishnu, dem Gott der Bewahrung und Herrn der Zentripetalkräfte, beide unter dem Vorsitz des allgegenwärtigen Vaters Brahma. Brahma, die sich selbst genügende Weltseele, der »Herr der Geschöpfe« oder *Prajapati*, »der Allschaffende« oder *Vishvakarman*, schloß alle Götter in sich ein. Soviel zum Kern des ursprünglichen Brahmanismus. Die Arier lassen sich demnach als Polytheisten, Pantheisten und Monotheisten zugleich betrachten, weil sie sich zu einer Lehre bekannten, die einem »Alles in Allem« vergleichbar war und bisher schon mehr als einen westlichen Forscher vor große Probleme stellte.

Als die Arier nach Indien gelangten, besaßen sie bereits ein ausgereiftes System von Regeln, Riten und Pflichtzeremonien sowie die bereits in Kapitel 3 erwähnte Kastenordnung. Diese Hierarchie wirkte sich besonders einengend aus, da die Unterteilung in vier streng voneinander getrennte Kasten (die im *Rigveda* allerdings nirgends zu finden ist) die Ungleichheit unter den Menschen als nahezu unauflöslich definierte. Nach dem Gesetzbuch des Manu wurden daher Verstöße und Schäden, die durch die beiden höchsten Kasten, nämlich die brahmanischen Priester und die *Kshatriyas* (Krieger) verursacht wurden, milde bestraft, während die Strafen für Mitglieder der unteren Kasten, die sich gegen die höheren Kasten vergingen, je nach Gefälle immer härter wurden. Das arische System versuchte also, eine soziale und politische Ordnung gewaltsam durchzusetzen (bei Zarathustras Reform im 6. Jahrhundert v. u. Z. sollte es übrigens nicht anders zugehen). Und entsprechend fiel auch die Reaktion aus.

Die Draviden überzeugte die neue Religion nicht sonderlich, die sie als schwer verständlich, nüchtern und abstrakt empfanden, und schon gar nicht der neutrale Charakter Brahmas. Daß Shiva sich immer mehr von ihnen abwandte, war schon schlimm genug; durch die zusätzliche Last eines moralischen und sozialen Vorschriftensystems wurde es indes gänzlich unerträglich. »Das ganze Leben«, schrieb Alain Daniélou, »drehte sich nur noch um Riten; Verbote aller Art lähmten die zwischenmenschlichen Beziehungen; Opferzeremonien arteten zuweilen in regelrechte Blutbäder aus.«[8] Durch das Kastensystem wurde die dravidische Revolte unvermeidbar. Der Krieg des Mahabharata (die nach dem berühmten Epos so benannte »Große Geschichte«, das allerdings sehr viel später verfaßt wurde und in mythischer Form daran erinnert) brach aus. Der Zeitpunkt, zu dem er stattgefunden haben soll, steht nicht genau fest: Die Hinduüberlieferung datiert ihn auf etwa 3000 Jahre v. u. Z. (genaugenommen auf den 18. Februar des Jahres 3102) und die westlichen Historiker auf die Zeit um 1500 beziehungsweise 1000 v. u. Z. In der Tat weist die Chronologie der indischen Geschichte beträchtliche Ungenauigkeiten auf. Die erste arische Besetzung Indiens endete somit, zumindest in den nördlichen Gebieten, in einer Katastrophe. Das dravidische Indien wies den abstrakten Brahmanismus der Arier weit von sich.

Doch ob nur Scheinsieg für die Draviden oder Scheinniederlage für die Arier – bei ihrer zweiten Invasion, der Überlieferung nach um 1500 v. u. Z., den Historikern zufolge aber wieder einmal mindestens fünf oder sogar zehn Jahrhunderte später[9], zeigten sich die Arier jedenfalls zu Kompromissen bereit: An die Stelle von Rudra setzten sie Shiva, um den bekanntlich ein allgemein beliebter Kult betrieben wurde. Es handelte sich jedoch nur um einen patronymischen Wechsel, und das Zugeständnis war eher symbolischer Art, da Rudra ja bereits als Gott der Zerstörung waltete. Außerdem wurde der abstrakte Charakter des Brahmanismus gemildert, der sich mit den kulturellen Gewohnheiten der Draviden so schlecht vertrug: Die alten Götter durften bleiben. Künftig sollte jedoch gelehrt werden, daß sie zwar Götter, aber trotzdem denselben Gesetzen wie die Menschen unterworfen seien. Begingen sie Fehler, so waren sie zur Reinkarnation, dem Los aller, gezwungen.

Ein noch gewichtigeres Zugeständnis bestand darin, daß die drei Mitglieder der höchsten göttlichen Dreiheit der Arier Gemahlinnen erhielten. So behielt Shiva seine *Shakti* Parvâti (die, wie ihr Ehemann, imstande ist, sich in eine schreckenverbreitende Göttin, nämlich Kali, die »Schwarze«, zu verwandeln), Vishnu wurde Lakshmi, die »Schönheit«, zugeteilt, und Brahma selbst wurde kurzerhand mit Vach beziehungsweise Sarasvâti, der Göttin der Rede und Gelehrsamkeit, verheiratet. Der ausschließlich männliche Charakter der früheren brahmanischen Dreiheit wurde also ebenfalls dem Volksgeschmack zuliebe verwischt.

Diese wenigen Anhaltspunkte können freilich kaum Aufschluß über den gewaltigen Wandel geben, der sich durch die dravidischen Kulturen im ursprünglichen Vedismus vollzogen hat. Doch die Tragweite der Entwicklung des vedischen Brahmanismus hin zum Hinduismus wird im Licht der folgenden allgemeinen Betrachtung sicherlich deutlicher: Die dravidischen Kulturen hatten erreicht, daß die Gottheiten und Kulte weiterhin an allen Bereichen des täglichen Lebens teilhatten, anstatt auf eine aristokratische Abstraktion beschränkt zu werden, wie es bei den vedischen Gottheiten der Fall gewesen war. Zum besseren Verständnis mag es vielleicht schon genügen, wenn ich mich auf die außergewöhnliche Fülle religiöser Bilderbögen im Hinduismus beziehe: Die lebhafte hinduistische Phantasie und das ständige Bedürfnis nach Sensationen, Opferfeiern und dem Über-sich-selbst-Hinauswachsen durch übersteigerte Empfindungen mündeten in eine Religion, die man im Westen als »volkstümlich« bezeichnen würde.

Wir haben hier eines der deutlichsten Geschichtsbeispiele für Theologie nach Volksentscheid oder Wahl der Götter durch die *vox populi* vor uns. Nebenbei gesagt, ist es auch der einzig bekannte Fall, in dem durch Einwilligung des Volkes die Vermählung der Götter beschlossen wurde. Allerdings hatten die Arier die Kastenordnung durchgesetzt, die bis zum heutigen Tag überdauert hat. Sie haben auch ihre Sprache, das Vedische, zurückgelassen, von dem sich das klassische Sanskrit ableiten läßt, ebenso wie sämtliche nordindischen Sprachen: Praskrit, Hindi, Bengali, Gujarati, Marathi, Punjabi und Sindhi. Sehr langfristige Siege also. Um das 4. bis 3. Jahrhundert v. u. Z., als das vedische Zeitalter aufgehört hatte, waren die meisten der alten vedischen Gottheiten allerdings dem Vergessen anheimgefallen. Durch gegenseitige Verschmelzungen hatte sich zwischen den arischen und dravidischen Glaubensüberzeugungen ein Gleichgewicht eingestellt.

Freilich hatte der volkstümliche Charakter des Hinduismus den hochspekulativen Wesenszug deswegen nicht ausgeschaltet. Die Lektüre der *Zehn Aspekte des transzendenten Wissens* (Mahavidyas), die hohe Lehre von den tantrischen Hinduphilosophien, kann aufgrund ihrer Postulate manchen aus der westlichen Welt ebenfalls und durchaus in Verwirrung stürzen. Das Werk ist dem Wissen um die zehn Aspekte des Zeitzyklus gewidmet, die Shivas Energien bilden, eine bereits erstaunlich abstrakte Idee, da sie 2500 Jahre vor Einsteins Relativitätstheorie die Zeit mit der Energie gleichsetzt. Bei der Erkenntnis des Zweiten Gegenstands heißt es: »Alle Gottheiten sind Aspekte der Leere.«[10] Eine nihilistische Aussage, die in mehr als einem Punkt auf den Buddhismus und Jainismus verweist, obwohl sie doch ganz im Gegenteil einem Glauben an die Allgegenwart der Göttlichkeit entspringt.

Der modifizierte beziehungsweise »dravidisierte« Brahmanismus, wie man ihn nennen könnte, ist praktisch kaum von dem zu unterscheiden, was heute als »Hinduismus« bezeichnet wird (dieser Begriff stammt aus dem 19. Jahrhundert). Der ursprüngliche Begriff für letzteren heißt *Sanâtanadharma* oder »Ewiges Gesetz«; er basiert nämlich auf einer gewissen Anzahl an nicht erfundenen und unlösbar mit dem Umstand ihrer Ewigkeit als solchem verknüpften Ideen. Nachdem er im 5. Jahrhundert auf seine klassische Erscheinungsform festgelegt wurde, entwickelte sich der Hinduismus zur Hauptreligion Indiens, wobei man eher von einem Komplex an religiösen Überzeugungen als von Religion sprechen kann. Bis zu einem gewissen Grade ist er zwar mit einem Pantheismus vergleichbar, doch ist er keine »Naturreligion«, da er die Existenz von Antigöttern postuliert, die allerdings keine Dämonen im westlichen Sinne des Wortes sind. Sie hindern das Individuum an der Erlangung seiner vollen Entfaltung und lassen sich durch Askese bezwingen.

Der Asket wird bei seinen Bemühungen um innere Reinigung nämlich mit vielen Versuchungen konfrontiert. Sie stehen keineswegs unter dem Einfluß des Bösen, das es gar nicht gibt, sondern gehen auf die Mißgunst der Götter zurück, die die Antigötter entsenden, um den Asketen daran zu hindern, sich auf ihre eigene Ebene emporzuschwingen. Die Götter versuchen nämlich, die Menschheit durch Nichtbewußtsein in einem Zustand der Unterwerfung zu halten. Das Leitprinzip des Hinduismus will, daß der einzelne Mensch sein individuelles Bewußtsein, den Atman, zum höchsten Selbst oder Brahmân (auch *Nishkâla* genannt) erhebt, das allerdings nicht erkennbar ist, weil es niemals dies oder das ist (*vneti neti*). Daran läßt sich erkennen, daß der Hinduismus keineswegs ein Paganismus der Zufriedenheit ist, wie manche Kritiker schon behauptet haben, sondern ein vom Heilsbegriff inspirierter heroischer Voluntarismus. So vertraut die Götter ihren Gläubigen sind, die sich durch zahllose Zeremonien und Opfer um ihre Gunst bemühen, so sehr sie von ihnen auch geliebt werden – man betrachtet sie trotzdem als Feudalherren, gegen die die menschliche Würde Auflehnung verlangt.

Der Hinduismus ist demnach ein Mystizismus. Das individuelle Heil hängt von dem Bemühen ab, das Unergründbare zu ergründen, und trotzdem liegt in diesem Bemühen weder Widersinn noch Verzweiflung. In der langen Geschichte der Glaubenssysteme hat der Hinduismus als einziger die Fallstricke der Logik umgangen, die in Extremfällen später zum Manichäismus, dann zur Verneinung des Menschen und schließlich zur Vorstellung tiefster menschlicher Erniedrigung führen sollten. Aus diesem Gesichtspunkt läßt sich die Ächtung, durch die sich jeder Fremde vor den Kopf gestoßen fühlt, leichter nachvollziehen: Es ist möglich, sich zum Islam oder Christentum zu bekehren, aber Hindu ist man nur von Geburts wegen. Der Hinduismus bleibt dem Fremden verschlossen, daher auch sein geringer Bekehrungseifer. Er ist, was er ißt, um die Formulierung eines der wenigen Abendländer aufzugreifen, die sich »hinduisiert« haben: Ein Rindfleischesser, Sohn und Enkel von Rindfleischessern, hat hier also wenig Aussichten.

Übrigens sollte man sich vor einem weiteren allgemeinen Irrtum der westlichen Welt hüten, der darin besteht, den Hinduismus als diffusen Spiritualismus zu interpretieren. »Ein Angehöriger der westlichen Welt mag mit dem Hintergrund der christlichen Theologie dazu neigen, diese Komponente der indischen Spiritualität zu bevorrechten«, bemerkt Piantelli[11] in bezug auf das Streben nach dem Brahmân. Der Hinduismus räumt nämlich den irdischen Freuden, darunter auch der Sexualität, einen beträchtlichen Platz ein. Sie gelten insofern als Mittel, aus sich selbst herauszugehen, als sie zur Ekstase verhelfen. Die *Bhagawata-Purana* berichtet ausgiebigst über die erotischen Großtaten Krishnas. Als verführerischer junger Mann mit blauschwarzem Teint (eine Symbolik, die ihn zum Draviden macht) und reich geschmückt, verbringt er einen Großteil seines Lebens mit seinen tausend Gemahlinnen – von den Geliebten erst gar nicht zu reden –, von denen er über 180 000 Kinder hat. Trotzdem gilt er als äußerst weise Persönlichkeit, die im *Mahâbhârata* einen vorrangigen Platz einnimmt. Auf den Basaren werden die Illustrationen seines Lebens in Form von Comics verkauft und beinhalten oft recht spezifische Details, an denen keiner Anstoß nimmt. In den hinduistischen Tempeln zeugen zahllose Skulpturen von der Omnipräsenz der Sexualität in all ihren Erscheinungsformen, Homosexualität mit einbegriffen. Diese kommt in der hinduistischen Literatur ausgesprochen häufig zum Ausdruck, insbesondere an der Stelle, wo sich Kama, die Liebe selbst, wegen Krishnas Füßen in ihn verliebt und jeglichen Begriff von Männlichkeit und Weiblichkeit verliert. Im Hinduismus besteht keine Trennung zwischen Materie und Geist, Körper und Seele, und zum Wesen der Askese gehört es nicht etwa, sich wie im Christentum den Körper, beispielsweise, zu unterwerfen, sondern durch Meditation zur höchsten Erkenntnis zu gelangen. »Die Verflechtung zwischen Himmel und Erde ist ... voll-kommen.«[12]

Der Mensch der westlichen Welt ist daran gewöhnt, die Dinge unter christlichen Gesichtspunkten so zu sehen, daß das Leben als Vorbereitung auf das Jenseits dient und das Seelenheil nur durch die Aufgabe fleischlicher Genüsse zu erreichen ist. Daher gelingt es ihm nur mit Mühe, eine fundamentale Besonderheit des Hinduismus zu erfassen: Es ist dies die Möglichkeit, sich im absoluten Einklang mit den Göttern physisch voll auszuleben, ohne deswegen auch nur das geringste Verbot übertreten zu müssen. Daher seine Faszination den hinduistischen Aspekten der Askese gegenüber, die ihm mit den hohen Prinzipien der christlichen Askese übereinzustimmen scheinen. Denn diese beinhalten zugespitzte Kasteiungsformen wie Geißelung, Folterqualen und Fasten, die den Menschen an die Grenzen seiner Existenz treiben. Im Hinduismus aber zielen solche spektakulären Kasteiungen nicht so sehr darauf ab, auf die körperliche Existenz zu verzichten, um sich von dem Bösen, das dem Körperlichen innewohnt, zu befreien, sondern um über die Stürme der Begierde zu triumphieren, um *Ananda*, die reine Freude, zu befreien, die tief im Menschen verborgen liegt.

Bei der Auseinandersetzung zwischen den Hindugöttern und den Asuras, die mit den griechischen Titanen vergleichbar sind, erinnert Shiva daher die Götter selbst daran, daß die Asuras nur dann vernichtet werden können, »wenn jeder Gott und jedes andere Wesen seine animalische Natur akzeptiert«. Das *Mahâbhârata* empfiehlt den Phalluskult, und die *Shiva-Purana* schildert den Phallus als »Quelle der Erkenntnis« und versichert, daß sein Kult »vor schwerem Unglück bewahrt«. Auch hier erreicht der Hinduismus also eine Verschmelzung scheinbarer Gegensätze, indem er die fleischliche Lust sogar in den Rang einer Quelle spiritueller Erkenntnis erhebt. Für die große Mehrheit der Abendländer, die die existentielle Wahlmöglichkeit einzig in der logischen Alternative »entweder – oder« sehen, ist das unbegreiflich. Im Hinduismus kann man durchaus Asket sein und zugleich ein ausgefülltes Sexualleben führen.

Das philosophische Prinzip der Nicht-Exklusivität, das den Hinduismus kennzeichnet (und dem man merkwürdigerweise in den jüngsten Theorien der Physik wiederbegegnet), liefert jedoch die Erklärung, warum er über Jahrtausende hinweg so lebendig blieb und sich so großer Beliebtheit erfreut (1995 waren es an die 750 Millionen Gläubige). Diese immense Vitalität kann einen westlichen Beobachter ebenfalls verblüffen, denn sie scheint, ganz autonom und ohne die Einmischung einer Geistlichkeit und noch weniger eines geistlichen Machtzentrums, vom Volk selbst auszugehen. Dabei entspringt sie einem einfachen Grundprinzip, einem der so seltenen einfachen Elemente, die den Weg zum Verständnis des Hinduismus öffnen: Für den Hindu existiert die Welt in Abhängigkeit vom Menschen, und der Mensch schmiedet ihr Schicksal durch sein Verlangen. Es ist ein System, das nicht Schuld, wohl aber Heil, Willensfreiheit, nicht aber Anarchie beinhaltet. Der Hindu ist durch und durch Realist: Weit mehr als Kantsche Imperative[13] erinnern die Regeln, die das Verhalten je nach Kasten und Individuen bestimmen, an Volksweisheit, die für das harmonische Funktionieren der Gesellschaft sorgen soll. Es gibt jeweils besondere Regeln für den Bauern, den Kaufmann, den Brahmanen und den Fürsten. Das käme in einer westlichen Gesellschaft ungefähr dem gleich, einen Bankier zu bitten, sich nicht wie ein Bettler, und einen Soldaten, sich nicht wie ein Mönch zu benehmen. Der Beweis für diese Eigenarten wird in der berühmten Zurechtweisung Arjunas durch Krishna im *Mahâbhârata* geliefert: »Die Tugenden, die nicht zu eurer Kaste gehören, sind keine Tugenden.« Was beispielsweise von Königen erwartet wird, ist autoritäres Auftreten, Entschlußkraft und Mut, kein Mitgefühl und keine Demut; kühl und nüchtern müssen sie Gewalt oder *himsa* anwenden können. Denn die Ausübung der Staatsgeschäfte sei schließlich nicht mit der Leitung eines Klosters vergleichbar.

Alle religionspolitischen Anstrengungen, das hinduistische System zu ändern, endeten mehr oder weniger im Mißerfolg. Einen Beweis lieferte König Ashoka, ein überzeugter Buddhist, der im Jahr 274 v. u. Z. den indischen Thron bestieg. Ihn beseelten die besten Absichten, aber die Entschlossenheit, mit der er sie durchsetzte, führte zu gerade gegenteiligen Resultaten. Um seiner Vorstellung von einem Staat Geltung zu verschaffen, der auf Wohlwollen und Respekt der buddhistischen Moral gegenüber basierte, führte er schließlich die Inquisition und das Denunziantentum ein. Er entwickelte sich zu einem der grausamsten Monarchen Indiens, indem er sogar so weit ging, seinem eigenen Sohn Kunala auf Anstiftung einer eifersüchtigen Gemahlin die Augen ausstechen zu lassen. Mit seiner Herrschaft machte er sich verhaßt. Nach seinem Tod im Jahre 232 v. u. Z. wurde sein gewaltiges Reich geteilt, und 180 v. u. Z. wurde Brihadratha, der letzte seiner Nachkommen und der letzte der Dynastie der Maurya, ermordet.

Auch der Islam war trotz militärischer Macht und größter Entschlossenheit nicht viel erfolgreicher. Im 17. Jahrhundert ließ der Großmogul Aurangsib, ein erklärter Feind des Hinduismus, hinduistische Tempel zerstören und über einem der berühmtesten von ihnen, dem Shiva geweihten Vishvanath von Benares, der heiligen Stadt Indiens, im Jahr 1670 eine nach ihm benannte Moschee errichten. Um 1730 jedoch erblühte Benares erneut im vollen Glanz des Hinduismus, die islamische Vorherrschaft war beendet, und der Hinduismus nahm einen neuen Aufschwung.

Einmal mehr können die hinduistischen Lehren den westlichen Beobachter befremden, der einerseits an die Vorstellung einer allgemeingültigen Moral und andererseits an die Rollenbeweglichkeit des Individuums gewöhnt ist. Sie aber sind konstitutiv, grundlegend, könnte man sagen, für eine Bevölkerung, deren Territorium so groß wie ein Kontinent ist und die das Auf und Ab einer langen Geschichte niemals zu spalten vermochte. Indien brauchte eine Struktur, die Kasten, ebensosehr wie auch ein hinreichend geschmeidiges Glaubenssystem, um den Zusammenhalt zu gewährleisten. Vielleicht gibt es im Grunde ja auch nicht nur einen, sondern mehrere Hinduismen. Auf jeden Fall kristallisierte sich im Prozeß des Zusammenfließens der arischen und dravidischen Kulturen, die zu Beginn nicht verschiedener sein konnten, ein bestimmter Göttlichkeitsbegriff heraus. Es handelte sich dabei sehr wohl um eine höhere Macht, aber es handelte sich weder um den abgehobenen Gott der Offenbarungsreligionen noch um den unmittelbaren Gott, der in der ägyptischen oder griechischen Religion vorkommt. Die Gottheit war unerreichbar, blieb aber in ihren niederen Erscheinungsformen den Menschen nahe. Sie gab keine Erklärungen ab, da sie ja unbegreifbar war. Sie verhielt sich nicht quietistisch, da sie ja den Asketen aufforderte, gegen den Willen der feudalistisch eingestellten Götter über sich selbst hinauszuwachsen. Sie war allgegenwärtig, aber dabei nicht einengend, da jeder Mensch, je nach seinem Verdienst, an der Göttlichkeit teilhatte und jeder Grashalm den Regeln der Seelenwanderung zufolge einst ein Mensch gewesen war. Die Gottheit in Ehren zu halten bedeutete soviel, wie sich selbst in schwärmerische Begeisterung zu versetzen. Folglich lebte sie mitten in der menschlichen Gesellschaft.

Am Thema Menschenwürde hatte sich die erste Ablehnung des Vedismus entzündet; sie hatte aber auch die Reform angeregt, der der Hinduismus den Vedismus unterzog. Das System war nun stark genug, um die heftigen Angriffe ertragen zu können, denen es im 6. Jahrhundert durch Buddhismus und Jainismus ausgesetzt wurde.

Diese Götter waren vom Volk mitgewählt worden. Sie verschmolzen mit dem Volk und konnten also nicht mit dessen Lebensart in Konflikt geraten. Niemand im Hinduismus besitzt das Alleinrecht auf die Erkenntnis des Göttlichen, und kein Gott besitzt das alleinige Recht auf seine Göttlichkeit, genausowenig wie die Machtbefugnis, eine ausschließliche Ethik zu diktieren. Alle Türen stehen offen, vorausgesetzt, sie lassen den himmlischen Wind herein. Unter solchen Bedingungen konnten die Götter nur gedeihen und mit dem Volk zusammenwachsen. Deshalb herrscht im Hinduismus weder Verfall noch theologische Krise, weder Schisma noch Häresie und auch nicht die Notwendigkeit einer Reform im Sinne einer Aktualisierung oder Neufestsetzung der Dogmen, denn die gibt es nicht. Der Hinduismus erinnert an jenen tropischen Banyanbaum, der seine Wurzeln von den Ästen herabsenkt und dabei jedesmal einen neuen Baum bildet, ohne sich je vom ursprünglichen Stamm zu distanzieren. Selbst Griechenland, dessen Religion diesem Modell noch am nächsten kommt, erreichte niemals solche Resultate.

Buddhismus und Jainismus
oder die Schulen der Bedeutungslosigkeit

Im 6. Jahrhundert v.u.Z. erfuhr die Geschichte Gottes, das heißt des religiösen Empfindens, eine ungewöhnliche Unterbrechung. Die seit Jahrtausenden beständig gepflegte innere Überzeugung, daß es in Natur, Himmel und Kosmos das Weltgeschehen beherrschende Mächte, Götter also, gab, erlitt gewissermaßen eine Panne. Urplötzlich existierten keine Götter mehr, sondern nur noch ein trügerisches Nichts. Alles war Nichts. Eine solche Katastrophe ereignete sich bis zum Auftauchen des westlichen wissenschaftlichen Atheismus und der marxistischen Staatsformen im 20. Jahrhundert nicht noch einmal.

Dieser Bruch vollzog sich in Indien, dem Schmelztiegel religiösen Empfindens, und resultierte aus dem Auftauchen zweier geistiger Disziplinen, des Buddhismus und des Jainismus.

Der Buddhismus ist der bekanntere (oder vielmehr verkanntere) von beiden. Denn er übt, vor allem seit Beginn des 20. Jahrhunderts, eine ungewöhnliche Faszination auf die westlichen Kulturen aus. Das unerschütterliche Lächeln seines Meisters und Begründers Buddha löst bei der breiten Masse und so manchem Gebildeten die Vorstellung von Weisheit aus, die um so tiefer scheint, als sie von »weither« kommt, und um so bewundernswerter, als sie, wie es heißt, unendliche Sanftmut und Toleranz nach sich zieht. Daß es sich um recht verschwommene Vorstellungen handelt, die bei diesem Reiz ins Spiel gebracht werden, ist offenkundig, denn nur wenige Leute, die sich auf den Buddhismus berufen, können überhaupt sagen, ob Buddha Inder, Chinese, Tibeter oder Japaner war.

Ursprünglich war der Buddhismus indischen und nicht tibetanischen Ursprungs, und er war keine Religion, sondern eine Ethik. Als er zur Religion umfunktioniert wurde und im Rahmen eines Königtums zur Anwendung gelangte, führte er in eine unerträgliche Tyrannei, daher sein Scheitern. Im übrigen kann das Interesse des westlichen Menschen an Buddha und am Buddhismus schon verwundern. Das andere Glaubens- oder vielmehr Unglaubenssystem, den Jainismus, der zur selben Zeit auftauchte und denselben Schiffbruch erlitt, scheint er nicht zu kennen. Beide Systeme entwickelten sich vom sechsten Jahrhundert v.u.Z. an und beendeten ihren langen Lauf im 12. Jahrhundert.

Nach Ansicht aller Historiker gilt das 6. Jahrhundert v.u.Z. als das bedeutsamste in der ganzen Religionsgeschichte. Damals traten drei Schlüsselfiguren in Erscheinung, die die Beziehungen sehr vieler Menschen zur Göttlichkeit veränderten: Siddharta Gautama, dem Menschen der westlichen Welt geläufiger unter dem Namen Buddha (ca. 563 – ca. 483 v.u.Z.), Vardhamana (ca. 559 – ca. 468 v.u.Z.), auch unter dem Namen »Mahavira« bekannt, der eine alte Schule, den Jainismus, wiederaufleben ließ, und Zarathustra (ca. 628 – ca. 551 v.u.Z.). Alle drei wirkten sowohl als Reformatoren wie auch als Theoretiker, wobei der Dritte im Bunde allerdings in eine diametral entgegengesetzte Richtung wie die beiden anderen arbeitete. Dieses Kapitel soll den beiden ersteren gewidmet sein, da ihre Lehren einen erstaunlich antagonistischen doppelten Pol zum Hinduismus bildeten.

Buddhas und Vardhamanas Reaktion wird von einigen Autoren, zumindest teilweise, dem ausartenden Ritualismus und den übertrieben vielen Opferaktivitäten des Brahmanismus zugeschrieben. Es ist zwar sehr wahrscheinlich, daß diese beiden Faktoren bei der Entstehung und Ausbreitung von Buddhismus und Jainismus eine Rolle spielten, aber die einzigen können sie nicht gewesen sein: Ein Übermaß an religiösen Zeremonien allein scheint mir nun doch nicht auszureichen, um gleich die Verkündung des Nichts anzustoßen. Es müssen noch andere, vielschichtigere Gründe bestanden haben. Die beiden Männer verbreiteten ja eine eng miteinander verwandte Lehre, die an und für sich ein außergewöhnliches Ereignis in der Geschichte der bekannten Glaubensformen der Menschheit darstellen: Beide lehrten die vollständige Entsagung und näherten sich dabei dem Nihilismus der Moderne. Die Frage ist aber, wie zwei Menschen nahezu gleichzeitig dazu kamen.

Wenden wir uns zunächst Buddha zu. Bei ihm muß zwischen den Gründen unterschieden werden, die ihn selbst mobilisierten, und denen, die für den Erfolg seiner Lehre sorgten.

Abgesehen von seinem mutmaßlichen Geburts- und Sterbedatum wie auch einigen biographischen Anhaltspunkten[1] wissen wir über Buddhas Leben relativ wenig Genaues. Er wurde in Kapilavastu als Abkömmling einer Fürstenfamilie des Shakya-Geschlechts[2] geboren, seine Mutter war die Königin Maya Devi und sein Vater das Oberhaupt des Geschlechts, Shuddodhana. Er gehörte demnach zur obersten Kaste der Krieger, den *Kshatriyas,* und laut Überlieferung wurde er tatsächlich auch als solcher ausgebildet. Er war 29 Jahre alt und mit einer schönen Frau von hoher Geburt, Yashodhara, verheiratet, als ihn die Begegnungen mit einem Greis, einem Kranken, einem Toten und einem Asketen dazu veranlaßten, über Stellung und Schicksal des Menschen innerhalb des Universums nachzudenken. Dadurch wurde offenbar seine philosophische Neigung geweckt und sein Leben grundlegend verändert. Mit einem Schwert schnitt er sich das Haar ab, und nachdem er seine Kleider gegen das Gewand eines Wandermönchs eingetauscht hatte, zog er auf der Suche nach der Wahrheit seiner Wege. Sechs Jahre lang erlegte er sich jede Art von Entbehrungen auf. Seine Gesundheit wurde dadurch so geschwächt, daß er beinahe gestorben wäre. Ein Bauer fand ihn bewußtlos auf, und Buddha kam erst wieder zu sich, als ihm sein Retter etwas Ziegenmilch einflößte. Daraufhin beschloß er, seine Suche kunftig ohne asketische Exzesse fortzusetzen, und ließ sich zum Meditieren unter einem Feigenbaum nieder. Dort blieb er sechs Jahre lang sitzen.

Der Dämonenfürst Mara versuchte, ihn dabei von seinem Ziel abzubringen, indem er ihn in Versuchung führte. Da plötzlich überkam ihn die Vision des Universums in seiner Ganzheit. Es war das Erwachen der totalen Erkenntnis, *Bodhi,* daher auch sein Beiname *Bodhisattwa*, was soviel bedeutet wie »der Erwachte«. In den sieben Meditationswochen, die darauf folgten, arbeitete er die Philosophie aus, die ihm die Aufhebung der Leiden im Leben ermöglichte.

Die Überlieferung fügt hier eine Menge hagiographischer Legenden, wie Heilungen, Bekehrungen und Wunder hinzu, von denen eines die Überquerung des hochwasserführenden Ganges durch die Luft ist. Ein Blick auf sein Ende zeigt, daß Buddha prosaischerweise offenbar nach dem Genuß von Schweinefleisch an der Ruhr gestorben ist.

Die Lehre, die dem »historischen Buddha«[5] zugeschrieben wird, läßt sich recht einfach in dem Begriff »Verzicht« auf einen Nenner bringen. Der theoretische Unterbau war offenbar ziemlich breit, aber die Predigt, die Buddha seinen fünf Schülern im »Gazellengarten« von Sarnath, nahe Benares, hielt, liefert mühelos dessen wesentlichen Inhalt. Entnehmen wir ihr einmal folgende Passage: »Folgendes nun, ihr Mönche, ist die edle Wahrheit vom Ursprung des Leidens: Der Durst, der zur Wiedergeburt führt, der mit Gefallen und Begierde verbunden ist und sich an diesem und jenem erfreut, ist der Ursprung des Leidens. Es ist der Durst nach Vergnügen, der Durst nach dem Dasein, der Durst nach Macht.« Buddha bietet hierauf die Mittel, den »Edlen Achtteiligen Pfad« und die »Zehn Weisungen«, an, um sich von diesem Lebensdurst freizumachen. Ersterer besteht aus der rechten Anschauung, dem rechten Wollen, dem rechten Reden, dem rechten Tun, dem rechten Leben, dem rechten Streben, dem rechten Gedenken und dem rechten Sichversenken. Die »Zehn Weisungen« schreiben vor, Leben nicht zu zerstören, nicht zu stehlen, nicht Unzucht zu treiben, nicht zu lügen, keine vergorenen Getränke zu sich zu nehmen, nicht außerhalb der vorgegebenen Zeiten zu essen, seine Freude nicht offenkundig zu zeigen, Schmuck und anderem Zierat keine Bedeutung beizumessen, weder erhöhte Sitze noch Betten zu benutzen und kein Geld einzunehmen.

Nur durch strikte Einhaltung dieser Regeln und totalen Verzicht kann der Gläubige darauf hoffen, ins Nirvana zu gelangen, das weder als Zustand der Glückseligkeit noch als das Nichts zu sehen ist, wie es sich die Menschen der westlichen Welt manchmal vorstellen, sondern als das absolute Verlöschen aller Sinnesglut. Wenn dieser Zustand erreicht ist, beendet der »Erwachte« den Kreislauf der aufeinanderfolgenden Reinkarnationen beziehungsweise das *samsara*.

Um seine Lehre in die Tat umzusetzen, gründet Buddha Klöster, deren Prinzip eigenartige Anklänge an die christlichen Ordensgemeinschaften aufweist: Jeder Anwärter legt drei Gelübde ab (»Ich nehme Zuflucht zum Buddha, ich nehme Zuflucht zur Lehre, ich nehme Zuflucht zur Gemeinde«), die ihn von jeglicher Kastenzugehörigkeit entbinden. Nach einem Noviziat unterschiedlicher Dauer wird der Mönchsanwärter ein zweites Mal geweiht und somit endgültig Mitglied der buddhistischen Gemeinde beziehungsweise *Samgha*; im Falle von Unzucht, Mord, Diebstahl, Betrug oder einem anderen schweren Vergehen kann er allerdings auch wieder daraus ausgeschlossen werden. Die Ähnlichkeit mit den christlichen Klöstern, die etwa tausend Jahre später entstanden, kommt noch stärker zum Ausdruck durch die Einführung von Exerzitien und allgemeinen Sündenbekenntnissen, die zweimal monatlich stattfanden und denen sich kein Mönch entziehen konnte.

Da Buddha wußte, daß seinen Weisungen nur wenige Laien folgen konnten, beschränkte er die strenge Einhaltung seiner Gebote auf die Mönche und Nonnen (denn er hatte – allerdings wahrscheinlich nicht ohne Zögern – auch Frauenklöster gegründet). Die Laienanhänger sollten, kurz gesagt, eben tun, was in ihren Kräften stand, das Nirvana allerdings würden sie freilich nicht kennenlernen. Alles, was sie sich erhoffen durften, war eine Verringerung der Reinkarnationen.

Nicht ein einziges Mal wird in all dem ein Gott erwähnt. Bei Buddha haben wir den kompletten Atheismus. Eine so radikale Abwesenheit von Gottesbewußtsein und mehr noch der Erfolg dieser Glaubensrichtung verblüffen um so mehr, als sie sich innerhalb einer Kultur ergeben, die die Religion in sämtliche Aspekte des täglichen Lebens eingebracht hatte.

Zweierlei kann zu einer Erklärung beitragen. Erstens trat in Indien, nachdem es in das epische Zeitalter (das auf das vedische folgte) eingetreten war, ein Denksystem, die *Lokayata*, in Erscheinung, das man als nihilistischen Materialismus bezeichnen könnte. Diese »Lokayata« postulieren, daß die Wahrnehmung die einzige Quelle der Erkenntnis ist und daß alles, was sie in Erfahrung bringen kann, materieller Art ist. Die Kraft des Verstandes reicht nicht aus, und die Weltanalogien und -beziehungen, die er zu erkennen meint, sind zufallsbedingt. Das Bewußtsein ist eine Funktion der Materie. Es gibt keine Seele, kein künftiges Leben und auch keine Seelenwanderung. Göttlichkeit ist ein Mythos, den die Menschen nur aufgrund ihrer Unwissenheit und Unfähigkeit anerkennen. Eine Ethik besteht nicht, weil Laster und Tugend Normen sind.

Dieses ganze System wird auf einen Philosophen namens Charvâka zurückgeführt, über den wir sehr wenig wissen (manche Werke über die Geschichte Indiens erwähnen ihn nicht einmal), außer daß eine häretische Sekte, die Charvâkas, seinen Namen trug. Diese Sekte hatte sich offenbar bei mächtigen Feinden unliebsam gemacht: Ihr Hauptwerk, die *Barhaspatyasûtra*, ist uns nur durch spätere Zitate bekannt.[4] Es scheint, als seien die »Lokayata« ein extremistischer Ableger des Shivaismus gewesen, der gegen die äußerst komplexen Kategorien und Systeme des Brahmanismus gerichtet war.

Den zweiten Faktor, der zu einer Erklärung führen kann, bildet die Existenz dieser Shivaismusvariante selbst. Sie verrät nämlich, daß sich zumindest ein Teil der militärischen Kaste darüber empörte, daß sich das brahmanistische Brauchtum derart in alle Lebensbereiche einmischte. Sie kommt einem Warnschuß im Sinne von »Schluß mit den Albernheiten!« gleich. Die Annahme liegt nahe, daß es sich dabei um Menschen von strenger Denkart handelte, denn daß eine andere Kaste als die gebildeter Menschen eine solch nihilistische und jedenfalls nüchterne Philosophie vorgeschlagen hätte, ist kaum denkbar. Berechtigt ist auch die Annahme, daß diese Rebellen der *Kshatriya*-Kaste angehörten, die sich über die wachsende Macht der

Priesterkaste beunruhigte; denn es ist genauso unwahrscheinlich, daß die brahmanischen Priester die Grundlagen ihrer eigenen Macht unterhöhlt haben sollten. Außerdem läßt es ebenso tief blicken, daß der makellose Materialismus der *Lokayata* bis auf wenige Feinheiten das allgemeine Schema des ursprünglichen Buddhismus aufweist. In der Folge wird noch ersichtlich werden, was es mit den ideologischen Strömungen auf sich hat, die schon vor der Einführung des Brahmanismus existiert und diese auch überlebt haben, und wie der allgemeine Kontext aussieht, in dem der Buddhismus, der Jainismus und andere Bewegungen zu sehen sind.

Ein vielsagendes Beispiel für die prosaischen Verhältnisse, denen die Gottheiten zuweilen unterworfen sind: Die Unmäßigkeit der Priester selbst hatte dazu geführt, daß die Götter abgeschafft wurden.

Hier bereits verfügt man über eine ganze Menge Anhaltspunkte, die teilweise Auskunft über die Motivationen des Siddharta Gautama geben können, der immerhin, das dürfen wir nicht vergessen, in die Kaste der Fürsten hineingeboren wurde. Vieles allerdings bleibt im Dunkel. Denn die ehrfürchtigen Berichte von der Bestürzung, die ihn nach den vier Begegnungen mit einem Greis, einem Kranken, einem Toten und einem Mönch befiel, geben die Gründe für diese Bestürzung nicht an. Immerhin gab es eine herrschende Religion, die, auf jedermann passend, absolut alles − Alter, Krankheit und Tod − zu erklären vermochte. Wußte er das nicht? Welche andere religiöse Erziehung sollte er dann aber genossen haben? Der von der Kriegerkaste gelebte Brahmanismus genügte ihm wohl nicht? Doch Gautama benimmt sich (oder wird uns jedenfalls so dargestellt), als wüßte er davon gar nichts, als hätte ihm noch keiner erklären können, was Krankheit, Alter und Tod waren, um die Überreaktion seiner Sensibilität zu mäßigen. Außerdem verläßt er Haus und Hof, ohne daß auch nur ein einziges Mitglied seiner Familie, von seiner Frau ganz zu schweigen, ihn davon abzuhalten versuchte, was merkwürdig, um nicht zu sagen unwahrscheinlich anmutet.

Vom individuellen Standpunkt aus gesehen (nirgendwo werden für Buddha übernatürliche Züge geltend gemacht), spielt sich alles so ab, als sei der junge Mann sehr unzufrieden gewesen, der sich mit nichts von dem, was den anderen als Trost und Erklärung genügte, zufriedengab. Macht, Liebe (von einer Frau, die die Nachfolge seiner Ehefrau angetreten hätte, ist nichts bekannt) und jede Art von Genuß stellten keinen Reiz für ihn dar. Gegen alles empfand er Überdruß[5]; er befreite sich von allen Bindungen, wie man es sechshundert Jahre später nur bei Jesus in ähnlicher Form (aber aus anderen Beweggründen) wieder beobachtet, und machte sich auf die Wanderschaft, um eine metaphysische Unruhe zu befriedigen. So, wie seine Person von der Überlieferung dargestellt wird, erinnert sie an ein Kind der Romantik, das mit seinen philosophischen Betrachtungen bei einem noch finstereren Nihilismus als dem Schopenhauers (der ihn als einen Meister anerkannte[6]) gelandet ist.

Die Psychoanalyse würde in diesem Bruch mit Sicherheit ein ergiebiges Feld finden, und außerdem die Anzeichen für eine vermutlich zu Angstneurose und recht ausgeprägter autoritärer Egozentrik tendierende Veranlagung. In der Tat kann man in Buddhas Äußerungen verblüffende Passagen aufgreifen, zum Beispiel die Stelle, wo die Verwesung eines Leichnams geschildert wird: »Als ob der Mönch einen Körper auf der Leichenstätte hat liegen sehen, ein Knochengerippe, mit Fleisch (-resten) und Blut versehen, von den Sehnen zusammengehalten, oder ein Knochengerippe ohne Fleisch, aber mit Blut beschmiert, von den Sehnen zusammengehalten, oder nur die Knochen, ohne Sehnen, hierhin und dorthin verstreut, an einer Stelle der Handknochen, an der anderen der Fußknochen, hier ein Schienbein, dort ein Schenkel …«[7] Der Abscheu vor dem Körper wird in Buddhas Äußerungen sehr deutlich: »Mit schönen, bunten Farben schmückt und ziert man diesen schmutzigen, stinkenden Körper.«[8] Und weiter: »Der Körper zeigt sich nicht so, wie er ist … angefüllt mit Nasenschleim und Speichel, Schweiß und Fett, Blut und Gelenkschmiere, Gallenflüssigkeit und Speck, und ewig fließt Unreines durch seine sieben Öffnungen, aus dem Auge das Augensekret, aus dem Ohr das Ohrensekret, ... durch den Mund speit man Galle und Phlegma zugleich aus. ... Jener Zweibeiner, unrein und übelriechend ...«[9] Ein schrecklicher Realismus! Man fragt sich, welcher Schock es wohl gewesen sein mag, der bei Buddha eine so systematisch und übertrieben grausige Sicht des Körpers ausgelöst hat.

Die Abneigung gegen die Frauen ist nicht minder ausgeprägt: Der Apolog über die Bekehrung des jungen Yashaskâra, der in der Erzählung als Modell für eine Episode aus Buddhas eigenem Leben dient, schildert das regelrechte Entsetzen, das diesen »Sohn aus gutem Hause« befällt, als er beim Erwachen die Kurtisanen bemerkt, die ihn zuvor noch unterhalten hatten. Mit zerzaustem Haar schliefen sie, die eine an die Schultern der anderen wie an Kissen gelehnt oder auch etwas abseits unter Schnarchen und Zähneknirschen: »Ringsumher lagen ihre Musikinstrumente in wirrem Durcheinander verstreut ...« Auf andere hätte diese Szenerie reizvoll gewirkt, vorausgesetzt natürlich, die betreffenden Kurtisanen waren keine abscheuerregenden Megären. Yashaskâra aber »stellte der Schrecken sämtliche Haare am Leib auf, Ekel stieg in ihm hoch, und er empfand nicht mehr die geringste Lust auf ihre Gesellschaft«. In einen anderen Palast gelangt, findet er wiederum Kurtisanen vor. Erneut stellen sich ihm die Haare auf, etc. Und er begibt sich zu Tathagata (eine der Bezeichnungen Buddhas, deren Interpretation umstritten ist), um Mönch zu werden.[10] Das Prinzip der Anteilnahme hatte offenbar seine Grenzen.

Die Aussage der Erzählung ist erstaunlich einfach, um nicht zu sagen zu einfach: Die Lebensgier ist Ursache des Leidens, hören wir also auf zu leben. Was der Buddhismus vorschlägt, bringt ihn einer Offenbarungsreligion nahe, es ist auf lange Sicht ein Selbstmord. Das Christentum rechtfertigt die unblutige Aufopferung mit dem Seelenheil und dem Erlangen der ewigen Glückseligkeit bei Gott. Dergleichen bietet Buddha hingegen nicht an: Das Nirvana ist ganz bestimmt nicht die ewige Glückseligkeit. Wie also sieht das Jenseits aus? Er sagt es nicht. Seine stillschweigende Definition von der hinter der fal schen Wirklichkeit verborgenen Wahrheit ist das Nichts. Aus dem, was er nicht ausspricht, läßt sich heraushören, daß es nach dem Erdenleben nichts anderes gibt als das unentwegte Schöpfrad der Seelenwanderung. Was nur demjenigen nicht widerfährt, der sich von sich selbst und vom Leben losgelöst hat und somit zum *arhant* geworden ist. Ein solcher Radikalismus könnte auch ein Thema der Psychoanalyse assoziieren: die Trauer. Doch hier geht es weder um die kognitionspsychologische Analyse noch um die Psychoanalyse. Diese Fragen mögen zwar in Buddhas speziellem Fall angebracht sein, nicht aber in bezug auf die jainistischen Propheten, die samt und sonders aus der Kriegerkaste hervorgegangen sind.

Die Frage aber drängt sich auf, ob Buddhas Ideen nicht wenigstens teilweise von der häretischen Charvâka-Lehre beeinflußt sind, zumindest was das Fehlen von Göttlichkeit und des Jenseitigen und darüber hinaus die Unzulänglichkeit der Intelligenz betrifft. Denn Buddha selbst fordert seine Mönche auf, sich vor »Empfindungen, Wahrnehmungen, gedanklichen Konstrukten und Bewußtsein«[11] zu hüten, ein Rat, der stark an die Skepsis der Lehre Charvâkas erinnert. Letztere verkündet jedoch nicht als einzige jenen Nihilismus, der das eigentümlichste Produkt Asiens darstellt; da ist auch noch Vardhamana, von dem später noch die Rede sein wird.

Es wäre indes leichtsinnig, die Entstehung zweier bedeutender Lehren, noch gar ihren Erfolg, dem alleinigen Einfluß Charvâkas auf zwei von Existenzängsten befallene junge Menschen zuzuschreiben. Es muß da auch noch ein begünstigendes soziales Umfeld gegeben haben.

Buddhas Lehre erntete großen Erfolg; nach seinem Tod wurde er selbst zum Gegenstand eines Kultes, den manche einer Religion gleichstellten. Seine Reliquien – Zähne, Haare und so weiter – wurden in eigenen Sakralbauten, den *Stupas*, aufbewahrt; die Orte, an denen sich die markanten Ereignisse seines Lebens zugetragen hatten, entwickelten sich zu zentralen Pilgerstätten. Die Gläubigen begaben sich dorthin, um Opfergaben, Blumen, brennende Lichter, Öl oder Weihrauch niederzulegen und den Gautama zu preisen. Die alljährliche Pilgerfahrt wird zum Kandy-Tempel im heutigen Sri Lanka abgehalten, wo eine Reliquie, offenbar ein Zahn, aufbewahrt wird. Bei dieser Gelegenheit findet immer ein Fest, das Peraherafest, statt, das drei Tage dauert und bis zum Bürgerkrieg jährlich sämtliche Provinzen der Insel zusammenbrachte. Zum Klang ihrer Musikinstrumente und in ihrer Mitte harnischgeschmückte Elefanten, zogen Tag und Nacht Delegationen von Tänzern und Sängern umher.

Allerdings entstand seit dem Ende des 3. Jahrhunderts eine erhebliche Verfälschung, und zwar als Buddha von den Strömungen, Gruppen, Sekten und Schulen, die aus dem ursprünglichen Buddhismus hervorgegangen waren, zum Gott erhoben wurde. Zu Beginn des christlichen Zeitalters war ein neuer Buddhismus in Erscheinung getreten, der des »Großen Fahrzeugs« oder Mahayâna-Buddhismus (im Widerspruch zum Urbuddhismus, der eher abfällig als »Kleines Fahrzeug« oder Theravâda bezeichnet wird). Er verwarf etliche Regeln des alten Buddhismus, zum Beispiel die ausdrückliche Weisung zur persönlichen Befreiung, was nichts als Egoismus sei. Man ging sogar so weit, daß es vor Buddha bereits andere Buddhas gegeben habe und daß ihm weitere, so etwa der »nächste Buddha« Maitreya, gefolgt seien. Um Buddhas und Bodhisattwas begann sich eine ganze Mythologie zu entwickeln. Seit dem ersten Jahrhundert u. Z. war der »historische« Buddhismus dem Vergessen anheimgefallen und diente nur mehr als Basis für oftmals sehr entfernte und von einheimischen Kulturen inspirierte Abwandlungen.

Wie breitete sich der Buddhismus aus? Manche meinen, in Indien selbst habe der Buddhismus niemals die unteren Volksschichten erreicht; anderen Aussagen wiederum nach gab es sogar einen Volksbuddhismus, eben jenen, der Buddhas Lehre in eine Religion verwandelte. Diese letzte Vermutung scheint die plausibelste zu sein; immerhin mußte der Buddhismus eine gewisse Anziehungskraft auf die Bedürftigen und vor allem die in Indien stets zahlreichen Menschen am unteren Ende des Kastensystems ausüben. Indem er die Geringschätzung dieser Welt lehrte und den Beflissensten Erleuchtung und höchste Erkenntnis versprach, bot er den Armen unter seinen Anhängern eine Genugtuung den höheren Kasten gegenüber, deren Wohlleben und Macht mit Überheblichkeit einherging. In dieser Hinsicht war der Erfolg des Buddhismus mit dem des Christentums vergleichbar.

Wir verfügen nur über wenige Dokumente aus jener Epoche[12], doch es ist recht wahrscheinlich, daß die Kriegerkaste eine Bewegung, die der Brahmanenkaste in die Quere kam, durchaus nicht ungern sah. Die Vermutung gründet auf Buddhas Erfolg in Fürstenkreisen: Prasenajit, der König von Kosala, stattete Gautama höchstpersönlich einen Besuch ab, und Bimbisara (ca. 543 – ca. 491 v.u.Z.), der König von Magadha, war selbst ein frommer Buddhist, wodurch es ihm auch möglich war, sich dem Einfluß der Brahmanen zu entziehen. Der Monarch aber, der der buddhistischen Sache die größte Ergebenheit entgegenbrachte, war Ashoka, der dritte Herrscher der Dynastie der Mauryas, dessen Regierungszeit ungefähr von 274 bis 237 oder 232 v.u.Z. dauerte. Nachdem er sich in Taxila eingehend mit dem Buddhismus beschäftigt hatte, wurde er von einem Mönch namens Upagupta dazu bekehrt, ließ zahlreiche *Stupas* erbauen (ein chinesischer Pilger behauptete einmal, es seien 24000 – eine völlig abwegige Zahl, da es gar nicht so viele Buddhareliquien gab), und führte vor allem einen nationalen Puritanismus buddhistischen Gehorsams ein, der seinesgleichen suchte: Unter dem Anschein inspirierten Wohlwollens und mit dem Ausruf »Alle Menschen sind meine Kinder« baute er eine unerbittliche Sittenpolizei auf.

Es unterliegt kaum einem Zweifel, daß Ashoka von den besten Absichten beseelt war; seine Erlasse, die in verschiedenen Teilen des Reiches auf Sandsteinsäulen oder Felsen graviert wurden, zeugen davon: Untersagung von Tieropfern, einerlei ob zur Nahrung oder für religiöse Zeremonien, Einführung einer medizinischen Pflichthilfe für die Notleidenden, Baumbepflanzungen entlang den Straßen, Brunnenaushebungen, korrekte Entlohnung der Ordensleute, religiöser Ökumenismus, Verpflichtung zu Anteilnahme und Mildtätigkeit, Verherrlichung der buddhistischen Ideen über die Nichtigkeit dieser Welt und als höchstes Lebensziel die Verpflichtung zur Wahrheit, reinen Gesinnung, Ehrbarkeit, Sanftmut, Dankbarkeit, Selbstbeherrschung, Geduld, Scheu vor der Sünde, Mäßigung von Verschwendungs- und Gewinnsucht, den Respekt vor Eltern und älteren Personen, Herren, Mönchen, Bekannten, Verwandten, Dienern und Sklaven, ferner zur Vermeidung von Grausamkeit, Bosheit, Zorn und Neid, Verpflichtung zur Toleranz[15] ... Ashoka beabsichtigte ganz offensichtlich, sein Reich, das den gesamten Norden Indiens sowie Pakistan mitsamt Kaschmir umfaßte, in ein riesiges Vegetarierkloster zu verwandeln (er selbst bekehrte sich um 257 v. u. Z. zum Vegetariertum). Ebenso offenkundig wollte Ashoka die beiden in der Gesellschaftsordnung bislang getrennten Funktionen des militärischen Oberbefehlshabers und des geistlichen Oberhaupts auf sich vereinigen, ein Unterfangen, das davon zeugt, wie sehr die Ausbreitung des Buddhismus von politischer Seite her beeinflußt wurde. Ashoka löste nämlich eine gewaltige missionarische Bewegung aus, die bis nach Griechenland und Java gelangte und fast die gesamte Insel Taprobane, später unter den Namen »Serendib«, »Ceylon« und »Sri Lanka« bekannt, für sich einnahm. Man könnte kurzgefaßt sagen, daß sich die Lehre vom Nichts hauptsächlich aus politischen Gründen als feste Einrichtung etablieren konnte.

Ashokas päpstliche Ambitionen zeigten sich im Jahr 247 v. u. Z. in seinem 21. Herrschaftsjahr ganz klar in seinem Aufruf zum dritten Großen Konzil, das die buddhistische Orthodoxie abgrenzen sollte.[14] Dieses Konzil offenbarte einen deutlich autoritäreren Charakter als die vorangegangenen. Die Interpretationen von Buddhas Lehre wurden nämlich immer vielseitiger. Grund dafür waren Sekten, die den Urbuddhismus abschliffen, indem sie ihn theistisch einfärbten und anderen Religionen, insbesondere dem Hinduismus, annäherten. Diese reformatorischen Strömungen trugen zur Entstehung des »Großen Fahrzeugs« oder Mahayâna bei, das von Ashoka freilich verurteilt wurde, weil es viel zu schwach war, um seiner Machtposition die rechte Stütze zu bieten. Das Konzil dauerte neun Monate, und *derselbe* Mönch, der Ashoka bekehrt hatte, verfaßte ganz wie sechs Jahrhunderte später die Kirchenväter eine Widerlegung sämtlicher Häresien. Achtzehn Häresien zählte Upaguptas *Kathawattu*, aber allein die bereits erwähnte Shtavirâvâda oder Theravâda, das »Kleine Fahrzeug«, wurde für gültig erklärt. Der buddhistische Kanon wurde im Pali-Dialekt festgehalten, und die Gründertexte teilte man in drei Gruppen, sogenannte »Körbe«, ein: die Klosterregeln (die bei dieser Gelegenheit festgesetzt wurden), die Worte Buddhas und die buddhistische Lehre.

Von da an nahm der Buddhismus eine radikal totalitäre Wendung. Das ließ sich an den Verfolgungen der Munda (die traditionsgemäß Shivaisten waren) und den gegen die Brahmanen gerichteten Kampagnen, die Ashokas Toleranzzusicherungen Lügen straften, leicht nachweisen. Zwei Edikte dieses Herrschers stechen übrigens, was ihre Anfechtbarkeit betrifft, ganz besonders hervor: Das eine bestellt Beamte zur Kontrolle der öffentlichen und privaten Sittlichkeit und zur Beschwörung »Ungläubiger«, sich bekehren zu lassen. Dies bedeutete einen gewissen Verrat am Geist des Urbuddhismus, der zugleich agnostisch und damit seinem Wesen nach tolerant war. Die Inquisition und die Polizei der »obersten Tugendminister«, *Dharma-Mahamatra*, hatten also für die strikte Einhaltung der buddhistischen Moral zu sorgen. Das Denunziantentum bürgerte sich ein, und die Reaktion blieb nicht aus. Indem er den Buddhismus in den Rang einer Staatsreligion erhob, beschwor Ashoka seinen eigenen Niedergang herauf. Nach seinem Tod wurde das Reich geteilt, seine Nachfolger vermochten seine Gewaltherrschaft nicht aufrechtzuerhalten, der absolute Autoritätsanspruch des Buddhismus verlor seine Wirkung, an seinen Rändern traten Erosionserscheinungen auf. Seit dem 13. Jahrhundert drückten die ähnlich gelagerten Aktionen des islamischen Eroberungszuges und der buddhistischen Synkretismen den ursprünglichen Buddhismus auf den Stand eines Relikts herab. In Sri Lanka, dem auserwählten Hort der Theravâda beziehungsweise des »Kleinen Fahrzeugs« (67 Prozent der Bevölkerung), und in den übrigen asiatischen Ländern (6 Prozent in der chinesischen Bevölkerung), vor allem in Südostasien (92 Prozent der Bevölkerung in Thailand, 88 Prozent in Kambodscha, 87 Prozent in Birma), nimmt der Buddhismus derzeit einen festen Platz unter verschiedenen religiösen Erscheinungsformen ein. In Indien, das doch immerhin sein Geburtsland ist, bringt er es allerdings nur mehr auf 0,6 Prozent der derzeitigen Bevölkerung, das heißt auf etwa 5,5 Millionen Gläubige unterschiedlichster Bezeichnungen, da Häretiker und Schismatiker mit eingerechnet werden, obwohl der Buddhismus keine Orthodoxie kennt, da er nur auf Geboten, nicht aber auf Dogmen gründet. Tatsächlich gibt es im Buddhismus Schismen, *Sanghabheda*, und Häresien beziehungsweise *Nikaya*, Begriffe, die sich in ihrer Bedeutung jedoch deutlich von denen des Christentums unterscheiden.[15]

Eine Abhandlung über den heutigen Buddhismus im allgemeinen wäre ein riskantes Unterfangen. Tatsächlich gibt es mehrere Buddhismen, und mit einigen Ausnahmen, wie etwa Thailand, wo der Buddhismus den Bestimmungen der Theravâda entspricht, handelt es sich um Kulte, die auf die Mahayâna zurückgehen und durch Verschmelzungen mit dem Lamaismus, Konfuzianismus oder Shintoismus mehr oder weniger stark abgewandelt wurden. Doch von den abgeleiteten und von anderen Denksystemen, wie in China, Vietnam und Südkorea vom konfuzianistischen Taoismus oder in Japan vom Shintoismus, aufgenommenen Kulten soll hier nicht die Rede sein. Das ergibt sich bereits aus dem Gegenstand dieser Studie, bei dem es ja um die historische Entwicklung der Gottesvorstellung und nicht um eine Geschichte und schon gar nicht um eine analytische Bestandsaufnahme der Religionen geht. Wie stark nun aber der Einfluß des Mahayâna-Buddhismus auch sein mochte – in Tibet war er beispielsweise beträchtlich –, wesentliche Neuerungen bietet er nicht. Die aus dem Mahayâna herrührenden Synkretismen stellen sogar den Gegenpol zum Buddhismus dar: Sie sind theistisch, während der Buddhismus atheistisch ist. Das Hauptelement in diesen sogenannten Buddhismen ist der Theismus der Religionen, die ihn in sich aufgenommen haben.

Der Buddhismus war ein einmaliger und mit Sicherheit der paradoxeste und am schärfsten hervorstechende Augenblick in der Geschichte der Beziehungen zwischen Mensch und Gott: Nachdem er als Verneinung jeglichen Gottesbegriffs und Strebens nach Transzendenz in Erscheinung getreten war, verwandelte er sich, einer Religion vergleichbar, die auf dem Andenken an einen Atheisten gründet, kurz nach Buddhas Tod in einen Kult um ihren Gründer. Dieses Phänomen verwirrt genauso, als wenn es heute eine nietzscheistische Kirche mitsamt Klerus, Kapellen und Riten gäbe. Von den Bedürftigen angenommen, wurde der Buddhismus zugleich von Gewaltherrschern aufgegriffen. Er hatte die Armen getröstet, weil er ihnen versicherte, daß Macht und Ruhm nur Träume seien, und er entwickelte sich zur Stütze von Potentaten. Ursprünglich eine Lehre der persönlichen Heilssuche, wurde er zur Staatsreligion erhoben, und nachdem er für die Zwecke der Gewaltherrschaft eingespannt worden war, versinnbildlichte er die von der weltlichen Macht geforderte Knechtschaft, das heißt das genaue Gegenteil dessen, was er zu Anfang gewesen war, nämlich eine Befreiungslehre.

Seine Entartung zur Religion, sein Scheitern also, ist deshalb nicht minder beispielhaft: Sie bildet das denkbar vielsagendste Indiz dafür, wie unumstößlich das menschliche Bedürfnis nach Göttlichkeit ist. Das erneute Auftreten einer entfernten Abwandlung des Buddhismus im chinesisch besetzten Tibet wie auch die Widerstandskraft der buddhistischen Glaubensformen den Gewaltherrschern in Laos, Kambodscha und Birma gegenüber demonstrieren in noch umfangreicherem Maße eine unabwendbare Tatsache: Religionen gehören ihrem Wesen nach dem Volk und können auf Dauer von oben weder verhindert noch gar aufgezwungen werden. Denn die erzwungene Durchsetzung einer Religion durch ein politisches System, wie es die

Arier in Indien versuchten, oder auch wie bei den spanischen Juden, die unter Androhung der Verbannung zum Christentum gezwungen wurden, ist eine nicht minder prekäre Angelegenheit.

Der Vergleich zwischen den Werdegängen von Buddhismus und Jainismus drängt sich unweigerlich auf und ist im übrigen durchaus gerechtfertigt. Genau wie ersterer ist der Jainismus ein moralisierender Atheismus oder zumindest Fast-Atheismus und eine Lehre der Bedeutungslosigkeit: Wenn es übersinnliche Wesen gibt, postuliert er, so wissen wir jedenfalls nichts darüber, sie haben keinerlei Macht über uns, und daher ist es unnötig, sich darüber Gedanken zu machen. Der Jainismus ist freilich kein vereinheitlichtes System, und manche Texte erwähnen sehr wohl die Existenz von Göttern und Göttinnen, von denen die einen präindoarischen, die anderen hinduistischen Ursprungs sein sollen und die in vier Gruppen – Hausgötter, Zwischengötter, Lichtgötter und Astralgötter – aufgeteilt sind. Doch geprägt wurde der Jainismus nur verschwindend gering von ihnen. Das Wesentliche besteht bei ihm darin, daß der Mensch auf Erden nach Vollkommenheit strebt, um die Pein der sich stets wiederholenden Reinkarnationen zu vermeiden – eine quälende Vorstellung aller Glaubenssysteme Indiens, die freilich auch der Jainismus teilt, wenn er sie nicht sogar erfunden hat.

Für den Jainismus besteht der beste Weg, sich der scheußlichen Erfahrung der Reinkarnation zu entziehen, darin, sich einer gewissen Anzahl von Regeln zu unterwerfen, die uns vom Buddhismus her bereits vertraut sind: »... die Sinnesorgane zu beherrschen, sich loszulösen von den Dingen der Welt und zwischenmenschlichen Verbindungen. ... sich seine Nahrung zu erbetteln, im Wald zu leben, ohne sich irgendwo für länger niederzulassen, ... sowohl äußerlich wie auch innerlich an sich größte Reinlichkeit zu wahren, keinem Lebewesen Böses zuzufügen, aufrichtig zu sein, keusch, neidlos, gut und geduldig.« Wem dies gelingt, der wird ganz von selbst zum *Jaina* (»Sieger«). Die Buddhisten jedenfalls übernahmen diese Regeln nahezu ohne Änderung; außerdem milderten sie die Strenge des Jainismus, der eine Art passiven Selbstmord, den *Sallekhana*, zuläßt: Dieser erlaubt es den Mönchen, sich auf einem Lager aus Brombeergestrüpp niederzulegen, keine Nahrung mehr zu sich zu nehmen und sich bis zu ihrem Tod nicht mehr von dort wegzubewegen. Diese Selbstzerstörung soll nicht etwa eine Befreiung der Seele in diesen Zeiten der Verderbnis ermöglichen, sondern die Wiedergeburt in ein anderes Leben erleichtern.[16]

Ein eventueller Einfluß des Jainismus auf Buddha ist nicht bewiesen. Es sei jedoch angemerkt, daß der Asket, dem Buddha nach der dreifachen Schockwirkung durch Alter, Krankheit und Tod begegnete, derselbe war, der auch Vardhamana lehrte – ein Mönch »niederer Abkunft« namens Gopala. Ob er ein Jaina war, ist nicht bekannt. Durchaus möglich wäre es auf jeden Fall, da der Jainismus um mindestens zweieinhalb Jahrhunderte älter ist als der Buddhismus, und wenn Vardhamana ihn als Lehre annahm, so mußte er wohl doch bereits bestanden haben. Vardhamana war nämlich, das sei betont, nicht der Begründer, sondern der Reformator des Jainismus.[17] Buddha und Vardhamana sind demnach Schüler ein- und desselben Meisters, daher die Ähnlichkeiten zwischen ihrer beider Lehren. Bei einem Altersunterschied von nur etwa fünf Jahren starben sie im Abstand von fünfzehn Jahren.

Die Geschichte des Jainismus bietet übrigens einen bemerkenswert guten Aufschluß über den Werdegang des Buddhismus.

Wie Buddha, so wurde auch Vardhamana ins Milieu der Kriegerkaste hineingeboren; ebenso wie dieser, nur ein Jahr später, als Dreißigjähriger, ließ er sein bisheriges Leben hinter sich, um Mönch und schließlich der 24. Prophet des Jainismus zu werden. Zu den Eigenheiten des Jainismus gehört übrigens, daß seine vierundzwanzig »vollendeten« Propheten beziehungsweise *Tirtankharas* (»Furtendurchquerer«, ein Begriff, der sich aus dem Überwechseln vom Ufer des stürmischen Lebens zu dem der Gleichgültigkeit hin erklärt) allesamt der militärischen Aristokratie entstammen. Ebenfalls Tradition scheint es, daß sie sich erst einmal verheiraten, bevor sie sich zum Asketentum entschließen, so beispielsweise Parshvadera, ein Königssohn aus Benares, der zunächst heiratete und gleichermaßen mit dreißig – ein eindeutig schicksalhaftes Alter – der Welt den Rücken kehrte, um Mönch zu werden. Der hauptsächliche Unterschied zwischen Vardhamana und seinen Vorgängern liegt darin, daß er für sich die vollständige Nacktheit der »Luftbekleideten« wählte. Diese völlige Nacktheit war schon vor ihm gepflegt worden, doch indem er sich als Prophet dafür entschied, löste er ein Schisma aus. Dieses Schisma dauert bis heute an: Ein Jaina ist entweder *Svetambara*, weißgekleidet, oder *Digambara*, nackt.

Eine solche Tradition von Propheten, die alle aus dem Kriegeradel kamen, muß eine Bedeutung besitzen. Es ist schließlich kaum vorstellbar, daß allein der Umstand, dieser Kriegerkaste anzugehören, bei Prinzen um die Dreißig und noch dazu jahrhundertelang unwillkürlich und unvermutet Ekel auslöste. Und es ist ebensowenig vorstellbar, daß sie alle im gleichen Alter und nach der Eheschließung eine plötzliche Abscheu gegen Frauen und Sexualität im allgemeinen, gegen Essen, Wohlgerüche und all die anderen Genüsse und Annehmlichkeiten dieser Welt entwickelt haben sollten.

Doch sie existiert sehr wohl, diese Tradition, und sie verwirrt. Denn sie entspricht nicht dem Kastensystem, das die Indoarier in Indien eingeführt und allgemeingültig gemacht haben und dem gemäß ein Prinz sich nicht wie ein Mönch zu verhalten hat, und umgekehrt. Außerdem läßt sie zwei Kasten zu einer einzigen verschmelzen, da sie religiöse Oberhäupter hervorbringt, die das Ansehen ihrer fürstlichen Herkunft genießen, was ebenfalls der Kastentrennung widerspricht. Tatsächlich bestätigt diese Tradition die Aufhebung der Kasten durch den Buddhismus. Während die Buddhisten glaubten, daß ein Anhänger, der sich ihnen angeschlossen hatte, sich aus der Kastenordnung herauslöste, verkündeten die Jainas, daß die Kastenordnung keineswegs die Gesetze des Universums widerspiegele. Dieser Punkt ist bedeutsam, da er eine Rebellion gegen den indoarisch-brahmanischen Einfluß verrät. Buddhismus und Jainismus stellten demnach nichts anderes dar als eine Renaissance der großen religionssoziologischen Strömungen aus der Zeit vor dem 8. Jahrhundert v. u. Z.

Man könnte annehmen, daß die Tradition der Propheten aus fürstlicher Abstammung gar keinem speziellen Gesetz gehorcht, daß sie zufallsbedingt oder dem Umstand vergleichbar ist, daß auch im katholische Klerus Frankreichs beispielsweise viele Aristokraten vertreten waren, da die nachgeborenen Söhne oft nur im Ordensstand auf eine Karriere hoffen durften. Doch hier verhält es sich anders: Die Propheten sind samt und sonders Prinzen, in der katholischen Kirche aber hat man noch nie erlebt, daß sämtliche Bischöfe oder Kardinäle blaublütig waren − ganz im Gegenteil. Häufig verhalfen eher sie ihren Familien zum ersehnten Adelsprädikat. Und was im Falle des Jainismus noch bezeichnender ist: Diese zu Mönchen gewordenen Prinzen gehen hin und lehren das Volk eine vollkommene Loslösung von den Dingen dieser Welt und eine Schicksalsergebenheit ohne Aussicht auf sofortige oder spätere Belohnung.

Daraus geht hervor, daß es eines der Hauptziele der Fürstenkaste war, den Jainismus als ideologisches Werkzeug zu nutzen, das in den niederen Kasten ein gewisses Verzichtgefühl aufrechtzuerhalten vermochte. Dieses Werkzeug wirkte um so besser, als ja gerade Prinzen diese Lehre verbreiteten, indem sie ihre eigene Existenz aufgaben und als Vorbild dienten. Das andere große Ziel ist bekannt: Die Einführung der Mönchsprinzen verfolgte den Zweck, die Brahmanenkaste in Schach zu halten, deren Machtstellung den Fürsten ein Dorn im Auge war. Auf diese Weise profitierte der Jainismus, ganz wie der Buddhismus, von zahlreichen königlichen Schirmherrschaften, angefangen bei der des leiblichen Großvaters von Ashoka, Chandra Gupta, und seines Enkels Samprati über den späteren Kaiser Gupta von Magadha bis hin zu den Dynastien der Ganga von Karnataka, der Rastrakuta im Norden und noch später dann (zwischen dem 11. und 14. Jahrhundert) der Hoysala in Karnataka.

Die Patronate bedeuteten beachtliche Subventionen für den Unterhalt der Mönche und Ordensgebäude. Davon zeugt unter anderem die Tatsache, daß die Gemahlin von König Vishnuvardhana aus der Hoysala-Dynastie, Königin Satala Devi, und der General Chamundaraya aus der Ganga-Dynastie den Bau einer gigantischen Statue des Sohnes des ersten Propheten finanzierten, die heute noch in Sravana Belgola im Staat Karnataka zu sehen ist. Etliche Könige hatten im übrigen Jainas als persönliche Berater.

Die Auswirkungen dieser königlichen Patronate waren bereits zu Mahaviras Zeiten spürbar: Bei dessen Tod zählte der Jainismus 14000 Mönche und 36000 Nonnen. Da sie nicht alle über Land zogen, sondern ein Großteil von ihnen in Klöstern lebte, setzt das voraus, daß die freiwilligen Abgaben großzügig bemessen waren. Aber sie waren es auch, weil die Fürsten dabei durchaus auf ihre Kosten kamen.

Auch wenn er das Nichts, die Suche nach der höchsten Wahrheit und die Vollendung der Seelen durch Gleichgültigkeit ständig im Auge behielt, so schielte der Jainismus mit dem anderen doch auch immer aufmerksam nach den irdischen Dingen dieser Welt; seine politischen Unternehmungen sind ebenso mit weltlicher Macht verbunden wie die des Buddhismus. So bewirkte tatsächlich im ersten Jahrhundert ein Jainamönch namens Kalakasharya den Sturz des Königs Gardabhilla von Ujjain, und man weiß, daß die Jainas in den nachfolgenden Jahrhunderten eine entscheidende Rolle bei den Machtverhältnissen der Ganga- und Hoysala-Dynastien spielten, indem sie zur Stabilisierung ungewisser politischer Situationen beitrugen. Trotzdem besaßen sie dabei nicht immer eine glückliche Hand, so daß sich im achten Jahrhundert die weißgekleideten Svetambaras weit mehr in dynastische Streitigkeiten verwikkelt sahen, als ihnen ihre Lehre empfahl. Statt eines erwarteten heiligen Vinzenz von Paul stellten sie sich nun eher als kleine Mazarins dar.

Zusammenfassend läßt sich also sagen, daß der Aufstieg von Buddhismus und Jainismus dadurch begünstigt, wenn nicht gar gänzlich motiviert wurde, daß die Kriegerkaste der Machtstellung der Brahmanen entgegenwirken wollte. Das entsprechende Muster ist nicht unbedingt fremd: Die Geschichte des Abendlandes beispielsweise ist voll von empörten Reaktionen weltlicher Fürsten auf Roms Machtambitionen. Antireligionen wie diese waren sehr geeignet, ihrer religiösen und mithin jahrhundertealten Autorität Paroli zu bieten. Paradoxerweise wollte es der Lauf der Dinge, daß das natürliche Bedürfnis nach Göttlichkeit diese Antireligionen in Religionen verwandelte.[18]

Doch der Wandel erfolgte zu spät. In Indien zählt man heute zwei Millionen Jainas gegenüber 5,5 Millionen Buddhisten, 458 Millionen Hindus und 80 Millionen Moslems. Die Mißerfolge des Buddhismus und Jainismus in ihrem Ursprungsland mögen, verglichen vor allem mit den Erfolgen von Hinduismus und Islam, erstaunen. Es waren immerhin autochtone und aus uralten Strömungen hervorgegangene Religionen, während der Brahmanismus und der Islam, der eine durch die Indoarier, der andere durch die Araber, importierte Religionen waren. Alle vier wurden sie von politischen Bewegungen unterstützt. Doch nach vielversprechenden Anfängen verkümmerten sowohl der Buddhismus wie auch der Jainismus; sie entsprachen nicht den Bedürfnissen des Volkes. Selbst nach den Neuerungen durch Buddha und Vardhamana waren diese Zweige des etliche tausend Jahre alten dravidischen Stammes viel zu dürr, um das Volk lange fesseln zu können. Der größte Fehler von Buddhismus und Jainismus bestand vielleicht in ihrem Versäumnis, überzeugende Bezüge ebenso zum höchsten Wesen wie auch zum Sein herzustellen und die menschliche Existenz zwischen die Klammern der Nebensächlichkeit zu setzen. Aus nichts gekommen zu sein, um nirgendwo hinzugehen, ist wahrlich kein attraktives Lebensprogramm für jemanden aus dem einfachen Volk. Und, schlimmer noch, sich auch noch alle Wünsche versagen zu müssen, um die Zeit dazwischen überhaupt ertragen zu können. Im Gegensatz dazu ist der Hinduismus eine einzige Abfolge von Festen sowohl für das Individuum wie auch für das Volk im ganzen. Er verherrlicht das Leben in all seinen Erscheinungsformen. Nun ist es aber gar nicht so einfach, der breiten Masse das Nichts zu predigen. Die Darstellungen im *Mahabharata* sind volkstümliche Feste, Theater, Mysterium und zelebrierte Messe, alles in einem und bunt gemischt, und seine Gestalten sind der Zuhörerschaft ebenso bekannt wie Deutschen oder Franzosen die Namen Jesus, Judas, Vercingetorix, Karl der Große, Roland oder Jeanne d'Arc. Alle Hindukinder kennen Kartvirya, den sagenumwobenen Krieger mit dem gewaltigen Schnurrbart, und den gefährlichen Dämonen Baka, der von Bhima getötet wurde. Und obwohl jedermann ihn auswendig kennt, wartet doch jeder fieberhaft auf den Ausgang der tragischen Entscheidungsschlacht zwischen den Pandava- und den Kaurava-Prinzen, von denen auf beiden Seiten jeweils nur drei Männer überleben werden. Der Islam ist eine heroisch geprägte Religion, die zur Tat neigt und Abenteurerherzen leicht zu begeistern vermag. Buddhismus und Jainismus aber hatten keine Mythen und keine Heldenerzählungen zu bieten und ließen auch dem Aberglauben nicht den geringsten Raum. Der Mensch lebt aber von Mythen und muß sich mit Helden identifizieren können. Man kann sich nicht ein Leben lang auf das Nichts vorbereiten.

Man hätte meinen können, das Kapitel sei nun abgeschlossen; dem jedoch war nicht so. Aufgrund einer neuerlichen Paradoxie sollten die Vorstufen des Nihilismus, als die der Buddhismus und der Jainismus zu gelten haben, etliche tausend Kilometer entfernt noch die griechische Gedankenwelt beeinflussen. In der Reihe ganz oben steht dabei der originellste aller Antiphilosophen: Diogenes.

Zarathustra oder das Auftreten
des einzigen Gottes

Gott, der Gott der Juden, Christen und Moslems, ist weder jüdischen noch christlichen, noch muslimischen Ursprungs: Er stammt aus dem Iran. Das Vorbild für diese drei Monotheismen entstand nämlich im 6. Jahrhundert v. u. Z., und es handelte sich um eine Religion, die – und das hatte es bis dahin nie gegeben – nur einen guten Gott und Weltschöpfer kannte. Er verkörpert das Licht. Ihm zur Seite steht der Heilige Geist. Sein Widersacher ist der Gott des Bösen, der Lüge, der Finsternis und der Zerstörung: er sitzt in der Unterwelt, einem grausigen Ort von übelriechender Fäulnis. Dort müssen die Seelen der Bösen verweilen, wenn sich bei der Abwägung ihrer Taten nach ihrem Tod herausstellt, daß die schlechten die guten überwogen. Doch sie werden dort nicht auf ewig bleiben: Am Tage des Jüngsten Gerichts, wenn die Toten auferstehen und der Gott des Bösen endgültig besiegt sein wird, dürfen sie die Unterwelt verlassen. Sogar Schutzengel kannte diese Religion des Parsismus oder Masdaismus, die nahezu gänzlich verschwunden ist.

Ein alleiniger und guter Schöpfer, ein böser Teufel, ein Heiliger Geist, das Jüngste Gericht und die Auferstehung der Toten, dazu noch Schutzengel – die Überraschung, die das Studium des Masdaismus den Forschern bescherte, war so groß, daß sie sie auch skeptisch werden ließ. Etliche von ihnen bestritten, daß der »allweise Herr«, Ahura Masda, ein einziger Gott gegenüber einem einzigen Widersacher gewesen sei und sich der Masdaismus bei den Menschen durchgesetzt, mit anderen Worten, daß er überhaupt existiert hätte. Tatsächlich aber hat diese Religion zehn Jahrhunderte überdauert. Sie entstand im Lauf eines knappen halben Jahrhunderts und wurde von einem Propheten namens Zarathustra (ca. 628 bis ca. 551 v. u. Z.) gegründet. Seine Rolle bei der Inthronisierung dieses Gottes, der dem der drei Religionen der Heiligen Schrift so ähnelt, wurde von den Wissenschaftlern zuweilen heruntergespielt, andere bestritten sie sogar rundheraus. War es denn, um nur vom Christentum zu sprechen, möglich, daß dieses umfangreiche Religionssystem, das innerhalb zweier Jahrtausende vom Abendland aufgebaut wurde, schon tausend Jahre vorher und binnen weniger Jahrzehnte von dem Propheten eines längst untergegangenen Landes, gewissermaßen bei den Barbaren, geschaffen worden war? Die Fakten aber sind so, an ihnen ist nicht zu rütteln. Mit Ausnahme der Person Jesu wirkt der Masdaismus wie das Gerüst der drei Monotheismen.

Der Legende nach soll Zarathustra sogar in einer Grotte voll himmlischer Milch geboren sein, die sich in den Leib einer Jungfrau gesenkt hatte ...

Besonders verblüffend für den westlichen Beobachter ist, daß diese Religion auf uralten Grundlagen im Land der Meder am Kaspischen Meer entstanden ist. Über sie ist wenig bekannt, abgesehen davon, daß sie im 9. Jahrhundert v. u. Z. in Erscheinung getreten sind.[1] Es scheint, als sei ihr politischer Zusammenschluß durch das Oberhaupt eines jener zahlreichen Stämme erfolgt, die an zwei feindliche Königreiche angrenzten: das Reich Urartu, auch Vanreich genannt, das etwa im heutigen Armenien lag, und das gewaltige Assyrerreich. Jenes Stammesoberhaupt hieß Daiaukku (Deiokes bei Herodot). Zweifellos waren diese Stämme untereinander zu sehr entzweit, um den einen oder anderen ihrer Nachbarn ernsthaft bedrohen zu können, doch sie waren trotzdem zu zahlreich und mächtig, um als unerheblich zu gelten. Daiaukkus Sohn Kschatrita (den Herodot Phraortes nennt) gelang schließlich die Einigung gegen Ende des 8. Jahrhunderts, und damit war Medien geboren.

Als Zarathustra auf die Welt kam, war das Land nicht sehr groß, aber es spielte im politischen Gleichgewicht des Mittleren Ostens eine bedeutsame Rolle (und die Politik wiederum sollte bei der Geburt des Masdaismus eine erhebliche Rolle spielen). Medien hatte soeben erst das Joch der Assyrerherrschaft abgeschüttelt, und sein nationaler Charakter zeichnete sich klar ab: Es war nicht mehr eines jener durch und durch rebellischen Länder, denen man in dieser Gegend bis zum heutigen Tage so oft begegnet, unfähig, die Oberherrschaft irgendeiner Macht zu ertragen, und stets rasch bei der Hand, wenn es darum ging, weitaus mächtigeren und gar zu eroberungslustigen Nachbarn den Krieg zu erklären.

Die medischen Könige sollten den Assyrern daher noch tüchtig zu schaffen machen. Zarathustra war vermutlich gerade mal zwei Jahre alt, als im Jahre 626 v. u. Z. die Meder unter der Führung ihres Königs Kyaxares (auch Uwakischtar, von altpersisch Chwachschtra, genannt) und im Bund mit dem kriegerischen Nomadenvolk der Skythen in Syrien und Palästina einfallen. Bis zu Ezechiel und Jeremia im Alten Testament hallte das Echo dieses Feldzuges: »Der Völkerwürger ist aufgebrochen! ... Seht, wie Wettergewölk zieht er herauf; seine Wagen gleichen dem Sturm, seine Rosse sind schneller als Adler. Weh uns, wir sind verloren!«[2]

Wie sollte Zarathustra nicht im Getöse dieser militärischen und politischen Zusammenstöße, die seine ganze Jugend überdauerten, über die Bedeutung der Einigkeit nachdenken? Denn sie schließlich hatte eine Unzahl verstreuter, ostiranischer Stämme in ein mächtiges Königreich verwandelt, das nun sogar seinem einstigen Lehnsherrn die Stirn bot. Das gewaltige Assyrerreich hingegen durchlief gerade eine Schwächeperiode, die nicht etwa aus einem Mangel an Entschlußkraft, Streitkräften oder Geld resultierte, sondern aus Religionsstreitigkeiten. Die Menschen verehrten nacheinander jeden Gott, als wäre er der Größte (was man als »Henotheismus« bezeichnet), und das tägliche Leben war zuletzt unter der Last der endlosen Weissagungen von Traumdeutern, Sehern und Astrologen erdrückt worden, die ihre Zeit damit zubrachten, in allem und jedem nach göttlichen Willensäußerungen zu fahnden. Daraus erklärte sich das Aufkommen eines philosophischen Pessimismus, dem zufolge die Götter ungerecht waren, es keine Vorsehung gab und Barmherzigkeit nicht belohnt wurde.[3] Wie klein doch oft der Schritt vom Aberglauben zur Hoffnungslosigkeit und von dort aus zum nationalen Verfall sein kann.

In diesem Zusammenhang wird klar, daß Zarathustra die Notwendigkeit einer einenden, einfachen und starken Religion begriff, die den nationalen Zusammenhalt gewährleisten würde. Diese Erkenntnis ist gewissermaßen ein Vorläufer von der des Propheten Mohammed im 7. Jahrhundert unserer Zeitrechnung. Jedenfalls beweist genau dies die Bestimmung des Masdaismus nach Zarathustras Tod.

Um die Mitte des 7. Jahrhunderts v.u.Z. hatten die Meder bereits den gesamten Iran besetzt. Sie schwangen sich also zu Herren über eine indoarische Bevölkerung auf, die den Vedismus praktizierte, eine den Medern fremde Religion. Und aus dem Zusammenprall zwischen der vedischen Religion und der medischen Kultur sollte nun – mit Zarathustra als Katalysator – der Masdaismus entstehen. Nur ein Element aus dieser explosiven theologischen Reaktion ist uns tatsächlich bekannt, der Vedismus, denn über die Glaubensformen der Meder wissen wir fast nichts. Ihre Kultur läßt sich jedoch bruchstückhaft aus den Kulturen ihrer Nachbarvölker rekonstruieren, mit denen sie ständige Beziehungen unterhielten, das heißt den Kimmeriern und Skythen. Erstere lebten in Südrußland, das Homer zwar niemals besucht hatte, das er aber doch als ein Land mit ewig verhangenem Himmel darstellte. Daher seine Schilderung der Kimmerier:

»Diese tappen beständig in Nacht und Nebel, und niemals schauet strahlend auf sie der Gott der leuchtenden Sonne«[4]

Aber das war doch wohl etwas übertrieben. Die zahlreicheren und besser organisierten Skythen setzten den Kimmeriern ständig zu. Sie hatten sie bis nach Asien hinein zurückgedrängt, wo sie sich ihrer Hauptbeschäftigung, den Raubzügen, widmeten. Alle drei hatten am Ende irgendwann dieselbe indogermanische Sprache gesprochen, und der einzige wirkliche Unterschied zwischen ihnen bestand darin, daß die Meder, die spätestens seit dem 9. Jahrhundert seßhaft geworden waren, auf eigenem Grund und Boden lebten, während die Kimmerier und Skythen, um das einmal ganz klar zu sagen, als Nomadenhorden noch im 7. Jahrhundert v. u. Z. vom Diebstahl lebten.

Wenn, wie allgemein angenommen wird, die Religion der Meder mit der ihrer skythischen Nachbarn verwandt war, dann handelte es sich um eine Naturreligion, deren vereinfachte Götterwelt selbstverständlich eine Fruchtbarkeitsgöttin, Tabiti, kannte; außerdem ein Herrscherpaar, Papaios (»Väterchen«) und Api, Herodot zufolge vergleichbar mit Zeus und Gäa. Darüber hinaus beteten sie auch eine Art Apollon – Goitosyros –, eine Aphrodite – Argimpasa – und, ebenso selbstverständlich wie eine Fruchtbarkeitsgöttin, einen Kriegsgott an, den Herodot nur mit seinem griechischen Namen Ares nennt und dem allein sie eigenartigerweise Altäre errichteten.

Zu ihren Symbolen gehörte der in den östlichen und fernöstlichen Mythologien sehr verbreitete Lebensbaum. Er versinnbildlicht den Zusammenhang zwischen den drei Welten, der himmlischen, der irdischen und der Unterwelt. Er spiegelte also den Glauben an ein Leben nach dem Tod und gegebenenfalls in der Hölle wider (im Judentum wurde aus ihm der siebenarmige Leuchter). Man könnte sich bei ihnen auch einen Ahnenkult vorstellen, was sich jedoch nicht einwandfrei ableiten läßt. Die skythischen Magier jedenfalls pflegten einen schamanistischen – und, wie es scheint, bei manchen sibirischen Bevölkerungsgruppen noch heute üblichen – Ritus, der darin besteht, in einem Zelt aus Filzdecken Hanfsamen auf glühend heiße Steine zu werfen. Der dabei aufsteigende Rauch wirkte auf die Anwesenden halluzinierend: »Den Skythen wird's richtig wohlig …, und sie heulen«, berichtet Herodot, der diesen Ritus allerdings für ein Dampfbad zu halten schien.[5]

Sonderlich monotheistisch ist nichts von alledem, auch nichts dem masdaistischen Monotheismus Verwandtes. Hier dürfte Zarathustra die Quellen seiner Inspiration kaum gefunden haben. Was er den Medern offensichtlich jedoch verdankte, das war seine mystische Ader. Die Geringschätzung, welche die

Skythen (und Meder) dem Leben entgegenbrachten, erklärte sich nämlich aus ihrem Glauben an die Unsterblichkeit der Seele. Denn die Völker Vorderasiens, die Sarmaten, Lyder, Osseten und Armenier, die je nach Schlachtenglück zwischen dem Schwarzen Meer, dem Kaspischen Meer und dem Aralsee von einer Region in die andere zogen und dabei Glaubensformen aus Zentral- und Nordasien oder aus orientalischen Ländern wie Chaldäa oder Elam auflasen – sie alle glaubten an die Unsterblichkeit der Seele. So zeigt etwa eine in Ungarn gefundene skythische Goldplatte nach Ansicht der Experten eine nackte Frau als Sinnbild der Seele, wie sie von einem Adler, dem Symbol des Himmels und der Sonne, davongetragen wird, was demnach der Aufstieg ins Paradies wäre. Diesem Symbol begegnen wir auch auf einem goldenen Krug wieder, der angeblich aus Attilas Schatzkammer stammt, die allerdings auf etliche Jahrhunderte später zu datieren ist. Man weiß auch, daß die Osseten damals glaubten, daß die Seele eines Verstorbenen zu Pferd ins Land der Helden, der Narten, aufbricht und dort eine schmale Brücke passieren muß, die als »Brücke des Bittstellers« bezeichnet wird. Ist diese Seele rechtschaffen, so kommt sie hinüber, und ist sie es nicht, bricht die Brücke zusammen, und die Seele stürzt in die Tiefe einer Hölle. Diese Vorstellung findet sich auch im Masdaismus wieder.

Bei den Skythen und Kimmeriern herrschte, was man im 20. Jahrhundert unter »religiöser Barbarei« verstehen würde: Wenn ein König starb (oder ermordet wurde, was gelegentlich auch vorkam), erwürgte man eine seiner Konkubinen, seinen Mundschenk, seinen Koch, seinen Diener, seinen Boten, fünfzig junge Skythen edler Abstammung und fünfzig Pferde. Nachdem man die Schätze des verstorbenen Königs und goldene Gefäße auf die Leichname geworfen hatte, begrub man das Ganze in einem Hügelgrab.[6]

Die vedische Religion, welche die Meder, und mit ihnen der Priester und Prophet Zarathustra, im Iran vorfanden, verehrte eine komplizierte Götterwelt. Heerscharen von Philologen brachten ihr ganzes Leben damit zu, die Götter des Veda zu studieren, jenes ältesten Schriftgutes Indiens, dessen Abfassung im 8. Jahrhundert begonnen und wahrscheinlich um das 4. Jahrhundert v. u. Z. beendet wurde. Manchmal fragt man sich, ob sich die Gläubigen hier selbst noch zurechtfanden, denn die Liste der Gottheiten ist so umfangreich, daß sie an ein Telefonbuch erinnert. Da ist zunächst einmal die Kaste der »Throngötter«, der *Asuras* (im Awestischen: *Ahuras*), denn für die Arier bestanden die Kasten sogar im Himmel. Unter ihnen finden sich die Götter Ahura Masda, Mithra, Agni, Dyaus Pitar, Ushas und Rudra (der in Indien zu Shiva wird). Dann gibt es die Gruppe der *Aditya*, die zwar als zweitrangige Götter anzusehen sind, aber dennoch für Priestertum und Imperium stehen. Es folgen der Sonnengott Savitar und die atmosphärischen Gottheiten, wie die Nacht, der Wind, der Himmel und andere. Der Götterzug zieht sich durch die *Maruts*, die himmlischen Krieger Pushan, Vishnu und den Feuergott Agni etc. ... Diese werden, je nach Rangordnung, von den *Aswins* begleitet: Göttergehilfen, weiblichen Gottheiten (denn auch sie gibt es), Geistern, Dämonen und anderen Geistwesen. Die *Devas*, die zwar als Götter, doch als Dämonengötter und Widersacher der Throngötter gelten, beschließen den Zug.

Das ist schon recht üppig. Zu allem Überfluß jedoch steckt die vedische Götterwelt auch noch voller Doppelbesetzungen: Agni und Varuna zum Beispiel obliegt die Aufsicht über die Menschen, und beide sind Garanten für Ordnung und Zeugen der Wahrheit. Beim Vergleich der einzelnen Texte wird außerdem deutlich, daß die Aufgaben der Gottheiten variieren: Der heilige Geist etwa, Spenta Mainyu beziehungsweise Ahura Mainyu, scheint in zwei Wesenheiten gespalten zu sein, eine gute im Dienste Ahura Masdas und eine böse im Dienste seines Feindes Ahriman.

Dieses bemerkenswerte Durcheinander ist jedoch kein Zufallsprodukt: Es liegt auf der Hand, daß es den vedischen Priestern, den Brahmanen, durchaus nützte, die Mythen zu mehren, wobei jeder den seinen pries. Ohne Kirche und Theologie wimmelte es also bald von Kulten, die miteinander wetteiferten und dafür sorgten, daß sich Opferungen und Orgien in Hülle und Fülle entwickelten.

Gerade dadurch zeichnet sich nämlich die vedische Religion aus. Die Arier opferten beeindruckend große Mengen an Pferden und Rindern, wobei sie ein Halluzinationen hervorrufendes Getränk, das *Soma* (in Indien: *Haoma*), zu sich nahmen, das aus Fliegenpilzen oder Grünen Knollenblätterpilzen hergestellt wurde. Dieser Trank versetzte die Opfernden in Trance; doch dank ihm, so versichern die heiligen Schriften, werde das Gleichgewicht der Welt aufrechterhalten.

So also sah die Situation zu dem Zeitpunkt aus, als Zarathustra auf den Plan trat. Er radikalisierte alles: Verblüffend schlagartig schaffte er, mit Ausnahme von Ahura Masda und Ahriman, sämtliche Götter ab. Ersterer war der Schöpfer des Universums und Vater des Heiligen Geistes, der ihm zur Seite steht, und – das ist das Hauptkriterium – er war der einzige Anbetungswürdige im Verein derer, die aus ihm hervorgegangen sind: Abgesehen vom Heiligen Geist sind da noch Asa, die Gerechtigkeit, Vohu Manah, der »Gute Gedanke«, und Armaiti, der Gott des Eifers. Ahriman ist der Geist der Zerstörung und Gott des Bösen, denn Zarathustra brachte die Idee vom Teufel auf.[7] Bis ans Ende aller Tage wird sich ein gnadenloser Kampf zwischen Ahura Masda und Ahriman abspielen: »Die Menschheit kommt nicht umhin, an diesem Kampf teilzunehmen, da auch sie in gute, rechtschaffene, fromme, böse und gottlose Menschen gespalten ist«, schrieb Romain Ghirshman.[8] Ehemalige Götter wie Sraosa und Mithra werden ignoriert oder zu Dämonen herabgewürdigt.

Der Masdaismus riß den Kult an sich und belegte ihn fortan mit strengen Vorschriften: Verboten sind die bei den Ariern so beliebten Tieropfer, verboten auch der Genuß von Haoma, das mit erstaunlicher Unverblümtheit als »Dreck« bezeichnet wird. Denn in seiner Anrufung Ahura Masdas schreibt Zarathustra: »Wann sendest du deine Strafe über dieses dreckige Gebräu?« (Yasna 48, 10)

Zarathustra vollbrachte noch etwas viel Revolutionäreres,

das meiner Meinung nach nie genügend hervorgehoben wurde: Zum ersten Mal in der Religionsgeschichte wird das Universum von einem einzigen und männlichen Großen Gott beherrscht, der keinerlei feminin-weiche Züge aufweist. Zum ersten Mal seit der Entstehung des Menschengeschlechts gibt es nur einen Gott, und der ist ein Mann. Dabei wimmelte es in der Götterwelt, aus der Ahura Masda hervorging, nur so von weiblichen Gottheiten: Bei Zarathustra sind sie allesamt verschwunden. Der Gott, an den er sich in seinen Lobgesängen wendet, ist ein Mann und nur ein Mann, völlig unmißverständlich und ohne Doppelgeschlechtlichkeit oder Zwillingscharakter. Der Himmel wird von einem einzigen Phallus beherrscht. Das bedeutet einen gewaltigen Schritt in der Religionsgeschichte. Auch wenn die Große Göttin zu jener Zeit noch nicht in allen Religionen der Welt begraben war, so war ihr Untergang durch den ersten echten Rivalen, dem sie je begegnete, nun doch besiegelt.

Jedermann weiß, daß es in der Geschichte keine konkreten »Anfänge«, sondern immer nur Übergänge gibt, die sich mehr oder weniger schnell vollziehen. Zarathustra hat die männlichen Götter gewiß nicht erst geschaffen, denn es gab sie bereits. Doch hat er unzweifelhaft den ersten männlichen Monotheismus eingeführt.

Diese erstaunliche Radikalisierung der vedischen Götterwelt spielte sich nicht nur im Himmel ab, sondern betraf auch die Erde. Denn Zarathustra erklärte auch noch den Kult der alten vedischen Götter für nichtig: Jeder Untertan des Königs war verpflichtet, Ahura Masda, den Gott, der »schützend seine Flügel über die Welt und den König ausbreitet«, zu verehren, und zwar nur ihn allein. Noch eine Neuheit in der Religionsgeschichte: Wir haben hier nicht nur einen Monotheismus vor uns, sondern auch noch einen, der gesellschaftliches Recht begründet. Denn da die Häretiker zu Ahura Masdas Feinden erklärt wurden, waren sie zugleich auch Feinde des Königs. Die Religion hatte sich zur Pflichteinrichtung gemausert, und so konnte von religiöser Toleranz keine Rede mehr sein. Viele

Jahrhunderte im voraus tauchte ein Konzept auf, das den Anlaß für sämtliche Religionskriege abgeben sollte: Wer die Staatsreligion nicht respektiert, ist ein Staatsfeind. Im Frankreich des 17. Jahrhunderts wird die logische Folge dieses Diktats dann so aussehen, daß der Häretiker als Feind des Königs zu betrachten ist. Jedermann dürfte es als eigentümlich empfinden, wenn er sich vor Augen führt, daß die Aufhebung des Edikts von Nantes auf eine Reform im Iran zurückgeht, die 2300 Jahre zurücklag.

Religiöser Rigorismus machte sich im Iran breit. Die Bewegung setzte sich von Norden her nach Südwesten bis ins hinterste heutige Afghanistan und Pakistan fort und erfaßte schließlich auch den Westiran bis zum Persischen Golf. Am Ende war der Masdaismus zur Religion des gesamten medischen Imperiums aufgestiegen, und als später die persischen Achämenidenfürsten von der asiatischen Seite des Persischen Golfs das Reich der Meder besetzten, wurde er auch zur Staatsreligion des Achämeniden- beziehungsweise Perserreichs.

Zarathustras Überzeugungskraft muß beeindruckend gewesen sein: Einer der ersten, die sich von ihm gewinnen ließen, war kein Geringerer als Hysdaspes I. (oder Wischtaspa), der König von Chorasmien, einem südlich des Aralsees gelegenen Gebiet. Er war um das Jahr 588 v. u. Z. konvertiert und war Vater des dritten Achämenidenherrschers, Dareios (Darius) I., des Großen. Nach Zarathustras Tod konvertierten die Magier, die im alten Medien das Priesteramt innehatten, zum Masdaismus und betrieben Missionsarbeit, wodurch letztendlich das gesamte Perserreich für diesen Glauben gewonnen wurde. Es ist möglich, daß Kyros und wohl auch sein Nachfolger Kambyses Ahura Masda als eine lokale Version des alten Babyloniergottes Marduk auffaßten. Das würde bedeuten, daß ihre Konversion und ihre Toleranz gegenüber dem Masdaismus eher als formeller Akt zu betrachten sind. Erwiesen ist dieser Punkt allerdings nicht, und die Monarchen, die sich aus tiefster Überzeugung zu einer neuen Religion bekennen, lassen sich ohnehin an den Fingern abzählen …

Was hingegen Dareios I. betrifft, so lassen die archäologischen Zeugnisse keinen Zweifel zu. Dieser König bekannte sich in seinen Inschriften zu dem Kult für »den großen Gott Ahura Masda, der diese Welt erschaffen, der den Himmel erschaffen, der den Menschen erschaffen, der das Glück des Menschen erschaffen und der König Dareios erschaffen hat, den einzigen Menschen, der über ein gewaltiges Reich herrscht ...«. Was in dieser Inschrift Ahura Masda an Kompetenzen zugeschrieben wird, paßt indessen nicht auf Marduk. Demnach war Ahura Masda doch ein neuer Gott. Dareios ließ dieses Glaubensbekenntnis sogar in einen zwischen Babylon und Hamadan gelegenen Felsen einmeißeln. Auf der Frontseite seines künftigen Grabmals ließ sich der Herrscher vor einem brennenden Altar abbilden, dem typischen Symbol des Masdaismus, das mit dem Gott Marduk rein gar nichts mehr zu tun hatte. Über dem König schweben der geflügelte Siegesschild und Ahura Masdas Büste. Alle achämenidischen Königsgräber tragen dieses Bild, was eindeutig beweist, daß sich auch Dareios' Nachfolger dem Masdaismus zuwandten. Bis zum Ende des Sassanidenreichs, das auf die Achämeniden folgte und 637 v.u.Z. unter dem Ansturm der islamischen Streiter fiel, sollte er die Staatsreligion bleiben, das heißt noch zwölfhundert Jahre lang, nachdem ihn Zarathustra gepredigt hatte.[9]

Wo liegen die Gründe für seinen Erfolg und wo Zarathustras Motivationen? Wer ist überhaupt dieser Mann, dessen Name mehr durch Friedrich Nietzsche bekannt geworden ist als durch sein eigenes Werk?

Die Gründe für seinen Erfolg lagen in den damaligen Verhältnissen: Durch die Gründung des Meder- und dann des Achämenidenreiches entstand zum ersten Mal in dieser Region ein gewaltiges und zentralisiertes Imperium, in dem die politische Macht maßgebenden Einfluß auf die Religionsvertreter ausüben sollte. Als Dareios im Jahre 521 v.u.Z. nach üblen Intrigen an die Macht kam, die in ihm den Entschluß nur bestärken konnten, gegen die arischen Fürsten und den Klerus gnadenlose Strenge walten zu lassen, bot allein die Konversion seines Vaters Wischtaspa Anlaß, den Masdaismus durchzusetzen.

Der genügte aber nicht. Der bestehende Vedismus war eine Art Hausreligion, die dazu diente, die Ansprüche des einzelnen und seiner Familie zu befriedigen, die den Anforderungen einer Staatsreligion aber nicht genügte. Außerdem machten ihn die Vielfalt der Kulte und die Intrigen der Priesterschaft unkontrollierbar. Der Masdaismus hingegen war eine schlichte und starke Religion, die es ermöglichte, den Klerus zu vereinheitlichen. Sie erlaubte auch die Kontrolle über das Volk, denn wie Zarathustra selbst sagte, fand diese Religion ihre Legitimation im Volk. Der Erfolg der Religion um den einzigen Gott Ahura Masda wurde also von Dareios aus politischen Gründen beschlossen.

Und das waren ernsthafte Gründe. Auch die Priesterschaft hegte ja politische Ambitionen, und Dareios hatte sich deswegen schon an der »Gaumata-Affäre« die Finger verbrannt. Manche Historiker behaupten, daß die »Gaumata«-Angelegenheit »nichts hergibt«.[10] Von wegen! Nach dem Tod des großen Kyros, dem sein Sohn Kambyses nachfolgen sollte, entbrannte im neugegründeten Perserreich ein Aufstand. Die unter Kyros' Gewaltherrschaft gehaltenen Provinzen sahen darin eine gute Gelegenheit zur Wiedererlangung ihrer Unabhängigkeit. Allerdings entflammten die Unruhen nicht spontan, sondern wurden von Kambyses' Bruder Smerdis (altpersisch: Bardiya) angestiftet, der ihm seine Vorrechte neidete. Kambyses ließ diesen falschen Bruder unauffällig ermorden und brach zu einem Feldzug nach Ägypten und Nubien auf. Keiner im Reich, so scheint es jedenfalls, wußte von Smerdis' Tod. Da tauchte plötzlich ein betrügerischer Hochstapler auf, der sich als Smerdis ausgab und erneut eine Revolte entfachte. Es gelang ihm, den Thron zu besteigen, und er ließ sofort die Altäre aller nichtmasdaistischen Religionen, vor allem aber die vedischen Altäre der arischen Fürsten, zerstören. Dieser erstaunliche Intrigant nun war masdaistischer Priester, ein Magier namens Gaumata. Seine Emissäre, ebenfalls Magier, versuchten die Armee zu gewinnen, die ihren Fürsten und der Achämenidendynastie gegenüber jedoch treu blieb.

Es handelte sich um ein geradezu klassisches Komplott: Smerdis-Gaumata versuchte, die weltliche und die religiöse Macht zugleich an sich zu reißen und eine Theokratie einzuführen, gewissermaßen die erste Vorlage für den heutigen Iran der Ayatollahs. Dabei schlug sich die Priesterschaft ganz offen auf seine Seite. Sie hatte begriffen, wie nützlich eine zentralisierte monotheistische Religion sein konnte: Sie war ein unvergleichliches Machtinstrument, und genau aus diesem Grund ging die Priesterschaft auf Zarathustras Reform erstaunlich bereitwillig ein. Ein junger Aristokrat, Dareios, der Prinz von Chorasmien, setzte sich an die Spitze einer Verschwörung von sieben Fürsten, mit der sie die frühere Situation wiederherstellen wollten. Er brachte den Betrüger eigenhändig um und bestieg den Thron. Auch er hatte den politischen Nutzen des Masdaismus erkannt und reklamierte ihn für sich. Um in der Priesterkaste Reue zu wecken, ließ er einige von ihnen hinrichten, was man später als den »Magiermord« bezeichnete. Diese übrigens, die Magier, hatten die Zeichen der Zeit erkannt. Trotzdem drängte bald alle Welt in den masdaistischen Klerus.[11]

Der Mensch Zarathustra und seine Antriebskräfte bleiben freilich ein Rätsel. Dem *Yasna* oder Kanon von Zarathustras Lehren beziehungsweise den *Avesta*[12] wie auch dem *Videvdat*, einem der fünf Bücher des *Avesta*, nach zu urteilen, stand das Haus seines Vaters Purusaspa (»Der mit dem gescheckten Pferd«), wo er geboren wurde, in der Provinz Airan Dej, gewissermaßen an der armenischen Grenze am Kaspischen Meer. Wir befinden uns hier im alte Medien, dem Land der Magier. Letztere bildeten eine erbliche Priesterkaste. Sie kannten sich in der Astrologie, der damals allein existierenden Form der Astronomie, und in der Magie genau aus. »Ohne Magier nämlich Opfer zu vollziehen«, schreibt Herodot, »gestattet ihr Brauch nicht.«[13] Ein aufschlußreiches Detail ist, daß sie ihre Toten weder begruben noch verbrannten, sondern den Vögeln zum Fraß vorwarfen. Genau das empfahl Zarathustra später auch. Und sie waren Dualisten, das heißt, sie deuteten die Welt nach zweckorientierten Maßstäben, je nachdem, ob sie gut oder schlecht war, und sie ordneten die Dinge danach, was zu bewahren und was zu vernichten war. Auch dieses Prinzip kommt Zarathustras Theologie recht nahe. Nochmals zwei Beweise dafür, daß Zarathustra den Masdaismus nicht völlig aus der Luft gegriffen hat. Er hat lediglich den Glauben der Magier und den Vedismus umgestaltet und vereinfacht. In Wahrheit war dieser Revolutionär ein Reformator.

Zu jener Zeit mischte man sich kaum in Religionsangelegenheiten ein, wenn man dafür nicht prädestiniert war, das heißt einer Priesterfamilie angehörte. Aus diesem Grund wird allgemein angenommen, daß Zarathustra im Priestermilieu erzogen wurde. Er soll das Amt eines *Zaotar*, eines Offizianten ausgeübt haben, der mit Götteranrufungen und Opferbereitungen betraut war. Dann vernahm er, genau wie Mohammed, den geheimnisumwitterten Ruf; er zog sich in die Wüste zurück, wo er etwa in seinem dreißigsten Lebensjahr und im Zustand der Ekstase von dem einzigen Gott Ahura Masda eingewiesen wurde, der ihn mit der Läuterung der Glaubensüberzeugungen beauftragte.[14]

Bezeichnend ist, daß nur ein männlicher Gott und nur dieser eine Zarathustra beauftragte. Der Prophet war in eine Kriegerkultur hineingeboren, und die religiösen Riten hatten bis dahin niemals im Dienste kriegerischer Unternehmungen gestanden. Der einzige Gott, den er sich vorstellen konnte, war eine Persönlichkeit, die die gleiche Autorität besaß, die damals den Männern vorbehalten war.

Zarathustra war offenbar ein Mystiker. Wenn man ihn etwas besser verstehen will, ohne sich gleich in psychologische Spekulationen zu stürzen, so sollte man sich zwei seiner markantesten Reformen zuwenden, dem Verbot von Opferungen und dem Verbot von Orgien. Eine recht grausige Gesellschaft muß das gewesen sein, in der man unentwegt alle Arten von Tieren – Pferde, Kühe, Ziegenböcke, Schafe und so weiter – opferte. Denn in diesen Gegenden, etwa bei den Skythen, Kimmeriern und Thrakern, wurde aus »den verschiedensten Anlässen« geopfert, zur Heilung von Wunden, bei Verhexungen, Verwün-

schungen etc. ... Und wie bereits erwähnt, opferte man auch
Menschen: Kinder, Jünglinge, Jungfrauen oder königliche Be-
dienstete. Außerdem lieferten die Opferzeremonien auch den
passenden Vorwand für einen organisierten Massenrausch mit
Alkohol und Drogen wie Hanf oder Halluzinationen hervorrufenden Pilzen und ähnlichem. Und selbstverständlich führte
der Blutrausch in der Verbindung mit Drogen zu Orgien. Da es
nun Empfindsamkeit und gesunden Menschenverstand nicht
erst seit heute gibt, darf man wohl annehmen, daß diese wüste
Palette an Aberglauben, Ausschweifungen und Blutbädern,
verbunden mit der Zurschaustellung der berauschten Priester
und Zelebranten, einen Mystiker wie Zarathustra zutiefst empörte. Neben einer von tiefer Spiritualität beseelten Persönlichkeit war er vermutlich ein sensibler, guter und vernünftiger
Mensch. Nichts ist Gläubigen verhaßter als die Maskeraden, die
vorgeben, dem Glauben als Stütze zu dienen. Anstelle dieser
Exzesse führte Zarathustra den Feuerkult als Symbol für die
ewige Göttlichkeit ein.

Gewiß, das allein macht noch keine Theologie aus, aber das
Verbot dieser unsinnigen Ausschweifungen setzte bereits eine
völlig neue Verinnerlichung des religiösen Empfindens und
eine ebenso neue spirituelle Transzendenz durch. Sieht man
einmal von der göttlichen Weisung in Zarathustras Religions-
neugründung ab, so kann man nicht umhin, zu sagen, daß allein
schon die Beobachtung der Politik genügte, um zu folgendem
Schluß zu gelangen: Die Abschaffung religiöser Riten für alle
möglichen Zwecke war dringend geboten. Die religiöse Anarchie im Iran, die vor der masdaistischen Reform herrschte,
drohte in die innere Schwächung auszuarten, der bereits Babylon zum Opfer gefallen war. Obwohl Parallelen zwischen Zarathustras religiöser Reform und Martin Luther bestehen, stellen
ihn seine offenkundigen politischen Intentionen eher auf die
gleiche Stufe wie Mohammed.

Wie sich leicht vorstellen läßt und wie bei allen Reformatoren, ob nun Moses, Jesus oder Mohammed der Fall, stieß Zarathustra zu Beginn seiner Reform nur auf Ablehnung – bis

Wischtaspa konvertierte. Bezeichnenderweise war es ein König, der am besten und als erster den Nutzen dieser Läuterungsaktion begriffen hatte und sie unterstützte. Nun hatte der Masdaismus Fuß gefaßt. Seine volle Blüte erlebte Zarathustra jedoch nicht mehr: Man sagt, er sei während der Belagerung von Balkh im Jahre 550 v. u. Z., also ein Jahr, bevor das Mederreich den Achämeniden in die Hände fiel, bei einem Gemetzel umgekommen.

Diese situationsbezogenen Erklärungen stellen das göttliche Empfinden bei Zarathustra keinesfalls in Abrede; sie zeigen lediglich, daß dieses Empfinden durch die Kultur geformt wurde. Davon zeugt übrigens auch der weitere Werdegang des Masdaismus nach Zarathustras Tod. Denn wie alle Religionen nach dem Tod ihrer Begründer erlebte der Masdaismus eine Veränderung, und ihr zugrunde lag, wie immer, ein Verrat. Die Magier, die sich die neue Religion angeeignet hatten, stutzten sie sich für ihre eigenen Vorstellungen zurecht. Ihr »Verrat« bestand also nicht so sehr in den Legenden, die sie um Zarathustras Person rankten, als vielmehr in der Verstümmelung seiner Lehre. Daß man ihn zum leiblichen Sohn Ahura Masdas erhob, wie uns Platon mitteilt, als er ihn als »Sohn des Oromazdes« beschrieb, mag ja noch angehen. Auch daß man sich erzählte, seine Mutter sei, als sie das göttliche Prinzip, das *Xvarenah*[15] – das offenbar seit aller Ewigkeit vorhandene himmlische Sperma – für Zarathustra empfing, von einem hellen Lichtschein umhüllt worden und ihr Haus habe drei Tage lang gleichsam wie in Flammen gestanden, oder daß Zarathustras körperliche Substanz im Himmel entstanden und mit dem Regen zur Erde niedergefallen sei. Diese von den Magiern erdachten phantastischen Geschichten gehören gewissermaßen zum klassischen Repertoire an göttlichen Legenden, denn Priester mögen es nun einmal nicht, wenn die Person, deren Lehre sie predigen, ein ganz gewöhnlicher Sterblicher wie alle anderen gewesen sein soll: Das könnte ihrem Ansehen schaden und Skeptiker zu der Bemerkung verleiten, daß jener Mensch auch nicht unfehlbarer war als alle anderen.

Vier von den Magiern eingeführte Reformen verrieten Zarathustras Lehre weit mehr. Die erste bestand in der Wiedereinführung von Gottheiten, die von Zarathustra entschieden ausgeklammert worden waren, zum Beispiel Anahita, die Göttin des Wassers, und Mithra, eine Art Mars/Apollon, die beide unter der Herrschaft von Artaxerxes II., das heißt im vierten Jahrhundert v. u. Z., wieder auftauchten. Tatsächlich spielte sich in der Folge alles so ab, als sei Ahura Masda zum Störenfried geworden, und unter der Herrschaft der Parther im zweiten Jahrhundert v. u. Z. begegnete man sogar Anahita und Mithra geweihten Tempeln, während Ahura Masda regelrecht von der Bildfläche verschwunden ist. Der zweite Verrat bestand in der Wiedereinführung von Blutopfern, drittens gestattete man wieder den Genuß von Haoma und vertuschte — viertens — wieder die Verheißung der Glückseligkeit im Jenseits für die Seelen der Gerechten. Diese »Reformen« verfügte Dareios, denn Monarchen schätzen es gemeinhin hin nicht sonderlich, wenn unter ihrer eigenen Herrschaft ein künftiges Paradies in den verlockendsten Farben gemalt wird; schließlich sollte man von ihnen annehmen, daß sie es hier auf Erden längst geschaffen haben. Das war, beiläufig bemerkt, stets der große Fehler der atheistischen Regime. Unfähig, sich mit dem Leidensproblem auseinanderzusetzen, wollten die achämenidischen Herrscher die Tore zum Jenseits versperren.

Dieser Fehler könnte auch alle vorherigen, die Popularisierung und letztendlich auch den Niedergang des Masdaismus erklären. Zarathustras ursprüngliche Lehre war dem Volk, das nach einer Zerstreuung bietenden Religion verlangte, nämlich viel zu nüchtern gewesen. Demnach kamen dieselben Gründe, die maßgeblich zur Entstellung des Buddhismus und schließlich zum Triumph des Hinduismus beigetragen haben, auch im Iran zum Tragen. Daß Anahita wieder eingeführt wurde, resultierte aus dem Bedürfnis nach einer weiblichen Präsenz im Götterhimmel. Und der Masdaismus wurde zu einem kunterbunten Sammelsurium für alles und jeden.

Die Magier begingen zweifellos noch einen weiteren Fehler:

Sie ließen sich auf metaphysische Diskussionen ein, denen sie intellektuell nicht gewachsen waren. Das Hauptproblem, das die Gläubigen aufwarfen, war nämlich folgendes: Wenn Ahura Masda die ganze Welt erschaffen hatte, hatte er also das Böse wie das Gute gleichermaßen erschaffen; wie konnte er dann in sich gegen sich selbst gespalten sein? Das war die Frage, mit der sich, nicht sonderlich viel erfolgreicher, auch die späteren Religionen auseinandersetzen sollten. Die Magier zogen sich mit der Argumentation aus der Affäre, daß die Welt in Wahrheit von einem belanglosen Gott, dem Weltschöpfer Zerwan – eine entfernte Version des vedischen Prajapati – erschaffen worden sei, der die Zwillinge Ahura Masda und Ahriman gezeugt habe. Auf diese Weise wurde eine Nebenlinie des Masdaismus, der Zerwanismus, geboren.

Dennoch zog sich sein Niedergang lange hin. Eine erste Zerrüttung trat ein, als Alexander der Große nach der Ermordung des letzten Dareios den prachtvollen Palast von Persepolis in Brand stecken ließ. Dem Unglück ihrer Diener halten die Götter oftmals gar nicht gut stand. Die Geschichte der nun folgenden Dynastien – die von einem General Alexanders gegründete seleukidische, die von den Parthern gegründete arsakidische und die sassanidische als erste persische Dynastie seit Dareios' Tod – die Geschichte all dieser Dynastien also trug kaum zur Wiederaufrichtung des Masdaismus bei. In Persien wurde seit langem griechisch gesprochen, man kannte Zeus und Aphrodite, und so oder so boten die Götter, ob nun einzig oder nicht, keine Schutzgarantie gegen die Mongolen, die Gefahr aus dem Osten. Auch wenn Häretiker wie die Zerwaniten noch so offiziell verurteilt wurden und der Hohepriester Tansar ein religiöses Edikt nach dem anderen herausgab, fremde Kulte und weltoffene Umgangsformen verbot und schließlich die ersten Christen der Region verfolgen ließ, so war und blieb der Masdaismus doch hoffnungslos angeschlagen. Das *Videvdat*, das während der Herrschaft von Ardaschir I. (224–241 u. Z.) entstand, verströmt den bedauerlich üblen Geruch von Haarspalterei, Intoleranz und Ungereimtheit. Die Besetzung der Kasernen von

Schiras, Kum und Samarkand durch die Araber beendete schließlich die letzten Zuckungen eines schier endlosen Verfalls. Gewiß, die Araber gaben sich dem Masdaismus gegenüber tolerant; sie konnten sich das leisten, denn diese Religion lag schließlich in ihren letzten Zügen. Das Modell als solches war ja durchaus wirkungsvoll, doch nachdem der Masdaismus von der politischen Macht nach oben katapultiert worden war, hatte die Priesterschaft ihn aufgegriffen und ihm seine Substanz geraubt. Nach tausend Jahren verlosch er von ganz allein und bewies damit, daß der Gottesgedanke in enger Abhängigkeit vom Schwert steht.

Der Gedanke, ja, aber nicht das Bedürfnis. Und so kam es, daß der Iran gierig den Islam als Träger eines neuen Gottes in sich aufsog.

Die verborgenen und
sterblichen Götter Ägyptens

Das alte Ägypten ist ein anderes Afrika, oder, genauer gesagt, es ist auch Afrika. Der Nil, dem es seine Existenz verdankt, entspringt im Herzen Schwarzafrikas, mitten in Uganda, und sein Zufluß, der Blaue Nil, entspringt im äthiopischen Choké-Gebirge. Nach ihrer Vereinigung bei Khartum im Sudan aber scheint der Weiße Nil seine Ursprünge auf seinem weiteren Weg mit der Zeit zu vergessen. Vom siebenarmigen Delta aus schweift der Blick nach Osten, dorthin, wo die Sonne aufgeht. Die heiligen Tiere, die die ägyptische Götterwelt bevölkern, Nilpferde, Krokodile, Kobras, Schakale, Hundskopfaffen und Pharaonenratten, bestätigen ganz eindeutig seinen afrikanischen Charakter: Samt und sonders handelt es sich um Tiere, die im Schlamm, in den Savannen und im Busch des tiefsten Afrika leben und mit denen ein Reisender nicht unbedingt Bekanntschaft machen möchte. Die ägyptische Kunst aber, die ja eine ausschließlich monarchische und religiöse Staatskunst ist, läßt das Dunkel der imaginären Welt Afrikas ohne weiteres hinter sich. Historisch gesehen, ist sie die erste realistische Kunst der Welt. Sie bedient sich nicht mehr der überspitzten, aber so ausdrucksvollen Stilisierungen der afrikanischen Kunst, und die Schrecken und Wahnvorstellungen von Dschungel und Savanne kommen in ihrem Themenrepertoire gar nicht erst vor. Sie drückt nur noch Kraft und Milde aus. Und sie ist der getreue Spiegel einer Welt, wie sie von einem Volk empfunden wurde, das sich seiner Macht und seines Wohlstands sicher war.

Diese Merkmale, die, lange nachdem das Menschengeschlecht sich auch außerhalb des heimatlichen Afrika niedergelassen hatte, erstmals im Niltal auftauchten, bieten wertvolle Hinweise auf Ägyptens Beziehungen zur Göttlichkeit. Der visuelle Realismus zeugt von philosophischem Realismus, und der Kult der Schönheit, der sämtlichen ägyptischen Kunstschöpfungen, ob nun Tempel, Statuen oder Flachreliefs, anhängt, drückt Idealismus aus. Wenn der Ägypter also an Schönheit glaubt, so deshalb, weil er die Abstraktion des Göttlichen kultiviert, und den Realismus kultiviert er, weil er sich nicht die Mühe macht, über seinen geistigen Horizont hinauszustreben. Für ihn ist der Geist Materie und wird nur Materielles erfassen. Daraus erklärt sich ein gewisser Pragmatismus und auch der Umstand, daß die ägyptischen Götter verborgene Götter sind.

Von thematischer Seite aus weist die imaginäre Welt Ägyptens indessen verwandtschaftliche Züge zum östlichen Mittelmeerraum auf. Die erste große Kosmogonie aller bekannten Kulturen kam aus Ägypten: Rund fünftausend Jahre alt (oder jung), übertraf sie an Reichhaltigkeit noch die immerhin recht großartig angelegten afrikanischen Mythen. Die erste Vorstellung von der Entstehung des Kosmos, die von den Griechen später unaufhörlich durchgearbeitet und nach ihrer Façon umgearbeitet wurde, findet sich bereits in den ältesten uns bekannten schriftlichen Zeugnissen Ägyptens, den *Pyramidentexten*, die vor etwa 5000 Jahren verfaßt wurden. Kurz gefaßt steht darin geschrieben, was die ehrgeizigsten Errungenschaften der westlichen Technik, auf Satelliten und ins All hinauf beförderte Teleskope und großartige Berechnungen der leistungsstärksten Computer nur bestätigen konnten: Die Welt wurde vor langer Zeit aus einem formlosen Magma geschaffen und dann von der Unordnung bedroht, was in der Ägyptologie als »Antischöpfung« bezeichnet wird. Und davon blieb sie bedroht. Auch diesbezüglich hatten die Ägypter die Realität des Universums geahnt: Seither wissen alle Astronomen der Welt, daß die Planeten im Sonnensystem, würde ihre Bahn durch winzig kleine Abweichungen gestört, katastrophal im Weltraum umherirren würden und wenig später die Sonne erlöschen würde. Die sagenhafte, von Newton und anderen Physikern beschriebene Himmelsuhr hat im Grunde einen verborgenen Defekt: Das Chaos lauert. Es ist geduldig. Es wird siegen. Vorläufig hält

Gott Amun-Re die riesige Schlange des Chaos, Apophis, in Schach; und der wiederauferstandene Gott Osiris beschützt die Welt vor seinem Mörder Seth.

Die Griechen, die für Ideen immer empfänglich waren, zollten der ägyptischen Sichtweise ihre Anerkennung. Laut Herodot soll sich der weise Solon für seine Reform der Athener Verfassung bei Pharao Amasis, dessen ägyptischer Name Ahmose II. lautete, Anregungen aus den ägyptischen Gesetzen geholt haben. Diese Legende ist zwar schmeichelhaft für Ägypten, aber sie überzeugt nicht: Solon wurde 594 v. u. Z. Archon und besuchte Ägypten erst, nachdem er im eigenen Land auf gefährlichen Widerstand gestoßen war. Ahmose II. aber herrschte von 570 bis 526 v. u. Z.[1], das heißt erst fünfundzwanzig Jahre später. Außerdem besaß die ägyptische Monarchie keinen Areopag, die Haupterfindung in Solons Verfassung. Dessenungeachtet war Ahmose II. ein Hellenenfreund, da er Ladike, eine griechische Prinzessin und Tochter des Königs von Kyrene, heiratete und die Griechen wiederum die Ägypter sehr schätzten: Thales, Pythagoras, Eudoxos von Knidos, Lykurg und Platon sollen sich längere Zeit in Ägypten aufgehalten haben. Vieles, manchmal zu vieles, wurde schon dem Einfluß Ägyptens zugeschrieben. Das Vorbild ihrer Beziehungen zu den Göttern, und schon gar nicht zu Gott, hatten die Griechen jedenfalls nicht von den Ägyptern übernommen. Allenfalls ihrer Kunst verdankte Ägypten die Entdeckung der Bewegung. Die griechischen *Kouroi*, jene Epheben der archaischen Kunst, die zunächst nur in strammer Haltung verharren, scheinen erst im 5. Jahrhundert v. u. Z. nach dem Vorbild der ägyptischen Statuen, die einen Fuß vor den anderen setzen, in Bewegung zu geraten.

Ägyptische Philosophen gab es nicht, wodurch erwiesen scheint, daß die Ägypter – was die Griechen mit Sicherheit bestach – klarsichtig genug waren, um nicht über Dinge zu diskutieren, über die sie nichts wußten. Denn was ist die Philosophie anderes, als die zwangsläufig endlose Auseinandersetzung mit dem Unbekannten? Und sie waren ebenso klarsichtig genug, um keine Theologie zu erstellen, denn wozu dient die

Theologie, wenn nicht zur systematischen Erfassung der herrschenden Vorstellungen über die Götter, nach denen alle Welt verlangt – mit anderen Worten: offenkundige Tatsachen oder erfundene Geschichten darzulegen? Denn die Meinung der Götter würde der Mensch ganz bestimmt nicht zum Ausdruck bringen.

Seit rund zweihundert Jahren, genauer gesagt, seit Napoleons Ägyptischer Expedition, verbunden mit der Entdeckung einer gigantischen Architektur, und im 20. Jahrhundert dann durch einen suspekten exotischen Wust (etwa die Entdeckung des mit »verfrühten« Second-Empire-Möbeln und anderen Gegenständen angefüllten Grabes von Tutanchamun) zeigte sich der Westen von Ägypten zwar sehr beeindruckt, hatte es aber (mit Ausnahme einiger weniger Ägyptologen) nie wirklich kennengelernt: ein Land von Poeten, die das Leben zu kurz fanden und versuchten, dessen Freuden auf dem Wege über die Kunst und die Phantasie ins Jenseits hinüberzuretten. Alles übrige ist Bahnhofslektüre für solche, die sich gerne auf Bahn- oder Flugreisen genüßlich von Mystik durchschauern lassen. Nach den »Geheimnissen« Ägyptens würde man in den Pyramiden genauso vergeblich suchen wie nach Außerirdischen. Gewiß, für ihre Zeit waren die Ägypter exzellente Mathematiker gewesen, doch alles beherrschten sie nun auch wieder nicht: Beispielsweise kannten sie den Bruch nicht, weil sie mit dem Dividieren nicht so ganz zurechtkamen und sich einbildeten, daß dieses stets ganze Zahlen ergeben müsse. Auch hinsichtlich der ägyptischen Geometrie, über die man nach wie vor so viele Wunderdinge liest, pflegten sie manch erstaunlichen Irrtum hartnäckig: So waren sie etwa der Ansicht, daß jedes Dreieck gleich einem Rechteck sei, dessen eine Seite gleich der Basis des Dreiecks und dessen andere Seite gleich der Hälfte eines seiner anderen Schenkel sei ... Nun ja.

Dieser Wille, an eine Fortsetzung des irdischen Festes im nächsten Leben zu glauben, wirkt offen gestanden so selbstverständlich, daß er einem arglosen Beobachter unter Umständen gar nicht auffällt: Die gesamte, von Museumskundlern, Museographen und Museumsliebhaber hochgepriesene ägyptische Kunst ist eine Grabkunst. Die Pyramiden sind Grabmäler, und die wundervollen Skulpturen, die ganze Museumssäle füllen, Denkmäler für berühmte Verstorbene. Selbst die Inschriften, die die Pharaonen in die Tempelwände ritzen ließen, sind *in memoriam anthumes*: »Er hat dies bewirkt und jenes erobert« etc., und das Ganze immer hübsch dick aufgetragen. Hauptsache, man gab im Jenseits eine gute Figur ab. Das war auch der Grund, weshalb die Ägypter die Kunst der Einbalsamierung perfektionierten, die 4000 Jahre später von den amerikanischen *morticians*, ohne sonderliche Verbesserungen übrigens, wieder aufgegriffen werden sollte. Vor allem galt es, in nicht allzu schlechtem Zustand vor Thot, der die Seelen wog, hinzutreten, und deshalb versahen die Grabkünstler die Mumien mit schmeichelhaften Masken. Kurz, das alte Ägypten ist ein einziger großer Camposanto (mit dem Unterschied allerdings, daß die ägyptische Kunst niemals ins Pathetische und schon gar nicht ins Düstere abrutscht), und das ausschließlich Königsgräbern vorbehaltene Tal der Könige hat sich zu einem Ort amüsanter Widersinnigkeit entwickelt: Bleiche Touristen bekommt man hier zu sehen, die sich körperlich und seelisch erholen wollen. Kurgäste im Pariser Friedhof Père-Lachaise könnten keinen kurioseren Eindruck hinterlassen.

Noch schärfer muß man hinsehen, um die Poesie in der ägyptischen Kultur zu erkennen: Keine Kunst der Welt hat beispielsweise die Tiere mit so viel Präzision, Sorgfalt und Humor dargestellt: Die herablassende Nonchalance der Ibisse, die den Gott Thot verkörpern, die *gestrenge* Wachsamkeit der Hunde (aus der Familie der Schakale, wie man sie eigenartigerweise nur noch auf Ibiza antrifft und in denen man die Inkarnation des Gottes Anubis sah), die gutmütige Feierlichkeit der Falken (der Gott Horus mit dem goldenen Haar, dessen Mutter die Göttin Isis ist), die runde Fülle der Kuh (die Göttin Hathor, die den sanftmütigen Mond zwischen den Hörner trägt) oder die Geziertheit der mageren Katzen (die Göttin Bastet), denn da die Mäuse in Ägypten flink und schlau sind, hat noch niemand fette ägyptische Katzen erlebt. Kurzum, die ägyptischen Künstler besaßen ein scharfes Auge.

Auch wenn er an ein verlängertes Dasein im Jenseits glaubte oder zumindest so tat, als ob er daran glaubte, war dem Ägypter aller Gesellschaftsklassen sehr wohl bewußt, daß ihm zumindest das hiesige Leben auf Erden sicher war. Dessen Freuden und Genüssen ist er ganz gewiß nicht aus dem Weg gegangen. Das bestätigt so manches archäologische Zeugnis, unter anderem auch die Grabinschrift für eine Frau, die unter der Herrschaft von Amenophis II. höchstwahrscheinlich von der Trunksucht hinweggerafft wurde: »Gib mir achtzehn Becher Wein. Ich will trinken bis zum Umfallen. Trocken wie Stroh sind meine Eingeweide.«[2] Selbst auf die Gefahr hin, wie ein Gotteslästerer zu wirken, gestehe ich doch meine Zweifel ein, daß der ägyptische Glaube ans Jenseits so unerschütterlich gewesen sein soll. Man bedenke nur, wie emsig die Grabräuber kaum verschlossene, ja sogar Königsgräber plünderten und sich über die gräßlichsten, gegen Eindringlinge gerichteten Verwünschungen hinwegsetzten. Außerdem wird man sich eines Tages fragen müssen, ob die Völker, die große Künstler hervorbrachten, im Grunde genommen nicht viel zu verliebt in das Leben waren, um sich einzig und allein mit den vergeistigten Visionen vom ewigen Leben zu trösten. Der Ägypter betrachtete also die Welt, und nicht nur die Tiere, »genau und einfühlsam«, wie man es früher in der Kunst bezeichnete. Der Genauigkeit maß der Ägypter in allen Bereichen große Bedeutung bei; sie war sogar Vorschrift im Abydos-Ritual, bei dem, der Übersetzung von Gaston Maspéro zufolge, der zu Beginn dieses Jahrhunderts als großer Ägyptologe galt, die Stimme des Rezitierenden »nicht falsch« sein durfte und der die entsprechenden Formeln »ohne Intonationsfehler« herzubeten hatte. Dies war nämlich die Grundvoraussetzung, um gefährliche Gottheiten von der Zeremonie fernzuhalten.

Ob bei den Vertretern der Mal- und Bildhauerkunst eine vergleichbare Tugend erforderlich war, ist nicht bekannt; doch der Verbindung aus Genauigkeit und liebevoller Darstellungsweise nach zu urteilen, der man in der gesamten ägyptischen Kunst immer wieder begegnet, darf man es wohl annehmen. Unter zahllosem anderen zeugt davon eine Skulptur aus der 4. Dynastie, die eine Frau beim Brauen zeigt. Ihre schweren Brüste hängen über dem Tonkrug, in dem sie mit konzentriertem Gesichtsausdruck die vergorenen Datteln für ihr Bier durchknetet.[3] Auch die bemalten Figuren in der Grabkammer des Bildhauers Ipi zeugen davon: Dargestellt sind Zimmerleute bei der Arbeit. Einer der Handwerker gießt Wasser auf den Gips, um ihn anzurühren, und wendet dabei einem Werkmeister, der ihn offenbar tadelt, ein zorniges Gesicht zu.[4] Und angesichts des satirischen Papyrustextes über den Kampf zwischen Katzen und Vögeln kann man sich kaum das Lachen verkneifen.[5] Selbst die übermäßige Ornamentik in der Kunst der 18. Dynastie, in der die Priester in ihrer Erleichterung, die theologischen Überspanntheiten Amenophis' IV. – jenes weibischen Königs, der die Sonne zum alleinigen Gott erheben wollte – hinter sich zu haben, eiligst die traditionelle Herstellung von Bilderbögen wieder einführten, konnte den Kunstverstand nicht ersticken. Das ist an den erlesenen, vergoldeten Statuen der Schutzgottheiten zu ersehen, die im Ägyptischen Museum von Kairo über Tutanchamuns Sarkophag mit den Kanopen wachen. Der transparente Faltenwurf ihrer Stola, die ihre jugendliche Gestalt einhüllt, fließt ihnen den delikat geformten Rücken hinab wie Wasser über die Schultern eines badenden jungen Mädchens. Gedacht war das Ganze als Grabmal, herausgekommen ist jedoch fast schon eine erotische Verherrlichung der Jugend.

Diese erstaunlich liebevolle Art, die Natur zu beobachten, verrät einiges darüber, wie sich die alten Ägypter zu ihren Göttern stellten. Vom Alten Reich über die Zwischenzeiten, das Mittlere und das Neue Reich bis hin zur Ptolemäerzeit blieben diese Merkmale mit wenigen Abweichungen bestehen. Auch der Pessimismus im zweiten Zwischenreich und die Manierismen und Affektiertheiten der Amarnazeit konnten ihnen keinen Abbruch tun. Wie alle anderen Völker besaßen die Ägypter ein volkseigenes Gemüt. So auch in der Kunst. Und da er trotz allem eben doch Afrikaner war, begeisterte sich der Ägypter für alles, was Tier, Form, Gang, Blick, Durchtriebenheit und Zuneigung war. Dem allem erkannte er eine Persönlichkeit, fast schon eine Seele, zu und zögerte folglich nicht, die Transzendenz eines Falkengottes, Kobragottes oder einer Kuhgöttin zu ersinnen. In dieser Hinsicht bewies er verblüffende Ähnlichkeit mit den Indianern Nordamerikas: Die Welt steckte für ihn voller Leben und somit voller Atem, *khâ*, der Lebenskraft (die ebensowenig wie *ba*, der Geist, der den harmonischen Übergang von der einen Welt in die andere ermöglicht, im westlichen Sinne des Wortes als »Seele« zu verstehen ist[6]), an der die Tiere genauso wie die Menschen teilhaben. Diese Manifestationen waren der Trost seines Lebens.

Der Ägypter hat sich also lebendige Götter geschaffen, die ihn voll herzlicher Fürsorge sein Leben lang begleiteten. Diese übernatürlichen und manchmal ganz alltäglichen Wesen erfüllten dieselbe Funktion, für die seit jeher alle Götter geschaffen wurden: Sie boten den armen Sterblichen Trost und das ermutigende Bild ihrer Macht.[7]

Besonders prägnant veranschaulichten die Rituale von Theben und Abydos das innige Verhältnis, das die Sterblichen mit den Göttern verband. Bei der Kulthandlung um einen Gott (der sich je nach Jahreszeit und Situation verändert) warf sich der priesterliche Herrscher oder der Oberpriester vor der Gottesstatue nieder und umschlang sie mit den Armen, um ihr die Seele zurückzugeben. Diese Statue war in Kopf, Armen und Beinen beweglich, das heißt, daß der Körper des Gottes wie moderne Künstlerpuppen zu leben schien, wenn der Andächtige ihn umarmte: Seine Arme hoben sich, wenn die des Pharaos seinen Oberkörper umschlangen, möglicherweise deuteten die beweglichen Beine auch Bewegungen der Zuneigung an. Bis zu diesem Augenblick war der Gott im Altern begriffen, geschwächt, starr wie ein Mineral und eigentlich schon auf den Zustand einer ganz gewöhnlichen Mumie reduziert. Die Umarmung seines königlichen Sohnes gab ihm jedoch Jugend, Kraft und das Leben zurück. Danach brachten die Priester die Schatulle mit dem nötigen Zubehör, um den Gott wieder herzurichten: Schminke, Binden, Harze. Diese Toilette oblag dem König, der auch die Statue parfümierte, und die Priester kleideten sie daraufhin an. An den Tagen großer Feierlichkeiten wurde der Gott in einen »Speisesaal«, *sehit n qeq*, gebracht, wo ihm der König feste und flüssige Nahrung wie Fleisch, Brot, Früchte, Gefäße mit Wein, Bier und Milch, auch Blumen, die über einem tragbaren Feueraltar verbrannt wurden, auftragen ließ, damit der Gott sich an ihrem Rauch laben konnte (beim gewöhnlichen Tagesritual wurde der Gott lediglich im Beisein des Königs verköstigt).

Auf die Zeremonie folgte eine Rezitation: »Der Pharao ist zu dir gekommen, Amun (falls das Ritual sich an diesen richtete), Bildnis Amuns, das nach besten Kräften in deinem Namen, Amun, errichtet wurde, Bildnis des ältesten Sohnes und Erben der Erde, der du vor deinem Vater, der Erde (Geb), und deiner Mutter, dem Himmel (Nut), stehst, dem Erzeuger deines Leibes, der sich zum König des Südens und des Nordens erhebt, mächtiger als alle Götter.«

Die Lobgesänge der Rituale zeigten, daß der Gott, »nachdem ihm die Opfergaben zuteil wurden, wieder zu all seiner göttlichen Macht zurückgefunden hat«, jener Macht, die durch die Angriffe seines Feindes Seth und dessen typhonischer Gefolgsleute auf die osirischen Mächte bedroht wurde. Die Ehrung durch den Pharao hatte dem Gott zu neuen Kräften verholfen; als Gegenleistung bat der Herrscher demütig, daß »der Gott seinen Schutz und seine Wohltaten über ihn ausbreiten möge«, da »die göttliche Kraft, die ihm sein Priesteramt ermögliche, nicht unerschöpflich sei«. Beide, König und Gott, verhielten sich bei der Auffrischung ihres jeweiligen Machtreservoirs also solidarisch.

Im westlichen, an Abschätzigkeit gewöhnten Sprachgebrauch würde man das gewiß als Götzendienst bezeichnen. Dabei ist die Götterstatue nicht mehr als Statue zu sehen, sondern, wie übrigens auch jedes Sprachzeichen und jegliches Ritualzubehör sämtlicher Religionen, als Symbol. Der Sinn des Ganzen wirkt auf den Beobachter der westlichen Welt verwirrend: Nur durch den Kult, der ihnen geleistet wird, können die Götter überleben. Und so oder so ist ihre Ewigkeit vergänglich. Im *Totenbuch* heißt es: »Osiris kennt den Tag, da er nicht mehr sein wird.«[8] Jeder wird ermessen können, wie tiefgründig dieses Konzept ist, da die Götter, die man nicht mehr verehrt, eben auch nicht mehr existieren. Rund 4000 Jahre später begegnen wir diesem Konzept erneut, diesmal aus Luthers Mund: Gott selbst könne ohne die weisen Menschen nicht bestehen.

Das Hauptkriterium des Rituals ist, daß es geheim ist. Sogar an großen Festtagen, an denen sich eine beachtliche Volksmenge in den Höfen und Säulengängen der Tempel versammelte, war der Zugang zum Allerheiligsten, in dem die Wiederbelebung des Gottes stattfand, einzig und allein dem König oder seinen unmittelbaren Vertretern vorbehalten. Und der Andächtige stand stets allein vor dem Bildnis des Gottes. Dieser wäre gekränkt, wenn sein Geheimnis der Menge preisgegeben würde, denn die ägyptischen Götter lebten im Verborgenen, Göttlichkeit war geheim.

Das Ziel des Kultes war also, die Götter am Leben zu erhalten, denn sie garantieren das Leben auf Erden. Man begreift nun die liebevolle Haltung, die der Ägypter seinen Göttern und Göttinnen entgegenbrachte, und seine geradezu vertraulichen Beziehungen zu ihnen. Und man kann auch nachvollziehen, weshalb er ihnen jene lächelnde, erotische Schönheit zuschrieb, die langen Beine, die anmutigen, geschmeidigen Körper, die kleinen Brüste oder die muskulösen Brustkörbe und jugendlichen Gesichter. Ein ägyptischer Gott ist immer schön, *nefer*, und mit allem Verführerischem ausgestattet: Amun-Res Körper beispielsweise strömte einen betörenden Duft aus. Daran erkannte ihn auch die Königin Hatschepsut, als er eines Nachts einmal in Gestalt ihres Gemahls Thutmosis II. ihr Schlafgemach betrat. Was eben diesen Amun-Re betrifft, sprechen die *Pyramidentexte* vom »Gold seines Angesichts«, und sein Haar sei aus echtem Lapislazuli ... Dem Ägypter dienen seine Götter als Leitbilder, denn wie er sind sie alle sterblich, mit Ausnahme des Weltschöpfers Atum, der sich eines Tages allerdings auch selbst zerstören wird, damit ein neuer Zyklus beginnen kann. Übrigens ist er der einzige Gott, der manchmal in Gestalt eines auf einen Stock gestützten alten Mannes dargestellt wurde: Denn er wird ja sterben, und ein neuer Zyklus wird beginnen. Doch alle toten Götter sind zum Himmel aufgestiegen, und der Ägypter trachtete danach, ihr Los zu teilen.

Bei den alten Ägyptern gab es ungeheuer viele dieser Götter, es schien von ihnen nur so zu wimmeln. Zwischen dem widderköpfigen Amun und Zenenet, der Schwärmerin, würde sich der westliche Mensch mit seinem logischen, kategorialen Verstand bald nicht mehr auskennen, wenn er sich nicht ständig daran erinnern würde, daß die ägyptische Religion von zwei großen Prinzipien beherrscht wurde: Zunächst einmal kann ein und dasselbe Bild mehrere Bedeutungen besitzen, was man als »Polysemie« bezeichnet (in den übrigen Religionen nennt man es auch »Henotheismus«). Und Bild und Wort sind Austrittsstellen einer Strömung, was man als ihren »performativen Charakter« bezeichnet. »Daher wird die Fruchtbarkeit des Landes vom Hochwasser, aber auch von der Sonne beherrscht, die dessen Rückgang bestimmt«, schreibt Traunecker.[9] Außerdem sollte man bedenken, daß die Götter des Landes von Norden nach Süden und je nach Epoche an Popularität gewannen oder verloren. Und nicht zu vergessen: Die Namen der ägyptischen Götter sind keine Namen von »Individuen«, es sind Bezeichnungen, die aus ihrem bereits erwähnten performativen Charakter hervorgehen. Sie definierten nämlich die jeweilige Funktion des Gottes, an den man sich wandte. Und darum war ein Gott ohne Namen ein Gott ohne Macht. So bedeuten etwa die Namen »Sachmet ... ›die Mächtige‹, Nebetu ›die Herrin des Feldes‹, Mut ›die Mutter‹«.[10] Auf dieses Hauptkriterium des ägyptischen Glaubens werden wir noch zurückkommen.

Allerdings sollte man sich hüten, hier syllogistische Schlüsse zu ziehen oder scharf abgegrenzte Unterscheidungen zu treffen: Die Göttin Sachmet mit dem Löwinnenkopf war die Göttin der gerechten Vergeltung, der löwenköpfige Gott Mahes aber galt als Gott der sengenden Sommersonne und dann auch wieder als Herr blutiger Gemetzel. Bastet, die in der westlichen Welt als Katzengöttin recht bekannt wurde, stellte man im Alten Reich zunächst als Löwin dar und setzte sie mit Sachmet gleich. Im Mittleren und vor allem dann im Neuen Reich aber pflegte man sie mit einem Katzenkopf abzubilden und erhob sie zur Mutter des schakalköpfigen Gottes Anubis, Gott der Einbalsamierer[11] ... Die Verworrenheit der Identitäten bereitete den Ägyptologen lange Zeit großes Kopfzerbrechen. Im Mittleren Reich wurden Ptah, Sokaris und Osiris – im Alten Reich durchaus voneinander unterschieden – nun plötzlich als ein und derselbe Gott angerufen. Wie aus den *Pyramidentexten* zu ersehen ist, wurde die ägyptische Religion in ihren groben Umrissen zwar schon sehr früh festgelegt, doch das »Götterverzeichnis« sollte sich bis zur Ptolemäerzeit und der griechischen und schließlich der römischen Besetzung Ägyptens unaufhörlich und ohne Rücksicht auf Widersprüchlichkeiten weiterentwikkeln. Unterschiedliche Götter wurden mal zu einer einzigen Wesenheit zusammengefaßt, dann wieder getrennt und bald darauf erneut miteinander verschmolzen, wobei die Mythen sich problemlos gegenseitig widersprachen. Dem westlichen Verstand bot sich das Ganze als heilloses Durcheinander.

Dieses Durcheinander wird jedoch nur demjenigen ersichtlich, der die ägyptische Religion am griechischen Maßstab messen oder den Ägypter vom Afrikaner unterscheiden will. Für letzteren nämlich ist Göttlichkeit etwas Allgegenwärtiges, und die Beziehungen zu ihr sind wie die Beziehungen zu Eltern, Freunden oder Geliebten von Dauer und variabel: Die Religion *ist* das Leben, ohne jede Einschränkung. Es gab niemals die Institution einer ägyptischen Kirche, auch keine Dogmen und schon gar keine religiösen Konflikte, da jeder Verwaltungsbezirk im Land je nach eigenen Bestrebungen auch seine eigene Form der religiösen Praxis pflegte. Besonders erstaunlich ist im Gegenteil sogar, daß die ägyptische Religion trotz dieser verblüffenden Vielgestaltigkeit länger als jede andere bestand. Abgesehen von der Unterbrechung durch die Amarnazeit, auf die wir noch zurückkommen werden, hat sie weder Schismen noch Häresien erlebt und fremde Götter sogar mit offenen Armen empfangen, da alle Götter ja derselben Familie angehören. Ein lehrreiches Beispiel übrigens für unser kommendes Jahrtausend.

All diese Götter reihten sich in eine dualistisch geprägte Kosmogonie ein, die man leicht als »klassisch« bezeichnen könnte, da sie der Ordnung das Chaos und dem Geschaffenen das Nichtgeschaffene entgegenhält. Die geschaffene Welt, so glaubte man, befinde sich in einer nichtgeschaffenen Unermeßlichkeit, »einer Unendlichkeit ohne Form und Licht«, deren unbekannte Grenzen »in der Unbeweglichkeit des Urmeeres festgelegt sind«. Niemals gelangte das Licht der Sonne dorthin.[12] Und die negativen Götter des Nichtgeschaffenen bildeten Dubletten zu denen des Geschaffenen: Nun, der Gott des Festen, wurde daher mit Naunet, dem Gott des trägen Urwassers, assoziiert, Huh, der Gott des Begrenzten, mit Hauhet, dem Gott der Endlosigkeit, Kuk, der Gott des Lichts, mit Kauket, dem Gott der Finsternis, und Amun, der Gott des Offenbarten, mit Amaunet, dem Gott des Verborgenen (später gesellten sich noch Niau und Niaut, die Götter des Vollen und des Leeren, hinzu.)

Einmal mehr mag der westliche Beobachter in Versuchung geraten (und bis vor wenigen Jahrzehnten wurde die Ägyptologie ja von Angehörigen der westlichen Welt, also kartesianisch denkenden Monotheisten betrieben), sich der in der Religionsgeschichte üblichen Kategorien zu bedienen und die ägyptische Religion als »pantheistischen Polytheismus« zu bezeichnen. Damit aber würde er die grundlegende Haltung des Ägypters zu seinem Bedürfnis nach Göttern verkennen. Grundlegend nicht nur deshalb, weil die ägyptische Religion rund 3000 Jahre überdauert hat, was unter historischen Gesichtspunkten beachtlich ist, sondern auch, weil sie ein Problem aufwirft, das der Großteil der westlichen Philosophie seit dem 17. Jahrhundert einerseits zu erklären und andererseits zu umgehen bemüht ist: Existiert Gott außerhalb von uns? Weder der Nietzsche zugeschriebene (und im übrigen mißverstandene und unvollständig zitierte) rachsüchtige Schrei »Gott ist tot« noch die intellektuellen Konstrukte der Griechen oder auch die grundsätzlichen Bekenntnisse zum einen oder anderen Monotheismus haben darauf eine Antwort gegeben. Für den Ägypter nun war Göttlichkeit nicht nur allgegenwärtig, sie hing auch vom menschlichen Glauben ab. Genau das zu erkennen ist weder den Griechen noch den hellenisierten und später kartesianisierten Abendländern jemals gelungen. Deshalb erschien die ägyptische Religion den Ägyptologen bis zur ersten Hälfte des 20. Jahrhunderts als etwas Ungeordnetes und »Verworrenes«.

Dann aber erkannte man, daß die zahllosen ägyptischen Götter Ausdruck, ja Metaphern oder, wie Traunecker sie definiert, »Austrittspunkte« der nicht faßbaren, unergründlichen Göttlichkeit waren. Weit davon entfernt, Ausdruck naiver, »primitiver« Gemüter zu sein, die etwa unfähig gewesen wären, die Einheit in der Vielfalt, die Vielzahl der Götter und ihre Identitätswechsel zu erfassen, zeugte die ägyptische Vorstellung von den Verschmelzungen und Metamorphosen der Götter vielmehr von intellektueller Demut. Auf diese Weise gaben die Ägypter zu, daß sie den Großen Gott nur über seine Begleiterscheinungen geistig zu erfassen vermochten. Und folglich versahen sie diese mit Adjektiv-Namen, um diese oder jene Kraft und diese oder jene Kompetenz zu beschreiben. Der jeweilige Gottesname war eine Maske, und auch hierin zeigten sich die Ägypter wieder den Afrikanern verwandt. In deren Verständnis nämlich stellte die Maske den bildlichen Ausdruck für eine ganz bestimmte Fähigkeit, eine Art materialisiertes Adjektiv dar, zum Beispiel die Maske des Gottes der Fruchtbarkeit, des Krieges, der Heilung etc., und verlieh ihrem jeweiligen Träger die magischen Kräfte, die sie symbolisierte. Ein Mensch ohne Maske ist nackt, und »nackt sein bedeutet, ohne Sprache zu sein«, sagte der Dogon Ogotemmêli zu Marcel Griaule.[15] Ein Gott ohne Namen war also ein nackter Gott, ein Gott ohne Sprache, das heißt ohne Macht.

Alles was sich bei der Annäherung an diesen Großen Gott erahnen läßt, ist der Platz, der Re eingeräumt wurde – Re, der nach dem Verlassen des Chaos die Königswürde über Götter und Menschen errungen hatte und mit dem die meisten Götter, selbst mit Sobek in seiner Krokodilsgestalt, schon identifiziert wurden.[14] Der Beweis für diese Haltung liegt nicht nur in der völlig fehlenden Philosophie, sondern auch in der fehlenden Metaphysik. Es existiert kein einziger ägyptischer Text, der daran dächte, sich mit dem Unergründbaren zu befassen.

Die Versuchung, dieses System als »Monotheismus« zu definieren, entspränge einem intellektuellen Totalitarismus. Nicht, daß die Ägypter etwa Menschen besonderer Art gewesen wären, aber der Begriff »Monotheismus« enthält im westlichen Sprachgebrauch die Anerkenntnis eines alleinigen, transzendenten, gleichgestaltigen und einnamigen, ethisch perfekten, allwissenden und allmächtigen Gottes (übrigens alles Eigenschaften, die erst recht spät ersonnen wurden). Bei den Ägyptern wies die Göttlichkeit jedoch keinen dieser Züge auf. »Die Götter scheinen nicht allwissend zu sein …, denn in manchen Texten steht zu lesen, wie sie sich über ein Mißgeschick grämen, das sie nicht vorhergesehen haben. Dann wenden sie lediglich ihre Kräfte auf, um noch zu retten, was zu retten ist. Der einzige Gott, der allumfassendes Wissen zu besitzen scheint, ist der Weltschöpfer Atum, der das Geschick des Universums verkünden kann. Er, der die Welt geschaffen hat, indem er selbst zu ihr wurde, ist auch derjenige, der sie zerstören wird. Doch obwohl er in die Zukunft blicken kann, scheint es nicht so, als könne er frei nach seinem Willen handeln«, erklärt Derchain kurz und prägnant.[15]

Die Götter und auch der unergründbare Urgott sind ebensowenig ethische Autoritäten. Das Gute und das Böse sind irdische, unwesentliche Begriffe, die lediglich das Produkt der höheren Konflikte zwischen Chaos und Schöpfung sind. Die irdischen Verhaltenskodexe sind gesellschaftliche Angelegenheiten, die vom (erdrückend umfangreichen) Verwaltungsapparat des Reiches geregelt werden. Nun ist aber das Chaos ebensowenig nur das Böse, wie die Schöpfung das Gute schlechthin versinnbildlicht. Wenn die Große Schlange Apophis aus dem

Chaos auftaucht, um ihre Schrecken – Hungersnot, Überschwemmungen oder Heuschreckenschwärme – zu verbreiten, dann beauftragt Osiris' Mörder Seth höchstpersönlich Re damit, das Ungeheuer wieder in die Knie zu zwingen. Womit bewiesen wäre, daß der Feind in manchen Situationen auch zum Verbündeten werden kann. Seth übrigens war nicht immer Herr des Chaos, da er im Alten Reich gemeinsam mit Osiris als himmlischer Mitregent Oberägyptens galt. Umgekehrt ist das Reptil keineswegs das Sinnbild des Bösen, zu dem es im Abendland wurde, denn gerade aus den Falten der Uräusschlange Uto – »Diejenige, die die Erde macht« – quoll die Urmasse der Welt hervor und stieß dabei die Nährmutter Erde aus.[16] Die Götter halten also nicht Gericht bei den Menschen. Darin könnte die Erklärung für das innige Verhältnis liegen, das die Ägypter zu ihnen pflegten, denn, wie Nietzsche sagt: »Ein Richter, und selbst ein gnädiger Richter, ist kein Gegenstand der Liebe.«[17]

Großen Wirbel bewirkte Anfang des 20. Jahrhunderts eine angeblich »monotheistische« Episode, die ein Pharao der 18. Dynastie, Amenhotep IV. (oder nach griechischer Schreibweise Amenophis IV.) ausgelöst hatte. Amenhotep IV., der sich selbst in Echnaton umbenannt hatte, regierte von 1352 bis 1338 v. u. Z. Man wollte in ihm einen »mystischen« Souverän und Vorläufer des geoffenbarten Monotheismus erkannt haben, weil er die Sonnenscheibe, *Aton* oder *Aten*, zum alleinigen Kultobjekt erhob. Sigmund Freud erblickte in ihm sogar den Inspirator des jüdischen Monotheismus, eine allerdings arg literarische Idee, wenn man bedenkt, daß der Polytheismus um das Jahr 721, also sechshundert Jahre nach Echnatons kurzer Regierungszeit, bei den Juden immer noch fortbestand. Die Wirklichkeit, die vom modernen Hang zur Bizarrerie und Exotik entstellt und gewiß auch in den Bann der melancholischen Schönheit Königin Nofretetes gezogen wird, deren Büste den Besucher der Ägyptischen Sammlung von Berlin mit müdem (und einäugigem) Blick mustert, diese Wirklichkeit also ist ganz anders.

Sie läßt sich in drei Punkten zusammenfassen. Erstens bezeichnete das Wort *Aten* keineswegs einen Gott, und überhaupt gehörte es nicht zum allgemein religiösen Sprachgebrauch.[18] Lediglich bei den Lobpreisungen an Amun-Re, der ja mit der Sonne gleichgesetzt wurde, fand es Verwendung. Der ägyptische Götterhimmel war bekanntlich bereits gut bestückt, doch aufgrund einer Grille dieses Königs wurde er noch durch eine bislang unbekannte Wesenheit bereichert, deren Kult darüber hinaus den für die übrigen Gottheiten ersetzen sollte. In einer Anwandlung unerklärlicher Intoleranz ließ Echnaton nämlich die Kartuschen ausmerzen, die Amun-Re in der ihm geweihten oberägyptischen Hauptstadt Theben priesen. Es mag ja noch angehen, wenn ein Herrscher die Kartuschen eines Vorgängers vernichtet, der seine Eigenliebe verletzt, aber daß der Name eines hohen Gottes ausgelöscht wird, das hatte es noch nie gegeben. Diese Sakrilegien wurden sogar mit beispiellosem Fanatismus durchgeführt, da »Echnatons Gefolgsleute bis in Privatgräber eindrangen, um ihren Haß an diesem verabscheuten Gott (Amon) auszulassen«.

Der zweite Punkt ist, daß dieses Wort *Aten* ein Gegenstand und kein Symbol war und Echnaton also beabsichtigte, eine uralte Religion durch eine Monolatrie zu ersetzen, was mit Monotheismus nichts zu tun hat. Verschiedene Autoren äußerten den Gedanken, Echnaton habe im Grunde genommen einen Kult der Sonne beziehungsweise des Sonnenlichts eingeführt; doch ein solcher Kult existierte bereits, da er zu Amun-Res Ehren praktiziert wurde. So hatte Echnatons Vater Amenophis III. auf dem Rücken eines der Memnonkolosse (in Wirklichkeit waren es Statuen, die ihn selbst darstellten[19]) die Inschrift eines Lobgesangs auf diesen Gott anbringen lassen: »Wenn du dich am Himmelshorizont erhebst, strahlt golden dein Gesicht, denn es ist nach Osten zu, dorthin, wo du dich erhebst, gerichtet. Es ist dein Horizont für dein Verschwinden aus deinem Leben. Wenn jeden Morgen dein Licht erstrahlt, trägst du ewige Schönheit in dir.«

Der dritte Punkt besteht darin, daß diese Pseudoreform absurd war, weil der scheinbare Polytheismus der ägyptischen Religion die Krone stützte. Da die verschiedengestaltige Wirklichkeit der Welt nur Ausdruck einer einzigen Wahrheit und der Pharao der Sohn Amun-Res und aller übrigen Götter war, resultierte daraus, daß die Macht des Pharaos alle Aspekte des Lebens abdeckte und auf diese Weise die göttliche Macht überlagerte. Doch Echnatons zweifellos schlimmste Untat, die eigentlich mit den unbegreiflichen Sympathien der heutigen westlichen Welt ihm gegenüber und jeglicher Versuchung, ihn in den Rang eines Wegbereiters für den Monotheismus zu erheben, endgültig aufräumen müßte, war, daß Echnaton geradezu verbissen die Zerstörung der am stärksten verwurzelten Glaubensüberzeugungen betrieb: den Glauben an ein Leben im Jenseits. Also bekämpfte er Osiris, jenen besonnenen Fährmann, der die Seelen ins Schattenreich des Todes bringt. In keinem Grab auf dem Friedhof seiner neuen Hauptstadt findet sich auch nur die geringste Erwähnung dieses Gottes, was eigentlich ebenso eigenartig anmutet wie ein christlicher Friedhof ohne Kreuz.

Zweifellos wird dieser Sonnenscheibe durch Echnatons Begeisterung weit größeres Gewicht unterstellt als dem eines schlichten Himmelskörpers. Hierzu folgende Verse aus einem Lobgesang, der recht eigentümliche Anklänge an den seines Vaters aufweist:

»Deine Strahlen! Jedermann berühren sie, du erfüllst das Doppelte Land mit deiner Liebe, die Menschen leben auf, wenn du für sie aufgehst ... Du hast bewirkt, daß der Himmel fern ist, damit du an ihm aufsteigen kannst, um deine Schöpfung zu betrachten, du bist die Einzige, doch Millionen Leben sind in dir ...«

Die ägyptische Religion erduldete bisher gewiß viele Interpretationen und Modifikationen, doch diese stieß an die Grenzen der Toleranz. Niemand hatte eigentlich jemals daran gedacht, die Sonne zum Weltschöpfer zu machen, das war ja bereits Atum. Sollte der Monarch etwa *Aten* und Atum durcheinandergebracht haben? Mußte man ihm dann nicht die Erschaffung des Mondes aberkennen? Für die Gründung einer neuen, Aton geweihten Stadt namens Achet-Aton, heute unter dem Namen Tell-el-Amarna bekannt, mochte die Macht eines Pharaos zur Not ja noch ausreichen, nicht aber für die Inthronisierung eines neuen Gottes, vor allem, wenn dies auf Kosten der übrigen Götter geschah. Während all dieser Narrheiten verfiel das Reich allmählich, und im ägyptischen Heer kam Unruhe auf, denn infolge der militärischen Untätigkeit war von den Provinzen in Asien nichts mehr übriggeblieben: Der Herrscher verbrachte seine Zeit damit, Hymnen zu verfassen und halbnackt zu Zeremonien zu erscheinen, die seinem Abgott zu Ehren abgehalten wurden. Kurz und gut, das Volk war unzufrieden.

Es fällt nicht schwer, sich Ägyptens Erleichterung vorzustellen, als Echnaton starb. Der Klerus hatte nichts Eiligeres zu tun, als sämtliche Spuren seiner Reform zu beseitigen. Vermutlich besaß er einigen Grund, das Andenken an diesen extravaganten und in mehrerlei Hinsicht suspekten Monarchen abwerten zu wollen. Ein mißgestalteter Sproß inzestuöser Verbindungen, der sich gewissermaßen des Vatermordes schuldig gemacht hatte, da er in Theben sämtliche Kartuschen, die den Namen seines Vaters trugen, hatte entfernen lassen, fanatisch und noch dazu auch unerhört, was sein Benehmen anging, denn in der Öffentlichkeit pflegte er sich unter einem durchsichtigen Gewand nackt zu zeigen, wenn er nicht gerade, wie sein Vater, Frauenkleider trug.[20] Nein, das war kein Inspirator, wie man ihn sich für einen erwiesenen Monotheismus wünschen konnte. Die ägyptische Religion verdiente wahrlich mehr Achtung, als ihr von diesem Prinzen Naphuria entgegengebracht wurde, der später unter dem Namen Echnaton bekannt wurde und sämtliche Züge eines hysterischen und von Rachsucht und Zerstörungswut beseelten Monomanen aufwies.

Denn auf die ägyptische Religion hatte er sehr wohl zerstörerisch eingewirkt. In diesem Punkt ist die Frage sicher berechtigt, welchen Einflüssen er wohl während seiner im syrischen Ausland verbrachten Jugend einerseits und durch die halbdravidische Abstammung seiner Mutter Ty andererseits ausgesetzt war, der der zarathustrische Kult der Sonnenglut zum mindesten nicht fremd gewesen sein dürfte. Zwischen dem Glauben an die Sonnenscheibe Aten und dem zarathustrischen Feuerkult bestehen nämlich merkwürdige Ähnlichkeiten.

Diese so provokative und zerstörerische Aktion, die Echnaton während seiner zwölf- oder vierzehnjährigen Herrschaft aufrechterhielt, bewirkte, daß seine Reform keinerlei Spuren hinterließ. Das Glaubenssystem des ägyptischen Volkes war viel zu eng und organisch mit seiner uralten, ruhmreichen Geschichte verknüpft, als daß ein einziger Mensch es verändern konnte. Der Ägypter lebte in der Auffassung, daß ihn eine göttliche Macht umgab. Sie beschützte das Leben, hing aber von der Liebe der Menschen ab. Und mitfühlend würde sie ihn ebenso in den Tod begleiten. Seine Religion bestand so lange, wie auch das Reich bestand: nämlich bis zum Jahre 525 v.u.Z., als die Perser das Niltal in eine ihrer Provinzen umwandelten. Das geschah unter dem letzten Herrscher der 27. Dynastie, Psammetich III. Danach wurde das Land während einiger kurzer Unterbrechungen von einheimischen Dynastien regiert, und die Götter glaubten sicherlich, aufatmen zu dürfen. 332 v.u.Z. aber eroberte Alexander der Große das Land, und selbst wenn er noch so beteuerte, er sei Amuns Sohn, so betrachteten Re, Amun, Horus, Isis, Osiris und Thot diesen blonden Halbgott doch mit resigniertem Blick. Osiris begriff, daß die Stunde des Todes für sie geschlagen hatte. Gegen 30 v.u.Z. dann eroberten die Römer Ägypten, und ihre Adler verdrängten den königlichen Falken. Die Vergangenheit sollte nunmehr der Geschichte angehören.

Bei einem Regime, das sich alles in allem autoritär gab, muß eine solch anpassungsfähige Religion überraschen. Auch ihre Langlebigkeit ist in der Geschichte der Religionen außergewöhnlich, um so mehr, als sie in Afrika auftrat, einem Kontinent, der seine Religionen nicht einmal andeutungsweise fixiert hatte. Doch wieder einmal drängt sich auch hier der Klima- und Umweltfaktor auf, der schon in den Anfangskapiteln über die ersten Religionen zur Sprache kam. Nach den klimatischen Umwälzungen, die auf das Ende der letzten Eiszeit folgten und neben anderen großen Veränderungen auch die Versteppung der Sahara mit sich brachten, bot das Niltal seiner Bevölkerung eine ideale Stabilität. Das dortige Klima schwankte zwischen den Jahreszeiten nur geringfügig, und das Schwemmland der Ufergebiete bot eine optimale Fruchtbarkeit, die sich durch das alljährliche Hochwasser immer wieder erneuerte. Den Volksstämmen, die sich hier niederließen, war daher ein keineswegs selbstverständlicher Lebensunterhalt garantiert. Daraus erklärt sich übrigens auch die Monotonie der heutigen Landschaft: Die intensive landwirtschaftliche Nutzung über rund 5000 Jahre hinweg hat praktisch die gesamte wildwachsende Vegetation samt ihrer Tierwelt ausgemerzt. Bis zu drei Weizenernten werden hier jährlich eingebracht.

Dieser beständige Wohlstand mündete in einen regen Handelsverkehr und der wiederum in den Städtebau. Wir wissen darüber nicht viel, weil fast nichts davon erhalten ist. Erst vom Mittleren Reich an, das heißt ungefähr ab 2040 v.u.Z., gibt es Spuren, anhand deren man den Grundriß mancher Städte rekonstruieren und zu dem Urteil gelangen kann, daß sie von einer fortgeschrittenen Sozialstruktur zeugen. Das religiöse Leben begann sich demnach einzuspielen.

Freilich verlief das nicht alles harmonisch. Der Bürgerkrieg, der das Alte Reich beendete, zersplitterte das Reich Phiops II. in zwei unabhängige Teilreiche. Diese Unterbrechung zwischen 2134 und 2040 v.u.Z. wird als die »Erste Zwischenzeit« bezeichnet. Ein Jahrhundert also, in dem das Reich von zerstörungswütigen asiatischen Nomadenhorden überrollt wurde (Herakleopolis machten sie nahezu dem Erdboden gleich). Dann holten sich die thebanischen Fürsten das Land wieder zurück. Doch ihre Herrschaft dauerte nur kurz und war so geschwächt, daß das Reich erneut in einzelne Fürstentümer zerfiel und die Hyksos fast ohne einen Schwertstreich Ägypten einnahmen. Eine neuerliche Rückeroberung fand 1551 v.u.Z. durch Amosis I. statt, der die aufständischen Fürsten unterwarf. Die Einheit des Niltals war nun wiederhergestellt, und fortan trug der König die Doppelkrone von Ober- und Unterägypten. Ägypten hatte aus den bisherigen Schicksalsschlägen gelernt: Das Reich wurde stark zentralisiert und entwickelte sich zu einem Militärstaat mit voluminösem Verwaltungsapparat. Mittlerweile hatten sich hier und da Kulte etabliert, denn die ägyptische Bevölkerung war nicht homogen. Auch wenn die Ägypter jener Zeit Ausländer wie Nubier, Asiaten, Araber und Libyer mit einiger Herablassung behandelten, waren sie selbst nichtsdestoweniger Abkömmlinge von Eindringlingen, die in ihrem Land bereits seit der Frühgeschichte siedelten. Die einen zogen diesen Gott vor, die anderen jenen, weil sie sich durch sie an die Götter ihrer Herkunft erinnert fühlten. Aus diesem Grund auch erklären sich die religiösen Partikularismen: In Theben wurde Amun verehrt, in Dendera Hathor und in Bubastis Bastet.

Diese Kulte wechselten nun aber häufig den Ort, und dementsprechend erfuhren die mit ihnen verbundenen Mythen Modifizierungen. Bis zur 5. Dynastie beispielsweise hielt sich Oberägypten an die beiden eigenständigen Kulte um Osiris und Seth, die in Frieden miteinander lebten. Dann beschloß der Pharao, sich mit dem Falkengott Horus gleichsetzen zu lassen, und erhob ihn zum Sohn von Osiris und Isis. Dadurch geriet Seth in die Rolle des Rivalen, und gegen 2245 v. u. Z. begann ein neuer Mythos, der des Zweikampfs zwischen Seth und Osiris, der in dessen Verlauf von Seth getötet wird. Letzterer wurde daraufhin ins Chaos verbannt (genaugenommen aber von den Assyrern wieder zurückgeholt, die in ihm eine große Ähnlichkeit mit ihrem Baal erblickten). Der Horuskult breitete sich nun über ganz Ägypten aus. Wieder einmal änderten sich die Götter und ihre Mythen mit der politischen Windrichtung. Allerdings waren die Könige und der Klerus immerhin klug genug, keine autoritäre Zentralisierungspolitik zu betreiben. Die einzelnen Verwaltungsbezirke durften weiterhin ihre häufig seit langer Zeit verwurzelten Traditionen pflegen, was unter anderem auch den Vorteil bot, daß die Instandhaltung der Heiligtümer gesichert war. Im übrigen waren alle Götter Gott, keiner von ihnen stellte daher für die Macht des Pharao eine Bedrohung dar. Aus dieser antidogmatischen Flexibilität erklärt sich die Langlebigkeit der ägyptischen Religion.

Deshalb steckte lange Zeit nach dem letzten Pharao noch immer Leben in den lächelnden Statuen der Vergangenheit. Als sich im vierten Jahrhundert v. u. Z. der christliche Kaiser Theodosius der Große alle Mühe gab, seine Religion in Ägypten durchzusetzen, scheiterte er. Die oberägyptischen *Fellahin* beteten weiterhin Amun, Isis und Osiris als ihre ureigenen Götter an, denn sie standen ihnen näher als dieser undurchdringliche Herrscher im Himmel, den ihnen Fremde aufdrängen wollten.

China oder der leere Himmel

Der erste Eindruck, den ein halbwegs aufmerksamer Leser von Texten über die chinesischen Religionen gewinnt, bleibt auch der letzte: Man hat es hier mit einem außergewöhnlichen Land zu tun. Keine Spur von einem individuellen Gott, und die Spuren der übrigen Götter sind verwischt. Der Grund dafür ist sicherlich der, daß die Chinesen seit grauer Vorzeit offenbar schon immer mehr Angst vor ihren unmittelbaren Herren und dem Kaiser hatten als vor einer allerhöchsten Macht. Fast bilden sie einen Widerspruch zu Bergsons Feststellung, ohne Religion gebe es keine Zivilisation.

Natürlich besitzen die Chinesen Gottheiten, doch die sind mehr oder weniger zweitrangig, und die komplizierten Hierarchien, die im Laufe der Zeiten und je nach Gutdünken der Neuerer zwischen ihnen aufgestellt wurden, zerstreuen kaum den Eindruck, daß ihre Funktionen nur beschränkt sind. Auch Geister haben die Chinesen, viele sogar, weil alle Vorväter sich in Geister oder gar Dämonen verwandeln. Aber einen zentralen, aktiven Gott? Nein. Und so beginnt man, über jenes Himmelszeichen nachzugrübeln, dem man in Museen und im Handel begegnet: eine völlig schmucklose Scheibe aus Jade mit einem Loch in der Mitte.

Diese Besonderheit wird in gewisser Weise durch die Geschichte des Landes selbst erklärt (die Daten über die chinesische Vor- und Frühgeschichte informieren zwar über dessen technologische und soziale Entwicklung, kaum jedoch über seine Kultur beziehungsweise Kulturen). Ein nennenswerter Göttlichkeitsglaube taucht erst im 6. Jahrhundert v. u. Z. auf. Ein wirklich erstaunliches Jahrhundert, das neben Buddha und Vardhamana auch Zarathustra, Lao-tse und Konfuzius hervorbrachte. Ackerbau, Technologie und Kultur erlebten zu jener Zeit einen großen Aufschwung. Das Land unterstand der Dynastie der Shu-Kaiser, rechter Durchschnittspersönlichkeiten, wie es scheint, die sich hauptsächlich um die erdrückende Fülle ihrer Verwaltungsangelegenheiten kümmerten. Das Reich war groß, da es sich im Süden bis zum Jangtsekiang und im Osten bis nach Szetschuan (Sichuan) erstreckte. Die Unzulänglichkeit seiner Machthaber aber mündete letztendlich in der Zersplitterung.

Zu jener Zeit wirkt China wie eine riesige Ansammlung von Feudalherrschaften, deren Lehnsherren unablässig Krieg führten, Provinzen schufen und wieder auflösten, Grenzen verlegten, sich miteinander verbündeten und unter Waffengeklirr wieder entzweiten. Das kaiserliche Herrscherhaus sah alldem nur teilnahmslos zu. Nicht genug also damit, daß die Hunnen ständig Provinzen von Norden und Westen her belagerten, sondern die chinesischen Stammesfürsten bekriegten sich auch noch untereinander. Intrigen, Verrat, Machtübernahmen, Ausschweifungen und Ströme von Blut prägten die Welt der Paläste, wie ein Beispiel aus der Geschichte des 11. Jahrhunderts v. u. Z. beweist: Die Unbeliebtheit des letzten Herrschers der Shang-Dynastie, Chou-hsin, der als grausamer Wüstling galt, nutzend, scharte der berühmte Aufständische Wu-wang eine Horde Aufrührer um sich, zerschlug die kaiserliche Armee und fiel in die Hauptstadt Hsien-yang ein. Der Kaiser nahm sich daraufhin auf ziemlich spektakuläre Weise das Leben: Mit all seinem Perlen- und Jadeschmuck behangen, stürzte er sich ins Feuer. Wu-wang drang in den Palast ein, ergriff die weiße Große Standarte der Dynastie, versetzte der Leiche des Kaisers einen Dolchstoß, schlug ihr mit der gelben Großen Axt den Kopf ab und hängte diesen an die Große Standarte. Reichlich abscheuerregend das Ganze. Doch noch weit bis in unser Jahrhundert hinein konnte China mit Begebenheiten aufwarten, die sich kaum sonderlich von dieser hier unterschieden.[1]

Die in China damals herrschende beziehungsweise die herrschenden Religionen scheinen, den wenigen Berichten nach zu urteilen, die uns aus der sogenannten Mythischen und legendären Periode überliefert wurden, auf einem recht geringen Abstraktionsniveau zu liegen. Selbstverständlich findet man hier mythifizierte und zum Gott erhobene Helden wie Kansu und Shensi, den ersten Menschen, P'an Ku, der mit übernatürlichen Kräften begabt war, und auch mythische Herrscher des 2. Jahrtausends v.u.Z., darunter der berühmte Sui-Jen, der deshalb Feuer zu machen lernte, weil er beobachtete, wie ein Grünspecht bei der Bearbeitung eines Baumes mit seinem Schnabel Funken schlug ... Doch hier handelt es sich um Mythologien, und es sind keine Tempel oder Kulte bekannt, in denen Helden verehrt werden. Bei Schicksalsschlägen diente die Phantasie den Chinesen als Ventil, wie an der breiten Palette von mehr oder weniger alten und beispielhaften chinesischen Fabeln, Legenden und Moritaten zu ersehen ist, die unmöglich in die Zuständigkeit der Religion fallen können.

Zwar enthalten die alten chinesischen Texte zahlreiche Hinweise auf eine Kosmogonie (Weltschöpfung durch eine höhere Macht, die in den Urkonflikt zwischen Ordnung und Chaos eingreift), die Volksreligion aber orientiert sich ganz und gar an der Austreibung von Ängsten. In erster Linie ist da die Angst vor ruhelos umherirrenden Geistern zu nennen. Denn der Körper besitzt zwei Seelen: die »geistige Seele«, *hun* (oder *houen* oder auch *chen*), die in den Himmel gelangen könnte, die man aber davon abzubringen versucht, da die Reise zu gefährlich ist, und die andere, die »körperliche Seele«, *po*, die in der Nähe des Körpers bleibt und, falls man richtig mit ihr umgeht, als Vermittler zwischen dem höchsten Wesen, Shang-Di, und den noch Lebenden fungieren kann. Trifft dies allerdings nicht zu, kann die Seele zu einer unerträglichen Plage, einer *guei* (oder *kouei*) werden.

In Wirklichkeit sind diese spiritualistischen Theorien komplizierter, da die Chinesen argwöhnten, daß ihr *po* zu Lebzeiten der Personen deren Körper nachts verlassen konnte, um mit Leichen Unzucht zu treiben, Menschen krank zu machen, nahe Verwandte oder Personen, mit denen sie im Zwist lagen, umzubringen oder deren Körper zu verunreinigen ... Die Chinesen fühlten sich also ständig von dem Gedanken beherrscht, daß Geister, verwaiste Seelen, unreine *pos*, Dämonen, Negativgötter (was nicht dasselbe war wie Dämonen) und andere immaterielle Wesenheiten ihr Erdenleben vergiften könnten.

Diese Überzeugung, daß man die Geister nie loswürde, ist der Grund, daß der Ahnenkult in China einen so bedeutenden, ja sogar dominierenden Platz einnahm. Die Bauweise der Grabstätten und die Bestattungsriten erreichten erstaunliche Ausmaße. Alles in allem dienten diese Grabstätten und Riten gar nicht so sehr der Bequemlichkeit der Toten, als vielmehr der der Lebenden: Die Entscheidung, welchen Platz man für ein Grab auswählte, wurde nämlich von dem Bestreben bestimmt, den Nachkommen Wohlstand und Glück zu sichern. Auch das Schamanentum, das zwischen Lebenden und Toten, Geistern und Gottheiten vermittelte, füllt neben der Wahrsagerei, der Geomantik, der Magie, Exorzismen und Beschwörungen, Horoskopen und einem ganzen Bündel an Praktiken, die der westliche Mensch des 20. Jahrhunderts als Aberglauben abtun würde, einen maßgeblichen Platz aus. Das gesundheitliche Wohlergehen steht für die Chinesen an erster Stelle, die stets ängstlich darum bemüht sind, Racheakte abzuwenden, die unzufriedene Geister ihren Körpern und denen ihrer Familienangehörigen auf ewig anhängen könnten. Die Medizin nimmt hier also Formen der Teufelsaustreibung an.

Durchgeführt werden diese Exorzismen vom Schamanen, der im chinesischen Volksglauben in gewisser Weise mit einem Priester verglichen werden kann: Er teilt den Menschen den Willen der Geister mit, um die Ordnung in der Welt und die Gesundheit derer, die ihn konsultieren, wiederherzustellen. Er deutet auch Träume, denen die Chinesen große Bedeutung beimessen. Denn die Träume galten als Botschaften der Geister an die Lebenden. Eigenartigerweise spielen sie in den chinesischen Gemeinschaften der westlichen Welt noch heute eine sehr große Rolle. Und die Aufgabe der Schamanen scheint inzwischen den Astrologen zugefallen zu sein.

Nachdem es sich dabei offensichtlich nicht um Praktiken handelt, die dem Bereich des Übernatürlichen zuzurechnen sind, könnte man gegebenenfalls von Religion sprechen, da der Begriff »Metaphysik« eindeutig fehl am Platze ist. Religionen allerdings beziehen sich auf himmlische Mächte, die bestenfalls das Bewußtsein und ansonsten das Leben der Sterblichen bestimmen. Und nach Ehrfurcht, wenn schon nicht vor einem himmlischen Schöpfer (von den vagen Hinweisen auf ein höchstes Wesen einmal abgesehen, das die theistischen Diskussionen der Französischen Revolution beherrschte), so doch wenigstens vor einem großen Helden im Stile eines Horus, Herakles oder Quetzalcoatl, wird man die alten chinesischen Schriften umsonst durchforsten. Der Chinese des 6. Jahrhunderts v.u.Z. ist Pragmatiker; die Hauptsorge seines Lebens scheint darin zu bestehen, sich ein ordentliches Auskommen in dieser Welt und eine anständige Behandlung durch seine Nachwelt in der jenseitigen zu sichern. Keine leichte Aufgabe übrigens, da das Land immer wieder von Dürrezeiten, Überschwemmungen, Erdbeben oder Seuchen gebeutelt wurde. Es galt schon als etwas Besonderes, ein Schwein und Reis zum Essen zu haben. Und was die Gräber betraf, die wurden, kaum versiegelt, auch schon geplündert, denn die Leute pflegten sich mit Schmuck und anderen wertvollen Beigaben begraben zu lassen.

Es ist nicht bekannt, wie der kaiserliche Hof und die Feudalherren jener Zeit darüber dachten, falls sie überhaupt einen Gedanken daran verschwendeten, da sie vor allem mit einem Leben in Saus und Braus beschäftigt schienen. Sie lassen sich eher als eine Schicht von Lebemännern definieren, die diese bösen Geistergeschichten weit weniger interessierten als die Steuern, die sie erhoben. Oder aber es handelte sich um ungehobelte Grobiane, die schlimme Omen, Dolch und Gift fürchteten und sich, um derlei abzuwenden, ständig irgendwelche Sterndeuter, Leibwächter und Vorkoster hielten. Es gab aber auch noch eine dritte Gesellschaftsschicht, die sich im Laufe der vorangegangenen Jahrhunderte etabliert hatte, die Mandarine, denn auf die landwirtschaftliche Entwicklung war der kulturelle Aufschwung gefolgt. Diese Mandarine betrachteten die intellektuelle Landschaft, die sich ihnen bot, natürlich mit einigem Mißtrauen: hier ein vom Aberglauben gequältes Volk und dort zynische Feudalherren. So kam es, daß sich fast gleichzeitig und nicht von ungefähr zwei Schulen entwickelten: der Taoismus und der Konfuzianismus.

Um die religiöse Situation im damaligen China überblicken zu können, ist es ratsam, nach den jeweiligen Schulen (der Begriff »Religionen« wäre wohl zu gewagt) und nach Epochen vorzugehen.

Der Taoismus und der Konfuzianismus sind die beiden ältesten Schulen Chinas. Ersterer wurde von einem Bibliothekar oder Archivar namens Lao-tse begründet (auch Lao-Tzu oder Laozi, was »Meister Lao« bedeutet; sein eigentlicher Name lautet Lao-Tan), der zu Beginn des 6. Jahrhunderts v. u. Z. geboren wurde. Die tatsächliche Existenz seiner Person ist umstritten, seine Lehre aber besteht sehr wohl: Sie ist eine unter dem Namen *Tao-te-ching* bekannt gewordene Aphorismensammlung. Im 4. Jahrhundert v. u. Z. schrieb Shuang-tse (auch Shuang-Tzu, ca. 399 – ca. 295 v. u. Z.) ein anderes Buch, das seinen Namen *Meister Shuang* trägt. Und noch ein dritter, zuweilen umstrittener Meister, Yang Shu (440–360 v. u. Z.), nahm einen bedeutenden Platz in der Lehre des Taoismus ein. Um das 3. bis 4. Jahrhundert u. Z. spaltete sich diese Lehre in drei Zweige auf, bevor ihre philosophische Prägung verblaßte und sie eine deutliche Wendung ins Religiöse nahm.

Das *Tao-te-ching (Dao-de-jing)* besitzt keine eigentlich religiösen Züge. Es ist eine Anti-Metaphysik voll subtiler Feinheiten.

> »Ein guter Fahrer ist ohne Wagenspur;
> Ein guter Redner ist ohne falschen Zungenschlag;
> Ein guter Rechner braucht keinen Rechenstab.
> Ein gut Verschlossenes hat weder Bolzen noch Riegel,
> Dennoch kann es nicht geöffnet werden;
> Ein gut Geknüpftes hat weder Schnur noch Schlinge,
> Dennoch kann es nicht gelöst werden.«

Fazit: »Das nenn ich wesentlich.«[3] Vergeudet also eure Zeit nicht damit, es ergründen zu wollen. Manche Leitsätze des *Tao-te-ching* erinnern an die Sprüche, die man noch heutzutage in chinesischen Süßwarengeschäften zu lesen bekommt:

> »Voll Erz und Juwelen die Halle –
> Niemand kann sie bewahren.«[4]

Der Taoismus ist freilich keine heroische Doktrin, sondern eine Lehre der Resignation und Gleichgültigkeit, die Enthaltsamkeit, Demut und Maßhaltung predigt.

> »... heutzutage ist man mutig
> Unter Verzicht auf Barmherzigkeit;
> Ist man großzügig unter Verzicht auf Mäßigkeit;
> Geht man voran unter Verzicht auf das Zurückstehn –
> Das wird zum Tode führen!«[5]

Zwischen Lao-tses Lehre und der Lehre Jesu etwa besteht ein auffallender Kontrast: Obwohl sie in bezug auf ethische Vorstellungen viele Gemeinsamkeiten aufweisen, zum Beispiel das Prinzip der Demut und Armut, formuliert erstere doch ein alter und letztere ein junger Mann.

Da er sich nach Art des Buddhismus und Jainismus aus Regeln zusammensetzt, wird auf Anhieb klar, daß der Taoismus eher eine Weisheit als eine Religion darstellt. Das *Tao-te-ching* lehrt den Weg beziehungsweise das Tao, also handelt es sich um eine Doktrin der inaktiven Spontaneität. Der Weise enthält sich jeglichen Handelns; er läßt die Dinge ihren Weg gehen, wie sie sind, ohne in diesen Lauf einzugreifen. Der Taoismus fordert in jeder Hinsicht Natürlichkeit. Das heißt vor allem, daß man die Natur frei agieren lassen soll und sich ferner allen künstlichen Dingen wie Gesetzen, Reglementierungen, Organisationen und Zeremonien entzieht. Der Taoismus betont das Nicht-Sein, die Verschmelzung im Lauf der Dinge, ist aber im Vergleich zu Buddhismus und Jainismus paradoxerweise nicht negativ, die in mancher Hinsicht diesen Eindruck sehr wohl erwecken können: Der Mensch kann sich durchaus harmonisch in seine Gemeinschaft einfügen, sofern er innerlich nicht der Gefangene seiner Gewohnheiten ist. Einer der drei Zweige, die im 3. Jahrhundert u. Z. aus dem Taoismus hervorgingen, modifizierte das Konzept des unsichtbaren Tao durch eine Überlagerung mit dem des Wu. Das Tao hatte Nicht-Sein bedeutet, das Wu hingegen war das reine Sein, das Formen und Dinge transzendierte; der Weise war kein Eremit, sondern ein Mensch, der durch Nichtstun, *Wu-wei*, politisch und gesellschaftlich agieren konnte. Im Grunde genommen aber hatte das schon sehr viel mehr mit Konfuzianismus als mit Taoismus zu tun.

So, wie er sich in seinen verschiedenen Schattierungen darstellt, die an der Idee seiner vollkommenen, desillusionierten Loslösung allerdings nichts ändern, wirkt der Taoismus wie eine chinesische Version des Buddhismus oder Jainismus; er ist auch nicht allzuweit davon entfernt. In Indien wie in China hatte sich eine recht stabile kriegerische Aristokratenkaste etabliert und in verblüffender Übereinstimmung in den gebildeten Kreisen der beiden großen Länder eine Reaktion gegen deren Waffengeklirr und maßlos ehrgeizige Ambitionen hervorgerufen. Buddhas Weltüberdruß wie auch Vardhamanas Nihilismus weisen einen bemerkenswerten Gleichklang mit Lao-tses Untätigkeitsprinzip auf.

Der Taoismus bietet jedoch noch ein weiteres Merkmal: Im Grunde genommen stellt er eine subversive Lehre dar. In seinen Augen sind die Mächtigen »in den Netzen von Irrtum und Ehrgeiz gefangen«.[6] Damit kritisiert er die aristokratische Gesellschaft und deren Feudalethos ganz unmittelbar und sogar ziemlich anmaßend, da er nicht nur Waffen für unheilvoll hält – für die feudalistischen Haudegen, denen der Säbel als Arbeitsinstrument diente, sicherlich eine ungeheure Beleidigung –, sondern auch noch Tugenden wie Treue und Ehrenhaftigkeit, die die Grundfesten der Feudalschicht verunglimpft und sie als Unfrieden und Unordnung stiftend abtut! Zuweilen meint man geradezu, Nietzsche zu lesen:

»Gewiss hat der so hartnäckig und überzeugt gepredigte Glaube von der Verwerflichkeit des Egoismus im Ganzen dem Egoismus Schaden gethan (*zu Gunsten*, wie ich hundertmal wiederholen werde, *der Heerdeninstincte!*), namentlich dadurch, dass er ihm das gute Gewissen nahm ...«[7]

Darüber hinaus verspottete Shuang-tse noch die Heldentugenden und die Opferbereitschaft der Aristokraten, denn er strebte nach der Echtheit des Menschen in seinem natürlichen Werden. Diese Herausforderung der Adelskaste trug dem Taoismus übrigens zwei schwere Nackenschläge ein. Der erste bestand darin, daß er vom kaiserlichen Verwaltungsapparat assimiliert wurde. Da der Kaiser sich selbst die Unsterblichkeit zugestanden und beschlossen hatte, daß er den vollkommenen Menschen des Taoismus verkörperte, wurde diese Lehre ausgerechnet vom Gegenstand ihrer Geringschätzung selbst verschlungen. In China endet immer alles im Verwaltungswesen. Der eigentliche Taoismus geriet zur Nebensächlichkeit.

Der andere Schicksalsschlag war, daß er eine der schändlichsten Abschnitte der chinesischen Geschichte auslöste: Im Jahre 213 v. u. Z. schlug ein kaiserlicher Minister namens Li Si, dem das ironische und arrogante Gebaren der Taoisten und auch der Konfuzianer vermutlich auf die Nerven ging, dem Kaiser vor, sämtliche Bücher mit Ausnahme derer, die »von Medizin, Wahrsagerei, Ackerbau und Baumzucht« handelten, verbrennen zu lassen. Jedermann, der ein Exemplar taoistischer Bücher wie etwa das *Yi King*, besaß, sollte Zwangsarbeit drohen, wenn er es nicht binnen dreißig Tagen nach Veröffentlichung des Erlasses verbrannt hatte. Die Bücher bewirkten, so argumentierte jener unselige Wegbereiter der maoistischen Rotgardisten, daß die Mandarine ständig die Gegenwart im Namen der Vergangenheit kritisierten. Kaiser Shi-Huang-Di ging auf den Vorschlag der öffentlichen Bücherverbrennung ein. Diejenigen, bei denen man verbotene Werke fand, bezahlten dies mit ihrem Leben; es waren 460 Personen. Auf diese Weise gingen der Menschheit die Schätze des chinesischen Gedankenguts für alle Zeiten verloren, und der Name Li Si bleibt in den Augen chinesischer Intellektueller für immer ein Schandfleck. Erst 191 v. u. Z. unter der Ch'in-Dynastie, nach der China schließlich seinen Namen erhielt, wurde das infame Dekret aufgehoben.

Ob zwischen dieser Verfolgung und dem apokalyptischen Fieber, das sich im 5. Jahrhundert u. Z. unter den Taoisten Südchinas breitmachte, ein ursächlicher Zusammenhang besteht, ist nicht bekannt; möglicherweise wurde dieses Fieber auch durch den sogenannten Aufstand der »Gelbturbane«[8] im Jahr 184 u. Z. und den Zusammenbruch der Han-Dynastie im Jahr 220 u. Z. verursacht: Jedenfalls verkündete damals eine Sekte, daß aufgrund einer außergewöhnlichen Konjunktion der Sterne, die dem Ende eines kosmischen Zyklus entspreche, das Ende der Welt bevorstehe. Schließlich maß auch der Evangelist Matthäus der Konjunktion der Gestirne bei Jesu Geburt große Bedeutung bei. Die bestehende Welt wurde in den düstersten Farben geschildert, und noch düsterer die des Unheils, das die Menschheit erwartete: Kriege, Pest, Himmelsphänomene, die eindeutig mit sämtlichen Apokalypsen und Epidemien verknüpft waren, kurzum, das große Grauen, die Zeit der Fünf Befleckungen.[9]

Natürlich trugen auch die Unzulänglichkeiten der Han-Dynastie erheblich zu ihrem Niedergang bei, denn China erlebte eine Zeit tiefsten Elends. Das *Gedicht der sieben Traurigkeiten* von Wang Ts'an berichtet, daß »in der Hauptstadt des Westens Anarchie herrscht, die von Tigern und Wölfen verunsichert wird ... Menschliche Gebeine bedecken die Ebene. Am Straßenrand läßt eine hungernde Frau ihr kleines Kind im Gras zurück« ... All das würde durch die Niedertracht der Menschen und die Schamanenkulte verursacht, die Epidemien heraufbeschwörende Dämonen wachriefen. Sogar eine messianische Hoffnung entwickelte sich, deren Held Laozi – im Grunde der zum Gott erhobene Lao-tse – nach der nächsten Sintflut über die Erde herrschen sollte, die sich dann als friedvolle, strahlende und natürlich auch unsterbliche Welt präsentieren würde.

Bei diesen Umschwüngen war jedoch kaum die Rede von einer zentralen Gottheit, die zum Beispiel annähernd mit einem Amun-Re in Ägypten vergleichbar gewesen wäre. Selbst in seinen verzerrtesten und spätesten Entwicklungen wie dem apokalyptischen Wahn überschritt der Taoismus niemals die Grenze, die eine Weisheit von einer göttlich inspirierten Religion trennt.

Wir können hier natürlich kein vollständiges Bild des Taoismus zeichnen. »Der Taoismus ist ein unbekanntes Feld«,[10] so der große Sinologe Marcel Granet. Das liegt vermutlich daran, daß er vielgestaltig und verschwiegen zugleich ist. Man unterscheidet drei Perioden, die mit den jeweiligen Autoren variieren, denn der eigentliche Taoismus ist paradoxerweise sieben Jahrhunderte später anzusetzen als Lao-tses Lehre selbst. Doch vielleicht findet man über diese historischen Überlegungen hinaus leichter Zugang zu ihm, wenn man ihn als organischen Ausdruck der chinesischen Volksseele und Geisteshaltung wie auch eines passiven, aber doch nicht auf Konsens ausgerichteten sozialen Bewußtseins betrachtet.

Lao-tses Lehre erscheint also wie eines jener Beispiele für den eindeutig ewigen Konflikt zwischen Individuum und Verwaltung in China. Er forderte und fordert nach wie vor das Recht auf Gedankenfreiheit und Achtung des Individuums. Manche sehen in ihm eine Volksreligion, andere einen Geheimbund. Je nachdem: Er ist das eine wie das andere zugleich; er ist volksbezogen, weil er den Widerstandsgeist gegen die zentralisierte Gewaltherrschaft verkörpert, und ist trotzdem auch ein Geheimbund, weil sich die Widerständler hier einfinden, die wie beim Aufstand der »Gelbturbane« auch durchaus bereit und instande sind, zu den Waffen zu greifen. Dessenungeachtet war und blieb er in erster Linie eine soziale Doktrin, und wie nochmals Granet sagt: »Die Religion in China unterscheidet sich in ihrer Funktion keineswegs vom gesellschaftlichen Handeln.« Die spätere Umwandlung des Taoismus zur Staatsreligion sollte daran nicht viel ändern, außer daß sie ihm seinen Inhalt raubte. Mit einem erstaunlich komplizierten und bürokratischen Götterhimmel ausgestattet, entstand aus ihm nun eine Sammlung von Beschwörungsriten, Exorzismen und Liturgien zur Vereinigung mit dem Kosmos, das heißt, das genaue Gegenteil dessen, was Lao-tse gewollt hatte. Lao-tse wurde zum Gott erhoben, und in diesem für Philosophen eindeutig heiklen Stadium widerfuhr ihm das, was im Englischen als *transmogrification* bezeichnet wird, denn er wurde nicht nur zum Gott erhoben, sondern wurde auch noch mit dem Gelben Kaiser Huang-ti aus der Han-Dynastie, dem Oberhaupt der Magie, gleichgesetzt!

Der Konfuzianismus, der seinen enormen Einfluß in China bis heute beibehalten hat, stellt noch weniger als der Taoismus eine Religion dar. Ist der eine als Weisheit zu verstehen, so handelt es sich bei dem anderen um eine ethisch-politische Praxis, um einen Katechismus. Er besteht aus einem Kodex zur Einhaltung der Riten und der Etikette *(li)*, der Rechtschaffenheit *(yi)*, des Wohlwollens *(jen)*, der Weisheit *(che)* und der Treue *(ch'ong)* gegenüber übergeordneten Personen. So beschrieben, könnte die Lehre des K'ung-fu-tse, der durch die Latinisierung der Jesuiten zu Konfuzius wurde, wie das Handbuch eines perfekten Heuchlers wirken. Das trifft indes ganz und gar nicht zu. Erstens, weil das *Buch der Gespräche (Lun-yu)* ein humoristisches Meisterwerk voll echter Weisheit ist (zum Beispiel XVII,2: »Einander nah nach ihrem Wesen sind die Menschen; Gewohnheit erst entfernt sie voneinander«) und ferner, weil seine Lektüre den Sinn für menschliche Grenzen entwickelt. Obwohl für die gesellschaftliche Praxis bestimmt, stellt der Konfuzianismus in Wirklichkeit die Lehre einer Individualethik dar. Er zielt auf gesellschaftliche Harmonie ab, und deshalb lautet sein Postulat, daß jeder, der zur eigenen Tugendhaftigkeit gelangt, seine Pflicht gebührend erfüllt und von diesem Augenblick an auch die Gesellschaft gerecht und wohlhabend werde.

Zur Veranschaulichung dessen, was gemeint ist, mag folgendes Gespräch dienen: »Jemand fragt den Meister: Warum nehmt Ihr nicht an den Regierungsgeschäften teil? Der Meister sprach: Wie heißt es doch im ›Buch der Urkunden‹[11] über den kindlichen Gehorsam? ›Übe dich im kindlichen Gehorsam und du wirst freundliches Entgegenkommen den älteren und jüngeren Brüdern gegenüber zeigen.‹ Diese Eigenschaften sind im Regieren anzuwenden. So gehören sie zur Tätigkeit des Regierens. Wozu dann noch unbedingt die Teilnahme an Regierungsgeschäften?«[12]

Obwohl berichtet wird, daß er seinem älteren Zeitgenossen Lao-tse große Ehrerbietung entgegenbrachte, vertrat Konfuzius doch oft ganz andere Auffassungen: »Der Meister sprach: Größe gibt der Mensch dem Rechten Weg und nicht der Rechte Weg dem Menschen.«[13] Mit anderen, höflich gefaßten Worten, das Tao war eine Erfindung des Menschen. Der eine ist Umstürzler, der andere ein Versöhner, der eine predigt das »aktive Nichtstun«, der andere das gehorsame Handeln. Drei wichtige Punkte allerdings vereinen sie: zunächst einmal ihre Abneigung gegen den Aberglauben: »Worüber nie der Meister sprach: Monstrositäten, Gewalttaten, Wirren und Geister.«[14] Sodann ihre Vorbehalte gegenüber religiösen Ideen. Und schließlich ihr Pragmatismus: Der ursprüngliche Lao-tse sagt im wesentlichen: Es ist gar nicht nötig, euch aufzuregen, laßt doch das Rad des Schicksals sich nur drehen, die Dummen und die Verräter enden schließlich doch als Besiegte. Und Konfuzius meint: Es ist gar nicht nötig, euch aufzuregen, verhaltet euch so, wie es sich gehört, und alles wird gut enden.

Man könnte noch eine vierte Parallele hinzufügen: Als Konfuzius starb, wurden auch über ihn Legenden gedichtet. So erzählte man sich, daß ein Einhorn vor seiner Geburt ein mit Edelsteinen besetztes Buch ausspie und ein anderes kam, um seinen Tod anzukündigen.

Diese Gepflogenheit der Chinesen (und Tibetaner, denn Buddha wurde vor allem in Tibet voll und ganz zum Gott erhoben), legendäre Persönlichkeiten in den Rang von Göttern zu erheben, könnte zu der Annahme verleiten, daß das Bedürfnis nach Gott auch in China existierte und der Himmel dieses Landes gar nicht so götterleer war, wie er scheint. Allerdings müßte zuvor noch geklärt werden, welche Bedeutung diesem Wort überhaupt beigemessen wird. Kaum läßt man jedoch die Formen des Aberglaubens an das Übernatürliche – Geister, Dämonen und untergeordnete »Götter« – hinter sich, gerät man in echte Verlegenheit, festzustellen, was diesen Begriff in China in dem Sinne charakterisieren könnte, wie ihn Ägypter, Shivaisten, Masdaisten, Juden, Christen und Moslems verstehen – nämlich im Sinne von Transzendenz.

In den ägyptischen Texten wie auch im Alten Testament begegnen wir ständig dem Drang der Kreatur zu ihrem Schöpfer hin. Gott gilt als Ideal, selbst wenn es sich um den zerstörerischen Herrn der Heerscharen im Alten Testament handelt. Dieser Gott allein weckt die schöpferische Energie seiner Gläubigen, ohne die jedes menschliche Wesen nur unvollständig wäre. Die Art der Verehrung variiert zwischen den verschiedenen Kulturen freilich leicht: Liebevoll geprägt bei den Ägyptern, ekstatische Ehrfurcht bei den Shivaisten oder leidenschaftliche Hingabe bei den Moslems, aber immer mobilisiert sie das ganze Bewußtsein und treibt ihre Wurzeln ins Unterbewußtsein. In Extremfällen entfacht sie, wie bei dem Moslem Halladj im 10. Jahrhundert oder bei Johannes vom Kreuz, mystische Glut. Letzterer schrieb:

»O Feuerlampen,
in deren Schein
die hohen Verliese des Sinnes,
zuvor dunkel und unergründlich,
in seltsamer Verzückung
Wärme und Licht nahe dem Geliebten spenden!«

Und Halladj:

»Ich erblickte meinen Herrn mit dem Auge des Herzens,
und ich sagte zu ihm: ›Wer bist du?‹ Er sagte zu mir: ›Du!‹
Doch bei Dir hat das ›Wo‹ keinen Ort,
ein ›Wo‹ existiert nicht mehr, wenn von Dir die Rede ist!«

Derartige Aufwallungen sind in bezug auf ihren Individualismus wie auch ihre Transzendenz in der chinesischen Literatur unauffindbar. Die Gottheit wird durch einen Vorfahren, also ein Schutzwesen, verkörpert, das alle Verehrung erfordert. Sein Kult gewährleistet dem Frommen zwar die Würde, wobei unerwarteterweise das christliche Gebot »Du sollst Vater und Mutter ehren, um ein langes Leben zu haben« zur Anwendung kommt, doch ohne jegliche Forderung nach Transzendenz.

Der Buddhismus änderte daran nichts. Als er im 1. Jahrhundert über Zentralasien beziehungsweise Serendib (alter arabischer Name für Sri Lanka) nach China gelangte, hatte er in Indien bereits an Boden verloren, das Reich der Mitte stand damals unter der Knute der zweiten Han-Dynastie. Seine Existenz in China bezeugt ein kaiserliches Edikt aus dem Jahr 65 u. Z., in dem von einem kaiserlichen Fürsten, Ying de Ch'u, die Rede ist, der an seinem Hof von P'eng-ch'eng eine Gemeinschaft indischer Mönche unterhält, die »Buddha Opfer darbringen«. Buddha war ja bekanntlich ebenfalls zum Gott aufgestiegen. Auf eine Vergottung mehr oder weniger kam es nicht an, denn manche behaupteten, daß dieser Buddha kein anderer sei als Lao-tse, der zu den Barbaren aufgebrochen wäre, um diese zu bekehren. Die Buddhisten schätzten diesen Identitätsaustausch übrigens nicht sonderlich, aber immerhin erging es ihnen prächtig: Im Jahr 193 u. Z. bestand ihre Gemeinde immer noch. Ein hoher Beamter aus der Gegend, Tsö Jong, der durch Getreidehandel zu Wohlstand gelangt war, erbaute ihnen einen großartigen Tempel mit einem vergoldeten Bronzebuddha darin, der 3000 Menschen faßte. Bei buddhistischen Zeremonien wurde dort auf Tsö Jongs Kosten kräftig geschwelgt, man trank sogar Wein. Unter diesen Bedingungen läßt sich der Erfolg des Buddhismus leicht nachzuvollziehen, und dies um so mehr, als es sich um die Lehre des »Großen Fahrzeugs«, die bequemste also, handelt. Aus den ins Chinesische übersetzten buddhistischen Texten geht nämlich hervor, daß das »Große Fahrzeug« hier die überwiegende Rolle spielte.

Am Ende der Han-Dynastie und während der Periode der Drei Königreiche (220–280 u. Z.) spielte sich zwischen dem Taoismus und dem Buddhismus eine ruckweise und verworrene

Verschmelzung ab: Während die Taoisten das buddhistische Yoga, genannt *dhyana*, praktizierten und nach einer speziell buddhistischen Vorschrift den Armen spendeten, diffamierten sie den Buddhismus gleichzeitig, dem sie Verschwendungssucht vorwarfen und von ihm behaupteten, er stehe im Widerspruch zur Kindesliebe. Das hinderte den Buddhismus jedoch nicht, seine Lehre durch immer mehr und immer ausgefeiltere Übersetzungen der Texte des »Großen Fahrzeugs« auszubreiten. In den Kriegswirren, Massenauswanderungen und in der Unordnung, die China im 4. Jahrhundert u. Z. umtrieben, entstanden zahllose Abspaltungen: So vertrat der Mönch Che Min-tou beispielsweise eine Theorie des »spirituellen Nichts«, mit der er das »es gibt nichts« der Taoisten mit der vom Buddhismus gepredigten inneren Leere in einen Topf wirft. Kurz, China nimmt eine buddhistische und der Buddhismus nimmt eine chinesische Prägung an. Abgesehen von einer siebenjährigen Unterbrechung, die den Vormarsch des Buddhismus in den Jahren 445–452 u. Z. stoppte, als ein Herrscher der türkisch-mongolischen Wei-Dynastie im Norden den Tod des gesamten buddhistischen Klerus und die Zerstörung seiner Bauwerke, Bücher und Bilder[15] verfügte, und ungeachtet der oft blutigen Konflikte mit dem Taoismus, die an die tausend Jahre dauern sollten, war der Buddhismus in China doch fest etabliert. Im Jahre 747 u. Z. zählte das kaiserliche Kultamt 126 000 buddhistische Mönche und Nonnen, die sich auf 5358 Klöster verteilten; und, wie der Sinologe Paul Demiéville bemerkt, bezog die Zählung »die irregulären und die Pseudomönche, von denen es vermutlich sehr viele gab« gar nicht mit ein.

Anhand dieser Zahlen könnte man meinen, daß China damals geradezu von einem religiösen Fieber befallen war, aber das trifft ganz und gar nicht zu. Diese Begeisterung hing keineswegs mit dem Streben nach Höherem zusammen. Die buddhistischen Mönche hatten sich zu Kaufleuten, Bankiers, Grundbesitzern, Öl- und Seidenhändlern usw. entwickelt und auch Sklaven erworben. Daher kauften sie sich in ihr Mönchsamt ein, wie man sich in das Amt eines Mandarins einzukaufen pflegte. Angesichts dieser guten Geschäfte beschloß der Staat übrigens damals, Steuern auf diese Einkünfte zu erheben, und allein die Steuer für das »Duftwasser«, eine Art Weihwasser, das die Mönche verkauften, brachte, laut Paul Demiéville, innerhalb einer einzigen Provinz und binnen zehn Tagen die ungeheure Summe von einer Million Käschmünzen ein! Und obendrein horteten die Mönche auch noch ihre Reichtümer: Anläßlich einer wieder einmal von den Taoisten geschürten antibuddhistischen Reaktion begrenzte das kaiserliche Ministerium die Summe, die eingezogen werden durfte, pro Kloster auf 5 Millionen Käsch; bedenkt man jedoch die oben erwähnte Anzahl der Klöster, so wird man zugeben, daß der Buddhismus einen ansehnlichen Wirtschaftsfaktor darstellte, da er mindestens über ein Vermögen von 25 Milliarden Käsch verfügte. Die buddhistischen Glaubensvertreter scheinen sich kaum gefragt zu haben, was Buddha von ihren reichlich irdischen und einträglichen Aktivitäten gehalten hätte: Sie veranstalteten Feste, Konzerte, Theaterstücke und Akrobatenvorführungen ... All dieser Prunk weckte übrigens eine Welle antiklerikaler Reaktionen, die lange anhielt: Im Jahre 845 u. Z. brachten die von Taoisten angestachelten Behörden einen gewaltigen Bildersturm gegen den Buddhismus ins Rollen, und 1223 ließ der taoistische Mönch, den Dschingis-Khan mit der chinesischen Religionsverwaltung betraut hatte, die buddhistischen Klöster plündern.

Dieser äußerst knapp gefaßte historische Streifzug sollte lediglich demonstrieren, daß die religiösen Bestrebungen im historischen China nie eine dominierende Rolle spielten. Man könnte den Gedanken noch weiter verfolgen, was allerdings unweigerlich hieße, in den Bereich der Religionsgeschichte abzurutschen, die ja nun nicht das Thema dieses Buches ist. Zwei Schlußfolgerungen drängen sich auf: Die erste ist, daß der Monotheismus in den Religionen sowie den religiösen und philosophischen Schulen Chinas nicht gestreift wurde; deshalb war der offenkundige Polytheismus in China auch nicht mehr als eine sozusagen bürokratisch ausgerichtete Auslegung der Mächte des Universums. Die Götter besaßen hier keine individuelle Persönlichkeit, wie sie sogar die ägyptischen Götter trotz ihrer häufigen Identitätsverschmelzungen aufweisen. Die zweite Schlußfolgerung greift noch einmal Granets oben erwähnte Bemerkung auf: Chinas Religionen waren, falls man Kult- und Glaubensgemeinschaften überhaupt so bezeichnen darf, einzig und allein Gesellschaftsreligionen, und da dies so war, gerieten sie, wie bereits beobachtet, rasch unter die Räder der Verwaltung. Und war es dann soweit, dann begegnete man ihnen mit Mißtrauen, und aus diesem Grund kehrte das Volk zu seinen Schamanen, Horoskopen und Dorfwahrsagern zurück.

Der Han-Dynastie bereitete dieser Vorgang Sorgen: Würde das Volk sich seine eigene Religion schaffen, was ganz und gar nicht im Sinne des Reiches gewesen wäre? Also galt es, diese Aktivitäten im Volk zu reglementieren, damit es nicht in jeder Familie bald irgendwelche Hexenmeister und Sterndeuter gab und die kaiserliche und administrative Staatsgewalt nicht zum Gespött wurde. Was dann übrigens doch noch geschah. Um die Anarchie innerhalb der Kulte zu verhindern, setzte man zwei Arten von Kultbeamten ein: Die eine hatte sich um Phänomene volkstümlicher Glaubensformen zu kümmern, die andere um Gottesriten. Da die Bürokratiesucht in China während der Han-Dynastie genauso wütete wie in den westlichen Demokratien des 20. Jahrhunderts, hatte man schließlich bald sogar sechs Ministerien: die Ministerien des Himmels, der Erde und der vier Jahreszeiten! Die bäuerlichen, des Lesens und Schreibens gewiß unkundigen Chinesen beeindruckte dies jedoch nicht. Sie überließen es den Behörden, diese Verwaltungsorgien abzuhalten; sie hingegen sollte nichts hindern können, nachts bei Neumond und unter Mitwirkung eines befreundeten Schamanen auf dem Grab eines Vorfahren, der offenbar unzufrieden war, ein Huhn zu opfern.

So kam es, daß Gott in China nicht haltmachte.

Man kann sich fragen, woraus sich dieses in der Religionsgeschichte zweifellos einzigartige Phänomen der Abwesenheit Gottes, einerlei ob nun groß oder klein geschrieben, erklärt?

Das liegt zum einen an der Ausdehnung und sozialen Struktur des Landes. Dieser 9,5 Millionen Quadratkilometer große Fastkontinent umfaßt riesige Gebiete wie Schantung, die Wüste Gobi oder die Gebirgsketten des Altai, Tienschan, Kuenlun und Karakorum, die sich, weil zu kalt, zu gebirgig oder zu trocken, für Landwirtschaft nicht eignen und im übrigen auch nicht von Bevölkerungsgruppen chinesischen Ursprungs bewohnt werden. Das fruchtbare China setzt sich aus achtzehn Provinzen zusammen, in denen eine seßhafte Bevölkerung Landwirtschaft betreibt. Seit jeher hat diese Bevölkerungsgruppe von den Städten und deren großen geistigen Strömungen isoliert gelebt; sie hat Ahnenkulte betrieben, die neue religiöse Strömungen wie der Taoismus manchmal überlagern, niemals aber verdrängen konnten.

Von den Anfängen bis zur Gegenwart war das Überleben des chinesischen Bauernstandes allein schon wegen der Dürrezeiten oder Überschwemmungen, die trotz der im 20. Jahrhundert unternommenen Anstrengungen bis zum heutigen Tage immer wieder vorkommen, ungewiß. Die Überschwemmungskatastrophe von 1985 beispielsweise betraf etwa 21 Millionen Menschen, und Hungersnöte waren den Chinesen seit jeher eine vertraute Geißel. Ebenso wurde dieses Überleben durch die maßlosen Forderungen und Steuern, die die Feudalherren oftmals erhoben, gefährdet, außerdem noch durch die aufgrund der Kriege erfolgten Massenabwanderungen, von den Mißgeschicken, die die »kommunistischen« Regime der jüngsten Vergangenheit verursachten, ganz zu schweigen (die in Honan durch die Zwangskollektivierung des »Großen Sprungs nach vorn« verursachte Hungersnot forderte in den Jahren 1959 bis 1961 mehrere Millionen Opfer).

Hierin liegt die Erklärung für eine Gemeinsamkeit aller bisher beschriebenen halbreligiösen oder religiösen Praktiken und Glaubensüberzeugungen: Sie wurden nur dann angenommen, wenn sie dem Überleben dienten. Daß zu den Hauptmerkmalen dabei gerade die Sorge um die Lebensdauer gehörte, haben wir ja bereits festgestellt.

Die gesellschaftliche und politische Struktur Chinas trug zu allen Zeiten autoritäre Züge, und sogar das Auftauchen einer Arbeiterklasse im 20. Jahrhundert hat daran nichts geändert. Auf der einen Seite stand das Bauernproletariat (und seit einem halben Jahrhundert das Arbeiterproletariat), und auf der anderen Führungskräfte und vor allem willkürlich agierende Zivilbeamte. Eine »bürgerliche« Schicht, die zwischen beiden ausgleichen könnte, gab und gibt es nicht. Die Politik dieser Führungskräfte hat sich kaum geändert. Schon zu Beginn dieses Jahrhunderts schrieb Sun Yat-sen: »Das beständige Ziel der chinesischen Regierung ist es, das Volk unwissend zu halten.« Spätestens seit der zweiten Han-Dynastie beherrscht die zentralisierte Staatsverwaltung das Land. Innerhalb von etwa 2400 Jahren ergab sich daraus eine fatalistische und resignierte, aber auch mißtrauische Haltung gegenüber der Staatsgewalt; es empfahl sich sogar, nicht mit übermäßig untadeligem Lebenswandel zu glänzen: »Hütet euch vor jedem durch und durch rechtschaffenen Menschen, er ist aus dem Stoff, aus dem man Verräter macht, denn psychisch ist er abnormal«, sagt dies im wesentlichen eine alte chinesische Redensart. Die Götter der Chinesen werden schließlich von der Verwaltung, der omnipräsenten Verwaltung, regiert, und nur die Toten, die physischen oder geistigen Seelen, Geister, Gespenster und sonstiges genießen gewisse Freiheiten; sie allein dürfen tun und lassen, was sie wollen. Die Freiheit liegt für die Chinesen im Tod. Und dieses Jahrhundert weiß davon zu berichten, daß die Forderung nach ihr wie auf dem improvisierten Altar des Tian'anmen-Platzes meist genau da endet.

Somit wird also das eigenartige Interesse verständlich, das die Chinesen den Toten entgegenbringen. Auch daß keine Götter und namentlich kein Gott in Tempeln und Pagoden leben. Der Gott der Bibel wird sich in China niemals einbürgern können, weil bei einer »sozialisierten« Religion eine andere moralische Autorität als die des Kaisers oder der Kommunistischen Partei einfach undenkbar ist. Zwei Kaiser aber darf es nicht geben, wie am Beispiel Tibet zu sehen war.

Der chinesische Kommunismus hat die oben beschriebenen Strukturen kaum verändert. Man pflegte Kaiser früher zu Göttern zu erheben, und vor noch nicht allzulanger Zeit war auch Mao Tse-tung an der Reihe: Auf dem heiligen Berg Dongyang im Norden der Provinz Shaanxi wurde ihm in der Nähe anderer traditioneller Kultstätten am 23. Dezember 1993, also hundert Jahre nach der Geburt des Großen Steuermanns, ein Tempel geweiht, der auf Initiative des örtlichen Parteisekretärs Wu gebaut worden war, der erklärte: »Dies ist ein Tempel, der dem größten Kaiser aller Zeiten geweiht wird.«

Nach ebenfalls reinster chinesischer Tradition hütete sich das kommunistische Regime in China, den Buddhismus an die Wand zu drücken: »Seit 1953 fördert es eine neue Buddhistische Vereinigung ... (die) sich rühmt, eine halbe Million Mönche und etwa hundert Millionen Laienanhänger, tibetanische und mongolische Buddhisten inbegriffen, zu vertreten.«[16]

Gewisse Informationen berichten in letzter Zeit von einem neuerlichen Aufleben des katholischen beziehungsweise muslimischen Glaubens in China. Bezüglich des ersteren ist allgemein bekannt, daß die katholische Religion unter der Bedingung allerdings in China zugelassen ist, daß die Glaubensanhänger dem Katholischen Patriotischen Verband beitreten, der vom Amt für Religionsangelegenheiten, mit anderen Worten von Peking aus, geleitet wird. Andernfalls gelten sie als illegal und setzen sich als Agenten einer »fremden Sekte« strafrechtlicher Verfolgung aus. In bezug auf die Moslems ist klar, daß der Islam dort wie auch anderswo Beweggründe mit ins Spiel bringt, die im wesentlichen politischer Natur sind und darauf abzielen, eine islamische Hegemonie zu gründen, in der die Theologie, wenn überhaupt, nur eine zweitrangige Rolle spielt. Denselben Informationen[17] zufolge sollen auch die Sekten, die es in China schon immer gab, einen neuen Aufschwung erleben, und aufgrund dieser Konstante ist man geneigt, anzunehmen, daß es sie wohl ebenso lange geben wird wie das Land selbst. Einst wurden sie mit den verschiedensten Beschimpfungen überhäuft; werden sie heute lästig, so bezeichnet man sie ganz einfach als »anti-revolutionär«, und dieses Adjektiv allein stellt schon ein Todesurteil dar.

Dies ist der Grund, weshalb Gott in China nicht nur nicht haltgemacht hat, sondern weshalb es auch fraglich ist, ob er jemals dort haltmachen wird. Die historischen und sozialen Bedingungen sind nicht gerade einladend für ihn. Das Loch im chinesischen Himmel bleibt also bestehen. Widersinnigerweise gibt er sich recht gastfreundlich: Als die Juden nach der Kriegserklärung zum Zweiten Weltkrieg aus Europa flohen, weil sie um die Vorkehrungen der Nazis für sie wußten, und die Länder, die ihnen Asyl bieten konnten, ihre Visa nur tröpfchenweise zuteilten oder ganz verweigerten, da nahm China sie ohne Murren bei sich auf. Auf diese Weise ließen sich an die 20000 Flüchtlinge aus Österreich, Polen und Rußland im Verwaltungsbezirk Hongkou nahe Schanghai nieder. Hongkou war eine arme Gegend; die Chinesen aber machten ihnen Platz. Sie taten sich mit den Juden zusammen, heirateten untereinander und schlossen Freundschaft mit ihnen.[18]

So zeigten sich die »Heiden« christlicher als die Christen.

Die Götter der Hebräer
und der Gott der Propheten

Eine der Überraschungen, die uns die Lektüre des Alten Testaments bereithält, ist die häufige Bezugnahme auf den Polytheismus, den Paganismus und die Abgötterei der Hebräer. Angefangen beim *Buch der Richter*, das aus dem ausgehenden 11. Jahrhundert v.u.Z. stammt, bis zu den Propheten aus der Zeit nach dem Exil, das heißt nach dem 6. Jahrhundert v.u.Z., wimmelt es von Verwünschungen über die Vielfalt der Kulte, die die Hebräer praktizierten.

»Die Israeliten taten, was dem Herrn mißfiel, und dienten den Baalen. Sie verließen den Herrn, den Gott ihrer Väter, der sie aus Ägypten herausgeführt hatte, und liefen anderen Göttern nach, den Göttern der Völker, die rings um sie wohnen. Sie warfen sich vor ihnen nieder und erzürnten dadurch den Herrn. Als sie den Herrn verließen und dem Baal und den Astarten dienten ... gaben (sie) sich anderen Göttern hin.«[1] Auch im *Ersten Buch Samuel* kommen derartige Verwünschungen vor.[2] Man könnte meinen, es handele sich hier um Phänomene volkstümlichen Aberglaubens ohne großartige Konsequenzen für die Hauptreligion. Doch das *Buch der Könige* präzisiert, daß Salomon »Astarte, die Göttin der Sidonier, und Milkom, den Götzen der Ammoniter«[3] verehrte. Schlimmer noch, »er baute auf dem Berg östlich von Jerusalem eine Kulthöhe für Kemosch, den Götzen der Moabiter, und für Milkom, den Götzen der Ammoniter«. Das Beispiel kommt also von fern und von ganz oben, da König Salomon (ca. 970–931 v.u.Z.), der Sohn Davids, für fremde Gottheiten Tempel errichtet.

Doch der große König Salomon, der zur lebenden Symbolfigur für Gerechtigkeit wurde, ist nicht der einzige König im Alten Testament, der fremden Göttern Tempel erbauen ließ.

Sein Nachfolger Jerobeam[4] (931–910 v.u.Z.) stellte an den heiligen Stätten Bethel und Dan zwei goldene Kälber auf. Bethel, Bet-El, »das Haus des Herrn«, war eine einem kanaanitischen Gott geweihte Kultstätte, ebenso wie Dan, das Zentrum des Territoriums, das dem Stamme Dans, des fünften der zwölf Söhne Jakobs, zugefallen war. Und die von Jerobeam errichteten Figuren waren zur Verehrung des syrisch-babylonischen Gottes Hadad (eine andere Bezeichnung für Baal) gedacht. Dieser war der Gott des Donners, des Regens und des Überflusses, und sein Symboltier der Stier. Als hebräischer König stellte Jerobeam also Symbole auf, die aufs schärfste gegen den Dekalog verstießen, der die Anfertigung und Anbetung von Götzenbildnissen untersagte. Der Grund, weshalb er diesen eindeutigen Verstoß beging, war der, daß er den Gehorsam der zehn Stämme im Norden, die das Königreich Israel bildeten, gewinnen wollte. Sie gehörten zu den zwölf noch nicht-biblischen Glaubensüberzeugungen anhängenden Stämmen. Nach Salomons Tod hatte sich in Palästina nämlich eine praktische, aber unrechtmäßige Spaltung zwischen dem Norden, dem Land Israel, und dem Süden, dem Land Juda, ergeben. Man würde einer optischen Täuschung unterliegen, wollte man davon ausgehen, daß die zwölf Stämme der Hebräer bei ihrer Ankunft in Palästina auch gleich die Religion mitbrachten, die heutzutage als Judaismus bekannt ist. In Wirklichkeit übernahmen diese Stämme meist die Religionen der früheren Bevölkerungen, also der Kanaaniter und Phönizier; sogar die Bezeichnungen Juda und Israel rühren von diesen ersten Bewohnern des Landes her.[5]

Bis zur siegreichen Belagerung Jerusalems im 10. Jahrhundert durch David unterstand der Verwaltungsbezirk Juda Nichthebräern und Jerusalem den Jebusitern, bei denen es sich um Kanaaniter teilweise amoritischen und hurritischen Ursprungs handelte. Selbst den Namen Jerusalem, Uru-Salem (»Möge Gott Salem Rat schaffen!«) bestand bereits vor der Ankunft der Hebräer. Es wäre also unklug gewesen, jene Menschen zu ignorieren, ihre Stätten und Orte umzubenennen, ihre Kulte geringschätzig zu behandeln oder ihnen bei der Erhaltung ihrer Heiligtümer nicht zu helfen. Die Hebräerkönige jedenfalls verhielten sich anders, David ebenso wie die anderen: Als besonnener Politiker ließ er die Jebusiter nach der Eroberung Jerusalems in der Stadt friedlich weiterleben. Zweifellos respektierte er auch ihre Religion und ihre Kultstätten, von denen heute natürlich nichts mehr übrig ist.

Indem er den Göttern der nördlichen Provinzen huldigte, handelte Jerobeam nach dem Beispiel seiner Vorgänger, also als Politiker. Außerdem profilierte er sich durch diese tolerante Haltung gegenüber Juda und dem Tempel von Jerusalem, »wo Jahwe sich seinen Namen macht«; das heißt gegenüber der Stadt, in der der Gott El den Namen Jahwe trägt (denn zu jener Zeit sind El und Jahwe ein und derselbe Gott). Besser oder schlimmer noch: Jerobeam behielt auch den Klerus der kanaanitischen Heiligtümern bei, der bisher hier den Dienst versehen hatte, und richtete in der Zeit der Weinlese ein jährliches Fest für diese Priester ein (»Für den fünfzehnten Tag des achten Monats stiftete Jerobeam ein Fest, das dem Fest in Juda entsprach ...«, 1. Könige, 12, 32). Er zeigte sich also den fremden Göttern gegenüber nicht nur tolerant, er schützte sie sogar. Das Gottesbedürfnis im Nordreich schien sich übrigens im Wunsch nach mehreren Göttern niederzuschlagen. Die Zeiten waren noch tolerant; man verehrte den Gott seines Nachbarn genauso wie den eigenen. Wenn ein Gott ein Gott war, dann war er es eben für alle.

Manche Autoren meinten, Jerobeam habe sich allenfalls eines Synkretismus schuldig gemacht: Er habe den syrisch-babylonischen Gott Hadad mit Jahwe gleichgesetzt. Indem er den einen verehren ließ, habe er im Grunde auch den anderen verehren lassen. Diese These ist jedoch kaum haltbar, da es im *Buch der Könige* ganz klar heißt, die Priester, die er für die Heiligtümer in Bethel und Dan auswählte, seien keine Juden gewesen. Im nachhinein betrachtet, kann man sich ja auch kaum vorstellen, daß die Priester von Bethel Jahwe opferten und umgekehrt. Im Alten Testament wimmelt es jedenfalls von Textpassagen und Verwünschungen gegen jegliche Art von Religionsvermischung. Gott ist Gott, und er ist der einzige Gott. Entscheidend dabei wäre, zu wissen, aus welcher Zeit diese Verwünschungen stammen.

Ein Dreivierteljahrhundert später war die Spaltung von Davids einstigem Königreich endgültig vollzogen. Der Norden, nun formal das Königreich Israel, setzte sich aus zehn und das Reich Juda im Süden aus zwei Stämmen zusammen. Im Jahre 873 v.u.Z. regierte Israel der achte König, König Achab, Gemahl der berühmten phönizischen Isebel und Vater der Athalie Racines. Die israelitischen Könige schien die Reue kaum zu plagen, denn um die Wünsche seiner Gemahlin zu erfüllen, ließ Achab auch für den großen syrisch-phönizischen Gott Baal und die Muttergöttin Ashera sogar in der Hauptstadt seines Reiches Samaria Heiligtümer errichten. Bei Festen sah man ihn mit beiden Beinen »hüpfend tanzen«[6] (mit Sicherheit ein recht befremdlicher Anblick). Nicht, daß Achab etwa ein Ungläubiger war, denn er verehrte auch Jahwe und ließ im Königspalast sogar jahwistische Propheten wohnen. Doch in erster Linie verstieß er gegen den Willen Jahwes, den die Stimmen der Propheten oft genug zum Ausdruck brachten und der besagte, daß nur ihm allein Gehorsam zu zollen sei. Ferner war Achab erwiesenermaßen ein Polytheist, so daß sein Name und seine Familie jahrhundertelang, unter anderem durch den Propheten Elias, immer wieder geschmäht werden.

Diese Könige gaben sich gewiß nicht als einzige mit fremden Göttern ab, wenn sie nicht gar gleich abtrünnig wurden. Gideon, das »Schwert Gottes« und legendärer, fast mythischer Held der frühen Epoche, in der die Stämme Israels sich gerade erst im Land der Verheißung niedergelassen hatten, nannte sich auch Jerubbaal.[7] Und Saul, der erste israelitische König, der immerhin den Geist Jahwes empfangen hatte, besaß einen Sohn namens Eschbaal und einen Enkel mit Namen Merib-Baal.[8] Alle Namen, die auf »baal« endeten, symbolisierten den Gehorsam der gleichnamigen Gottheit gegenüber. Wir werden noch sehen, daß diese Treulosigkeiten weitaus komplexer waren, als es schien, und auch recht aufschlußreich.

Eigentlich taten diese Könige nichts anderes als das, wofür der Frankenkönig Chlodwig wegen seiner Konversion zum Katholizismus von einer bestimmten französischen Mythologie glorifiziert[9] wird: Er nahm die Mehrheitsreligion des Landes an, wurde mit einem Schlag zum Oberhaupt des fremden Klerus und entzog der örtlichen Priesterschaft die Macht. Und Palästina war, bevor die Hebräer kamen, gewiß weder jüdisch noch monotheistisch und trat auch nicht gleich nach deren Ankunft zu ihrem Glauben über.

Demnach hielten also offenbar politische Gründe den jüdischen Monotheismus im 10. Jahrhundert v. u. Z. in Schach. Die Hebräerkönige opferten fremden Göttern, um sich ihre nichtjüdischen Untertanen zu verpflichten. Die Religion war hinter die Staatsräson zurückgetreten.

Woraus entsprang eigentlich der Monotheismus, dem so viele Hebräer jahrhundertelang untreu wurden, und zu welchem Zeitpunkt, wie und weshalb setzte er sich schließlich doch durch?

Der erste greifbare Hinweis auf den hebräischen Monotheismus ist mit Abraham verbunden. Er war nicht nur der Stammvater des hebräischen Volkes, jener rätselhaften »Habiru« aus den mesopotamischen und ägyptischen Schriften[10], sondern gilt ebenso als Begründer aller Monotheismen. Wie kam nun ein Mann, 2400 Jahre vor Zarathustra, auf die Idee des Monotheismus?

Drei Faktoren trugen dazu bei. Der erste war der Mond-Pseudomonotheismus, den Abraham in Mesopotamien kennengelernt hatte. Zahlreiche Völker des Altertums hatten sich nämlich, obwohl polytheistisch eingestellt, dem Kult einer speziellen Gottheit verschrieben. So wurde im alten Ägypten der Stier Apis in Memphis heiliggehalten, bei den Etruskern galt die Göttin Uni als Schutzgöttin von Perugia, Ephesus war die Stadt der Artemis etc. Natürlich handelte es sich hierbei nicht um Monotheismus, sondern um lokale Monolatrie. Die Namen mehrerer Kinder Abrahams wie Sarah, Micah, Terah oder Laban waren übrigens mit dem Mondkult verknüpft. Dieser Gott namens »Sin« beziehungsweise »Nanna« wurde in verschiedenen religiösen Zentren, darunter auch in Ur, verehrt, woraus manche Historiker schlossen, daß Abraham, wie im Alten Testament berichtet, aus dieser Stadt stammen mußte. Demnach wäre der Grundstein für einen Großteil der abendländischen Beziehungen zur Göttlichkeit in Ur gelegt worden, da die Kultur der Abendländer auf einem einzigen Gott basiert, den die Hebräer durch Jesus an sie weitergaben.

Als zweiter Faktor ist die Notwendigkeit der Identifikation zu nennen. Die Gebiete, Städte und Stämme pflegten sich mit und durch ganz bestimmte Gottheiten zu identifizieren. Als Stammesvater empfand Abraham – möglicherweise aus Ehrgeiz – wahrscheinlich mehr als andere Stammesoberhäupter das Bedürfnis, seinem Stamm den Stempel einer markanten, dominierenden Gottheit aufzudrücken. Wenn allerdings Sin beziehungsweise Nanna Abraham tatsächlich zur Idee eines einzigen Gottes inspirierte, dann erklärt dies noch nicht die Größe und den Ausschließlichkeitscharakter jenes Gottes, dem er als über Achtzigjähriger sogar seinen leiblichen Sohn Isaak zu opfern bereit war. Sin/Nanna war nur einer von vielen Göttern in einem großen Pantheon, und El, für lange Zeit Gottes erster Name auf hebräisch, duldete keine Rivalen.

Der dritte Faktor soll nach Ansicht des Assyriologen Jean Bottéro die Vernunft gewesen sein.[11] Weder Griechenland noch der modernen Welt kommt das alleinige Verdienst an Versuchen zu, Beziehungen zwischen Ursache und Wirkung herzustellen; das geschah auch in Mesopotamien (genaugenommen wurde seit Menschengedenken nach diesen Beziehungen geforscht). Die Astrologie beispielsweise, eine der ältesten Künste der Welt, war zunächst eine Wissenschaft der Weissagung, die zwischen den Astralbewegungen (der Ursache) und den entsprechenden Phänomenen auf der Erde (den Wirkungen) Beziehungen herzustellen suchte. Daß die Astrologen des Nahen und Mittleren Ostens in diese Wirkungen auch Phänomene mit einbezogen, die mit dem Venusdurchgang oder der Sommersonnenwende nichts zu tun haben, daß sie etwa glaubten, der scheinbare Halt der Venus auf ihrem höchsten Stand bedeute das unmittelbar bevorstehende Ende von Regen, das alles wirkt sich absolut nicht schmälernd auf den Wert ihrer Arbeit aus. Ihr Katalog von Ursachen und Wirkungen war beschränkt und ihr Nachweisinstrumentarium nur notdürftig; sie versuchten klarzusehen, Ordnung in ihre Wahrnehmungen der Welt zu bringen, eben jene Ordnung, die die Ägypter *ma'ât*, die Hindus *dharma* und die Chinesen *tao* nannten, und allein das war schon anerkennenswert. Doch noch eine weitere Ehre gebührt ihnen: Ihre chronologischen Berechnungen sind bemerkenswert genau, was für andere Zivilisationen nicht unbedingt zutrifft.

Zu jener Zeit bestand Babylon noch nicht und Athen noch weniger; Babylon taucht erst zu Beginn des 2. Jahrtausends v.u.Z. und Athen etwa acht- oder neunhundert Jahre v.u.Z. auf. Doch prägten sich bereits auf den Umschlagplätzen des damaligen Handels zwischen Abendland und Asien in jenen Situationen des Wissens- und Erfahrungsaustausches die Grundzüge ihrer sozialen, moralischen und wissenschaftlichen Strukturen. Immerhin schöpfte sogar Mose seine Zehn Gebote nahezu unverändert aus dem Kodex Hammurabi, der ebenfalls auf das ausgehende 3. Jahrtausend v.u.Z. zurückgeht. Wie in den folgenden Kapiteln – insbesondere über Griechenland – noch zu beobachten sein wird, strebte der menschliche Geist vom Komplexen zum Einfachen hin: Einstein im 20. Jahrhundert und die Denker Mesopotamiens suchten (vergeblich) nach der Formel für eine einheitliche Feldtheorie, und Abraham ist offenbar den Weg gegangen, der von einem vielschichtigen Götterhimmel zu einem einzigen Gott führte. Dieser war auf alle Fälle ein wirksameres Machtinstrument. Die Menschen – und die Habiru machten da keine Ausnahme – verspürten das Bedürfnis nach Göttern. Also würde man ihnen einen einzigen vorsetzen, damit sich ihre Anwandlungen von Inbrunst nicht verzettelten.

Dachte sich Abraham seinen Gott El, dessen anfänglicher Name später durch Jahwe ersetzt wurde, also nur von A bis Z aus? Dies scheint nicht der Fall gewesen zu sein. Die Bedeutung des Namens als solchen, denn die Namen der Götter haben oft eine Bedeutung, ist unklar. »Er stammt vermutlich aus der semitischen Wurzel *yl* oder *wl*, was ›mächtiges Wesen‹ oder vielleicht ganz einfach nur ›Macht‹ bedeutet ... [und] wird nicht als persönlicher Name G. verwendet«, behauptet das *Dictionnaire encyclopédique du judaïsme*. Andere Experten sind jedoch eher der Meinung, daß er »der Erste« bedeutet.[12] Und André-Marie Girards *Dictionnaire de la Bible* präzisiert: »Man findet das Wort in den biblischen Bezeichnungen *Eloha* und *Elohim*[13] oder auch in Verbindung mit einem Attribut, das selbst zum Eigennamen werden kann: So liest man beispielsweise *El Chaddaï* (›der Allmächtige‹), ... *El Eljon* (›Höchster El‹).« Demnach ist es sehr wohl ein Name für Gott.

Woher kommt nun dieser Name? Er gehörte ursprünglich zu einem Gott aus Ugarit, einer kanaanitischen Stadt, die sich dort befand, wo heute das syrische Ras Shamra liegt. Diese Stadt, die mindestens seit dem 7. Jahrtausend schon existierte, erlebte ihre Blütezeit zwischen 1450 und 1200 v.u.Z. und geriet dann in deutliche Abhängigkeit von Mesopotamien. In den 1929 in Ras Shamra gefundenen Texten wird El als König der Götterwelt und mit Ausnahme von Baal als Vater aller Götter beschrieben. Dargestellt wird er als ehrfurchtgebietender Mann mit langem Bart und manchmal auch Flügeln – kurz, der Prototyp einer Persönlichkeit, die 3000 Jahre überdauern sollte, um schließlich in einem wunderlich rosafarbenen Gewand an der Decke der Sixtinischen Kapelle zu landen. Die Hethiter entliehen sich ihn von den Babyloniern, um ihn zu ihrem Gott Ellel zu machen, der auch bei ihnen seine Rolle als Göttervater beibehielt. Er war ein Gott, der sich nur selten in die Angelegenheiten der Götter, noch seltener aber in die der Menschen einzumischen schien.

Abraham hat gewiß nur einen Namen entlehnt, doch in diesem Bereich zählen die Namen unleugbar soviel wie das, was sie bezeichnen. Und so, wie kein Moslem zulassen wird, daß sein Gott Jahwe genannt wird, wird auch kein Christ zulassen, daß man seinen Gott Allah nennt. Abraham wählte den Namen ganz bewußt und aus zwei Gründen: Erstens war El eine aller-

höchste patriarchalische Persönlichkeit, in der seine Stammes-
mitglieder sofort ein Oberhaupt erkennen sollten. Und zweitens
ist er traditionsgemäß der Feind des anderen Gottes Baal. Die
ugaritischen Mythen berichten nämlich von einem Götterstreit
zwischen El und Baal, der einen seinem Rang angemessenen
Palast für sich haben wollte. Daraus entstand im gesamten Götterhimmel eine jener Götterstreitigkeiten, an denen sich auch
die Göttinnen beteiligten oder vielmehr ihr Quentchen Gift
einfließen ließen und in dessen Verlauf Els Gemahlin Ashera
gegen Baal Partei ergreift (der, einem ugaritischen Text zufolge, immerhin ihr Bruder war). Das Ende vom Lied war jedenfalls, daß El zum erklärten Feind von Baal wurde. Dem bekannten Gesetz der Psychologie zufolge, das besagt, daß sich selbst
bestätigt, wer sich in Opposition stellt, ergriff Abraham also
Partei für El, den älteren, legitimeren Gott und den Feind jenes
anderen, der in Mesopotamien am häufigsten verehrt wurde.
Auf diese Art und Weise wollte er sich zweifellos von den po-
pulärsten Kulten in Mesopotamien distanzieren.

Im Laufe der Jahrhunderte verloren die Hebräer bezüglich
dieses Götterstreits und Abrahams Wahl ein wenig den Faden:
Durch eine jener in den himmlischen Einbürgerungsämtern
damals üblichen Identitätsverschiebungen war Baal mittlerweile zum höchsten Himmelskönig aufgestiegen. Nachdem er
nämlich die Identität Melkarts, des Stadtgottes und »Königs
der Stadt« Tyrus, angenommen hatte, wurde er später mit Herakles und, wie Herodot berichtet, schließlich mit Zeus identifiziert. Die Hebräer hielten ihn für den wahren König des Himmels, das heißt genaugenommen für El, und errichteten für ihn
in Tyrus bekanntlich zwei Ehrensäulen, eine aus Gold und eine
andere aus Smaragden.[14] Man bedenke, daß El einerseits »der
Mächtige« heißt, Baal andererseits »der Herr«, zwei Begriffe
also, die bestens auf einen einzigen Gott passen.

Eines zumindest ist sicher: Im 9. Jahrhundert v.u.Z., also
rund 1100 Jahre nach Abrahams und Sarahs Aufbruch aus Ur
und 400 bis 500 Jahre nach Moses Auszug aus Ägypten, herrscht
noch ein rechtes Durcheinander über die Bezeichnungen und

Vorstellungen von einem einzigen Gott: Dieser heißt zwar eindeutig El bzw. Eloha, doch in der Pluralform, Elohim, »kann er sich auch auf eine heidnische Gottheit oder eine Göttin beziehen«.[15] Außerdem verwechseln ihn die Hebräer – oder doch zumindest manche von ihnen – mit Baal und errichten ihm Tempel, völlig ungeachtet der göttlichen Offenbarung Moses, der zufolge Jahwe Gottes einziger wahrer Name sein sollte. Obwohl es also offenbar eine klare und deutliche Definition Gottes und strikte Anweisungen gab, nur diesen und keinen anderen Gott anzubeten, schweiften die Hebräer weiterhin in heidnische Gepflogenheiten ab. Der Gipfel des Skandals aber war, daß zu diesen verstockten Sündern auch noch Moses eigener Bruder, der Hohepriester Aaron, gehörte, denn er ließ das Goldene Kalb anfertigen[16] …

Auf den ersten Blick sind dieser Widerspruchsgeist und Ungehorsam schon erstaunlich, denn mit dem *Exodus*, der nach dem Auszug aus Ägypten von Mose geschrieben worden sein soll[17], haben oder müßten die Hebräer die feierliche Warnung vernommen haben:

»Ihre Altäre sollt ihr niederreißen, ihre Steinmale zerschlagen, ihre Kultpfähle umhauen. Du darfst dich nicht vor einem anderen Gott niederwerfen. Denn Jahwe trägt den Namen ›der Eifersüchtige‹; ein eifersüchtiger Gott ist er. Hüte dich, einen Bund mit den Bewohnern des Landes zu schließen. Sonst werden sie dich einladen, wenn sie mit ihren Göttern Unzucht treiben und ihren Göttern Schlachtopfer darbringen, und du wirst von ihren Schlachtopfern essen. Du wirst von ihren Töchtern für deine Söhne Frauen nehmen; sie werden mit ihren Göttern Unzucht treiben und auch deine Söhne zur Unzucht mit ihren Göttern verführen …«[18]

Das sind ebenso energische wie drohende Worte. Und nun stehen wir vor einem Rätsel: Ist es denn möglich, daß die jüdischen Könige wie auch das einfache jüdische Volk tatsächlich jahrhundertelang all den Tadel, die strengen Vorhaltungen und

Schimpfkanonaden, die die Propheten ihnen unentwegt an den Kopf warfen, ignorierten und seelenruhig weiterhin fremde Götter anbeteten? Eine seltsame Vorstellung. Die Juden sollten also einen Gott gehabt haben, der sie zu Seinem Volk auserwählt hatte, und sie hätten sich ständig von Ihm abgewandt? In diesem Fall müßte man sich fragen, weshalb die fremden Götter ihrem Gottesbedürfnis offenbar besser nachkamen als der eigene.

Könnte sich die Untreue vielleicht dadurch erklären, daß die Juden die Verbannung nach Babylon und die Zerstörung des Königreichs Juda im 6. Jahrhundert v.u.Z. so auffaßten, daß Gott sie im Stich ließ? Bei der Lektüre von Psalm 137, in dem herzzerreißendes Heimweh mitklingt, könnte man schon zu dieser Annahme neigen:

>»An den Strömen von Babel,
da saßen wir und weinten,
wenn wir an Zion dachten.

Wir hängten unsere Harfen
an die Weiden in jenem Land.
Dort verlangten von uns die Zwingherren Lieder,
unsere Peiniger forderten Jubel:
›Singt uns Lieder vom Zion!‹

Wie könnten wir singen die Lieder des Herrn,
fern, auf fremder Erde?«

Das würde bedeuten, daß sich die Juden in der Verbannung von ihrem Gott getrennt fühlten und diesen mit der Heimat assoziierten. Doch diese Verlassenheit wird durch andere Psalmen weitgehend wieder ausgeglichen, zum Beispiel durch Psalm 104 (»Lobe den Herrn, meine Seele! Herr, mein Gott, wie groß bist du! Du bist mit Hoheit und Pracht bekleidet«) oder 111 (»Halleluja! Den Herrn will ich preisen von ganzem Herzen im Kreis der Frommen, inmitten der Gemeinde ...«). Ein Augenblick der Schwäche kann die sonst leidenschaftliche Hinwendung zu Gott nicht zunichte machen. Also muß nach einer anderen Erklärung gesucht werden.

Dazu kam 1833 einem Bibelforscher die Erleuchtung. Bei einer Vorlesung an der Universität Straßburg bemerkte Professor Eduard Reuss, daß die biblischen Propheten das Mosaische Gesetz nicht zitierten und nicht einmal den Eindruck erweckten, als würden sie es überhaupt kennen. Das Gesetz stammte demnach aus einer Zeit nach den Propheten. Mit anderen Worten, der Pentateuch war erst nach den übrigen Büchern des Alten Testaments und folglich nicht von Mose geschrieben worden. Diese Idee war so revolutionär, daß Reuss sechsundvierzig Jahre lang zögerte, bis er sie 1879 zum ersten Mal veröffentlichte. Einer seiner Studenten aber, Karl Graf, war derart überzeugt von Reuss' Argumenten, daß er Vorarbeit geleistet hatte. Er wies nach, daß der Pentateuch *nach* der Rückkehr aus dem Exil, das heißt im ausgehenden 6. Jahrhundert v.u.Z., geschrieben worden und es angebracht war, die traditionelle Formulierung »das Gesetz und die Propheten« umzukehren in »die Propheten und das Gesetz«. Die Poeten waren den Gesetzgebern vorangegangen.

Die Hebräer hatten gewiß nicht ohne Gesetze gelebt, doch diese hier waren erst später formell niedergelegt worden. Es sei daran erinnert, daß der Pentateuch beziehungsweise die Thora in ihrer heutigen Fassung weit nach Mose einzuordnen ist, da sie lediglich auf das Jahr 622 v.u.Z. zurückgeht.[19] Und die Episode um Mose, wie er, als alles überhaupt erst anfing, mit den Gesetzestafeln vom Berg Sinai herabstieg, war eine Legende, die seinen mächtigen Einfluß legitimieren sollte. Diese Tafeln waren übrigens dem bekanntlich sehr viel älteren Kodex Hammurabi entnommen.

Diese Revolution in der Bibelexegese führte zu einer neuen Sicht des Alten Testaments, weil sie in manche Widersprüchlichkeiten, Wiederholungen und Auslassungen Licht brachte, die die Exegeten namentlich in bezug auf den Pentateuch immer wieder verwirrten. Auch eine neue Sicht der Geschichte

Israels bot sie: Das hebräische Volk war alt, doch die Nation der Juden selbst war jünger, als diese Texte zu erkennen gaben. Entscheidend im Rahmen dieser Überlegungen ist, daß es eben keine zeitweiligen religiösen Abtrünnigkeiten gab, wie die zu Beginn dieses Kapitels erwähnten Beispiele Salomons, Jerobeams, Achabs und anderer zu suggerieren scheinen: Der Name Jahwe als der des einzigen Gottes wurde erst relativ spät eingeführt.

Man versteht nun besser Elias' Verwünschungen gegen die Anhänger des Baal, als er die Juden tadelte: »Wie lange noch schwankt ihr nach zwei Seiten? Wenn Jahwe der wahre Gott ist, dann folgt Ihm! Wenn aber Baal es ist, dann folgt diesem.«[20] Ins Deutsche übersetzt, können die Namen Baal, El und Elohim durchaus den Eindruck erwecken, als unterschieden sie sich, und der Beschreibung der Propheten nach wirkt Baal wie eine grausige Gottheit, eine Art Dämon und Gegenstück zu einem lichtumfluteten Gott. Doch tatsächlich verband El, Baal, Eloha und Elohim ja geradezu synonyme Bedeutung. Sie hatten zwar unter dem einen oder anderen Namen jeweils lokale Kulte ins Leben gerufen, doch sie bezeichneten allesamt dieselbe höchste Gottheit. Worauf die Propheten abzielten, das war die Vereinheitlichung dieser Namen durch die Abschaffung eben dieser Kulte, weil sie vom nicht-hebräischen Klerus übernommen worden waren. Die geistliche Macht sollte wieder auf sie selbst übergehen, denn es war die höchste Macht, diejenige, die über der weltlichen Macht und sogar über der Macht der Krone stand: Sie verlieh ihnen den entscheidenden Einfluß auf das Gesetz. Daher auch Moses Zorn, als er, der erste aller Propheten, sah, daß sein eigener Bruder Aaron auf Wunsch des Volkes einem anderen Kult huldigte: Das war Usurpation.

Diese absolute Vorrangstellung der Propheten läßt sich auch leicht aus ihren endlosen Schmähungen gegen die Könige herauslesen. Wollte man ihnen glauben, so hatten die Hebräer stets unter der Knute gräßlicher, gottloser, götzendienerischer und ungerechter Könige geächzt, die im übrigen aber auch alle vom Herrn bestraft wurden, weil sie sein Gesetz, eben jenes Gesetz, das die Propheten diktierten, nicht achteten. Ihnen allein stand das Recht zu, die Könige abzukanzeln, weil es diese niemals wagen würden, ihnen am Zeug zu flicken. Nach demselben Muster sollte sich übrigens auch der Machtkampf zwischen den Päpsten und Königen abspielen, der die Geschichte des abendländischen Christentums charakterisierte.

Die Entstehung des *Buches der Könige* konnte ziemlich genau auf die Zeit zwischen 560 und 538 v. u. Z. datiert werden. Damals wurde die Vorstellung eines einzigen Gottes und dessen Name formal festgelegt. Der Verfasser des *Buches der Könige* berichtet durchaus von sehr alten Begebenheiten, darunter auch die Geschichte Achabs, den er als unwürdigen Apostaten darstellt. Doch weder dieser Verfasser noch sein Vater oder Großvater konnten diesen König gekannt haben, der dreihundert Jahre zuvor regiert hatte. Demnach schrieb er die Geschichte neu, um all das Unheil aufzuzeigen, das jenen Juden bestimmt war, die andere Götter als Jahwe anbeteten. Und um ordentlich dick aufzutragen, verkündete er anachronistischerweise noch, daß der abtrünnige König mitsamt seiner Frau Isebel von Hunden gefressen worden war.

Das verhältnismäßig junge Alter des Judaismus wird hier nicht aus historischen Gründen so detailliert erörtert, sondern weil es eine Erklärung dafür anbietet, daß seine Gläubigen in ihren Beziehungen zu ihrem Gott solchen Eifer entwickelten. Auch wenn die Verfasser des Alten Testaments ihm die patriarchalische Persönlichkeit eines reifen Mannes zuschreiben, so ist ihr Gott doch keiner jener uralten, durch die Macht verbrauchten Götter, die dem Geschick ihrer Geschöpfe letztendlich mehr oder weniger gleichgültig gegenüberstanden: Er ist ein neuer Gott für ein Volk mit ebenfalls neuer Identität. Seine ersten Götter waren alte Götter, Er aber ist eine Neuschöpfung. Daher die gleichbleibende Jugendlichkeit des Alten Testaments.

Das Ausschließlichkeitsdenken, das nach der Rückkehr aus dem Exil das frühe Judentum kennzeichnen sollte, existierte gewiß noch nicht in den Anfängen: Bei ihrer Ankunft im fremden Land Kanaan führten die Hebräer nur ein dürftiges ideologisches Gepäck mit sich. Sie besaßen keine kodifizierte Gesetzgebung und konnten im 14. oder 13. Jahrhundert v. u. Z. beispielsweise nicht ahnen, daß sie sieben oder achthundert Jahre später mit dem Verbot der ehelichen Verbindung mit nicht-hebräischen Frauen belegt würden.

Auch riefen die Hebräer den Herrn bei den einzigen Namen an, die sie kannten, El, »der Mächtige«, und Baal, »der Herr«. Womit deutlich wird, daß die moderne Geschichte ebenso optische Verzerrungen schafft wie korrigiert: Genauso wie für Griechenland oder Ägypten gilt auch für Israel, daß die Kulturen dieser Länder nicht einfach mit einem Schlag und voll ausgereift aufgetaucht sind, wie man bei oberflächlicher Betrachtung gelegentlich meinen möchte.

Israel wurde also von seinen Propheten geprägt. Und diese prägten es im Hinblick auf einen patriarchalischen Gott, für dessen einzige Herolde sie sich hielten, von Ihm beauftragt, Sein Volk über Seinen Willen und Seine Pläne zu unterrichten. In erster Linie waren sie Visionäre und Dichter, und wen sollte das verwundern? Allein die Dichter konnten vom Unergründlichen, Unendlichen und Unsäglichen sprechen. Man kann sich fragen, was Mesopotamien ohne das *Gilgamesch-Epos*, Indien ohne die *Bhagavadgita* und Griechenland ohne Homer, Parmenides und Pindar, ohne Sophokles, Aischylos und Euripides gewesen wären? Sie alle interpretierten die Treulosigkeiten, Zornesausbrüche und seltenen Segnungen des »Schicksals«, wie der prosaische Name Gottes lautet. Denn es war der griechische Sinn für die Dichtung, der den Göttern von Hellas Unsterblichkeit verlieh. Und auch zweitausend Jahre nach der Kreuzigung Christi leben wir noch immer mit Aphrodite, Ares und Merkur!

Die Überlieferung unterscheidet zwischen den vier großen Propheten – Jesaja, Jeremia, Ezechiel und der unbekannte Verfasser des *Buches Daniel* – und den zwölf kleinen: Amos, Hosea, Micha, Zefanja, Habakuk und andere. Als »klein« werden sie nicht etwa wegen der geringeren Bedeutung ihrer Reden bezeichnet, sondern weil sie nur kurze Texte verfaßten. Ihren Namen nach sind sie alle Männer, und man stellt sie sich gern als alt, bärtig und von aufbrausendem Temperament vor. Doch ebensogut können sie jung und schön gewesen sein, und es ist sogar durchaus möglich, daß manche Texte, die Männern zugeschrieben wurden, von Frauen verfaßt worden sind. Denn Israel ließ auch Prophetinnen zu, angefangen bei Mirjam, Moses eigener Schwester, bis zu Deborah, Judith und anderen. Eine Studie zweier amerikanischer Wissenschaftler, David Rosenberg und Harold Bloom, liefert beispielsweise verblüffende Gründe zu der Annahme, daß einer der vier oben genannten Autoren des Pentateuch, bekannt unter dem Buchstaben J., eine Frau gewesen sein könnte.[21]

Das Alte Testament unterscheidet sich von allen religiösen Schriften im allgemeinen dadurch, daß es eine unvergleichliche Vertrautheit zu Gott aufbaut. Den Propheten gelingt das durch den leidenschaftlichen Ton, den sie in ihre Reden hineinlegen, und daraus erklärt sich dieser Tenor, der einen Leser etwas aus der Fassung bringt: Sie kennen Gott so gut, wie jeder Mensch seinen eigenen Vater kennt. Er pflegt mit ihnen erstaunlich lange zu sprechen. Doch wann und wo? Und aus welchen Gründen hat Er gerade diese Sterblichen auserwählt? Wir wissen es nicht. Haben sie wirklich Gott gehört? Und ist es auch Gott, den sie gehört haben? Auch das weiß niemand. Am Ende jedoch bezeichnet sie übrigens sogar einer der Ihren und ein großer Prophet dazu, Jeremia persönlich, geradeheraus als Lügner. Fest steht jedenfalls, daß sie sich ausgiebigst mit Gott unterhalten. Schon auf den ersten Seiten der Genesis, dem ersten Buch des Alten Testaments, macht sich diese Vertrautheit bemerkbar. Der hundertjährige Abraham sitzt in der Mittagshitze unter den Eichen von Mamre am Zelteingang. »Er blickte auf und sah vor sich drei Männer stehen.« Er läuft ihnen entgegen und wirft sich vor dem einen nieder (wer die anderen beiden Elohim sind, wird man nie erfahren): Es ist Gott. Er bietet ihnen Wasser an, »dann könnt ihr euch die Füße waschen und euch unter dem Baum ausruhen«. Er holt ihnen Brot und läuft ins Zelt, um Sarah anzuweisen, sie solle Kuchen backen. Dann kehrt er zurück und bietet ihnen Kuchen an. »Sie essen«, sagt der Verfasser der Genesis, ohne sich offenbar des absonderlichen Charakters der Szene bewußt zu werden: Gott, der in Gesellschaft seiner beiden geheimnisvollen Begleiter unter einem Bergahorn sitzt und Kuchen ißt! Die Besucher fragen Abraham: »Wo ist deine Frau Sarah?« Bei dieser Frage tritt sie aus dem Zelt. Gott kündigt Abraham nun an, daß Sarah ihm einen Sohn gebären wird; sie muß darüber lachen, weil sie längst über das Alter hinaus ist, denn sie ist neunzig Jahre alt, von Abraham gar nicht zu reden, der ja schon hundert ist. Sie streitet ab, gelacht zu haben, Gott aber besteht darauf: »Doch, du hast gelacht.« Dieser Sohn wird Isaak sein, dessen Name »Er wird lachen« bedeutet.

In solch gemütlicher, prosaischer und fast plumper Gewißheit wiegt sich also diese erste Beschreibung der Beziehungen zwischen Gott und seinen Geschöpfen. Der Held dieser Geschichte, der Schöpfer und Herr über alle Geschicke, sollte über mehr als 2500 Jahre hinweg zum Gegenstand theologischer und philosophischer Spekulationen werden. Es fällt allerdings schwer, zu glauben, daß es derselbe gewesen sein soll, der die Köpfe Platons, ganzer Heerscharen byzantinischer Theologen, Pascals, Spinozas und Heideggers rauchen ließ. In ihrer naiven Aussagekraft ist jene Schilderung freilich unendlich viel ermutigender als die Unmenge dieser intellektuellen Aufarbeitungen. Immerhin ist dieser Mann imstande, zu uns zu kommen, vor unserem Haus zu sitzen und Kuchen zu essen. Der ununterdrückbare Wunsch nach der Fleischwerdung des höchsten Wesens ist von Anfang an erfüllt. Tatsächlich wird es lange dauern, bis die Juden ihn erneut verspüren werden. Doch war dieser Gott dann durch das Hellenentum geistig umgeformt worden: Keine Geschichte im Neuen Testament wird Gott eine solch unmittelbare Präsenz verleihen. Der Vater, auf den sich Jesus bezieht, ist nämlich ein nahezu abstraktes Wesen, das weit, zu weit oben thront und vor allen Dingen von einem Respekt gebietenden Nimbus umgeben ist, der ans Furchteinflößende grenzt.

Dieser Gott hier, der im Prinzip voller väterlicher Zuneigung zu Seinem Volk ist, weist allerdings noch andere, sehr viel weniger liebenswürdige Züge auf, zum Beispiel die eines autoritären, durchtriebenen, grausamen und besitzergreifenden Stammesoberhauptes. Seine Verschlagenheit und Grausamkeit kommt in zwei berühmten Episoden zum Ausdruck: einmal in der Opferung Isaaks und zum anderen in der Heimsuchung Hiobs. Bei der Opferung zeichnet sich ein Gott ab, der, nur um Abrahams Gehorsam auf die Probe zu stellen, von diesem verlangt, daß er seinen einzigen Sohn Isaak opfert. Abraham schickt sich bereits an, sein eigen Fleisch und Blut zu opfern, als ein Himmelsbote dem Erzvater in den Arm fällt. Nein, nein, wir wollten nur mal eben sehen, ob ... Die für einen Nicht-Juden schier untragbare Geschichte soll »den unzähligen Juden, die es vorzogen, lieber zu Märtyrern zu werden, als das jüdische Gesetz zu brechen, als Leitbild gedient« haben.

Die Geschichte von Hiobs Heimsuchung ist noch weniger erbaulich. Im Beisein Gottes tagt im Himmel der Himmlische Rat,[22] auch Satan nimmt daran teil. Gott beginnt ein Gespräch mit ihm und unterhält sich mit ihm über dieses und jenes: »Woher kommst du?« − »Die Erde habe ich durchstreift, hin und her.« − »Hast du auf meinen Knecht Hiob geachtet? Seinesgleichen gibt es nicht auf der Erde, so untadelig und rechtschaffen.« Satan stimmt ihm zu, gibt Gott aber zu bedenken, daß Hiob mit Segnungen überschüttet wird und er Gott verfluchen würde, wollte der ihn auf die Probe stellen. Gott erwidert hierauf, er, Satan, dürfe Hiob antun, was immer er wolle, nur nach dessen Leben dürfe er nicht trachten. Satan bewirkt nun, daß Hiob seine Kinder und all sein Hab und Gut verliert, und schlägt ihn dann, da er dem Leben seines Opfers kein Ende bereiten darf, »mit bösartigem Geschwür von der Fußsohle bis zum Scheitel«. Hier ist Gott sehr viel weiter gegangen als bei Abrahams Prüfung: Hier wurden Hiobs Söhne tatsächlich ermordet. Und Hiob selbst leidet an einer unheilbaren Krankheit. Dabei hat er sich rein gar nichts zuschulden kommen lassen; er ist lediglich das Opfer einer göttlichen Laune, ihn auf die Probe stellen zu wollen. Die Gerechtigkeit wird verhöhnt. Gott will nur wissen, ob Hiob ihm trotz all seiner Prüfungen treu bleibt.

Dieses lyrische Stück Dichtung, das einen der philosophischen und metaphysischen Angelpunkte des Alten Testaments und der Literatur des Altertums überhaupt darstellt, hat eine erhebliche Menge an Kommentaren ausgelöst. Der Apostel Paulus hatte wohl ihr Echo im Ohr, als er sagte, daß »die Schwäche Gottes stärker ist als die Weisheit der Menschen«[25]. Der jüdische Weisheitslehrer Jesus Sirach nahm diese Schlußfolgerung später im *Liber Ecclesiasticus* wieder auf. Auch der Koran übernahm die Geschichte von Hiobs Heimsuchungen, wobei er allerdings eine ihrer Hauptkomponenten verwarf, nämlich Gottes Verantwortlichkeit. Das *Buch Hiob* legt tatsächlich das theologische Grundproblem des Bösen offen: Hängt es von Gott ab? Oder kommt es unmittelbar von einem Gegengott? Hier jedenfalls kommt es ganz offensichtlich von Gott, da gerade er Satan die Erlaubnis erteilt, Hiob auf die Probe zu stellen, und die Grenzen für diese Prüfung festsetzt. Der Verfasser des *Buches Hiob* formt Gottes Persönlichkeit über die von den Sieben Weisen für zulässig erklärten Grenzen hinaus um. Was übrigens zur Folge hatte, daß die Kabbalisten im Mittelalter die traditionellen Bibelauslegungen radikal zurückwiesen. Denn dem *Buch Hiob* nach ist Gott nicht der gute Gott, sondern der absolute Gott des Guten und Bösen (daher auch Satans verwunderlicher Status, durch den er am Himmelsrat teilnehmen kann), eine Vorstellung, die die Kabbalisten jedoch verwarfen, weil deren Ansicht nach der Mensch selbst die Quelle seiner Übel ist.

Das *Buch Hiob* ist also eine Art Tragödie, die mit dem *Gefesselten Prometheus* von Aischylos vergleichbar wäre: Der Mensch ist Sklave der kapriziösen und blinden Götter. Aber es ist eine zweistimmige Tragödie (sofern man Komparsen wie Eliphas, Bildad und Elihu beiseite läßt), und genau das gibt ihr das typisch jüdische Gepräge: Hiob und Gott stehen in einem heftigen Dialog einander gegenüber. Dabei verliert Hiob plötzlich die Geduld. Er weiß nicht mehr, wie er zu diesem Gott finden soll, der ihn zutiefst erniedrigt hat. »Ich schreie zu dir, und du erwiderst mir nicht; ich stehe da, doch du achtest nicht auf mich. Du wandelst dich zum grausamen Feind gegen mich, mit deiner starken Hand befehdest du mich ...« Und er beschuldigt seinen ehemaligen Wohltäter, ihn durch seine Segnungen früher getäuscht zu haben.

Gottes Antwort erfolgt zum Schluß: »Auf, gürte deine Lenden wie ein Mann. ... Wo warst du, als ich die Erde gegründet? Sag es denn, wenn du Bescheid weißt. Wer setzte ihre Maße? Du weißt es ja. Wer hat die Meßschnur über ihr gespannt? ... Wer verschloß das Meer mit Toren? ... Hast du je in deinem Leben dem Morgen geboten, dem Frührot einen Ort bestimmt, daß es der Erde Säume fasse und daß die Frevler von ihr abgeschüttelt werden?« Was soviel bedeutet wie: »Du armer Unwissender! Meine Macht und meine Weisheit sind grenzenlos. Wie kannst du wagen, über mich urteilen zu wollen?« Sein und Werden des Menschen innerhalb des Universums sind festgelegt: Ohne Gott sind sie nicht viel wert. Hiob begreift seinen Irrtum und bereut »in Staub und Asche«. Gott verzeiht ihm, und Hiobs Geschick wendet sich wieder, sein Vermögen verdoppelt sich, er bekommt sieben Söhne und drei Töchter, und es ist ihm vergönnt, deren Nachkommenschaft noch bis in die vierte Generation mitzuverfolgen.

Es läßt sich denken, daß dieses Buch für die rabbinische Kritik Probleme aufwarf. Vom Thema abweichend, fragte sie sich sogar, ob Hiob jemals existiert hat und ob er überhaupt Jude und gerecht war.[24] Trotz ihres »glücklichen Ausgangs« (wenn man einmal von den Leiden und dem qualvollen Schmerz Hiobs absieht) ist die Geschichte doch düster umflort. Die Erinnerung an die schweren Zeiten der Deportation schwingt darin mit, worauf auch ihr später Entstehungszeitpunkt hin weist.[25] Da das *Buch Hiob* im Alten Testament unter die »Bücher der Lehrweisheit« fällt, beinhaltet es auch eine Lektion: Es wäre falsch, wie die Götzenanbeter zu glauben, Gott sei launisch und grausam. Seine Weisheit ist grenzenlos, und der Mensch ist zu klein, um darüber urteilen zu können. Paradoxerweise deckt sich diese Lektion nahezu mit der islamischen Version: Der menschliche Verstand kann Gott nicht begreifen, seine einzige Zuflucht ist die totale Ergebung *(islâm)* in Seinen Willen.

Alles in allem ist es also ein Buch, das in sehr engem Zusammenhang mit der jüdischen Geschichte und Religion steht. Mit der Geschichte durch seine ständige Bezugnahme auf schreckliche, entmutigende Schicksalsprüfungen, und mit der Religion aufgrund der beispiellos vertraulichen persönlichen Beziehungen zwischen der Kreatur und ihrem Schöpfer. Philosophisch gesehen, ist es vor allem deshalb von Bedeutung, weil es ein Problem erster Ordnung heraufbeschwört, auf das es ebensowenig wie jede andere Offenbarungsreligion eine Antwort weiß, und bei dem es sich um die Frage nach der Verantwortung für das Böse handelt. So sind selbst der Tod seiner Söhne, der Ruin, eine Art Krebsgeschwür und Jahre des Leidens in Hiobs Augen nicht (oder nicht mehr) der Ausdruck des Bösen, sondern der vorläufige Ausdruck des göttlichen Willens. Dies hier ist einer der Höhepunkte nicht nur jüdischer, sondern auch universeller überzeugender Wortgewalt und religiöser Lyrik, philosophisch gesehen aber bedeutet es eine Niederlage.

In seinem religiösen Eifer schreibt das *Buch Hiob* Gott nämlich einen verblüffenden Wesenszug zu: die Ängstlichkeit. Weil er sich Hiobs gläubiger Treue nicht sicher ist, schickt er Satan aus, um ihn mit Schicksalsschlägen zu quälen, und nur um Gewißheit zu erlangen, läßt er seinen Diener, den er Satan gegenüber sogar noch gepriesen hat, im grausamsten Elend verkommen. Erst in letzter Minute greift er ein, als wäre Hiob ein Versuchstier, dessen Grenzen der Widerstandskraft zwar ausgelotet werden sollen, das dabei aber nicht verenden darf. Abgesehen von der Grausamkeit, von der sie zeugt, läßt diese Absicht durchblicken, daß Gott demnach nicht allwissend ist und nicht in Hiobs Herz schauen konnte. Denn hätte er in diesem Herzen lesen können, so hätte er Hiob kein Leid zugefügt. Zum ersten Mal in der Geschichte Gottes tritt also ein Gott der inneren Unruhe in Erscheinung. Die Lektion des *Buches Hiob* als solche ist entkräftet: Im Grunde sollte sie demonstrieren, daß Gottes Wege unergründlich sind, doch sie zeigt einen Gott, der sich der Ergebenheit seiner Gläubigen nicht sicher ist und der ebenso in Unruhe gerät wie sonst eigentlich nur die Menschen.

Außerdem beantwortet das Buch nicht die Frage, die es immerhin selbst gestellt hat: Kümmert sich Gott nun um die Menschen oder nicht? Beschützt er sie vor dem Bösen, oder ist er, da er über Satan steht, gar selbst der Herr des Bösen?

Das Böse, unter dem die Juden gewiß mehr als jedes andere Volk auf Erden noch zu leiden haben sollten (die ersten Massenmorde beginnen, man vergißt das oft, im Jahr 38, als rund 50000 Juden innerhalb einer einzigen Woche in Alexandria den Tod fanden[26]), bleibt den Propheten ein Rätsel: Sie werden es aus dem Judentum ausklammern, da es in ihren Augen nichts als Abgötterei darstellt. Sie sind viel zu sehr mit der Verehrung dieses jüngst erstrahlten Gottes wie auch mit der Gründung des jüdischen Volkes beschäftigt, um der Außenwelt irgend etwas anderes als Geringschätzung oder Gleichgültigkeit einräumen zu wollen.

»Zu dir rufe ich, Herr, mein Fels.
Wende dich nicht schweigend ab von mir!
Denn wolltest du schweigen,
Würde ich denen gleich, die längst begraben sind!«

So ruft der Verfasser der Psalmen aus.[27] Gott ist viel zu eng mit dem täglichen Dasein verbunden, als daß es überhaupt statthaft wäre, sich über philosophische Fragen Gedanken zu machen. Denn Weisheit ist nicht Philosophie, die leicht subversiv werden kann, und, wie schon die Sprichwörter sagen: »Der Mund der Frevler achtet nur auf das, was verkehrt ist«, und: »Leeres Geschwätz führt in die Armut.«[28]

Die Propheten finden also kaum noch die Zeit, sich über zwei markante Wesenszüge, die sie in ihren Gott hineinlegen, Gedanken zu machen: Wie die Herrschergestalten in allen Götterwelten ist er ein Opfergott und, in diesem Falle, außerdem noch ein Kriegsführer, der über das Leid bestimmt und imstande ist, seine Geschöpfe so zu behandeln, als wären sie keine Menschen. Der Opfergott soll später noch zur Sprache kommen, da er einem universellen Muster entspricht.[29] Als typisch jüdisch hat insbesondere seine Eigenschaft als Kriegsführer zu gelten.

»Herr der Schlachten«, »Pharaonenbesieger«, »Schrecken der Philister«, Edomiten, Moabiter oder sonstiger Kanaanäer – zahlreich sind die kriegerischen Bezeichnungen für Jahwe. Zwei Bücher mit Kriegsgedichten zu Gottes Ehren sind verlorengegangen: das *Buch der Kriege des Herrn* und das *Buch der Gerechten*. Doch in den übrigen Büchern bleiben genügend Hinweise auf Gottes Kriegswut, um deren Tenor zu erahnen.

»Gott der Vergeltung, o Herr,
du Gott der Vergeltung, erscheine!
Erhebe dich, Richter der Erde,
vergilt den Stolzen ihr Tun!«

So heißt es in den Psalmen[30]. Denn dieser Gott kennt kein Mitleid für alles Nichtjüdische, und das Alte Testament bekennt sich dazu mit einer Arglosigkeit, die der Nachkommenschaft seiner Leser im 20. Jahrhundert noch einen Bärendienst erweisen sollte:

»Herr, Gott unserer Väter, bist nicht du Gott im Himmel und Herrscher über alle Reiche der Völker? In deiner Hand liegen Kraft und Stärke; niemand kann dir widerstehen. Hast nicht du, unser Gott, die Bewohner dieses Landes vor deinem Volk Israel vertrieben und für alle Zeiten ihr Gebiet den Nachkommen Abrahams, deines Freundes, gegeben? Sie ließen sich darin nieder, bauten deinem Namen ein Heiligtum und sagten: Wenn Unglück, Schwert, Überschwemmung, Pest oder Hunger über uns kommen, wollen wir vor dieses Haus und dein Angesicht hintreten; denn dein Name ist gegenwärtig in diesem Haus. Wir wollen in unserer Not zu dir rufen, und du wirst uns dann hören und wirst helfen.«[31]

Lassen wir einmal den Widerspruch beiseite, daß der Herrscher über alle Nationen nur eine einzige von ihnen, nämlich Israel, begünstigt, so erhält der Begriff der göttlichen Gerechtigkeit dadurch eine unerwartete Bedeutung. Wesentlich ist hier, daß man in aller Deutlichkeit liest, daß Gott den Bewohnern Palästinas ihr Land, das alte Kanaan, ganz bewußt weggenommen hat, um es den Juden zu geben. Heute, im 20. Jahrhundert, sind all das Geschrei, Aufsehen und die verschiedenen Resonanzen um und auf diese Worte sattsam bekannt. Darum aber soll es uns hier nicht gehen. Uns kommt es mehr darauf an, daß dieser Text aus den Chroniken keineswegs eine Ausnahme im Alten Testament bildet.

Die diesbezügliche Anregung ist nämlich älteren Datums. Während die Chroniken aus dem 4. Jahrhundert v.u.Z. stammen, gehen Ezechiels Aufzeichnungen auf das beginnende 6. Jahrhundert v.u.Z. zurück, das heißt auf einen Zeitpunkt, der rund zwanzig Jahre vor der Verbannung der Juden nach Babylon liegt. Über das Land Seïr, das doch erst ein Jahrhundert später von den Edomiten eingenommen wurde, schreibt er nun aber:

»So spricht Gott, der Herr: Ich gehe gegen dich vor, Bergland von Seïr. Ich strecke meine Hand gegen dich aus und mache dich zur Wüste und Öde.
Deine Städte lege ich in Trümmer, und du sollst zur Wüste werden. Dann wirst du erkennen, daß ich der Herr bin.
Weil du eine ewige Feindschaft mit den Söhnen Israels hattest und sie zur Zeit ihres Unglücks, zur Zeit der endgültigen Abrechnung, dem Schwert ausgeliefert hast,
darum lasse ich dich bluten, so wahr ich lebe – Spruch Gottes, des Herrn; Blut soll dich verfolgen. Du hast dich nicht gescheut, Blut zu vergießen; darum soll Blut dich verfolgen.
Ich mache die Berge von Seïr zur Öde und Wüste ...
Darum will ich gegen dich mit dem gleichen leidenschaftlichen Zorn vorgehen, mit dem du gegen sie in deinem Haß vorgegangen bist ...

Darum – so spricht Gott, der Herr – werde ich mit glühender Leidenschaft über die übrigen Völker und über ganz Edom reden. Voll Frohlocken haben sie sich mein Land angeeignet ...

Ihr aber, ihr Berge Israels, sollt wieder grün werden und Früchte hervorbringen für mein Volk Israel, denn es wird bald zurückkommen.«[32]

Das Verbrechen des Landes Seïr (oder Edom – da Edom Seïr erst später besetzte, ist der Text etwas anachronistisch) bestand darin, in Israel eingefallen zu sein. Gott ist also nicht mehr der Beschützer aller Menschen, sondern nur noch der König Israels. Davon zeugt auch, daß er Israel als »mein Land« bezeichnet. Obendrein ist er ein cholerischer Gott. Aber ist es wirklich Er, den man hört, oder vielleicht doch nur die Stimme der Propheten?

Ebenso ist es ein Gott, dem die Propheten blutrünstige Intoleranz zuschreiben: Als im *4. Buch Mose (Numeri)* die Israeliten mit den moabitischen Frauen »Unzucht« zu treiben beginnen, die sie zu Opferfesten ihrer Götter eingeladen hatten, »da entbrannte der Zorn des Herrn«: Er befiehlt Mose, alle Israeliten zu töten, die mit moabitischen Frauen gehurt haben. Pinhas, der Sohn Eleazars, seinerseits der Sohn Aarons und somit Moses Großneffe, geht hin und durchbohrt ein Paar, das er bei der Unzucht überrascht, mit einem Speer. Doch die Rache entwickelt sich zum Blutbad: Es werden 24000 Menschen getötet.[33] Sicherlich eine dichterische Übertreibung, aber an sich doch recht ausdrucksvoll, da sie immerhin 24000 Tote, ein gewaltiges Massaker, auf göttliche Weisungen zurückführt.

Die Verfasser des *5. Buches Mose (Deuteromomium)* trieb ebensowenig Mitleid, als sie Gott die folgenden Befehle in den Mund legten: »Wenn der Herr, dein Gott, dich in das Land geführt hat, um es in Besitz zu nehmen, wenn er dir viele Völker aus dem Weg räumt – Hethiter, Girgaschiter und Amoriter, Kanaaniter und Perisiter, Hiwiter und Jebusiter, sieben Völker, die zahlreicher und mächtiger sind als du ..., dann sollst du sie der

Vernichtung weihen. Du sollst keinen Vertrag mit ihnen schließen, sie nicht verschonen und dich nicht mit ihnen verschwägern.«[34] Den Gott der Barmherzigkeit aus dem Neuen Testament findet man hier gewiß nicht. Auch nicht, als Gott König Saul durch Samuels Vermittlung befiehlt, die Amalekiter anzugreifen und ihnen ihr Hab und Gut auszuplündern: »Schone es nicht, sondern töte Männer und Frauen, Kinder und Säuglinge, Rinder und Schafe, Kamele und Esel!«[35] Und als Saul nicht das Herz hat, dieses schreckliche Blutbad weiter fortzuführen, nachdem er all diese Menschen, 210 000 Fußsoldaten, umgebracht hat, verschont er den Amalekiterkönig Agag und die Viehherden. Gott mißbilligt sein Verhalten und wendet sich von ihm ab, da er der Meinung ist, daß Saul ihm nicht gehorcht habe.

Soll ein Gott des Alten Testaments tatsächlich befohlen haben, Kinder und Säuglinge zu töten? Kann man glauben, daß Er es sein soll, der einerseits laut und deutlich ruft: »Ich, der Herr, bin es, der auf der Erde Gnade, Recht und Gerechtigkeit schafft«[36] und der andererseits sagt: »Ich mache diese Stadt (Jerusalem) zu einem Ort des Entsetzens und zum Gespött; jeder, der dort vorbeikommt, wird sich entsetzen und spotten über alle Schläge, die sie getroffen haben. Ich gebe ihnen das Fleisch ihrer Söhne und Töchter zu essen; einer wird das Fleisch des anderen verzehren in der Not und Bedrängnis, mit der ihre Feinde und alle, die ihnen nach dem Leben trachten, sie bedrängen.«[37] Und wieder einmal fragt Jeremia, der – was die Schilderung von Grausigkeiten angeht – eindeutig »ergiebigste« Prophet: »Dürfen Frauen ihre Leibesfrucht essen, ihre sorgsam gehegten Kinder?«[38] Ein Gott, der die Menschen zum Kannibalismus verdammt? Konnte sich ein Prophet Gott wirklich so vorstellen?

Zahlreiche weitere Beispiele aus dem Alten Testament zeugen von der außergewöhnlichen Grausamkeit, die dem Gott der Güte unterstellt wird. Sie alle aufzuzählen würde nur ermüden. Fest steht jedenfalls, daß die Propheten ihrem Volk einen Gott gaben, der nur der Gott der Juden war und sein konnte. Den glühendsten Vertreter unter ihnen, Ezechiel, trieb die fromme Verzückung so weit, daß er Gott über den geräuschvoll flatternden Cherubim (»Das Rauschen der Flügel der Cherubim war bis zum Vorhof [des Himmels] zu hören; es war wie die Stimme des allmächtigen Gottes, wenn er spricht«) persönlich auf einem Thron aus Saphir im rätselhaften Kreisen von Feuerrädern erblickte.[39] Ja, Ezechiel hatte Gott von Angesicht zu Angesicht gesehen. Das verstieß gegen die »Ritualgesetze des *Levitikus* und sogar gegen den Geist mancher Abschnitte der Thora« und brachte ihm später die deutlich reservierte Haltung der Talmudisten ein. Dem *Buch Hiob* war da schon ein einfacheres Los beschieden, obwohl darin etliche Punkte die Kommentatoren in ziemliche Verlegenheit versetzten.

Die ungeheure Fülle an Bibelkommentaren vermag allerdings nicht immer die Ratlosigkeit zu zerstreuen, die der heutige Leser angesichts der Gottesdarstellung des Alten Testaments empfindet. Denn er ist nicht nur ein Gott des Guten, sondern auch des Bösen, wie seine Äußerung Jesaja gegenüber beweist: »... Ich bin der Herr, und sonst niemand. Ich erschaffe das Licht und mache das Dunkel, ich bewirke das Heil und erschaffe das Unheil« (Jesaja 45, 7). Demnach ist er zugleich Gott und Satan. Wie soll man nun diese beiden Naturen miteinander in Einklang bringen, und vor allen Dingen, wie eine Ethik darauf aufbauen?

Als Herr des Guten und des Bösen ist Gott auch nicht unbesiegbar. Das bestätigen zwei erstaunliche Passagen im Alten Testament: Zum einen die, in der Gott nachts einmal hinter Mose her ist, um ihn zu töten, ihm dies aber nicht gelingt (2. Mose 4, 24); und zum anderen jene, wo er, wiederum in einer Nacht, Jakob angreift, der ihn jedoch zu überwinden vermag (1. Mose 32, 25–29), was Jakob im übrigen einen neuen Geschlechtsnamen einbringt: Israel. Dieser Name bedeutet nun aber: »Er wird gegen Gott kämpfen«. An was haben die Propheten dabei nur gedacht?

Im Zuge ihrer hartnäckigen Vermenschlichung hatten sie eine Gottheit geschaffen, die unendlich viel schrecklicher war als diejenigen, die sie mit Schmähreden verfolgten, sei es den beunruhigten und grausamen Gott bei Hiob, den Gott der Vergeltung und der Heerscharen bei Jeremia oder den rachsüchtigen Gott bei Saul, denen gegenüber der Gott der Gerechtigkeit blaß blieb. Und letztendlich muß man sich fragen, ob sie über ihre Vorrechte nicht hinausgeschossen sind, wie Jeremia selbst meint, als er Gott sagen läßt:

»Ich habe gehört, was die Propheten reden, die in meinem Namen Lügen weissagen und sprechen: ›Einen Traum habe ich gehabt, einen Traum.‹
Wie lange noch? Haben sie denn wirklich etwas in sich, die Propheten, die Lügen weissagen und selbsterdachten Betrug?
Durch ihre Träume, die sie einander erzählen, möchten sie meinen Namen in Vergessenheit bringen bei meinem Volk, wie ihre Väter meinen Namen wegen des Baal vergessen haben.
Der Prophet, der einen Traum hat, erzählt nur einen Traum; wer aber mein Wort hat, der verkündet wahrhaftig mein Wort. Was hat das Stroh mit dem Korn zu tun? – Spruch des Herrn …
Nun gehe ich gegen die Propheten vor – Spruch des Herrn –, die ihre Zungen gebrauchen, um Sprüche zu machen.
Ja, nun gehe ich gegen die Propheten mit ihren erlogenen Träumen vor – Spruch des Herrn; sie erzählen die Träume und verführen mein Volk durch ihre Lügen und ihr freches Geschwätz. Ich aber habe sie weder gesandt noch beauftragt, und sie sind diesem Volk ganz unnütz – Spruch des Herrn.«[40]

Welch verwirrende Selbstkritik aus dem Mund des Allmächtigen selbst! Welch erstaunliches Abstreiten der Offenbarungen! Und die Propheten als Lügner und Verrückte hinzustellen! Es fällt schwer, zu begreifen, weshalb er sie hier plötzlich so anprangert. Mag sein, daß die Ursache in ihrem maßlosen Verhalten liegt. Deren Gotteshuldigungen waren am Ende allzu besitzergreifend geworden. Denn ihr Gott konnte ja niemand anderem als den Juden, und vielleicht sogar niemand anderem als nur ihnen, den Propheten selbst, gehören. Die jüdische Zurückhaltung hielt es für angebracht, auf Abstand zu den Kecksten der großen Erleuchteten zu gehen. Zu Ezechiel beispielsweise, der das Unmögliche behauptet hatte: Gott in Person gesehen zu haben! Besser, man nahm ihr Gerede nicht allzu scharf unter die Lupe. Der Talmud berichtet, daß ein junger Schüler an einer Rabbinerschule einmal nach der genauen Bedeutung des Wortes *hashmal* fragte, das sich auf die Beschreibung von Gottes Antlitz bezieht. Da fiel Feuer vom Himmel herab und verbrannte den Unbesonnenen bei lebendigem Leib. Der Rabbiner Hannanyah schließlich verbrannte während seiner Nachtwachen 300 Amphoren bestes Öl, bis er zu dem Schluß kam, daß die Behauptungen des Propheten dem Mosaischen Gesetz nicht widersprachen.

So hatte die Entstehung eines Volkes also einen Gott hervorgebracht, der mit keinem anderen verwechselt werden konnte, sein alleiniger Herrscher und eifersüchtiger Beschützer war und seine Armeen, Massaker und Eroberungen anführte. Die Enttäuschungen der Geschichte gaben dieser ungeheuren Zweierbeziehung später noch eine unvorhergesehene Wendung. Als Israel um das 2. Jahrhundert v. u. Z. scheinbar für alle Zeit in einem Zustand der Unterdrückung gefangen war, glaubten sich manche Juden von diesem Gott verlassen, weil sich seine Priester ihrer Meinung nach gottlos verhalten hatten. Diese Juden nannte man die »Essener«. Damals begann eine lange Zeit der Prüfungen für die Nachkommen jenes Mannes, der 2000 Jahre zuvor aus der Stadt Ur gekommen war. Im Jahre `175 v. u. Z. versuchten jüdisch-hellenistische Reformer, ihr Volk in die Weltgemeinschaft, die *oikouméne*, einzuführen, und fanden in dem Seleukidenkönig Antiochos Epiphanes einen unverhofften Verbündeten. Dieser schwor, die mosaischen Gesetze, jene »Feinde der Menschheit«, abzuschaffen, und beging das furchtbare Sakrileg, über heiligen jüdischen Büchern Schweine zu opfern. Diese Vorsätze und Herausforderungen führten jedoch zu keinen schlüssigen Ergebnissen, denn 133 v.u.Z. wurde sein bei weitem nicht so umgänglicher Nachfolger Antiochos Sidetes von seinen Ratgebern dazu ermuntert, Jerusalem zu zerstören und alle Juden zu vernichten, weil sie die einzigen auf der Welt seien, die es ablehnten, sich mit der übrigen Menschheit zu assoziieren.

Die Auswirkung dieser einerseits reformistischen, andererseits übertrieben streng »essenischen« Turbulenzen war gewaltig. Denn aus ihnen ging eines Tages der Jude namens Jesus hervor. Er nun sollte der Welt einen allumfassenden Gott bringen. Das war und bleibt gewiß der Grund dafür, weswegen man immer wieder so hartnäckig vergißt, daß er trotzdem Jude war.

Die verkannten Monotheisten
des archaischen Griechenland

Alle diese Götter, nach denen es die Menschheit so sehr drängte, waren im Grunde Einwanderer, und die Götter Griechenlands machten da keine Ausnahme. Das Land, das wir Griechenland nennen, das antike zumindest, Makedonien, Epirus,
Thessalien, Akarnanien, Ätolien, Phokis, Euböa, Böotien, Attika, Achaia, Elis, Arkadien, Argolis, Messenien und Lakonien
also, war lange Zeit nichts als eine Durchgangsstation sowohl
für die Menschen wie auch für die überirdischen Produkte ihrer Phantasie. Es gibt Spuren menschlicher Existenz aus dem
8. Jahrtausend, doch diese Volksstämme, falls sie überhaupt bestanden, schienen sich nicht festgesetzt zu haben. Von Osten her
sollen sie gekommen sein, rund 2000 Jahre nach der Erwärmung, die auf die letzte Eiszeit folgte. In der Altsteinzeit also.
Auf alle Fälle haben sich irgendwelche Bevölkerungsgruppen,
ob nun Abkömmlinge der ersten Einwanderer oder auch andere, erst in der Neusteinzeit, um 6500 v. u. Z., hier wirklich niedergelassen.

Die wenigen Anhaltspunkte, die wir über die Glaubensformen dieser Einwanderer besitzen, können den Leser der vorangehenden Kapitel kaum mehr überraschen: Zu ihren Haupt-
gottheiten zählt die Große Göttin, die alle anderen überragte,
wie die Steinskulpturen dieser Menschen bestätigen, die weder
die Töpferei noch das Metall kannten. So etwa das bei Sparta
entdeckte Bildnis einer massigen, gedrungenen Frauengestalt,
die die Arme über der Brust gekreuzt hält und im 6. Jahrtausend v. u. Z. in Stein gehauen wurde. Auf den Kykladen begegnet man Bildnissen etwas anderer, noch stilisierterer Art, ohne
Beine zwar, aber mit deutlich hervorgehobenem Schambereich.
Fruchtbarkeit, Vermehrungsfähigkeit und demzufolge Sexuali-

tät – was die Gegenstände der Verehrung angeht, unterscheidet sich das vorgriechische »Griechenland« kaum von der übrigen Welt.

Niemand würde auf den Gedanken verfallen, diese ersten Siedler seien die Griechen aus der Zeit eines Solon, Thukydides oder Themistokles gewesen. Fast viereinhalb Jahrtausende sollten noch verstreichen, bevor es gegen 1900 v. u. Z. zu einer neuen Welle von Völkerwanderungen kam, die vermutlich von der sogenannten Kurgan-Kultur ausging.[1] Vielleicht, wahrscheinlich sogar, gab es in diesem langen Zeitraum noch andere Völker, aber darüber wissen wir nichts, und die Historiker scheuen sich heute, den Begriff der Völkerwanderung als Erklärung für alles zu mißbrauchen. Alles, was sich darüber sagen läßt, ist, daß diese neuen Eindringlinge Indoarier oder deren Abkömmlinge, Indogermanen, waren. Auch die Sprache kann der Archäologie helfen, und es steht fest, daß das Griechische in der Tat dem gewaltigen indoarischen Sprachstamm entsprungen ist.

Dieser Punkt war die Ursache, daß sich im Laufe der letzten Jahrzehnte eine regelrechte Revolution in der Geschichtswissenschaft über das antike Griechenland ereignete: Man wurde sich nämlich bewußt, daß die Gruppe von Dialekten, die von Beginn des 2. Jahrtausends v. u. Z. an in verschiedenen Regionen Griechenlands gesprochen wurden, unzweifelhaft den sprachlichen Humus bildete, aus dem sich das Griechische entwickelte. Diese »Eindringlinge aus dem Jahr 2000« waren in Wirklichkeit die Vorfahren der ersten großen Kultur auf griechischem Boden, der mykenischen. Lange Zeit hatte man die Mykener jedoch außerhalb des griechischen Kulturbereichs angesiedelt. Bis 1950 bezeichnete man sie als »vorhellenisch« und schrieb ihnen eine von der griechischen völlig verschiedene Kultur und Religion zu, außerdem – weshalb auch nicht? – eine geheimnisvolle Herkunft. 1952 dann schlug es wie ein Blitz ein. Dem englischen Amateurphilologen Michael Ventris und seinem Gräzistenkollegen John Chadwick gelang es, rätselhafte mykenische Tontafel zu entziffern und, siehe da – es war Griechisch![2] Menschen, die Griechisch sprachen, konnte man freilich nicht länger als »vorhellenisch« bezeichnen. Die vielzitierten Einwanderer hatten sich demnach viel früher hellenisiert, als man angenommen hatte, und die Mykener waren keineswegs Marsmenschen, sondern ganz einfach Griechen aus (unter anderem) Mykene. Dieser Punkt wird für das Verständnis der griechischen Religion noch von großer Bedeutung sein.

Einmal mehr müssen wir den Indoariern hier unsere Reverenz erweisen: Neben anderen Schätzen brachten sie den vielleicht wertvollsten Schatz mit, eine Sprache. Diese trug dazu bei, daß sich die griechische Kultur in der Folge so erstaunlich entfalten sollte. Später entliehen sich die Griechen ihr Alphabet von den Phöniziern, veränderten es und schenkten uns die wunderbare Sprache, die wir heute kennen: In ihr entwickelte sich der abendländische Gottesbegriff zum ersten Mal.

Gegen 1600 v. u. Z. bekräftigten diese Einwanderer ihre Präsenz durch den Bau von Festungen in Argos, Pylos, Theben, Sparta und Athen. Die beeindruckendste von ihnen ist die Palastanlage von Mykene in der Argolis. Mit Sicherheit liebten diese Menschen das Gigantische: Die Griechen glaubten, in diesen bis zu zwanzig Meter hoch übereinandergetürmten Blöcken von zwei Metern Länge und einem Meter Breite das Werk von Riesen vor sich zu haben. Allein der Türsturz des berühmten Löwentors von Mykene wiegt mehr als zwanzig Tonnen. Es müssen kampfgewohnte Menschen gewesen sein. Abgesehen von diesen gewaltigen Befestigungsanlagen bezeugen auch ihre Rüstungen, daß der Krieg in ihrem Leben eine gewichtige Rolle spielte. Der im Museum von Nauplion ausgestellte Brustharnisch eines Kriegers aus beweglich miteinander verbundenen Bronzeplatten ist so angelegt, daß er den Schlägen sämtlicher Schwerter jener Zeit standhalten konnte.

Daraus ist zu schließen, daß sich diese Menschen ständig in einer Verteidigungsposition befanden, was uns wieder auf das Stichwort Eindringlinge zurückbringt. Der von Thukydides zitierte Geschichtsschreiber, der behauptet, daß »Attika seit undenklichen Zeiten immer nur von ein und demselben Volk bewohnt war«, weiß nicht, wie wahr er spricht: Attika und Arkadien sind die einzigen beiden Regionen, die nie von fremden Horden überrannt worden sind. Griechenland wurde nämlich von feindlichen Eindringlingen geradezu überschwemmt. Nach den Mykenern kamen die Achäer oder Herakliden, die sich als Nachkommen des göttlichen Helden Herakles ausgaben. Während die mykenische Kultur, von der Blütezeit bis zur plötzlichen Dekadenz, ihren Weg ging, besetzten Anatolier, die 2600 v.u.Z. in Nordgriechenland eingefallen waren, zunächst Makedonien und die Chalkidike, bevor sie nach Thessalien vorstießen. Dann folgten die Dorer, die genaugenommen Spartaner und die Erfinder des sonderbaren Prinzips der Doppelmonarchie waren. Auch sie stammten vermutlich aus dem Norden und sollen um 1104 v.u.Z. ganz Griechenland beherrscht haben. Nicht zu vergessen die oft erwähnten Meervölker, die Pelagier, bei denen es sich wahrscheinlich um Phönizier handelte, und auch die von Zeit zu Zeit vom Balkan her einfallenden feindlichen Horden. Da wir schon einmal bei den fremden Einflüssen sind, sollten auch die Verbündeten der bronzezeitlichen Griechen, die Hethiter und Ägypter, genannt werden. Eine Unmenge kultureller Einflüsse also, in deren Wirrwarr unmöglich Ordnung zu bringen ist.

Politisch gesehen herrschte das Chaos, was die angelsächsischen Historiker als die »dunklen Jahre« bezeichnen. Dorische Plündererbanden verunsicherten die Inseln der südlichen Ägäis und gründeten dann Kolonien in Kleinasien. Flüchtlinge aus Thessalien suchten Unterschlupf auf Tenedos (heute Bozca Ada) und Lesbos oder gingen ebenfalls nach Kleinasien, und die Ionier wiederum flohen vor ihren dorischen Verfolgern ins Bergland von Achaia und Attika … Wahllos bekriegte man sich kreuz und quer, aber ohne Unterlaß. »Es liegt am Tage, daß die Bevölkerung … wanderte und jeder Stamm seine Wohnsitze oft verlassen mußte, verdrängt von einem stärkeren, der wiederum einem anderen weichen mußte«, schreibt Thukydides.[5]

Daß der Religion bei all diesem blutrünstigen Hin und Her und den ruhelosen Massenabwanderungen kaum Bedeutung zukam, ist wohl einzusehen. Trotzdem zeichnen sich in der

mittlerweile 5000jährigen Entwicklung der religiösen Glaubensformen zwei wesentliche Merkmale ab: Die männliche
Gottheit hatte sich ihren Platz neben der Großen Göttin erobert. Die orientalische Glaubensströmung, die in Anlehnung
an den griechischen Himmelsgott Uranos als die »uranische
Strömung« bezeichnet wird, hatte männliche Götter eingeführt
und war mit der alten, sogenannten chthonischen Glaubensrichtung um die fast ausschließlich weiblichen Erdgottheiten
zusammengestoßen. Einer von unzähligen Hinweisen: Die Indogermanen, die Mitte des 3. Jahrtausends, aus Makedonien
kommend, in Thessalien eindrangen, hatten männliche Phal-
lusfiguren mitgebracht, wodurch sich das Schema wiederholte,
das in bezug auf das Aufkommen der männlichen Götter bereits
besprochen wurde.

Als im 9. Jahrhundert der griechische Geist neu zu erwachen begann, kehrte allmählich Ordnung in die Glaubensüberzeugungen jener Völker ein, aus denen sich dank des sagenhaften Erbes der Bronzezeit, der epischen Dichter, die Griechen
unserer Überlieferung zu entwickeln begannen. An erster Stelle stehen dabei Homer und Hesiod, zwei Giganten, und wer sie
nicht gelesen hat, wird Griechenland nur schwer verstehen. In
der *Ilias* (die gegen Ende des 9., vielleicht auch Anfang des 8.
Jahrhunderts entstand) scheinen sich Götter und Göttinnen in
ihre Rollen zu teilen, und ab dem 6. Jahrhundert v. u. Z. mochte
man die Tugend und Kraft der Göttin Athena bei den Panathe-
näen mit noch so großem Pomp feiern: Hundert Jahre später
hatte sich das Bild völlig gewandelt, da die Frau kein Wahl-
recht besaß und Aristoteles schrieb: »Sklaven haben keinen
Willen; Kinder haben zwar einen, doch der ist lückenhaft. Und
auch Frauen, aber da besitzt er keine Kraft.« Einzig Aristopha-
nes maß den Frauen eine gewisse Bedeutung bei, indem er
ihnen in *Lysistrata* die List eingab, den Männern den Geschlechtsverkehr so lange zu verweigern, bis der Peloponnesische Krieg zu Ende sei.

Hesiods *Theogonie* hingegen läßt kaum einen Zweifel an der
Identität der wahren Herren dieser Welt: In der Schlacht zwi-

schen Zeus und den Titanen hatte ersterer zusammen mit den übrigen Göttern sein Lager auf dem Olymp aufgeschlagen, während sich die anderen im Othrysgebirge verschanzten. Es herrschte ein ungleiches Kräfteverhältnis, da Zeus die schrecklichen Kinder des Kronos, der auch sein eigener Vater war, zu Hilfe gerufen hatte. Der Herr des Olymp und seine Verbündeten ließen daher einen Hagel von Blitzen und Felsbrocken über die Titanen niedergehen. Diese wurden natürlich besiegt und in die Tiefen der Welt verbannt. Und die Moral von der Geschichte: Die Führung der Angelegenheiten der Welt ist Männersache. Vermutlich bildet der Mythos um diese Schlacht die symbolische Übertragung eines Ereignisses, das die Phantasie der Mittelmeervölker stark geprägt hat, der Vulkanausbruch auf Thera von 1470 v. u. Z. Trotzdem ist das Interpretationsschema bezeichnend: In diesem Mythos bringt Hesiod (sicherlich in Anlehnung an uralte und Legende gewordene Berichte von der Katastrophe) lediglich männliche Kräfte ins Spiel.

Damit sind wir schon bei der ersten Erkenntnis: Die griechische Begabung zur Transformation fremder und heterogener Elemente ging genau denselben Weg wie das übrige Eurasien. In bezug auf Göttlichkeit liegt das Schwergewicht bei den männlichen Gottheiten. Zeus war zwar sehr wohl mit Hera verheiratet, aber der König des Olymps und alleinige Herr des Blitzes war er. Sie war lediglich seine Frau und konnte keine wichtigen Entscheidungen fällen. Diese beiden bildeten eine himmlische Projektion der patriarchalischen irdischen Gesellschaft, in der die Männer den Staat regierten, Krieg führten und Handel trieben, während die Frauen in ihren Gemächern ihren Beschäftigungen nachgingen. Er war der Beschützer des Gemeinwesens, also gebührte ihm auch die Befehlsgewalt.

Im 5. Jahrhundert v. u. Z. hatte Artemis, die große Göttin der Jagd und einstige Muttergöttin, ihren hoheitsvollen Status längst verloren. Sie war in der griechischen Mythologie auf die eindeutig untergeordnete Stufe eines der zahlreichen unehelichen Kinder des Zeus herabgestiegen, denn sie galt nur mehr als Tochter der Nymphe Leto und um neun Tage ältere Schwester Apollons. Zu allem Überfluß wurde sie auch noch von Heras Haß verfolgt, die die unehelichen Kinder ihres Mannes natürlich verabscheute. Mit der Fruchtbarkeit und Vermehrungsfähigkeit, die ursprünglich mit ihr assoziiert worden waren, hatte sie nichts mehr zu tun. Sie war eine stolze Jungfrau, die von ihren Gefährtinnen die gleiche Enthaltsamkeit erwartete. Selbst die uralte, einst allmächtige Erntegöttin Demeter entging als Zeus' Schwester dem Tod auf wenig rühmliche Art und Weise: Sie wurde ganz einfach ausgespuckt. Kronos hatte nämlich die abscheuliche Angewohnheit, seine Kinder zu fressen, und seine Frau Rhea, die seine Menschenfresserei nicht mehr mit ansehen konnte, gab ihm eines Tages einen Stein zu essen. Er erbrach ihn und spie dabei auch Demeter aus, die er verschlungen, offenbar aber noch nicht verdaut hatte.

Diese Sagen schlugen die Vorstellungswelt der Dichter in ihren Bann, die wiederum das Volk damit begeisterten. Wie die Hindus machten sich auch die Griechen ein höchst menschliches Bild von ihren Göttern. Sie betrachteten sie als Menschen wie andere auch, mit durchaus irdischen Launen und Sehnsüchten und lediglich dem einen Unterschied, daß sie eben unsterblich und viel mächtiger waren. Doch die Griechen färbten dieses Bild mit einer Unverfrorenheit, die bereits an Gottlosigkeit grenzt. Rachsüchtig, jähzornig, auf galante Abenteuer aus und manchmal auch kriminell, gingen ihre Götter kaum mit tugendhaftem Beispiel voran. Als beispielsweise Dionysos nach Thrakien kam, versäumte es Apollons Günstling Orpheus, der von diesem eine Lyra geschenkt bekommen hatte, ihm zu huldigen. Da entsandte Dionysos seine Priesterinnen, die Mänaden, die ihn in Stücke rissen und seinen Kopf in die Fluten des Hebros warfen (auf dem der Kopf, immer noch singend, davongespült und bis zur Insel Lesbos abgetrieben wurde). Apollon war auch nicht viel liebenswerter. Durch die Lobreden der Bauern über Marsyas' meisterhaftes Flötenspiel verärgert, zitierte er diesen zu sich, um sein Talent durch einen Wettstreit auf die Probe zu stellen; als Marsyas besiegt war, zog Apollon ihm bei lebendigem Leib die Haut ab und nagelte sie an den Stamm einer Pinie. Genau wie Zeus, übrigens, war auch der schöne Apollon, der sich immer gegen das Heiraten gewehrt hatte, ständig hinter Jünglingen und jungen Mädchen her, wenn er nicht gerade wieder einem ein Komplott schmiedete, um den Göttervater zu entthronen. Er verfiel auf Gedanken, Tote zum Leben zu erwecken, was den Gott der Unterwelt erboste, der sich bei Zeus über ihn beklagte. Dieser tötete Asklepios, den durch Apollon wieder zum Leben erweckten Menschen, mit einem Blitz, woraufhin Apollon, schäumend vor Wut, seinen Zorn an den Zyklopen, den treuen Dienern des Zeus, ausließ. Auch Artemis pflegte sich kaum friedlicher zu geben: Als Brontes, einer der Zyklopen auf der Insel Lipari, ihr auf Knien seine Liebe erklärte, wurde sie ärgerlich und riß ihm ein Haarbüschel von der Brust. Die Anfänge der Welt eignen sich auch nicht gerade für zarte Ohren: Als Athena einmal in den Krieg ziehen wollte, scheute sie sich, die Waffen dafür bei Zeus auszuleihen, und bat daher Hephaistos, den Gott der Schmiedekunst, ihr Waffen anzufertigen. Der Gott, der wie viele andere in Athena verliebt war, gab ihr zu verstehen, daß er es nicht gegen Bezahlung, sondern aus Liebe tun würde. Und als Athena ihre Waffen abholen wollte, nahm sie Hephaistos voller Erregung in die Arme und ejakulierte gegen den Schenkel der Göttin. Angewidert wischte sich diese das Sperma mit einem Wollappen ab und warf ihn in die Luft; der besudelte Lappen fiel nahe Athen herab, und so kam es, daß die Erde fruchtbar wurde ...

Der Schluß liegt nahe, das religiöse Empfinden der Griechen zumindest als gedämpft zu bezeichnen und die griechische Religion, abgesehen von einem Fundus unterhaltsamer Geschichten, obendrein als Komplex von Riten mit sozialer Funktion zu betrachten. Denn wie sollte man Götter verehren können, aus denen sich eine solch zweifelhafte Gesellschaft zusammensetzte? Sollten demnach die Griechen als einzige auf der Welt das Bedürfnis nach einem Gott, das der gesamten Menschheit eigen ist, nicht gekannt haben?

Vier Umstände sprechen gegen diese Annahme. Der erste liegt in dem stark ausgeprägten Volksaberglauben, der in der

Welt der Hellenen herrschte, ebenso wie übrigens auch im restlichen Mittelmeerraum. Aberglaube aber bedeutet auch persönlicher Glaube an übernatürliche Mächte, einerlei, ob gute oder böse. Zweitens ist das die bedeutende Rolle, die die religiösen Zeremonien um die Kultfeste der eleusinischen, dionysischen und orphischen Mysterien innerhalb der griechischen Kultur spielten. Der dritte Umstand lag in der Geisteshaltung der griechischen Denker. Viertens und letztens ist allgemein bekannt, daß die Griechen zu Zeiten der Demokratie als auch der Tyrannis mit dem Vorwurf der Gottlosigkeit nicht leichtfertig umgingen. Als Alkibiades nur unter dem Verdacht der Beteiligung an einem Komplott stand, bei dem in einer nächtlichen Aktion die Hermesfiguren von Athen (mit einer einzigen Ausnahme) kastriert worden waren, gingen die Wogen der Erregung hoch. Vielleicht war es ja nur ein geschmackloser Streich betrunkener junger Leute gewesen. Alkibiades jedenfalls geriet in eine gefährliche Situation. »Um das nachvollziehen zu können«, schrieb Jacqueline de Romilly, »muß man begreifen, wie stark die religiösen Traditionen in der Athener Demokratie nach wie vor vertreten waren. Sämtliche politischen Veranstaltungen wurden von Gebeten, Opferzeremonien und Trankopfern begleitet.«

Der Glaube an Magie und Weissagungen nahmen seit urdenklichen Zeiten einen gewichtigen Platz im täglichen Leben der Griechen ein. Hephaistos war nicht nur Gott der Schmiedekunst, sondern auch der Magie, weswegen ihn selbst die anderen Götter fürchteten: Nachdem er von seiner Mutter Hera in ihrem Zorn darüber, ein solch mißgestaltetes Kind geboren zu haben (er war häßlich und hinkte), vom Olymp herabgeschleudert worden war, schickte er ihr später einen goldenen Thron. Sie setzte sich darauf, konnte aber nicht mehr aufstehen, weil ihr rachsüchtiger Sohn den Thron mit einem verborgenen Mechanismus versehen hatte, der seine Mutter gefangenhielt. Jedermann in Griechenland hütete sich vor zwei unsichtbaren Mächten, vor der *hybris*, der übersteigerten Selbstgefälligkeit, die die Götter und namentlich die schreckliche Rachegöttin

Nemesis verärgerte, und vor dem *phthonos*, der Mißgunst, die durch allzu blendende Erfolge hervorgerufen wurde. »Alles wurde als Zeichen gewertet. Alles und jedes beinhaltete einen Fingerzeig, den man nur richtig zu interpretieren brauchte, um die nötige Lehre und den nötigen Schutz daraus zu ziehen.«[4]

Daher die Rolle des *magos* im Gemeinwesen, aus dem sich das Wort »Magier« herleitet. Seine Aufgabe war es, das jeweilige Zeichen zu entschlüsseln und eine Schutzfunktion zu finden. War er ein Seher? Ein Hexenmeister? Ein Schamane? Dazu bestehen Auslegungen unterschiedlichster Art. Claude Lévi-Strauss sah in ihm sogar einen Vorläufer des Psychoanalytikers. Er war dem *goes*, γόης, jenem »Magier, der finstere Beschwörungsformeln murmelt« (Herodot), und auch dem *pharmakeús* oder *pharmakós*, φαρμακεύς/φαρμακός, verwandt, der Zaubermittel zusammenbraute, und den Sophokles als Giftmischer und Platon als Hexenmeister bezeichnete. Irgendwie war er all das zugleich, vor allem aber ein Fürsprecher zwischen den Menschen und den übernatürlichen Kräften. Und die Griechen zeigten einen ungemeinen Bedarf an Traumdeutungen, Zaubertränken, Amuletten, Pülverchen und anderem Zauberkram. Selbst in der *Politeia*, jener Abhandlung über den bürgerlichen Totalitarismus, überließ Platon es Pythia, sich um ethische und religiöse Fragen zu kümmern. Und im *Phaidros* gestand er der göttlichen Verehrung einen offiziellen Status zu.

Anzeichen für eine gehobene Glaubensauffassung sind dies gewiß nicht, doch immerhin verraten sie eine instinktive, unmittelbare und alltägliche Anerkennung der göttlichen Mächte. Wenn die Griechen den Göttern der Volksreligion (denn es existierte auch eine philosophische Religion, die sich um die Alltagsquerelen im Olymp wenig scherte) sträfliches Handeln und verwerfliche Großtaten andichten, so geschieht das in gewisser Weise aus exorzistischen Beweggründen. Darin sind ihre Götter den hinduistischen und keltischen Göttern sehr ähnlich: zu allem imstande und unberechenbar. Folglich sicherte man sich besser ihre Gunst und bemühte sich, ihr Mißfallen nicht zu erregen.

Deswegen müßten die Griechen aber noch lange nicht alle Götter nur wie Komödien- oder Tragödienfiguren sehen. Sie hatten auch ihre abstrakten Götter wie Tyche, die Schicksalsfügung, Kronos, die Zeit, und Physis, die Natur. Manche gingen sogar so weit, die Götter einander selbst zu unterwerfen, Zeus beispielsweise den Moiren (römisch: Parzen). Im folgenden Kapitel werden wir noch sehen, daß sich das religiöse Empfinden nicht allein auf diese *deisidaimonía*, die ewige Angst vor Dämonen, beschränkte (die gewiß nicht unsere manichäistischen Teufel, sondern mächtige Geister sind). Die Griechen besaßen auch einen viel ausgeprägteren Sinn für das Jenseits, der bei ihren Dichtern und Philosophen zum Ausdruck kommt.

Im Anschluß an den Aberglauben, dem Souterrain der Metaphysik, beruht der zweite wesentliche Beweis für das religiöse Empfinden der Griechen auf den Mysterien. Dabei handelte es sich um alljährliche religiöse Zeremonien, die von ekstatischem Charakter gewesen zu sein scheinen und die man etwas gewagt mit dem Osterfest des Altertums vergleichen könnte, weil sie alle eine Auferstehung feiern.

Der Begriff »Mysterium«, griechisch μυστήριον, der sich über μύστη, »Myste«, »Eingeweihter«, von *myéein*, μυέειν, »einweihen«, dieses wiederum von *myein*, μυεῖν, »sich schließen (Mund, Augen etc.)«, ableitet, bezieht sich auf das strenge Schweigegebot, zu dem die Teilnehmer eines Rituals verpflichtet waren. Es handelte sich nicht gerade um ausgesprochen geheime, aber doch nur eingeweihten Kreisen vorbehaltene Zeremonien. Denn man stellte dabei eine direkten mystischen Kontakt mit den Gottheiten her, und da dies gefährlich war, galt es, auf die strikte Einhaltung des Rituals zu achten.

Nach allgemeiner Ansicht der Historiker gehen die Mysterien auf sehr alte Ursprünge zurück. Die Griechen feierten mehrere Mysterien, die je nach Alter und Beliebtheit von unterschiedlich großer Bedeutung waren. Die ältesten und berühmtesten waren die Eleusinischen, die in der Stadt Eleusis, einige Kilometer westlich von Athen, abgehalten wurden. Es war eine mykenische Stätte, wo man sogar schon vor den Mykenern den Kult der Großen Erntegöttin feierte, die später zur griechischen Demeter wurde. Auf welchen Mythos sich die Zelebrationen der vorarchaischen und archaischen Epochen bezogen, weiß man nicht, aber man kennt das Motiv der Eleusinischen Mysterien im vorklassischen und klassischen Griechenland: Es ist die mythische Wiedervereinigung von Demeter und ihrer Tochter Kore (in Eleusis Persephone genannt). Persephone war von Hades, dem Gott der Unterwelt, entführt worden. Auf der verzweifelten Suche nach ihr durchstreifte Demeter die Welt kreuz und quer: Um sich für das Leid, das ihr angetan wurde, zu rächen, brachte sie Dürre über die Welt, und der Menschheit drohte dadurch der Hungertod. Da entsandte der beunruhigte Zeus seinen Boten Hermes zur Befreiung der in der Unterwelt Gefangenen aus, die dann allerdings nur noch einige Monate bei ihrer Mutter auf Erden verbringen durfte. Daraufhin gab Demeter den Sterblichen ihre Ernten zurück. Das Symbol liegt auf der Hand: Nachdem es im Boden geschlummert hatte, erwachte das Getreidekorn zu neuem Leben und brachte somit Leben, Fruchtbarkeit und Wohlstand zurück. Das Fest begann übrigens am 13. Tag des Monats Boedromión, der in etwa dem September entspricht, und endete eine Woche später. Dabei wurde die ganze Zeit hindurch ein feierliches Zeremoniell eingehalten, das unwillkürlich an die großen christlich-religiösen Festlichkeiten von Byzanz erinnert. Ein spezifisch attisches Fest war es ganz bestimmt nicht, denn überall in Griechenland waren die Eleusinischen Mysterien berühmt und bekannt und zeugten so von der Verwurzelung des religiösen Empfindens der Griechen.

Die Dyonisischen Mysterien sind sehr alt. Sie gehen mindestens auf die indogermanischen Völkerwanderungen in 2. Jahrtausend v.u.Z. zurück, durch die Theos-Nysa, der Stadtgott von Nysa, das heißt eigentlich der Hindugott Shiva, in Makedonien eingeführt wurde. Da die Weinerzeugung ungefähr auf das 5. Jahrtausend v.u.Z. zurückgeht, ergibt sich daraus wie von selbst, daß die Weinlese und das Keltern der Trauben, die den Auftakt zur Herstellung dieses berauschenden Getränks bildeten, zu Festen Anlaß gaben. Allein schon die an Blut erinnernde Farbe des Traubensafts belegte die Verarbeitung des Weines mit einer Lebenssymbolik. Der Wein wurde zu Blut, eine Übertragung, die später das Christentum wiederaufnehmen sollte. Sein Genuß erweckte den Anschein eines Blutopfers, und tatsächlich ging der Dionysoskult, was den Einsatz dieser Symbolik betrifft, dem Christentum voran. Der Gott wurde nämlich dem geopferten Tier gleichgesetzt, daher auch seine Beinamen *Taurókeros*, der »Stiergehörnte«, oder *Tauroprósopos*, der »Stiergesichtige«. Und die in ihrer frommen Verzückung trunkenen Bacchantinnen verzehrten das rohe Fleisch des Opfertieres, da es ja den Gott repräsentierte.

Die Dionysosfeiern sind eher Feste als nur eingeweihten Kreisen vorbehaltene Zeremonien. Es gibt das Fest der Weinlese, Oschophoria, im Oktober, dann die Kleinen (oder ländlichen) Dionysien im Dezember, die Lenaia, das Kelterfest zu Ehren der mit dem Dionysoskult verknüpften Mänaden, und schließlich das Blüten- oder Frühlingsfest, die Anthesteria, im Februar/März (die städtischen Dionysien im Frühling, die Pisistratos später noch einführte, seien erinnerungshalber noch erwähnt). Es sind unter anderem auch Verherrlichungen der Fruchtbarkeit und Vermehrungsfähigkeit, und genau darauf beziehen sich offenbar die christlichen Apologeten, die deren Obszönität anprangerten, weil sie sich in der Tat durch Hemmungslosigkeit auszeichneten: ekstatische Tänze der weiblichen Gefolgschaft des Gottes, dazu ein Heidenlärm aus Tamburinschlägen und Kastagnettengeklapper, Phalluspräsentationen, Zechgelage und natürlich auch sexuelle Ausuferungen.

Es wäre jedoch falsch, diese Exzesse als Vorwand für kaum verhohlene Lüsternheit auszulegen: »Die rituelle Nacktheit und Zurschaustellung der Zeugungsorgane, die grundsätzlich Befruchtungsfähigkeit haben, dient auch dazu, den bösen Blick und böse Geister abzuwenden«, erklärt Francis Vian.[5] Da man ihn im übrigen auch mit der Ernte assoziierte, wurde Dionysos diesbezüglich als Symbolfigur für die Wiedergeburt der Lebenskraft verehrt.

Dionysos ist ein noch wenig bekannter, mißverstandener Gott, der die Religion der Griechen sehr aufschlußreich beleuchtet: Die Griechen hingen sehr an ihm, weil er durch seine Sterblichkeit dem Menschsein verwandt war. »Er wurde von dem Helden Perseus getötet, von den Titanen ermordet und verschlungen, und starb auf der Flucht vor Lykurg in Delphi, wo man sein Grab mit der Inschrift: *Hier ruht Dionysos, Sohn der Semele,* vorzeigte.« Von allen Göttern des Altertums, ob Adonis, Tammuz oder Krishna, ist er neben Herakles derjenige, der am ehesten ein vorweggenommenes Abbild Jesu darstellt. Er stieg häufig in die Unterwelt hinab – bei einer Gelegenheit, um seine Mutter zu befreien –, doch immer wieder kehrte er ans Licht zurück. Er war ein weiterer Gott der Liebe, ebenso wie er der »Gott, der immer wieder kommt« war. So hat ihn der deutsche Hellenist W. F. Otto charakterisiert. Und jedes Kommen war eine Epiphanie. Kein Zweifel, die Griechen modelten den ursprünglichen Gott Shiva ganz beträchtlich um. Sie verwandelten Dionysos zu einem modernen Gott, dessen ständig ins »Heidentum« abgeschobenes Bild aufgrund seiner Vitalität und Vielfalt unweigerlich besticht.

Es scheint, als sei die Begeisterung für den Dionysoskult im 7. Jahrhundert v. u. Z. abgeflaut. Dann aber ließ ihn eine von Thrakien oder Makedonien herkommende Bewegung wieder aufleben und bereicherte ihn um eine neue Mystik, die Orphik. Diese Verbindung verwundert, wenn man bedenkt, daß Orpheus verschiedenen Mythosversionen zufolge von Dionysos niedergemetzelt wurde; sie erklärt sich jedoch aus dem Umstand, daß er mittlerweile als Schüler des Gottes, aber auch als Reformator der dionysischen Mysterien dargestellt wurde.

Die orphischen Mysterien sind zweifellos die verblüffendsten unter den griechischen Mysterien, weil sie so deutliche Anklänge an das Christentum aufwiesen. Zunächst einmal unterschieden sie sich durch das Verbot zu töten, die Unterlassung von Tieropfern also, dann durch den Vegetarismus, die Reinigung und die religiöse Unterweisung, was in eine diametral entgegengesetzte Richtung zu der physischen Exaltation bei den oben beschriebenen dionysischen Mysterien führte.

Und was noch bedeutsamer ist, die Orphik betonte die Seelenwanderung, ein ausgesprochen orientalisches Motiv, das die griechische Religion ansonsten nicht kannte, auch wenn sie hie und da die Idee der Unsterblichkeit der Seele anzuerkennen schien. Einem Satz der fälschlich Euripides zugeschriebenen Tragödie *Rhesos* nach zu urteilen, war sie ein Mystizismus: »... hat einst Orpheus der geheimen Mysterien Glanz gelehrt.«[6] Doch welcher Mysterien? Das sagt der unbekannte Dichter nicht. Kennzeichnend für die Orphik waren auch die Bettelpriester und Missionare, die Orpheotelesten, über die Platon verächtlich herzog und die er als Hochstapler hinstellte: Für manche[7] seien diese Priester »degenerierte« Erben der thrakischen Schamanen. Tatsächlich waren die Bettelmönche ein bemerkenswert eigentümliches Phänomen in Griechenland. Nur ein weiteres Beispiel dieser Art ist bekannt, die dem Demeter/Kybele-Kult geweihten Bettelmönche. Allerdings waren diejenigen, die Platon so verunglimpft, auch noch missionarisch aktiv (während Bekehrungseifer den Griechen ansonsten fremd war). Sie führten ein Wanderleben und waren zudem noch Vegetarier. Das erschien in Griechenland und selbst in Makedonien und Thrakien noch ungewöhnlicher, vor allem wenn sich diese Merkmale mit der Ablehnung von Opferungen, dem fanatischen Reinheitsgedanken und dem Glauben an die Seelenwanderung verbanden. All diese Züge erinnern unwillkürlich an Zarathustras Parsismus einerseits und an die missionarischen Hindumönche andererseits.

Trotzdem war die Orphik dem Wesen der Griechen doch zu fremd: Sie konnte sich nicht dauerhaft durchsetzen und schien ihre Bedeutung in der Epoche des klassischen Griechenland verloren zu haben. Dieser spiritualistische Mystizismus, der die materielle Welt verurteilte und dessen Texte man zum Teil dem Christentum zuordnen könnte, war ein verfrühter Schock gewesen. »Ich bin der Sohn des Himmels und der Erde«, »Ich entstamme der Reinheit«, »Ich habe den Preis für die Verfehlung bezahlt«, erklärt die Seele der Eingeweihten, ganz wie in einem Lobgesang des frühen Christentums, und der Offiziant antwortet ihm: »O du Gesegneter und Seliger, deine sterbliche Hülle hast du abgeworfen und wirst nun göttlich werden.« Noch ungewöhnlicher in ihrer Vorahnung des Christentums ist folgende orphische Hymne:

>»Zeus, der Herr des Blitzes, ist erster und letzter.
>Zeus ist Kopf und Mitte und Vater des Universums.
>Zeus ist ein Mann, und Gott ist eine unsterbliche Jungfrau.
>Zeus stützt die Welt und den Sternenhimmel,
>Zeus, der Atem der Welt, Kraft des ewigen Feuers,
>Zeus, Wurzel der Meere, Mondgott, Sonnengott,
>Zeus, der Herr, Zeus, Prinzip und Schöpfer von allem.«[8]

Man braucht nur den Namen Zeus (übrigens eine phonetische Abwandlung von *theós*, Gott) auszuwechseln, und schon glaubt man, in diesem Text, der aus dem 4. oder 3. Jahrhundert v.u.Z. stammt, einen urkirchlichen Lobgesang vor sich zu haben. Nie gab es ein deutlicheres Bekenntnis zum Monotheismus. Und es wird begreiflich, weshalb die Kirchenväter diesen Orpheus, der dem Christentum ein so guter Wegbereiter war, mit so viel Nachsicht behandelten.

Eine vergleichbare Überraschung erwartet den Leser der sogenannten »vorsokratischen« Denker. Wir kennen eigentlich nur einige Fragmente ihrer Arbeit, die offenbar die Zensur der christlichen Klosterkopisten und das Zerstörungswerk anderer christlicher Mönche überlebten. Bei Xenophanes von Kolophon begegnet man nun folgendem Text:

>»EIN Gott ist unter den Göttern und unter den Menschen der größte,
>Nicht an Gestalt vergleichbar den Sterblichen noch an Gedanken.
>Ganz ist Auge, ganz Ohr und ganz Gedanke sein Wesen.
>...
>Mühelos schwingt er das All mit seines Geistes Vermögen.«[9]

Diese zweite monotheistische Bekundung, die nur ein klein wenig durch die Erwähnung anderer, untergeordneter Götter geschmälert wird, soll auf das ausgehende 6. oder beginnende 5. Jahrhundert v. u. Z. zurückgehen, da Xenophanes ein Zeitgenosse von Pythagoras gewesen sein soll.

Der berühmteste und auch meistkommentierte Denker des archaischen Griechenland ist mit Sicherheit Heraklit von Ephesus. Die Fragmente seines Werkes, die uns durch Zitate bei anderen Autoren erhalten sind, füllen gerade mal dürftige fünf Seiten. Doch eine kritische Ausgabe seines Werkes dürfte schwerlich weniger als das Hundertfache dieser Seitenzahl umfassen. Obgleich Epheser, war er für seine herablassende, manchmal sogar verächtlich trockene Einsilbigkeit berühmt. Legendentum und Dichter lehnte er ab: »Homer verdient es, aus den Festspielen ausgeschlossen und gegeißelt zu werden, und Archilochos desgleichen.«[10] Eine recht extravagante und massive Beleidigung an die Adresse des größten aller griechischen Dichter. Und warum? Weil Homer den Zorn des Achilles verurteilte, ohne den er nicht existieren würde, und Archilochos, weil er sagte, daß Ruhm nur dann von Wert sei, wenn er von den Dichtern besungen wird, was darauf hinausläuft, daß die Helden aus purer Eitelkeit heldenhaft sind. Sollte Heraklit von Homer tatsächlich nichts gehalten haben? Ganz und gar nicht, er nahm sich lediglich das Recht heraus, ihn zu kritisieren, denn in einem anderen Fragment bezeichnete er ihn als einen, »der noch weiser was als der Hellenen alle«. Dies als kleine Kostprobe der Wesensart Heraklits: respektlos bis zum äußersten, was die Grundwerte der Polis anging.

Diese Haltung stellt die Göttlichkeit der gesellschaftlichen Ethik der Polis gegenüber, wobei Heraklit der Göttlichkeit die Vorrangstellung einräumt. Beiläufig erwähnt, begegnet man ihr später in genau umgekehrtem Verhältnis bei der Französischen Revolution wieder. Diese allerdings hielt die gesellschaftliche Ethik der Göttlichkeit entgegen und lehnte den Gott der Bourbonen ab, um ihn gegen das höchste Wesen, den Bürger Nummer eins, auszutauschen. Heraklit war zunächst einmal religiös und dann erst Bürger; darüber hinaus war er, wie wir später sehen werden, Monotheist. Eigentlich hätte ihn die römisch-katholische Kirche in den Heiligenkalender aufnehmen können.

Ein Fragment, das uns durch die *Stromata* des Klemens von Alexandria überliefert worden ist, stimmt in der Tat nachdenklich: »Eins, das allein Weisheit ist, will nicht und will doch wieder mit dem Namen Zeus benannt werden.«[11] Jedes dieser Worte verdient es, sorgsam abgewogen zu werden. »Eins«, das ist das kosmische Eine, das die Einheit der Gegensätze bewirkt. Es will nicht Zeus genannt werden, da es nicht nur Zeus, sondern auch sein Gegensatz Hades ist. Trotzdem akzeptiert es den Namen Zeus, weil es seine Identität in der Einheit mit dem Gegenstück nicht verlieren möchte.

Hierin liegt nun ein monotheistisches Bekenntnis, das jeglichen Anschein von Polytheismus widerlegt. Das Kaufhaus der griechischen Götter, das durch eine gewisse Propaganda in das Museum des Heidentums verwandelt wurde, diente nur als Fassade für eine religiöse Wirklichkeit, die sich stellenweise mit dem Christentum zu überschneiden scheint. Das Volk durfte seine Riten pflegen, und die Philosophen dachten sich ihr Teil dazu, behielten es aber für sich. Der Zeus des Heraklit hat große Ähnlichkeit mit dem des Pythagoras (was ihre Geburtsdaten betrifft, liegen sie ja auch kaum ein Jahrhundert auseinander). Also ein Versehen, eine falsche Übersetzung oder mutwilliger Verrat von seiten des Klemens von Alexandria? Das steht zu bezweifeln, denn ein anderes Fragment schaltet diesen Verdacht aus: Es wurde Porphyrios entnommen, der sich kaum dazu hergegeben haben dürfte, Zitate zugunsten des Christentums zu verfälschen: »Für Gott ist alles gut und schön und recht; nur die Menschen sind der Meinung, das eine sei recht, das andere unrecht.« Das Wort »Gott« ist im griechischen Text durch *theós* in der Dativform belegt – τῷ μὲν θεῷ καλά; »Gott«, und nicht Zeus.

Zahlreiche Historiker haben Kollegen, Schüler und Öffentlichkeit schon davor gewarnt, denn Monotheismus in allem und jedem, und namentlich bei den Griechen, sehen zu wollen. Die christlichen Apologeten haben die Griechen oft genug für kirchliche Zwecke benutzt. Aber Worte sind eben nur Worte.

An anderer Stelle meint man in folgendem prägnantem Sinnspruch einen unbekannten Ausschnitt der Worte Jesu zu lesen: »Der Esel zieht Spreu dem Golde vor.« Doch um Heraklit tiefer zu ergründen, müßte man noch einen weiteren Band anhängen. Im übrigen läuteten nicht nur er, Orpheus und Xenophanes das Christentum im archaischen Griechenland ein. Dicht hinter ihnen folgt Parmenides von Elea:

»So ist nur noch die Rede von einem Weg, der uns bleibet:
daß das Seiende ist. Merkzeichen hat dieser gar viele:
Niemals ist es geworden, so kann es auch nimmer vergehen.
Ganz ist es, einzig nach Art und Bewegung und Ende.«[12]

Dieses Postulat ist denkbar weit vom griechischen Polytheismus entfernt und denkbar nahe an der christlichen Metaphysik. »Das Seiende ist des Gedanken Inhalt, und ohne diesen gibt es kein Denken.« Das liest sich wie eine Einleitung zum heiligen Thomas von Aquin: Alles Denken ist Denken Gottes, und jeder Gedanke, der an Gott Verrat übt, übt Verrat an sich selbst, ebenso wie es keine Wirklichkeit gibt, an deren Anfang und Ende Gott nicht stünde. Dies ist eines der Hauptthemen der »Prima pars« in der *Summa theologiae*, nur eben mit einem zeitlichen Abstand von rund 1800 Jahren …

An Parmenides schieden sich die Geister: Den christlichen Theologen war er ein süßer Trank, den anderen dafür ein Schierlingsbecher. Seinen Monotheismus bestätigte er nochmals in einem dritten, Simplikios' *Physica* entnommenen Zitat (12): »Doch in der Mitte thront, die alles steuert, die Göttin.«

Das griechische Wort für Göttin ist *daímon* (mit weiblichem Artikel), was gewiß nicht dem christlichen »Dämon« entspricht, sondern einem übernatürlichen Geist im Sinne des Daimon, der Sokrates inspirierte. Im weiteren Verlauf hört sich das Zitat schon etwas zweifelhafter an: »Überall läßt unsel'ge

Geburt sie und Paarung beginnen, Sendet dem Manne das Weib und dem Weib den Mann zur Vermählung.«

Die »unsel'ge (*stygerós*, στυγερός) Geburt« ist ein Ausdruck, der den Bewunderern des Parmenides und der Vorsokratiker einen gewaltigen Schlag versetzte, denn er verrät letzten Endes abgrundtiefen Pessimismus. Daher auch die Kunstgriffe der Übersetzer, um ihn zu entschärfen: »furchtbar« übersetzte Beaufret, »schwer« Battistini, »schrecklich« Voilquin und »peinvoll« Tannery, Ramnoux und andere. Doch nein, Parmenides hat durchaus gemeint, was er schrieb: »widerwärtig«. In seinen Augen war diese Welt grauenhaft. Sie profitierte nicht vom Monotheismus, wie damals aus propagandistischen Gründen behauptet wurde.

Vielleicht aber hat man hier eine Erklärung für die Faszination, die diese wenigen zusammenhanglosen Textfragmente, die durch andere überliefert wurden und zusammenfassend als »vorsokratisch« bezeichnet werden, noch heute ausüben. Diese Griechen hatten alles begriffen. War man religiös, so konnte man unmöglich nicht Monotheist sein, und war man Monotheist, konnte man unmöglich von der Welt nicht angewidert sein. Man möchte meinen, daß der unangenehme Säulenheilige Simeon auf seiner Säule oben Parmenides las. Oder Heraklit.

Empedokles von Agrigent war nach Nietzsche die »bunteste Gestalt der antiken Philosophie«. Bunt, na schön, wenn damit eine erstaunlich vielfältige Persönlichkeit definiert werden sollte, die sogar die Psychoanalyse fasziniert hat, denn Empedokles war Ingenieur, Hygieniker, Philosoph, Wundertäter und Dichter zugleich und zog »im Purpurgewande, mit Siegerbinden und Kränzen geschmückt von Stadt zu Stadt«. Seine Gedichte *Über die Natur* und *Reinigungslied* geben deutlich das Ausmaß seines Weltbildes wieder. In *Über die Natur* schildert er die Entstehung der Welt, und zwar in Form eines gewaltigen Dramas zwischen vier Gestalten, bei denen es sich um die vier Elemente handelt, die von zwei widerstreitenden Kräften, dem Haß und der Liebe, angetrieben werden. Stellenweise zeigt er sich dabei einem Hesiod ebenbürtig. In dem ergänzenden mystischen *Reinigungslied* fallen insbesondere folgende Zeilen auf:

>»Nicht hat Gott einen menschlichen Leib, des Zierde das Haupt ist,
>Auch nicht schwingen vom Rücken sich ihm zweigartig zwei Arme
>Noch hat er Füße noch hurtige Knie noch zeugende Glieder,
>Sondern heiliger Geist nur, unaussprechlicher ist er,
>Der mit Gedankenschnelle im Flug das Weltall durchwaltet.«[13]

Nahezu identisch haben wir hier den jüdisch-christlichen Gott unter Einbeziehung des Gesetzesbegriffes vor uns: »Allgemein gilt das Gesetz, das durch die Fernen des Äthers und des Himmels unendlichen Raum überall waltet.« Begreiflich, daß die Vorsokratiker und vor allem die Pythagoräer einige Verwirrung in der im Entstehen begriffenen römisch-katholischen Kirche gestiftet haben: Neben anderen üblen Auswirkungen lieferten sie dem Gnostizismus, jener schrecklichen Hydra, Nahrung, die die Kirche erst nach fünfhundertjährigen Anstrengungen und mit Hilfe weltlicher Mächte halbwegs abzuwürgen vermochte.

Freilich, es bleiben Skeptiker wie etwa Protagoras von Abdera, der Äußerungen über die Götter ablehnt: »Von den Göttern weiß ich nichts, weder daß es solche gibt, noch daß es keine gibt. Denn viele Hindernisse versperren uns diese Erkenntnis: die Unklarheit der Sache und die Kürze des menschlichen Lebens.«

Immerhin ist die Idee von einem einzigen Gott, die der des Christentums erstaunlich nahekommt, fünfhundert Jahre vor der Entstehung dieser Religion bereits sehr wohl präsent. Dabei sind uns nur Fragmente der Autoren erhalten, die sie vorgebracht haben. Die Bibliotheken wurden ausgeplündert, möglicherweise, weil so viele Ähnlichkeiten den neuen Glauben in seinem Stolz zu verletzen drohten: Man hätte ihn ja verdächtigen können, nichts Neues erfunden zu haben.

In seiner *Geschichte der religiösen Ideen* begrüßt Mircea Eliade in der Orphik und im Pythagoreismus eine »neue Eschatologie«: In Wirklichkeit ist sie jedoch sehr alt, da ihre Prinzipien, darunter auch das Seelenheil, bis ins vor-vedische Indien zurückgehen und in der babylonischen Theorie vom Abwiegen der verstorbenen Seelen sogar dieselbe Form annehmen wie sehr viel später im Christentum. Es war also nichts Neues, oder jedenfalls nichts Brandneues, geschehen. Gott, den Gott unserer westlichen Vorstellung, haben die Griechen schon im 6. und 5. Jahrhundert v. u. Z. kennengelernt, das heißt lange bevor die Lehre Jesu die Statuen der Bewohner des Olymp verblassen ließ.

Erneut drängt sich die Frage auf: Sollten die Griechen diese Idee bei den Juden aufgeschnappt haben? Das ist sehr unwahrscheinlich: Die Möglichkeit, daß es zwischen dem archaischen Griechenland und den Juden Kontakte gab, scheint sehr gering. Außerdem hat sich der jüdische Monotheismus, wie in Kapitel 10 erläutert, erst nach Jeremia (628–580 v. u. Z.) durchgesetzt. Wo also hatten die Griechen diese Idee von einem einzigen Gott »gefunden«?

Dafür könnte es drei Erklärungen geben, wobei übrigens keine die andere ausschließt. Zum einen hatten die endlich seßhaft gewordenen Griechen innerhalb der 1500 Jahre nach der mykenischen Landnahme zu Beginn des 2. Jahrtausends genügend Zeit, um all die Ideen zu sortieren, die sich durch die verschiedenen Einwanderungswellen über ihr Land ergossen hatten. Daraus haben sie sich dann gewissermaßen ihren eigenen Wein gekeltert.

Zum anderen hatte die Entwicklung der griechischen Sprache ganz ungemein das Denken begünstigt. Es bedarf noch vieler wissenschaftlicher Untersuchungen, bis eine einigermaßen dichte Parallele zwischen der Entwicklung der Sprache im Zeitalter des Perikles und der des griechischen Denkens gezogen werden kann, das weit über das damalige Denken auf diesem neuen Kontinent Europa hinausging.

Drittens hat eben diese Sprachentwicklung, die den Wissenschaften Vorschub geleistet hatte (die ersten Philosophen sind immerhin die »Physiologen« und Wegbereiter für die neuzeitliche Wissenschaft), auch die Entwicklung der Logik begünstigt. Denn eine reichhaltige und mit einer soliden Grammatik ausgestattete Sprache ermöglicht eine Vielfalt von Konzepten und somit von Schemata, die Welt zu erkennen. Diese wiederum bieten bei der Interpretation der Phänomene eine Vielfalt von Kausalitätsbeziehungen. Dieser Punkt soll im vorletzten Kapitel dieses Buches weiter ausgeführt werden.

Und noch etwas: Das ferne und doch so nahe Indien sollte in diesem Griechenland – alles in allem schließlich sein ruhmreiches Enkelkind – eine ungewöhnliche, erstaunliche Flut von Fragen auslösen. In der zweiten Hälfte des 4. Jahrhunderts trat plötzlich eine unerhörte Denkergruppe in Erscheinung: die sogenannten »Hündischen« oder Kyniker. Griechenland stand zu diesem Zeitpunkt auf dem Höhepunkt seiner Blüte. Seine Politik, Philosophie und Kultur hatten eine solch hohe Stufe erreicht, daß sie die Welt noch 2500 Jahre lang bis zum heutigen Tag mit Bewunderung erfüllen werden. Unsere Kyniker aber fochten alles an und gingen aller Welt auf die Nerven. Ihrer Ansicht nach waren das politische und philosophische System, mit dem sich ihre Mitbürger brüsteten, nichts anderes als »Kinderspielzeug«, wie Heraklit sich ausdrückte. Sie waren, wie könnte man daran zweifeln, das griechische Sprachrohr der hinduistischen Verkünder des Nichts und der gelassenen Selbstzerstörer Mahavira und Buddha.

Der Gedanke an einen möglichen Einfluß Indiens auf Griechenland mag manchen Historiker irritieren, und doch existiert er. Anfang des 11. Jahrhunderts hatte der arabische Geschichtsschreiber und Gelehrte al-Biruni nach seiner Reise nach Indien folgendes zu berichten: »Alexander hatte zwei Brahmanen nach Griechenland gesandt, auf daß sie dort mit seinem Lehrer Aristoteles zusammentrafen. Dieser gab folgende Antwort auf ihre Fragen: ›Ihr sagt mir, es gäbe Griechen, die behaupten, daß die Idole sprechen, daß man ihnen Opfer darbringt und sie als Geistwesen erachtet. Ich für mein Teil weiß überhaupt nichts von dieser Plage und werde mich auch nicht über etwas äußern, das ich nicht kenne.‹ Woraus man ersehen kann, daß der Philosoph über die ungebildete Masse ganz und gar erhaben war und sich mit solch ungereimtem Zeug gar nicht abgab. Der Hauptanlaß für die Götzenanbetung bestand offensichtlich in der Gedächtnispflege der Toten und der Tröstung der Lebenden. Später entwickelte sich dieser Glaube weiter und wurde mit der Zeit verdorben und verderblich *(fâsida mufsida)*.«[14] Biruni verrät zwar nicht, woher er diese Anekdote hat, doch selbst 1500 Jahre nach seiner Erzählung wirkt sie noch ziemlich glaubwürdig.

Man kann lediglich anzweifeln, ob es sich auch wirklich um Brahmanen handelte, die Alexander der Große zu seinem ehemaligen Lehrer geschickt hatte. Denn es ist schwer vorstellbar, daß diese Würdenträger, die in ihrem Land an der Spitze der Kastenpyramide standen, alles aufgaben, um sich in das Gefolge eines Eroberers einzureihen. Alles weist darauf hin, daß es sich bei ihnen eher um Gymnosophisten, »nackte Weise«, wie man sie im Griechischen nennt, das heißt also entweder um Yogis oder »luftbekleidete Weise« und daher Jainas handelte. Selbst der Geschichtsschreiber Strabon, der von einem Gespräch zwischen den beiden Hindus und dem Kyniker Onesikritos berichtet, bringt Brahmanen und Gymnosophisten durcheinander. Offenbar hielten die mit der indischen Gesellschaftsstruktur wenig vertrauten Griechen alle Philosophenmönche für »Brahmanen«.

Es scheint, als hätten diese Hindus in Athen noch andere Denker als Aristoteles getroffen, der Alexander den Großen übrigens tatsächlich in der Philosophie zu unterweisen versucht hatte. Eusebios von Cäsarea, der Aristoxenos, einen Schüler des Aristoteles und ebenfalls Peripatetiker, zitiert, erzählt in seiner *Historia ecclesiastica*, ein Hindu habe Sokrates getroffen und diesen nach dem Ziel seiner Philosophie befragt: »Das Studium des Phänomens Mensch«, soll Sokrates geantwortet haben. Der Hindu habe gelacht und erwidert: »Wie sollte ein Mensch die menschlichen Phänomene begreifen können, wo er doch schon die göttlichen Phänomene nicht durchschaut?«

In seiner Schilderung des Gesprächs zwischen Onesikritos und den beiden Hindus, Kalanos und Mandanis (oder Dandanis), ging Strabon andererseits auf die philosophische Lektion näher ein, die die Hindus dem Griechen erteilten: »Die beste Lehre ist diejenige, die die Seele von Lust und Schmerz befreit. Schmerz und Anstrengung unterscheiden sich darin, daß das eine der Feind und das andere der Freund des Menschen ist, da letzterer seinen Körper durch die Anstrengung stählt, um seinen Ideen zusätzliche Kraft zu verleihen … Onesikritos' Worten nach fragte Mandanis ihn hierauf, ob es solche Lehren bei den Griechen gäbe. Onesikritos entgegnete, daß Pythagoras derartiges lehre und daß er, ganz wie früher auch Sokrates und Diogenes, eben jener Diogenes, dessen Schüler Onesikritos gewesen war, die Leute auffordere, sich des Genusses von Fleisch zu enthalten.«

Es wird also deutlich, daß die Griechen des 4. Jahrhunderts mehr als eine Gelegenheit besaßen, sich über die Glaubensüberzeugungen und die Philosophie Indiens zu informieren. Indiens Einfluß auf die Griechen veranlaßte Klemens von Alexandria sogar zu der Äußerung, daß die Griechen ihre Philosophie bei den Barbaren gestohlen hätten. Ein sicherlich übertriebenes Urteil, wie alles, was die Apologeten über die griechischen Philosophen zu sagen hatten, aber eben doch nicht ganz ungerechtfertigt.

Indem er (zugegebenermaßen mit scharfer Zunge) Kargheit, Armut und Selbstbeherrschung lehrte und selbst mit gutem Beispiel voranging, erinnerte Diogenes unwillkürlich sowohl an die jainistischen Mönche wie an die Buddhisten. Seine Geringschätzung für die Philosophie war so groß, daß er Platons Lehre als »Zeitverschwendung« bezeichnete; das gleiche Gefühl stand auch hinter seiner Verachtung für jegliche Form von religiösem Ritus. Die Kultfeste um Dionysos etwa tat er als »ungeheuerliche Bauernfängerei« ab. Platon selbst, der persönlich mit ihm zu tun bekam, bezeichnete er übrigens als »verrücktgewordenen Sokrates«. Trotzdem machte er, wie sein Lehrer Antisthenes, Schule: Monimos von Syrakus, Krates von Theben, genannt der Kyniker, Xeniades von Korinth, der bereits erwähnte Onesikritos, Hipparchia, eine Frau, Metrokles, deren Bruder, Menippos und Menedemos sind unter philosophisch Interessierten gewiß wenig bekannte Namen. Dennoch zeugen sie hinreichend – und meist mit einem destruktiven Einschlag – vom nachhaltigen Erfolg des Kynismus und seiner radikalen Ablehnung der griechischen Philosophie und offiziellen Religion, und dies im gesamten Einflußbereich der griechischen Kultur. Selbst unter der Sonne Roms sollte der Kynismus gedeihen.

Askese, Gleichmut, Autarkie – alles streng-nüchterne Verhaltensweisen, die von den Kynikern gepredigt werden und die verdeutlichen, daß deren Philosophie sich nicht nur auf generelle Verneinung beschränkt. Worüber genau machen sie sich lustig, wenn sie, wie ein gewissen Stilpon, fragen, weshalb man sich zum Beten eigentlich erst zum jeweiligen Heiligtum begeben müsse: Ob die Götter vielleicht taub seien? Doch ihr Atheismus drückt sich unterschiedlich aus. Die einen, wie etwa Krates, bilden das unerwartete Echo des jainistischen und buddhistischen Nihilismus an den Ufern des homerischen »weinroten Meeres«. Andere wiederum, so etwa Antisthenes, sind Monotheisten nach dem Vorbild von Xenophanes von Kolophon, Heraklit, Parmenides und Pythagoras. Denn immerhin erklärt Antisthenes: »Gott ähnelt niemandem. Daher könnte man ihn unmöglich durch Bilder erfassen.«

Dieser Satz faßte in wenigen Worten alles zusammen und lieferte daher den Schlüssel dazu: Gott und vor allem die Götter lehnten die Kyniker gar nicht so sehr ab, sondern vielmehr die effektheischenden schönen Worte und Bilder, durch die man sie darzustellen versuchte. Sie galten sowohl als Ikonoklasten wie auch als Reformisten; sie waren der Ikonoklast Leo III. und Martin Luther zugleich. Sie wiesen den ganzen Wust an Riten, Sprüchen, Aberglauben und Staffage wie auch jene Idolatrien, die Symbol mit Substanz verwechseln (und von denen sich übrigens auch das Christentum niemals ganz freigemacht hat) zurück, die allzuoft den eigentlichen Gehalt durch das Drumherum zu ersetzen drohten. Geht es für einen Kyniker darum, von Gott zu sprechen, so hat das nur in Andeutungen zu geschehen. Auf diese Weise künden sie den Mystizismus und sogar Jesus an, der sich entschieden gegen die pharisäischen Riten, die das Wort Gottes durch ihr Geschwätz ersetzen, und gleichfalls auf die Seite der Armen und Mittellosen stellt. Der Rohentwurf für die Bergpredigt scheint von ihnen zu stammen: »Selig, die arm sind vor Gott...«

Diese Haltungen kamen übrigens typischerweise erst nach der Entstehung des Ackerbaus auf: Die Stämme, deren nackte Existenz Jahrtausende zuvor von jedem Stück Wild und jeder Höhlenöffnung auf ihrem Weg abhing, hätten die Geringschätzung, mit der die Kyniker oder Buddhisten die Güter dieser Welt behandelten, niemals nachvollziehen können. Wer diese Güter nicht besaß, mußte ganz einfach bald sterben. Weder der Kynismus noch die asketischen Disziplinen Indiens hätten ohne das Ende der Eiszeit jemals das Licht der Welt erblickt. Die männlichen Götter und Prediger der Enthaltsamkeit konnten nur auf einem seit langer Zeit fruchtbaren Boden gedeihen.

Durch den Vormarsch und Aufstieg der Kyniker wurde begreiflich, daß sie einerseits einen so starken Einfluß auf alle untergründigen Bewegungen ausübten, die von Griechenland her auf das Essenertum zusteuerten, und daß sie andererseits bei den Anhängern der offiziellen Religion und Politik großen Ärger erregten. Weder die griechische Polis noch die spätere römische Stadt konnten ihre ewigen Aufsässigkeiten dulden: Es genügte, sich zum Kyniker zu erklären, und schon konnte man sich das Recht herausnehmen, Dinge, die man eigentlich besser für sich behielt oder zumindest nur flüsterte, laut hinauszuposaunen. Kaiser Mark Aurel, der sich auch als Moralist verstand, fühlte offenbar eine tiefe Abneigung gegen die Kyniker und ganz besonders gegen einen ihrer wichtigsten Repräsentanten, Menippos, den er als »Verächter der Menschheit« bezeichnete. Was Menippos in seinen Reden über Macht und Ruhm dieser

Welt sagte, hielt er für bedeutungslos. Wie sollte denn das Kaiserreich anders weiter existieren? Wie sollte ohne Habsucht, Ehrgeiz und Eitelkeit alles funktionieren? Wer würde dann den öffentlichen Dienst versehen? Wer die Waffen tragen? Welche Situation würde dann entstehen, wenn man den Armen mehr Vorteile verschaffte als den Reichen? Und Lukian von Samosata brachte mit seiner *Reise in die Hölle* wohl manchen Senator zum Zähneknirschen: eine teuflische Reise, auf der, wie der Verfasser unverblümt zeigte, alles, Macht, Reichtum, Schönheit, nach dem Tod verschwindet. Lukians *Reise in die Hölle* ähnelt einer unbeabsichtigten Paraphrase des Predigers Salomo: *»Et omnia vanitas vanitatum.«* Daß uns nur winzige Fragmente der Schriften der Vorsokratiker und Kyniker erhalten geblieben sind, ist nur zu begreiflich: Durch ihren Widerspruchsgeist wurden sie damals den besitzenden Klassen der Griechen und Römer derart zuwider, daß sie auch später die christlichen Kopistenmönchen anwiderten. Ersteren, weil sie Reden nicht vertragen konnten, die sie zur Bedeutungslosigkeit herabstuften, und letzteren, weil sie nicht gelten lassen konnten, daß ihnen jemand ohne Kruzifix und Wundertaten bereits vorangegangen war.

Die Philosophen freilich waren schon etwas empfänglicher für die Botschaft der Kyniker. Zenon, der Begründer des Stoizismus, wurde vom Kynismus stark geprägt, insbesondere durch Krates von Theben, einen persönlichen Schüler des großen Diogenes persönlich. Auch die Stoiker traten für Enthaltsamkeit, Zähigkeit und Kargheit ein. Der römische Dichter und vor allem Satiriker Juvenal im 2. Jahrhundert unterschied übrigens schon gar nicht mehr zwischen Stoikern und Kynikern (und holte sich bei beiden seine Anregungen, um die Untugenden seiner Zeitgenossen aufs Korn zu nehmen). Eine neue Ethik war in der Entstehung begriffen, die die Christen sich im übrigen dreihundert Jahre später, zu Teil wortwörtlich, sogar noch aneignen sollten.

Ein Phänomen sollte besonders hervorgehoben werden: Nach Zarathustra und Buddha trennte sich die Philosophie einmal mehr in der Geschichte von der Polis und wurde sogar deren Gegenspieler. Vorsokratiker, Kyniker und Stoiker setzten sich vom politischen System ab. Dies war aber nur der erste Akt für deren Sturz, ganz so, wie die Kreuzigung Jesu das Ende der geistlichen und politischen Macht des Hohen Rates von Jerusalem einläuten und den Auftakt zum Sturz der Stadt bilden sollte. Man fragt sich häufig, wie das Christentum in einem Reich triumphieren konnte, dessen sämtliche Strukturen im reinen Polytheismus verankert waren: Es lag daran, daß dieser Polytheismus bereits seit langer Zeit schon unterminiert war.

In einer Zwischenübersicht zeigt sich ganz klar: Auch Griechenland gehörte zu den Erfindern des Monotheismus, und schon fünfhundert Jahre vor dem Tempelbau in Jerusalem durch den Araber Herodes den Großen hatte Gott griechischen Boden betreten. Sogar die christliche Ethik hat Griechenland fünfhundert Jahre im vorhinein in groben Zügen vorgezeichnet: Nicht der Apostel Saulus gründete die römische Kirche, sondern Diogenes und Zenon, die die Vorarbeit in Griechenland geleistet haben. Wenn Griechenland überhaupt an diesen Punkt gelangen konnte, so deshalb, weil es den großen Bogen geschlagen hatte, der vom Kult der Großen Göttin, die nur das Leben auf Erden darstellte, zum Großen Gott geführt hatte, und dieser Gott umfaßte die gesamte Welt einschließlich Sein, Zeit und Gestirne. Ein zweiter Grund war, daß es aus dem Ganzen noch die entsprechende Ethik extrahiert hatte wie eine Ölpresse aus den Oliven das Öl.

Aber die Götter, Zeus, Ares, Apollon, Dionysos etc., und all die Statuen, Tempel, Riten, Tragödien und Dichtungen, die von deren ständiger Präsenz im griechischen Alltag zeugen, war das nicht alles dann nur Maskerade? Besaßen sie denn keinerlei Wert? Hätten die Hellenen, die Römer und anderen nachfolgenden Zivilisationen, die sich zuweilen das Beste ihrer selbst von ihnen holten, sie etwa alle zum Narren gehalten? Gewiß nicht: Die griechische Religion war und ist reich genug an allgemeingültigen und tiefgründigen Symbolen, um dem westlichen Denken über 2000 Jahre hinweg Nahrung geben zu können. Wie oft schon wiederholten es viele Historiker, Humanisten, Anthropologen und Philosophen, daß wir Griechenland noch nicht hinter uns zurückgelassen haben und es dazu hoffentlich auch nie kommen möge. Die Sage um Herakles, der auf dem Scheiterhaufen endet, nachdem er die zwölf Arbeiten vollbracht hat, die die Menschheit von ihren Plagen, ob nun dem Erymanthischen Eber oder den menschenfressenden Rossen des Diomedes, befreien, diese Sage nun ist eine Parabel auf die Sinnlosigkeit, sich im Diesseits irgendwelchen Lohn erhoffen zu wollen, und sie ist eine Art Vorwegnahme der Geschichte Jesu. Der griechische Retter und Halbgott, der ebenfalls einen Gott zum Vater und eine Sterbliche zur Mutter hat, steigt übrigens mit dem Rauch des Scheiterhaufens gen Himmel auf. Und in Sophokles' Tragödie *Die Trachinierinnen* richtet er sich mit folgenden Worten an seinen Vater Zeus: »O Zeus! Qual, Qual ist alles, was du mir gibst!« Ein Aufschrei des Aufbegehrens, der faszinierenderweise mit einem Vorsprung von vierhundert Jahren dem »*Eli, Eli, lamma sabachtani!*« Jesu vorauseilt.

Dionysos, den die Mänaden ritualgemäß in Stücke reißen, ist der Nährgott, der sich seines künftigen Geschicks als Opfer bewußt ist, und Racine hatte dies klar erkannt, als er »am Rande dieses Stückes mehr als ein Wort der Heiligen Schrift zitiert«. Diese Notiz in der französischen Belles-Lettres-Ausgabe der *Bacchantinnen* von Euripides besagt, daß »das Verhör des Dionysos durch Pentheus Wort für Wort die Geschichte der Märtyrer vorzeichnet«.

Doch all die Götter aufzuzählen, bei denen sich dieser Vergleich aufdrängt, wäre ein endloses Unterfangen. Die griechische Religion ist mit einem fruchtbaren Boden vergleichbar: Ihre Ergiebigkeit gab den Nährboden für die Idee von der einzigen, alleinigen Gottheit ab. Die griechischen Götter waren Götter des Volkes und der Polis. Selbst wenn einige Kyniker über sie und ihre Kulte die Schultern zuckten, änderten sie nichts an der Vorstellung, die sich die Philosophen von der Wahrheit des alleinigen Gottes machten. Die Skulpturen und Bildnisse, die im Petersdom von Rom von den Heiligen, der

Mutter Maria, Jesus und Gottvater selbst zu sehen sind, entkräften den christlichen Monotheismus schließlich ebensowenig wie die Prozessionen anderer Religionen, bei denen man diverse farbenprächtige Statuen durch die Straßen trägt. Die griechischen Götter und ihre Riten boten dem Volk die Möglichkeit, seinen Glauben an höhere Mächte auszudrücken. In der Sprache der Theologie hätte man gesagt, sie waren Emanationen der Hypostase. Nach Auffassung der Dichter und Philosophen waren sie symbolische Illustrationen einer einzigen Gottheit, die für das ungebildete Volk – Bauern, Fischer oder Soldaten – einfach nur zu komplex war. Die meisten gaben sich den Anschein, sie zu ehren, doch im Grunde genommen nur, um die öffentliche Ordnung aufrechtzuerhalten und nicht der Gottlosigkeit bezichtigt zu werden.

Dem Grundbedürfnis nach einem alleinigen und zugleich verborgenen Gott war, wenn schon nicht das ganze Griechenland, so doch zumindest die griechische Denkerwelt nicht entgangen.

Der von den Kynikern und Stoikern ausgelöste Skandal wurzelte nicht so sehr in ihrer bissigen Skepsis gegen die Glaubensüberzeugungen der Gesellschaft wie in dem Umstand, daß sie laut sagten, was man nur leise denken durfte. Doch die Provokationslust war nicht ihre einzige Triebfeder: Die radikale Ablehnung der offiziellen Religion spiegelte ihre Bestürzung darüber wider, daß sie beobachten mußten, wie sich die Polis dessen bemächtigte, was sich im Grunde jeder Besitzergreifung entzog. Das konnten keine echten Götter oder jedenfalls nicht solche sein, die Menschen wie Spielbälle behandelten. Diese Götter da waren eigentlich nur ein spielerischer Zeitvertreib für den *Demos*. Ein Beispiel und auch eine Erklärung für diese Ablehnung findet sich in der Antwort des Kynikers Bion auf die Frage nach der Existenz der Götter: »Kannst du mir dieses ganze Pack nicht vom Halse schaffen, Alter, der du doch so viel schon durchgemacht hast?«

Was Griechenland gelernt hatte, stand also jedermann offen, und seine philosophischen »Außenseiter« hatten die Prachtstraße zu einem Gott vorgezeichnet, der nun wirklich die Transzendenz sein sollte. Doch schlecht informiert und selbstzufrieden, wollte das fanatische christianisierte Abendland in Griechenland zweitausend Jahre lang nichts anderes sehen als den Spielplatz unmoralischer und, um es gleich zu sagen, materialistischer Götter. Und selbst das war noch ein gelindes Urteil, verglichen mit dem, das der Westen für seine eigene Mutter Indien übrig hatte, das Land der »Barbaren«, wie Klemens von Alexandria und seinesgleichen so schön sagten. Die neuen Herren des geistigen Lebens in Europa, die griechisch – und manchmal nur griechisch – sprachen, nachdem sie wie ein Mönch, der heimlich Meßwein trinkt, die hellenistische Kultur in sich aufgesogen hatten, hatten viel zu sehr darin geschwelgt, um sie noch vollständig verleugnen zu können. Und derselbe Klemens von Alexandria vertrat die Ansicht, daß der griechischen Philosophie, obgleich bei den Barbaren gestohlen, ein berechtigter Platz innerhalb der Christenkultur zukomme.[15] Immer vorausgesetzt allerdings, man führte sie weiterhin unter der Rubrik »heidnische« Kulturen.

»Heidnisch«, welch bequemer Hohn und welch widersinnige Abwertung! *Païen*, das französische Wort für heidnisch, kommt von *paganus*, Bauer, und bedeutete im Altfranzösischen soviel wie »Dreckbauer« oder »Mistbauer«, im heutigen Sprachzustand »Bauerntölpel«. Und Gott, würde er sich in derlei Dinge einmischen, wüßte sehr wohl, daß es wahrhaftig nichts weniger Bäurisches gab als das archaische, vorklassische und vorsokratische, perikleische oder hellenistische Griechenland. Aber das Wort war eben herausgerutscht und wurde nie wieder eingefangen. So kam es, daß im 3. Jahrhundert Hippolyt, ein Bischof mit unbekanntem Sitz, dafür aber rasch bei der Hand, wenn es darum ging, Häresien aufzustöbern, ein frommes Werk vollbrachte: Er schrieb lange Passagen offenkundig heidnischer Texte ab, darunter auch die der erwähnten Vorsokratiker Thales, Pythagoras, Empedokles, Heraklit, Anaximander, Anaximenes und anderer. Doch geschah das nicht etwa, um diesen »Heiden« Ehre zu erweisen, sondern, ganz im Gegenteil, um sein großes Werk, die *Widerlegung aller Häresien*, zu verfassen. Dieses Werk zielte darauf ab, die zeitgenössischen und nachfolgenden christlichen Denker vor den Irrungen und Häresien zu warnen, zu denen jene »Heiden« sie zu verleiten drohten. Nicht anders verhielten sich übrigens auch Klemens, Irenäus und viele andere frühchristliche Autoren und schufen auf diese Weise sogenannte »Doxographien«. Dieser Kopistenarbeit ist es allerdings auch zu verdanken, daß wir heute über die betreffenden Textfragmente verfügen, denn alles andere aus dem Werk jener Autoren ist meist völlig verlorengegangen.

Wir sollten den Kopisten also danken, daß sie uns wenigstens diese Fragmente überlieferten. Trotzdem – die Dankbarkeit bleibt zwiespältig. Hermann Diels hatte es Ende des vergangenen Jahrhunderts anhand der Empedokles-Fragmente nachgewiesen, und, noch systematischer sogar, Catherine Osborne, im Hinblick auf sämtliche Zitate des Hippolyt: Die Zitate der Kirchenschriftsteller sind unzuverlässig, sie wurden *ad hoc* abgewandelt. Denn ihr Ziel war es ja, nachzuweisen, daß das griechische Denken im großen und ganzen von Irrtümern durchsetzt war. Die Beweisführung wird dabei folgendermaßen aufgebaut: a) die Häretiker verkünden eine neue göttliche Weisheit, b) was sie lehren, ist nichts anderes als die griechische Philosophie, c) die griechische Philosophie wiederum ist alte Volksweisheit, und d) was die Häretiker lehren, ist weder neu noch göttlich, und die Ansprüche, die sie erheben, sind pure Hochstapelei. Ein völlig stimmiges Vorgehen, nebenbei bemerkt, da ja das Christentum eine absolute, weil auf der Offenbarung gründende Neuheit verkündet.

So kam es, daß Hippolyt und seinesgleichen Kollagen anfertigten, indem sie den Anfang eines Zitats dem einen Text und das Ende wieder einem anderen entnahmen. Auch dritten und vierten Quellen entnommene Abschnitte wurden dabei gelegentlich noch eingeschoben. Mit anderen Worten, die christlichen Transkriptionen der Denker des archaischen Griechenland sind mit Vorsicht zu genießen. In einem Punkt jedenfalls trifft das sicherlich ganz besonders zu, und das ist der Monotheismus. Die Annahme, daß bereits etliche Jahrhunderte vor dem Christentum ein Monotheismus existiert haben könnte, stellte nämlich die größte Bedrohung für die Christen der ersten Jahrhunderte dar: Sie stufte das Christentum zu einer Religion ab, die auf gleicher Ebene mit allen anderen stand. Deshalb sind wir heute außerstande, in Erfahrung zu bringen, ob es nicht vielleicht noch mehr Schriften aus dem archaischen Griechenland gab, die diesen Monotheismus ebenfalls bestätigt hätten.

Freilich hatte Klemens empfohlen, den Griechen und anderen »Heiden« gebührende Aufmerksamkeit zu schenken. Doch bekanntlich hörte man nicht lange auf ihn, da die Christen nichts eiliger hatten, als die Tempel zu zerstören, die ihnen sehr viel tiefer inspiriert schienen als die eine oder andere ihrer eigenen Kirchen, die Statuen zu zertrümmern, deren Schönheit und Reiz sie als anrüchig empfanden, und die Handschriften zu vernichten oder zu beschlagnahmen, die ihnen gefährlich, weil ihnen zu verwandt, vorkamen. Eine solche Behandlung Indien angedeihen zu lassen, hätten sie nie gewagt: Seine Religion war noch lebendig, und deren Gläubige waren da, um sie zu verteidigen. Es wäre ihnen, weiß Gott, schlecht bekommen, wenn es die apostolischen Nachfolger des heiligen Thomas gewagt hätten, deren Shiva- oder Vishnu-Statuen zu zertrümmern!

Das klassische Griechenland nun sollte diese Weissagungen des Monotheismus noch weiter vorantreiben. Davon wird das folgende Kapitel handeln.

Vom klassischen Griechenland zur hellenistischen Epoche – der Ruin des Gottes der Vernunft

War Sokrates ein Dialektiker (und stand damit den Juden nahe)? fragt Friedrich Nietzsche im *Problem des Sokrates*. Eine provokative Frage, aber auch, wie so oft bei Nietzsche, eine Frage, die es in sich hat. Denn, so sagt der Philosoph: »Man wählt die Dialektik nur, wenn man kein anderes Mittel hat. ... Sie kann nur Notwehr sein in den Händen solcher, die keine anderen Waffen mehr haben ... Die Juden waren deshalb Dialektiker; Reinecke Fuchs war es: wie? und Sokrates war es auch?« Eine ziemlich gewagte Beweisführung, da es immerhin noch manch andere gab, die nicht Juden, aber sehr wohl Dialektiker waren. Doch der weitere Verlauf seiner Betrachtungen gibt schon etwas deutlicheren Aufschluß über Nietzsches Ansichten: Sokrates bediente sich der Dialektik, um sich in gewisser Weise an seinem Gesprächspartner und (das allerdings erwähnt Nietzsche nicht) an der Athener Gesellschaft zu rächen: Er pflegte sein Gegenüber erst einmal in Ruhe reden zu lassen, »er überläßt seinem Gegner den Nachweis, kein Idiot zu sein«, dann aber entwaffnete er ihn und brachte ihn aus der Fassung.[1]

In dieser Hinsicht zeigte Sokrates die typische Haltung eines herablassenden Aristokraten. Seine Unverschämtheiten wurden um so gefährlicher, als er oft genug bedenkliche Sympathie zur Gewaltherrschaft durchblicken ließ.[2] Als die Athener sie schließlich satt hatten und ihn am Ende aburteilten, da erkannte man erst den Grund seines Wesens: Die Jugend verdarb er nicht etwa deshalb, weil er homosexuell gewesen wäre, wie man ihm unterstellte (da hätte man gleich ganz Attika samt dem Gerichtshof selbst vor Gericht stellen können), sondern weil er sie mit gefährlichen Fragen beschäftigte, die den Geist der Demokratie untergruben, den man eben erst den Krallen der Gewaltherrschaft entrissen hatte. Er hätte sich durch eine schöne, dialektische Verteidigungsrede aus der Affäre ziehen können, er, der sich darin so gut auskannte. Doch er legte, ganz im Gegenteil, an Dreistigkeit noch zu: Was, so soll er im wesentlichen gerufen haben, ihr habt hier einen Mann meines geistigen Formats vor euch – im Prytaneion solltet ihr ihn auf Staatskosten hätscheln, und statt dessen bringt ihr ihn vor Gericht, um ihm dermaßen dämliche Fragen zu stellen? Da verurteilte man ihm zum Schierlingsbecher.

Auch Nietzsches Frage ist gefährlich, denn auf dem Wege über Sokrates berührt sie eine gewaltigen Teil der griechischen Philosophie. Von Platon bis Plotin stellt sie eine Unmenge an Schriften wieder in Frage, die alle von Rationalismus, Grübelei und Dialektik durchdrungen sind. »Der Fanatismus, mit dem sich das ganze griechische Nachdenken auf die Vernünftigkeit wirft, verräth wahre Verzweiflung«, gibt wiederum Nietzsche zu bedenken. Und doch übte und übt dieses Denken noch heute ungeheuren Einfluß auf die gesamte westliche Philosophie aus. Es ist unbedingt notwendig, es näher zu durchleuchten, um sich ein Bild darüber machen zu können, welche Wandlungen die Gottesidee im klassischen und hellenistischen Griechenland erlebt hat.

Da Sokrates nie etwas aufgeschrieben hat, kennen wir seine Philosophie lediglich aus Platons Schriften. Diese Texte stehen in dem vagen Verdacht, überarbeitet, wenn nicht gar »angereichert« oder ganz und gar umgearbeitet worden zu sein. Da sich ja vorwiegend christliche Mönche und dann auch Araber damit befaßten, Abschriften von glaubensfremden und, was noch gravierender war, heidnischen Schriften der Antike anzufertigen, muß man sich schon fragen, ob diese Texte auch alle authentisch sind. Wie dem auch sei, Sokrates und Platon sind jedenfalls in ihren Äußerungen doch erstaunlich deutlich von der damaligen Weltsicht geprägt. Insbesondere, wenn es um den Begriff der Göttlichkeit geht.

Kyniker und Stoiker hatten dem Monotheismus freilich bereits den Weg geebnet. Doch erst die Lektüre von Platon bietet so richtig Anlaß zum Staunen: Die Götter des Olymp sind bei ihm nahezu verschwunden oder werden nur noch aus »political correctness« beiläufig erwähnt, denn die gab es zu allen Zeiten. Sie sind auf undurchsichtige Weise zu »gewordenen Göttern«, das heißt zu Sternen geworden. »Geworden« heißt auch, daß ihnen Platon keine schöpferische Kraft mehr zutraute. *Timaios*, einer der berühmtesten und aufschlußreichsten platonischen Dialoge, liefert dafür den Beweis. Wer hat das Universum erschaffen? Ein Weltenschöpfer, der »Urheber und Vater dieses Weltalls«. Das ist eine gewagte Idee, und, so stellt Timaios rasch klar, es »ist, ihn allen zu verkünden, unmöglich«. Der Monotheismus taucht also wie eine Art geheimes und nur Eingeweihten vorbehaltenes Bekenntnis auf. Dieser junge Mann, den Sokrates aufforderte: »... fahre nun in deinem Gesange fort und führe ihn hinaus«, versichert, daß alles Erzeugte »nach dem durch Nachdenken und Vernunft zu Erfassenden und stets sich Gleichbleibenden auferbaut« ist. Und weiter leitet er daraus ab, »da sich aber dies so verhält, ist es durchaus notwendig, daß diese Welt von etwas ein Abbild sei«. Mit anderen Worten, Gott hat die Welt nach seinem Abbild erschaffen. Bis auf kleine Abweichungen erinnert das natürlich an den Wortlaut der Genesis: »Laßt uns Menschen machen als unser Abbild, uns ähnlich.«[5] Im Zuge einer ziemlich langwierigen Rede, denn *Timaios* ist kein eigentlicher Dialog, sondern ein didaktischer Monolog, erklärt Timaios nämlich: »Indem [Gott das Weltall] also dem schönsten unter allem Gedachten und in jeder Beziehung Vollkommenen möglichst ähnlich zu machen beabsichtigte, ordnete er es an als ein sichtbares Lebendes, welches alles von Natur ihm verwandte Lebende in sich faßt.« Da ist kein Zweifel möglich: Der Weltenschöpfer hat die Welt nach seinem Abbild gestaltet. Und mit einem verblüffenden logischen Sprung fragt Timaios plötzlich: »Haben wir also mit Recht von *einem* Himmel gesprochen?«

Nach einer völlig willkürlichen Betrachtung über die vier Elemente, in deren Verlauf man erfährt, daß die Welt aus Feuer und Erde mit Luft und Wasser dazwischen gemacht sei, legt

Timaios dar, daß der Schöpfer der Welt aufgrund seiner Überlegungen »der Seele Vernunft und dem Körper die Seele verlieh und daraus das Weltall gestaltete, um so das seiner Natur nach schönste und beste Werk zu vollenden«. Weder Timaios noch Sokrates beziehungsweise Platon erläutern freilich auch nur ein einziges Mal die Begriffe, die in dieser Rede enthalten sind: Was ist Vernunft? Was ist Seele? Und wie unterscheidet sich wohl das eine vom anderen?

Nächste Demonstration: der Geist des Mathematischen bei Gott: »Zwischen dem unteilbaren, keinem Wechsel unterworfenen Sein und dem teilbaren, in den Körpern werdenden mischte er (der Weltschöpfer) aus beiden eine dritte Gattung des Seins; was aber wiederum die Natur des Selben und die des Verschiedenen angeht, so stellt er auch bei diesen je eine dritte Gattung zusammen zwischen dem Unteilbaren von ihnen und dem in den Körpern Geteilten.« – »Indem er nun diese gesamte Zusammenfügung der Länge nach zweifach spaltete, die Mitte der einen an die der anderen in der Gestalt eines *Chi* (X) fügte«, heißt es dann weiter, »bog er sie zusammen und verband sie durch einen Kreis in eins, jede nämlich der Stelle des (ersten) Zusammentreffens gegenüber mit sich selbst und mit der andern.« Das Ganze erfolgt nach verblüffenden numerologischen Maßgaben, wobei man zu hören bekommt, daß Gott sich mit Intervallschritten von eins plus ein halb, eins plus ein Drittel und eins plus ein Achtel beschäftigte (dabei war die Zwölftonmusik noch längst nicht erfunden); und so »füllte er mit dem neunachtelmaligen Abstande alle vierdritteligen aus, indem er von jedem derselben ein Teil zurückließ. Das Zahlenverhältnis des von diesem Abstande zurückgebliebenen Teiles aber verhielt sich wie zweihundertsechsundfunfzig zu zweihundertdreiundvierzig …« So wird Seite um Seite das Verständnis schließlich vollkommen verwirrt: Die Schilderung der Weltschöpfung wird hier auf pythagoreische Rezepte zusammengestrichen, die von einem Besessenen umgesetzt werden.

Diese Beschreibung erinnert natürlich an Parmenides, bei dem sich allerdings alles einfacher gestaltet, da das Universum hier eigentlich nur aus konzentrischen Ringen lediglich zweier Elemente bestand. Aber sie schlägt die Tonart an, in der sich das griechische Denken bis zum Aufkommen des Christentums darstellen sollte: als eine Folge schwindelerregender Spekulationen über das Unbekannte, erschütternder Bilder vom Bemühen des menschlichen Denkens, die Felsklippen des Kosmos zu erklimmen, oder mit anderen Worten, der Göttlichkeit, denn das konstante Merkmal aller Kosmologien sollte sechs Jahrhunderte hindurch in der Gleichsetzung von Kosmos und Gott liegen.

Beiläufig bemerkt, haben wir hier ein recht eigensinniges Schema vor uns: Vom »Fortschritt der Wissenschaft« überzeugte Denker des 20. Jahrhunderts geben sich immer noch alle Mühe, das Bild Gottes zu finden, irgendein Bild, eine Spur oder, trivial ausgedrückt, einen Fußabdruck auf den Satellitenfotos dessen, was man als die »Grenzen des Universums« ansehen könnte. Der menschliche Verstand lehnt sich ewig gegen die Vorstellung auf, daß er über diesen Gott, den er selbst konzipiert hat, nichts weiß.

Als Kosmologie, das muß man zugeben, ist die Schöpfungsgeschichte der Juden sehr viel eindrucksvoller, und man müßte eigentlich auch den alten Mythologien wie der ägyptischen, der babylonischen und selbst der frühen griechischen Vorrang vor der Kosmologie Platons geben. Doch hätte er uns nur dieses pythagoreische Gehäcksel vermacht, aus dem *Timaios* besteht, hätte er bestimmt nicht 2400 Jahre lang solchen Einfluß auf das westliche Denken ausüben können.

Dieser Text bietet nämlich alle Merkmale logischen Wahns, die Pierre Janet in seiner Studie über die Automatismen des Denkens so sorgfältig beschrieben hat. Platon indessen scheint überzeugt, daß er durch den Mund Timaios' ein die Welt erklärendes Modell vorlegt. Man kann eine Zahl gegen eine andere austauschen, es wird sich nichts daran ändern, die Numerologen fallen immer wieder auf die Füße. Unumwunden wird der Monotheismus an unzähligen Dialogstellen bejaht; für Platon ist er selbstverständlich, unbestreitbar und zwingend. Allerdings hat das Gottesbedürfnis einen an Besessenheit grenzenden Grad und eine Übersteigerung erreicht, die sich in utopischem Wahn niederschlägt. Und man sollte bedenken, daß *Timaios*, genau wie *Kritias*, den Höhepunkt des platonischen Denkens darstellt, da er seinem letzten Lebensabschnitt zuzuordnen ist.[4]

Platon stützte sich auf Mythen und entwarf neue, doch er konstruierte sie nach dem Gesetz der Logik. Was, um Nietzsches Bemerkung aufzugreifen, als Zeugnis seiner Verzweiflung angesichts der Unermeßlichkeit Gottes ausgelegt werden könnte. Nachdem Gott der Logos ist, ist jedes den Geist befriedigende Konstrukt logisch. Denn der Geist, der es zum Ausdruck bringt, ist selbst ein Teil Gottes, genau wie die gesamte Sinnenwelt, die Sein Abbild vorstellt. Es schien weder Platon noch Sokrates jemals in den Sinn gekommen zu sein, daß man auch durchaus andersherum denken konnte.

Der *Timaios* verdient nähere Betrachtung, weil er ein Musterbeispiel für das platonische Denksystem ist, das in bezug auf Logik übrigens in mehr als einer Hinsicht die Hegelschen Ideen vorankündigt. Gleich zu Beginn erteilt hier Platon lange und ausführlich das Wort dem Redner und Politiker Kritias dem Älteren, der nun mit seiner berühmten Schilderung dessen beginnt, was ein ägyptischer Priester namens Solon erzählt haben soll und was Kritias angeblich aus Solons Mund persönlich gehört hat. Man erfährt, daß einst eine sehr mächtige Kultur existiert haben soll, die Griechenland in uralten Jahren bekriegte – Atlantis. Heute weiß man, daß diese ganze Geschichte reiner Mythos ist: Athen hat im 9. Jahrtausend v.u.Z. ganz bestimmt und ganz einfach deshalb keine atlantischen Eindringlinge abgewehrt, weil es damals noch gar nicht existierte. Das im nachhinein Witzige dabei ist, daß es sich bei der berühmten Atlantis tatsächlich um das mykenische Kreta gehandelt zu haben scheint. Athen hat aber nun das mykenische Reich gewiß nicht aufgehalten. Platon jedoch wußte das nicht, und ebensowenig war ihm bekannt, daß man es rund 2400 Jahre später wissen würde.

Platon hatte seinerzeit freilich nicht die Möglichkeit, die historische Stichhaltigkeit von Solons Bericht an Kritias zu überprüfen, doch er akzeptierte ihn auf Anhieb und maß ihm sogar eine solche Bedeutung bei, daß er ihn in dem unvollendeten Dialog *Kritias* nochmals aufgriff. Zu welchem Zweck? Das läßt sich erahnen: In der Sage um Atlantis sollen die Athener gewissermaßen die Welt gerettet haben, indem sie den »übermütigen« Vormarsch der Eindringlinge abwehrten. Und der ägyptische Priester soll zu Solon gesagt haben: »Da nun, o Solon, wurde die Macht eurer Vaterstadt durch die Tapferkeit und Mannhaftigkeit ihres Heeres vor allen Menschen offenbar. Denn indem sie durch Mut und die im Kriege anwendbaren Kunstgriffe alle übertraf, siegte sie über alle anderen Städte.« Diese rein erfundene Geschichte sollte also einzig und allein die Athener verherrlichen. Aus diesem Grund gefiel sie Platon so gut, daß er sie bei zwei verschiedenen Gelegenheiten aufgriff.

Weshalb fand Platon an einer politischen und sogar nationalistischen Mär, wie man sie in der Geschichte schon so oft erlebt hat, Gefallen? Die Antwort ist einfach: Weil sie den Gründungsmythos einer Nation hochstilisierte. Sie postulierte, daß die Athener seit jeher Helden waren, verherrlichte aber im Unterschied zu den Mythologien, die schon vor ihr existierten, keine bestimmten Persönlichkeiten. In ihr wurde das Volk in seiner Gesamtheit glorifiziert. Helden waren unvorhersehbare Zufallsprodukte, die das platonische System ablehnte oder sogar verabscheute. Auf die Kohärenz im platonischen System und den Zusammenhang zwischen seinem Gottesbegriff und seinen politischen Konzepten werden wir noch zu sprechen kommen. Es ist dann auch leichter nachzuvollziehen, weshalb sich Platon für die Übermittlung der Geschichte für einen »ägyptischen Priester« entschieden hat, eine Wahl, die eine doppelte Überqualifikation darstellt. Hätte nämlich eine ganz gewöhnliche Person diese Geschichte erzählt, hätte sie wesentlich weniger Gewicht erlangt, doch von einem Priester vorgebracht, den man allgemein im Besitz höchster Wahrheiten wähnte, bekam sie von vornherein einen sakral-feierlichen Zug. Noch dazu handelte es sich um einen ägyptischen Priester, und zu jener Zeit war durchaus bekannt, daß Ägypten über uraltes Wissen verfügte etc. Platon/Kritias verwendete also einen im Bereich der Kommunikationstheorie altbekannten Trick, der darin besteht, das, was man jemanden glauben machen will, einer Persönlichkeit von hohem Ansehen in den Mund zu legen. Da Solon Ägypten nun tatsächlich in der mutmaßlichen Absicht besucht hatte, sich dort Anregungen für seine Athener Verfassung zu holen, konnte die erfundene Geschichte um so glaubhafter wirken.

Man könnte sich fragen, was der Athener Nationalismus, der durch das Heldentum der Athener angesichts fiktiver Eindringlinge offenbar hochgeschaukelt wurde, mit der Gottesvorstellung bei Sokrates und Platon zu tun haben soll. Die Antwort ist rasch gegeben: Nach einigen rhetorischen Variationen knüpft Kritias an die Tugenden des alten Athen an, jener idealen Polis, die an das himmlische Jerusalem und das verlorene Paradies der Christen erinnert. Dann ergreift Timaios das Wort (der Vorteil von Dialogen ist, daß sie Gedankensprünge erlauben). Er hält den bereits erwähnten präthomistischen Vortrag und versichert, daß »durch Gottes Fürsoge diese Welt als ein beseeltes und in Wahrheit mit Vernunft begabtes Lebendes entstanden« sei. Es sei eine vollkommene Welt, erklärt dieser Vorgänger des Dr. Pangloss aus Voltaires *Candide*: Gott habe beabsichtigt, »daß erstens *ganz*, so sehr möglich, das vollkommene Lebende sei und aus vollkommenen Teilen bestehend und außerdem ein Eines, da ja nicht übriggelassen war, woraus ein anderes der Art gebildet werden konnte, sowie ferner, damit es unalternd und keinem Siechtum unterworfen sei, indem er erwog, daß Warmes und Kaltes und alles, was eine große Kraft übt, wenn es auf einen zusammengesetzten Körper, von außen ihn umgebend, zur Unzeit einwirkt, ihn auflöst und durch Herbeiführung von Alter und Krankheiten untergehen läßt«. Kurz gesagt, Gott gestaltet diese Welt als »einen vollkommenen, aus vollkommenen Körpern bestehenden Körper«. Wie Dr. Pangloss noch hinzufügt, steht in der besten aller möglichen Welten alles zum besten. Zur Information sei angemerkt, daß es sich um eine sphärische Welt handelt, der der Schöpfer eine »kugelige, ... kreisförmige Gestalt« verlieh, »die vollkommenste und sich selbst ähnlichste aller Gestalten«. In ihrer Mitte herrscht die dreiteilige Seele, die aus »dem Selben, dem Verschiedenen und dem Sein« gemischt ist.

Man erfährt, daß Gott eine ebenso schlichte wie pythagoreische Methodik anwendet: Beginnend mit einem gleichschenkligen und einem rechtwinkligen Dreieck, in dem die Hypotenuse doppelt so lang ist wie die kürzeste Seite, konstruiert er vier geometrische Grundkörper: Würfel, Tetraeder, Oktaeder und Ikosaeder. Sie sollen die Elementarformen aller Erde-, Feuer-, Luft- und Wasserteilchen darstellen, und sie sind die Bestandteile aller organischen und anorganischen Verbindungen. Erstmals begegnen wir in dieser Rede dem Versuch einer wissenschaftlichen Auseinandersetzung mit den Zusammenhängen zwischen Gott, Mathematik, Chemie, Physik und Kosmologie. Daran sollte es künftig und bis ins 20. Jahrhundert hinein nicht mehr mangeln. Die Kosmologie, wie sie von Timaios dargelegt wird, verrät die feste Absicht, die Welt mit Hilfe der Logik zu erklären, da es Timaios' (und Platons) Aussage nach ja auch eine logisch strukturierte Welt ist. Das Gottesbedürfnis läßt sich nicht mehr durch einen Mythos oder einen Archetypus befriedigen. Von jetzt an verlangt es nach einem »Gott der Vernunft«.

Dieser Drang nun ist neu und außerdem durch und durch griechisch: Nie hat eine andere Philosophie (und damals bewegte sich die Philosophie in noch größerer Nähe der Religion als heute) gewagt, den Irrationalismus, der bis dahin das Hauptmerkmal göttlicher Mächte war, in dieser Weise vom Tisch zu fegen. Platon ist keineswegs der Erfinder und auch nicht der einzige Repräsentant dieser Geisteshaltung: Schon sein Fast-Zeitgenosse Demokrit hatte die Physik und die Kosmologie in seiner Metaphysik hervorragend miteinander verschmolzen. Zunächst einmal hatte Demokrit den Begriff und die Theorie der Atome als unteilbare, homogene, hermetische, unveränderliche und absolut dichte Teilchen erfunden, die sich nur durch ihre Form voneinander unterscheiden. Aus einer erstaunlich intuitiven Vorahnung (der man allerdings auch im indischen Jainismus begegnete) stellte er dazu noch die Behauptung auf, daß die Atome vibrieren und Rotationsbewegungen ausführen.

Demokrit gilt als würdiger Vorläufer von Lavoisier (nichts kann aus nichts entstehen, und nichts kann zu nichts vergehen, eine ebenso geniale Formulierung wie »Nichts verschwindet im Nichts, und nichts entsteht aus dem Nichts«). Seiner Ansicht nach wird die Welt von notwendigen Gesetzen regiert, die dem Zufall keinen Raum lassen. In seiner Metaphysik gilt das Seiende als das Volle und die Leere als das Nicht-Seiende. Er ist der Bekannteste unter den frühen Materialisten, denn er ging davon aus, daß die Seele, die, wie auch der Geist, aus Atomen besteht, gemeinsam mit dem Körper stirbt. Selbstverständlich glaubte auch er nicht an die Götter, ein Konzept, dessen Existenz er dem Bedürfnis nach Erklärung der Naturphänomene zuschrieb. Diese Theorie wird im vorletzten Kapitel dieses Buches noch ausführlicher erläutert. Doch der reine Materialist Demokrit war eher ein Mechanist als ein Rationalist, während wir Platon als Idealisten verstehen müssen.

Heraklit, Parmenides, Empedokles, Protagoras und die übrigen bereits erwähnten Vorsokratiker wurden übrigens als »Physiologen« bezeichnet. Sie wollten sich allein auf die Wahrnehmung der Natur beschränken und hatten dem griechischen Rationalismus den Boden bereitet. Doch der Gott, der in ihren Äußerungen zum Vorschein kam, trug noch die geheimnisvolle Aura der alten Götter. Mit Demokrit und schließlich Platon waren sämtliche Mysterien verschwunden. Gott hatte sich, falls er (nur für Platon in diesem Fall) überhaupt existierte, in einen Weltschöpfer in der Rolle eines Organisators verwandelt.

Der Übergang läßt sich leicht erklären. Da Athen auf seinen Intellekt baute, der, wie die Stadt glaubte, fortan die Wahrnehmung der Welt und die Analyse der Phänomene beherrschte, wollte sie sich auf ein Niveau hinaufschwingen, auf das noch keine Religion jemals Anspruch erhoben hatte: Die Stadt wollte Gott erklären, und indem sie dies tat, lieferte sie (wenn auch unwissentlich) den bis heute besten Beweis, daß der Mensch die Göttlichkeit geschaffen hat. Hier nun bedarf es eines Einschubs, der mir für das Verständnis der Entwicklung der Gottesvorstellung von Bedeutung scheint. Während des ganzen 19. bis ins 20. Jahrhundert hinein wurde Athen als Musterbeispiel für die griechische Polis angesehen und dargestellt; im Grunde hat man lediglich seine Institutionen studiert. Und so beobachtete man, daß sich ein »Athenozentrismus« bildete, den man für eine unbestrittene Tatsache hielt: Daraus erklärt es sich, daß das antike Athen allgemein gern für die tatsächliche Hauptstadt Griechenlands gehalten wird, was es natürlich nicht war. Das beweist allein schon sein Krieg gegen Sparta. Und Sparta war bestimmt nicht weniger »griechisch« als Athen, nur lebten eben keine Philosophen in seinen Mauern.

Wissenschaftliche Arbeiten (oder Überlegungen) in jüngster Zeit bewirken eine allmähliche Veränderung dieser Einstellung. Ihnen zufolge bildete Athen ganz im Gegenteil sogar einen Sonderfall aufgrund seiner Kultur. Platon war also eine der Ausdrucksformen dieses Sonderfalles und seine Auffassung von Gott das daraus resultierende Produkt. Man könnte die etwas gewagte Hypothese aufstellen, daß der Gott Platons im Grunde genommen eine attische Erfindung war.

Klima, geographische Gegebenheiten, Vermischung der Kulturen – man könnte viele Faktoren zur Erklärung der Sonderposition Athens anführen. Vielleicht verspürte der Mensch eben dort und damals zum ersten Mal, daß seine Angst, Mangel leiden zu müssen, verschwunden war. Und beruhigt darüber, dies begriffen zu haben, blickte er zum Himmel auf. Diese Haltung blieb bis zum Triumph des Christentums durch Kaiser Konstantins Konversion ausschlaggebend und klang erst im Glanz des byzantinischen Pantokrators allmählich ab. Im Jahrhundert der Aufklärung aber erwachte sie zu neuem Leben und geriet bis heute nicht mehr ins Wanken. Denn Platon hat dem menschlichen Bedürfnis nach Erkenntnis, das sich künftig mit dem Bedürfnis nach Gott vermischte, Gestalt verliehen. Daraus läßt sich der Einfluß, den er mehr als jeder andere griechische Philosoph auf die gesamte westliche Zivilisation ausgeübt hat, erklären.

Dieser noch im 20. Jahrhundert spürbare Einfluß ist daran ermeßbar, daß Platon auf besonders klare und systematische Weise ein Dilemma darlegt, das, nachdem die Theologie von dem explosionsartigen Aufblühen des zeitgenössischen Rationalismus völlig überfahren worden ist, die Wissenschaftler nach wie vor schwer beschäftigt: Während Platon einerseits das Prinzip der Notwendigkeit, *anánke*, aufstellt, das der Unerbittlichkeit der Gesetze Gottes innewohnt, bringt er andererseits das Prinzip des Zufalls ins Spiel, das nichts anderes als Unordnung, sprich: das Böse bedeuten kann, da ja Gott dadurch, daß er die Ordnung als solche verkörpert, per definitionem das essentiell Gute darstellt. Seine Definition von Gott läßt hierüber übrigens keinen Zweifel: »Gott: Unsterblicher, sich selbst genügend, was Glückseligkeit betrifft, ewig unveränderliche Wirklichkeit, Urheber dessen, was essentiell gut ist.«[5] Die Position des Menschen im Vergleich zur Gottheit hat sich dadurch völlig geändert. In Platons Augen ist Frömmigkeit »die Gerechtigkeit den Göttern gegenüber«.[6] Man bedenke nur die unfreiwillige Ironie, die in dieser Formulierung steckt: Künftig sind es die Menschen, die den Göttern Gerechtigkeit widerfahren lassen.

Dies aber braucht eigentlich nicht zu verwundern: Die griechische Philosophie wollte den Bürger auf ein nahezu göttliches Niveau heben, indem sie ihn in die bislang nur wenigen vorbehaltene Weisheit einführte. Doch wurde gerade der Staatsbürger für diese Auszeichnung von der Philosophie ausersehen, und nicht das Individuum in dem Sinne, den dieser Begriff seit dem 19. Jahrhundert in der westlichen Welt einnimmt. Nirgendwo war man nämlich weniger Individualist als in Griechenland, auch wenn das manchen idealistischen und irgendwie unausbleiblichen Sichtweisen unseres heutigen Humanismus widerspricht: Das ganze Leben stand oder sollte zumindest im Dienste des Staates stehen. Der soziale Aufstieg wurde mit einer Art weltlicher Priesterwürde gleichgesetzt. Und diese wurde ausschließlich der Anwendung moralischer Prinzipien gewidmet, die die Kenntnis der Gesetze der Welt diktierten.

Auf diese Weise gründete Platon eine Naturtheologie, die unter anderem stillschweigend voraussetzte, daß es, da Gott nun einmal Intelligenz und Ordnung ist, durch das Menschliche Bemühen um Intelligenz und Ordnung möglich wird, sich mühelos in seine Gesetze einzufügen und die natürliche Moral zu respektieren. Noch deutlicher wird das im Zehnten Buch der *Nomoi* (Gesetze). Denn selbstverständlich war er der Ansicht, daß es eine »natürliche Moral« gab, die freilich nur eine athenische Moral sein konnte. Weder den Neuplatonikern noch der christlichen Scholastik sollte es übrigens je gelingen, die so ausgelöste Diskussion über Natur und Gegen-Natur, Physis und Antiphysis, zum Abschluß zu bringen. Ist das Böse unzertrennlich mit der Welt verbunden? Aber das würde ja dann bedeuten, daß Gott nicht sein Herr ist? Bei Platon jedenfalls findet sich nirgends auch nur die geringste Bezugnahme auf das Böse. Da die Weltseele in seinen Augen einzig und gut war, schloß er den Pantheismus und das Böse aus und folgerte gleichzeitig, daß Gott existiert und die Seele unsterblich ist.

Weiter heißt es im Zehnten Buch der *Nomoi*, daß es bei dieser Art pasteurisiertem Spiritualismus nur drei für den moralischen Menschen verhängnisvolle Häresien gibt: den Atheismus, die Leugnung der Tatsache, daß die Welt von der Moral regiert wird, und den Glauben, daß göttliche Gunst »durch Opfer und Gebete gewonnen« werden kann. Diese seien eine Form von »Bestechung« der Göttlichkeit.

Platons Glaube an die Vorsehung war also rational bestimmt, ganz wie seiner Aussage nach die Möglichkeit, die Existenz Gottes nachzuweisen. Dieser Glaube erhebt den *Timaios* zum außergewöhnlichsten Lehrstück rationaler Theologie. Denn Timaios war er, Platon: Er hätte einer einzigen Person niemals unbegrenzt das Wort überlassen, wenn er ihren Ansichten nicht hätte beipflichten können. Daher die platonische Verächtlichkeit gegen die ekstatischen, niederen, ursprünglichen und »animalischen« Formen der Religiosität, die für ihn Ausdruck eines unangebrachten Überschwangs persönlicher Emotionen waren. Glaube ist, falls dieses Wort für ihn überhaupt eine Bedeutung besaß, lediglich der Widerschein der göttlichen Intelligenz.

Die Griechen gaben diese restriktive Geisteshaltung später an die Römer weiter. Diese gelangten ihrerseits zu der Auffassung, daß Religionsausübung eine öffentliche Angelegenheit sei, daß jeder individuelle Zugriff auf die Gottheiten unmoralisch und daher unzulässig sei und eine *super-stitio* darstelle, das heißt eine Umgehung der staatlichen Institutionen. Ihren Fortbestand oder vielmehr ihre Duldung verdankten die Mysterien zum Teil dem Umstand, daß es sich um kollektive Zeremonien handelte, die für überhöhte Individualität theoretisch keinen Raum boten. Göttlichkeit war ein kollektives Gut, das vom einzelnen Individuum nicht in Beschlag genommen werden durfte.

Es stellt sich die Frage, ob Timaios/Platon wohl Erfahrungen mit Leid, Krankheit oder Naturkatastrophen gemacht hat. Denn es gab auch Krankheiten zu jener Zeit, beispielsweise Pestepidemien. Waren sie denn nicht auf die Böswilligkeit unberechenbarer Götter zurückzuführen? Die erstaunlich treuherzige Antwort darauf wird im *Alkibiades II* geliefert, und zwar wird sie Sokrates in den Mund gelegt: »Ich frage mich, ob die Menschen die Götter nicht tatsächlich ungerechtfertigt beschuldigen, wenn sie behaupten, daß ihre Übel von jenen herrühren: Es sind schon die Menschen selbst, die, sei es durch ihren blinden Dünkel oder durch ihren Unverstand, einerlei, für welchen Ausdruck man sich entscheiden mag, ihr gehöriges Scherflein zu ihrem Leid beitragen!« Das sind Worte, die sich heute, im 20. Jahrhundert, unmöglich anhören: Die Opfer der nationalsozialistischen und sowjetischen Konzentrationslager, die Schrecken der Belagerung von Stalingrad und des Gefangenenlagers Kolyma, die 200000 Toten bei den Bombenangriffen auf Dresden und, um nicht nur davon zu reden, Krebs und Erdbeben – all das sollte demnach dem »blinden Dünkel der Menschen« zuzuschreiben sein?

Wahrscheinlich ist der *Alkibiades II* kein authentisches Werk Platons (was den Reiz der Ansichten seines mysteriösen Verfassers allerdings nicht schmälert). Die *Politeia* aber gilt zumindest als verbürgt. Und hier nun (Buch II, 2. 212) wiederholt sich fast dieselbe Aussage: »Zu behaupten aber, daß Gott irgend jemandes Ursache des Bösen geworden ist, dies muß man auf alle Weise abwehren, daß es nicht jemand sage in seinem Staat, wenn er gut soll regiert werden.« Wenn also jemand leidet oder zu Unrecht angegriffen wird, darf er sich nicht über sein Los beklagen. Ein solches hat er einfach nicht, und damit basta. Neben Benthams Werken, darunter das berühmte Fragment *On government* und die (1811 zunächst in Frankreich erschienene) *Théorie des peines et des récompenses*[7], gilt die *Politeia* tatsächlich als die perfekteste und unerschrockenste Darstellung des Totalitarismus, die je geschrieben wurde. Niemals allerdings befaßte sich Platon mit den Ursprüngen des Bösen. Diesbezüglich lebte er gewiß in einer Illusion, wie eine andere Passage in der *Politeia* (Buch II, 2. 213) vermuten läßt: »Und die Seele selbst, wird nicht die tapferste und vernünftigste am wenigsten von irgendeiner äußeren Einwirkung erschüttert und verändert?« Auf die Geschichte der Gegenwart projiziert, steht man freilich doch recht verdutzt vor dieser Philosophie: Sämtliche Übel dieses 20. Jahrhunderts sollten demnach nichts anderes gewesen sein als das Resultat der Eindrücke schwacher Seelen?

Platon wehrte sich dagegen, als Sokrates' Schüler betrachtet zu werden. Nie bezeichnete er ihn als »Lehrer«, immer nur als alten »Freund«. Eine etwas verdächtige Nuancierung, bedenkt man die näheren Umstände. Im Jahr 399, als der alte Philosoph den Schierlingsbecher leeren mußte, wohnte er nämlich dem Selbstmordzeremoniell nicht bei – er hatte sich krank melden lassen. Das ist durch Hermodoros, Augenzeuge und Schüler des Sokrates, belegt. In Wahrheit hatten Platon und einige andere Vertraute des Verurteilten vorsichtshalber das Weite gesucht und sich nach Megara abgesetzt, denn Aufrührern gegenüber verstanden die Athener gewöhnlich keinen Spaß. Platon aber teilte weiterhin viele Standpunkte seines »Freundes«, so vor allem folgendes im Prolog zu den *Nomoi*: Ein Verbrecher ist »ein Besessener, den ein böser *daimon*, die Inkarnation einer Ahnenbefleckung, zum Wahnsinn treibt«[8], und, wie bei Vernant vermerkt, mußte er sich, bevor die Gesetzgeber ein Strafmaß festlegten, eine gesungene Ermahnung anhören, damit die Ordnung und Gesundheit sowohl des einzelnen wie auch der Polis wiederhergestellt werden konnte. Denn genau wie das Gute fällt auch das Böse in den Zuständigkeitsbereich des Gemeinwesens. Wie die Gesetzgeber unserer Zeit eine solch eigentümliche Form von Strafgesetz aufnehmen würden, läßt sich denken …

Abgesehen natürlich von ihrer Rolle als Beschwichtiger des Volkes, schloß Platon die Dichter aus seinem »idealen« Staat aus, weil sie viel zu sehr dahin tendierten, vom Unglück des Menschen zu reden: »Also ist es nicht anzunehmen, weder von Homeros noch von irgendeinem anderen Dichter, daß er sagte, es seien zwei ›Fässer gestellt an der Schwelle Kronions: Voll das eine von Gaben des Wehs, das andere des Heiles‹. Und wenn nun vermischt Zeus von beiden gibt: ›Solchen trifft abwechselnd ein böses Los und ein gutes‹«. Mit anderen Worten, wäre es für Platon gottlos gewesen, zu glauben, daß, wie die »Dichter« weismachen wollten, die Götter ebensosehr für das Böse wie für das Gute verantwortlich waren. Nicht nur, daß Platon gar nicht bemerkte, daß hier ein Widerspruch zwischen der Gleichgültigkeit der Götter und der Vorsehung bestand, auf die er voll und ganz vertraute, sondern er stellte auch nicht einmal klar, welchen Sinn dann ein Gott besaß, der weder Gutes noch Böses austeilte, und weshalb es verboten sein sollte, nicht an ihn zu glauben.

In einem berühmten Abschnitt des Dritten Buches der *Politeia* (2. 215) begegnet man Sokrates, wie er, gewissermaßen mit der Schere in der Hand, Homer höchstpersönlich zensiert: »Also sind auch wohl ferner alle schrecklichen und furchtbaren Namen für diese Gegenstände zu verwerfen wie der Kokythos und Styx und die Unteren und Verdorrten und was sonst für Namen, in diesem Sinne gebildet, alle Hörer wer weiß wie sehr schaudern machen.« Sokrates' Scheingesprächspartner begehrt auf, und Sokrates fährt ihm über den Mund: »Gegenwärtig sind weder du noch ich Dichter, sondern Staatsgründer.« Dies ist eine Passage, die geradezu Michail Bulgakows antibolschewistischen Satiren entnommen sein könnte, mit dem einzigen Unterschied, daß es nicht einmal der Bolschewismus wagte, die Utopie der politischen Zensur so weit zu treiben. Rund dreihundert Jahre später schlug Plutarch den gleichen präviktorianischen Ton in seiner Lobrede auf Epimenides an, jenen Dichter und Seher des 6. Jahrhunderts v. u. Z. und Zeitgenossen Solons, der die Trauergepflogenheiten durch Verordnungen geregelt haben soll, die diese ausgewogener und stiller gestalteten und so auch für »anständiges Benehmen« der Frauen sorgen … Was, Plutarch zufolge, besagte, daß, wer seinem Kummer über den Verlust geliebter Menschen Ausdruck geben wollte, dies möglichst diskret tun sollte, so daß die Polis in ihrem Frieden nicht gestört würde. So hatte es übrigens auch Herodot empfunden, der in seinem Lob auf Sparta den Aristodemos rühmte, der als einziger Überlebender nach der Schlacht bei den Thermopylen eben dieses Überleben als Schande ansah und sich in der Schlacht bei Plataä quasi in den Tod stürzte: Dies war ein Akt der »Diskretion«, denn wer Bürgersinn besaß, konnte es nicht ertragen, als einziger in einer Schlacht verschont geblieben zu sein, in der er alle seine Gefährten verloren hatte. Selbst dann nicht, wenn er sich dabei heldenhaft verhalten hatte. Vernant stellt fest, daß auch hier persönlicher militärischer Ruhm, Luxus, »Prunkbestattungen und übertriebenes Wehklagen bei Trauerfällen« angeprangert wurden …

War es demnach die Liebe zu Gott, die Platon und überhaupt viele Griechen seinesgleichen dazu brachte, den überspannten Kult der Zensur, der Einengung und dessen, was man heutzutage als »moralisch-sittliche Ordnung« bezeichnen würde und was damals die »Ordnung« schlechthin darstellte, so weit zu treiben? Wohl kaum: Zum einen schon deswegen, weil ihrer Meinung nach die Polis die göttliche Ordnung widerzuspiegeln hatte. In den *Nomoi* und in der *Politeia* wollte Platon im Namen einer göttlichen Harmonie alles reglementieren und errichtete in seiner Phantasie im Endeffekt, wenn auch utopisch, den düstersten Polizeistaat der Philosophiegeschichte. Er versuchte auch, seine Ideen umzusetzen. Wir wissen, daß Platon auf intensive Anregung von Dion, dem Onkel des jungen Tyrannen Dionysios II. von Sizilien, und von dem Philosophen Archytas von Tarent tatsächlich versuchte, zum maßgeblichen Urheber der sizilianischen Tyrannis zu werden. Doch dabei scheiterte er mehrmals.[9]

Wer unter den Lesern des 20. Jahrhunderts mit den griechischen Schriften nicht vertraut ist, den erstaunt vielleicht die Strenge dieses Systems, das immerhin die Matrix für die Demokratie und theoretisch auch den Garanten dafür abgab, was man heute gemeinhin als die »individuellen Freiheiten« bezeichnet: Dieses fortwährende Drängen nach einem vernunftregierten Staat zielte ja in Wahrheit auf eine weltliche, rationale und beengende Theokratie ab. Das wiederum läßt sich durch die politischen Hintergründe in Griechenland oder vielmehr den damaligen griechischen Staaten erklären.

Im 5. Jahrhundert v. u. Z. gab es nämlich ebenso viele griechisch besiedelte Länder wie Stadtstaaten: Athen, natürlich, und außerdem Sparta, Theben, Ägina, Megara und Korinth. Erst nach dem Kalliasfrieden mit den Persern wurde die Ägäis zu einem innergriechischen Meer und Athen zu einem Reich. Es begann das Perikleische Zeitalter, die Glanzzeit Athens, die genau 58 Jahre bis zur aufsehenerregenden Vernichtung der athenischen Flotte 405 durch den Spartaner Lysander bei Aigospotamoi (»Bach, an den die Ziegen zur Tränke gehen«) andauerte. All diese Stadtstaaten lebten in ständiger Fehde, schlossen und lösten Bündnisse und bekriegten sich unter den begehrlichen Blicken der Karthager im Westen und der Perser im Osten. Es sei immerhin daran erinnert, daß sich der Bürgermeister von Athen erst im Juni 1996 nach Sparta begab, um mit diesem uralten Feind Frieden zu schließen. 2400 Jahre später! Die sterblichen Überreste des Thukydides und Xenophons dürfte es freudig durchschauert haben!

Das Ideal, sowohl in der Vorstellung der Athener wie auch der übrigen Griechen, war ein vollkommen einiger, homogener Stadtstaat, genau wie ihn Platon beschrieb. Deshalb erregte in Wahrheit gerade Sparta seit Jahrhunderten die Bewunderung aller und insbesondere auch die Herodots. Denn Sparta war ein streng homogener Militärstaat, ständig bereit, in den unvermeidlichen Krieg zu ziehen. Trotz des Doppelkönigtums war seine soziale Ordnung durchaus organisch und hing nicht vom Willen der Herrscher oder der Aristokratie ab. »Die Ordnung regelt [dort] die Machtbefugnis aller Individuen und setzt ihrem Entfaltungsbedürfnis eine Grenze ... Jede Umgestaltung des Staates erfolgt in erster Linie unter Berücksichtigung militärischer Gesichtspunkte.«[10] Politische Opposition oder Diskussionen waren fast undenkbar. Hier wurde weder über das Gesetz noch über Befehle diskutiert., und für langes Geschwätz hatte man nichts übrig. Die Bürger des Staates waren alle Soldaten und mußten eine harte Ausbildung durchlaufen. In dieser Hinsicht sollte Sparta geradezu legendär werden, denn wer sich ein süßes Leben machen wollte, war dort ganz sicher fehl am Platz. Gegessen wurde gemeinsam, und es gab keine erlesenen Gerichte: nur Käse, Oliven, Feigen und Wein. Von dem Bedürfnis nach kriegerischer Leistungsfähigkeit war man so besessen. daß man die Soldaten sogar dazu ermutigte, sich zu homosexuellen Liebespaaren zusammenzutun: Das Vorbild des einen im Kampf stärkte auch die Tapferkeit seines Geliebten. Nebenbei gesagt, schien diese Genügsamkeit Platon zu begeistern, denn als sich der damals Vierzigjährige nach Sokrates' Hinrichtung von Megara aus nach Italien und Sizilien begab, wendete er sich angewidert von der »Sittlichkeit« ab, die in diesen Gegenden herrsche: Man esse zu gut und lebe zu gut. Der reinste Mönch, dieser Kampfhahn!

So fand sich in Sparta also ein lobenswertes Vorbild! Dessen Bürger kümmerten sich weder um Poesie noch um Wohlleben, weder um unergiebige Diskussionen noch um ihre persönlichen Emotionen oder Ambitionen. Und Sokrates' oben erwähnte Erwiderung erhielt hier ihre ganze Bedeutung: »Wir sind

Staatsgründer.« So wie die Stadtstaaten im Grunde Kasernen waren, war auch ihr Gott ein Gott der Soldaten. Wie Vernant festgestellt hat, war Athen in vielfältiger Hinsicht ein »bürgerlicher« Staat; Sokrates und Platon wollten ihn in eine Klosterkaserne verwandeln.

Nach der totalen Niederlage bei Aigospotamoi und als danach der Spartaner Lysander Athen eroberte, dessen Flotte in Flammen aufgehen ließ, die Befestigungsanlagen von Piräus zerstörte und das Regierungskollegium der »Dreißig Tyrannen« einsetzte, sollten sich Platons Sympathien allerdings noch ändern und etwas klarer abzeichnen. Denn in Platons, in gewissem Maße aber auch in Thukydides' Augen gab es für diese katastrophale Niederlage Athens einen Hauptschuldigen, und das war der übertriebene Ehrgeiz. Athen hatte sich übernommen: Nach der verhängnisvollen Expedition nach Sizilien im Jahre 413, bei der es Heer und Flotte verlor, folgte 406 der verheerende »Seesieg« bei den Arginusen (die Stadt hatte 25 Trieren eingebüßt und ließ sechs Kommandanten beziehungsweise Strategen hinrichten), und dann eben noch das ehrgeizige Unterfangen, 404 bei Aigospotamoi gegen die spartanische Flotte kämpfen zu wollen. Im *Gorgias*, einem Dialog zwischen Sokrates und einem ambitionierten Abenteurer reinsten Wassers, Kallikles, erklärte der alte Philosoph, der Staat brauche nicht etwa Macht, sondern Gerechtigkeit und Tugend.

In bezug auf militärische Disziplin ließ Athen damals nicht mit sich spaßen. Wie bereits erwähnt, richtete die Stadt immerhin sechs von acht Strategen hin, die für das Fiasko verantwortlich gemacht wurden (die anderen beiden waren nicht greifbar). Hier übrigens bezog Sokrates nun doch Stellung gegen das Todesurteil. Seine strikte Position als »Staatsbegründer« hatte wegen der Niederlage offenbar einen Dämpfer abbekommen. Es schien ihm absurd, Menschen zum Tode zu verurteilen, nur weil sie es versäumt hatten, Tote zu bestatten.

Hat Kallikles tatsächlich gelebt? Manche Dialogfiguren wirken mehr oder minder erfunden, andere wieder sind durchaus real. Nach Ansicht von Jacqueline de Romilly steht dieser Kallikles in Wahrheit für eine Persönlichkeit, die, nachdem sie im Athen des 4. Jahrhunderts eine beherrschende Rolle gespielt hat, als Legende noch heute im 20. Jahrhundert umherspukt: Alkibiades. Platon, der mit ihm bekannt war, konnte diesem außergewöhnlichen Schicksal unmöglich gleichgültig gegenüberstehen. Als gutaussehender Abenteurer mit einer bewegten politischen und militärischen Karriere (zweimal spielte er für Athen den Retter in der Not, bis er nach dem Zusammenbruch der athenischen Flotte bei Notion dann schließlich abgesetzt wurde) war Alkibiades ein von Ehrgeiz Besessener, wie er im Buche steht, so ehrgeizig, daß er zu den Spartiaten und Feinden Athens überlief, nachdem die Athener ihn seines Postens enthoben hatten. Sein Leben schien eine Moral zu beinhalten: Man sollte nicht aus persönlichen Gründen auf Ruhm hoffen, da das dem Gleichgewicht der Staatsordnung schadet und somit schlimm enden muß. Alkibiades' aufsehenerregende Erfolge wurden in der Tat durch die Desaster aufgewogen, für die er verantwortlich war, beispielsweise bei der Expedition nach Sizilien. Am Ende wurde er auf Betreiben der Spartiaten ermordet. Er war ein tragischer Held, doch die großen Dichter schienen ihn nicht sonderlich zu schätzen. Aischylos etwa warnte davor, »in einem Staat einen Löwen großzuziehen; denn ist er erst einmal ausgewachsen, muß man alle seine Allüren mitmachen«. Trotzdem blieb er für das Volk ein Held, und welche Bedeutung das Bild dieses charismatischen Lieblings der Götter in den Augen des Volkes allmählich erlangte, werden wir noch sehen.

Die Lebensgeschichte des Alkibiades barg nach Platons Auffassung offenbar wieder einmal eine »religiöse« Lektion in Sachen Gleichgewicht und Demut. Alkibiades ließ es an Tugendhaftigkeit fehlen, und eben sie verherrlichte Platon fortan: Als Vorläufer von Augustinus, nur um vieles rigoroser!

Ganz offensichtlich hatte Athens politischer Verdruß Veränderungen in Platons System zur Folge: Von nun an lag für ihn das Heil des Staates in der Tugend. Von Gründertugenden nun kein Wort mehr! Diese Schwankungen mögen erstaunen, aber

Platons Werk ist kein einheitliches Ganzes, und es lassen sich noch allerhand andere ideologische Wandlungen darin feststellen. So kam es beispielsweise, daß er in den *Nomoi*, die er erst nach der *Politeia* verfaßte, den reinen und kompromißlosen Kommunismus, den er in letzterer noch gepredigt hatte, aufgegeben hat. Doch diese Veränderungen waren sekundär, da Platon seine Ideologie als solche im großen und ganzen doch beibehielt. So kam er offenbar nie auf den Gedanken, daß die Tugend vielleicht gar nicht so entscheidend für Spartas militärische Überlegenheit war (die ohnehin nicht ewig andauern sollte, denn damit war es nach der Schlacht bei Mantineia im Jahre 362 vorbei). Er blieb einem geschlossenen System treu, das keine äußeren Ursachen kannte, und sein Determinismus blieb unangetastet. Die Homersche Vorstellung, daß die Götter launenhaft seien und das Glück oft das Lager wechsele, ließ er niemals an sich heran: sie war für ihn gottlos und unerhört.

Hätte er länger gelebt, hätten ihn sicherlich noch einige Enttäuschungen erwartet. Doch für einen Gesinnungswandel blieb ihm keine Gelegenheit mehr. Einundachtzigjährig starb er um 348/347, also zehn Jahre vor der Schlacht bei Chaironeia, die die Vorherrschaft Makedoniens besiegelte. Ein strahlender junger Mann hatte für diesen makedonischen Sieg gesorgt, indem er berittene Truppen in die Schlacht führte. Er war, wenn man so sagen will, Alkibiades im Quadrat, denn ihn beseelte ein noch maßloserer Ehrgeiz, und er war ein Mann von berückender Schönheit, mit einer faszinierenden Ausstrahlung, die mehr als 2300 Jahre überdauern sollte: Er hieß Alexander und war der Sohn Philipps II. von Makedonien. Er sollte zum größten Eroberer in der Geschichte aufsteigen, und seinen Triumph verdankte er keineswegs der Tugendhaftigkeit, sondern ganz im Gegenteil gerade seiner Tugend- und Maßlosigkeit. Es war Alexander der Große, die personifizierte Verneinung des platonischen Systems.

Alexander wurde von den Göttern geliebt, von den Menschen verehrt, und Makedonien mit ihm, um seinetwillen und weil es die Geschichte eben zufällig so wollte. Man erhob ihn zum Halbgott, und selbst die Moslems verehrten ihn später als den *Iskander zul qu'ornein*, als Alexander mit den zwei Hörnern, jenen Hörnern aus Licht, auf die bis dato nur Mose Anspruch erheben durfte. Sogar Arrian, der kaum zu Aberglauben oder Emphase neigte, schrieb zu der berühmten Geschichte um den gordischen Knoten: »Es verkündeten auch in der Nacht darauf Donnerschläge und ein heller Schein am Himmel den Willen der Götter. Auch deswegen opferte Alexander am folgenden Tag den Göttern, die ihm die Lösung des Knotens offenbart und das Zeichen in der Nacht gegeben hätten.«[11]

Die Moral, falls es eine solche daraus zu ziehen galt, hieß zunächst einmal, daß es kein Patentrezept gab, um sich die Gunst der Götter beziehungsweise Gottes, den Einklang mit seiner Struktur und seinen Plänen oder auch die Tugend zu sichern. Gott war weder ein Archon noch ein Mechanist oder Logiker. Und ferner mußte es wohl heißen, daß es unklug war, vorzugeben, man kenne, oder schlimmer noch, achte die potentiellen Möglichkeiten des einzelnen nicht, genauso wie es unklug war, die Angelegenheiten der Menschen auf die ausschließliche Zuständigkeit des Staates zurückzuführen. Ein Mann, ein einziger Mann hatte das Geschick der Welt verändert, und zwar, wer weiß, vielleicht aufgrund von Nemesis' Rache, die sich am Ende über Athens Dünkelhaftigkeit maßlos geärgert hatte. Er war ein Makedonier, einer von jenen, die die Athener herablassend als »Barbaren« betrachteten.

Der Meteor Alexander hatte also die deterministische Uhr Platons zum Bersten gebracht und die Seiten seiner rationalistischen und kommunistischen Theologie in alle Winde verstreut: Er wurde zu einem lebenden Gott. Und so stellte er auch im Frühjahr 324 die Forderung an die griechischen Staaten, ihm göttliche Ehre zukommen zu lassen. Er erhob für sich Anspruch auf Altäre, Opferungen und Statuen (Athen und Sparta taten übrigens nichts dergleichen und reagierten nur mit Unverschämtheiten). In Alexandria wurde er, lange nach seinem Tod, mit Dionysos gleichgesetzt (obwohl er ja eigentlich behauptet hatte, von Herakles abzustammen). Und wenn auch das

Buch der Makkabäer streng mit ihm ins Gericht geht, die Christen jedenfalls machten ihn zum ... Christen. Eines stand jedoch für alle fest: Dieser Mann war ein Günstling der Götter gewesen! Nachdem der Weltschöpfer, wie es in den mesopotamischen Kosmogonien heißt, sich betrunken hatte, hatte er Maß und Vernunft fahren lassen und diese unwiderstehliche Herrlichkeit hervorgebracht.

Der Tod ersparte es Platon auch, die größte aller Widersinnigkeiten miterleben zu müssen: Der Held, der durch seine bloße Existenz das Gebäude seiner staatsbürgerlichen Theologie eingerissen hatte, wurde sogar noch zur Symbolfigur des Hellenismus. Und ebenso mußte Platon nicht mehr mit ansehen, wie all das, was er sich an Überholtem oder Gefährlichem in die Rumpelkammer der Geschichte zu verweisen alle Mühe gegeben hatte, wieder auftauchte: der göttliche Held, mit seinem ganzen Gefolge an emotionaler Trunkenheit, Dramen, Ungerechtigkeiten, Gelächter, Eroberungen und vor allen Dingen Unordnung. Dafür meinte ein anderer Schüler des Sokrates, Aristoteles nämlich, die Warnung zu erkennen. »In einem heute verschollenen Dialog *Über die Philosophie* wies Aristoteles auf die großen Kataklysmen hin, die die Menschheit regelmäßig immer wieder zerstören; er zeigte die Etappen auf, die die wenigen Überlebenden und ihre Nachkommenschaft dann jedesmal zu bewältigen habe, um die Zivilisation neu aufzubauen ...« Damit rief er das Thema der Ewigen Wiederkehr wach, das mit dem großen indoarischen Mythos vom Rad des Schicksals verknüpft ist.

Vermutlich sah die Verkettung der Ereignisse und Situationen nicht so linear und schematisch aus, wie ich sie hier darstelle. Nicht jedermann verlor, wie Kritias, nach der Niederlage bei Aigospotamoi den Verstand. Trotzdem war die Bestürzung unendlich groß: Innerhalb eines Dreivierteljahrhunderts sah sich nicht nur Athen, sondern die Gesamtheit aller griechischen Stadtstaaten mit einer Wirklichkeit konfrontiert, die sie sich nie hatte träumen lassen. Sie bestand aus einer Welt großer Imperien, gegen die der athenische oder der spartanische Imperialismus nur schwacher Abglanz gewesen war. Im Westen ging die Sonne Roms auf, und im Osten funkelte die Alexandrias. Die Realpolitik jener Zeit erforderte nunmehr ein globales Bild von Geschichte. Und gleichzeitig erforderte sie eine andere Vorstellung von der Göttlichkeit. Diese konnte allen Menschen, der *oikouméne*, gemein sein, provinziell war sie nicht mehr. Alexanders Eroberungszüge brachten die hellenischen Gottheiten in der Tat bis in Gegenden, in die sie sich sonst niemals gewagt hätten: ins Nildelta, in die Ebenen von Baktrien und bis hin zum Indus. Und welch wunderbare Fügung der Synkretismen: Die gräkobuddhistische Kunst verschmolz den nihilistischen Weisen Buddha zu ein und derselben Gestalt mit dem Gott Shiva, der einstmals unter der Bezeichnung Dionysos hellenisiert worden war!

Gewiß, Alexanders Weltreich war nur von kurzer Dauer: Das Imperium war an seine Person gebunden. Nachdem es durch die Schlacht bei Gaugamela im Jahre 331 v. u. Z. begonnen hatte, zerfiel es 306 im Zuge des Diadochenkrieges wieder; es dauerte also nur ein Vierteljahrhundert lang. Doch Alexanders Heldenepos prägte die Vorstellungswelt der damaligen westlichen Welt, das heißt im wesentlichen des Mittelmeerraums. Es weckte den Sinn für alles Grandiose, Pathetische und Wunderbare, für Heldentum, Schönheit und Abenteuer, der in der gesamten hellenischen Kunst seine Spuren hinterlassen hatte. Im heutigen Sinne des Wortes konnte man es also als romantisch bezeichnen. Alexander verkörperte jene Mythen von göttlicher Wiedergeburt, wie die von Attis, Adonis und Tammuz, und auch die Wiederkehr der Sonne wie bei dem Gott Mithra. Sein kurzer Auftritt auf Erden ebnete den Gottessehnsüchten den Weg, jenen starken, stetigen Winden, die vom Himmel herabwehten und die Platon in seinen Reden einzudämmen versucht hatte. Und auch das in der Göttlichkeit aufgehende Ich durfte sich wieder erheben. Weder Platon noch Aristoteles hatten diesen mal sanften Lufthauch, mal scharfen Sturmwind des großen, tief im Menschen verwurzelten Gottesbedürfnisses bemerkt. Allein Aristoteles, der doch immerhin zwanzig Jahre an Platons Seite gelebt hatte, ahnte etwas von dem unaufhaltsamen Drang des Menschen nach Immanenz: »Je mehr ich mich selbst durch mich selbst in der Einsamkeit befinde, um so mehr drängt es mich nach dem Mythos.« Was versteht er unter Mythos? Vielleicht das, was andere später als Offenbarung verstanden.

Freilich wäre es geradezu karikaturistisch, das gesamte griechische Denken des 5. und 4. Jahrhunderts in Platon auf einen Nenner bringen zu wollen. Unter der Last seiner Blüten wucherte ein üppiger Dschungel. Zahllose intellektuelle Werkzeuge, deren sich die Denker aller möglichen Disziplinen in unserem 20. Jahrhundert bedienen, wurden in Athen erfunden. Die Atommodelle von John Dalton, Ernest Rutherford und Niels Bohr, die jeweils aus den Jahren 1803, 1911 und 1921 stammen, waren von Empedokles (490–430), Demokrit (460?–370?) und Aristoteles (384–322) ersonnen worden. Letzterer ließ sogar verlauten, daß sie ursprünglich von Leukipp[12] stammten. Kein Gesetzgeber der Gegenwart, der diese Bezeichnung verdient, kommt um die Lektüre von Platons *Nomoi* und Aristoteles' *Politik* herum. Die Wissenschaft der Logik, deren sich die hochentwickeltste Informatik bedient, wurde von Aristoteles begründet. Der erste Autor, der die Gesetze des menschlichen Verhaltens erforschte, war abermals Aristoteles, der zweifellos als Begründer der Psychologie und Wegbereiter für Pierre Janet mit seiner Rollenanalyse der Gewohnheit zu gelten hat. Und wiederum Aristoteles war es, der die Philosophie um das Prinzip des Werdens bereicherte. Kurz, riesige Bibliotheken genügen kaum, um eine genaue Vorstellung davon zu vermitteln, wie sehr die späteren Jahrhunderte und insbesondere die moderne Welt dem griechischen Denken verpflichtet ist.

Doch die Präsenz der Göttlichkeit hatte an Intensität verloren. Die junge Menschheit, die in höchstem Maße von Griechenland verkörpert wurde, fühlte sich durch die Komplexität der Welt verwirrt und war unablässig damit beschäftigt, deren Strukturen so lange zu katalogisieren, bis ihr schier schwindelig wurde. War Aristoteles dieses grenzenlosen, intellektuellen

Bohrens irgendwann müde geworden? Immerhin schrieb tatsächlich er diesen Satz, der der christlichen Mystiker würdig gewesen wäre: »Die Betrachtung ist die Annäherung an die höchste Unsterblichkeit, die dem Menschen zuteil werden kann.« Begreiflich also, daß die *Nikomachische Ethik* bei den christlichen Theologen des Thomismus und der Scholastik solchen Erfolg ernten konnte. Und ebenso war es Aristoteles, der mit durchaus spürbarem Unterton des Zweifels schrieb: »Wenn es keine andere Substanz als die organischen Substanzen der Natur gibt, dann wird die Physik zur höchsten aller Wissenschaften.« Doch ist klar, daß er daran nicht glaubte.

In der Tat schlich sich ab dem 4. Jahrhundert ein Bruch in das griechische Denken ein. Zum Verständnis der Geschichte der Gottesvorstellung, muß man ihn unbedingt kennen. Nirgendwo ist er deutlicher zu spüren als im Stoizismus, jener Philosophenschule, die Ende des 4. Jahrhunderts von Zenon von Kition gegründet und wegen des Ortes, wo er seine Schüler zu versammeln pflegte, der *Stoa Poikile* (Bemalte Säulenhalle), so benannt wurde. Dabei handelte es sich um einen schlichten Säulengang am nördlichen Ende des Athener Marktplatzes, im Grunde genommen nichts anderes als ein Basar. Die prosaische Bescheidenheit dieser Örtlichkeit spricht Bände: Unsere Philosophen fanden sich unter dem Geschrei der Geflügel-, Fisch-, Wein- und Gemüsehändler zusammen, das an die Wirklichkeit des Alltags erinnerte. Allerdings lag der nördliche Flügel ein wenig abseits und war somit gegen den Lärm der Marktschreier geschützt. Es fällt schwer, nicht darüber zu lächeln, daß ausgerechnet dieser Platz zur Arena für hohe Gedanken auserkoren wurde, während doch Platon in den Gärten des Akademos seine Reden hielt.

Diese Schule erweckt den Anschein, griechischen Ursprungs zu sein. In Wahrheit war sie ein ausländisches Produkt. Zenon selbst war Phönizier, und seine bedeutendsten Schüler waren Ausländer: Sie kamen aus Kilikien, Syrien, aus dem Pontus, aus Karthago, Seleukeia in Mesopotamien, Apameia am Orontes, Rhodos … Die wichtigsten Schulen der Stoiker befanden sich in Tarsos, Alexandria und auf Rhodos. Es handelte sich also um Orientalen, die griechisch sprachen, und keine Griechen, was sich sehr bald zeigte. Was ist ein Orientale, wird man fragen. Das ist ein Skeptiker und Mystiker zugleich, ein sinnlicher Mensch, den der Asket in ihm quält, ein Träumer, der Realist sein will. Er glaubt an Gott, fürchtet aber, dabei der Geprellte zu sein, glaubt nicht an ihn und fürchtet, sich von sich selbst täuschen zu lassen. Keiner hat die unzertrennlich mit dem Orient verknüpfte Widersprüchlichkeit besser getroffen als Dostojewski, der damit im Grunde allerdings den Slawen zu beschreiben meint: »Wenn Stawrogin glaubt, glaubt er nicht, daß er glaubt; wenn er nicht glaubt, glaubt er nicht, daß er nicht glaubt.« Worauf war dieses ewige Schwanken wohl zurückzuführen? Vielleicht auf das Nomadentum, das heißt den Stolz. Und vielleicht auch auf das Nachsinnen über die Endlosigkeit des Raums. Der Nomade, der daran gewöhnt ist, sich auf sich selbst zu verlassen, ist sein eigener Herr. Und ebenso daran gewöhnt, allein die Horizonte nach Zeichen abzusuchen, die ihm sagen können, woher unvermittelt Gefahr auftauchen könnte, würde er alles geben für ein passendes Wort, ein Lächeln oder eine selbstlose ethische Geste.

Die drei Phasen, in die sich die Stoa aufteilt[15], waren in erster Linie darauf ausgerichtet, einem Bedürfnis Folge zu leisten, das fortan ein Bedürfnis der Allgemeinheit sein sollte: eine für jedermann zugängliche Philosophie. Die drei ersten und bedeutendsten Vertreter der Stoa, Zenon, Kleanthes und Chrysippos, schöpften daher aus der Vergangenheit bewährter Ideen. Sie waren Sokratiker und Kyniker zugleich. Als Materialisten stellten sie sich folglich gegen Platons Idealismus, dachten aber trotzdem rationalistisch und logisch, ja sogar als Logiker. Dieses Festhalten an der Vernunft verleitete sie zu einem Irrtum, der sich bis ins 20. Jahrhundert hinein fortpflanzte: Chrysippos' Anschauung nach beispielsweise war nur wahr, was einen Sinn machte, ein heikles Kriterium (das übrigens auch von Hegel im 19. Jahrhundert aufgegriffen wurde), weil man in einem Phänomen nur dann einen Sinn finden konnte, wenn man dessen

Finalität im vorhinein kannte. Außerdem postulierten die Stoiker, daß jeder Körper gleichermaßen imstande ist, aktiv zu handeln und passiv beeinflußt zu werden. Was aber verursachte die Bewegung der Körper? Eine vorausgehende Handlung. Und hier nun führten die Stoiker auf »Umwegen« ein von Heraklit entlehntes Konzept wieder ein, und zwar das der universellen Bewegung (jenes berühmte Wort »Alles fließt, nichts besteht«, *panta rhei*), die jegliche Materie und jeglichen Raum erfüllt. Es ist die Lehre von der universellen Durchdringung, die jedoch in einer Sackgasse endet. Denn da die Körper an sich keine Identität besitzen, hat das zur Folge, daß zwei von ihnen denselben Raum einnehmen können. Dies war eine Herausforderung der Logik.[14]

Nachdem die Physik auf dem Wege über die Metaphysik immer mit der Religion einhergeht, wurde diese augenfällige Heterogenität im geistlichen Bereich noch deutlicher.

Existierte die Seele überhaupt? Ja und nein: Nein, weil das Universum, da es nur sinnlich faßbar war, der spezifischen Unterscheidung des Stoizismus zufolge auch nur als belebte oder träge Materie erfahren werden konnte; die Seele aber war nicht wahrnehmbar. Ja hingegen, weil die Seele der Ausdruck des reinsten himmlischen Feuers, das göttliche Feuer war. Denn obwohl sie sich zu Materialisten erklärten, verehrten die Stoiker Gott, einen alleinigen Gott, auch wenn sie ihn Zeus nannten, was ohnehin nur eine abgewandelte Form von *theós*, Gott, ist. Es war ein Gott, den sie für allgegenwärtig hielten und der aufgrund des *Gesetzes* die Welt regierte, die er aus sich selbst geschaffen hatte. Kleanthes' berühmter Hymnus bezeugt das einwandfrei:

»Du, der Unsterblichen Höchster, du Vielbenannter, der ewig nach Gesetzen beherrscht die Natur, ihr mächtiger Führer, sei mir gegrüßt, o Zeus: Denn alle Sterblichen dürfen dich anreden, o Vater … Du, dem rings um die Erde die Kreise der Welten willig folgen, wohin du sie lenkst. Denn du fassest in deine nie zu bezwingende Rechte deinen Boten, den flammenden, zweigezackten, den ewig lebenden Blitz: Es erbebet die Welt dem schmetternden Schlage. ... Höchster Gott des Alls, ohn' den auf Erden, im Meere, nichts geschiehet, noch am ätherischen, himmlischen Pole; außer was sinnenberaubt der Frevler Böses beginnet. Aber du weißt auch da das Wilde zu fügen in Ordnung, machst aus der Unform Form und gesellst Unfreundliches freundlich. Also stimmest du Alles zu Einem, das Böse zum Guten, daß in der weiten Natur ein ewig Gesetz sei. ... Befreie die Menschen vom schweren Unsinn, nimm die Wolken von ihren Seelen, o Vater, daß sie die Regel ergreifen, nach der du billig und sicher alles regierst.«[15]

Wir haben hier nahezu das Muster eines christlichen Gebetes vor uns, das als Ausdruck »heidnischer« Materialisten reinster Prägung den Leser des 20. Jahrhunderts natürlich verwundern muß. Und wenn man dann noch feststellt, daß Zenon Bildnisse, Statuen, Tempel, Altäre, Opfer und Gebete als unnütz und trivial verurteilt, sofern die Riten und Gebete nicht mit reiner Seele ausgeführt werden, und daß er dabei präzisiert, ein Gebet spreche man am besten in der Stille seines Herzens, möchte man fast meinen, daß letztendlich vielleicht gerade die Stoiker zum Modell des Christentums am meisten beigetragen haben. Dieser Schluß aber wäre voreilig. Denn während die Stoiker einerseits einen alleinigen Gott verehrten, vertraten sie doch auch den Polytheismus, da sich die göttliche Substanz ja vielgestaltig, unter anderem in Form der Himmelskörper (schon Platon hatte das übrigens gesagt), der Naturgewalten und sogar mancher Menschen ausdrückte.

Die Bestandsaufnahme der Widersprüchlichkeiten im Stoizismus ist allerdings noch nicht beendet. Zwei von etlichen anderen seien noch erwähnt: Die erste besteht darin, daß der Stoizismus die Existenz »göttlicher Menschen«, von Halbgöttern also, einräumte, die Mythen aber als unmoralisch abtat. Was aber ist der Mythos anderes als die Versinnbildlichung des Beispielhaften und Symbolischen?

Die zweite Widersprüchlichkeit symbolisiert in viel stärkerem Maße die im hellenistischen Griechenland herrschende Unruhe und Angst. Genau wie alle anderen auf Platon und Aristoteles folgenden Philosophen hatten die Stoiker in ihrer Systematik »als Erklärung für Lebewesen jede zugleich intelligible und unkörperliche Ursache« verworfen. Mit anderen Worten, in ihrer Eigenschaft als Materialisten sperrten sie sich dagegen, daß es etwas Intelligibles geben sollte, das zugleich unkörperlich war. Wenn es unkörperlich war, war es unintelligibel, und wenn es körperlich war, so war es intelligibel. Daher mußte ein Verzeichnis von allem »Unkörperlichem« angelegt werden. Darin aufgenommen wurden also unkörperliche Elemente wie etwa die Zeit, die Leere und der Ort. Demnach wurde Gott dem Bereich des Intelligiblen zugeordnet, nicht aber die Zeit. Und ein Paradoxon mehr: Das nannte sich dann ein »etwas Ausdrückbares«, λεκτόυ.

Natürlich konnten sie sich nicht darauf einigen, was nun eigentlich dieses unkörperliche »Ausdrückbare« war, und selbst Klemens von Alexandria, dem es gewiß weder an Scharfsinn noch Sprachstil mangelte, um diese Art Dilemma zu definieren, verheddert sich hier: »Die Stoiker sagen, daß der Körper Ursache im eigentlichen Sinne, das Unkörperliche aber auf metaphorische Weise so etwas wie eine Art Ursache ist.«[16] Noch kryptischer könnte man sich kaum ausdrücken. Die Stoiker gerieten jedenfalls ins Stolpern, und das Bild ihrer Logik litt darunter. Was, beispielsweise, ist der Ort? Das vermochte keiner zu sagen. Denn war er tatsächlich unkörperlich, so eben auch unbestimmbar, und man tappte prompt in die von Zenon von Elea gestellte Falle: Der Ort existierte ebensowenig wie die Bewegung. Das aber konnte der stoische Dynamismus unmöglich hinnehmen. Ja, und die Zeit? Widerwillig mußten die Stoiker hierzu auf eine Definition zurückgreifen, die Aristoteles selbst nicht gemocht hatte: »Zeit ist die Bewegung selbst.«[17] Indem sie Körper und Unkörperliches trennten, landeten die Stoiker schließlich, genau wie es die Skeptiker vorhergesehen hatten, bei der Verneinung der Wissenschaft, gerade sie, die sich doch als Wissenschaftler verstanden wissen wollten. Gott, der ihrer Ansicht nach überall war, also an allen Orten, war der nun körperlich oder unkörperlich? Im Rückblick läßt sich wohl sagen, daß die Intelligenz die Stoiker nicht unbedingt mit der allerfeinsten Intuition bedacht hatte.

Eine Schule »für das Volk« hatten sie gründen wollen. In Griechenland bemühten sie sich umsonst, wenn man von den Freunden von Spitzfindigkeiten, Anwälten und Rhetoren absieht, die in der Öffentlichkeit brillieren wollten. Und noch magerer wurden die Zeiten, als Rom Athen in seiner Rolle als geistiges Zentrum ersetzte. Die Römer hatten für intellektuelle Spekulationen und insbesondere für solche wenig übrig, die an allen Ecken und Enden Lecks aufwiesen, denn auch die Römer erkannten die Schwachpunkte des griechischen Denkens durchaus. Die Stoiker galten als Phrasendrescher, und das Adjektiv »griechisch« begann eine abwertende Konnotation anzunehmen. Als Gipfel postumer Demütigung machte sich Epiktet, ein Schüler der römischen Stoa, zweihundert Jahre später über sie lustig: »Wenn sich jemand rühmt, die Schriften des Chrysippos begreifen und erklären zu können, dann mußt du dir sagen, daß jener keinen Grund gehabt hätte, sich zu rühmen, wenn Chrysippos keine so unverständliche Ausdrucksweise gehabt hätte.« Allerdings muß man auch sagen, daß die Römer nicht unbedingt einen Hang zur Philosophie hatten: Sie waren praktisch veranlagte Menschen, sonst hätte ihr Imperium wohl auch kaum acht Jahrhunderte überdauert.

Der Stoizismus, der sich ursprünglich als kritischer Rationalismus verstanden sehen wollte, verkümmerte immer mehr, bis Seneca dann schließlich in seiner ihm eigenen Originalität den Körper als »das Gefängnis der Seele« beschrieb. Mit Musonius, Seneca, Mark Aurel und Epiktet sank der Stoizismus, jenes letzte große Abenteuer des griechischen Denkens, in Rom auf das Niveau der Volksweisheit, ja, schlimmer noch, zur denkbar kümmerlichsten und vor der Zeit »viktorianischen« Bürgerschicht herab: »Was dein Geschlecht angeht, so halte dich bis zur Hochzeit rein«, schrieb Epiktet. Und Seneca: »Wer, ohne stehenzubleiben, durch das Leben hastet, wird viele Menschen kennenlernen, aber niemals einen wirklichen Freund haben.« Oder auch: »Wer am Freitag lacht, wird am Sonntag weinen.«

Zur Befriedigung des Gottesbedürfnisses, das in Rom auch nicht geringer war als andernorts, hatte all das wenig aufzubieten. Weshalb sind wir auf Erden? Was tun wir hier? Und wo gehen wir hin? Solche Fragen hat gewiß nicht erst der Existentialismus des 20. Jahrhunderts aufgeworfen. Die seit Heraklit, einem halben Jahrtausend also, vollbrachten Wunder an geistigen Einsichten waren wieder verschüttet worden, ohne eine Antwort darauf zu geben, ohne aus dem dornigen Gestrüpp der Logik irgend etwas anderes als die Logik selbst erblühen zu lassen. Griechenland hatte die Welt zu denken gelehrt und als erstes die fundamentalen Fragen gestellt, die noch das heutige Denken bewegen. Es hatte die riesigen Territorien der Fragestellung und der Erkenntnis gerodet oder Punkt für Punkt abgesteckt. Doch trotz dieses herkulischen Wunderwerks hatte Athen nur durch die Werke seiner leidenschaftlich beseelten Dichter dem mächtigen Ruf der herabwehenden Himmelslüfte Folge zu leisten vermocht. Sein übermäßiger Kult der Vernunft und sein überspitztes Staatsempfinden hatten seine Sicht gegenüber den Bedürfnissen des einzelnen vernebelt. »Streb nicht, meine Seele, nach Leben ohne Tod, die Handlungsmöglichkeit schöpf aus!«[18] so lautete Pindars Gesang, während sich der einzelne doch gerade nach diesem ewigen Leben und nach vertraulicher, sinnlicher und leidenschaftsvoller Nähe zu Göttern sehnte. Was denn, der Sterbliche sollte nicht mehr nach den Göttern rufen dürfen, wenn er litt? Er sollte nicht mehr wie Achill mit gebrochenem Herzen und weinend über Briseis' Abschied darauf hoffen, daß seine Mutter, die Nymphe Thetis, den Fluten entstieg, um ihn zu trösten, ihm ihre Hand auf die Stirn legte und ihn fragte: »Liebes Kind, was weinst du?«[19]

Gewiß nicht von ungefähr hat die griechische Mythologie, die alte und nicht diejenige, von der weder Platon noch Demokrit etwas wissen wollten, diejenigen also, in der die Götter hinter der irdischen Weiblichkeit her und die Göttinnen parteiisch und sanftmütig waren, noch heute ihre sinnliche Frische und unausweichliche Präsenz beibehalten. Das liegt daran, daß ihre Poesie auf das uralte Bedürfnis nach nahen, personifizierten Göttern einging.

Solange überall die Gefahren lauerten, hatte der Mensch in der Gemeinschaft Zuflucht gesucht und war von vornherein nach dem Prinzip verfahren, daß Einigkeit stark macht. Dabei schuf er Götter, die zu Mitleid und Haßgefühlen imstande waren, ihn aber im unergründlichen Universum nicht allein ließen. Im 5. Jahrhundert hatte sich Athen gegen die Barbaren durchgesetzt, es erstrahlte in seiner intellektuellen Herrlichkeit. Es schuf ein Porträt Gottes, in dem sich beide, Athen und Gott, einander widerspiegelten. Nachdem es im 4. Jahrhundert dann besiegt und zur makedonischen Provinz herabgestuft worden war, mußte es sich wohl fragen, ob es von diesem Gott nicht im Stich gelassen worden war, und verlangte nach mehr als nur Worten und Ideen. Die Großtaten der Vernunft, die die Griechen vollbracht hatten, befreiten sie nicht von der Angst und dem Bedürfnis nach einem unmittelbaren und immanenten Gott zugleich.

Mittlerweile war die Zeit der Hungersnöte vorbei, Epidemien kamen nur noch selten vor, und die Erdbeben schienen nachgelassen zu haben. Die Menschen der Hellas brachten nun einen Gott hervor, wie ihn noch kein Dichter ersonnen hatte, und dieser Gott war das Ich, der Einzelmensch. Dieser begnügte sich nicht mehr damit, die Götter in der Gemeinschaft zu verehren, er brauchte sie für sich allein. In Ermangelung eines Besseren ahmten die Römer die griechischen Skulpturen nach und pflegten exotische Götter wie die Ägypterin Isis. Der Aberglaube blühte und gedieh – wozu auch die Flasche, wenn man den Rausch schon hatte! Freilich gab es eine offizielle Religion, doch privat wandten sich die Bürger an jeden beliebigen Gott, wenn er nur als kompetent galt. Man wartete auf Götter und Halbgötter, Viertelgötter, Helden, um die durch Alexander geweckten und verliebt gehegten Erwartungen zu befriedigen. Und so kam es, daß Rom später manchen Kaiser überschwenglich begrüßte, von dem es sich Großartiges erhoffte, den es aber bald schon wieder umbrachte, weil er auch nur ein Schwindler gewesen war. Das Heer hingegen war durch und durch dem Mithraskult[20] ergeben; zumindest dadurch erfuhr es Heldentum im Zeichen der Sonne.

Doch das 1. Jahrhundert war angebrochen, und es zeichneten sich Veränderungen ab.

Zweiter Teil

Vom Mithraskult zum Wahnsinn des modernen Obskurantismus

Vom unzählbaren Gott
zum totalitären und politischen Gott

Im ersten Jahrhundert unserer Zeitrechnung sind Gottheiten auf Erden allgegenwärtig. Sie schimmern, funkeln und schillern auf der ganzen Welt in unzähligen verschiedenen Erscheinungsformen, in allen Farben des Glaubens und mit höchster Kraft. Ihre Namen sind so unzählbar wie der Sand am Meer.

In jeder ihrer Erscheinungsformen werden sie von einem Boden, einer Kultur oder lokalen Traditionen hervorgebracht. So verehrt man in Griechenland einen Gott der Rebe, nicht aber in Afrika, wo kein Wein wächst, wo man dafür an einen Gott des Baobab (Affenbrotbaums) glaubt. Jene, die man später »Rothäute« nennen wird, verehren die Geister des Bisons oder des Bibers, die Inkas einen Maisgott, während die Ägypter glauben, dem Krokodil und dem Ichneumon, der Pharaonsmaus, wohnten Gottheiten inne, und die Hindus im Tiger die Verkörperung der Göttin Kali sehen.

Diese Götter haben ihre Launen, die von jeglicher politischen Macht unabhängig sind. Die Priester, Schamanen, Zauberer, Medizinmänner haben den Auftrag, die Kulte dieser Gottheiten zu zelebrieren – nicht etwa, in deren Namen moralische Normen aufzustellen. Die Religionen sind keine staatlichen Institutionen, weil es keine Staaten gibt. Zwei Jahrtausende später sind fast alle diese Religionen verschwunden.

Warum? Es gab sie doch zu Hunderten, und sie hatten ihre überzeugten Anhänger. Nichts davon ist übriggeblieben. Verschwunden die Religionen von Babylon und Karthago, von Athen und Rom, verschwunden die Götter der Inkas und Ägypter, der Masdaismus und der Mithraskult. Diese Frage müssen sich jeder Religionshistoriker und seine Leserschaft schließlich stellen. Zu allen Zeiten hat das Bedürfnis nach Gott bestanden;

warum nur haben gewisse Visionen von Gott andere ersetzt? Sind die aktuellen Formen der drei Monotheismen den vorangegangenen beispielsweise »überlegen«? Und worin? Schon vor mehr als zweieinhalbtausend Jahren behauptete Zarathustra, es gebe nur einen einzigen Gott. Welchen »Fortschritt« hätten demnach die heutigen Monotheismen vollbracht?

Der Großteil der zeitgenössischen Historiker und Philosophen, ob gläubig oder nicht, neigt dazu, diesen Wechsel der Entstehung von Gesellschaften, also Kulturen, zuzuschreiben, die sie mehr oder weniger gern als »fortschrittlich« bezeichnen. Laut ihnen soll der soziale Fortschritt jenen der Eliten begünstigt und einige überlegene Geister dem Licht der Erleuchtung geöffnet haben. Gestützt auf ihre Thesen, machen sie geltend, daß die heutigen Weltreligionen ihren Gottheiten weder Kinder noch Jungfrauen als Opfer darbringen, wie es beispielsweise die Religionen der Azteken oder der Karthager vorschrieben. Der Humanismus oder gar nur eine allgemein humanitäre Geisteshaltung sollen derartige Praktiken aufgehoben haben. Die Religionen, die sich über die ganze Welt verbreitet haben, wären demnach wirklich »überlegen« gewesen, und wenn diese Überlegenheit nur darin bestanden hätte, die Gesellschaften Ehrfurcht vor dem menschlichen Leben zu lehren und sie zum Aufgeben barbarischer Gepflogenheiten zu bewegen.

Diese »natürliche« Erklärung des Siegeszugs der heutigen Religionen hält jedoch einer historischen Analyse nicht lange stand. Die grundlegenden sozialen Werte des heutigen Christentums zum Beispiel, der Respekt vor dem Mitmenschen, die Demokratie und der Sinn für soziale Gerechtigkeit, wurden in Griechenland festgelegt und sind von der christlichen Kirche keineswegs respektiert worden, wenigstens nicht bis Ende des 19. Jahrhunderts, ja bis Mitte unseres Jahrhunderts nicht: Die Außenpolitik des Vatikans gegenüber dem Nationalsozialismus ist bis heute Gegenstand heftiger Kritik. Ohne Kalifat, das Gegenstück des katholischen Pontifikats, ist die Ausrichtung des Islam ohne Zweifel schwieriger zu erkennen, und noch steht die große historische Studie aus, die den Einfluß der eigentlichen islamischen Theologie von jenem der durch den Islam im Zuge seiner Expansion annektierten Kulturen differenziert untersuchen würde. Schließlich kann der Einfluß des – gemessen an der Zahl seiner Anhänger bei weitem unterlegenen – jüdisch-orthodoxen Glaubens auf die ganze Welt nicht schlüssig erfaßt werden, wenn man nicht berücksichtigt, daß dieser Glaube die Grundlage des Christentums bildete.

Die Beweise des »Fortschritts« aus philosophischer und theologischer Sicht sind daher zweifelhaft. Es sind nicht die drei monotheistischen Religionen, die ihn gefördert haben, und es ist umgekehrt auch nicht dieser Fortschritt, wenn von Fortschritt überhaupt die Rede sein kann, der diese drei Monotheismen gefördert hätte.

Tatsächlich wird die These, daß die triumphierenden Religionen einen sozialen und kulturellen, »humanitären« Fortschritt bewirkt haben sollen, durch die historische Analyse ganz und gar widerlegt. Der Einfluß der drei Monotheismen und der anderen wichtigen Religionen auf die heutigen Gesellschaften tendiert gegen Null. Wendet man auf diese Religionen die Weisung Jesu an, man solle den Baum nach seinen Früchten beurteilen, ist das Resultat fatal. Von den Gulags bis Auschwitz, von den Massakern des Spanischen Bürgerkriegs zu jenen im ehemaligen Jugoslawien – Niederlage an Niederlage. Gott hat verloren. Schon im 19. Jahrhundert schrieb der große Religionshistoriker Ludwig Feuerbach: »Wer kann ... verkennen, daß dieser Glaube längst aus dem allgemeinen Leben verschwunden ist, daß er nur in der subjektiven Einbildung der einzelnen, wenn auch unzähliger, noch existiert?« (*Über Philosophie und Christentum*, 1839). Die große Angst der heutigen, gelegentlich »postmodern« genannten Philosophen leitet sich von dieser Feststellung her, und man könnte sagen, daß der postmoderne Pessimismus des 20. Jahrhunderts eigentlich schon im 19. Jahrhundert begann.

Die umfassendere Hypothese, der zufolge sich nicht Gott verändert hat, sondern das Bild, das sich der Mensch von ihm macht, hält ebensowenig stand. Sie stützt sich offensichtlich darauf, daß der Mensch dank der Evolution »intelligenter« sein soll als vor beispielsweise zweitausend Jahren. Eine marxistische Sicht, die einen »Sinn der Geschichte« postuliert, den die schlichte und unmittelbare Erfahrung auf der Stelle Lügen straft: Die Massaker, die allein im Laufe des 20. – angeblich am weitesten »entwickelten« – Jahrhunderts angerichtet wurden, schlagen sämtliche Rekorde an Gräßlichkeiten der Weltgeschichte. Von den Roten Khmer bis Ruanda hat sich die heutige Menschheit verhalten, wie man es nicht beim Neandertaler für möglich gehalten hätte. Das ist eindeutig das Aus für den »Sinn der Geschichte«, es sei denn, dieser führe fortgesetzt zu immer neuen Schrecken. Für die professionellen Historiker ist seit Vico, dem italienischen Geschichtsforscher des 17. und 18. Jahrhunderts, das Thema einer durch die Vorsehung geleiteten Entwicklung abgehakt.

Darüber hinaus ist es von einem rein philosophischen Blickwinkel aus erschreckend, Gott zum Objekt der menschlichen Entwicklung zu machen. Hieße dies nicht, daß die Menschen vor zwei- oder dreitausend Jahren nur deshalb nicht in den Segen der wahren Gotteserfahrung kamen, weil sie weniger »intelligent« oder weniger kultiviert gewesen sein sollten? Man müßte dann auf die respektlose Feststellung des berühmten Philosophen und Dichters Xenophanes zurückkommen, der im 4. oder 5. Jahrhundert vor unserer Zeitrechnung schrieb: »Die Äthiopier sagen, daß ihre Götter eine flache Nase und schwarze Haut haben, die Thrakier, die ihren hätten blaue Augen und rote Haare. Wenn die Ochsen und die Pferde Hände hätten und damit zeichnen oder modellieren möchten, wie es die Menschen tun, dann würden die Pferde Götter in Pferde-, die Ochsen Götter in Ochsenform zeichnen.«[1] In dieser Hinsicht haben wir keinerlei Grund zu der Annahme, Ra, Zeus oder Ahura Masda seien unserer Vorstellung von Gott »über-« oder »unterlegen«.

Bis die Arbeit des Historikers steril würde (und die Geschichte, um den zeitgenössischen Historiker Giuseppe Rensi zu paraphrasieren, zu etwas anderem würde als zu einem Inventar des Absurden), müßte aber noch manches geschehen. Zwei parallele, verifizierbare geschichtliche Phänomene geben ansatzweise Antwort: die Ausdehnung der Imperien und der Rückgang der Zahl von Religionen. Je flächenmäßig größer politische Machtgebiete werden, und je weniger verschiedene Bildnisse es von Gott gibt, um so politischer wird Gott, das heißt, er gerät zu sich selbst in Widerspruch.

Hier zur Illustration ein kleiner Überblick über die unzähligen, in ewigen Schlaf versunkenen Götter, deren Andenken nur noch in Museen und Bibliotheken begraben liegt. Die meisten werden ausschließlich in diesem Kapitel erwähnt, denn dieses Buch ist, wie schon gesagt, keine Geschichte der Religionen.

Im ersten Jahrhundert unserer Zeitrechnung (dem ersten Jahrhundert des monotheistischen Imperialismus übrigens), nach dem Exodus der Menschheit aus Afrika, an das sie nicht die geringste Erinnerung bewahrt hatte, schätzungsweise etwa siebzigtausend Jahre nach dem Auftreten des Neandertalers und dreißig- oder vierzigtausend Jahre nach dem Erscheinen des *Homo sapiens sapiens*, war die Vorstellung der Gottheit frei und vielgestaltig. Tausende von Göttern herrschten auf Erden. Im Laufe ihrer Wanderschaft, die die menschliche Spezies zunächst in den Nahen, dann in den Mittleren Osten geführt hatte, bevor sie sich in zwei Zweige teilte, deren einer in Richtung Europa wanderte, der andere nach Asien und von dort weiter nach Amerika, hatte die Menschheit fortwährend Klima und Umgebung gewechselt − und folglich auch die Götter.

Unermeßliche Gebiete, wie etwa Nordamerika, waren noch menschenleer. Die Religionen blühten dort spontan, wurden von Furcht und Verehrung eingegeben. Die ersten Bewohner hatten in der sie umgebenden Welt Kräfte und Geister ausgemacht, die ihnen verschieden erschienen, einige erschreckend wie der Blitz, andere gütig wie der Regen, einige nährend wie der Lachs und andere gefährlich wie die Wildtiere. Nach dem zu urteilen, was von ihren Traditionen übriggeblieben ist oder was wir wissen oder zu kennen glauben, schrieben sie ihnen

Persönlichkeiten, Motive, Streitereien, Verkörperungen zu und schufen so Symbole und stellten sie durch Bilder dar, die ihnen vertraut waren: Bison, Biber, Bär, Rabe, Schlange, Adler, Delphin und andere.

Ein hochmütiges Kulturverständnis lehrt noch heute, diese Verkörperungen des Göttlichen als eine Art Unterreligionen einzuordnen, als grobe Entwürfe der künftigen Monotheismen. Diese Religionen waren jedoch exakt nach demselben Prinzip entstanden wie die Monotheismen, nämlich aus der Anstrengung, eine logische Verknüpfung zwischen Ursache und Wirkung zu finden. Diese Religionen schrieben ihren Gottheiten auch außergewöhnliche Abenteuer im Zusammenhang mit den Wanderungen der Gestirne am Himmel zu, mit dem Wechsel der Jahreszeiten, mit Naturkatastrophen, Epidemien, Erdbeben, Feuersbrünsten, Überschwemmungen. Über die Mythen legte sich die logische Erklärung: Zuerst tritt der Held auf, dann erfolgt seine Transformation zum Mythos, und dann setzt die Suche nach dem Sinn ein: Hat er im Einzelkampf den Bären besiegt, dann deswegen, weil ihn der Geist des Adlers beschützte. Ist er an einem Schlangenbiß gestorben, dann hatte er versäumt, dem Adler zu huldigen, der ihn darauf dem Geist der Schlange überließ. Halten wir fest: Die Unterschiede zwischen den »Paganismen« und den Monotheismen, die sie ablösten, sind manchmal äußerst gering: So behauptet das Christentum, Jesus sei zur Hölle hinabgestiegen – dasselbe haben auch schon Proserpina und Orpheus vollbracht.

In ihrer Einsamkeit und angeregt durch die Erzählungen der Jäger und Schamanen, die der Hunger und die Sehnsucht nach dem Göttlichen auf den Gipfel schöpferischer Halluzination trieb, schufen die »Rothäute« fabelhafte Erzählungen. Wir wissen nichts von ihren ersten Schöpfungen, denn sie kannten keine Schrift und haben nichts überliefert. Es bleiben uns lediglich Spuren von Generation zu Generation weitergegebener mündlicher Überlieferungen bis zu jenem Zeitpunkt, als ihr Land von den mit Gewehren und Alkohol bewaffneten Weißen erobert wurde. Die letzte Erniedrigung: Der amerikanische Film stellte sie lange Zeit als blutrünstige, nur von Skalps und Vergewaltigungen träumende Wilde dar.

Die Ureinwohner Nordamerikas schnitzten ihre Gottheiten aus Holz, das wie alles Lebendige verwittert und stirbt. Erst sehr spät (im 18. Jahrhundert) begann man ihre Erzählungen zu sammeln und bezeichnete sie herablassend als »Legenden«. Man gestand ihnen, wenn auch reichlich spät, den Glauben an Manitu zu, einen Großen Geist, der dem westlichen Gott ähnlich ist. Es ist heute indes nicht mehr möglich, in diesem Mythos den Einfluß der ersten europäischen Missionare von dem zu unterscheiden, was die halbnackten Ureinwohner vor der Ankunft der Biberpelzhändler wirklich glaubten.

Weiter südlich, in Zentralamerika, brachten grundlegend andere Verhältnisse (die ersten Bewohner Amerikas stammten mit Sicherheit nicht alle von denselben asiatischen Stämmen ab und kamen nicht alle zugleich in der Neuen Welt an) ebenso unterschiedliche Zivilisationen hervor. In der weiten Ebene im Nordwesten von Mexiko zeugt eine große Pyramide mit gleich großer Grundfläche (aber nur halb so hoch) wie die Cheops-Pyramide in Giseh von der Bedeutung des Reichs von Teotihuacan, das im 2. Jahrhundert vor unserer Zeitrechnung entstanden war und seinen Höhepunkt im 1. Jahrhundert unserer Zeitrechnung erreichte; diese Pyramide ist der Sonne gewidmet. Eine kleinere in der Nähe ist dem Mond zugeeignet. Tempel und Paläste dominieren eine ausgedehnte Stadt von majestätischen Ausmaßen, in deren Straßen sich an den großen Festen Hunderttausende von Menschen drängten.

Tatsächlich spielte die Religion im Leben dieser Zivilisation eine entscheidende Rolle. Sie war um eine komplexe Götterwelt aufgebaut, die die Gestirne, den Morgenstern, den man später Quetzalcoatl (dem Vogelgott, der keine Opfer annimmt) zuschrieb, ferner Tlaloc, den Gott des Regens, der Quellen und des Regenbogens, den Maisgott sowie das Gefolge der Fruchtbarkeitsgötter, aber keine einzige wichtige Göttin umfaßte. Die Menschen von Teotihuacan waren Soldaten wie alle Völker Zentralamerikas. Das weibliche Element hatte in militärischen

Kulturen kaum Platz. Und die Religion war Politik: Sie war der Zement der Maya, Azteken und anderer Völker Zentralamerikas.

Alle Götter der präkolumbischen Zivilisationen Zentralamerikas sind von einem tragischen Lebensgefühl gekennzeichnet, das sich an den erhaltenen Resten ihrer Weltentstehungslehren erkennen läßt (mit Ausnahme jener der Maya, von der wir praktisch nichts wissen), und sie handeln allesamt von Katastrophen; das beeindruckendste Beispiel ist die vierfache Apokalypse der aztekischen Schöpfungsgeschichte und die Zerstörung der vier aufeinanderfolgenden Sonnen (des Jaguars, des Windes, des Feuers und des Wassers) in Erwartung der letzten Zerstörung, jener der »Sonne der Bewegung«. Die gegenwärtige Welt hat Gnadenfrist, und es gibt keinen Großen Weltenlenker. Die Götter sind selbst vergänglich und empfinden keinerlei fürsorgliche Zuneigung zu den Menschen; sie sind zum Fürchten, und daher ist es angezeigt, sie durch regelmäßige Opfergaben zu besänftigen. »Wir glauben nicht, wir fürchten«, heißt die aztekische Formel. Nebenbei bemerkt: Beinahe wörtlich dasselbe schrieb Sören Kierkegaard fast zweitausend Jahre später in *Furcht und Zittern.*

Dennoch glaubten einige Polemiker, die Behauptung aufstellen zu können, die Kultur der Völker Zentral- und Südamerikas sei äußerst dürftig. Schon Ende des 18. Jahrhunderts schrieb William Robertson, ein schottischer, heute in Vergessenheit geratener, zu Lebzeiten jedoch hochangesehener Presbyterianer: »Weder die Mexikaner noch die Peruaner könnten den Anspruch auf den Rang zivilisierter Völker erheben ... Ihre Paläste sind die eines Volkes, das kaum der Barbarei entwachsen ist ..., es geht daraus keine einzige hohe Vorstellung von einem Fortschritt in der Kunst und der Erfindungsgabe hervor.«[2] Texte, die spät – und fast wie durch ein Wunder – erschienen sind, belegen die Unhaltbarkeit dieser Unterstellungen. Der berühmteste unter ihnen, das *Popol Vuh* oder *Buch der Ereignisse*[3], zeigt vielmehr eine Größe in der Weltsicht und im Verständnis des menschlichen Schicksals, die sich mit jenen der

Weltentstehungslehre des Griechen Hesiod im 8. Jahrhundert v. u. Z. vergleichen lassen.

Was in diesen Beschreibungen des Universums auffällt, ist die Anstrengung der Götter, dem ewig drohenden Chaos zu widerstehen. Dieselbe Angst drückt sich im *Buch der Prophezeiungen* des Chilam Balam von Chumayel aus, einer weiteren späten Entdeckung und Sammlung von poetischen Wahrsagungen einer Gruppe von Priestern des Jaguars (der die nächtliche Sonne und die Wahrsagerei verkörpert, im Gegensatz zum Adler, dem Symbol der Sonne des Tages).

In Südamerika dominierte in Peru im 1. Jahrhundert die Zivilisation von Chimor (die viel berühmteren Inkas traten 1461, also erst sehr spät in Erscheinung und nur ein halbes Jahrhundert bevor sie ihrerseits durch die Spanier vernichtet wurden). Anscheinend erfolgte die Besiedlung dieser niederschlagsarmen, abschreckenden Gebiete auch spät: Die ältesten Spuren menschlicher Zivilisation, die man bis heute gefunden hat, reichen nicht weiter als fünftausend Jahre zurück, aber vielleicht wird man ältere finden, wurde doch Brasilien mindestens dreißigtausend Jahre früher besiedelt, wenn auch beträchtlich weiter im Süden. Die ersten Stammesgesellschaften erreichten ein erstaunliches Niveau künstlerischer Vollendung: Die Chimu, ein Volk von Töpfern, hinterließen Werke in Hülle und Fülle, deren Realismus und Phantasie Fachleute wie Laien in Erstaunen versetzt. Sie räumten der Kunst eine herausragende Stellung ein: Sie bemalten sich selbst, denn die Verzierung des Körpers (wie sie von den Frauen schon immer praktiziert wurde) war für sie das einzige Merkmal, das sie vom Tier unterschied. Sie schmückten ihr Gesicht mit Rangabzeichen und Erkennungszeichen ihres Clans und schwärzten ihre Füße und Beine (was bei der Betrachtung ihrer Abbildungen auf bemaltem Geschirr anfänglich glauben ließ, sie trügen Strümpfe). Repräsentation war für sie die Realität, das Zeichen war identisch mit dem Objekt, das es darstellte. Ein Mensch, der die Maske eines Gottes trug, *war* dieser Gott.

Auch bei den Chimu gab es viele Götter, angefangen beim

Mondgott Si, dem Spender kostbarer Kühlung in jenen wüsten-
ähnlichen Landstrichen. Auch andere Gestirne, darunter die
Sonne (seltsamerweise an zweiter Stelle) waren zu Gottheiten
gemacht worden, jede mit ihren besonderen Wesenszügen. Die
Astronomie besaß für die Chimu wie für ihre Vorgänger, die
Mochica, offenbar große Bedeutung (wie bei den Völkern des
Vorderen Orients): So wie die Position der Sterne den Wechsel
der Jahreszeiten und das Vergehen der unfaßbaren Gottheit
Zeit anzeigte, erlaubte die Beobachtung des Kosmos dem Menschen, Geheimnisse zu erforschen, deren ohnmächtiges Spiel-
zeug er war.[4]

Schließlich kam dem Tod bei den Chimu größte Bedeutung
zu, einmal, weil sie an die Unsterblichkeit der Seele glaubten,
was ihre äußerst komplizierten Begräbnisriten erklärt, zum andern, weil sie ihn für ansteckend hielten, wenn der Tote »nicht
gut auf seine Reise geschickt« wurde.[5] Die christlichen Eroberer bezeichneten sie als Heiden, weil sie das Kreuz nicht kannten; alle verfügbaren Zeugnisse ihrer Zivilisation belegen jedoch die hohe Intensität ihrer religiösen Gefühle.

Die ersten westlichen Reisenden glaubten zunächst, das
»Heidentum« der Neuen Welt habe jeglicher individuellen Zügellosigkeit freien Raum gelassen, aber das ist vollständig aus
der Luft gegriffen. Die präkolumbischen Gesellschaften zählten zu den am strengsten ritualisierten und kodifizierten der
antiken Welt. Dies ist übrigens der Grund, weshalb der spanische Katholizismus in der Neuen Welt relativ leicht Fuß fassen
konnte: Der Glaube der siegreichen Eroberer bot ein geistiges
System, das sich in seiner Starrheit nicht wesentlich von der
angestammten Religion unterschied, aber zusätzlich den Trost
der Erlösung bot.

Diese theologische Landschaft findet man in allen Gegenden der Welt, wo der Kontakt, vielmehr der Kampf mit der
Natur alltäglich ist und wo das grundlegende Bedürfnis nach
einer Logik hinter den Erscheinungen herrscht, wo aber das
Fehlen einer Schrift die Intellektualisierung dieser Logik verhindert. Im Gegenteil, die Oralität der Kulturen führt zu ihrer

Poetisierung. Die Berichte über die Götter müssen großartig oder schreckenerregend sein und stets an die Gefühle appellieren. Und wenn die Erscheinungen unbegreiflich sind, erklärt man sie durch den Mythos, eine außergewöhnliche und exemplarische Geschichte, die das Unerklärliche dem Widerstreit der göttlichen Leidenschaften zuschreibt.

Der deutsche Philosoph Karl Jaspers hat die These aufgestellt, im 6. Jahrhundert sei in Eurasien das eingetreten, was er einen »Axialmoment« nennt, das heißt der Augenblick, in dem sich der Mensch der großen Probleme des Seins und seiner Beziehungen zu den höheren Mächten bewußt geworden sei. Dieser Moment sei für Eurasien charakteristisch und habe zur Geburt des Westens geführt. In Wirklichkeit hatte dieses Bewußtsein im gesamten Orient, vom Nahen bis zum Fernen Osten, in der Lehre Zarathustras, im Buddhismus, im Jainismus, im Konfuzianismus und im Taoismus schon zuvor bestanden. Zweifellos war es auch in Afrika und Amerika verbreitet. Erst die Ausbreitung der Schrift und die Weiterentwicklung der Sprache erlaubten die Schwächung der Metaphysik. Der einzige tatsächliche Vorsprung Eurasiens bestand in der Schrift.

Über den pazifischen Raum des 1. Jahrhunderts wissen wir kaum mehr als über die Stämme, die die Dschungel des heutigen Brasilien und die einsamen Gebiete bis hinunter nach Feuerland bevölkerten, nämlich so gut wie nichts. Vielleicht unterschieden sich seine Bewohner nicht von jenen, die Levi-Strauss im 20. Jahrhundert im Dschungel des Amazonas entdeckte: nackt, mit der Bemalung und dem Schmuck ihrer Körper, der Fortpflanzung und Jagd beschäftigt und offensichtlich ständig im Krieg mit ihren Nachbarn. Es ist eines der größten Paradoxe der menschlichen Spezies, daß sie die weiten Felder ihrer Vor- und Frühgeschichte brachliegen ließ. Die Handvoll Forscher, die sich da und dort dem Studium der »primitiven« Zivilisationen ergaben, taten dies ohne große finanzielle Mittel und oft aus dem Wunsch heraus, der Zivilisation zu entfliehen, oder eher zufällig als aus Ehrgeiz, wie etwa der Begründer der ethnologischen Feldforschung, Bronislaw Malinowksi.

Australien war zu jener Zeit, als Rom von den blutroten, immer mehr blakenden Feuern seiner Caligulas und Neros erleuchtet wurde, noch nicht entdeckt. Seine erste Erwähnung im Abendland stellt eine idyllische und völlig zusammenphantasierte Beschreibung dar, die spanische Segler 1567 von Peru aus lieferten.[6] Von den Göttern, Riten und Religionen besitzen wir nur Aufzeichnungen, die rund neunzehn Jahrhunderte später verfaßt wurden und die in mehr als nur einem Fall nicht über jeden Verdacht erhaben sind.[7] Aber angesichts des heutigen Polytheismus der Ureinwohner bestehen genug Gründe zur Annahme, daß auch die Religionen (denn es gab mehrere) der Australier des 1. Jahrhunderts polytheistisch waren. Die Aborigines pflegten bis vor einigen Jahrzehnten den Kult eines himmlischen Helden und eine Feier der Wiedergeburt der Großen Göttin; sie glauben auch jetzt noch an eine immaterielle Seele, an ihre Reinkarnation und an die Bedeutung der Träume.

Sicher besaßen die Bewohner Japans schon vor der Kaiserzeit[8] eine Religion. Wir wissen nicht, welche, und es gibt keinen Beweis dafür, daß es bereits der Shintoismus war. Man kann höchstens vermuten, daß die Japaner des 1. Jahrhunderts die Ahnenverehrung pflegten, woraus sich möglicherweise später der Shintoismus ableitete. Dieser Ahnenkult könnte sich mit Animismus und Magie vermengt haben.

Ebenso dürftig sind die Informationen über Südostasien. Es lassen sich dieselben klassischen Hypothesen aufstellen: Ahnenverehrung, Glaube an die Unsterblichkeit und an die »Gefährlichkeit« der Seelen der Toten; Animismus und Magie verschmelzen mit dem, was von den Religionen jener Gebiete bekannt ist, zum Beispiel dem malaiischen Brauch, die Toten zu fesseln, um zu verhindern, daß sie aus ihrem Grab entwichen. Doch zu hastige Verallgemeinerungen könnten sehr bedeutsame Eigenheiten verwischen.

Über die Zustände in China informierte uns bereits das Kapitel »China oder der leere Himmel« im Ersten Teil dieses Buches. Im 1. Jahrhundert herrschte die erst wiedereingesetzte

Han-Dynastie, und im Land gab es drei religiöse Philosophien, den Taoismus, den Konfuzianismus und einen wenn nicht verderbten, so doch zumindest von seinen Ursprüngen entfernten Buddhismus. Diese drei übrigens sehr sanften Disziplinen spiegelten die Vielfalt der Kulturen und damit der Religionen des Reiches nicht im entferntesten wider, denn es setzte sich aus den alten Königreichen wie ein Mosaik zusammen, die sich vom 5. bis ins 3. Jahrhundert v. u. Z. pausenlos bekämpften; man bezeichnete diese drei Jahrhunderte als Chan-kuo-Zeit, die »Zeit der kämpfenden Staaten«. Diese Staaten sind von Norden nach Süden: Yen, Chao, Ch'i, Wei, Lu, Sung, Chou, Ch'in, Han (das sich in Lo-Yang oder östliche Han und Ch'ang-an oder westliche Han unterteilt), Ch'u, Pa und Shu, wozu im Süden auch die Tai und im Osten die von den Han eroberten Yüe-Che-Stämme zu zählen sind. Und jedes Königreich besaß seine Geister, seine Götter, seine Riten ... Zieht man dazu die Einflüsse des Mongolenreiches von Hsiung-Nu, das von den Han kontrolliert wurde, in Betracht, so ergibt sich ein beeindruckender Katalog von Religionen und Gottheiten verschiedenster Rangstufen, die später alle von der Bildfläche verschwanden.

Man mag sich im Westen heute über diese Vielzahl von Gesichtern des Göttlichen wundern. Sie läßt sich jedoch ganz einfach erklären. Taoismus und Konfuzianismus stellten hauptsächlich die philosophischen Rahmen dar, die den gebildeten Schichten vorbehalten waren; verschiedene Schulen und Strömungen brachten sehr unterschiedliche Praktiken und Ideen ein. Die einfachen Volksschichten hielten sich ihrerseits an traditionelle Religionen, die auf Aberglauben, Beschwörungsformeln, Exorzismen und Magie fußten und die den Zorn der Götter besänftigen und die mögliche Rache der Toten, der »nie Zufriedenen«, abwenden sollten. Schamanen nützten diesen Aberglauben weidlich aus und ließen es sich gutgehen; die Taoisten und Konfuzianer hatten dafür nur Verachtung übrig. In dieser Hinsicht bot China ein klassisches Modell: Die »intellektuellen« Religionen wurden ausschließlich von den gebildeten Oberschichten ausgeübt, während die Massen dem Verlangen nach Schutz vor übernatürlichen Kräften mittels Aberglauben und »bewährten« Riten der Vorfahren opferten; diese verbanden und veränderten sich je nach den Kontakten zu anderen Kulturen, Handel oder Krieg, und so bildeten sich im Laufe der Zeit Synkretismen heraus. China besaß also keine wirklich verbreitete Staatsreligion. Noch nicht.

Der indische Subkontinent wird vom Hinduismus beherrscht, da der Buddhismus und der Jainismus die Bedürfnisse der Massen nicht zufriedenstellen konnten. Den Hinduismus paßten die Massen ihren Bedürfnissen an; jede Region, jede Stadt, jedes Dorf traf in der immensen Götterwelt, die ihnen offenstand, eine Wahl und verehrte den ihnen gemäßen Gott. Diese lokalen Partikularismen unterbrachen aber weder die Verbindung zum Hauptstamm des Hinduismus noch zu seinen großen Göttern Brahma, Vishnu und Shiva.

Es ist unmöglich, ein Panorama der Götter des westlichen Asien, Rußlands und Nordosteuropas im 1. Jahrhundert zu entwerfen. Diese Regionen erlebten immer nur Invasionen und Völkerwanderungen. Jede politische Veränderung zog neue Verschiebungen von Religionen, Ortswechsel von Gottheiten und Synkretismen nach sich. Götter gab es in Hülle und Fülle, sie wechselten Gesicht und Namen ohne Unterlaß.

Insbesondere Nordeuropa präsentierte sich als ein Mosaik von staatenlosen Völkern, zuoberst die Finnen, die die Alanen, Roxolanen, Balten und Slawen beherrschten. Germanische Stämme besetzten die östliche Hälfte der skandinavischen Halbinsel, während Friesen, Sachsen, Cherusker, Burgunder, Goten, Semnonen, Hermunduren, Markomannen, Wandalen, Quaden und Gepiden in Gebieten des heutigen Nordfrankreich, Deutschlands und im Donaugebiet siedelten; Rhein und Donau bildeten die natürliche Grenze zum Römischen Reich. Die Belgier setzten nach England über. Die Religionen einer Mehrzahl dieser Völker leiteten sich zwar von den Kelten her, aber man darf nicht vergessen, daß die Kelten als geborene Nomaden keine Seßhaftigkeit kannten. Die Vorstellung von Monumenten wie den riesigen Statuen der Osterinsel oder den

Tempeln Zentralamerikas war ihnen zutiefst fremd. Sie besaßen keine Götterwelt, schon gar keine fest organisierte. Die orale Tradition und die Erinnerungen ihrer Barden genügten ihnen, um das Bildnis ihrer Göttinnen und Götter zu bewahren. Überallhin nahmen sie den *Sidh* mit sich, ein reitendes Wesen zwischen den Welten, zwischen Realität und dem Jenseits, wo der Große Geist herrscht; er inspirierte sie zur Ekstase und zu ihren prophetischen Visionen. Die Vorstellung von Göttern mit festgelegter Identität war ihnen ebenso fremd, denn die Welt bestand für sie aus lauter Gottheiten, jeder Ort besaß ein magisches Zentrum. Kamen sie in ein Land, das einen fremden Gott verehrte, wurde er als lokale Gottheit adoptiert und ihrer Religion einverleibt. Unter diesen Umständen ist es schlicht unmöglich, ein komparatives Verzeichnis ihrer Götter zu erstellen, sie sind unzählbar.

Die politische Stabilität des Römischen Reiches könnte zu der Annahme verleiten, daß innerhalb seiner Grenzen eine gewisse religiöse Einheitlichkeit geherrscht hätte; nichts dergleichen. Die kaiserlichen und senatorischen Provinzen, die sich von der Straße von Gibraltar bis nach Syrien, von Germanien und dem Nordufer des Schwarzen Meeres bis zur Cyrenaika und Ägypten erstreckten, umfaßten eine Vielzahl von Kulturen. Bildeten die keltischen Religionen in Westeuropa einen mehr oder weniger geschlossen Block, sah es in Mitteleuropa ganz anders aus, wo die Daker, Möser, Thraker, dann die Völker der heutigen Türkei – Pontier, Bithynier, Galater, Kappadokier, Lykier – Legionen von Göttern verehrten, unter denen sich nur zurechtfindet, wer die großen Archetypen auseinanderhält: Fruchtbarkeitsgötter, Götter der Liebe und des Kriegs. Aber man hüte sich dabei vor »logischen« Gleichsetzungen: Isten, der Sonnengott der Hethiter, schien Zeus zu entsprechen, aber er war auch ein Fruchtbarkeitsgott, wie der Phallus als eines seiner Embleme bezeugt. Bei Bilwis (mittelhochdeutsch: Pilwiz), einem Naturgeist aus dem bayerisch-österreichischen Raum, handelte es sich um einen bösartigen Schützen, der mit seinen Pfeilen Krankheiten verursachte, und zugleich um einen Dämonen, der sich in eine Hexe verwandeln konnte. Das Römische Reich verlangte die Verehrung seiner Götter nur von den römischen Bürgern – und längst nicht alle seine Bewohner besaßen das römische Bürgerrecht.

Ob aus Weisheit oder Gleichgültigkeit, die Römer hatten keine Missionare und zwangen ihre Untertanen nicht zur Konversion. Sie hatten schon mit den Provinzen in Afrika und im Nahen Osten, insbesondere mit Judäa, übrigens alle Hände voll zu tun. Was kümmerte es sie schon, wenn die Nabatäer Arabiens in Petra einen schwarzen Stein anbeteten, der für sie Dusares verkörperte, der paradoxerweise mit Dionysos gleichgesetzt wurde, obwohl er ein Gott der Wüste war; daß die Araber im Süden einen Sturmgott namens Quzah verehrten und die Iberer Eacus anbeteten, den sie mit dem römischen Jupiter Solutorius gleichsetzten. Solange die Religionen das Reich nicht bedrohten, wurden sie toleriert, ja anerkannt wie der Kult der ägyptischen Göttin Isis, die in Rom ihre Anhänger und ihren Tempel hatte.

Über Schwarzafrika schließlich wissen wir für die Zeit des ersten Jahrhunderts nichts. Es wird seine Königreiche und seine Götter gehabt haben, aber wir kennen sie nicht.

Zwei Jahrtausende später hat sich die Welt drastisch verändert: Sechs Religionen beherrschen sie demographisch und kulturell, das Christentum, der Islam, der Hinduismus, der Buddhismus in seinen verschiedenen Formen, der Shintoismus und der jüdische Glaube. Die übrigen Religionen – afrikanische, südamerikanische oder insulare Animismen – stellen nur noch vernachlässigbare Reste dar, die bloß einige tausend, wenn nicht nur wenige hundert Anhänger zählen, die auch bald den Transistorradios und den Fernsehgeräten, den Plastikverpackungen und der galoppierenden Uniformierung weichen werden.

Wie ist es dazu gekommen? Wie wurde die Vielfalt der Glaubensbekenntnisse auf einem Planeten vernichtet, der zu jener Zeit hundertmal weniger bevölkert war?

Das allgemeingültige Modell dieser Vereinheitlichung vermittelte uns ein römischer Bürger namens Saulus, den die Welt heute als den heiligen Paulus kennt. In einem erstaunlichen Unternehmen und gegen den Willen der echten Jünger Jesu verkündete Saulus, der die mächtige Faszination der Lehre Jesu erfaßt hatte, in den römischen Provinzen des östlichen Mittelmeers das Evangelium mit dem letzten Ziel: Rom selbst. Er gelangte in der aberwitzigen Hoffnung dorthin, bei Kaiser Nero vorzusprechen, wie es sein Privileg als römischer Bürger war. Aber er wurde im Jahre 64 geköpft; vielleicht, weil man ihm Komplizenschaft im Zusammenhang mit dem Brand von Rom vorwarf. Er erlebte die Vollendung seines Werks, eines der großartigsten in der Geschichte der Menschheit, nicht mehr.

Hatte er tatsächlich beabsichtigt, die immense Maschinerie des Römischen Reichs der Lehre Jesu zu unterwerfen? Er hat es jedenfalls erreicht. Drei Jahrhunderte später wird sich zum ersten Mal in der Geschichte ein Gottheitsbegriff politisch gegen ein Imperium, eben das Römische Reich und damit gegen das sogenannte Abendland, mit der Hauptstadt Rom durchsetzen, die die Fundamente zu der politischen und kulturellen Einheit gelegt hat, die wir Europa nennen. Erstmalig wird eine einzige Vorstellung Gottes so verschiedenen Völkern aufgezwungen wie den Burgundern in Westskandinavien, den Hermunduren in Nordfrankreich und den Iberern an der Schwarzmeerküste. Und zum ersten Mal ist Gott kein einheimischer Gott mehr: Ein rebellischer Jude aus Palästina wird über das Bewußtsein und das Unbewußte von Menschen herrschen, die weder wußten, wo Palästina liegt, noch warum dieser Jude gekreuzigt wurde.

Damit war der religiöse Imperialismus geboren, der nicht mehr sterben würde, und er steckte den einzigen anderen großen politischen Monotheismus, den Islam, an. Denn der Islam verfolgte genau dieselbe Politik und nötigte so verschiedenen Völkern wie Spaniern und Indern die Lehre eines Arabers auf, der seine Erweckung in Mekka erlebt hatte. Die Feuer der genannten lokalen Religionen wurden eines nach dem anderen ausgelöscht, ja ausgetreten. Aus dem unzählbaren Gott war ein totaler Gott geworden.

Von all den aufgezählten Religionen zeigten lediglich zwei imperialistische Ambitionen, das Christentum und der Islam. Nur dank Waffengewalt waren sie so erfolgreich. Der angebliche Gott der Bescheidenen und Schwachen entwickelte sich zum Alliierten der besser Bewaffneten und zum Verbündeten von Königen, Herrschern und Kirchenfürsten. Hinsichtlich des Christentums ist der politische Druck offenkundig: Unmittelbar nach der »Bekehrung« Konstantins im Jahr 330 wurde die Verwaltung des Römischen Reichs in noch nie dagewesener Weise Mitgliedern der Kirche übertragen, und das Reich verwandelte sich in eine Theokratie. Die Provinzen wurden zu Verwaltungseinheiten der Kirche, denen je ein Bischof vorstand, »sei es der älteste nach dem Datum der Ordination, wie in Afrika, sei es der Bischof der zivilen Gemeinde. Die Bischöfe der Großstädte (Rom, Alexandria, seit 330 Konstantinopel, Antiochia und Jerusalem ab 451) bildeten für eine Reihe von Provinzen einen ›Partiarchat‹ genannten Appelationshof, nach dem Beispiel der Rechtsprechung der Präfekten« des säkularen Reiches.

Die drei Staatsgewalten Legislative, Judikative und Exekutive lagen also in der Hand gläubiger Christen, und unter der Protektion des Kaisers ließen sie es sich nicht nehmen, sich ihrer auch zu bedienen. Zunächst sorgten sie für eine außerordentliche Vermehrung der Bistümer und Erzbistümer von Armagh in Irland, London und Canterbury in England, über Braga und Sevilla auf der iberischen Halbinsel bis Karthago, Ptolemais und Alexandria in Nordafrika, von Trier in Deutschland bis Marcianopolis und Neocaesarea am Schwarzen Meer, von Korinth bis Damaskus und Petra.

Bis jetzt hatte das Christentum nur die Überzeugungskraft seines Glaubens eingesetzt. Unter Justinian I. wuchs der Druck. »Wenn wir mit allen Mitteln kämpfen, um dem Zivilgesetz Achtung zu verschaffen«, schrieb der Kaiser, ohne sich einen Deut um die Begriffe »Glaubensfreiheit« und »Bürgerrechte« zu kümmern, die erst später auftauchten, »wozu Gott in Seiner Güte uns die Macht zum Schutze unserer Untertanen übertragen hat, wieviel glühender müssen wir uns dann einsetzen, um den Kanon und die heiligen Gesetze der Kirche, die Stützen unseres Seelenheils zu stärken.« Diese Aussage ist aufschlußreich, weil sie die Überzeugung der christlichen Reichsverwaltung wiedergibt: Der Kaiser ist das Instrument Gottes und neben der Kirche Ort des Heils. Justinians Devise, die andere vierzehn Jahrhunderte später glücklos wiederaufgreifen werden, lautet: »Ein Reich, ein Gesetz, eine Kirche«.[9] Die totalitäre Orthodoxie ist im Vormarsch. Die Juden und die Ungetauften werden verfolgt, die Akademie von Athen wird 529 geschlossen, und ein Bildersturm beginnt zu wüten: Johannes, Titularbischof von Ephesos, rühmte sich, im westlichen Kleinasien achtzigtausend Personen bekehrt, ihre Tempel zerstört und zahlreiche Kirchen erbaut zu haben.

Die enge Verbindung zwischen geistlicher und weltlicher Macht zeigte sich nie deutlicher als in der Verbannung von Papst Vigilius. Justinian, der sich, weil er im Besitz der weltlichen Macht war, auch als höchste geistliche Autorität wähnte, intervenierte persönlich, um Dogmen zu ändern, wie etwa auf dem 5. Ökumenischen Konzil von 553 in Konstantinopel. Das trug ihm einen harschen Verweis von Vigilius ein, der nur dank Theodora, der Gattin Justinians, und unter der Bedingung zum Papst gewählt worden war, daß er die Beschlüsse des 4. Ökumenischen Konzils zu Chalkedon von 451 verdamme, wonach der wiederauferstandene Christus zwei Naturen besaß, eine göttliche und eine menschliche. Vigilius selbst aber glaubte, durch unabhängige Kräfte ernannt worden zu sein. 547 nach Konstantinopel zitiert, weigerte er sich, das Konzil von Chalkedon zu verdammen. Als Resultat wurde er 553 auf dem zweiten Konzil von Konstantinopel auf Betreiben der Kaiserin abgesetzt und verbannt.

An derartigen gewalttätigen Eingriffen der kaiserlichen Macht zur Durchsetzung des Christentums kann man den Wert der berühmten Aussage des heiligen Johannes Chrysostomos, unter anderem Autor der weniger berühmten »Schrift gegen die Juden«, ermessen: »Der Irrtum des Götzendienstes ist von selbst erloschen.« Die Religionen der Antike waren mit Sicherheit nicht durchwegs Götzendienste, und sie sind auch nicht von selbst ausgestorben: Sie mußten dem Schwert weichen.

War es wirklich Gott, der in diesen Kämpfen und Erniedrigungen, Leiden und Zerstörungen triumphierte? Heute sind Zweifel erlaubt. Damals hätten sie aufs Schafott geführt.

Auch mit dem Erfolg des Islam verhielt es sich kaum anders. Napoleon wunderte sich, daß Mohammed »innerhalb von zehn Jahren die halbe Welt eroberte, während das Christentum drei Jahrhunderte benötigte, um sich zu etablieren«.[10] Auch bei dieser Überlegung wurde die Überzeugungskraft des Schwertes außer acht gelassen. Vom Einzug Mohammeds in Mekka am 11. Januar 630 bis zum Tod seines zweiten Nachfolgers, Osman, im Jahr 656, also innerhalb eines Vierteljahrhunderts, hat sich der Islam auf einer Fläche vom östlichen Marokko bis nach Balkh (Baktra) an der Grenze zu Transoxanien ausgedehnt. Um 1250 gehörten die Hälfte Spaniens, ganz Nordafrika und die Sahara bis Mali, Ägypten, Syrien, die Türkei und Zypern zur islamischen Welt. Auch wenn die Christen Spanien zurückeroberten, so hat der Islam, wie zum Ausgleich, noch einmal expandiert: Um 1500 beherrschte er ganz Rumelien, den größten Teil Ostrußlands, die gesamte arabische Halbinsel, Indien, Bengalen und die malaiischen Küsten sowie die Küsten Nordsumatras und Ostafrikas.

In den ersten zwei Wochen nach seinem Einzug in Mekka erließ Mohammed eine Reihe administrativer Vorschriften für den jungen islamischen Staat, den ersten der Geschichte. Sie räumten den Moslems besondere Vorrechte ein. Die Toleranz gegenüber anderen Konfessionen dauerte nicht lange: Im darauffolgenden Jahr setzte Mohammed all jenen, die zu dem neuen Glauben noch nicht übergetreten waren, eine Frist von vier Monaten, bevor sie zur Konversion gezwungen würden. Er handelte damit nicht besser und nicht schlechter als der bereits erwähnte Bischof von Ephesos. Aber man kann nicht umhin, anzumerken, daß es derselbe Mohammed war, der geschrieben hatte: »Es soll keinen Zwang geben, diese oder jene Religion anzunehmen.« Diese Weisung wurde andernorts noch verstärkt: »Und sprich zu denen, die nicht glauben: ›Handelt nach eurem Vermögen, siehe, wir handeln auch. Und wartet, siehe, wir warten mit euch.‹«[11] Gewisse Kapitel in der Geschichte Gottes gleichen Verwaltungsvorschriften und sind auch oft ebenso widersprüchlich wie Verwaltungstexte.

Nebenbei gefragt: Wie konnte der Islam diese immensen Volksmassen erobern, wo doch das Christentum sein Nachbar war und es an missionarischem Eifer sicher nicht fehlen ließ? Auch darüber dachte Napoleon nach und kam zu dem Schluß: »Die christliche Religion ist zu subtil für die Orientalen, sie benötigten politischere Meinungen. In ihren Augen ist Mohammed Jesus überlegen: Man sieht ihn handeln.« Worte eines ebenso großen militärischen Denkers wie Mohammed.

Bleiben die vier weiteren Religionen. Seit dem Fall des Römischen Reiches entwickelte die jüdische Religion keinen besonderen Bekehrungseifer mehr — man versuchte nicht mehr, die Zahl der Gläubigen zu erhöhen. Der Hinduismus war, wie bereits gezeigt, mit Missionsdrang nicht vereinbar, weil er Bekehrungen ablehnt: Entweder wird man als Hindu geboren oder nicht. Der Buddhismus schließlich blieb nach dem Missionseifer von Ashoka auf Asien beschränkt, und der Shintoismus ist eine nationale Philosophie, Nicht-Japanern schwer zugänglich und keine Offenbarungsreligion.

So haben also nur zwei Religionen das Bild Gottes auf Erden verändert, nicht aus religiösen, sondern aus strikt politischen Gründen. In beiden Fällen wurden die Dogmen öffentlich bekanntgegeben, um die Ausübung der Macht sicherzustellen. Die »primitiven« Religionen sind aus einer mehr oder weniger freiwilligen Teilnahme an den gemeinsamen Riten entstanden, die einem Bedürfnis nach übernatürlichem Schutz entgegenkamen. Christentum und Islam verwandelten Gott in ein Machtinstrument in den Händen von Menschen, die sich als seine Statthalter ausgaben — selbstverständlich ohne jede natürliche oder übernatürliche Legitimation. In dieser Form von Autorität liegen die Gründe der Krise, die die Offenbarungsreligionen derzeit heimsucht.

Der moderne Gott ist nie etwas anderes gewesen als ein politischer Gott. Auch die inneren Kämpfe, die diese zwei Religionen seit ihrer Gründung erschütterten, waren politischer Natur. Wir werden dies am Beispiel von Byzanz sehen[12], und man wird es immer wieder feststellen können. Die Gründung der Anglikanischen Kirche war ausschließlich das Resultat der Scheidungsabsicht Heinrichs VIII., die von Rom nicht gebilligt wurde.

Was den Islam betrifft, so kann im 20. Jahrhundert jedermann dessen konstante politische Wirkung ermessen. Im Namen Allahs steckten die Moslembrüder, glühende Verteidiger eines Glaubens, den sie durch den Westen bedroht wähnten, im Januar 1952 Kairo in Brand und setzten damit eine Revolution in Gang, die die Außenpolitik aller Großmächte aus den Fugen bringen sollte. Sie begannen damit, die Gegenstände ihres glühendsten Hasses, vor allem Hotels und Kinos als Quellen der Verderbtheit, anzuzünden, und sie durchkreuzten 1981 mit dem Attentat auf den ägyptischen Präsidenten Mohammed Anwar as-Sadat auch die Politik der Großmächte: Er hatte mit Israel, dem geschworenen Feind, einen Vertrag abgeschlossen. Auch Ayatollah Ruhollah Khomeini erschütterte die Weltpolitik im Namen Allahs, als er (von Paris aus) die Revolution in den iranischen Straßen organisierte, die 1979 der Herrschaft der Pahlewis ein Ende setzte. Aber man sollte auch der Klarsicht und Offenheit islamischer Beobachter die gebührende Ehre erweisen. Der Journalist Mohamed Abdel Kaddous schrieb schon 1977, der Islam mache keinen wirklichen Unterschied zwischen Politik und Religion. Dasselbe kann man, am Ende dieses zwanzigsten Jahrhunderts, auch über den Konflikt zwischen den religösen Oberhäuptern Tibets und dem kommunistischen China sagen: Wenn es nur um die Interpretationsform der Lehre und der Meditation ginge, die die Lamas vom Dach der Welt für sich beanspruchen, würden sich die Herrscher in Peking nicht groß darum kümmern. Auf dem Land, in Sinkiang oder Henan, greifen Bauern noch zu Hexereien, damit ihre Säue mehr Ferkel werfen, und Peking macht sich darüber nur lustig,

wenn es davon erfährt. Aber der tibetanische Buddhismus identifiziert sich mit der Selbständigkeit Tibets. In Lhasa Buddhist
sein heißt Antikommunist sein. Die Manen Buddhas, der weder
ein Heiliger noch religiös, sondern Atheist und Nihilist war,
ergreifen in diesem Kampf nicht Partei.

Zweieinhalb Jahrtausende Religionsgeschichte lehren, daß
Gott in letzter Konsequenz ein politischer Held ist, der durch
etwas Ähnliches wie allgemeine Wahlen triumphiert – wie es
die Verdrängung des Buddhismus vom indischen Subkontinent
zeigte, dieser so viel weniger populären Philosophie als der
Hinduismus – oder durch einen Staatsstreich, wie Mohammed
ihn in Mekka durchführte. Für die anderen Religionen gilt
übrigens dasselbe: Sämtliche Texte der Propheten des Alten Testaments sind eine einzige Folge von politischen Verwünschungen, Klagen, Verfluchungen und Ermahnungen des Inhalts,
daß Israel der Dekadenz und Sklaverei verfallen sei, verfalle
oder verfallen werde. Ebenso stand hinter der Rebellion der
Essener gegen die Priesterschaft von Jerusalem nicht etwa eine
besondere Auffassung Gottes (was Jerusalem nicht groß gekümmert hätte), sondern die Interpretation des politischen
Willens Gottes, als dessen neue Verbündete, Verkünder und
Vertreter auf Erden die Essener sich ausgaben. Für die Essener
war der Hohepriester, der ihren »Lehrer der Gerechtigkeit«
hinrichten ließ, ein Usurpator (ein legitimistischer und damit
politischer Begriff), und er hatte Israel verraten, weil er sich mit
den Ungläubigen verbündete (eine weitere politische Interpretation). Apokalypse!

Selbst zweieinhalb Jahrtausende nach Jesaja spielten noch
immer politische und sogar finanzielle Überlegungen in die Religion hinein und lösten eine der größten Erschütterungen in
der Geschichte des Abendlandes aus – die Reformation. Der
Auslöser gleicht einem jener politisch-finanziellen Skandale,
nach denen unsere Zeit lechzt. Albrecht von Brandenburg, Erzbischof von Mainz, Magdeburg und Halberstadt, stand bei den
Fuggers von Augsburg, den großen Bankiers Deutschlands jener Zeit, hoch in der Kreide. Er hatte enorme Kredite aufge-

nommen, um von Rom zum Bischof von Magdeburg und Halberstadt ernannt zu werden (die reiche Einkünfte versprachen). Was unternahm er, um Geld einzunehmen? Er verkaufte Ablässe, das heißt, gegen klingende und gewichtige Münze sprach er jeden auf ganz materielle Art und Weise von seinen Sünden frei. Für zwölf Aachener oder zehn Hamburger Mark in bar wurde ein Ehebruch vergeben, für hundert Mark ein Mord. Kurzum, der Erzbischof zeichnete Wechsel auf den Himmel. In der Sprache der heutigen Politik ist dies eine Amtspflichtverletzung und führt ins Gefängnis. Luther hörte bei der Beichte seiner Schäflein davon und verfaßte seine berühmten explosiven 95 Thesen, von denen die Legende sagt, er habe sie an das Tor der Schloßkirche zu Wittenberg angeschlagen.

Das System des Ablaßverkaufs war im Grunde eine absolut politische Angelegenheit. Papst Leo X. hatte es eingeführt, der sich damit die Mittel für den Wiederaufbau der Peterskirche in Rom zu verschaffen suchte. Gott in Seiner Barmherzigkeit wunderte sich bestimmt darüber, daß man Seine Gnade verkaufte, um Ihm einen Palast zu errichten. Aber Luther kümmerte sich nicht darum und richtete seine Vorbehalte an den Erzbischof Albrecht selbst. Er sagte darin das, was der gesunde christliche Menschenverstand sagen würde, daß nämlich allein der Papst von Bußen dispensieren kann, die er selbst oder das kanonische Recht auferlegt hat, und daß Gott allein bei Reue die Sünden vergeben kann. Luther hielt es für höchst widerrechtlich, von Armen einen zusätzlichen Zehnten in Form eines ungedeckten theologischen Wechsels für die Vergebung ihrer Sünden zu erheben. Johann Tetzel, ein vom Erzbischof persönlich eingesetzer Makler in Sachen Ablaß, und der Dominikanerorden attackierten Luther aufs heftigste und bezichtigten ihn gleichzeitig des Schismas und der Ketzerei, denn er verlangte in der Tat eine außerordentliche Kirchenreform. Das Pandämonium öffnete sich. Fünf Jahre später, 1521, wurde Luther von Papst Leo X. exkommuniziert.

Der Augenblick für einen Zusammenstoß mit dem Rebellen war jedoch schlecht gewählt, übte dieser doch einen wachsenden Einfluß auf die deutschen Christen aus. »Die Lehre Luthers hat so tief Wurzeln geschlagen, daß es auf tausend Personen nicht eine gibt, die nicht in gewissem Maße davon berührt wäre«, schrieb Erzherzog Ferdinand an seinen Bruder, Kaiser Karl V. Zu alledem stand die innenpolitische Situation Deutschlands kurz vor einer Explosion, weil Bauern und niederer Adel eine Reform des Feudalsystems und die Abschaffung der exorbitanten Adelsprivilegien forderten. Die Kirche machte gemeinsame Sache mit den Fürsten. Und obwohl Luther eine strenge Trennung der geistlichen und weltlichen Sphären predigte, war er zum Volkshelden geworden. Unmöglich, die Bannbulle gegen ihn einzusetzen, ohne einen Aufstand zu riskieren. Die päpstliche Autorität saß in der Falle. Sie wollte sich politischer Mittel bedienen, nun aber hielt sie die Politik selbst in Schach.

Drei Päpste (Leo X., Hadrian VI. und Clemens VII.) übten Druck auf den Kaiser aus, damit er die Bulle anwende, aber vergeblich: Der Reichstag zu Nürnberg 1522–1523 wies das päpstliche Ansinnen zurück. Schlimmer noch, die im ganzen Land aktiven evangelischen Wanderprediger entfesselten 1524 einen Aufstand, den Bauernkrieg. 1529 war Deutschland in lutherische und romtreue Staaten gespalten. Luther leistete dem Kaiser selbst Widerstand und klagte die Gewissenstyrannei der Katholiken an (doch die Einzelheiten dieses historischen Kapitels sind viel komplexer). Der Protestantismus war fortan in Deutschland verankert und die Reformation auf dem Vormarsch. Die Christenheit war im Namen Gottes, desselben Gottes, in zwei Teile gespalten!

Diese Geschichte ist beispielhaft, weil sie die Illusion zerstört, die sich noch immer in den säkularen Demokratien hält, daß nämlich Religion eine Frage der Glaubensfreiheit sei, ohne Bezug zur Politik. Ganz im Gegenteil, und selbst im Falle der Reformation, die ja gerade den Sieg der Glaubensfreiheit bedeutete, zeigt sie, wie eng die Bande zwischen jeder Universalkirche und der Politik sind. Es ist, als ob die Universalkirchen das individuelle Grundbedürfnis nach einem Gott in eine Form der weltlichen Eroberung und Vernichtung jeder abweichenden Auslegung Gottes verwandelten. Die Kreuzzüge stellten eine andere augenfällige Illustration des kolonialistischen Totalitarismus der Eroberungstheologien dar.

Umgekehrt ist jede Gottesauslegung, die keine Armee aufstellt, keine Terroristen, Gelder und Befreiungsfronten mobilisiert, keinen religiösen Wahn hervorruft, dem Untergang geweiht. Ein Beispiel: 1996 ist eine christliche Gemeinde, zu ihrem Unglück eine Minderheit, am Ende. Sie wird das kommende Jahrhundert wahrscheinlich nicht mehr erleben. In Mardin in der Türkei, fünfzig Kilometer nördlich der türkisch-syrischen Grenze, steht die letzte syrisch-orthodoxe Gemeinde der Türkei, deren Liturgie wie vor fünfzehnhundert Jahren auf aramäisch zelebriert wird, vor dem Aussterben. Sie ist aus geopolitischen Gründen zur Geisel des endlosen Krieges zwischen der Kurdischen Arbeiterpartei PKK und der türkischen Regierung geworden. Von Byzanz und den Kreuzrittern als ketzerisch verfolgt, von den Mongolen massakriert, von Atatürk (der 1920 den Sitz des syrisch-orthodoxen Patriarchats in Deyr-ul-Zafran schließen ließ) verboten, ist diese eingeschlossene Gemeinde von allen verlassen und zählt nur noch vierhundert Mitglieder. Ihr großes Vergehen bestand darin, daß sie monophysitisch war: Gemäß ihrer »Häresie«, die auf dem Konzil von Chalkedon verdammt wurde, hatte Jesus nur ein einziges Wesen – das göttliche. Diese Glaubensgemeinschaft nimmt keine Geiseln, sprengt keine Flugzeuge in die Luft, also kann sie verschwinden.

Es zeigt sich, daß jede Theologie ein verhinderter politischer Diskurs ist, jedes kanonische Recht ein Kontrahent des Staatsrechts. Wenige Katholiken sind sich bewußt, daß sie den Kanon 211 der Kirche übertreten, der verlangt: »Alle Gläubigen haben die Pflicht und das Recht, dazu beizutragen, daß die göttliche Heilsbotschaft immer mehr zu allen Menschen aller Zeiten auf der ganzen Welt gelangt.« Denn jede Theologie ist auch ein imperialistischer Codex.

Hinter der Reduktion der Vielfalt der Götter des ersten Jahr-

hunderts zur außerordentlichen kleinen Zahl der Glaubensbekenntnisse eines sechstausendmal dichter bevölkerten Planeten
im 20. Jahrhundert steckt ein einziger Grund – die Ausbreitung
der Imperialismen, der Erzeuger von Universalkirchen. Diese
Tatsache ist so schockierend, daß die größten Geister unserer
Zeit ihr ausweichen; man beruft sich auf »Unterschiede der
Kulturen«. Was ist eine Kultur? Eine gemeinsame Vergangenheit, das heißt eine Geschichte, das heißt gemeinsame Mythen.
Auf der Ebene des Mikrokosmos scheint das Argument plausibel. So lebten in Irland Katholiken und Protestanten zwar im
selben Land, aber ihre Mythen unterschieden sich; Papisten
und Calvinisten wurden durch alte Streitereien um die Kirch-
turmpolitik getrennt, wenn man so sagen kann. Noch heute
sind die Folgen dieser Streitigkeiten tödlich.

Geschichte, und erst recht die Geschichte Gottes, kann überflüssig, akademisch, ja unnütz erscheinen in einer Welt, die Ge-
wißheiten verlangt. Auch Philosophie und Theologie werden
als universitäre Beschäftigungen ohne wirkliche Bedeutung für
die »Revolutionen« betrachtet, die das Reich der Chips, den
Technologietransfer in der Petrochemie oder die Gentechnologie erschüttern. So kommt es, daß das Heer westlicher politischer Beobachter – profunder Kenner der arabischen Welt,
altgedienter Orientalisten und Kanzlei-Machiavellis – das Wie-
dererwachen des Islam Mitte des 20. Jahrhunderts vollständig
übersehen hat. Nicht einer unter ihnen erkannte, daß die islamische Theologie die Nationen der Moslems erneut zusam-
menschweißen würde.

Daß es sehr wohl eine Theologie war, die diese politische
Vereinigung zementierte, und daß diese Theologie nur etwas
taugte, wenn sie sich eng mit einem politischen Projekt verband, wurde im Lauf des 20. Jahrhunderts mindestens zweimal, anläßlich spektakulärer Ereignisse, bewiesen. Das erste
Ereignis fand 1969 in Libyen statt, als eine Gruppe von Offizie-
ren unter der Führung von Oberst Moamar al-Gaddhafi im Namen des Islam die Dynastie der Senussi mit der Unterstützung
der Ulemas stürzte und den islamischen Kalender, die Scharia

(islamische Rechtsprechung und die entsprechenden Strafen) und das Alkoholverbot wieder einführte. Das zweite Ereignis spielte sich 1982 im Iran ab. Der große Ayatollah Schariat Madari legte die Theologie im engen Sinne als Studium der Texte, der Dogmen und der Tradition aus und schloß sich den Erklärungen des Ayatollah Resa Sanjani an, laut dem die Schiiten keine Theokratie gründen könnten, weil dies »nicht islamisch« wäre, und jenen des Ayatollah Hassan Quomi, des religiösen Oberhaupts des Meschhed, für den die Priesterschaft keine Macht anstreben durfte und der es ablehnte, daß Geistliche das Land regierten. Für Quomi bestand die Rolle der Priesterschaft darin, »das Volk zu beraten und zu belehren«, und »der wahre Islam war die Religion des Verzeihens und des Mitleids«[14]. Da erfolgte, wie ein Schlag aus heiterem Himmel, die Absetzung von Schariat Madari, ein beispielloser Akt in der Geschichte des Schiismus, ebenso außergewöhnlich, wie wenn der Papst einen Kardinal exkommunizierte. Diese unerhörte Sanktion war die Tat von Ayatollah Ruhollah Khomeini, der die Mäßigung der traditionellen Priesterschaft nicht länger mit ansehen wollte: Nein, die Geistlichen hatten nicht bloß den alleinigen Auftrag, sich um Gott zu kümmern – sie *mußten* die Macht ergreifen, und zwar im Namen Gottes! Man konnte die totalitären Ziele der Theologie nicht klarer darstellen, als sie hier, übrigens seit den Anfängen, verkündet wurden.

Und nicht nur seit den Anfängen des Islam. Khomeini hatte nichts anderes getan, als sich am Modell des Gottesstaates zu orientieren, wie es von den apostolischen Vätern beschrieben wurde: »Es ist entscheidend, daß ihr nichts ohne euren Bischof unternehmt«, schrieb Ignatius von Antiochia im 2. Jahrhundert. Für Augustinus war es »offensichtlich, daß es in letzter Instanz keinen Kompromiß zwischen den Forderungen des Kaisers und jenen Jesu geben kann. Der Kaiser muß seiner Unabhängigkeit abschwören und sich den christlichen Prinzipien unterwerfen, oder er muß der Strafe gewärtig sein, welche die Sünde und der Irrtum in ihrem Kampf gegen die Gerechtigkeit und die Wahrheit nach sich ziehen ...«, stellte der englische

Historiker C. N. Cochrane fest.[15] Für das Christentum konnte es also seit seinen Anfängen keinen laizistischen Staat geben: Gott war nicht mehr die höchste Zuflucht des einzelnen, sondern der absolute Herrscher über Gesellschaften.

Das ist genau dieselbe Entität, auf die sich die Terroristen beider Seiten beriefen: Zwei Jahrtausende der Reduktion einer Vielzahl von Glaubensbekenntnissen auf ein halbes Dutzend Religionen und der unvermeidliche Konflikt zwischen den beiden dynamischsten Religionen hatten zu dem unglaublichen Duell geführt, das noch fortdauert, während ich diese Zeilen schreibe: Gott gegen Gott! Dies ist das blasphemische Ergebnis des Versuchs, Universalkirchen zu gründen, bezüglich deren Arnold Toynbee sich fragte, ob sie Krebsgeschwüre oder Schmetterlingspuppen seien.

Wo schlich sich der gefräßige Wurm ein, der die glühende Sehnsucht des Menschen in ein letztlich mörderisches System verwandelte? Niemals führten die alten Ägypter im Namen von Ra Krieg, noch die Griechen in Zeus' Namen, die Babylonier im Namen Baals, die Hindus im Namen Shivas oder die Japaner im Namen Amaterasus (mit dem Beinamen Omikami, »die große erhabene Gottheit«). Gott hat mit der ganzen Sache nichts mehr zu tun, wie ein Religionshistoriker 1996 bemerkte: »Wenn Gott in der Geschichte am Werk ist, dann ist er gut versteckt.« Er dient Verwaltungen, die sich als Theologien maskieren, als Emblem. Indem sie die weltliche Macht beanspruchten, wurden die Universalkirchen ihrer ursprünglichen Bestimmung untreu: Sie setzten sich über die scharf gezogene Grenze und die schreckliche Schwelle des Geistlichen hinweg; sie verwandelten sich in Staaten, das heißt, mit den Worten des berühmten deutschen Historikers und Soziologen Max Weber, in Inhaber des legitimen Gewaltmonopols. Wer Staat sagt, sagt Gesetz, und wer Gesetz sagt, sagt legitimierter Mord. Was das Christentum betrifft, so liefen seine Verwandlung in einen Staat und seine Einmischung in weltliche Dinge gleich zweifach seinem geistlichen Gesetz zuwider: zum einen, indem es gegen das sechste Gebot Mose (2. Mose 20, 13) verstieß: »Du sollst nicht töten«. Denn die katholische Inquisition hat sich das Recht zu töten angemaßt und hat Zehntausende Unschuldiger getötet. Zum anderen, indem die Kirche das Wort Jesu ignorierte: »Mein Reich ist nicht von dieser Welt«. Denn sie wollte zum Staat werden. Deswegen hat Gott sie verlassen. Die Bibel selbst berichtet, daß der, den man Seinen Sohn nennt, die Institution des Tempels herausforderte.

Dadurch, daß sie das Bild Gottes mit dem Schwert zeichneten, veränderten die Eroberer – wußten sie es? – die Art der Gottesbeziehung. Einst hatte die Furcht vor dem Unbekannten das Bedürfnis nach Gott geweckt. Von nun an sollte die Furcht vor dem Nächsten die Furcht vor dessen Gott nähren; das heißt den Haß schüren.

Aber die Entwicklung ging langsam vor sich, wie wir sehen werden.

Der Sonnengott der Mithrasverehrer und der Rachegott der Essener, zwei Vorläufer des Gottes Jesu

»Wer nicht von meinem Leib essen wird und nicht von meinem Blut trinken, so daß er sich mit mir vermischt und ich mich mit ihm, wird das Heil nicht haben.«[1] Diese Weisung, die den Lesern des 20. Jahrhunderts vertraut im Ohr klingen mag, ist nicht die archaische Formulierung eines Wortes Jesu. Es sind die heiligen Worte der Mithrasverehrung oder des Mithraskultes, der neben dem Essenismus eine der beiden großen Quellen des Christentums war und mithin eine der Kräfte, die das religiöse Gefühl des heutigen Westens geformt haben.

Um das zweite Jahrhundert vor unserer Zeitrechnung entwickelte sich im Vorderen Orient eine neue Vorstellung des Göttlichen, sie erreichte den Mittelmeerraum und gewann ein Jahrhundert später eine gewaltige Ausdehnung innerhalb der römischen Welt: der Mithraskult. Im zweiten Jahrhundert unserer Zeitrechnung nahm ein Kaiser, Commodus (der von 180 bis 192 regierte) offiziell diesen Glauben an. Im Jahr 274 verlieh ein anderer Kaiser, Aurelian, dieser Religion den Rang eines Staatskults. Als Folge des Übertritts des oströmischen Kaisers Konstantin zum Christentum wurde Byzanz unter dem Namen Konstantinopel 330 die christliche Hauptstadt des Reiches, und die Mithrasverehrung schien dem Untergang geweiht. Aber 360 schwor ein weiterer Kaiser, Julian, dem Christentum ab und erklärte den Mithraskult zur Staatsreligion, was ihm den Beinamen »Apostata«, Abtrünniger, eintrug. Als die Christianisierung des Römischen Reiches den Mithraskult zu verdrängen drohte, »bauten angesehene Senatorenfamilien auf eigene Kosten die zerstörten Höhlen wieder auf und versuchten mit Hilfe von Legaten und Stiftungen, einem vom Tode gezeichneten

Kult Ewigkeit zu verleihen«, schreibt der französische Religionshistoriker Ernest Renan.[2]

Diese Religion besaß in der Tat genügend Überzeugungskraft, um sich im ganzen Römischen Reich durchzusetzen, das damals den größten Teil Europas umfaßte, mit Ausnahme der Siedlungsgebiete der Alemannen, der Franken, der Germanen und der Sachsen jenseits des Rheins und, im Norden und Osten, der Goten. Das Imperium umfaßte ganz Nordafrika, die Cyrenaika, Ägypten und alle Länder vom Sinai bis zur heutigen Türkei. Der Gott dieser Religion war einfach und großzügig: als Wohltäter aller Menschen war er der Schützer der Ordnung und der Wahrheit, der Feind des Übels in all seinen Formen – Wut, Neid, Eitelkeit, Müßiggang – und aller bösen Götter. Sein Name bedeutet »Vertrag«, und er wird zuweilen als Händedruck dargestellt, die Geste, die Übereinkommen ausdrückt. Er war der Gott des Mutes und der Redlichkeit, war aller komplizierten theologischen Verzierungen ledig, welche die Gottheiten der anderen Religionen charakterisierten: Von untadeligem Charakter, hatte er weder seine Frau betrogen noch zu seinem Vergnügen Jünglinge entführt; er hatte keinem Musiker, der besser war als er, die Haut vom Leibe gerissen noch persönliche Rache geübt; er war auch frei von intellektuellen Mätzchen, die den Gott der griechischen Philosophen für das gewöhnliche Volk unzugänglich machten. Er war der unbesiegte Sonnengott, *Sol invictus*. Er war der freigebige, gute und vollkommene Gott, zu dem die mediterrane Welt in einer zunehmend unruhigen Zeit betete.

Dank seiner Einfachheit wurde der Mithraskult »die einzige orientalische Religion, bei der man von einer theologischen Basis sprechen kann und die nie von der römischen Religion assimiliert wurde«.[3] Er entsprach dem damaligen Bedürfnis nach einer Religion, die persönlich und von den offiziellen Religionen unabhängig war, und die durch die Einnahme seines Fleisches und seines Blutes völlige Einswerdung mit Gott gewährte; die eingangs zitierten Sätze zeigen die Identifikation zwischen dem Geschöpf und seinem Schöpfer. Nur die dionysischen Mysterien hatten eine vergleichbare Intimität mit der

Gottheit geboten, aber Dionysos war weder der höchste noch der einzige Gott des Universiums wie Mithras. Die Resultate der Mithrasverehrung wurden von allen Gesellschaften willkommen geheißen, weil die Initiation, bei der den Gläubigen mit einem glühenden Eisen ein kleines M auf die Stirn gebrannt wurde, eine Solidarität unter den Mitgliedern schuf, die ihrerseits deren Tugend stärkte.

Heute betrachten einige Historiker diesen Glauben als ein unbedeutendes Zwischenspiel in der Geschichte der Religionen. Zu Unrecht: Ernest Renan, der den Einfluß des Mithraskultes erforscht hatte, schrieb in einer berühmten Beurteilung: »Wenn das Christentum in seinem Wachstum durch eine tödliche Krankheit aufgehalten worden wäre, hätte die Welt der Mithrasverehrung gehört.«[4] Der Mithraskult spielte eine bedeutende Rolle, weil er dem Christentum durch seine Riten und Mythen den Weg ebnete: Er steuerte Initiationsstufen und Sakramente bei, sieben an der Zahl, deren wichtigste Taufe und Konfirmation waren, und eine Zeremonie, die in einzigartiger Weise an das Abendmahl gemahnt – aus einem Becher wurde Wein getrunken, der das Blut von Mithras symbolisierte, und man brach das Brot, Sinnbild seines Leibes. Den Getauften war Unsterblichkeit versprochen und reinen Seelen das Paradies, wenn sie auf Erden ein gerechtes Leben führten. Wenn nicht, waren sie zur Hölle verdammt.

Der Gott selbst war sehr alt: Er läßt sich bis zum Masdaismus zurückverfolgen, der Religion der Indoeuropäer, die sich im zweiten Jahrtausend vor unserer Zeitrechnung im Iran niedergelassen hatten. Zum ersten Mal wird Mithras im 14. Jahrhundert v. u. Z. erwähnt, in einem Freundschaftsvertrag zwischen den Hethitern und dem Mitanni-Reich. Das Reich der Hethiter umfaßte damals ungefähr das Gebiet der heutigen Osttürkei, und das Mitanni-Reich lag im Quellgebiet von Euphrat und Tigris. Im antiken Masdaismus soll Mithras zusammengefaßt das verkörpert haben, was sanft und auf natürliche Weise geschieht. Er stand in Verbindung mit Varuna, dem Gott der Reflexion und der Gastfreundschaft.

Während Zarathustras Reform wurde Mithras vernächlässigt, ja vergessen, und die *Gathas* erwähnen ihn nicht einmal. Aber sein Kult hatte sich inzwischen unter dem Einfluß von Gegnern der Lehre Zarathustras vom ursprünglichen Masdaismus gelöst. Diesen genügte ein einziger Gott der Güte, Ahura Masda, nicht, dessen Macht unentwegt durch die eines einzigen Gottes des Bösen, Ahriman, in Schach gehalten wurde. Die achämenidischen Könige des Iran machten sich im 4. Jahrhundert v.u.Z. Mithras unter einem neuen Titel zu eigen, dem eines Gottes der Schlachten, weshalb er bis zum Ende in der Gunst der Militärs stand. Seine Verehrung nahm in Ostanatolien neue Formen an und vermischte sich mit der chaldäischen Astrologie (die in der Mithras-Mythologie eine große Rolle spielte), während seine Darstellungsformen aus der griechischen Kultur stammten. Dieser Kult hatte später seine ersten großen Zentren an der Peripherie der griechischen Einflußgebiete, in Dura-Europos am Euphrat, in Thrakien, in Moesia Inferior an der unteren Donau und, wie man meiner Ansicht nach zuwenig hervorgehoben hat, in Tarsus, der Stadt des Apostels Saulus, des Begründers des Christentums, die trotzdem ein bedeutendes Zentrum des Mithraskultes blieb.

Die Mehrzahl der Historiker vermuten, daß die Mithrasverehrung erst spät Eingang in die römische Welt fand. Sie stützen sich dabei auf einen Hinweis Plutarchs, der berichtet, dieser Kult sei von Rom im Jahr 67 v.u.Z. bei der Gefangennahme kilikischer Piraten, die ihn praktizierten, entdeckt worden. Aber Thrakien und Mösien liegen nördlich von Griechenland, und zumindest Thrakien war in der zweiten Hälfte des 4. Jahrhunderts v.u.Z. Teil des Reiches von Alexander dem Großen. Außerdem hatte Alexander den größten Teil jener Gebiete erobert, in denen der Mithraskult ausgeübt wurde. Es ist deshalb mehr als zweifelhaft, daß Griechenland von der Mithrasverehrung nicht bereits lange vor dem von Plutarch für Rom angegebenen Zeitpunkt zumindest Kenntnis gehabt hatte. Was diese Hypothese stützt ist, daß dieser Kult zu Beginn des 4. Jahrhunderts v.u.Z. von dem Arzt, Reisenden und Historiker Ktesias erwähnt wurde. Ebenso zweifelhaft erscheint, daß die Römer nicht schon früher via Griechenland zu diesem Kult in wenn auch nur sporadischen Kontakt getreten sein sollten, aber das läßt sich nicht beweisen. Der französische Historiker Jacques Duchesne-Guillemin weist darauf hin, daß der Glaube an einen Sonnengott von Babylonien bis Italien schon zwei Jahrhunderte vor unserer Zeitrechnung bestand. Eines der am häufigsten zitierten Zeugnisse ist die Passage der vierten Ekloge von Vergil, worin manche vorschnell eine Vorankündigung Jesu sehen wollten, der jedoch nie die Züge eines Sonnengottes trug. Es handelte sich dabei vielmehr um eine Anspielung auf Mithras, deren Symbolik nachstehend im einzelnen wiedergegeben wird. Mithras wurde im übrigen hin und wieder mit Attis gleichgesetzt, dem sterbenden und wiederauferstehenden Gott der Natur, ab und zu mit Apoll, dem griechisch-römischen Sonnengott.

Von iranischen Magiern zum Initiationskult gewandelt, dann im 4. und 3. Jahrhundert v. u. Z. in Thrakien unter dem Einfluß dionysischer Riten zur mystischen Religion umgewandelt, kannte der ausschließlich Männern vorbehaltene Mithraskult sieben Stadien der Initiation: Rabe (Corax), Jungvermählter (Nimph[i]us), Soldat (Miles), Löwe (Leo), Perser (Perses), Sonnenkurier (Heliodromus) und Vater (Pater), die höchste Stufe. Vielleicht war sie dem Priester vorbehalten. (Das Wissen über den Mithraskult wie über andere mystische Religionen ist über weite Strecken ungesichert.)

Die Mithraisten hatten keine Kirche. Die Einfachheit ihres Glaubens verlangte nicht nach der schützenden Struktur eines Dogmas. Sie waren in autonomen Bruderschaften organisiert und trugen nach ihren Möglichkeiten und nach ihrem guten Willen zu den gemeinsamen Bedürfnissen bei. Da sie sich als Geheimreligion nicht an den Festkalender halten mußten, hatten sie nur geringe oder gar keine Kosten aufzubringen, und man kann sich vorstellen, daß die Solidarität, welche die Bruderschaften verband, in guten Taten wie der Unterstützung von Witwen und Waisen bestand.

Die erstaunlichste Ähnlichkeit zwischen dem Mithraskult und dem Christentum besteht im Abendmahl. Daß es ein Abendmahl gab, wird durch das Zitat am Eingang dieses Kapitels erhärtet, ferner durch das Zeugnis des Apologeten Justinus des Märtyrers, der im 2. Jahrhundert in seinem »Dialog mit dem Juden Tryphon« die »christliche Feier der Eucharistie dem Brauche der Mithra-Verehrer entgegen[stellt], bei den Weihen eines neuen Jüngers Brot und einen Becher Wasser vorzusetzen«.[5] Das Brot ist eindeutig zum gemeinsamen rituellen Verzehr bestimmt; in einem von dem Historiker Franz Cumont erwähnten Relief des Mithraskultes ist vor zwei Personen ein Dreifuß dargestellt, auf dem vier runde, mit einem Kreuz verzierte kleine Brote liegen. Es handelt sich hier um ein Überbleibsel des Rituals zur Verehrung von Ahura Masda, das darin bestand, geweihtes Brot, die *draona*, an die Armen zu verteilen.

In dem Getränk dieses Abendmahls wollten die christlichen Apologeten Tier- oder Menschenblut sehen. Sie waren schlecht informiert, denn seit der Reform durch Zarathustra waren Tier- und Menschenopfer verboten. Zwar schien bei gewissen offiziellen Zeremonien des Mithraskultes ein Stier geopfert worden zu sein, aber es ist mehr als zweifelhaft, wenn nicht gar ausgeschlossen, daß man in den Kultstätten der Mithrasverehrung Tieropfer darbrachte; erstens wegen der geringen Ausmaße dieser Räume und dann, weil dies für die Feiernden (meistens Soldaten, die nicht reich waren) zu kostspielig gewesen wäre. Es gibt keinen einzigen Hinweis darauf, daß die Mithrasverehrer Tierblut getrunken hätten.

Hingegen gibt es zahlreiche glaubwürdige Belege für ein geweihtes Getränk, die *haoma*, in den Ritualen zur Verehrung von Ahura Masda. Es scheint sich um einen halluzinogenen Absud von Knollenblätterpilzen *(Ammanites phalloides)* gehandelt zu haben. Aber dieser Pilz wuchs nicht überall und nicht zu jeder Jahreszeit, und es ist deshalb anzunehmen, daß die Teilnehmer an einem Mithras-Abendmahl das Gebräu durch Wein ersetzten. Dieses Abendmahl stellte jedenfalls eine irritierende Vorform des Sakraments der christlichen Eucharistie dar, bei der das Brot als das Fleisch Gottes angesehen wurde und der Wein als sein Blut.

Das von Justinus erwähnte Wasser wurde sehr wohl benützt. Das Weihwasserbecken aus Stein oder Metall links der Tür des Heiligtums *(mithraeum)*, in das man beim Eintreten die Finger eintauchte, war damit gefüllt. Zur Rechten befand sich eine Lampe, die stets brennen mußte, und zuhinterst der Altar. Man hat mehrere Kultstätten der Mithrasverehrer gefunden, im Iran, in den Gebieten des Parther- und des Römischen Reiches, kurz, in den großen Städten, die Zentren dieses Kultes waren. Der jüngste Fund wurde in Cäsarea, der von Herodes dem Großen im 1. Jahrhundert v. u. Z. erbauten Hafenstadt, während der Ausgrabungen von 1973–1974 gemacht. Diese letzte Entdeckung warf endlich Licht auf ein bis dahin im dunkeln liegendes Symbol des Stieropfers, das auf den meisten Darstellungen vom Gott Mithras selbst vollzogen wird.

Die Höhle von Cäsarea wies in der Kuppel oberhalb des Altars eine runde Öffnung auf. Bei den Ausgrabungen entdeckten die Archäologen, daß die Sonnenstrahlen, die durch diese Öffnung fielen, sich so bewegten, daß sie am Mittag des 21. Juni, dem Tag der Sommersonnenwende, genau auf den Altar fielen. Dies deutet darauf hin, daß der Mithraskult als Verehrung des Sonnengottes eine wichtige astronomische Komponente enthielt. Das Stieropfer kann dahingehend interpretiert werden. Wegen der Verschiebung der Tagundnachtgleichen stand der Frühlingsbeginn (die Frühlings-Tagundnachtgleiche) nicht mehr im Zeichen des Widders, wie zur Zeit der Entstehung des Mithraskultes, sondern im Zeichen des Stiers. Diese Verschiebung, die sich ungefähr alle 2160 Jahre vollzieht, wurde von den Astrologen als ein symbolisches Stieropfer des Gottes ausgelegt, der das Rad des Zodiakus – den Tierkreis – dreht. Daher die Darstellungen von Mithras als Stiertöter. So bestätigte sich siebzehn Jahrhunderte später die Bemerkung des griechischen Philosophen Porphyrios von Tyros, daß jedes Mithräum eine Wiedergabe des Kosmos sei.

Die auffallenden Ähnlichkeiten zwischen dem christlichen

Ritual und jenem des Mithraskultes mußten von den christlichen Apologeten gebrandmarkt werden. Im 2. Jahrhundert erhitzte sich der Karthager Tertullian: »Das Bankett des Mithraskultes ist eine diabolische Parodie der Eucharistiefeier.« Unbedachte Worte, war doch die Mithrasverehrung bedeutend älter als das Christentum. Und der Apologet gibt vor, zu glauben, die Mithrasverehrer hätten die christlichen Riten kopiert, die ebenso geheim waren wie die des Mithraskultes: »Wie konnten die Fremden von unseren Mysterien Kenntnis erlangen, da doch alle Initiationsfeiern, selbst die religiösen, die Ungläubigen ausschließen und sich vor Zeugen schützen?«[6]

Bei aller Vehemenz der Ablehnung des Mithraskultes übernahm das Urchristentum eine ansehnliche Zahl von dessen Riten und Symbolen, als deren augenscheinlichstes das Datum von Jesu Geburt zu betrachten ist, die nach langem Hin und Her auf die Wintersonnwende, die Nacht vom 24. auf den 25. Dezember, festgelegt wurde. In *Les Symboles chrétiens primitifs* zitiert Kardinal Jean Daniélou unter vielen Beispielen den Text von Hippolyt: »Er [der Retter], die Sonne, wenn sie sich einmal aus dem Schoß der Erde erhoben hat, hat die zwölf Apostel gezeigt wie zwölf Stunden, denn durch diese wird der Tag sich zeigen, wie der Prophet sagt: Es ist der Tag, den der Herrn gemacht hat.« — »Dieser Text könnte deutlicher nicht sein«, schreibt Daniélou, und er ist tatsächlich ein direkter Hinweis auf den Mithraskult. Diese symbolische und numerologische Mystik drückte im übrigen allen heterodoxen jüdischen Strömungen des 1. Jahrhunderts, wie dem Gnostizismus, und anderen Religionen ihren Stempel auf. In einem einzigen Text der »Pseudoklementinen« wird gesagt, daß Johannes dem Täufer dreißig Jünger gefolgt seien, »eine unvollständige Zahl wie für den Mond, dessen Umlaufzeit den Monatskreis unvollendet läßt«.[7]

Ein weiterer ausdrücklicher Bezug ist die Wahl des Lammes als Symboltier des sich langsam ausbreitenden Christentums. Tatsächlich ging zu Lebzeiten Jesu das Zeitalter des Widders, das rund 2160 Jahre zuvor begonnen hatte und auf jenes des

Stiers gefolgt war, seinem Ende entgegen; das Lamm, als Jung-
form des Widders, wurde also zum neuen Opfertier. Davon
zeugt unter anderem die Textstelle der Offenbarung (14, 1), wo
Johannes eine Vision beschreibt, in der hundertvierundvierzig-
tausend Personen den Namen [des Lamms] und den Namen
seines Vaters auf ihren Stirnen geschrieben trugen, ein eindeutiger Hinweis auf das Zeichen des Mithras, das in die Stirn der
Eingeweihten eingebrannt war. Der Autor der Offenbarung
setzte so, bewußt oder unbewußt, das Christentum an die Stelle
des Mithraskultes.

Die Ähnlichkeiten zwischen dem Mithraskult und dem
Christentum beschränkten sich aber nicht auf einzelne Formen
der Riten, auch wenn diese als Ausdruck von Auffassungen
nicht zu vernachlässigen sind. Der Mithraskult war in der Tat
eine Lehre der Erlösung (in seiner Verehrung Mithras' und
dem Erleiden der Buße) und der Eschatologie (in seinem typisch indoeuropäischen Glauben an den finalen Weltenbrand).
Der Mithraskult war dem Masdaismus, aus dem er nach Ansicht mancher Autoren entstanden ist, nicht so fremd: sein eindeutiger Glaube an ein Jenseits und an die Erlösung belegt dies.
In beiden Religionen wird am Ende der Zeiten Mithras erscheinen, um die Toten zum Leben zu erwecken. Die Apokalypse ist
übrigens nicht das einzige Thema, das der christliche Glaube
vom zarathustrischen Masdaismus über den Mithraskult übernehmen wird. Ernest Renans Urteil über die Mithrasverehrung
könnte mit folgender Aussage ergänzt werden: »Und wenn der
Mithraskult obsiegt hätte, hätte dies nicht viel geändert.« Wenigstens im Prinzip nicht.

Man kann sich natürlich fragen, warum sich der Mithras-
glaube eigentlich nicht durchsetzte. Die Erklärung ist paradox:
Er blieb (im Unterschied zu Renans Ansicht) den Frauen verschlossen; er war eine männliche Religion. Das Christentum,
das nach den Worten Paulus' die Frau zwar als »Leib ohne
Kopf« betrachtete, setzte sich dank seiner Öffnung gegenüber
den Frauen durch (um so leichter, als sie sich keiner Beschneidung unterziehen mußten). Aber es triumphierte auch, weil es

den Erlaß aller Sünden und die Erlösung aller Sündigen versprach, was dem Heil im Heroismus der Mithrasverehrer diametral widersprach, der eine Auswahl der Starken und damit den Ausschluß der Schwachen forderte. Das heißt, das Christentum gewann dank dem Stimmenverhältnis und der größeren Zahl. War der Mithraskult esoterisch gewesen, so präsentierte sich der christliche Glaube demokratisch, wenn nicht gar populär oder populistisch: Jedermann durfte auf das Heil hoffen, selbst der gemeinste Verbrecher, selbst die Huren, es bedurfte allein der Reue und des Sakraments, das der Reue Gültigkeit verlieh. Die Menschwerdung Jesu war der höchste Beweis dieser Demokratisierung: Gott entsandte seinen eigenen Sohn als Opferlamm zur Erlösung der Sterblichen; das war das Zeugnis seiner Liebe zu den Menschen. Der Übertritt vom Mithraskult zum Christentum bedeutete keine schmerzliche Entsagung. Es war für die junge Kirche einfacher, den Triumph über ihn davonzutragen (und sicherlich mit weniger Blutvergießen verbunden) als später über die Katharer.

Der Essenismus, eine andere Quelle des Christentums, der beinahe, aber nur beinahe, zur selben Zeit aufblühte wie der Mithraskult, war keine Religion, sondern eine Sekte. Eine um so einzigartigere, als sie nicht etwa eine grundlegend neue Sicht Gottes, sondern im Gegenteil des Individuums propagierte. Sein Gott war – bis auf das »Detail«, daß seine Macht nicht unendlich, sondern durch jene Satans begrenzt war – jener des Alten Testaments. Es ist direkt den Essenern zu verdanken, daß sich das Christentum vom jüdischen Glauben formell und endgültig abgespalten hat, aber nicht in der Weise, wie man es meistens vermutet.

Es wurde nach der Entdeckung der berühmten Schriftrollen am Toten Meer im Jahr 1947 viel über die Essener geschrieben, besonders in der zweiten Hälfte des 20. Jahrhunderts. Man war praktisch überzeugt, daß es sich bei den Essenern um eine Sekte handelte, die plötzlich, und inspiriert von einem übernatürlichen Vorwissen von Jesu Geburt, aus dem Nichts aufgetaucht war, gewissermaßen eine Bruderschaft extraterrestrischer

Mönche. Ihr Name und Qumran, der Name des Ortes, bei dem man die Schriftrollen fand, wurden über Nacht berühmt, beinahe populär. Da die Entzifferung nur außergewöhnlich langsam vorankommt, was manchen Skandal ausgelöst hat, ist damit zu rechnen, daß bis zur vollständigen Veröffentlichung dieser Texte noch viele Bücher über sie geschrieben werden. Bleibt zu hoffen, daß diese Bücher weniger vage, ja tendenziös sein werden als die vielen, die selbst unter angesehenen, ja repektablen Autorennamen bereits erschienen sind.

Der Grund der Verzerrungen, zu denen die Interpretation dieser Schriftrollen aufzufordern scheint, liegt in der direkten Verbindung der Essener mit Jesus und infolgedessen mit der Legitimität der Kirche, denn Johannes der Täufer weist alle Züge eines Esseners auf. Und er hat Jesus getauft! Die Taufe war aber kein jüdisches Ritual, sondern spezifisch essenisch; sie wurde an Novizen vorgenommen. Also war Jesus in die Reihen der Essener aufgenommen worden und war einer von ihnen. Dies ist (neben einer allgemein verbreiteten Vorliebe für Geheimnisse) einer der Gründe, warum diese Schriften, die auf den ersten Blick eigentlich nur das Interesse von Fachleuten hätten wecken müssen, in der westlichen Welt so großes Aufsehen auslösten. Die westlichen Religionen befinden sich in einer Krise, und es scheint, daß die Welt dank der Entdeckung der bis dahin unbekannten Sekte einer Handvoll Weiser einen anderen Jesus zu entdecken hofft, nachdem jener der Kirche durch die institutionelle Auslegung enttäuscht hat.

Das Ärgerliche ist nur, daß die Essener keine »Sekte« waren, zumindest nicht in der heutigen Bedeutung des Wortes, und daß sie offenkundig nicht aus dem Nichts auftauchten.

Das Problem mit den Essenern wurde von Anfang an tendenziös und zunächst von jüdischer Seite interpretiert. So gilt Flavius Josephus, ein jüdischer Historiker des 1. Jahrhunderts und Zeuge aus erster Hand, als einer der vertrauenswürdigsten, zugleich aber auch fragwürdigsten Zeugen: *scriptor mendacissimus*, »allerverlogenster Schreiber«, nannte ihn im 18. Jahrhundert Pater Hardouin. Er versuchte, die Bedeutung des Konflikts zwischen den Essenern und dem Tempel herunterzuspielen und zu bemänteln, zweifellos, weil er weder die einen noch die anderen offen ins Unrecht setzen wollte. Die Essener, von denen er sehr wohl wußte, ja wissen mußte, daß sie den gefährlichen Zeloten nahestanden, überhäuften den Tempeljudaismus, der doch sein eigener Glaube war, mit Schmach. Er wußte genau, daß dieser Glaube verkalkt, institutionalisiert und moribund war, aber er konnte sich von ihm nicht trennen. Gerade er nicht, Joseph ben Matthitjahu (Sohn des Matthias), der Überläufer, Sohn eines Rabbiners und Abkömmling jüdischer Könige, der zu den Römern übergewechselt war und sich seither Titus Flavius Josephus nannte! Der aber dennoch Jude geblieben war.

Deshalb stellen die Schriftrollen das verläßlichste Zeugnis der mysteriösen Essener dar. Sie enthalten jedenfalls eine Überraschung, und zwar eine gewaltige. Eines scheint heute nämlich festzustehen: Wenn einmal die Gesamtheit dieser geheimnisvollen und kostbaren Dokumente entziffert und veröffentlicht sein wird und man endlich einmal mit einer historischen Untersuchung der Ideologie beginnen wird, aus der sie entstanden sind, wird die heute verbreitete Vorstellung überholt sein, die Essener seien eine isolierte Sekte in Qumran gewesen. Für viele Autoren zeichnet sich bereits eine Gewißheit ab: Die »Essener« (wir werden sie ab hier in Anführungszeichen setzen) standen in der Tradition des jüdischen Glaubens, der durch seine apokalyptische Ausrichtung und einen glühenden Messianismus gekennzeichnet ist. Und diese Tradition steht unmittelbar am Anfang der zelotischen Bewegung, die zur Zerstörung Jerusalems durch die Zeloten im Jahr 70 unserer Zeitrechnung führte. Man wird die Gestalt Jesu dann unter diesem Blickwinkel neu sehen können.

Um die »Essener« besser zu verstehen, die eine so große Rolle bei der Entwicklung des christlichen Gottesverständnisses spielten, muß man ihren Ursprung kennen. Die Aufgabe ist nicht einfach: Abgesehen von den berühmten Schriftrollen sind die verfügbaren historischen Fakten selten (die »Essener« werden in den jüdischen Texten so gut wie gar nicht erwähnt) und mit Vorsicht aufzunehmen.

Wahrscheinlich ist der »Essenismus« viel älter, als man – aus Vorsicht, aus Mißtrauen oder in geheimer theologischer Absicht – annehmen wollte. So geht der berühmte Ort Qumran am Ufer des Toten Meers bis auf das 8. beziehungsweise 7. Jahrhundert v.u.Z. zurück; dies ist durch die dortigen Mauerreste und Scherbenfunde belegt. Entgegen den recht kategorischen Behauptungen des herausragenden Archäologen und Dominikanerpaters Roland de Vaux, der zusammen mit G. L. Harding jahrelang die Ausgrabungen vor Ort leitete und die Fundobjekte auswertete, scheinen sehr wohl starke direkte Verbindungen zwischen dieser historischen Stätte und der »Essener«-Gemeinde bestanden zu haben, die sich dort im 2. Jahrhundert v.u.Z. niederließ.

Wer bewohnte Qumran und die Umgebung von Khirbet Feschka im 8. und 7. Jahrhundert, das heißt lange vor den »Essenern«? Wir wissen es nicht. Es ist zu bezweifeln, daß es gewöhnliche Juden waren: Niemand würde sich in einer so ungastlichen Gegend niederlassen, der sich nicht von der Welt abwenden wollte. Diese Orte sind weder Jericho noch Cäsarea, sondern ein Ort der Entsagung für Menschen, die sich in der Einöde sammeln wollen und in deren Köpfen die Verwünschungen Jerusalems widerhallen, die der Prophet Jesaja dem Herrn in den Mund legte:

»Ach, sie ist zur Dirne geworden, die treue Stadt.
Einst war dort das Recht in voller Geltung ...
Dein Silber wurde zur Schlacke, dein Wein ist verwässert.«

Und:

»Verkriech dich im Felsen, verbirg dich im Staub vor dem Schrecken des Herrn und seiner strahlenden Pracht!«[8]

Dies soll zwar nicht heißen, daß im 8. und 7. Jahrhundert in Qumran »Essener« lebten, und noch weniger, daß sie Anhänger

Jesajas waren. Aber alles läßt darauf schließen, daß es schon bald nach dem Fall von König Davids Reich eine heterodoxe jüdische Tradition gab, die sich, beseelt von messianischer Hoffnung, Schritt für Schritt vom jüdisch-orthodoxen Glauben entfernte, dessen Sitz Jerusalem war. Die endgültige Trennung erfolgte freilich viel später als Folge eines Konflikts mit der Priesterschaft Jerusalems, der in der Tötung des *More Zedeq* (»Lehrer der Gerechtigkeit«), eines geheimnisvollen Meisters der »Essener«, gipfelte, von dem die Schriftrollen häufig berichten.

In zahlreichen Untersuchungen wurde versucht, die Identität dieses Lehrers zu eruieren. Die folgende erscheint als die wahrscheinlichste Version: Im Jahr 159 v.u.Z. begann der Schreiber Yose ben Yo'ezer einen Streit mit dem Hohenpriester, dem Oberhaupt der jüdisch-orthodoxen Priesterschaft von Jerusalem, den er des Verrats am jüdischen Glauben und des hellenistischen Synkretismus bezichtigte. Die Identität dieses Hohenpriesters bleibt ungewiß. Der Konflikt spitzte sich zu, bis Yo'ezer getötet wurde, was die weltliche Macht des Hohenpriesters belegt.[9] Die Anhänger Yo'ezers erhoben ihn zur mythischen Figur, zum »Lehrer der Gerechtigkeit«, und zogen sich aus Jerusalem und vom jüdischen Gemeindeleben zurück. Der Zugang zum Tempel wurde ihnen untersagt. Eine ihrer Hochburgen, allerdings nicht die einzige, wurde Qumran in Judäa am Ufer des Toten Meeres, ein bereits bestehender Ort mit sicher symbolischer Bedeutung, den sie ausbauten und wo sie nach sehr strengen Regeln lebten. Sie betrachteten sich von da an als die Angehörigen des Neuen Bundes, nachdem der Alte Bund durch die Gesetzlosigkeit und Pflichtvergessenheit der Hohenpriester gebrochen worden war.

Der Gegenstand des Streites zwischen dem »Lehrer der Gerechtigkeit« und dem Hohenpriester bleibt zwar rätselhaft, aber den Konflikt selbst hatte man schon lange voraussehen können. Um ihn zu verstehen, müssen wir einige Jahrhunderte zurückblicken. Nach der Eroberung Babylons durch die Perser im 6. Jahrhundert v.u.Z. genossen Judäa und die Juden eine Ära des Friedens, die durch das Wohlwollen des Perserkönigs Kyros gewährleistet wurde, der die Juden aus der babylonischen Gefangenschaft entlassen und darüber hinaus den Wiederaufbau des 587 v. u. Z. zerstörten Tempels in Jerusalem gefördert hatte. Judäa schien die Unabhängigkeit erreicht zu haben. Das persische Könighaus der Achämeniden hatte keinen Versuch unternommen, diese Provinz zu iranisieren. In den Jahren der Sklaverei war die Priesterschaft die Verkörperung des Widerstands gegen die politische und ideologische Fremdherrschaft gewesen; ihr Ansehen war dabei gestiegen; sie galt als »Symbol der Nation«. Alexander der Große änderte daran nichts. Erst seine Nachfolger, die Seleukidenherrscher Syriens und die Lagiden (Ptolemäer) Ägyptens begannen, sich für Palästina, das strategische Bindeglied zwischen dem Orient und dem Mittelmeer mit seinem Zugang zu zwei Meeren, zu interessieren, dem Roten Meer, über das die Seehandelsrouten mit Asien verliefen, und dem Mittelmeer. Im 3. Jahrhundert begannen sie darum zu kämpfen.

Im Jahr 204 v. u. Z. entriß der Seleukidenherrscher Antiochos III. Judäa den Lagiden. Die Juden wurden nicht nur erneut Untertanen einer fremden Macht, man demütigte sie auch noch dadurch, daß man die Stellung des Hohenpriesters mißachtete: Als Antiochos III. beschloß, die alten Gesetze der Judäer zu bewahren und den Tempel wiederaufzubauen, richtete er seine Weisungen an den griechischen Statthalter, zu dessen Verwaltungsgebiet Judäa gehörte. Als er sich 189 des Tempelschatzes zu bemächtigen versuchte, um den Tributforderungen der Römer nach seiner Niederlage bei Magnesia nachzukommen, spitzte sich die Krise zu. Offenes Unrecht beging sein Nachfolger Antiochos IV., der zu Beginn seiner Herrschaft (175 164) den Hohenpriester Onias absetzte und das Amt an dessen Bruder Jason verkaufte. Dieser schaffte die Theokratie, die Israel de facto gewesen war, ab, verwandelte Jerusalem zur Empörung der Juden in eine griechische Stadt und nannte sie Antiochia. Im Jahre 169 verlegte er eine syrische Garnison dorthin und führte 167 die Verehrung der griechischen Götter im Tempel ein. Das bedeutete das Ende des Ansehens des Hohenpriesters und aller Priester, die mit ihm zusammengearbeitet hatten.

Die besondere Feindseligkeit der Juden gegenüber einer hellenisierten Priesterschaft bedarf einer Erklärung: Über Jahrhunderte hatten fast keine Kontakte zwischen der griechischen und der jüdischen Kultur bestanden. Diese war nicht weniger reich und nicht weniger geistig inspiriert als die griechische (sie neigte einfach weniger zur philosophischen Spekulation, weil die Existenz Gottes jede nur mögliche philosophische Frage regelte). Acht Jahrhunderte lang schienen die Griechen nichts von der Existenz der Juden zu wissen, doch als sie sie zum Beispiel im 1. Jahrhundert in Alexandria endlich wahrnahmen, begegneten sie ihnen mit einer Verachtung, die jegliches Verständnis übersteigt: Im Jahr 38 schlachteten die Griechen Alexandrias in einer einzigen Woche und aus nichtigem Anlaß (dem Besuch des Königs Agrippa von Judäa) über 50 000 Juden auf unbeschreibliche Weise ab; damit begingen sie den ersten Pogrom der Geschichte! Vor diesem Hintergrund wird die Griechenfeindlichkeit der Juden, die sich andererseits zum Beispiel mit den Persern sehr gut verstanden hatten, ohne weiteres begreiflich.

Die Krise zwischen dem Tempel in Jerusalem und der Volksfrömmigkeit schien mit der Revolte der Makkabäer und der kurzen Unabhängigkeit des Königreichs Judäa (142–63 v. u. Z.) beendet zu sein (doch im Jahr 63 begingen Pompejus und sein Generalstab, die Jerusalem erobert hatten, das unerhörte Sakrileg, ins Allerheiligste des Tempels vorzudringen, und prägten mit dieser Schändung das jüdische Bewußtsein auf unabsehbare Zeit.) Aber daraus wurde nichts: Der Statthalter und Hohepriester Johannes Hyrkanos (Hyrkan) I. war bei den Pharisäern verhaßt, obwohl er die »Rejudaisierung« Judäas durchführte; sie warfen ihm vor, sich als griechischer König aufzuführen und eine Söldnerarmee zu unterhalten. Sie setzten sogar das Gerücht in Umlauf, er sei der Sohn eines Sklaven, und forderten ihn zum Rücktritt von seinem Priesteramt auf. Sein Bruder und Nachfolger Alexander Jannai (Jannäus) genoß bei den Juden allerdings ein noch geringeres Ansehen. Nach einem Aufstand, den die Pharisäer mit Hilfe eines fremden Königs, Demetrios' III., in Jerusalem angezettelt hatten, ließ er im Jahr 88 achthundert judäische Gefangene hinrichten.

Als im Jahr 37 v. u. Z. Herodes König von Judäa wird, ist ein Abkömmling der Hasmonäer (Makkabäer) Hoherpriester. Die Trennung zwischen dem legitimistisch-apokalyptischen Judentum und einer der Besatzungsmacht ergebenen Priesterschaft ist vollzogen. Zu ersterem zählt man die *Chassidim* oder Frommen, unter ihnen die »Essener« und aktivistischen Zeloten, zu letzterer die aristokratische Kaste der Sadduzäer und einen Teil der diesen feindlich gesinnten Pharisäer (die in ihren Reihen aber gleichwohl eine »legitimistische«Bewegung, die Nazarener, kannten). Die Grenzen zwischen diesen beiden Parteien waren weder streng gezogen noch undurchlässig, »Pharisäer und Essener haben offensichtlich beide ihren Ursprung in der chassidischen Bewegung der Makkabäerzeit«, schreibt J. Jeremias, der im übrigen die Ähnlichkeiten zwischen den beiden Parteien betont, die in der *Damaskusschrift* erwähnt werden.[10]

Dieser kurze Rückblick zeigt, daß Politik und Religion in der Formierung des Widerstands untrennbar miteinander verknüpft waren, aber auch, daß es schwierig ist, dieser Formierung ein Datum zuzuschreiben. Laut der *Damaskusschrift* entstand die »Sekte der Essener« 390 Jahre nach der Eroberung Jerusalems durch Nebukadnezar (587 v. u. Z.), und es seien zwanzig Jahre vergangen, bis Gott ihnen einen »Lehrer der Gerechtigkeit« gegeben habe. Das bedeutet, daß die Sekte im Jahr 197 v. u. Z. entstanden und der »Lehrer der Gerechtigkeit« 177 v. u. Z. erschienen wäre. Auch wenn die Einzelheiten dieser Daten widersprüchlich sind, nehmen alle Fachwissenschaftler an, daß der »Lehrer der Gerechtigkeit« zu der in der *Damaskusschrift* erwähnten Zeit erschien.

Was zwar nicht bedeutet, daß es bloß einen einzigen »Essenismus« gegeben hätte und es zwingenderweise und ausschließlich jener von Qumran gewesen sei. Man kennt ähnliche und offenbar nahestehende Bewegungen wie die von Philon beschriebenen Therapeuten von Alexandria (die Eusebios in einer bezeichnenden Verwechslung für von Markus bekehrte Christen hielt!), die Margerier von Syrien, die in Höhlen wohnten, die Hemerobaptisten von Galiläa, die sich der Pflichtübung eines täglichen Bades unterzogen (und zu denen wahrscheinlich Johannes der Täufer gehörte), und es gab unter den Juden bestimmt noch weitere, die im 3. Jahrhundert v. u. Z. ihren Wohnsitz im weiteren Mittelmeerraum gesucht hatten. In seiner *Geschichte des jüdischen Krieges* erwähnt Josephus Flavius Eigenschaften, die sowohl auf die Hemerobaptisten (das tägliche Bad in kaltem Wasser) als auch auf die Therapeuten zutreffen: »Aus [den Schriften der Alten] suchen sie Wurzeln, um Krankheiten zu bannen und die Eigenschaften der Steine kennenzulernen.« Es ist sehr wohl möglich, daß es außer Qumran noch weitere Zentren der »Essener« gab: Nach Josephus hatten sie »keine eigene Stadt, sondern in jeder wohnen viele von ihnen«. Vor zwanzig Jahren erfolgte Ausgrabungen legen den Schluß nahe, daß sie sich auch auf dem Berg Karmel oberhalb des heutigen Haifa niedergelassen hatten.

Die Mönche von Qumran »waren nur eine der zahlreichen Gemeinden des essenischen Typs«, schreibt Paul Johnson[11], was Renan vorausahnte, als er notierte, daß das Christentum ein erfolgreicher Essenismus sei (und dies ein Dreivierteljahrhundert bevor die Schriftrollen gefunden wurden). Der Begriff »Essener« konnte demnach nicht bloß diese eine Gemeinde von Klostermönchen bezeichnen, die in Qumran wohnten und mehrere oder alle Schriftrollen vom Toten Meer verfaßt hatten. Die »Essener« von Qumran gehörten einer viel weiter verbreiteten Bewegung als einer isolierten Sekte in der Wüste an. Später nannte man sie den Neuen Bund. Allein schon das Ausmaß der Strömung kann erklären, daß der jüdische Glaube so stark modifiziert worden war, daß das Christentum daraus hervorging.

Die »essenische« Bewegung weist drei große Charakteristika auf, von denen zwei im Alten Testament gerade mal latent vorhanden sind, während der dritte auf noch nie dagewesene Weise überhöht wird. Die beiden latenten Züge sind das apokalyptische Fieber und der Glaube an einen Herrn des Bösen, Satan. Davon zeugt die sogenannte intertestamentarische Literatur, deren größter Teil innerhalb der Bewegung verfaßt wurde, der die »Essener« angehörten. Diese Literatur wird intertestamentarisch genannt, weil sie wegen ihres zutiefst heterodoxen Charakters, der von der Priesterschaft von Jerusalem abgelehnt worden wäre – und dies um so mehr, als die Zeiten der Propheten vorbei waren –, keinen Eingang mehr in die Bücher des Alten Testaments finden und natürlich noch keinen Platz unter den Texten des Neuen Testaments einnehmen konnte. Wir erfahren darin, kurz zusammengefaßt, von einem Gott im Kampf mit Satan, der das Ende aller Zeiten vorbereitet und es durch einen Boten, den Erwählten oder Messias, ankündigt.

Man weiß, daß Satan im Alten Testament keineswegs denselben Platz besetzt wie im Neuen: In ersterem ist er bloß ein Diener Gottes, der nur sehr selten, und allein um die niederen Arbeiten für seinen Herrn zu verrichten, auftritt, wie ihn der Prolog des *Buches Hiob* darstellt. Das gesamte Alte Testament hindurch ist Gott ohne jeglichen Rivalen der souveräne Herr der Schicksale. Es gibt keine Hölle, die *Scheol* ist ein unbestimmter Ort (dessen Definition in der jüdischen Glaubenslehre übrigens schwankt). Die Autoren der intertestamentarischen Schriften führten hingegen das bipolare zarathustrische Modell ein, das heißt, sie setzten einem Gott des Guten einen Gott des Bösen entgegen, Ahura Masda und Ahriman im iranischen System, Jahwe und Satan in der jüdischen und bald auch neutestamentarischen Adaptation. Das ist eine beachtliche Neuerung, nicht bloß weil aus ihr unzählige Erscheinungen Satans in den Evangelien entstehen, sondern auch weil aus ihr der spätere christliche Gnostizismus entsteht, eine Häresie, die die Kirche noch in Schrecken versetzen wird. Und zudem wird die *Scheol* wie die zarathustrische Hölle ein Ort entsetzlicher Leiden.

Der apokalyptische Eifer leitet sich aus dem Postulat ab, daß es eine ewige Macht des Bösen gibt, den Fürsten der gefallenen

Engel, Schemehaza, Semjasa, Azazel oder Asrael – sein Name variiert je nach dem Text (andernorts nannte man ihn Belial, Mastema oder Satan), eskortiert von seinen Schergen, Arataqif, Ramt, Kokabiel, Tamiel, Ramiel und so weiter, deren Widersetzlichkeit und Übeltaten den Zorn Gottes und die Apokalypse auslösen werden, und von Apokalypsen wimmelt es in den intertestamentarischen Schriften nur so: die altsyrische Apokalypse des Baruch, die griechische Apokalypse des Baruch, die Apokalypse Abrahams, die Apokalypse Elias', die Apokalypse der wilden Tiere, die Apokalypse der Wochen und andere. Es fällt auf, daß in den drei Jahrhunderten vor der Zerstörung Jerusalems durch die Juden ihre Ungeduld, mit der ganzen Welt Schluß zu machen, einen einmaligen Höhepunkt in der Geschichte der Religionen erreichte. Ein Teil der jüdischen Gläubigen, dessen Umfang sich nicht abschätzen läßt, überhäufte die bestehende Welt unablässig mit Schmach und erwartete, daß die göttliche Rache die Gottlosen strafe.

Dieses apokalyptische Fieber ist eng mit der Erwartung eines Messias verknüpft, dem dritten Hauptzug der intertestamentarischen Schriften, der im Alten Testament kaum vorkommt, hier aber einen außerordentlichen Umfang annimmt. Ein sprechendes Beispiel findet sich in der »Zweiten Bilderrede 45–47 – Das Messiasreich« des Ersten (»Äthiopischen«) *Buches Enoch*:[12]

»An jenem Tag wird mein Auserwählter auf dem Thron der Herrlichkeit sitzen,
und unter ihren Werken eine Auswahl treffen,
und ihre, der Auserwählten, Wohnungen werden zahllos sein.
Ihr Geist wird in ihnen zunehmen und wachsen,
wenn sie meine Auserwählten schauen
…
aber für die Sünder steht das Gericht noch bevor,
um sie von der Oberfläche der Erde zu vernichten.«

Es handelt sich hier eindeutig um ein Diktat Gottes an Enoch. Die darauffolgende Fürbitte unterscheidet sich kaum von dieser Tonart:

> »In jenen Tagen aber steigt das Gebet der Gerechten
> und der Gerechten Blut von der Erde zum Herrn der Geister
> empor.
> In diesen Tagen beten einstimmig die Heiligen, die oben in
> den Himmeln wohnen,
> bitten, loben und danken
> und preisen den Namen des Herrn der Geister
> wegen des vergossenen Blutes der Gerechten
> und wegen ihres Gebetes,
> daß es nicht vergeblich vor dem Herrn der Geister sei,
> daß das Gericht an ihnen vollzogen werde,
> daß dies aber für sie nicht ewig dauern möge.«

Mit anderen Worten: Die Heiligen werden ungeduldig und fordern das Ende der Welt, um die Gerechten zu rächen; eine Ungeduld, die zwar nicht für das Mitleid der Heiligen spricht, vor allem nicht gegenüber jenen Gerechten, die auf Erden geblieben sind. Aber sie fordern offensichtlich Rache, weil das Martyrium des Großen Gerechten das der anderen (und weniger) Gerechten ankündigte. Nebenbei bemerkt: Gott wird als »Herr der Geister« bezeichnet, eine folgenschwere Definition, denn sie bedeutet, daß Gott nur noch der Herr der geistigen, der spirituellen Welt ist, da die materielle Welt Satan überlassen worden ist – eine Vorstellung, die wir bei der Versuchung Jesu in der Wüste wieder antreffen werden und die auf den Einfluß des Gnostizismus auf das Gedankengut hinweist, aus dem später der christliche Glaube entstand.

In den intertestamentarischen Schriften werden die beiden Bezeichnungen »Menschensohn« und »Auserwählter der Gerechtigkeit und Treue« häufig für die Gestalt verwendet, die kommen wird, um den Willen Gottes am Ende aller Zeiten zu erfüllen. Einige Autoren wollten darin eine eindeutige Vorform des christlichen Messias sehen (zweifellos mit einem Hauch von Prädestination und Erfüllung inspirierter Voraussagen). Zu Unrecht: »Die Christologie des Buches der Parabeln [zweiter Teil des *Buches Enoch*] hat nichts Christliches an sich. Man findet in diesem Buch keinen der charakteristischen Züge der Person Jesu, wie sie die Evangelien überliefern.« Ganz im Gegenteil beschreibt Enoch in diesem Buch seine eigene Einsetzung als Menschensohn. Wenn man schon einen Einfluß postulieren will, dann eher umgekehrt jenen des *Buches Enoch* auf Jesus, der seinerseits mehrere Male den Ausdruck »Menschensohn« aufgreift. Man weiß, daß das *Buch Enoch* in den Kreisen der Apostel äußerst bekannt war; es wird übrigens auch im Judasbrief (Vers 14–15) zitiert.

Ein Einfluß scheint dagegen sicher: jener des Zoroastrismus auf die Strömung des Neuen Bundes. Die Vorstellung eines Gott kategorisch entgegengesetzten Teufels ist eine rein zoroastrische Erfindung, von politischer Absicht motiviert und später zu ebensolchen Zwecken von den persischen Magiern eingesetzt. Auf welchem Weg diese Vorstellung eine Fraktion des jüdischen Glaubens für sich gewann, ist offensichtlich. Die babylonische Gefangenschaft hatte die Verbannten bereits gezwungen, sich mit der babylonischen Religion vertraut zu machen, die Befreiung durch die persischen Achämeniden ließ die Juden der Kenntnis, ja sogar der Ausübung fremder Religionen weniger feindlich gegenüberstehen, wie viele oben angeführte Beispiele belegen. Das Konzept eines zwischen den Kräften des Guten und des Bösen zweigeteilten Kosmos mußte die, wie ihre lange Geschichte beweist, von einer ungeheuren politischen Dynamik beseelten Juden »essenischer« Richtung verlocken: Sie spornte zu konstanter Wachsamkeit gegenüber den Kräften des Bösen an. Sie bot das ethische und militärische Organisationsmodell, das eine militante Strömung wekken sollte, die mehr und mehr zur bewaffneten, terroristischen Aktion drängte, wie sie die Zeloten seit Ende des 1. Jahrhunderts v. u. Z. ausübten und die im Jahre 70 in der Katastrophe von Jerusalem gipfelte; einem so grauenhaften Gemetzel, daß das Los der durch andere Juden ermordeten Juden schließlich paradoxerweise selbst den römischen General Titus erschütterte.

Einige Autoren wollten in den »Essenern« von Qumran eine meditative Gemeinde auf der Suche nach dem himmlischen Frieden sehen. Die Lektüre einer der Schriftrollen, jener des Krieges der Kinder des Lichts gegen die Kinder der Finsternis, hätte sie aber eines anderen belehren können. Dieser Text ist ein Lehrgedicht über die Organisation des Angriffskriegs, den die Söhne des Lichts 29 Jahre lang gegen die Söhne der Finsternis führen werden. Er umfaßt selbst Vorschriften für die Trompeten, die Standarten, den Befehlsstab, die Formation in sieben Linien und die Bewaffnung der Infanterie. Die aggressive Entschlossenheit ist offenkundig.

Halten wir uns die jüdische Welt zur Zeit des Römischen Reiches vor Augen: Ein großer Teil glühender Gläubiger – zutiefst verzweifelt über die Unterjochung, deren Opfer sie seit dem Fall von König Davids Reich sind, und empört über die würdelose Unterwürfigkeit der Priesterschaft Jerusalems – erwartet das Ende der Welt (ein Teil wird übrigens die jüdische Apokalypse Jerusalems auslösen). Diese Angst erzeugt auf spektakuläre Weise ein Bedürfnis, das bereits bei den Griechen seit Beginn der hellenistischen Epoche festzustellen war: die Sehnsucht nach einem faßbaren Gott, der direkt in das Schicksal der Menschen eingreift. Aber die Angst kennzeichnet auch eine außerordentliche Wende in der Geschichte des Judentums: Sie weist auf die bittere Überzeugung hin, die Welt sei schlecht und verdiene nichts anderes als die Zerstörung. Was bedeutet es da schon, daß alle Materie vernichtet wird; sie gehört nicht zum Reich Gottes, des »Herrn der Geister«. Hier zeichnet sich bereits das Verhalten Jesu ab, als er vor Pilatus erklärt: »Mein Reich ist nicht von dieser Welt.«

In der Bewegung der »Essener« steckt nicht nur der Keim des Gnostizismus, sondern auch die Aneignung Gottes durch eine Gemeinde, die glaubt, sie allein kenne Ihn und vermöge zu beurteilen, wer Ihn kennt und wer nicht. Der Fanatismus, der in so vielen Texten des Alten Testaments zum Ausdruck kommt, meldete sich hier wieder zu Wort.

Gott hatte wieder einmal sein Antlitz verändert. Der schützende und väterliche Gott des Alten Testaments, der »Gehet hin, seid fruchtbar und mehret euch« gesagt hatte, war zum Oberhaupt einer rachsüchtigen Fraktion des Judentums geworden, deren Mitglieder das Zölibat gelobten und allen Abtrünnigen unter ihnen Rache schworen. In dieser Hinsicht sind die »Essener« nicht mehr ganz Juden und noch keine Christen. Diese Erkenntnis vermitteln die Rollen vom Toten Meer und die intertestamentarischen Schriften. Ob sie Jesus mehr oder weniger klar erwähnen oder nicht, ist letztlich unwichtig. Die messerscharfen Exegesen, die philologischen Sophistereien, die gelehrten Spitzfindigkeiten können nur den Historiker interessieren. Sie sind im Vergleich zu dem Bedürfnis nach einem Gott nur Staub im Wind. Was aber zählt, ist, daß die »Essener« Jesus den Weg bereiteten; nach den Worten Johannes des Täufers haben sie ihm eine Straße in der Wüste gebahnt.

Umgekehrt kann man, selbst bevor noch die Arbeit an den Rollen vom Toten Meer abgeschlossen ist, ohne weiteres behaupten, daß jene, die (mit oft zweifelhaftem gutem Willen) die Theorie einer essenischen Abstammung Jesu zurückweisen, ebenfalls recht haben: Jesus, ob »Essener« oder nicht, distanzierte sich ausdrücklich von der Vergeltung der Chassidim, indem er innerhalb des Judentums einen allgemeinen Diskurs eröffnete und eine Moral propagierte, die nicht mehr ausschließlich auf dem Gesetz gründete, sondern auf der Öffnung gegenüber dem Nächsten. Jesus war in die Guerillakämpfe seiner Zeit verwickelt (und wurde deshalb auch zwischen zwei »Verbrechern«, in Tat und Wahrheit Zeloten, gekreuzigt), aber er hat sich den politischen Zwängen der Epoche entzogen, die im Laufe von drei Jahrhunderten die Identität der apokalyptischen Aufbegehrer geschmiedet hatte. Sein Gott war nicht mehr der einzige Vater der Juden und erst recht nicht das Oberhaupt der »Essener«, sondern der Vater der Menschheit. Durch ihn veränderte Gott abermals sein Antlitz.

Nachdem Mithras von Diokletian und anderen römischen Kaisern als »Wohltäter des Reiches« verehrt worden war und die Welt bis Schottland und Spanien, bis Mesopotamien und auf den Balkan erobert hatte, verschwand der Mithraskult im 6. Jahrhundert vollständig aus der Welt. Aber er verschwand ohne Blutvergießen. Ganz anders spielte sich das Ende des »Essenismus« und seines direkten Ablegers, der terroristischen Zeloten, ab, die seit dem Jahr 6 oder 7 u.Z. die Römer immer häufiger angegriffen hatten. Ihr apokalyptisches Fieber und ihr Fanatismus machte sie zu wahren Terroristen, vergleichbar den Roten Khmer von heute. Ihr mörderischer Wahn trieb sie dazu, Juden mit einer um so verwerflicheren Wut zu massakrieren, als ihre Opfer überhaupt keinem Lager angehörten. Flavius Josephus hat uns in *De bellum judaicum* einen Bericht des Schreckens hinterlassen. Im Jahre 70 u.Z. umzingelten und belagerten die bewaffneten Zelotenbanden von Eleazar, Johannes und Simon Jerusalem und entfesselten dort den Bürgerkrieg. Nicht zufrieden damit, sich gegenseitig umzubringen, metzelten sie auch Hunderttausende von Juden nieder, die nach Jerusalem geflüchtet waren. Die Ausbreitung der Unruhen zwang die Römer zum Eingreifen. 1 100 000 Juden kamen um – eines der dunkelsten Kapitel der jüdischen Geschichte. Die Sehnsucht nach dem Weltenende, die seit drei Jahrhunderten durch den Neuen Bund genährt worden war, erfüllte sich endlich: Jerusalem war zerstört, das Judentum in diesem von Menschen angerichteten Massaker beinahe ausgelöscht worden, von Menschen, die durch die angebliche Würdelosigkeit der Priesterschaft und ihren eigenen Reinheitswahn in reißende Bestien und apokalyptische Zerstörer verwandelt worden waren. Die Römer besetzten eine zerstörte, bis zum letzten Tropfen ausgeblutete Stadt. Ein Rabbiner erhielt von den Römern die Erlaubnis, die nicht zerstörten Schriftrollen an sich zu nehmen, und gründete anschließend in Jericho eine Rabbinerschule, den zarten Keim des aus dem Sturm geretteten Judentums. Der Rachegott der »Essener« war in den Trümmern des Tempels untergegangen. Ein anderer sollte daraus auferstehen.

Jesus, einst Weggenosse des Neuen Bundes, von den »Essenern« beeinflußt und einigen ihrer Praktiken bis hin zur Beschimpfung der »übertünchten Gräber« (Matth. 23, 27) treu, hatte sich doch von diesem Bund getrennt; er hatte den Juden ihren exklusiven Gott entrissen und in seinem Namen eine neue Ethik begründet. Ein Paradox wurde wahr: Die Mithras verehrende mediterrane Welt erwartete einen strahlenden, sonnenhaften Helden. Ein Held erschien zwar, aber er war nicht sonnenhaft, kein Sonnengott, und er war auch nicht der rächende Messias, den die Juden des Neuen Bundes erwartet hatten.

Ein neuer Gott war geboren.

Die Dynamik
der messianischen Erlöser

Manchmal verzweifeln leidgeprüfte Völker an der obersten
Gottheit oder an den Himmelsmächten. Die Verzweiflung gip-
felt dann in der Erwartung eines Helden, der in den westlichen
Ländern gemeinhin »Messias« genannt wird. Solche Gestalten
der Vorsehung, menschlich und göttlich zugleich und von den
himmlischen Mächten entsandt, um die Ungerechtigkeiten zu
rächen und manchmal eine Apokalypse zu entfesseln, in der die
Bösen in Schrecken untergehen, die Gerechten aber im Licht
triumphieren werden, sind allen Kulturen gemein und rühren
von einem einfachen Gefühl her: Wenn die höheren Mächte
uns nicht zu Hilfe kommen, dann existieren sie nicht, oder –
welch unerträgliche Vorstellung – wir sind ihnen gleichgültig,
oder der Himmel ist von Dämonen bevölkert. Der Messias gehört mit Sicherheit zur Religionsgeschichte, aber auch zur Geschichte des Göttlichen. Unzählige Male haben die Menschen
in der Geschichte ihre Götter gewissermaßen zur Inkarnation
aufgefordert, um den Menschen zu Hilfe zu kommen.

Ein Messias ist demnach der eklatanteste Ausdruck des an-
thropomorphen Abbildes, das sich die Menschen von der Gottheit machen, und zugleich von ihrer Beziehung zu dieser: An
die Ankunft eines Messias zu glauben heißt die absolute Macht
der Gottheit anzuerkennen, gewiß; aber auch, daß das Durch-
haltevermögen der Menschen seine Grenzen hat und die Gottheit diese nicht ignorieren kann. Schließlich ist diese Hoffnung
auch eine Herausforderung des Himmels: In der schwärzesten
Verzweiflung richtet der Mensch einen Hilferuf an den Himmel. Entweder wird ihn die Gottheit erhören und den Leiden
ihrer Geschöpfe ein Ende machen, oder die Menschen werden
die Erde zerstören.

Es fällt in diesem Zusammenhang auf, daß die Messianismen zu einem bestimmten Zeitpunkt der Geschichte manifest werden, und zwar um das erste Jahrhundert vor unserer Zeitrechnung. Weder die Ägypter noch die Griechen beispielsweise erwarteten einen Messias. Ihre konstante Verbindung zu ihren Göttern und deren polymorphe Gestalt bewirkten, daß Apollo oder Anubis zu jedem Zeitpunkt im Interesse eines einzelnen oder einer Gemeinde in Erscheinung treten konnte. Welche Prüfungen Griechenland auch immer über sich ergehen lassen mußte, wie stark die Tendenz zu einem Monotheismus auch sein mochte, nie geriet sie ein in messianisches Fieber. In der Götterwelt Indiens figurierte zwar zweifellos ein Gott, der manchmal an einen Messias erinnert – Krishna. Als achte Transformation oder »Avatar« von Vishnu übernahm er im *Bhagavadgita* die Rolle des Chores und wurde als höchster Gott eingesetzt. Aber seine Inkarnation war zeitlos, während jene der messianischen Erlöser nach dem Bedürfnis der Völker zu einem bestimmten Zeitpunkt ihrer Geschichte eintrat.

Die beträchtlichen Unterschiede zwischen den Zivilisationen legen die Vermutung nahe, daß sich diese in verschiedenen Rhythmen und voneinander unabhängig entwickelt haben. Damit übersieht man aber eine Anzahl Eigenschaften, die dem größten Teil der Menschheit gemein sind. Zum Beispiel die Tatsache, daß die Muttergöttinnen, die den Himmel seit der frühen Vorgeschichte beherrscht hatten, ihre Macht vom 8. Jahrtausend an mit den männlichen Göttern teilen mußten und im 1. Jahrtausend v. u. Z. nur noch Komparsinnen waren; im 1. Jahrhundert unserer Zeitrechnung waren sie in ihrer Eigenschaft als wichtige Göttinnen so gut wie verschwunden. Dies weist auf eine gemeinsame Entwicklung im Verhältnis des Menschen zur Gottheit hin. Die Biologie hat ihre Gesetze.

Für alle Menschen des 1. Jahrhunderts galt, daß sie politischen Herrschaftsformen unterworfen waren, deren Härte den westlichen Menschen des 20. Jahrhunderts überraschen würde. Selbst Athen war zur Blütezeit seiner Demokratie eine Tyrannis, unfähig, Widerspruch zu dulden, selbst wenn er so subtil war wie der des Sokrates. Die Menschen waren von der Stammesherrschaft zu einem politischen System übergegangen und waren sich bewußt, daß ihr Überleben gerade von der Härte des Systems abhing, von der Strenge seiner Justiz, der Schärfe seiner Generäle und der Tapferkeit seiner Soldaten. Ein Augenblick des Träumens, ein Nachlassen der Wachsamkeit, und schon rammte der Feind die Mauern ein, durchbohrte der Pfeilhagel seiner Bogenschützen die Blüte der Jugend auf den Schanzen, wurden die Kinder in die Sklaverei abgeführt und wurden die Alten niedergemetzelt. Aus dem Individuum entwickelte sich ein soziales und politisches Wesen. Die Religion war nicht länger der instinktive, emotionale, ja beinahe animalische Kult der prähistorischen Zeiten; sie verwandelte sich in eine soziale Existenzberechtigung. Sie wurde zum gesellschaftlichen Band, *religio*, dargestellt durch die Rutenbündel der Liktoren. Die Gottheit beherrschte die Stadt; daher die Fülle der Tempel und Statuen, die ihr geweiht wurden, die Riten und Feste zu ihren Ehren.

Als Herodes der Große, der erste Großkönig des jüdischen Palästina seit dem Reich König Davids, seine Herrschaft über die Provinzen errichtete, die so viele fremde Besatzungsmächte hatten erdulden müssen – Babylonier, Perser, Griechen, Ägypter –, war seine erste Sorge, den Tempel Salomo wiederaufzubauen. Diese legendäre, mit unerhörtem und bezeichnendem Prunk wiedererrichtete Kultstätte wurde mit ihren Toren aus Gold und Silber, riesigen Goldvasen, Weihrauchgefäßen und Kandelabern aus massivem Gold und Silber zum Symbol der neuen sozialen und politischen Stabilität. Dieser extravagante Luxus bedeutete, daß Jahwe in sein Haus zurückgekehrt war, als Garant von Ordnung, Gerechtigkeit und Wohlstand. Gott war zum ersten Mal in der Geschichte der Religionen zum Beschützer der sozialen und politischen Ordnung geworden.

Schon im Römischen Reich, aber auch in den benachbarten Reichen, im Partherreich und im Reich der Han-Dynastie war der Herrscher zum obersten Priester, *pontifex maximus*, geworden, es konnte keine Rede davon sein, die Religion in den Händen der Priester zu belassen; höchstens tolerierte man, daß Schamanen, Magier, Zauberer, Hexer und Bettelmönche den Aberglauben des Volkes befriedigten.

In Zeiten von Prüfungen – Hungersnöten, Naturkatastrophen und vernichtenden militärischen Niederlagen – richten sich Schmerz und Wut noch stärker an die Götter, die obersten Verwalter, als an die politisch und militärisch Verantwortlichen. Letztere waren Menschen, man kannte ihre Schwächen nur zu gut; aber wenn sie versagt hatten, dann nicht so sehr wegen ihrer persönlichen Unfähigkeit, sondern weil die Götter – zerstreut, intrigant oder undurchschaubar, wie sie eben waren – sie verlassen hatten. Ein Kaiser mochte ein Prasser sein, der sich mit Frauen umgab, man kannte das ja, und ein General ein pflichtvergessener Haudegen – die wahren Verantwortlichen waren die Götter. Im Verhältnis zwischen dem Geschöpf und seinem Schöpfer entstand eine neue Haltung. In der Not hatte die Gottheit einzugreifen. Es war an ihr, ihren Getreuen einen Retter zu senden, einen Helden der Vorsehung, kurz, im heutigen Sprachgebrauch einen Messias. Er mußte Richter und General sein – und vor allem unbesiegbar.

Der christliche Westen hat sich das Wort »Messias« gleichsam angeeignet, aber Messianismen und messianische Erlöser gab es zu allen Zeiten und auf der ganzen Welt, im China des 1. Jahrhunderts und im Ozeanien des 19. und 20 Jahrhunderts. Es gab sie in der mediterranen Welt des 1. Jahrhunderts v. u. Z. wie im Islam. Man bringt sie meist mit den Monotheismen in Verbindung, aber sie existieren auch in polytheistischen Religionen.

Etymologisch gesehen, bezeichnet der Begriff ausschließlich eine jüdische Persönlichkeit, die zum Priester oder König gesalbt wurde. Deswegen war Jesus paradoxerweise niemals ein Messias. Der Begriff wird hier in dem Sinne verwendet, den er durch Erweiterung im 20. Jahrhundert bei Historikern und Ethnologen angenommen hat, nämlich eine Gestalt der Vorsehung mit dem Auftrag, die Sterblichen von ihren Leiden zu erlösen.

Einer der ersten Messianismen entstand in China im Jahr 3 v. u. Z.: Die Taoisten erhoben Hsi Wang Mu, die »Königinmutter des Westens« und eine ihrer bedeutendsten Gottheiten, in den höchsten Rang. Sie war die ehemalige Göttin des Todes, die sich in die Verteilerin der Pfirsiche, der Unsterblichkeitssymbole, gewandelt hatte. Ihre Verehrung wurde zum Gegenstand einer Sekte, die sich befremdenden Praktiken hingab: Ihre Mitglieder stiegen nachts auf die Hausdächer »mit Fackeln in den Händen, Trommeln schlagend und Schreie ausstoßend, die Panik verbreiten«.[1] Ein recht extravagantes Benehmen, das an eine frühe christliche Sekte erinnert, die Konvulsionäre, die verzückten Schwärmer vom Friedhof Saint-Medard. Die Taoisten kündigten einen Befreier an, aber er hat keine Spuren hinterlassen; es gibt keine Anzeichen für einen chinesischen Messias im 1. Jahrhundert v. u. Z. Aber Ende des 4. und zu Beginn des 5. Jahrhunderts u. Z. tauchte ein neuer apokalyptischer Messianismus auf. Seine Schwerpunkte liegen erstaunlich nahe bei jenen der »Apokalyptiker« des Neuen Testaments: »Die Welt ist nichts als Qual! Die Sonne und der Mond haben ihren gewohnten Zyklus verloren! Die Fünf Getreide reifen nicht mehr ... Überall steigen die Fluten ... Auf der ganzen Welt werden neunzig verschiedene Krankheiten die Schlechten dahinmähen!« lesen wir im *Buch der göttlichen Beschwörungen der Höllenschlünde*.[2] Denn natürlich wollten die unbekannten Verfasser dieser Prophezeiungen die ganze Welt an ihrem Unglück teilhaben lassen, eine Welt, die sie ganz offensichtlich nicht kannten. Das Bild eines Messias nahm Gestalt an: Überraschenderweise wurde nun Lao-tse, der neun Jahrhunderte früher gestorbene Beamte, unter dem Namen »vollkommener Herr« vergöttlicht. Das apokalyptische Fieber war hartnäckig und wurde jahrhundertelang von christlichen und buddhistischen Strömungen genährt.

Fast zur selben Zeit präsentierten die Buddhisten ihren heiligen Retter Mi-lo-fo, im Westen besser bekannt als Maitreya, den zukünftigen Buddha, dessen Gestalt in China eine große Popularität gewann. Er sollte ein neues kosmisches Zeitalter einläuten. »Im Jahr 515 sprachen Rebellen von seiner unmittelbar bevorstehenden Erscheinung.« Ein Jahrhundert später »gab sich ein gewisser Song Tsieu-hien als Inkarnation von Mi-lo-fo aus und löste in der Provinz Hopei [Hebei] einen Aufstand aus«. Gleichzeitig erschien eine weitere Inkarnation von Mi-lo-fo, der Mönch Hiang Hai-ming, der sich als Kaiser ausrufen ließ. China wurde damals von der Song-Dynastie beherrscht. Die Armee vermochte der Unruhen nur Herr zu werden, indem sie den Kult von Mi-lo-fo vollständig verbot.

Der Grund dieser Agitation lag in den schweren Zeiten, die China damals erlebte. Dasselbe galt auch für das Judentum seit dem Fall von König Davids Reich im 8. Jahrhundert v.u.Z. Zusammen mit den bitteren Erinnerungen an die vergangene Größe ließ die Unterwerfung des jüdischen Volkes durch die Babylonier, dann durch die Griechen, die Ägypter und die Römer das Gefühl entstehen, das Maß sei voll. Das Unglück mußte ein Ende finden, und dies konnte nur durch die Ankunft einer mythischen Gestalt geschehen, die von Jahwe gesandt war, sein Volk zu befreien und seine gottlosen Unterdrücker, aber auch jene Juden, die von ihrem Gott abgefallen waren, zu strafen. Allein das reinigende Feuer würde den jüdischen Glauben erneuern.

Dieses doppelte Verlangen nach Rache und Erlösung hatte sehr früh, im 8. Jahrhundert, eingesetzt. Wir finden ein Echo von unversöhnlicher Gewalt bei Jesaja: »Zion wird durch das Recht gerettet, wer dort umkehrt, durch die Gerechtigkeit.« Der Prophet faßte die Seinen nicht zimperlich an: »Wenn der Herr durch den Sturm des Gerichts und den Sturm der Läuterung von den Töchtern Zions den Kot abgewaschen und aus Jerusalems Mitte die Blutschuld weggespült hat …« Dann die aufschlußreichen Worte: »Denn uns ist ein Kind geboren, ein Sohn ist uns geschenkt. Die Herrschaft liegt auf seiner Schulter; man nennt ihn: Wunderbarer Ratgeber, Starker Gott, Vater in Ewigkeit, Fürst des Friedens. Seine Herrschaft ist groß, und der Friede hat kein Ende. Auf dem Thron Davids herrscht er über sein Reich.«[3] Das war ein bißchen zu früh: Der Sohn, der den Thron Davids hätte besteigen sollen, war noch nicht geboren.

Während sich die Chinesen als große Liebhaber von Bildern mit einem immateriellen Messias, einem in Drucken vergöttlichten Lao-tse, zufriedengaben, konnten die Juden ihren messianischen Erlösern Gesichter zuordnen, denn es gab ihrer mehrere. Die beiden ersten Anwärter im 1. Jahrhundert waren Judas der Galiläer und Theudas, mit denen Gamaliel, Paulus' angeblicher Lehrer, Jesus in einer Passage der Apostelgeschichte verglichen haben soll. Obwohl »der Galiäer« genannt, kam der erstgenannte in Gamala im Golangebirge zur Welt. Er hatte eine revolutionäre Bande angeführt, die in der Geschichte eine wichtige Rolle spielte: Er hatte sich gegen Archelaos, einen Sohn von Herodes dem Großen, erhoben, und seine Anhänger setzten diesen schließlich ab. Er hatte zwischen den Jahren 4 und 6 u. Z. sein Unwesen getrieben, das heißt vor dem Auftreten Jesu in der Öffentlichkeit. Judas der Galiläer verfolgte bereits die Linie der jüdischen messianischen Erlöser und war der Gründer dessen, was Josephus Flavius die »Vierte Philosophie« nannte, die Doktrin der Befreiung um jeden Preis, mit »Gott als alleinigem Lehrer«, und er hat die Sekte der Zeloten, der »Eiferer«, gegründet. Der Einfluß dieses Revolutionärs erstreckt sich bis in unsere Zeit und ist ein paar Überlegungen wert: Er war der eigentliche Erfinder des Terrorismus; er und seine Anhänger fürchteten weder Folter noch Tod, weder für sich selbst noch für ihre Angehörigen und Freunde. Was zählte, war der bewaffnete Befreiungskampf. Und er benützte bewußt den Begriff »Widerstand«. Judas wurde jedoch kein Messias im eigentlichen Wortsinn, denn er wurde ohne Salbung unter undurchsichtigen Umständen getötet.

Theudas wiederum kann in keiner Weise mit Jesus verglichen werden, zumindest nicht nach den Worten des Autors der Apostelgeschichte, denn er trat erst nach dessen Kreuzigung auf. Er wurde von römischen Soldaten unter dem Befehl des Präfekten Cuspidius Fadus geköpft, also um das Jahr 45 oder 46. Wir wissen wenig über ihn. Josephus nennt ihn einen »falschen

Propheten«, aber erstens kennen wir das Kriterium für die »echten« nicht, zweitens ist Josephus keine Autorität auf diesem Gebiet, und schließlich wurden seine Texte von christlichen Mönchen, die sie kopierten, gehörig verfälscht.

Der Erfolg eines weiteren Messias, Athrongäus, veranschaulicht, wie glühend die Sehnsucht nach einem Messias im 1. Jahrhundert war. Diesem Hirten, der außer seiner Körpergröße und Kühnheit keine weiteren Vorzüge zu haben schien, gelang es, eine bewaffnete Bande aufzustellen, die er dem Kommando seiner vier Brüder unterstellte und deren einziges Ziel es war, Römer umzubringen. Sie unternahmen erfolgreich waghalsige Operationen, schickten beispielsweise eine Abteilung von vierzig römischen Soldaten in den Tod. Sie waren also Aufständische und, obwohl Josephus nichts darüber sagt, sehr wahrscheinlich Zeloten. Ihre Geldeintreibungen bei reichen Juden deuten auf eine Racheabsicht gegenüber den Reichen hin, wie sie den Zeloten eigen war. Athrongäus setzte sich schließlich selbst das königliche Diadem auf, ohne die Salbung abzuwarten (die nur ein Priester spenden konnte). Seine Karriere scheint recht lang gewesen zu sein, aber in dem, was man über ihn weiß, läßt sich weder sein Sendungsbewußtsein noch seine messianische Ausstrahlung erkennen. Er verkörperte zwar sicher den Geist der Rache wie seine Vorgänger, aber nicht jenen der Erlösung.

Simon von Peräa, ein ehemaliger Sklave von Herodes dem Großen und berühmt für seine Schönheit, war ein weiterer dieser Gelegenheitsmonarchen, weil auch er sich das Diadem aufsetzte; aber offensichtlich vermischte sich in seiner Vorstellung die Idee der Befreiungs Israels ein wenig zu sehr mit jener endloser Straßenräuberei, wie bei vielen dieser selbsternannten Erlöser. Auch er sammelte eine Verbrecherbande um sich, steckte die Häuser mehrerer Reicher in Brand, darunter den Königspalast von Jericho, und wurde vom römischen Prokurator eigenhändig geköpft. Athrongäus und Simon von Peräa waren Zeitgenossen und wüteten zwischen 15 und 26 u. Z., als Gratus, der Vorgänger von Pontius Pilatus, das Amt des Prokurators bekleidete. Ihre spirituellen, für einen Messias entscheidenden Dimensionen schienen äußerst spärlich, wenn nicht gleich Null.

Simon der Zauberer oder Simon Magus kam als messianische Erscheinung der Vorstellung, die sich die westliche Welt am Beispiel Jesu gemacht hat, mit Sicherheit sehr viel näher. Als Jesu Zeitgenosse war er auch dessen Hauptrivale, nach der Bedeutung zu urteilen, die ihm die ersten christlichen Autoren wie der römische Philosoph und Märtyrer Justinus, Irenäus von Lyon, Epiphanios von Salamis und Hippolyt, der Autor pseudoklementinischer Schriften, beimaßen, und auch gemessen an seiner Erwähnung in der Apostelgeschichte sowie indirekt auch in der Offenbarung und im Johannesevangelium. Sein Wert, wenn man so sagen kann, bestand darin, daß die Reaktionen, die er sowohl bei den ersten Christen wie bei seinen eigenen Anhängern auslöste, die damaligen Vorstellungen der einen wie der anderen Gruppe von einem »wahren Messias« präzisieren halfen. Und damit auch von Gottes Eingreifen. Aber diese Reaktionen beleuchten auch die Gründe, warum ein Kandidat eher zum Messias gewählt wurde als ein anderer.

Wir wissen viele Einzelheiten über Simon Magus, aber es ist nicht immer leicht, richtig und falsch voneinander zu unterscheiden, da die ersten christlichen Autoren Fabeln über ihn verbreitet haben, und so ist es recht schwierig, seine Laufbahn vollständig zu rekonstruieren. Dieser Samariter, geboren in Gitta, war zuerst, das steht fest, ein Zauberer. Er versetzte die ersten Christen durch die »Wirklichkeit« (wie sie es nannten) seiner Wunder in Staunen, ja Schrecken: Er heilte in der Öffentlichkeit, vertrieb Dämonen (das heißt, er beruhigte psychisch Kranke, wahrscheinlich durch Hypnose), zog mit einer Eskorte von Gespenstern in Städte ein (Erfindungen von Augenzeugen oder Inszenierungen von Simon), ging über das Feuer, ohne sich zu verbrennen (ganz plausibel; übrigens handelte es sich nicht um »Feuer«, sondern um glühende Kohlen, und dieses Wunder wird heutzutage von jungen Amerikanern vollbracht, ohne daß sie sich die Fußsohlen versengen), er zerbrach Eisen (zweifellos ein Zaubertrick), zeigte sich mit zwei Gesichtern (ein weiterer

Trick) und so weiter. In seiner Glaubensseligkeit war der Autor der pseudoklementinischen Schriften gar überzeugt, Simon könne fliegen. Simon, und das ist die Hauptsache, gab sich als Gesandter oder Emanation (das bleibt unklar) Gottes auf Erden aus und schien die Rolle des Messias für sich zu beanspruchen.

In dieser Hinsicht ist die Erscheinung Simons jener Jesu äußerst ähnlich, außer daß Jesus nie von sich behauptete, der Messias zu sein, und es sich später als eine der schwierigsten Aufgaben der christlichen Apologeten herausstellte, ihn gegen die »Anklage« der Magie zu verteidigen. Hier besteht eindeutig ein Widerspruch: Einerseits darf der Messias keine »magischen« Wunder vollbringen, andererseits stützten die ersten christlichen Autoren mit glühendem Eifer die Wirklichkeit der Wunder, die Jesus vollbracht hat, und man wird einen Punkt erreichen, wo die Auferstehung zu einem Dogma geworden ist, an dem ein Christ nicht zweifeln darf. Nirgendwo wird auf einen Code hingewiesen, der es erlauben würde, zwischen magischem Blendwerk und Wundertätigkeit zu unterscheiden. Dies zeigt, daß die Juden von Judäa und Galiläa Jesus eine uneingeschränkte Vorzugsstellung einräumten.

Man kann sich fragen weshalb. Die Jesus zugeschriebenen Wunder scheinen, wenn nicht geradezu geläufig, so doch so weit verbreitet gewesen zu sein, daß Zeugen sagen konnten, es handle sich um Magie; sie kannten sich da aus. Was war ein Magier? In erster Linie ein Heilkundiger; neben seiner Kenntnis der pseudo-magischen Rezepte aus Pflanzen, Mineralien und anderen Substanzen war der Heilkundige auch Hypnotiseur, der Kranke in Trance versetzen und zumindest provisorisch heilen konnte. Es gab eine Tradition der hellenistischen, eine der ägyptischen, eine dritte der orientalischen Magie und so weiter, und jene, die sie beherrschten, konnten sich als mit übernatürlichen Kräften begabt ausgeben. Jesus benahm sich übrigens wie eine mit wundertätiger Energie ausgestattete Person, wie die Episode der Frau zeigt, die unter Hämorrhoiden litt und in der Menschenmenge seinen Mantel berührte, ohne daß er es bemerken konnte; er aber drehte sich um und fragte: »Wer hat mich berührt?« Simon unterschied sich also nicht von Jesus, was seine Wunder betraf. Er tat nur »des Guten zuviel«; mehrere seiner Wunder stellten sich ärgerlicherweise als Tricks heraus, die er mit Hilfe seiner Jünger inszenierte: Die marschierenden Statuen wurden wahrscheinlich mit unsichtbaren Fäden gezogen. Und wenn er zu fliegen schien wie ein Vogel, eine für einen Messias und noch viel mehr für einen Philosophen übrigens abgeschmackte Tätigkeit, kann man sich vorstellen, daß er an Fäden in der Luft hing. In diesem letzten Fall wäre er ein Scharlatan gewesen. Es gibt andere Gründe dafür, daß er sich ebenso viele Feinde machte wie enthusiastische Anhänger gewann, und daß man ihm schließlich Jesus vorzog.

Simon ist nicht einfach zu erfassen. Obwohl ihn die Apostelgeschichte beschuldigt, er habe sich von Petrus die Gabe des Handauflegens erkaufen wollen, was den Begriff »Simonie« (Ämterkauf) prägen sollte und ihm eine bezeichnende Bedeutung zukommen ließ, hat er doch eine recht ausgeklügelte, wenn auch zusammengestückelte (und sicherlich von den christlichen Autoren schlechtgemachte) Theologie entwickelt, in der wir, frühzeitig, das Prinzip der Trinität und die Idee des verborgenen Gottes finden, die viele Jahrhunderte lang ein Thema der Gnosis sein werden. Er war bestimmt kein Dahergelaufener, denn er kannte Johannes den Täufer und einen anderen angeblichen Messias, den »Essener« Dositheos; er folgte dessen Lehren, denn er lebte eine Zeitlang in Kochba bei Damaskus, wo Exil-»Essener« wohnten. Darüber hinaus hatte er zahlreiche Jünger und Priester, die in seinem Namen Mysterien zelebrierten, über die man leider nichts weiß.

Viele Gründe erklären aber, warum Simon der Zauberer die Rolle des Messias nicht so erfüllte, wie es die Juden erwarteten. Zunächst einmal war er Samariter, und die Samariter wurden vom übrigen jüdischen Volk aus bekannten und hartnäckigen Gründen auf Distanz gehalten (unter anderem der Streit über den Ort, wo Gott Mose erschien – der Berg Gerizim für die Samariter, der Berg Ebal für die anderen Juden; der Umstand, daß sie unter der Herrschaft von Antiochos IV. Epiphanes fremden Göttern gehuldigt hatten; ihre Weigerung, sich finanziell am Tempelbau in Jerusalem zu beteiligen). Dazu stand Simon, obwohl als Jünger von Dositheos »essenisch« geschult, der zelotischen Richtung fremd gegenüber, die der »essenischen«, auf die Befreiung des jüdischen Volkes abzielenden Richtung folgte, der Jesus, zumindest eine Zeitlang, angehörte. Deshalb konnten die Juden von Judäa und Galiläa Simon nicht folgen.

Schließlich war seine Lehre, soviel wir von ihr wissen, heteroklitisch, das heißt von der Regel abweichend, auf jeden Fall esoterisch, da sie seine eigene »Religion« von Mysterien war und nicht prophetisch. Und diese »Religion« war ziemlich zurechtgestutzt und besaß einen für die Juden redhibitorischen Fehler: Sie stellte Gott als mit einer männlichen und einer weiblichen Seite ausgestattet dar. Doch die Juden jener Zeit hatten für Zweideutigkeiten in dieser Frage wenig Sinn. Schlimmer noch, Simon schien sich als Philosoph mit hellenistischen Tendenzen zu verstehen (wiederum angesichts seiner Religion voller Mysterien), und die jüdischen Revolutionäre empfanden eine lebhafte Abneigung gegenüber hellenistischen Färbungen, die sie ja auch der Priesterschaft von Jerusalem deutlich genug vorwarfen. Schließlich berichteten weder seine Anhänger noch seine Verleumder von der geringsten revolutionären Absicht in seinen Zielen. Und was seine Sache auch nicht verbesserte: Seine Gefährtin Helena, zuvor jene von Dositheos, war eine ehemalige Prostituierte, ob heilig oder nicht, aus Edessa. Kurz und gut, es sollte nicht ihm beschieden sein, die Massen zum großen apokalyptischen Projekt zu vereinen, das die Zeloten für das Jahr 25 u. Z. in Palästina auszubrüten schienen.

Wahrscheinlich bestand noch ein weiterer Einwand gegen die Kandidatur Simons: Er war zu offensichtlich ein vom Ehrgeiz besessener Emporkömmling, der sich eine Klientel zusammengeschmiedet und eine Aura aus zusammengewürfelten Ideen gebastelt hatte, aber er hatte weder etwas Neues noch etwas Bewegendes zu sagen. Alles in allem war er sogar weniger fesselnd als zum Beispiel Judas der Galiläer. Wenn er auch kein regelrechter Scharlatan war, dann doch wahrscheinlich ein Schwindler.

Ein letzter Grund, weshalb die revolutionäre Bewegung eindeutig Jesus den Vorzug gab: Tatsächlich bestanden zwei Zentren dieser Bewegung, eines in Galiläa, das andere in Jerusalem, die einander ergänzten; für die galiläische Proto-Kirche war Jesus der Menschensohn, für jene von Jerusalem der Messias; wahrscheinlich trennten diese beiden in der Hoffnung auf das Heil vereinten Visionen nur Nuancen, doch Jesus verkörperte die Vorstellung, die man sich vom Messias nach der Interpretation dieses Wortes durch die Propheten des Alten Testamentes machte. Jedenfalls konnte ein jüdischer Messias nur von Jerusalem legitimiert werden, und Simon kam dafür nicht in Frage. Darüber hinaus mußte er von David abstammen (daher die Anstrengungen der Evangelisten Lukas und Matthäus, eine davidische Genealogie Jesu aufzustellen, wobei übrigens die des einen der des anderen widerspricht und beide unwahrscheinlich und unnütz sind, da Jesus ja vom Heiligen Geist empfangen worden sein soll).

Der Umstand ist für das Verständnis dessen, was wir soeben gelesen haben, und dessen, was folgt, bedeutungsvoll: Ein Messias konnte sich nur als solcher etablieren, wenn er durch die Tradition und die Volksmassen unterstützt wurde, und dies war der Grund, warum die bereits erwähnten und noch folgenden Kandidaten für diesen Titel, historisch gesehen, keine große Bedeutung besaßen. Man erinnert sich ihrer nur deshalb, weil sie die messianische Ungeduld des jüdischen Volkes in unreifer, verfrühter Form ausdrückten.

Der bereits erwähnte Dositheos war ein weiterer potentieller Messias, eine geheimnisvolle und strahlende Gestalt Anfang des 1. Jahrhunderts. Er hatte Simon gelehrt, war älter als dieser und dürfte das Licht der Welt um das Jahr 15 v.u.Z. erblickt haben. Er hatte nach dem Tod Johannes des Täufers in Samaria eine Sekte gegründet, der sich auch Simon anschloß. Mehr und mehr gewann Simon an Einfluß – und verließ die Sekte mit Dositheos' Gefährtin, Helena. Laut den pseudoklementinischen »Homilien« soll es eine stürmische Auseinandersetzung zwischen den beiden Männern gegeben haben, die sich bis zu dem Punkt steigerte, daß Dositheos Simon mit einem Stock schlug, der durch den Körper des Magiers hindurchging. Dieser Bericht besitzt alle Eigenschaften einer Fabel, die zeigt, wie Dositheos sich danach den mehr als zweifelhaften Wundern Simons beugte. Es ist bestürzend, zu sehen, wie christliche Autoren der ersten Jahrhunderte Geschichten fabrizierten, die eines Zauberers Mandrake würdig gewesen wären. Kurz, Dositheos zog sich in der Folge in Begleitung anderer »Essener« nach Kochba bei Damaskus zurück. Das war nicht gerade großartig, aber viel mehr ist heute nicht bekannt. Wir besitzen nicht die leiseste Spur einer früheren oder späteren messianischen oder revolutionären Tätigkeit von seiner Seite.

Er muß auf seine Zeitgenossen jedenfalls eine beträchtliche Ausstrahlung ausgeübt haben, da ihm die Gründung einer Sekte gelang. Es ist zur Zeit unmöglich, zu entscheiden, ob sich diese von der Täufersekte der Mandäer, auch Sabier (in der Volkssprache Subba) genannt, den Johanneschristen (die bis heute in kleinen Gruppen im Süd-Irak und im iranischen Kusistan überleben) unterschied oder ob es sich um ein und dieselbe handelte. Doch auch Dositheos konnte die Ansprüche der Juden an einen Messias aus denselben Gründen nicht erfüllen wie sein Jünger Simon: Er war als Samariter geboren, lebte in Syrien im Exil, und seine Lehre war viel zu kompliziert für das Volk.

Eine strahlende Erscheinung gab es, schön, charismatisch, zur Vollbringung von Wundern fähig, die auf den ersten Blick einen idealen Messias abgegeben hätte: Apollonius von Tyana. Er wurde, etwa zur selben Zeit wie Jesus, in Tyana in Kappadokien bei Tarsus in der heutigen Türkei geboren, nahe der Stadt also, aus der nach eigenem Bekunden der Apostel Paulus stammte und wo er auch studiert hat. Apollonius war reich, weit herumgereist, war bis nach Indien gekommen und hatte Ninive und Babylon, Spanien und Ägypten besucht. Er war Magier, Astrologe und Wunderheiler, vollbrachte Wunder, erweckte eine Tote wieder zum Leben und sprach unzählige Sprachen. Er war dank all der Philosophien und Religionen, die er kennengelernt hatte (Masdaismus, Tantrismus, ägyptische, griechische, babylonische, buddhistische Riten) wunderbar gelehrt und gebildet. Im 19. Jahrhundert bezeichnete ihn der deutsche Historiker Thiess als den »griechischen Messias«, und mehr als einer seiner Zeitgenossen schrieb ihm eine göttliche Herkunft zu, was er wahrscheinlich gerne zuließ. Aber erst für das Abendland der Neuzeit sollte Apollonius im Rückblick einen Messias darstellen: Weder Römer und Griechen noch die Orientalen der damaligen Epoche erwarteten einen Messias. Nur die Juden ersehnten ihn. Doch für die Juden besaß Apollonius wie Simon einen gravierenden, ja unauslöschlichen Makel – er war kein Jude. Die Befreiung der Juden schien ihm nicht wichtiger als die jedes anderen Volkes. Jemand wie er hätte den Zeloten mit Sicherheit nicht die Hand zum Bund gereicht.

Darüber hinaus war dieser unbezähmbare Schwätzer ein Neo-Pythagoräer, durch neoplatonische Gedanken verdorben, von der Kraft der Zahlen besessen und sichtlich gepackt vom Gefühl seiner absoluten intellektuellen Überlegenheit. Später zog er übrigens den Zorn Neros und danach Domitians auf sich, die ihn des Verrats anklagten, und nur durch List konnte er sich ihren Verfolgungen entziehen. Er starb in Ephesos, wo er eine Schule gegründet hatte, im Alter von angeblich hundert Jahren.

Auch andere Gestalten des 1. Jahrhunderts weisen einige Züge auf, die von einem Messias erwartet wurden, aber keine von ihnen besitzt sie alle zusammen: Bald sind sie Mystiker und spirituelle Anführer wie Menander, ein Jünger Simons, bald echte Rädelsführer wie Menachem ben Juda, der Sohn von Judas dem Galiläer, dann wieder Erleuchtete wie der anonyme »Messias von Ägypten«, der im Jahr 35 auftaucht und im Jahr 60 seine Anhänger auf dem Ölberg versammelt und ihnen befiehlt, gegen Jerusalem zu marschieren, dessen Mauern von allein einstürzen würden. Wunderheiler, Mystiker, Bettelmönche – weder der Zeit noch der Gegend fehlt es daran. Keiner verfügt offensichtlich über genügend Charisma, um am Palmsonntag vor Ostern diesen feierlichen Einzug in Jerusalem zu halten und die Schwelle der geistlichen wie weltlichen Königsherrschaft zu erreichen. Denn wäre Jesus nicht drei Tage darauf verhaftet worden, er wäre mit Sicherheit zum König der Juden gekrönt worden.

Die Überlegenheit Jesu gegenüber den anderen möglichen »Messias«-Anwärtern bestand zuallererst darin, daß er Jude war und die Bücher kannte. Zweitens teilte er mit den Rebellen der Vierten Philosophie[4] eine Verachtung für den Legalismus der Priesterschaft von Jerusalem, dieser »Kollaborateure«, um einen heutigen Begriff zu gebrauchen. Er zögerte tatsächlich nicht, sie öffentlich zu beschimpfen und als Heuchler zu bezeichnen. Daß er eine Apokalypse ankündigte, die die Würdelosigkeit seines Volkes beenden würde, brachte ihn überdies mit den Zeloten besonders in Einklang. Drittens steht die Armut, die er predigte und die ihm besonders im traditionell rebellischen Galiläa (mit Ausnahme von Judas Ischariot waren ja alle seine Jünger Galiläer) große Popularität einbrachte, gewissen Aspekten der Vierten Philosophie sehr nahe. In der Tat hatten Zeloten und Sikarier besonders die Reichen im Visier, die im Verdacht standen, ihre Vermögen dank der Gunst der Römer zusammengerafft zu haben. Darüber hinaus litten die Bauern Palästinas seit dem 1. Jahrhundert v. u. Z. unter der Latifundienwirtschaft, die Rom zugunsten seiner Klienten eingeführt hatte, und sollten später unter der römischen und jüdischen Doppelbesteuerung noch mehr leiden. Es war übrigens klar, daß sie sich jenen anschließen würden, die Josephus »Briganten« nannte, Zeloten und Sikarier, die sich in etwa wie Vorläufer von Robin Hood gebärdeten. Jesus war also der Held der Armen. Viertens war er zur Aktion fähig und bereit, wie an der spektakulären Vertreibung der Händler aus dem Tempel erkennbar ist. Er besaß alle Eigenschaften eines Propheten, und er war ein charismatischer Redner, auch wenn seine Worte manchmal dunkel blieben.

Er verkörperte also die Sehnsucht des jüdischen Volkes nach einem Messias in vollem Umfang. Aber er wurde zu einem schmählichen Tod verurteilt. Die Gründe, daß eine so glänzende Laufbahn eine so brutale Wende nahm, verdienen eine nähere Betrachtung. Die Texte des Neuen Testaments, ihre Emanation und ihre Kommentare könnten einen glauben lassen, Jesus sei ganz plötzlich aufgetreten, voll erfüllt von seiner Vorbestimmung als Messias, inmitten eines zuerst begeisterten und dann rätselhafterweise von Undank erfüllten Volkes. Das ist jedoch nicht plausibel. Diese Texte erwähnen nicht das geringste von der Jugend, den Lehrjahren und noch weniger von der Motivation Jesu; und das hat seinen Grund. Ein halbes Jahrhundert von Analysen, Querelen, Exegesen und wissenschaftlichen Untersuchungen hat mittlerweile ergeben, daß Jesus stark dem Einfluß der »Essener« ausgesetzt war. Zwei Fakten am Anfang und am Ende seines öffentlichen Auftretens genügen, um dies zu belegen: Er wurde von Johannes dem Täufer, seinerseits ein Jünger der »Essener«, getauft, und die Taufe war ein ausschließlich »essenischer« Ritus, der aus ihm ipso facto ein Mitglied dieser schwer faßbaren Gemeinschaft machte. Und er hat das letzte Osterfest vor der Kreuzigung gemäß dem »essenischen« Brauch an einem Mittwoch gefeiert.

Aber ein Umstand relativiert diese ideologische Zugehörigkeit: Während der Zeit seines öffentlichen Auftretens, zwischen den Jahren 27 und 30, hielt sich Jesus weder an die Gebräuche der »Essener« noch übrigens an jene der anderen Juden: Er hielt den Sabbat nicht ein, wusch sich nicht die Hände vor den Mahlzeiten, verkehrte mit schlechtbeleumundeten Leuten wie mit seinem eigenen Jünger Levi, genannt Matthäus, dem Zöllner (also einem Helfershelfer des römischen Kaisers), aß bei den Pharisäern, umgab sich mit Frauen, von denen eine aus dem Hause Herodes kam und eine andere als Ehebrecherin galt, behauptete, nicht alle Samariter seien gottlos (im Gleichnis vom guten Samariter), und so weiter.

Die logische Schlußfolgerung ist, daß Jesus die »Essener« aus einem oder mehreren Gründen, die wir nur vermuten können, verlassen hat. Zum Beispiel – und das läßt sich an seiner Auflehnung gegen eine intolerante Auffassung des Sabbat ablesen – als Reaktion auf die Sturheit der »Essener« und ihre haargenaue, ans Absurde grenzende Reglementation der Körperfunktionen. Oder weil er von ungeduldiger, ja cholerischer Natur war, wie die bizarre Geschichte von dem Feigenbaum zeigt, den er mit Unfruchtbarkeit bestraft, weil er keine Früchte trägt – wo doch gar nicht die Saison für Feigen ist. Die »Essener« indes duldeten absolut keine Ungeduldigen in ihren Reihen. Oder vielleicht auch, nach seiner Verteidigung der Ehebrecherin zu urteilen, aus Ablehnung ihrer extremen Strenge in sexuellen Fragen. Zweifellos aber auch, weil er sich nicht entschließen konnte, alle Menschen, besonders die nicht-»essenischen« Juden dem Verderben preiszugeben. Denn Jesus kündigt zwar die Apokalypse an, aber – und dies ist nicht der einzige und nicht der geringste seiner Widersprüche – er benimmt sich, als sei sie mehr eine Drohung denn eine bevorstehende Wirklichkeit. Wozu eigentlich die Tochter des Jairus wiedererwekken oder die Lahmen, die Leprakranken, die Hysteriker und blutflüssigen Weiber heilen, wenn das Ende der Zeiten doch bevorstand? Die Gerechtigkeit der Leiber würde sich, wie jene der Herzen, bald erfüllen, und deshalb war die Zeit gekommen, um das Fleisch zu heilen, das demnächst der schrecklichen Prüfung des Jüngsten Gerichts unterzogen würde!

Wie aber konnte man gleichzeitig »Essener« sein und es doch nicht mehr sein? Es wurden bereits die Gründe angegeben, die darauf hinweisen, daß die »Essener« keine eigene, durch Vorschriften genau definierte, auf einen oder mehrere Orte beschränkte Sekte waren. Zwar gab es einen Ort namens Qumran, wo »Essener« lebten, und es gab die Schriften, die die Einzigartigkeit ihrer Lehre belegen. Aber letztlich entsprach »essenisch« sein einem diffusen Geisteszustand im Palästina jener Zeit. Man schloß sich ihnen an, weil man mit ihrer Revolte sympathisierte, aber man konnte sie auch verlassen oder aus disziplinarischen Gründen ausgeschlossen werden, ohne sich deswegen mit ihnen ideologisch zu überwerfen. Die »Regel der Gemeinsamkeit« zeugt von der extremen Rigorosität der Bewohner von Qumran und von den geringfügigen Anlässen, die zu einer Trennung oder einem Ausschluß führten.[5]

Das Studium des Friedhofs beim Kloster von Qumran läßt einen darüber nachsinnen und vermittelt einige wertvolle Hinweise über die Bedeutung eines Ausschlusses oder einer freiwilligen Trennung: Für die angenommenen 125 Jahre, während welcher der Ort bewohnt gewesen sein wird, zählt man 1200 Gräber, darunter nur sieben von Menschen, die mit über 40 Jahren gestorben sind, und drei im Alter über 65 Jahren. Das bedeutet ungefähr zehn Tote im Jahr, von denen die Mehrheit weniger als 40 Jahre alt war! Laut Philon von Alexandria lebten beinahe 4000 Menschen am Ufer des Toten Meers, diese zehn Todesfälle entsprechen also einer jährlichen Sterbeziffer von 2,5 Gestorbenen auf 1000 Lebende, das heißt vier- bis fünfmal weniger als in den modernen westlichen Industrieländern! Das ist erstaunlich, ja ein Wunder, selbst wenn man das »gute Klima« (45 Grad Celsius im Sommer) berücksichtigt und sich vergegenwärtigt, daß die »Essener« nur starke, gesunde und schöne Leute in ihre Reihen aufnahmen. Doch diese Arithmetik besitzt einen grundlegenden Fehler: Wenn man in Qumran so lange lebte, wie läßt sich dann erklären, daß nur drei Skelette von über 65jährigen gefunden wurden? Wo sind die Jungen hin? Die Antwort ist einfach: sie wurden ausgeschlossen oder gingen von allein.[6] Das war auch bei Jesus der Fall, und das erklärt zweifellos, daß die »Essener« in den Evangelien nirgends erwähnt werden, obwohl sie im Judentum jener Zeit einen wichtigen Platz einnahmen: Sogar in Jerusalem gab es ein »Tor der Essener«.

Doch auch als formeller Dissident der »Essener« behielt Jesus deren scharfen Sinn für Gerechtigkeit, Mitleid mit den Armen, Verachtung der Reichen und Mächtigen und das Gefühl, daß die steigende Spannung unter den Juden einerseits und zwischen den Juden und den Römern andererseits in einer Katastrophe enden würde. In seinem Herzen ist er »Essener« geblieben, und den unvermeidlichen hagiographischen Verniedlichungen der Evangelisten (kanonisch oder nicht) zum Trotz blieben seine Handlungen voller Leidenschaft. Das ist ein weiterer seiner zahlreichen Widersprüche. Und gerade er verleiht ihm eine Menschlichkeit, die man bei keinem der vorhergehenden messianischen Kandidaten findet. In rund drei Jahren öffentlichen Auftretens, von Judäa unterwegs nach Galiläa und zurück, versammelte er eine genügend große Zahl von Anhängern, um den Einzug nach Jerusalem auf einen Aprilsonntag des Jahres 30 u. Z. vorzubereiten und das schreckliche, unbekannte Wagnis der Krönung auf sich zu nehmen.

Die Evangelien, kanonisch oder nicht, vermitteln nicht den geringsten Hinweis auf die Beteiligung der Zeloten am Erfolg des öffentlichen Wirkens Jesu. Laut diesen Texten soll der Mensch unabhängig von allen historischen Überlegungen »triumphiert« haben. Die Zusammenhänge sind aber ganz anders. Zwei Fakten belegen, daß Jesus der zelotischen Bewegung nicht fremd war, da sich unter seinen Jüngern ein Zelot, nämlich Simon, und Judas Ischariot, was wahrscheinlich »der Sikarier« heißt, befanden. Die Sikarier waren eine mit den Zeloten sympathisierende radikale jüdische Religionspartei. – Bei Matthäus und Markus erhielt Simon den Beinamen »der Kananäer«, was allerdings nicht »aus Kana« oder »aus Kanaan« bedeutet, sondern in diesem Fall von der griechischen Transliteration »Kananaios« für aramäisch *qan'anaya*, »Zelot«, abgeleitet ist. Bei Lukas und in der Apostelgeschichte heißt er denn auch gleich richtig Simon der Zelot.

Jedenfalls wäre es ebenso mühsam, zu glauben, daß Jesus von den Aktivitäten der Zeloten nichts wußte, wie daß die Zeloten ihrerseits nicht über Jesu öffentliche Auftritte im Bild waren. Die Texte weisen im übrigen klar darauf hin, daß die öffentliche Meinung Jesus mit den Zeloten in Verbindung brachte. Die Evangelien präzisieren, daß er zwischen zwei Verbrechern ans Kreuz geschlagen wurde, und als »Verbrecher« bezeichnete unter anderen auch Flavius Josephus die Zeloten. Und das Josippon, die im 10. Jahrhundert in Italien auf hebräisch verfaßte volkstümliche Darstellung der Geschichte der Juden, die sich auch, aber nicht ausschließlich, auf Josephus stützt, erwähnt

»die ›Verbrecher‹ in Israel, die Jesh'uah ben Pandera dem Nazarener folgen«. Sicher waren die Zeloten Jesus anfänglich zumindest nicht feindlich gesinnt: Er diente mit seiner Revolte gegen die Priesterschaft und die Reichen und mit seiner Ankündigung der Apokalypse ihrer Sache. Es ist möglich, ja wahrscheinlich, daß sie ihm Unterstützung gewährten und mit den freudigen Unruhen vom Palmsonntag zu tun hatten. Eine Frage allerdings stellte sich ihnen in aller Dringlichkeit: Was waren seine Pläne, wenn er König wurde? Man muß betonen, daß, wäre Jesus an jenem Tag König geworden, seine Königsherrschaft den Hohepriester abgesetzt und das Zeichen zu einem Aufstand gegen die Römer gegeben hätte. Was sollte dann aus ihrer Bewegung werden? Alle Hypothesen sind vorstellbar, wie etwa jene einer Begegnung zwischen Jesus und dem Anführer der Zeloten, die seiner Königsherrschaft ihre Unterstützung unter der Bedingung zugesagt haben sollen, daß er sie zu seinem bewaffneten Arm, seiner Leibgarde, mache. Sicher ist nur eines: Jesus zahlte ihnen keinen Sold. Das war der Grund für Judas' Verrat und Jesu Scheitern.

Es kann keinen Zweifel geben, daß der Einzug Jesu in Jerusalem unter den Beifallsstürmen der Menge im Sanhedrin, dem Hohen Rat zu Jerusalem, Alarm auslöste: Der Hohepriester Kaiphas erkannte, daß es um ihn und die zerbrechliche Koexistenz mit der Besatzungsmacht geschehen war, wenn er dieses Plebiszit nicht stoppte. Palästina marschierte auf ein Blutbad zu, denn das Volk würde sich rasch gegen die militärisch stärkeren Römer erheben. Johannes gibt diese Überlegungen klar wieder, wenn er Kaiphas' Worte im Sanhedrin zitiert: »Ihr bedenkt nicht, daß es besser für euch ist, wenn ein einziger Mensch für das Volk stirbt, als wenn das ganze Volk zugrunde geht.« Das zeigt unzweideutig, daß der Hohepriester die ganze »Affäre Jesus« als eine politische betrachtete. Aber die durch Kaiphas eingefädelte Kabale hätte keinen so leichten Erfolg gehabt, wenn die Zeloten Jesus nicht im Stich gelassen hätten.

Das spektakuläre Scheitern der öffentlichen Laufbahn Jesu wirft seit damals zwei Fragen auf: Wenn Jesus nicht die messianische Königswürde angestrebt hätte, warum wäre er dann im Triumph in Jerusalem eingezogen? Er hat diesen Einzug sogar vorbereitet, indem er zwei Jünger ausschickte, um eine Eselin und ihr Füllen zu suchen, und gab an, daß sie die Eselin angebunden vorfinden würden[9], und dies alles, um die Worte des Propheten Zacharias zu erfüllen.[10] Demnach rechnete er nicht mit einem Scheitern. Seine Geistesverfassung änderte sich allerdings innerhalb von drei Tagen, vom Sonntag auf den Mittwoch des letzten Abendmahls, als er den Verrat durch Judas Ischariot ankündigte. Die zweite Frage lautet: Warum haben die Zeloten Jesus im Stich gelassen? Es wäre ihnen ein leichtes gewesen, vor dem Hause des Pilatus eine Gegendemonstration zu organisieren, die die durch den Hohepriester eingefädelte Kabale neutralisiert hätte, und so mindestens eine Begnadigung Jesu zu erreichen. Flavius Josephus belegt es: Sie verfügten dafür über genügend Männer, und dreißig Jahre nach der Kreuzigung belagerten sie Jerusalem sogar mit militärischen Mitteln. Den Grund für dieses Verhalten der Zeloten kann man nur zu erraten versuchen: Jesus wollte weder ihrem Druck nachgeben, wobei er sich um die Eschatologie ebenso sorgte wie um die Erfüllung der Prophetenworte, noch den Messias zum politischen Instrument, geschweige denn zur Tatwaffe eines Massakers machen. Von da an war er ohne Verbündete und dem Sanhedrin ausgeliefert. Die Folgen sind bekannt.

Diese Geschichte zeigt, daß die Verwirklichung der messianischen Hoffnung unvermeidlich politische Folgen nach sich zieht. Aus dem Leiden eines Volkes geboren, richtet sie sich gezwungenermaßen gegen die Ursachen dieser soziopolitischen Leiden. Von dem Tag an, da eine Gemeinschaft die Inkarnation der Gottheit verkündigt, ist es unvermeidlich, daß diese Inkarnation für ihr Volk gegen die anderen Partei ergreift. Was dank neuem Schwung im Glauben an die Gottheit begonnen hat, pflegt in einem Blutbad zu enden. Wir haben dies bereits am Beispiel des Volksaufstands der »Gelbturbane« gegen Ende der Han-Dynastie in China festgestellt und werden es im folgenden noch oft sehen.

Nach dem Fall des Inkareiches unter den Streichen der spanischen Eroberer im 16. Jahrhundert befanden sich die Indianer Perus in einer verzweifelten Lage: Die Eroberer hatten ihnen das Christentum aufgezwungen und die Gesamtheit ihrer Kulte als »satanisch« deklariert. Damit nicht genug, hatten sie sie versklavt. Eine erste Welle von Messianismus rollte durch das Land, die eine »kollektive Hysterie und den Selbstmord von Göttern Besessener« auslöste. Eine zweite Welle folgte im 18. Jahrhundert und brachte einen Messias hervor, Juan Santos de Atahualpa, der sich Apu Inka nennen ließ und behauptete, von dem Herrscher Atahualpa abzustammen. Aber er wollte auch Gottes Sohn sein, also unsterblich, und mit der Macht begabt, Erdbeben auszulösen und die »Ungläubigen« (selbstverständlich jene, die nicht an ihn glaubten) auszurotten: In eine rote Tunika gehüllt, predigte er eine kaum verständliche Ideologie. In vollkommenem Größenwahn behauptete er, ein riesiges und sehr wohlhabendes Reich der Eingeborenen aufzubauen, das die Spanier mit englischer Hilfe verjagen würde. Er wollte dem Vizekönig in Lima den Hals umdrehen wie »einem Huhn«, wenn dieser ihm nicht den Thron abtrete. Bar jeglicher Angst vor Widersprüchen kündigte er an, dem Papst zu huldigen, wenn dieser ihn zur Ordination indianischer Priester ermächtige, verfluchte aber die Franziskaner, die daraufhin die Flucht ergriffen. Das Ergebnis war vorauszusehen: Die Spanier führten Krieg gegen ihn, ohne allzuviel Erfolg übrigens, denn seine »mit Pfeil, Bogen und Keulen« bewaffneten Truppen leisteten tapferen Widerstand. Apu Inka erreichte ein hohes Alter und starb in seinem Königreich, von ungeheurem Ruhm gekrönt, und sein Grab blieb bis Anfang unseres Jahrhunderts ein Gegenstand der Verehrung.

Das Bedürfnis nach Gott ist gelegentlich mit der Erfüllung politischer Forderungen verschmolzen. Übergehen wir die anderen südamerikanischen Erlöser wie das erstaunliche Paar Beto und Guaimi, ecuadorianische Magier, die beide im Jahr 1578 als Folge himmlischer Visionen Gottes Sohn wurden. Übergehen wir den Messias von Britisch Guayana von 1845 und lassen wir auch den *hau-hau*-Messianismus der Maori auf Neuseeland und den kongolesischen Propheten und Messias Simon Kimbangu beiseite sowie die Legion der messianischen Erlöser, die im Laufe der Jahrhunderte bei unterdrückten Völkern aufgetreten sind: Sie würden ein dickes Buch füllen.

Das beeindruckendste Beispiel für die Hartnäckigkeit des Messianismus in der Neuzeit stellt der Messias El Mahdi dar. Das arabische Wort stammt von *hâdi*, »Führer«, und bedeutet »der Geführte«, und das Konzept leitet sich von den Versen der ersten Sure, *al-fatiha*, her: »Leite uns den rechten Pfad, den Pfad derer, denen Du gnädig bist, nicht derer, denen Du zürnst, und nicht der Irrenden.« Die Vorstellung des Mahdi ist die eines vom Propheten herabgestiegenen Gerichtsherrn, der erscheint, um den Prüfungen seines Volkes ein Ende zu machen. Ein hauptsächlich von sozio-politischen Umständen diktiertes Konzept also.

Man weiß nicht, wie viele Reinkarnationen der Mahdi in der Geschichte erfahren hat. Fast alle islamischen Länder erlebten zum einen oder anderen Zeitpunkt ihrer Kolonisation die Erscheinung eines Mahdi. Mehrere ihrer Abenteuer endeten mit Blutvergießen. Der erste bekannte Mahdi schien Mohammed Abu'l Chasim Muntasar gewesen zu sein, der letzte Nachkomme Alis, des vierten Kalifen und 661 verstorbenen Sohnes des Propheten: Er verschwand um 874 unter mysteriösen Umständen. Vielleicht wurde er von einem Rivalen umgebracht. Bei den Schiiten entstand die Legende, er sei nicht gestorben, sondern »entrückt« und lebe im Verborgenen auf dem Berg Radwa, nahe Mekka, und werde eines Tages wiederkehren, um sein Volk zu befreien. Einige behaupteten, seine Inkarnation zu sein, aber sie waren viel eher Herrscher wie der erste Kalif der Fatimiden-Dynastie, Ubaidallah el Mahdi, der sich als direkter Abkömmling von Mohammeds Tochter Fatima ausgab und von 909 bis 933 über Nordafrika regierte. Oder Mohammed ibn Abdallah ibn Tumart, ein Berber, der im 12. Jahrhundert die mächtigste Berber-Dynastie gründete, jene der Almohaden (arabisch al-Muwahhidun, »Bekenner der Einheit Gottes«), und ganz Nordafrika und das islamische Spanien eroberte; auch er ließ sich zum Mahdi ausrufen. Ihren Beispielen folgend, erklärte sich ein in Dongola geborener sudanesischer Mystiker, Mohammed Ahmed ibn Sayed Abdallah, 1881 zum Mahdi, gründete im ehemaligen anglo-ägyptischen Sudan ein Reich und fügte zwei britischen Militärexpeditionen, die seine imperialen Ambitionen beenden sollten, schwere Niederlagen zu. 1883 rieb er in einer Schlacht bei der von ihm besetzten Hauptstadt von Khordofan, El Obeidh, ein britisches Expeditionskorps von 10 000 Mann auf, wobei der englische General Hicks Pascha fiel. Mohammed Ahmed starb 1885, aber sein Reich wurde erst im September 1898 in der berühmten Schlacht von Omdurman von britischen Truppen unter dem Kommando von General Kitchener besiegt. Die messianischen Eigenschaften von Mohammed Ahmed hatten als Ausgangspunkt für eine breite politische und militärische Offensive gedient, die darauf abzielte, Ägypten und Zentralafrika zu besetzen. Wie so viele andere endete auch diese göttliche Sendung in einem Blutbad. »Ich werde diese Welt zerstören und eine andere aufbauen«, erklärte Mohammed Ahmed, dem messianischen Schema treu und, vielleicht ohne es zu wissen, wie ein Echo der berühmten Herausforderung Jesu: »Reißt diesen Tempel nieder, in drei Tagen werde ich ihn wieder aufrichten.«

Was dem Mahdismus gefehlt hatte, waren Geld und Waffen. Hätte er Erdöl besessen, und wäre dies der damaligen Welt ebenso unentbehrlich gewesen wie der heutigen, hätte Mohammed Ahmed das ehemalige islamische Reich wiedererobert. Die Lektion war nicht vergeblich gewesen: Wie oft hörte ich während der Jahre, die ich in Ägypten verbrachte, in Gesprächen über die Unabhängigkeit Ägyptens, daß der Mahdismus beschworen wurde! Er ist übrigens noch längst nicht erloschen: Es gab unzählige weitere Mahdis, 1903 und 1908, wie Mohammed ben Abdallah Hassan, den Mahdi von Somalia, dessen militärisches Genie die Kolonialmächte bis 1920 in Schach hielt. Und am 20. November 1979, dem ersten Tag des 15. Jahrhunderts der Hedschra, verschanzten sich mehr als 200 Bewaffnete mit Frauen und Kindern in den Mauern von Mekka. Einer unter ihnen, Mohammed ibn Abdallah el Quahtâni, ließ sich zum Mahdi ausrufen. Die königlich saudiarabischen Truppen starteten einen Sturmangriff auf die Aufständischen, unter denen sich zahlreiche *ikhwân* oder saudiarabische »Moslembrüder« befanden, und die Episode endete, wie so viele andere, in einem Blutvergießen, bei dem auch dieser Mahdi starb. Es war sicher nicht der letzte.

Einen Himmelsboten anrufen heißt den Krieg ausrufen, so lautet der unvermeidliche Schluß der messianischen Dynamik. Denn wenn die Gottheit menschliche Gestalt annimmt, um in weltliche Angelegenheiten einzugreifen, löst sie zwangsweise einen Konflikt zwischen den »Gläubigen«, die sie gerufen haben, und den »Ungläubigen« aus. Die Ankunft eines Messias zeugt unleugbar von einer Wahl, die die Gottheit zwischen einigen ihrer Geschöpfe, den Auserwählten, und den übrigen traf. Fatalerweise einer blutigen Wahl, und es bleibt zweifelhaft, ob der Gott, den man anrief und von dem man sich erhört glaubte, dabei stets auf seine Rechnung kam. Im speziellen Fall des Christentums sprechen die Hekatomben von Toten für sich. Vom Massaker an den Albigensern und den anderen Schlächtereien, die die heilige Inquisition während sechs Jahrhunderten anrichtete, über die Kreuzzüge bis hin zur Bartholomäusnacht – ein einziges Meer von Blut, aus dem die Kriegsfahnen der Verteidiger des stets einzig wahren Glaubens ragen. Von den moralischen Leiden der zwangskonvertierten »Heiden«, etwa der Juden im katholischen Spanien oder der Ureinwohner Amerikas, ganz zu schweigen.

Der Anstoß zu diesen Gräßlichkeiten, die nur dank der politischen und militärischen Macht des christlichen Westens möglich wurden, bestand aus einer paradoxen Logik: Da der Messias gekommen war, die Menschheit von ihren Sünden zu erlösen, hatte alles wieder seine Ordnung, und es oblag nun den Gläubigen, die Welt von den letzten Flecken der Unordnung zu säubern.

Das bedeutete, die wachsenden Hoffnungen der unterdrückten Völker auf einen Messias nicht zur Kenntnis zu nehmen: Die wiederholten Judenverfolgungen »zur Zeit der Kreuzzüge, während der Pestepidemien [wo man sie als Brunnenvergifter anklagte], ihre Vertreibung aus Spanien (1492) und die blutigen Pogrome in Polen und der Ukraine (1648)« verankerten die Hoffnung auf den Retter, der noch nicht gekommen war. »Die Erwartung des Messias besetzte alle Aspekte des jüdischen Lebens, wie die Liturgie zeigt, die von Gebeten um seine Ankunft durchtränkt ist. Jeder Gottesdienst enthält ein solches Gebet, und die tägliche Amidah sogar fünf Segnungen, welche der Hoffnung auf den Messias Ausdruck geben.«[11]

Von Shabetai Zvi (1666) und Jacob Querido zu Mordechai Mokiah und Joseph ben Zur (1673) lösten viele selbsternannte jüdische messianischen Erlöser mehr oder weniger starke Fieberanfälle in ihrem Volk aus. Aber die Juden verfügten noch nicht über die politische und militärische Macht, und diese Strohfeuer erreichten den Feuerschein des Mahdismus nicht.

Im Bewußtsein der mit dem apokalyptischen Konzept des Messias verbundenen Gefahren wies der reformierte klassische jüdische Glaube des 19. Jahrhunderts die Vorstellung eines menschlichen Messias zurück und »versuchte die messianische Idee in den Begriff des Fortschritts in Richtung eines Zustands menschlicher intellektueller und moralischer Vollendung zu verwandeln«.[12] Eine philosophische Haltung, die im Einklang mit dem damals vorherrschenden Humanismus stand. Aber auch eine logische Haltung, die weder der emotionalen Kraft der Erwartung des Messias unter den Juden wie unter anderen Völkern noch der ununterdrückbaren Gewalt, die in dem Bedürfnis nach Gott wohnen kann, Rechnung trug. Dieses Konzept erlosch einige Jahrzehnte später wie von selbst in der Angst. Der jüdische Glaube blieb, wie alle anderen, seiner jahrtausendealten Hoffnung treu, aber auch dem Schema des ewigen Konflikts zwischen Gläubigen und Ungläubigen.

Die grundlegende Unmenschlichkeit dieses Konflikts ist übrigens mit einem Widerspruch behaftet, der ans Absurde grenzt. Die Ankunft eines Messias ist beinahe immer mit der

Verkündigung, Versprechung oder Drohung des Weltenendes verbunden. Trotz der außerordentlichen Zahl von messianischen Erlösern, die auf Erden erschienen, fand diese Apokalypse aber nicht statt. Selbst jene nicht, die Jesus mit klaren Worten angekündigt hatte: »Es werden Zeichen sichtbar werden an Sonne, Mond und Sternen, und auf der Erde werden die Völker bestürzt und ratlos sein über das Toben und Donnern des Meeres. Die Menschen werden in Erwartung der Dinge, die über die Erde kommen, vor Angst vergehen; denn die Kräfte des Himmels werden erschüttert werden. Dann wird man den *Menschensohn* mit großer Macht und Herrlichkeit *auf einer Wolke kommen* sehen. ... Amen, ich sage euch: Diese Generation wird nicht vergehen, bis alles eintrifft. Himmel und Erde werden vergehen, aber meine Worte werden nicht vergehen.«[13] Die Prophezeiung zielte also auf die nächsten dreißig Jahre; sie erfüllte sich nicht. Die Welt besteht und ändert sich weiterhin. Wenn der Messias gekommen wäre, wäre er nicht der gewesen, den man erwartet hatte, wie die bestürzte, an Jesus gerichtete Frage Johannes des Täufers es ausdrückt: »Bist du der, den wir erwarten, oder wird noch ein anderer kommen?«

Dieser Widerspruch zwischen der Hoffnung und der Wirklichkeit läßt drei Feststellungen zu: Erstens, daß die Ankunft des Messias nicht an die Apokalypse geknüpft ist, oder wenn doch, dann ist der erwartete Messias noch nicht gekommen, weil sich ja letztendlich nichts geändert hat. Zweitens, angenommen, er sei nicht als Messias zu erkennen gewesen: dann ist in Zeiten der Not von Gott keine Rettung mehr zu erwarten, da man mehrere messianische Erlöser hintereinander nicht erwarten kann (wenigstens nicht im Christentum). Drittens schließlich: Wenn der Messias gekommen wäre, um auf Erden die göttliche Gerechtigkeit und Ordnung zu errichten, müßte man annehmen, daß die Zeiten, die seiner Ankunft folgten, Zeiten der Ordnung und Gerechtigkeit gewesen wären – eine Hypothese, die andauernd widerlegt wird.

Die letzte Frage, die sich deshalb stellt, ist folgende: Welche Intelligenz gesteht der Mensch Gott zu?

Warum die Götter immer durstig sind:
das Rätsel der Opferung

Warum sind die Götter – alle Götter – so fordernd? Warum haben sie andauernd Durst? Und Hunger? Blut, Wein, Fett, Milch, Ochsen, Lämmer, Tauben und vor allem Menschenfleisch, schöne und junge Leiber, insbesondere Menschenleiber; man opfert weder Greise noch Häßliche, sondern Jungfrauen und Jünglinge! Es gibt praktisch keine Religion, die nicht ein Opferritual kennt. Warum haben die Menschen dieses schreckliche Bild einer himmlischen Macht entworfen, die sie doch alle schützen sollte und von der man ein wenig Zärtlichkeit mit ihren Geschöpfen erwarten würde? Welcher Gott ist denn je erschienen, und welchen Menschen, um ihnen zu sagen: Gebt mir eure Töchter, gebt mir eure Söhne, auf daß ich sie verschlinge? Welch eine hartnäckige Wahnvorstellung, die seit Jahrtausenden überlebt hat und die darauf hinausläuft, die Götter als wilde Bestien darzustellen! Und warum muß diese Wahnvorstellung ausgerechnet der Krone der Schöpfung erscheinen? Weder die Bakterien noch die Affen begehen solche kaltblütigen Massaker – sie bleiben allein den Menschen vorbehalten.

Der Aspekt der Opferrituale ist ohne Zweifel der wichtigste und auch aufschlußreichste der Geschichte von Gott, denn er besteht nicht aus Worten, sondern aus Realitäten, und doch gehört er zu den am wenigsten untersuchten Aspekten.

Nichts ist beängstigender und rätselhafter als diese Habgier, die Gestalten zugeschrieben wird, von denen man doch annimmt, sie hätten alles. Durch welche Unlogik kommt man so weit, Göttern einen Teil ihres eigenen Besitzes als Opfer darzubringen, wo sie doch per definitionem alles besitzen? Ist der Tod als das natürliche Ende jedes Lebens nicht schon Opfer genug?

Alle Religionen erklären ihre Götter als allgegenwärtig und allmächtig, und alle Religionen der Welt gestehen ihnen die unbeschränkte Macht zu, Erdbeben und Hungersnöte auszulösen oder Katastrophen aller Art. Die Götter besitzen alles, einschließlich der Menschen. Warum müssen diese dann jedesmal, wenn etwas Lebenswichtiges wie Aussaat, Ernte, Hochzeit, Geburt bevorsteht, auf einem Altar das Beste, was sie haben, dem schrecklichen, klaffenden Rachen im Himmel opfern?

Gewiß, die in der modernen Welt praktizierten Religionen sind größtenteils durch Strafgesetze gebändigt. Außer in jenen glücklicherweise seltenen Fällen wie teufelsanbetender Sekten und anderer Organisationen, die in den Bereich der Psychopathologie gehören, scheint die Opfergabe meistens auf ihre symbolische Form reduziert. Die kodifizierten Riten fordern keine Menschenopfer mehr, sondern höchstens noch Tieropfer oder Handlungen und Symbole. Aber man darf sich nicht täuschen lassen. Zum einen, weil die Gewalttätigkeit der Opferung gegenwärtig bleibt: Noch gibt es ja Menschen, die sich selbst opfern. Sie opfern ihren Ehrgeiz, ihre Sexualität oder den Gebrauch ihrer Intelligenz der Gottheit. Manche töten sich sogar. Während der Feier der schiitischen *ashura* zum Beispiel geißeln sich Männer mit nacktem Oberkörper stundenlang mit Eisenketten, die in Klingen auslaufen.[1] Das Blut fließt in Strömen und durchtränkt die Erde – Menschenblut, wie es der Ayatollah Khomeini in Teheran in einer ständigen Fontäne fließen ließ. Die Flagellanten von Sevilla[2] stellen zwar zweifellos nur eine folkloristische Touristenattraktion dar, aber sicher nicht der dahintersteckende Geist der Buße.[3] Und wenn man der Gottheit nicht mehr das Blut des Körpers zum Opfer darbringt, dann opfert man ihr Zeit.

Man fährt also fort, Menschen zu opfern wie in archaischen Zeiten, aber nicht mehr in offiziellen Ritualen, und wir werden es noch sehen: Sogar in verdünnter Form ist das Erbringen von Opfern grundsätzlich eine blutige Angelegenheit.

Der erste Grund ist jener Anthropomorphismus, der alle Erscheinungen der Gottheit seit den Zeiten der Großen Göttin festlegt. Die Götter sind für die Menschen gefühlsbegabte Zweifüßler; da sie Herren sind, muß man ihnen *logischerweise* einen Tribut zollen (die Logik ist, wie wir weiter unten sehen werden, die eigentliche große Anstifterin zu Verhaltensweisen, die unlogisch erscheinen). Bei den Azteken zum Beispiel drohte der Welt dauernd eine Art von Energiekrise: In der aztekischen Mythologie lag die Welt am Anfang in Finsternis; ein Gott opferte sich und warf sich in ein Opferbecken voll glühender Kohle, so wurde er zur Sonne. Doch die Sonne drehte sich nicht um die Erde; die Götter schickten ihr einen Boten. Da antwortete die Sonne: »Ich will euer Blut!« Die in Teotihuacan versammelten Götter und Göttinnen opferten sich, und die Sonne setzte sich in Bewegung. Aber damit der Opfer noch nicht genug. Um sich weiter zu drehen, benötigte die Sonne weitere Opfer; nach dem Götteropfer war es nötig, daß die Menschen ihresgleichen töteten, damit sich die Sonne weiterhin Tag für Tag drehte.

Man massakrierte also, und zwar die Gefangenen zuerst. Das Ziel jedes Krieges war, Gefangene zu machen, die man gemäß dem schauerlichen, von den Historikern oft beschriebenen Ritual opferte: Man brach den Brustkorb der lebenden Opfer auf und riß ihnen das Herz heraus, das man der Sonne darbrachte. Im 15. Jahrhundert »waren die Altäre von Mexiko und Texcoco stets rot vom Blut der getöteten Opfer«. Um 1485 brachte der aztekische Herrscher Ahuizotl nach Abschluß eines siegreichen Feldzuges drei mixtekische Stämme, über 20 000 Menschen, in Ketten nach Mexiko; mit ihrem eigenen Blut hatte man ihnen weiße Federn auf die Haut geklebt. Alle wurden sie abgeschlachtet, und da diese Opferfeiern die Gelegenheit zum Kannibalismus waren, aßen die Azteken, so viel sie konnten; die übrigbleibenden Kadaver warf man in die nahe gelegenen Sümpfe.[4]

In diesen Menschenfresser-Feiern schlummerte ein komplexer Symbolismus. Es handelte sich um Festmahle, in deren Verlauf die Menschen und die Götter ein und dieselbe Mahlzeit teilten, und das Menschenfleisch, das sie genossen, galt als Verkörperung von Energie. Auch in anderen Religionen werden wir im folgenden direkte Verbindungen zwischen dem den Göttern dargebrachten Opfer und dem Kannibalismus erkennen.

Die Azteken praktizierten nämlich beileibe nicht als einzige den rituellen Kannibalismus; Tolteken und Maya taten dies auch. Und der amerikanische Anthropologe Marvin Harris bemerkt: »Menschenopfer waren auch keine Erfindung der Religionen seßhafter Völker, die Staaten gebildet hatten. Nach den Zeugnissen zu urteilen, die uns Stammes- und Dorfgesellschaften hinterlassen haben, war das Menschenopfer überall auf dem nord- und südamerikanischen Kontinent und in vielen anderen Teilen der Welt schon vor der Entstehung von Staatsreligionen verbreitet.« Die Tupinambá im Brasilien des 16. Jahrhunderts (von deren Existenz Montaigne wußte und die zu idealisieren er sich klugerweise hütete) oblagen ihm ebenso wie die Huronen im Kanada des 18. Jahrhunderts und in einer zu gräßlichen Weise, um sie hier auszuführen, und stets im Namen ihrer Gottheiten. Die Chinesen brachten ihre Menschenopfer ihren Herrschern dar, die Statthalter eines »himmlischen Mandats« und damit die Stellvertreter der Götter auf Erden waren: Beim Tod eines Herrschers richteten sie seine Frauen, Begleiter, Diener und Haustiere hin. Aber sie brachten auch Opfer dar, um die Götter gnädig zu stimmen, wenn sie wichtige Gebäude wie Tempel und Paläste errichteten: »Die Seelen der Opfer sicherten die Unvergänglichkeit der Konstruktion«, schreibt Mircea Eliade.[5] Wie viele Schädel und Schenkelknochen Unschuldiger liegen unter den Palästen begraben, die mit ihren Kuppeldächern das staunende Auge des Touristen erfreuen!

Selbst die Griechen und die Römer opferten Menschen. Die Athener sandten alle neun Jahre sieben Jungfrauen und sieben Jünglinge nach Kreta, die dem Minotaurus, dem monströsen Sohn des Minos, als Futter dienen sollten, um so das Feuer der Sonne in Gang zu halten – wie bei den Azteken. Wir kennen das Schicksal dieser jungen Leute zwar nicht, aber es geht das schreckliche Gerücht, daß sie bei lebendigem Leibe in einem eisernen Kessel in der Form eines Stiers geröstet wurden. Die Römer ihrerseits verboten Menschenopfer erst sehr spät, im

Jahr 197 v. u. Z., und zwar auf Betreiben Scipios, dem die religiösen Auswüchse und die Grausamkeiten aller Art, welche die Gläubigen, Gelegenheitspriester, Mystiker und Magier ausübten, zuviel wurden. Als sie im 3. Jahrhundert v. u. Z. von den Venetern und Cenomanen angegriffen worden waren, begruben sie auf dem Forum einen Gallier und eine Gallierin bei lebendigem Leibe!

Diodor von Sizilien, Julius Cäsar und Strabo berichten von Menschenopfern bei den Kelten, Geten, Dakern und Germanen. Die Opfer wurden mit Schwertern in Stücke gehauen, von Pfeilen durchbohrt oder gepfählt. Strabo berichtet im 2. Jahrhundert v. u. Z., daß die Druiden aus der Art, wie ein Opfer unter ihren Schwertstreichen fiel, die Zukunft lasen. Die Erstgeborenen aller Clans in Irland wurden dem Gott Crom geopfert. Bei den Galliern waren Menschenopfer noch zur Zeit Cäsars üblich, und wenn ein Häuptling starb, stiegen seine Getreuen und Diener von allein auf den Scheiterhaufen, um ihn in den Tod zu begleiten, weil sie sich zu seinen Lebzeiten mit ihm, dem Inhaber göttlicher Gewalt, eins gefühlt hatten. Zur Sommersonnenwende wurde ein schöner und kräftiger Mensch königlichen Geblüts symbolisch mit göttlicher Würde ausgezeichnet, trunken gemacht und an eine Eiche gebunden, die von zwölf steinernen Säulen umgeben war. Dann wurde er geschlagen, bei lebendigem Leib gehäutet, geblendet oder kastriert und endlich mit einem Schnitt durch eine Schlagader getötet. Die Feiernden fingen das Blut dieses »Jahresgottes« in Schalen auf und besprengten sich damit, um sich mit seinen Tugenden zu tränken. Diese Art der Opferung mag auf ersten Blick als Umkehrung des aztekischen Brauches scheinen, aber sie ist im Grunde ein der Großen Göttin dargebrachtes Opfer.

In der Tat symbolisierten Menschenopfer für Götter die Gottheit selbst. Das ergibt sich aus einer einleuchtenden Logik: Je kostbarer das Opfer, desto geschmeichelter ist der Gott, dem es dargebracht wird, und desto höher steigt in den Augen des Gottes das Ansehen dessen, der das Opfer darbringt. Ein Lamm oder Schwein zu opfern ist gut, aber besser ist es, ein menschlichen Wesen zu opfern, und besser noch eine Jungfrau oder einen schönen Jüngling, aber die höchste Ehre, die man einem Gott erweisen konnte, bestand darin, ihm das Leben eines Gottes zu opfern. Im Fall der Azteken handelte es sich um eine Wiederholung des oben beschriebenen Mythos, daß die geringeren Götter sich selbst der Sonne opfern, damit diese einwilligt, zu scheinen und sich zu drehen. In anderen Religionen erzeugten andere Mythen dasselbe Schema.

Nach demselben logischen System identifizierte sich derjenige, der Opfer darbrachte, mit dem Geopferten. Schließlich opferte der Hohepriester der Gottheit ein Symbol seiner selbst. Der Priester konnte folglich den Leib seines Opfers nicht essen, wenn das Herz einmal herausgerissen war; er wurde zerteilt und den Helfern vorgelegt. Die Frage des Priesters war: »Sollte ich mich selbst essen?« Diese »Identität basierte auf der Beziehung zwischen Vater und Sohn«, schreibt die Anthropologin Peggy Reeves Sanday. »Wenn ein Gefangener gemacht wurde, sagte der, welcher ihn gefangen hatte: ›Er ist wie mein geliebter Sohn.‹ Und der Gefangene antwortete: ›Er ist mein geliebter Vater.‹« Dadurch wurde es nebenbei möglich, sich aus dem Machtbereich der Göttin-Mutter zu lösen: Die Opferbeziehung wurde im Bereich der Männlichkeit angesiedelt.

Das Schema der Identifikation des Opferdarbringenden mit dem Geopferten war in den Religionen aller Zeiten und auf der ganzen Welt extrem stark verbreitet. In der schwedischen Überlieferung heißt es, ein gewisser König Aun oder On habe den Gott Odin tagelang um Rat gefragt, worauf dieser Gott sich endlich zu äußern geruhte. Er sagte dem König, er werde regieren, solange er ihm alle neun Jahre einen seiner Söhne zum Opfer bringe. Der König opferte also immer im angegebenen Zeitabstand je einen seiner zehn Söhne. Er tötete neun, als aber der zehnte an der Reihe war, widersetzte sich das Volk dessen Opferung, und so mußte der König dann selbst sterben. Wie bei den Azteken opferte hier ein Vater seine Söhne der Gottheit – eine indirekte Art, sich selbst zu opfern –, um an der Gottheit teilzuhaben.

Es ist deshalb »logisch«, daß man den Vater-Sohn-Mythos in den Strukturen so vieler religiöser Mythen wiederfindet. Das berühmteste Beispiel bieten Isaak und sein Vater Abraham. In einem jener Anflüge von Zweifel, die ihn auch bei Hiob packten, beschließt Gott, den Patriarchen auf die Probe zu stellen. Er läßt seine Stimme erschallen. »Abraham«, ruft er. »Hier bin ich«, antwortet Abraham. Gott spricht: »Nimm deinen Sohn, deinen einzigen, den du liebst, Isaak, geh in das Land Morija und bring ihn dort auf einem der Berge, den ich dir nenne, als Brandopfer dar« (1. Mose 22). Eine wahrhaft schreckliche Prüfung, denn Abraham war zu diesem Zeitpunkt bereits über hundert Jahre alt und Isaak ein Knabe. In dem Moment, als Abraham mit dem Messer seinem Sohn die Kehle durchschneiden will, fällt ihm der Engel Gottes in den Arm und macht der Prüfung ein Ende: »Streck deine Hand nicht gegen den Knaben aus und tu ihm nichts zuleide! Denn jetzt weiß ich, daß du Gott fürchtest.«[6] Eine Geschichte, die erschreckt und zugleich deutlich macht, daß auch dieser Gott Menschenopfer verlangt.

Aber er verlangte auch andere Opfer, von allen Juden, zum Beispiel die Vorhaut. Das Gebot war klar: »Alles, was männlich ist unter euch, muß beschnitten werden.«[7] Gott kam sogar dreimal darauf zurück. Was opferte man da? Die Kritiker waren sich nicht einig, Philon von Alexandria sah darin ein symbolisches Mittel, um das sexuelle Verlangen zu kontrollieren (eine Methode von zweifelhafter Wirksamkeit), das fünfte Buch Mose (Deuteronomium) interpretierte die Beschneidung als Symbol der »Beschneidung der Herzen«[8] (was kaum wirksamer sein dürfte, aber expliziter). Es geht in der Tat ja darum, einen Teil des Fortpflanzungsorgans, das heißt symbolisch die Sexualität, zu opfern. Eindeutig das dauerhafteste Opfer.

Das Schema der Kindesopferung durch den Vater bestürzt durch seine zähe Dauerhaftigkeit. Einer der bekanntesten griechischen Mythen handelt von der Artemis-Priesterin Iphigenie, die von ihrem Vater der Göttin Artemis geopfert wurde – ohne Zweifel ein Mythos. Aber in geschichtlicher Zeit brachten die Karthager, die ja ursprünglich Phönizier waren, dem Gott Baal Hammon (El) und der Göttin Tanit sehr wohl Kindesopfer dar. Bei den Karthagern hieß dieses Opfer »Molkh« (»Moloch«), während der Moloch (hebräisch »Molek«) in der Bibel (2. Könige, 23, 10) der heidnische Gott war, dem Kinder geopfert wurden. (Beide Bezeichnungen gehen vermutlich auf die kanaanäische Gottesbezeichnung »mlk« zurück, die nichts anderes als »König« bedeutet.) Die Kinder wurden an der Opferstätte, die in Israel ebenso wie in Karthago »Tophet« hieß, auf die Hände der Statue eines stierköpfigen Gottes gelegt und glitten von da lebendigen Leibes in einen großen Brennofen, während die Menge singend um die Statue tanzte. Laut Philon von Biblos, einem Historiker des 2. Jahrhunderts, opferte der phönizische König von Moab vor der Besetzung Palästinas durch die Hebräer, als diese ihn belagerten, seinen erstgeborenen Sohn auf einem Scheiterhaufen auf den Wällen seiner Festung. Derselbe Philon überliefert in seiner Bearbeitung der Bücher des antiken, ansonsten unbekannten phönikischen Geschichtsschreibers Sanchuniathon, die uns durch Eusebios von Cäsarea auszugsweise erhalten ist: »Es war ein alter Brauch, daß in Zeiten großer Gefahr der Oberste einer Stadt oder Nation seinen erstgeborenen Sohn für das Volk opferte, vielmehr als Lösegeld den Rachedämonen darbrachte; und die so geweihten Kinder wurden in mystischen Ritualen getötet.«[9] Doch der Gott konnte auch verlangen, wie beispielsweise in Tyros und dessen Kolonien Karthago und Gades (Cádiz), daß sein eigentlicher Vertreter auf Erden, also sein geistlicher Sohn, selbst getötet wurde – eine weitere Version des Sohnesopfers.

Der Begriff des jüdisch-christlichen Gottes ist so tief verankert, daß ein grundlegender Unterschied zwischen dem Gott der Juden und dem der Christen verwischt wird, nämlich der Unterschied in der Opfersymbolik. In der christlichen Theologie stellt Gott die Tradition der Opferung auf den Kopf: Nachdem er von Abraham verlangt hatte, ihm seinen Sohn zu opfern, opferte er selbst seinen eigenen Sohn. Ethnologisch gesehen, wäre das eine offensichtliche Regression in die alten Schemata der sogenannten primitiven Kulturen, wo der Vater den Sohn opfert. Aber hier hört der Vergleich auf, denn es gibt keine höhere Instanz, der Gott seinen Sohn zum Opfer bringen könnte. Angesichts der Tatsache, daß in derselben Theologie Gott und sein Sohn konsubstantiell, also ein und dieselbe Person sind, kommt die Opferung des Sohnes einem Suizid Gottes gleich. Das ist ein beispielloser Skandal in der Religionsgeschichte, und er bewirkte die Spaltung zwischen dem jüdischen Glauben und dem jungen Christentum, das doch im Sinne des apostolischen Konzils von Jerusalem, das heißt der ersten Apostel Jakobus, Johannes und Petrus, nur ein erneuerter jüdischer Glaube sein sollte. Der Messias der Anhänger Jesu mußte das jüdische Bewußtsein tief verletzen: Gott kann sich gar nicht töten, ohne die Zerstörung der ganzen Welt und den Sieg des Nichts nach sich zu ziehen. Deshalb ist für den jüdischen Glauben (und den Islam) Jesus nicht Gottes Sohn und auch nicht der Messias, den die Juden ja immer noch erwarten. Für sie ist es logisch, daß es keine Opferung Jesu gab: Weder hatte sie Gott beschlossen, noch hatte ihr Jesus zugestimmt. Die Trennung des »Jesuismus« – später christlicher Glaube genannt, obwohl Jesus niemals Christus, das heißt zum Hohenpriester und König von Israel gesalbt, war – vom jüdischen Glauben war vollzogen.

Die christliche Theologie der folgenden Jahrhunderte strebte danach, zu belegen, daß Gott wirklich seinen Sohn geopfert hat. Die metaphysische Frage, die sie jedoch nicht beantwortete, war, wem Gott seinen Sohn zum Opfer brachte und warum. Für die Kirchenväter und auch für die modernen Theologen hat der Schöpfer seinen Sohn seinen Geschöpfen geopfert. Aber ein Opfer bringt man einem höheren Wesen dar, als man selbst ist, und es ist undenkbar, daß der Schöpfer seine Geschöpfe als über ihm stehend betrachtet. Da die Mehrheit der christlichen Kirchen, ob katholisch, protestantisch oder orthodox, niemals die Vorstellung eines obersten Schöpfers, hoch über Gott und Teufel, zugelassen hat, muß dieses Opfer anderen dargebracht worden sein. Für die christliche Theologie wurde es aus Liebe erbracht: Um die Menschheit zu erlösen, hat Gott der Menschwerdung und Kreuzigung seines Sohnes zugestimmt. So sollten sich das Mysterium der Inkarnation und der Skandal der Kreuzigung erklären und ergänzen.[10]

Ein häufigeres und weniger mörderisches Opfer, das jedoch belegt, welchen Einfluß die Götter in der Vorstellung der Menschen auf deren Sexualität auszuüben beanspruchten: Die Jungfrauen mußten ihre Jungfräulichkeit in den Tempeln der Astarte opfern, um in den Genuß der Wohltaten dieser Göttin zu gelangen, und lieferten sich damit der sogenannten Tempelprostitution aus.

Zwei griechische Mythen veranschaulichen den unmenschlichen und tragischen Charakter der Beziehungen der Götter untereinander und der Menschen zu ihnen besonders deutlich. Zum einen der Mythos von Dionysos, dem unehelichen Kind des Zeus und der Semele, den Hera, Zeus' Gattin, in ihrer Eifersucht durch die Titanen töten ließ. Sie zerstückelten ihn und kochten ihn in einem Kessel. Dionysos entkam dank der Macht seines Vaters, wurde aber am Ende doch in Stücke gerissen; diesmal waren es seine eigenen Priesterinnen, die Mänaden, die mit ihm nach demselben Schema verfuhren, das wir schon von den Azteken her kennen: Den Gott essen hieß, sich seine Tugenden anzueignen und an seiner Göttlichkeit teilzuhaben. Zum anderen der Mythos von Herakles, der, nachdem er die Menschheit von ihren Plagen erlöst hatte, auf Zeus' Befehl einen Scheiterhaufen bestieg und sich selbst dem König der Götter opferte (was erklärt, warum sein Mythos vom archaischen Christentum aufgenommen wurde).

Der Rest der Welt empfand bezüglich der Absichten und Wünsche, die man der Gottheit unterstellte, und der konstanten Bereitschaft, Blut zu vergießen, bloß weil einige sich vorstellten, das bereite einem Gott Vergnügen, kaum größere Skrupel. »Bevor man in Südnigeria mit dem Pflanzen junger Yamswurzeln anfing, verstümmelte sich ein Mann, um eine reiche Ernte sicherzustellen. Im Kongo kastrierten die Basundi einige ihrer jungen Männer zur Feier des Neumondes, von dem die Fruchtbarkeit der Menschen, Pflanzen und Tiere abhing. Die Kaffern und die Hottentotten zogen die Amputation des linken Hodens vor.«[11] Die vedischen Völker hingegen hatten die Kastration als Mittel zur Erreichung eines höheren Grades der Erleuchtung eingeführt. Doch hat kein vedischer Eunuch je die Berühmtheit Petrus Abaelardus' erlangt, jenes geistlichen Gelehrten, den Abt Fulbert wegen dessen (übrigens platonischen) Verhältnisses mit seiner Nichte Héloise kastrieren ließ.[12]

Man hüte sich davor, zu denken, die oben beschriebenen Gräßlichkeiten seien das Ergebnis irregeleiteter Vorstellungen von Gott und der Religion. Die katholische Inquisition beging fast sechs Jahrhunderte lang, vom November 1232 bis zum Dezember 1808, als Napoleon sie nach seinem siegreichen Einzug in Madrid aufhob, Vergleichbares: Die Opfer ihrer Scheiterhaufen und Folterungen zählen nach Zehntausenden. Und all diese Entsetzlichkeiten wurden unter dem Schutzmantel des kanonischen Rechts begangen *(secundum canonicas et legitimas sanctiones)* – und selbstverständlich im Namen Gottes des Allmächtigen. Auch Zeugen folterte man nach dem Belieben der Inquisitoren. Der Gipfel des Wahnsinns war erreicht, als Papst Urban VI. (1378–1389), mit bürgerlichem Namen Bartolomeo Prignano, sogar Kardinäle, darunter den greisen und übergewichtigen Kardinal Sangro, foltern ließ, den man an Rollen bis zur Decke der Folterkammer emporzog, um ihn dann mit vollem Gewicht zu Boden krachen zu lassen. Die berühmteste französische Heilige, Jeanne d'Arc, die auf dem Scheiterhaufen als »rückfällige Ketzerin und Teufelsanbeterin« verbrannt wurde, war beileibe nicht die einzige, die dem religiösen Verfolgungswahn zum Opfer fiel.

Genug der Aufzählung von gräßlichen oder nur symbolischen Opferritualen, die die Religionen, das heißt die Menschen, seit Jahrtausenden ihren Göttern dargebracht haben. Wir müssen in diesem schrecklichen Blutvergießen einen Sinn finden.

Fest steht, daß die Massaker der menschlichen Vorstellungskraft entspringen, und das heißt dem Wahnsinn oder der Lüge. Um Lüge handelt es sich im Fall vieler (wenn auch nicht aller)

Religionen, zum Beispiel der Azteken, der Chinesen und der Kelten – kurz von Kulturen, in denen man den Tod offenbar für unwichtig hielt. Soweit wir es aus ihren Überlieferungen und aus den Deutungen moderner Historiker wissen, soll der Tod bei ihnen als gering zu achtendes Phänomen betrachtet worden sein, da die Seele ja unsterblich war und die Seelenwanderung ihr eine neue Bleibe sichern würde. Man opferte also bloß die leibliche Hülle, und der Mord aus sakralen Gründen stellte offenbar nur einen belanglosen Umschwung dar.

Diese angebliche Todesverachtung ist ein praktisches Konstrukt, eine vielleicht heroische, aber sinnlose Pose. Die Untersuchungen von Anthropologen wie Louis-Vincent Thomas zeigen, daß die Todesangst seit den Anfängen der Menschheit die allergrößte Angst war und ist. Der Anblick eines verwesenden Kadavers, bis in 20. Jahrhundert eine weltweit verbreitete Erfahrung, war und bleibt die größtmögliche Verletzung des menschlichen Narzißmus. Das *memento mori* einer Verwesung veranschaulicht genau, was aus jedem Geschöpf wird. Es gibt keinen Grund zu der Annahme, daß irgendeine Kultur dem habe entweichen können. Die Römer hielten ihre Begräbnisfeierlichkeiten nachts ab, und eine »große Zahl niederer Gesellschaften fürchten die Berührung mit den Toten«, schreibt Lévy-Bruhl.[15] Was die Lehren der Seelenwanderung betrifft, so sind sie in erster Linie Tröstungen *a anteriori*, wenn man so sagen kann. Ich füge hinzu, daß ich Mühe habe, mir die Arbeit eines Priesters vorzustellen, der tagelang mit aller Kraft und mit einem Dolch aus Obsidian oder Jade Hunderte von Brustkörben der Reihe nach aufbrechen mußte, dann den Leichen die Haut abzog und sie zerstückelte. Wer behauptet, die Geschichte des Schreckens habe in Auschwitz begonnen, scheint mir nicht genügend informiert.

Die Anthropologie hat sich für die Opferung ganz offen interessiert. Sie tat es jedoch mit einer gewissen Vorsicht, ja Widerwillen, wie mir scheint, und aus uneingestandenen Gründen: Wie schon gesagt, spiegelt die Untersuchung mindestens ebensosehr das Gesicht des Untersuchenden wider wie das des

Untersuchten. Das Risiko der Erklärung, warum die »Primitiven« sich Götter oder ein Bild von Gott als blutrünstigem Wesen schaffen, ist gefährlich: Gewisse Schlüsse drohen auf »unsere« Religionen zurückzustrahlen. Deswegen versuchten nur sehr wenige Anthropologen, die Strukturen der Opferdarbringung zu entziffern, die dennoch das Schlüsselelement der Beziehung des Menschen zur Gottheit bilden.

Weder Boas noch Malinowski haben sich so weit vorgewagt: Boas, ein in der Wolle gefärbter Anhänger der Theorie vom »edlen Wilden«, erklärte alles mit dem materiellen Vorteil, den die »Primitiven« bei gewissen Praktiken hatten; das ist eine amerikanische Version der berühmten »Bedürfnistheorie« von Marx. Malinowski, von löblicher Reserviertheit gegenüber Theorien und einer schlecht verhüllten Antipathie gegenüber »Primitiven« geleitet, versuchte die Logik dessen, was er beobachtete, gar nicht erst zu verstehen und ging so weit, Praktiken zu negieren, die ihm der Vernunft, mit der jedes menschliche Wesen begabt ist, zu widersprechen schienen. Die Opferung ist eine kulturelle Handlung und dient nichts Praktischem. Die ureigenste Eigenschaft der Götter ist es, materiell unnütz zu sein, ja menschliche Energie zu verschlingen.

Marcel Mauss ließ sich auf das Risiko eines Erklärungsversuchs ein. Das Darbringen von Opfern erfüllt laut ihm die Funktion eines Gleichgewichts: Im großen und ganzen opferte man den Göttern den Überschuß an Energie, den die Sonne gab. Es war reiner Aufwand, wie im Spiel. Oder zumindest im Spiel, wie Mauss es verstand. Jedenfalls würde diese thermodynamische Interpretation der Opferdarbringung die Azteken wie gefühllose Moleküle behandeln, fähig, das Spektakel des Leidens und des Blutes der Opfer ohne die geringste Emotion zu ertragen. Sie verkannte aber den grundsätzlichen Verzicht, den ein den Göttern dargebrachtes Opfer bedeutet. Darüber hinaus untersuchte sie die Beziehung des Menschen zur Gottheit nie, den doch zentralen Punkt des Problems. Abraham opferte Isaak, seinen einzigen Sohn, nicht deswegen, weil er zu reich gewesen wäre, sondern weil er glaubte, Gott habe es ihm befohlen. An diesem Beispiel läßt sich ermessen, wie riskant Theorien in der Kulturanthropologie sein können. Es ist dies weder das markanteste noch das überzeugendste Kapitel von Mauss.

Um auf das Problem der Menschenopfer bei den Azteken zurückzukommen: Ein Anthropologe wie Christian Duverger erklärt, man habe geglaubt, daß deren unmenschliche Maschinerie zum Wohl der Menschen funktioniert habe. Aber dieser Erklärungsansatz verfehlt das Herz des Problems, wenn man den Ausdruck in diesem Zusammenhang benutzen darf: Das Opfer wird der Sonne dargebracht, und von einer Beziehung der Sterblichen zu ihr ist nicht die Rede.

Wir müssen also auf die Grundgegebenheiten der Opferung zurückkommen. Das Opfer erhalten Götter, die niemand objektiv erfahren hat und deren Vielzahl und Vielfalt allein schon beweist, daß sie die Schöpfungen verschiedener Kulturen und damit kollektive Einbildungen sind. Die Wahl der Opfergabe wird bald durch einen direkten Befehl der Gottheit bestimmt (wie im Falle der Opferung Isaaks und der Söhne des Königs Aun), bald durch die Vorstellung der Priester, Propheten, Wahrsager usw. vom Verlangen der Gottheit (wie im Falle der Huronen, der Karthager, der Azteken und anderer). Diese Wahl ist also ihrerseits eine kollektive Einbildung. In beiden Fällen wird diese Eingebung vom Kollektiv freudig willkommen geheißen, welcher Art sie auch sei. Nie sieht man einen einzelnen oder ein Gruppe sich empört auf die Priester stürzen, die im Begriff stehen, lebende Kinder in Molochs Feuerofen zu werfen, oder den aztekischen Priestern, den Druiden und anderen geheiligten Mördern eine Tracht Prügel zu verabreichen, um ihrem kriminellen Wahnsinn Einhalt zu gebieten. Im Gegenteil, das Kollektiv ist einmütig stolz auf diese Gräßlichkeiten, was nicht nur beweist, daß die göttlichen Wünsche eine kollektive Einbildung sind, sondern auch, daß die Opferung einem individuellen und kollektiven Drang entspricht.

Wen und was opferte man? In manchen Fällen (bei den Römern und Azteken) Feinde; die Tötung könnte hier also als Kriegsbrauch verstanden werden. Wir wissen aber, daß die Opferung bei den Azteken ein spezifisch religiöses Ritual ist. In den meisten anderen Fällen aber waren die Opfer im Gegenteil geliebte oder wenigstens liebenswerte Wesen, die eigenen Kinder, das eigene Fleisch und Blut (so bei den Karthagern, bei Abraham, beim König von Moab, beim König von Schweden, bei den irischen Kelten), symbolische Kinder (bei den Azteken), unschuldige Mitglieder des eigenen Kollektivs (bei den Huronen) oder sogar die allerschönsten Jünglinge und Mädchen (bei den Griechen). Es gehört schon eine besondere Bereitschaft dazu, den eigenen Sohn, die eigene Tochter, Bekannte oder Heranwachsende an der Schwelle ihres Lebens einem Gott zu opfern, von dem man nicht das geringste faßbare oder hörbare Zeichen besitzt. Man kann sich unschwer vorstellen, daß, wenn heutzutage jemandem mit gesundem Menschenverstand eine Gottheit erschiene, um ihm zu befehlen, seinem Sohn oder seiner Tochter den Hals abzuschneiden, dieser Mensch sich auflehnen und den Gott zu allen Teufeln schicken würde. Es ist übrigens nicht auszuschließen, daß der Machtzerfall gewisser Religionen durch die Erinnerung an solcherart blutige Mythen bewirkt wurde.

Aber das Individuum kann auch einen Teil seiner selbst opfern, dem es einen gewissen Wert beimißt, wie etwa seine Hoden (bei den Basundi, Kaffern, Hottentotten), seine sexuelle Aktivität (im Christentum), ja sich selbst (Herakles, Dionysos in den Händen der Mänaden, christliche Märtyrer).

In all diesen Fällen zielt das Opfer augenscheinlich auf eine teilweise oder vollständige Selbstzerstörung ab. In Tat und Wahrheit gibt es aber so etwas wie ein Geschenk an eine Gottheit nicht: Es geht vielmehr um eine Zerstörung, die sich in eine Selbstrechtfertigung gehüllt hat. Weder die Azteken noch die Maya ließen sich von ihren Sonnenmythen täuschen. Sie waren nicht genügend ignorant, um nicht zu wissen, daß die Sonne sich auch für Völker drehte, die ihr keinerlei Opfer darbrachten. Sie maßten sich in ihren Mythen aber die alleinige Verantwortung an, dafür zu sorgen, daß die Sonne sich drehte. Es fällt wahrhaft schwer, sich vorzustellen, daß dieses Volk von

Technikern (hervorragenden Hydraulikern, zum Beispiel) solche Albernheiten glaubte. Ihre Massenschlächtereien waren Ausdruck einer mörderischen, der Gottheit zugeschriebenen Wut.

Die Verbindung zwischen diesen Gemetzeln und der Gottheit ist eine Herausforderung, die gerade durch das Bedürfnis nach einer Gottheit hervorgerufen wurde. Der Priester, der sich das absolute Recht anmaßte, die Brust eines lebenden Menschen aufzubrechen, um ihm das Herz herauszureißen — also einen Mord zu begehen, was das aztekische Strafrecht sonst mit dem Tod bestrafte —, dieser Priester stellte sich über die Gesetze, weil er sich mit der Gottheit identifiziert hatte. Seine Handlung bedeutet: »Ich habe das Recht, zu tun, was ich tue, weil ich der Abgesandte der Sonne bin.« In seinem Verbrechen — denn es gibt keine andere Bezeichnung dafür — erhob er sich in den Rang eines göttlichen Helden. Indem er den Sonnengott schuf, machte er sich zu dessen Stellvertreter auf Erden. Das Volk, das der Opferung beiwohnte, kommunizierte mit ihm in dieser Vereinigung mit der Sonne. Wenn es die Leichen der Geopferten aß, nahm es am Festmahl der Götter teil. Der Kreis schließt sich, der Priester war legitimiert und der Mythos nach dem Motto in Kraft: Seht ihr denn nicht, daß der Sonnengott existiert, wir haben ihm ja tausend Menschen geopfert!

Dieses Bedürfnis nach Gott ist aber je nach Epoche und Kultur mehr oder weniger stark. Bei den Griechen und Römern, deren kritischer Verstand durch ihre vielen Kontakte mit anderen Völkern geschliffen wurde, verringert und vergeistigt es sich schon sehr bald: Man kann sagen, daß sich das religiöse Fieber in Griechenland im 6. Jahrhundert v. u. Z. auf die eleusinischen und dionysischen Mysterien konzentrierte, die keine blutigen Opferdarbietungen mehr verlangten. Rom schien außer in fremden Kulten keine Menschenopfer mehr geduldet zu haben, und auch diese nur unter der Bedingung, daß sie weder die öffentliche Ordnung noch römische Bürger in Mitleidenschaft zogen. Nicht auszudenken etwa, daß ein ägyptischer Priester einen römischen Bürger opferte. In der ägyptischen

Religion, die Menschenopfer offenbar überhaupt nicht kannte, waren die den Göttern geweihten Opfergaben seit mindestens einem Jahrtausend von ausgesprochen friedlicher Art: Essen, Wein, wohlriechende Essenzen.

Bei den Azteken, diesem Volk rätselhaften Ursprungs, das vor seiner Seßhaftwerdung in Mexiko nomadisierte, bei den Phöniziern, den nordamerikanischen Ureinwohnern und in vielen anderen stärker isolierten, erst seit kürzerer Zeit seßhaft gewordenen Kulturen war das Bedürfnis nach einer Gottheit sehr viel stärker und viel intimer an das Selbstverständnis und eine grundlegende Angst gebunden: Würden sie von den Göttern beschützt? Ihre zahlreichen Kriege stellten eine Form der Antwort auf diese Frage dar: Waren sie siegreich, dann hieß das, sie standen unter einem mächtigen Schutz und hatten zu Recht gesiegt. Gefangene zu machen und sie dem Sonnengott zu opfern war eine Art, diesen anzuspornen – und sich selbst dazu. Daher dieser mörderische Wahn, der uns heute unerklärlich und monströs erscheint. Wie der amerikanische Anthropologe David Carrasco schreibt: »Die rituelle Strategie der Ernährung der Götter wurde zum wichtigsten politisch-religiösen Mittel, um den Feind zu unterwerfen, die benachbarten Gebiete zu kontrollieren und die kosmische Energie zu erneuern.«[14]

Diese Überlegungen sprengen ganz offensichtlich den Rahmen der Anthropologie und der Geschichte; sie sind von unmittelbarer Aktualität am Ende eines Jahrhunderts, das sich der Illusion hingibt, alles erfunden zu haben, von Weltraumraketen bis zum Internet. Einige Kritiker werden versucht sein, zu behaupten, das den Göttern dargebrachte Opfer, das rituelle Menschenopfer jedenfalls, gehöre der Vergangenheit an, die Inquisition sei tot und die Mehrheit der zeitgenössischen Religionen duldeten keine rituellen Menschenopfer mehr, von den Strafgesetzen ganz zu schweigen. Menschenopfer werden heute tatsächlich nicht mehr rituell gefeiert (abgesehen von solchen in gewissen satanistischen Sekten wie etwa der von Bill Jones in Guayana oder bei den Sonnentemplern); aber auch in Zukunft werden Menschen gewissermaßen spontan geopfert –

und mindestens in ebenso großer Zahl wie zur Zeit der Azteken.

Unser »wissenschaftliches und objektives« 20. Jahrhundert war reich an Massakern: Von den Vernichtungslagern zu den Gulags, von Abessinien bis Vietnam, vom Krieg in Algerien zum Langen Marsch, von den Ibos in Nigeria zu den Roten Khmer, von den Tutsi zu den Bosniern, von den Tutu zu den Kurden, von Somalia bis Tschetschenien hat der Massenmord überhandgenommen. Hundert, zweihundert Millionen Tote? Ein Rekordjahrhundert in jeder Beziehung. Wir müssen uns davor hüten, zu glauben, die religiösen Phantasmen gehörten der Vergangenheit an. Denn all diese Massaker wurden durch Angst ausgelöst, besaßen also einen religiösen Charakter. Wenn sie Abtrünnige in die Straflager schickten, handelten die kommunistischen atheistischen Tribunale exakt so wie die Tribunale der Inquisition, die Ketzer zum Tod auf dem Scheiterhaufen verurteilten: sie exorzierten das Böse. Einer Vorstellung von der höchsten Wahrheit opferten sie Menschen.

Menschenopfer sind unvorhersehbar geworden, besonders in Krisenzeiten, die einer neuen Kriegsform entsprechen: dem chronischen Krieg. Sie geschehen in Form terroristischer Anschläge. In dieser Hinsicht befinden wir uns in einer der Aztekenzeit vergleichbaren Epoche, was allerdings nichts an der Art des Opfers ändert: Es bleibt symbolisch. Der Mudjahed, der sich sprengstoffbeladen gegen eine feindliche Stellung wirft, in der Gewißheit, daß er wenige Minuten später in blutige Fetzen zerrissen wird, unterscheidet sich in nichts von Herakles, der den Scheiterhaufen bestieg, oder Dionysos, der sich den Mänaden auslieferte, um in Stücke gerissen zu werden. Diese Dinge stehen in Büchern, die er übrigens nicht gelesen hat, er lebt in der Gegenwart. Er opfert sich für die Sache seines Gottes. Er wird ins Paradies eingehen wie Herakles in den Götterhimmel. Im Augenblick der Explosion wird er eins mit Gott. Nichts hat sich seit zweieinhalb Jahrtausenden geändert, weil die menschliche Natur sich nicht geändert hat.

Dieser Punkt verdient die Hervorhebung: Der symbolische

Gehalt der Opferung, die schließlich die Basis aller Beziehungen zu den Göttern und damit aller Religionen darstellt, ist unendlich viel größer als die materiellen Bedürfnisse der Gesellschaften. Kein Mensch kann einen unmittelbaren praktischen Grund darin erkennen, daß Jahwe die Opferung Isaaks verlangt, so wenig wie die Sonne je von jemandem verlangt hätte, Menschen zu töten, damit sie sich weiter drehe: Diese Mythen sind Produkte einer mechanisch delirierenden Logik.

Eine von ökonomischen Überlegungen besessene Welt dachte oder denkt noch immer, daß die Verbesserung der Lebensbedingungen diese Art von »irrationellen« Zwängen einer göttlichen Glorie ändern werde. Dies war, wie der amerikanische Anthropologe Marshall Sahlins bemerkt, der große Irrtum der marxistischen Geschichtsinterpretation und des anthropologischen Ansatzes der Marxisten. Dieser Irrtum wird laufend weiter begangen, auch von nichtmarxistischen, ja antimarxistischen Forschern, die sich dennoch darauf versteifen, das menschliche Verhalten mit Hilfe der Bedürfnistheorie zu erklären. Gemäß dieser Theorie verspürt der »objektive und vernünftige« Mensch Bedürfnisse und leidet darunter, wenn die Umwelt sie ihm nicht erfüllt. Man ernähre ihn gut, und er wird rational und logisch werden.

Aber Marx vergaß die Urängste, darunter das Bedürfnis nach Gott und seine Ableitung, die Angst. Deswegen kann die Bedürfnistheorie auch nicht erklären, warum die Azteken innerhalb weniger Tage 20 000 Gefangene opferten, die sie nicht einmal verspeisen konnten. Sie brauchten nicht so viele Kalorien, und kein noch so großer Eiweißmangel reicht aus, um den instinktiven Ekel zu überwinden, den das Essen von Fleisch eines Artgenossen verursacht. Wenn die Azteken derart ausgehungert gewesen wären, hätten sie nicht das außerordentliche Reich errichten können, das die Konquistadoren so beeindruckte: Mexiko erschien diesen als ein Paradies, diese riesige schwimmende Insel, reich und blühend, auf deren Prachtstraßen schöne, geschmückte Menschen gingen.

Die Bedürfnistheorie kann auch den Wahnsinn jener Götter

nicht erklären, die fortgesetzt Opfer verlangen. Von der Aufklärung übernommen, aber zur Hauptsache im 19. Jahrhundert ausgearbeitet, bezieht sich ein Großteil der rationalistischen und der marxistischen Gedankenwelt (die ein weites Feld westlichen Gedankenguts umfaßt) auf ein westliches ideales Menschenbild, das Marx *ex negativo* beschreibt: »Ein nichtobjektives Wesen ist ein Nichts, ein Unwesen.«[15] Fünfeinhalb Milliarden Unwesen sollen also die Erde bevölkern.

Verursacht der Krieg die Krise, weckt er die Opferwut? Oder verhält es sich umgekehrt? Wir können versuchen, eine Antwort in der Krise des Islam im 20. Jahrhundert zu finden. Von den Philippinen bis zu den Vereinigten Staaten (wo heute eine beachtliche Gemeinde von ungefähr drei Millionen Moslems, das heißt 1,4 Prozent der Gesamtbevölkerung, lebt) hat eine für jedermann erkennbare Unruhe die weltweite Gemeinde des Islam (die heute rund eine Milliarde Mitglieder zählt) erfaßt.

Seit dem Ende des Zweiten Weltkriegs sah die islamische Welt, die bis dahin von den Kolonialmächten beherrscht wurde, wie die Macht des jüdisch-christlichen Westens im technologischen, ökonomischen, industriellen, militärischen und politischen Bereich wuchs. Dieser Aufschwung löste eine Unruhe aus, die von dem starken Gefühl einer Erniedrigung begleitet wurde. Daraus resultierte eine Reihe von Konflikten wie die ägyptische Revolution, der Algerienkrieg, die Kriege in Palästina, die libysche Revolution oder die iranische Revolution (diese kurze Aufzählung übergeht die Ereignisse in Bangladesh, Pakistan, Afghanistan, im Sudan und so weiter). Diese im Prinzip politischen Konflikte erhielten eine immer stärkere religiöse Färbung. In der ägyptischen Revolution von 1956 blieb die Rolle der religiösen Vereinigung der Moslembrüder noch diskret im Hintergrund und wurde von der Militärjunta überstrahlt. In der iranischen Revolution von 1979 dagegen stellte die von Ayatollah Khomeini dirigierte religiöse Junta die Armee in den Schatten.

Hinter dieser Entwicklung steht, daß der Islam der Staaten, der sich bedroht fühlte, zum Islam des Glaubens zurückgefun-

den hat.[16] Der sozio-politische Konflikt ist zu einem Religions-
krieg geworden und hat mehrere Staaten des Nahen und Mittleren Ostens erfaßt, darunter den Libanon. Die Mystik des religiösen Martyriums, die seit dem sudanesischen Mahdismus in
einer Art Dämmerschlaf lag, ist verjüngt und gestärkt erwacht.
Allah verlangte Verteidiger von unerschütterlichem Glauben.
Es haben sich mehr oder weniger vereinigte, bestimmt aber
subventionierte Organisationen gebildet, die im Namen Allahs
Menschenopfer einer neuen Art organisieren: Terroranschläge.
Eine Aufzählung wäre endlos und ermüdend.

Vielleicht wäre es klüger, zuzugeben, daß sich der Mensch
nicht auf den *Homo oeconomicus* reduzieren läßt. Es gibt keine
biologische Struktur ohne Strategie, und der Mensch bildet da
keine Ausnahme. Das Heldentum der Mudjaheddin und der
Kämpfer für die Armen hat keinerlei ökonomische Grundlage,
ja vielleicht nicht einmal mehr eine soziale Basis. Es entsteht
aus dem Streben des Individuums nach Sublimation. Das ist
seine fundamentale Strategie: Jeder Mensch strebt nach Heldentum, damit nach Opferung und damit nach Göttlichkeit.

Das läuft darauf hinaus, daß die Existenz selbst der Beginn
der Opferung ist. Wir sind in diesem Thema keinen Schritt
weiter als Augustinus: »Was dem Gott des Menschen gegeben
wird, das wird in Wahrheit dem Menschen selbst gegeben; was
der Mensch von Gott aussagt, das sagt er in Wahrheit von sich
selbst aus. … Solange der Mensch ein gutes Wesen als Gott
verehrt, so lange schaut er in Gott sein eigenes gutes Wesen
an.«[17]

Ebensogut kann man sagen: Das den Göttern dargebrachte
Opfer wird eigentlich den Menschen dargebracht.

Von Byzanz zur »Entzauberung«

Zuerst bedeutete Byzanz Gold und Eisen. Dann Ornamente und gelehrte Reden. Dann den Machtwahn der im diabolischen Sinn besessenen Theologen mit ihrem hohlen Geschwätz, ihrer entgleisten Rhetorik, ihrer Schein- und Pseudo-Logik, der paranoischen Kasuistik, dem kanonischen Fanatismus und dem nicht endenden Wahnsinn der Synoden und Konzile, die zur Wortschöpfung »Byzantinismus« führten. Was während der ersten drei Jahrhunderte unserer Zeitrechnung der Regierungssitz des Oströmischen Reiches gewesen war, entwickelte sich nach der Pseudo-Konversion Konstantins zu einem schlingernden Schiff auf einem wogenden Wörtermeer, auf dem eine Mannschaft besessener Geistlicher angeheuert hatte; jeder von ihnen war überzeugt, die Wahrheit gepachtet zu haben und der alleinige Bote Gottes zu sein.

Vielleicht war Byzanz der wahre Turm von Babel. In ihrer Gewißheit, in den Himmel zu kommen, und durchdrungen von der Überzeugung, daß sie und sie allein Gott kannten und über ihn debattieren konnten, lösten die Theologen von Byzanz den Fall der Kirche Jesu aus. So schrieben sie, ohne es zu wissen, eines der traurigsten und lehrreichsten Kapitel der Geschichte des Gottes. Im Rausch der weltlichen Macht, mit der sie ausgestattet waren, begannen sie, sich gegenseitig mit Bannflüchen zu belegen und, damit nicht zufrieden, sich gegenseitig als Abtrünnige und Ketzer zu behandeln. Dann spalteten sie sich, immer im Namen Gottes, in Fraktionen und bald darauf in einzelne Kirchen, die einander um so mehr mißtrauten, als sie aus derselben Familie hervorgingen.

So hatte das Auseinanderbrechen begonnen. Es dauerte weit über den Fall des Reiches hinaus und nahm Nietzsches Erkenntnis vorweg: »Nicht der Zweifel macht verrückt, sondern die Gewißheit.«

Unerwartete weltliche und geistliche Auszeichnung für den Gott der Hebräer, der zum Gott der Anbeter Seines Sohnes geworden war. Jahwe, jetzt *Theós*, hatte einst genügsam in Sandwolken gelebt, die die Himmel Mesopotamiens purpurn färbten und jene der einsamen Ebenen von Galiläa, die Berge Moab, Sinai und Nebo röteten, und er hatte ohne Zweifel auch im trockenen Azurblau gewohnt, das sich in Judäa über dem Toten Meer wölbte, dort, wo Eremiten fieberhaft darauf gewartet hatten, daß Er herniedersteige, um diese Welt endlich von ihrem Schmutz zu reinigen.

Man versetzte ihn in strahlende, mosaikgeschmückte, weihrauchgeschwängerte Paläste voller psychedelischer Wunderdinge, die selbst ein Caligula niemals hervorgebracht hatte. Wenn die Würdenträger des Reiches vom allmächtigen Kaiser im prachtvollen Saal des Chrysotriklinos empfangen wurden, mußten sie alle, Bischöfe, Botschafter und Prinzen, die Stufen auf den Knien erklimmen und sich dann, am Fuße des Thrones angelangt, in einem demütigen Fußfall, der Proskynese, der Länge nach vor dem Kaiser zu Boden werfen! Dann erst war es ihnen erlaubt, gewissermaßen Gott auf Erden zu sehen: Der absolute Herrscher stand stellvertretend für Jesus. In Purpur und Weiß gehüllt, Gewänder, die einst ein Engel persönlich Konstantin gebracht hatte, umgab er sich wie Jesus mit zwölf »Jüngern«. War er nicht Gottes Stellvertreter auf Erden? Man mag sich fragen, welcher Platz für Gott selbst in diesem quasi blasphemischen Luxus, in diesen eitlen, albernen Maskeraden übrigblieb.

Einst hatte er einfach, laut und klar gesprochen. Jetzt stellte man die Blüte der Literaten in seinen Dienst, deren Lobgesänge und Lobpreisungen seiner Eigenschaften bis zum Ersticken mit hellenistischer Rhetorik überladen waren. Byzanz, elf Jahrhunderte lang das historische und geographische Zentrum der Macht und der Glorie, hätte bestimmt keinen Herrn in wettergebleichtem Mantel und staubigen Sandalen anerkannt. Jeder schafft sich seinen Gott nach seinen Wünschen, und der Gott von Byzanz war ganz in Parfüm und Purpur gehüllt. Übrigens zeigt sich der Gottessohn auf den byzantinischen Mosaiken meist mit recht verdrießlicher, übellauniger Miene, und man versteht ihn.

Wir müssen mit dem von Konstantin unter dem bescheidenen Namen Konstantinopel wiederaufgebauten Byzanz beginnen, um ein doppeltes Paradox zu begreifen: Wie kam es, daß der christliche Glaube, der das Schicksal der ganzen Welt sein wollte (übrigens die erste Religion, die mit diesem Anspruch auftrat), in seinem Schwung so sehr gebremst wurde, daß es inzwischen eine Trivialität bedeutet, von der »Entchristianisierung« dieser Welt zu sprechen? Der Schlüssel zu diesem Paradox liegt in Byzanz, der Wiege des Christentums.

Als Gott im 4. Jahrhundert in der Folge einer Halluzination (oder einer schlauen Berechnung) des oströmischen Kaisers Konstantin im antiken Byzanz Einzug hielt, war er nicht allein zum himmlischen König eines neuen Territoriums im Knotenpunkt zwischen Europa und Asien bestimmt (vom Rest der Welt ganz zu schweigen, da die Kirche sich kühn universell nannte), nein – Gott wechselte auch seinen Wohnort. Er zog in einem gründlich hellenisierten Rom ein. Hatte er bisher durch die Stimme der lyrischen und eifrigen Propheten des jüdischen Glaubens »gesprochen«, äußerte er sich von nun an durch die Stimme einer von Philosophie durchtränkten Geistlichkeit. Ein radikaler Wechsel. Die Philosophie ist griechischen und allein griechischen Ursprungs; eine ägyptische, hinduistische, keltische, jüdische oder römische Philosophie hat es nie gegeben (auch Rom gab sich erst unter dem Einfluß der Griechen der Philosophie hin).

Gott kam also im wahrsten Sinne ins Gespräch, in den logischen Diskurs mit seinen Kategorien, seinem Vokabular und seiner Rhetorik. Und es gab viele Diskurse, da es auch viele Konzilien und Synoden gab, wo sich ganze Heerscharen von Theologen, Bischöfen, Geistlichen, Gelehrten aller Arten versammelten. Konstantinopel war noch nicht einmal gegründet, als im Jahr 325 in Nicäa das erste Konzil einberufen wurde. Als das Zentrum des Reiches sich nach Westen verschob, wurde das letzte Konzil vor dem Fall Konstantinopels zwischen 1431 und 1449 in Basel, Florenz und Ferrara abgehalten. Dazwischen hatte es fünfzehn weitere gegeben[1], wenn man sich auf die sogenannten ökumenischen Konzilien beschränkt und sich an die Definition des kanonischen Rechts hält, gemäß der ein ökumenisches Konzil durch den Papst einberufen wird. Sonst würde die Aufzählung länger, und man müßte die bischöflichen Konzilien oder Synoden einschließen, wie jene von Hierapolis, Karthago, Elvira, Rom, Arles, Clarendon, Serdica (dem heutigen Sofia) und andere. Eusebios spricht von jährlichen oder halbjährlichen Synoden. Aber wie wir im folgenden sehen werden, ist es in den Anfangszeiten der Kirche oft sehr schwierig, ein Konzil von einer Synode zu unterscheiden.

Es ist ganz normal, daß eine junge Kirche mit sich zu Rate geht, besonders, solange sie noch schwach ist. Aus einem Konzil pro Jahrhundert werden jedoch im Schnitt im 12. und 13. Jahrhundert deren drei, zusätzlich zu den Synoden, was eine beeindruckende Menge von Beratschlagungen ergibt. Worüber beriet man? Über Theologie, gewiß, das heißt über die Konsequenzen der Offenbarung. Aber ein Großteil dieser Bischofstreffen beschäftigte sich mit Teilungen, Schismen und Häresien. Kaum den Verfolgungen durch die Römer entkommen – dank Kaiser Galerius' Toleranzedikt vom 30. April 311, das die Glaubensfreiheit gewährte –, bekam das Gebäude der Kirche einen Riß nach dem anderen.

So beschäftigte sich das Konzil von Hierapolis mit der montanistischen und der enkratitischen Häresie, das erste nicäische mit dem Arianismus (der noch zu manchem anderen Treffen Anlaß geben wird), jenes von Ephesos mit dem Nestorianismus, das von Chalkedon mit dem Monophysitismus, das erste Konzil von Konstantinopel mit dem Schisma des Patriarchen Photios, das zweite mit der Irrlehre des Origenes, das zweite lateranische mit der Irrlehre des Arnold von Brescia und so weiter. In jeder Häresie steckte schon die nächste, wie bei den russischen Matrjoschka-Puppen, und Fügsamkeit war gewiß nicht die hervorragendste Tugend der Bischöfe jener Zeit. So äußerte im 5. Jahrhundert Nestorius, der Patriarch von Konstantinopel, die Meinung, Maria dürfe nicht mehr »Mutter Gottes«, sondern müsse »Mutter Jesu« genannt werden, was ein Gezeter auslöste, weil Maria, gemäß der dominierenden Auslegung, daß Jesus Gott sei, entweder die Mutter Gottes war – oder Jesus nicht Gott. Infolgedessen berief Papst Cölestin I. die Synode von Rom ein, um Nestorius auf Betreiben Kyrills, des Patriarchen von Alexandria, auf dem 3. Konzil von Ephesos verurteilen und absetzen zu lassen. Das Konzil begann leider vor dem Eintreffen der Bischöfe aus dem Osten unter der Führung Johannes' von Antiochia, die sich weigerten, dem Rat Kyrills zu folgen. Nestorius' Auffassung zurückweisen, so sagten sie, hieße die menschliche Natur Jesu verneinen; Maria sei aber doch die Mutter dieser menschlichen Natur gewesen, und nicht jener Gottvaters. Es erhob sich ein Streit, im Verlaufe dessen Johannes von Antiochia exkommuniziert wurde – ein Schisma bahnte sich an.

Die Frage des Nestorianismus blieb jedoch ungeregelt. Mit Blick darauf verkündigte Eutyches, Archimandrit eines Klosters aus der Gegend von Konstantinopel, Jesus besitze als Inkarnation Gottes nicht zwei Naturen, sondern nur eine einzige. Dies rief den Widerstand der Nestorianer auf den Plan, da ja Jesus-Gott von Maria empfangen worden sei und diese daher das Recht auf den Titel »Mutter Gottes« habe, aber das hieß eine Häresie mit einer anderen beantworten; jene von der einzigen Natur Jesu hieß Monophysitismus (seine größte Anhängerin sollte eine kleine syrische Schauspielerin werden, die spätere Kaiserin Theodora). Der Bischof von Konstantinopel, Flavian, mußte etwas unternehmen, weil diese Häresie an Boden gewann, und Kaiser Theodosius II. berief die (von Papst Leo I. als »Räubersynode« bezeichnete) Synode von Ephesus ein, um die Frage zu klären.

Auch hier tauchten Komplikationen auf. Die Synode nahm die Meinungen des Patriarchen von Alexandria, Dioskur, an, der sich der Auffassung Eutyches' anschloß, und setzte – Gipfel der Frechheit – Flavian ab, der doch selbst die Einberufung veranlaßt hatte, um Eutyches abzusetzen. Um ganze Arbeit zu leisten, setzte die Synode auch gleich noch all jene ab, die Flavian unterstützt hatten. Papst Leo der Große mußte dann ein weiteres Konzil einberufen, jenes von Chalkedon, um die Beschlüsse der Synode von Ephesus aufheben zu lassen.

Der Entschluß Leos des Großen beendete den Streit aber nicht; er trug im Gegenteil dazu bei, die Bischöfe des Ostens mit monophysitischer Tendenz zu entfremden. Ein Monophysit namens Petrus Mongus ernannte sich zum Bischof von Alexandria. Das konnte die Päpstlichkeit kaum dulden, und Papst Simplicius verlangte von Kaiser Zenon und dem Patriarchen von Konstantinopel, Acacius, Mongus abzusetzen; vergeblich. Weder Zenon noch Acacius wollten Öl ins Feuer gießen. Zusammen erließen sie ein »Versöhnungsedikt«, das Henotikon, das weder die Beschlüsse des Konzils von Chalkedon noch die Meinung des Papstes erwähnte. Simplicius' Nachfolger, Papst Felix II., mochte nicht dulden, daß ein simpler Bischof sich herausnahm, die Beschlüsse eines Konzils, und zwar ausgerechnet jenes von Chalkedon, zu mißachten. Er verlangte Erklärungen. Acacius ging nicht darauf ein, also wurde er von Felix aus der kirchlichen Gemeinschaft ausgeschlossen.

Man war weit vom Berg Horeb im Sinai entfernt und konnte sich fragen, was Gott, einst so rasch bereit, Ordnung unter den Menschen zu schaffen, von diesen »byzantinischen« Windungen, Streitigkeiten und Intrigen, diesen Autoritätskonflikten und Ausschließungen und dem ganzen theoretischen theologischen Gerede in Seinem Namen denken mochte. Zweifelsohne grämte er sich darob: mit Glauben hatten diese Spitzfindigkeiten und Bannflüche, diese Absetzungen und eloquenten Wortgebilde nicht viel zu tun. Der Evangelist Johannes sagt, Jesus sei das fleischgewordene Wort oder *logos*. Hier gebrauchte man das Wort nicht im Sinne der von Jesus gepredigten Barmherzigkeit und Redlichkeit, sondern mißbrauchte es im Geiste der Intoleranz.

Diese endlosen Querelen löste nicht die Liebe zu Gott aus,

sondern borniertseste Selbstliebe. Jeder dieser kirchlichen Würdenträger verteidigte im Grunde seine *persönliche* Auffassung des Unverifizierbaren schlechthin. Von seiner eigenen Autorität durchdrungen und von ihr eingenommen, maßte er sich das Recht an, vorzuschreiben, was man von Gott und dessen Eltern zu denken hatte und welche Worte sich für das Gebet zu ihnen allein ziemten.

»Ausschließlichkeit« und »Ausschluß« werden untrennbare Begriffe. Durch die Kirchengeschichte zieht sich eine lange Serie von Ausschlüssen wegen Schisma, Häresie und Irrlehre. Sie belegt ein berühmtes Werk, der »Pluquet«, das *Dictionnaire des hérésies, des erreurs et des schismes,* das wir dem Fleiß und der Gelehrsamkeit des Abbé François-André-Adrien Pluquet von Bayeux verdanken, der am 14. Juni 1716 geboren wurde und am 19. September 1790 an einem Schlaganfall starb. Die Liste reicht von den *Abecedariern* – Wiedertäufern –, die versicherten, daß man »um gerettet zu werden, weder lesen noch schreiben können dürfe, nicht einmal die ersten Buchstaben des Alphabets«, bis zu den *Walkeristen,* einer Art Wiedertäufer des 18. Jahrhunderts, und ist ebenso pittoresk wie lang.

Sie stellt nebenbei ein bemerkenswertes Feld für ethnologische Studien dar, weil sie zeigt, wie verschieden die Wahnvorstellungen sein können, zu denen der Versuch führen kann, Gott intellektuell zu erfassen. Davon zeugen, unter anderen, die *Aquatiker,* die behaupten, das Wasser sei ein Prinzip von gleicher Ewigkeit wie Gott, die *Eternalisten,* die glaubten, das Ende der Welt werde nichts an ihr ändern, oder die *Präadamiten,* die verkündeten, es habe vor Adam Menschen gegeben. Doch den logischen Wahn werden wir in einem späteren Kapitel kennenlernen.

Die Lehren, die man aus einigen großen »seriösen« Häresien ziehen kann, sind deutlich reicher. So etwa aus einem exemplarischen Fall, dem Arianismus oder der Häresie des Arius, die im 4. Jahrhundert eine spirituelle, theologische und politische Krise ersten Ranges auslöste.

Die Geschichte begann mit einer Diskussion, wie man sie in

der Stoa in Athen hätte erleben können. Alexander, Bischof von Alexandria, versuchte öffentlich das Mysterium der Trinität zu erklären und zu zeigen, wie es möglich sei, die Dreieinigkeit der Personen mit der Einzigkeit Gottes in Einklang zu bringen: Die Trinität sei eine Monade. Für Arius, den Presbyter (Gemeindeältesten) von Alexandria, der dieser Darbietung beiwohnte, bedeutete dies bloß, ein Rätsel durch ein Wort zu ersetzen, und er bezeichnete es als unmöglich, zu erklären, wie drei verschiedene Personen in einer einzigen Substanz koexistieren konnten. Man entgegnete ihm, eben dies sei ein Geheimnis des Glaubens.

Das Geheimnis liegt im Ursprung dieses Geheimnisses: Das Wort »Trinität« findet sich weder im Alten noch im Neuen Testament. Erwähnungen der göttlichen Herkunft Jesu wie im Markusevangelium: »... Anfang des Evangeliums von Jesus Christus, dem Sohne Gottes«[2], enthalten keinen spezifischen Hinweis auf die Trinität, und auch die Formel, die Matthäus Jesus in den Mund legt: »... taufet sie auf den Namen des Vaters und des Sohnes und des heiligen Geistes«[3], enthält keinen Hinweis auf die Verschmelzung dieser drei Personen zu einer einzigen (sie wird auch nicht von allen Exegeten als authentisch angesehen). Jesus ist, und wäre es bloß vom »christlichen« Standpunkt aus betrachtet, menschlicher Herkunft. Zum ersten Mal ist in einem christlichen Text um 180 von Dreieinigkeit die Rede: Theophilos von Antiochia benutzt die griechische Form *triás*. Der Text hatte noch nicht die Kraft eines Dogmas, und erst hundertfünfzig Jahre nach Arius' Verwunderung schrieb Augustinus sein Werk *De Trinitate*, dessen Redaktion sechzehn Jahre dauerte und das eine der Grundlagen der theologischen Kommentare zu diesem Dogma ist.

Arius war nicht der erste, der über dieses Problem stolperte. Ein gewisser Sabellius aus Kyrene hatte es bereits aufgegriffen und geschlossen, daß die drei Personen der Trinität lediglich drei verschiedene Namen für ein und dasselbe seien. Man hatte ihn verurteilt: Nein, entgegnete man ihm, sie seien verschieden (was eine weitere Häresie ergab, den Sabellianismus). Arius seinerseits machte aus dem Vater und dem Sohn zwei Personen verschiedener Substanz, wobei der Sohn ein Geschöpf war. Der Vater unterschied sich durch die Tatsache, daß er ungezeugt war, während der Sohn gezeugt worden war. Das zog folgenschwere Konsequenzen nach sich, denn Arius zufolge hatte der Sohn also nicht seit aller Ewigkeit existiert. Man entgegnete ihm, wenn nichts von dem, was erschaffen worden war, ohne das Wort erschaffen wäre, dann wäre das Wort selbst nicht erschaffen worden, und das würde der Heiligen Schrift widersprechen.

Die Geschichte verschlimmerte sich, als die Synode von Alexandria, die rasch einberufen wurde, Arius verurteilte und exkommunizierte. Damit aber hatten die Bischöfe die Büchse der Pandora geöffnet, denn die Maßnahme erboste die Bischöfe, die sich Arius' Meinung angeschlossen hatten, darunter Eusebios von Nikomedia; sie beriefen die Gegensynode von Bithynien ein und übernahmen die Verteidigung von Arius. Alexander von Alexandria schalt Eusebios, der wütend wurde. Die Zahl der Anhänger des Arius wuchs. Der Arianismus war geboren.

Kaiser Konstantin versuchte, Öl auf die Wogen zu gießen, und schrieb Alexander und Arius, es sei unsinnig, sich wegen Dingen zu entzweien, von denen sie nichts verstünden und die überhaupt nicht wichtig seien. Hier machte sich der gesunde Menschenverstand der alten Römer bemerkbar. Doch Konstantin war kein Geistlicher, besaß demnach keine Autorität in Fragen der Theologie, und so war sein Ordnungsruf umsonst. Die Gemüter erhitzten sich bis zu dem Punkt, daß man Statuen des Kaisers umstürzte, weil man ihn verdächtigte, für die Arianer Partei ergriffen zu haben. Konstantin mußte härtere Maßnahmen ergreifen: Er berief 325 das bereits erwähnte 1. Konzil von Nicäa ein. Alles schien sich zu fügen, die Arianer gaben zu, der Sohn sei »einzig in seiner Natur, die Vernunft, die Kraft, die einzige Weisheit seines Vaters« und so weiter und selbst, daß Jesus der wahre Gott sei, geboren aus dem wahren Gott, gezeugt, nicht erschaffen, und *homo ousios*, das heißt von gleichem Wesen wie sein Vater. Arius unterzeichnete die Homusie-Beschlüsse des Konzils von Nicäa, oder vielmehr: Konstantin glaubte, Arius habe sie unterschrieben. Denn Arius hatte bloß erklärt, er glaube, daß der Sohn vom Vater geboren sei, was den Kaiser zufriedenstellte oder täuschte, der demnach nichts von den Beschlüssen des Konzils von Nicäa begriffen hatte. Jedenfalls verbannte Konstantin am Schluß des Konzils, zweifelsohne der ganzen Streiterei etwas müde, all jene, die nicht einverstanden waren. Die Ordnung schien wiederhergestellt. Oder doch wenigstens beinahe: Der verärgerte Alexander verweigerte die Erlaubnis, daß Arius in den Schoß seiner Gemeinde zurückkehre, und sein Nachfolger Athanasius verhielt sich ebenso.

Doch noch immer hatte man die Trinität nicht erklärt. Und viele blieben Arianer, darunter Bischöfe von Alexandria und anderswo, die sich beim Durchlesen der Konzilsprotokolle darüber entsetzten, daß Jesus mit Gott wesensgleich sein sollte. Dieser dreieinige Gott, den das Konzil von Nicäa verteidigte, schien ihnen eine verkappte Wiedereinführung des Heidentums zu sein, denn wenn man mit drei göttlichen Gestalten anfing, konnte man sehr wohl bei dreihundert enden. Sie prügelten sich mit denen, die anderer Ansicht waren, und der Historiker Sokrates von Konstantinopel berichtet, ihre Streitigkeiten hätten nächtlichen Schlägereien geglichen. Theologie war die Leidenschaft von Byzanz, und man diskutierte über die göttliche Natur, wenn man Brot oder Wein einkaufen ging. Die einen wie die anderen klagten sich übrigens derselben Verbrechen an. So beschuldigte Eustathios, Bischof von Antiochia, Eusebios von Cäsarea, die Beschlüsse von Nicäa zu mißachten, während Eusebios Eustathios den oben erwähnten Sabellianismus vorwarf.

Recht pikant ist, daß diese Leute sich vielleicht gar nicht so uneinig waren, aber über die Bedeutung des Wortes »wesensgleich« stritten. Laut Sokrates gab es solche, die glaubten, dieser Begriff bedeute, der Sohn sei vom Vater nicht zu unterscheiden. Eine Lektion, wie gefährlich es ist, komplizierte Wörter zu verwenden. Und rückblickend fragt man sich, wie man zu jener

Zeit Christ sein konnte. Viele mußten wegen eines philologischen Irrtums zur Hölle fahren. Denn den Begriffen *homousios* und »Homusie« stellten die Arianer später die Begriffe *homoiusios* und »Homoiusie« gegenüber. Jesus war nicht mehr »wesensgleich«, sondern »wesensähnlich«, ein bemerkenswert feiner Unterschied. Aber es war, wie gesagt, das Goldene Zeitalter der Grammatiker und Rhetoriker.

Der Streit zwischen Eustathios und Eusebios nahm solche Ausmaße an, daß man eine weitere Synode einberufen mußte. Sie fand in Antiochia statt, wo Eustathios Bischof war. Das Unvermeidliche geschah, die Stadt spaltete sich in zwei Lager, und die erbitterten Zänkereien gingen weiter, bis ein kaiserlicher Offizier, um den Streitigkeiten Einhalt zu gebieten, verkündete, Eustathios müsse abgesetzt werden. Man ernannte Eusebios zu seinem Nachfolger. Aber dieser lehnte ab! Darauf ernannte man einen dritten, Euphronios von Kappadokien.

Die Synode von Antiochia, die immer noch tagte, setzte sich nun dafür ein, daß Arius nach Alexandria zurückkehren konnte. Bischof Athanasios, der künftige Heilige, widersetzte sich dem aber noch immer vehement. Eine neue Synode trat zusammen, diesmal in Tyros, und man setzte Athanasios ab. Aber was die Definition der Trinität betraf, war man kein Jota weitergekommen. Arius starb, danach Konstantin. Man hätte hoffen können, der Kampf höre nun mangels Kämpfern auf, aber nichts da! Der Kaiserhof war vom Arianismus stark durchsetzt, obwohl schließlich niemand mehr so genau wußte, was das eigentlich war. Aber weil diese Lehre am Hof wohlangesehen war, wäre es ungeschickt gewesen, sich ihr zu offen zu widersetzen. Sokrates berichtet, man habe in allen Häusern so etwas wie einen dialektischen Krieg beobachten können, der bald eine allgemeine Spaltung und Konfusion bewirkte.

Es fällt schwer, nicht zu denken, der Triumph des Christentums habe Gott vertrieben. Wer konnte sich in diesem Netz von Überlegungen, diesen weitschweifigen Spitzfindigkeiten und gewaltigen Wortkaskaden noch auskennen?

Constantius II., Sohn und zunächst Teilerbe von Konstantin[4], war selbst Arianer. Er griff auf die erprobte Lösung zurück: Er berief in Konstantinopel ein Konzil ein. Dieses setzte sich aus arianischen Bischöfen zusammen, die nichts Eiligeres zu tun hatten, als Paul, den Bischof von Konstantinopel, abzusetzen, der den Beschlüssen von Nicäa anhing. Statt dessen wählten sie natürlich einen Freund von Arius, Eusebios von Nikomedia. Eusebios verfaßte einen Glaubensartikel, in dem er das Schicksalswort »wesensgleich« unterdrückte und klarmachte, daß der Sohn ein vollkommener Gott sei. So entstand der »Halb-Arianismus«. Der Artikel wurde an alle Bischofssitze der Christenheit verschickt.

Die in diesem Streit niemals ganz abwesende Politik kehrte nach Eusebios' Tod im Galopp zurück: In Abwesenheit von Kaiser Constantius II. wählten die ehemaligen Anhänger Pauls diesen wieder zum Bischof von Konstantinopel, während die Arianer oder Halbarianer ihrerseits einen der Ihren, Makedonius, wählten. Dieses doppelköpfige Bistum und die theologischen Probleme, die sich daraus ergaben, entfesselten einen echten Bürgerkrieg. Man brachte sich wegen eines komplizierten Bistums, eines schwierigen Wortes um. Hermogenes, der von Constantius mit der Wiederherstellung der Ordnung beauftragte General, wurde von der Menge totgeschlagen und seine Leiche durch die Straßen der Stadt geschleift. Bei seiner Rückkehr jagte Constantius Paul ins Exil.

Dieser suchte und fand in Rom Zuflucht bei Papst Julius I., wo schon ein anderer im Exil lebte – Athanasios. Beide beklagten sich heftig bei Constans, dem Bruder Constantius' II., der damals Kaiser von Illyrien, Italien und Afrika war, wobei Athanasios in aller Ausführlichkeit von dem Unglück erzählte, das ihm die Arianer zugefügt hatten. Constans schrieb seinem Bruder und bat ihn, die Ordnung in der Kirche wiederherzustellen. Was war dazu nötig? Eine Synode! Constantius stimmte zu und diese Synode fand in Serdica (Sofia) statt.

Das Außergewöhnlichste an der ganzen theologischen Geschichte war, daß niemand mehr so richtig wußte, worum der Streit eigentlich ging, weil ja die Arianer Halbarianer geworden waren und man immer noch auf eine Definition der Trinität wartete. Nichtsdestoweniger hatte sich die Kirche gespalten, die östlichen Arianer standen auf der einen, die westlichen »Nicäer« auf der anderen Seite. Als die arianischen Bischöfe in Serdica ankamen, trafen sie dort auf die »Nicäer« und verließen die Versammlung auf der Stelle wieder; sie begaben sich nach Philippopel (heute Plowdiw), um dort ihre eigene Synode abzuhalten. So wurden aus einer Synode deren zwei, ohne daß man in der Streitfrage dadurch weitergekommen wäre. Nach den Beratungen kehrten die Bischöfe der beiden Parteien in ihre Residenzen zurück, ohne ihre Ansichten geändert zu haben.

Constans informierte seinen Bruder über die Lage und bat ihn, Athanasios und Paul wieder in ihre Ämter einzusetzen. Constantius II. willigte ein. Doch Constans wurde getötet, und Constantius II., der seinen Bruder beerbte, wurde Kaiser von zwei Dritteln des großen Reiches ihres Vaters Konstantin. Constans' Ersuchen wurde annulliert, und weder Paul noch Athanasios erhielten ihre Bischofswürde wieder.

Diese Art von Geschichten kennt, wie sich leicht erraten läßt, kein Ende. Papst Liberius bat Constantius II. – eine Synode einzuberufen! Sie sollte in Mailand stattfinden. Der Kaiser willigte ein. Ein weiteres Mal saßen sich die östlichen und die westlichen Bischöfe Aug' in Auge gegenüber. Erstere wollten eine Verurteilung von Athanasios, und die anderen widersetzten sich gerade diesem Wunsch mit aller Kraft. Es wurde viel geschrien, berichtet Sokrates von Konstantinopel, und diese Synode nahm einen noch übleren Ausgang als die letzte: Der Papst wurde, weil er sich geweigert hatte, die Verurteilung Athanasios' zu unterstützen, mit dem Bann belegt. Man kann sich den Wahnsinn des entstehenden Christentums vorstellen: Ein Papst wird gebannt, weil er sich weigert, zu einem Problem Stellung zu nehmen, das niemand mehr so recht überblickt!

Constantius hatte nun verständlicherweise von diesem aufgeregten Wespennest genug. Die Lösung schien ihm – eine Synode zu sein! Aber es sollte eine Doppelsynode werden, weil es inzwischen unmöglich geworden war, alle Bischöfe des Ostens und des Westens an einem Ort zu versammeln. Jene des Ostens wurden nach Seleukia einberufen, die des Westens nach Rimini. Aber unter den vierhundert in Rimini versammelten Bischöfen befanden sich achtzig Arianer, obwohl dies ein westliches Konzil war; der Arianismus hatte sich eben ausgebreitet. Und gerade diese Arianer machten den anderen das Leben schwer. Die orthodoxen »Nicäer« weigerten sich, den Arianern in bezug auf die Beschlüsse des Konzils von Nicäa nachzugeben. Constantius II. verlor die Geduld und befahl dem Statthalter von Rimini, alle Bischöfe auszuweisen, die sich weigerten, die von den Arianern vorgeschlagenen Beschlüsse zu unterschreiben. Die orthodoxen »Nicäer« fühlten sich als Geiseln der Arianer und wollten nach Hause zurückkehren; schließlich unterschrieben sie einen halb-arianischen Beschluß, weder Fisch noch Fleisch, in dem der strittige Begriff »wesensgleich« nicht vorkam, der aber festhielt, daß »der Sohn in allem seinem Vater ähnlich ist, nicht nur durch Übereinstimmung des Willens, sondern auch in der Substanz und im Wesen«.

Man spielte also wieder einmal mit Wörtern. Der Beweis: Die orthodoxen »Nicäer« interpretierten die Beschlüsse des Konzils von Rimini auf ihre Weise und glaubten sich aus der Affäre gezogen zu haben; die Arianer ihrerseits waren so sehr von ihrem Triumph überzeugt, daß sie sich eine neunzehnte Definition Jesu ausdachten, die ihnen endgültig recht geben sollte und in der sie ihn als nach Wesen und Willen von Gott völlig verschieden erklärten (der Tod Constantius' II. hinderte sie allerdings an ihrem Vorhaben).

Man könnte die Erzählung über den Arianismus praktisch endlos fortsetzen: Die Geschichte, die in Alexandria um 318 u. Z. begonnen hatte, war ein halbes Jahrhundert und elf Konzile oder Synoden später noch nicht zu Ende. Man hätte hoffen können, sie würde auf dem Konzil von Konstantinopel im Jahr 381 abgeschlossen, wo die Doktrin von Nicäa als einzig gültige anerkannt und der Arianismus verurteilt wurde, aber wieder Fehlanzeige. Der Arianismus gelangte zu den Germanen, wo er

einen gewaltigen Erfolg erlebte. Durch Arianer wie den Goten-
bischof Wulfila zum Christentum bekehrt, sahen die nordeuro-
päischen Völker (Gepiden, Langobarden, Burgunder, Franken,
Westgoten ...) darin das Banner, unter dem sich ihre Nation
versammeln konnte. Die arianische Kirche beherrschte Europa
vom Ende des 4. bis zum Ende des 6. Jahrhunderts und brachte
nach der Bibelübersetzung Wulfilas ins Gotische eine blühende
arianische Literatur hervor, darunter auch exegetische Texte.
»Der Zusammenstoß zwischen den arianischen Invasoren und
den ansässigen Katholiken war während der Wandaleninvasion
in Afrika besonders heftig: Die Katholiken wurden zeitweise
gnadenlos verfolgt, unter Geiserich (428–477), Hunerich (477–
484) und Thrasamund (496–523).«[5]

Wenn sich dieser Streit auch in bezug auf den eigentlichen
»Arianismus« im Mittelalter legte, sollte er in anderer Form bis
ins 18. Jahrhundert fortdauern, nachdem er im 16. und 17. Jahr-
hundert die englische Politik erschüttert und die lutherischen
Wiedertäufer entflammt hatte. Wir finden sein Echo bei John
Locke im 17. und 18. Jahrhundert und stärker noch bei dem
großen deutschen Theologen Harnack.[6] »Ist das Göttliche, das
auf Erden erschienen ist, identisch mit dem allerhöchsten
Göttlichen, das über Himmel und Erde herrscht?« fragte er.
Doch wie sollte man eine so schwierige Frage beantworten,
ohne Kenntnis des einen oder des anderen, allein mit Hilfe der
Logik?

Was war bei dem endlosen und blutigen, durch den Arianismus ausgelösten Wortstreit herausgekommen? Ein erleuchtete-
res Verständnis der Trinität? Nein, denn wenn die Sintfluten
von Wörtern, die selbsternannte Sachverständige zu diesem
Thema ausgeschüttet hatten, ein wenig Klarheit geboten hätten, hätte sich diese sehr rasch durchgesetzt, aber damit war
nichts. Eine strahlendere Gottesliebe? Auch nicht, da der Gott
der Arianer, der ursprünglich der Gott aller Christen gewesen
war, wegen der wütenden Verurteilungen durch Heerscharen
von Päpsten und Bischöfen plötzlich anders aussah als der Gott
der orthodoxen »Nicäer«. Und dabei haben wir die Leserinnen

und Leser hier mit den ebenso endlosen Streitigkeiten des Donatismus, Montanismus, Pelagianismus und vieler anderer Schismen und Häresien sogar noch verschont.

Vom Schisma zur Häresie, von der Häresie zum Schisma gelangen wir zum Großen Schisma, das die griechische Ostkirche von der römischen Westkirche abspaltete (nicht zu verwechseln mit dem »großen abendländischen Schisma«, der späteren sogenannten »babylonischen Gefangenschaft« der Päpste in Avignon, die von 1378 bis 1417 dauerte). Im Grunde hatte sich der Graben seit dem 5. Jahrhundert ständig vertieft. Der letzte Schlag, der den Bruch vollendete, mag bei dem Abstand, der uns heute davon trennt, lächerlich oder unverständlich erscheinen: Es war der »Streit um das *Filioque*«. Er endete damit, daß sich die Schismatiker des Ostens paradoxerweise »Orthodoxe« nannten. Die Kirche machte also zwei große Spaltungen durch, jene des Großen Schismas und jene der Reformation. Kurz, Rom verlor die Herrschaft über den Osten und den Norden dessen, was man damals die zivilisierte Welt nannte. In erster Linie lernte Mohammed von diesem Anschauungsunterricht und unterließ es wohlweislich, religiöse Institutionen ins Leben zu rufen.

Die päpstliche Autorität hätte vermitteln, klären, Ordnung schaffen – und die Gläubigen zur Liebe Gottes und vor allem zur Lehre Jesu führen sollen. Nicht nur tat sie dies nicht, sie konnte es auch nicht, und zwar aus zwei Gründen: Erstens, weil sich die theologischen Debatten schnell und häufig zu politischen Konflikten entwickelten. Als im 6. Jahrhundert beispielsweise Kaiser Justin I., frisch versöhnt mit der päpstlichen Macht, zum Zeichen seiner Sympathie für diese beschloß, seinen arianischen Untertanen die Benutzung ihrer Kirchen zu verbieten, zwang der Gotenkönig Theoderich Papst Johannes I., persönlich nach Konstantinopel zu reisen, um das Edikt aufheben zu lassen, was auch geschah. Und als Papst Silverius (536–537) sich weigerte, dem Verlangen von Kaiserin Theodora nachzukommen, den Patriarchen Anthemios von Konstantinopel (den man der Sympathie mit den Monophysiten verdächtigte) wieder einzusetzen, wurde er mit roher Gewalt nach Asien deportiert. Das Papsttum hatte weder freie Hand, noch besaß es einen freien Geist, und das um so weniger, als es selbst ohne Unterlaß in politische Umtriebe verstrickt war.

Die Stellvertreter Gottes legten eine Machtgier an den Tag, die in späteren Zeiten in Vergessenheit geraten sollte. Innozenz III. zum Beispiel erklärte, Bulgarien (1204) und England (1213) seien seine »Feudalterritorien«, und bekräftigte seinen Anspruch auf die Lehensherrlichkeit als vollkommen weltlicher Herrscher über Portugal. Dreister noch, erklärte er die »Magna Charta libertatum« des englischen Königs Johann I. ohne Land, Vorbild aller modernen Verfassungen, für null und nichtig. Seine Nachfolger widmeten fast ihre ganze Energie dem Kampf gegen Kaiser und Könige: Honorius III., Gregor IX. und Innozenz IV. gegen den Stauferkönig Friedrich II.; Bonifatius VIII. gegen König Philipp IV., den Schönen, von Frankreich; Clemens V. gegen den Luxemburger Heinrich VII. von Deutschland; und Johannes XXII. bannte den Wittelsbacher Ludwig den Bayern im Jahr 1324. Gerade dieser Streit endete übrigens nicht zu Gunsten des Papsttums. Er brach aus, weil Papst Johannes XXII. die Wahl eines Kaisers ohne seine Zustimmung ablehnte. Er rief ganz Deutschland bei Strafe der Exkommunikation und des Lehensfrevels zur Absetzung Ludwigs auf. Ein ganzes Land zu exkommunizieren war wohl das extravaganteste Unternehmen, das einem Papst jemals eingefallen war; es scheiterte auch wie kein anderes. Ludwig entgegnete, er brauche den Papst nicht, um sich krönen zu lassen, und nach dem Tod Johannes' XXII. setzten die deutschen Fürsten den päpstlichen Ansprüchen ein Ende, indem sie erklärten, daß die Kaiserwahl in Zukunft ohne Zustimmung Roms erfolgen werde. Solche durch päpstliche Arroganz ausgelöste Zwischenfälle bereiteten dem deutschen Antipapismus und schließlich der Reformation den Weg.

Die Lektion wurde jedoch nicht beherzigt: Schon die Existenz der weltlichen Vatikanstaaten verwickelte die Päpste lange Zeit in Kriege, die nichts mit dem Willen Gottes zu tun hatten. Italien mußte die Folgen, von der französischen Invasion 1494 bis zum Frieden von Le Câteau-Cambrésis (1599), tragen. Der Papst versuchte zu verhindern, daß Mailand und Neapel in die Hände der Valois oder, schlimmer noch, der deutschen Habsburger fielen. Das hatte mit Frömmigkeit und Theologie nichts das geringste zu tun. Gott hatte nie gesagt, er liebe die Habsburger nicht. Und die verzweifelten päpstlichen Anstrengungen waren zudem vergeblich: Sowohl Mailand wie Neapel gerieten in die Klauen des kaiserlichen Adlers. Die Päpste verrechneten sich in einem fort: Begierig, die Macht der Habsburger niederzuwerfen, verbündete sich Clemens VII. mit Frankreich in der Heiligen Liga von Cognac gegen Kaiser Karl V. mit dem Ergebnis, daß die spanischen und lutherischen Truppen des Kaisers 1527 Rom einnahmen, plünderten und sich im sogenannten »Sacco di Roma« zu wüsten Racheausschreitungen hinreißen ließen.

Aus der Distanz mehrerer Jahrhunderte mag der päpstliche Hegemonialanspruch ungeheuerlich erscheinen. Aber in der Optik eines damals völlig auf sich selbst zentrierten Westens, der glaubte, die Welt bestehe nur aus ihm, der Rest sei ein einziges weites Nirgendwo (*»Hic sunt leones«*, »hier leben Löwen«, schrieben die alten Kartographen, um Länder zu bezeichnen, die sie nicht kannten), ist er vollkommen logisch. Christus war erschienen, folglich ist die Welt seither christlich. Der englische Theologe des 13. Jahrhunderts Roger Bacon faßt diese Philosophie beispielhaft zusammen: »Es gibt nur eine einzige Weisheit, die ein einziger Gott einem einzigen Menschengeschlecht geschenkt hat im Hinblick auf ein einziges Ziel, welches das ewige Leben ist. Sie ist enthalten in der Heiligen Schrift, muß aber durch das kanonische Recht und die Philosophie ausgelegt werden. Denn alles, was Gottes Weisheit entgegengesetzt oder fremd ist, ist leer und eitel und kann dem Menschengeschlechte nicht dienen.«[7] Folglich, fährt Roger Bacon fort, liegt die göttliche Weisheit in den Händen des Papstes, der über die Mittel verfügt, die ganze Welt zu lenken. Es gibt kein Recht, das diesen Namen verdient, außer dem kanonischen. In seiner totalitären vatikanischen Utopie sagte Roger Bacon eine einzige Gesellschaft voraus, in die sich alle Staaten unter der Leitung des Papstes einreihen sollten, so wie sich alle Wissenschaften der Weisheit der Heiligen Schrift fügen sollten. »Die Griechen werden zum Gehorsam gegenüber der römischen Kirche zurückfinden, der Großteil der Tataren wird sich zum Glauben bekehren, die Sarazenen werden vernichtet werden, und es wird einen einzigen Schoß der Kirche und einen einzige Hirten geben.«[8] Wie man sieht, gibt es Weltherrschaftsträume nicht erst seit gestern, und sie sind in ihrer Anmaßung einer so lächerlich wie der andere: Die Griechen haben sich Rom nicht unterworfen, die Tataren haben sich nicht bekehrt, und die Sarazenen gediehen, um nur gerade dies anzumerken. Gefährliche Träume: Im Gottesstaat, den Roger Bacon vorhersagte, war jeder Unterschied ausgeschlossen. In seinem innersten Wesen war der päpstliche Hegemonialanspruch eine permanente Kriegserklärung gegen alles, was sich ihm widersetzte.

Doch es wäre damals mehr Philosophie und Wissen nötig gewesen, als den Päpsten eigen war, die keineswegs in Meditation vertiefte Asketen, sondern Politiker ersten Ranges oder tollkühne Abenteurer waren. Sie verfolgten ihre Machenschaften sozusagen in aller Unschuld. Der Westen projizierte seinen Ehrgeiz in die Vorstellung von Gott. Da ja Gott zum Menschen geworden war, nährte die Inkarnation die Illusion der Macht seiner Stellvertreter auf Erden. Und das Christentum stützte sich auf diese, um sich den jüdischen Mythos vom Gott der Heerscharen anzueignen. Wer hätte da gewagt, zu sagen, die weltliche Macht komme nicht von Gott, ergo dem Papst?

Diese Gewißheit wurde bei einigen Gelegenheiten sogar zum persönlichen Wahn. So wurde ein gewisser Aeneas Silvius Piccolomini, der 1456 wegen seiner erfolgreichen Mission, Deutschland in Abhängigkeit von Rom zu halten, mit der Kardinalswürde ausgezeichnet worden war, zwei Jahre später zum Papst gewählt und nahm den Namen Pius II. an. Er beschloß, sich selbst und zugleich die päpstliche Macht über jeden Widerstand zu erheben. In seiner Bulle *Execrabilis et in pristinis tem-*

poribus inauditis (1460) erklärte er die konziliare Theorie für ketzerisch und schaffte das Konzilwesen ab! Hinfort gab es keine parlamentarischen Diskussionen zu diesem oder jenem Dogma mehr, keine Konsultation der Kardinäle! Wie ein gebranntes Kind das Feuer scheut, so stellten die Kardinäle nach seinem Tod und vor der Wahl seines Nachfolgers Regeln auf, die ihnen das Recht einräumten, ihre Meinung kundzutun, die päpstliche Macht zu beschränken und im Zaum zu halten. Vergeblich: Ihr neues Oberhaupt, Paul II., setzte sich darüber hinweg, säuberte die vatikanischen Strukturen, löste das Kollegium der Abbreviatoren – die Apostolische Kanzlei, in der die päpstlichen Breves entworfen wurden – auf, und als der Humanist Platina Einspruch zu erheben wagte, ließ er ihn in den Kerker werfen und foltern.

Diese göttliche und megalomane Trance, in der das Papsttum sich und den christlichen Westen zu halten versuchte, war so ausgeprägt, daß sich Männer mit einer langen Erfahrung im Umgang mit der Macht (will sagen: die Päpste) sorglos darin eingerichtet hatten, augenscheinlich ohne den leisesten Gedanken daran, daß sie vielleicht eines Tages daraus erwachen müßten. Die Gottesidee ist zwar hegemonial, aber man könnte rückblickend doch darüber ins Staunen geraten, daß dieser maßlose Ehrgeiz nie von Zweifeln angenagt wurde. Die einzig denkbare Hypothese ist, daß ihr Machtinstinkt zu stark war, um überhaupt wahrzunehmen, daß es außer der päpstlichen Weltherrschaft noch andere Themen gab.

Politische Ereignisse führten zum ersten Versuch einer Reaktion. Die päpstliche Kurie wurde reformiert, und man gründete neue religiöse Orden unter dem Einfluß des römischen Ordens der Oratoriums der Göttlichen Liebe. Aber das tatsächliche Resultat war, daß sich der Vatikan in eine überbordende bürokratische Adminstration verwandelte, die vollständig in italienischer Hand lag und durch Korruption und Pflichtverletzung oder durch Obstruktion gelähmt wurde.

Der zweite Grund für die Ohnmacht des Papsttums liegt in der Frage, die man sich seit Beginn des 3. Jahrhunderts allzuoft stellen mußte, welches denn eigentlich der wahre Papst war, weil es Gegenpäpste im Überfluß gab. Einunddreißig[9] waren es schon vor der Komödie von Avignon mit ihren schismatischen Päpsten, dem Kardinal Robert von Genf (Clemens VII.), Pedro de Luna (Benedikt XIII.), Gil Sánchez Muñoz (Clemens VIII.), Bernard Garnier (der unter dem Namen Benedikt XIV. die einzigartige Stelle eines Gegen-Gegenpapstes besetzte), ohne die beiden Päpste der konziliaren Opposition, Alexander V. und Johannes XXIII., zu zählen. Der letzte war Felix V., der zehn Jahre, von 1439 bis 1449, amtierte. Schweigen wir über das Unglücksjahr 687, das drei Päpste zur selben Zeit sah: Konon, Theodor und Paschalis, und erst recht über die drei Päpste von Avignon, Benedikt XII. (1334–1342), Clemens VI. (1334–1352) und Innozenz VI. (1352–1362).

Wie stark konnte unter diesen Umständen die geistliche Macht des Papsttums schon sein? In der Tat erhob sich ein solcher Widerstand, daß Gregor IX. (1227–1241) die Inquisition einsetzte. Was die kirchliche Macht durch die Tugend des Gehorsams nicht bewirken konnte, beschloß sie, durch blanken Terror zu erreichen. Es gab damals eine starke antiklerikale Bewegung, die kaum oder keine Berührungspunkte mit den Ketzern besaß. Sie verhärtete sich zusehends, denn die Folter im Dienst des Glaubens ist eine der barbarischsten und unchristlichsten Ideen der Welt; keine frühere Religion hat sie je gekannt. Man wagt sich nicht vorzustellen, was Jesus dazu gesagt hätte, um so mehr, als die Inquisitoren außer von Verfolgungswahn oft auch von nackter Habgier getrieben wurden, da sie sich der irdischen Güter jener bemächtigten, die sie auf den Scheiterhaufen schickten.

Dennoch stellte die Inquisition bloß *eines* der Symptome der Zerbrechlichkeit und vor allem der Unfähigkeit der Kirche dar, die Botschaft Jesu allein durch das Wort und durch das gelebte Beispiel zu verbreiten. Ein weiteres bestand in ihrer Verschlossenheit gegenüber der Entwicklung der Welt. Ihre obersten Diener ruhten zwar fest in ihrer entschlossenen Ablehnung gegenüber allen Änderungen und Zweifeln, aber die Verletzlichkeit der Kirche resultierte aus ihrer Starrheit. Sie hatte Gott für sich allein beansprucht, und weder ihre Worte noch ihre Taten gaben ihr das Recht dazu. Daß die Liebe zu Gott diese Zwänge und Maskeraden überlebt hat, zeigt nur, wie stark das Bedürfnis nach ihm ist.

Allein im 15. Jahrhundert erschütterten vier Ereignisse die Autorität Roms in ihren Grundfesten. Sie mußten auch den Blick verändern, den der abendländische Mensch von nun an zu diesem unfaßbaren Gott erhob, der bis dahin nach den einengenden Vorschriften des europäischen Christentums verehrt worden war.

1. 1450: Die auf den deutschen Landtagen vorgebrachten Beschwerden betrafen die Bevormundung der Laien durch die Theologie, die Forderungen und die Habgier der Päpste, den unmoralischen Reichtum der Kirche, die dem Zugriff der weltlichen Rechtsprechung und der Steuern entzogen bleibt, die Arroganz der »Gottesfürsten«, das heißt der hohen Geistlichkeit, ihrer Korruption und ihrer Pfründe, das unmoralische finanzielle Ablaßsystem, die krasse Ignoranz der niederen Priesterschaft ohne jede theologische Bildung. Ein Beispiel belegt den überbordenden römischen Einfluß: Allein die Stadt Köln, die bloß 30 000 Einwohner zählte, hatte 19 Kirchen, 100 Kapellen, 22 Klöster, 12 Hospize. Es gab hundert Feiertage im Jahr. Einer von neun Deutschen war ein Geistlicher. Die Kirche ist das Opfer ihrer weltlichen Macht. Die Reformation war kein Dreivierteljahrhundert mehr entfernt. Für die Deutschen und die künftigen Reformierten wohnte Gott nicht mehr in Rom.

2. 1453: Konstantinopel wird mit all seinen Kirchen, Bibliotheken und seinem Ruhm von den Türken erobert. Am 12. Oktober 512 geboren, fällt das byzantinische Reich am 29. Mai 1453, als die türkischen Truppen von Mehmet II., dem Eroberer, in Konstantinopel einmarschieren. Ein erstaunliches Kapitel der Geschichte von Gott endet unter türkischem Kanonendonner. Wieder einmal ändert der Schöpfer seinen Namen, er nennt sich nun Allah, und aus der berühmten Kathedrale Hagia Sophia wird eine Moschee. Ein Detail, das für sich spricht: Über

der kaiserlichen Säulenhalle kann man noch immer das Mosaik bewundern, das einen Christus in majestätischem Ornat zeigt, der von Kaiser Leon VI. auf Knien angebetet wird. Das ist weiter nicht erstaunlich, die Moslems verehren Jesus als einen Propheten; sie haben das Mosaik nicht zerstört.

So entstehen zwei große religiöse und politische Zentren, die den christliche Westen bedrohen: Istanbul, das ehemalige Konstantinopel, im Herzen eines gigantischen Reiches, das Teile Europas, Afrikas und Asiens umspannt, und Moskau, das als Erbe von Byzanz zum »dritten Rom« geworden ist. Das christliche Europa hat nicht nur den Zugang zum Schwarzen Meer verloren, sondern mit dem Asowschen Meer zugleich auch den Zugang nach Indien. Und es wird sich den bedrohlichen Bildern eines orthodoxen und eines islamischen Gottes stellen müssen, die beide ihre Heerscharen besitzen und beachtlich die Schwerter schwingen können. Der Gott der Christen steht im Schach.

3. 1492: Auf der Suche nach einem neuen Weg nach Indien entdeckt Christoph Kolumbus Amerika. Zunächst einmal wird diese Entdeckung Spanien Reichtümer einbringen, aber auf längere Sicht verschafft sie ganz Europa Kenntnis der wahren Ausmaße der Welt. Andere Kulturen und andere Götter werden ihm einen immer weiteren Horizont eröffnen, wo der Vorrang des westlichen Christentums sich zunehmend abschwächt. Bis Paul Valéry im 20. Jahrhundert den berühmten Satz prägen wird: »Wir anderen, Zivilisationen, wir wissen jetzt, daß wir sterblich sind.« Das christliche Europa ist nur noch ein Kontinent unter fünfen.

4. Schließlich bestreitet das Kapital der Politik mehr und mehr die Macht. Und es ist gegen politischen Druck, wie der Vatikan ihn bisher meisterlich ausübte, unempfindlich. Ebenso immun ist es gegen Ideologien, und – was am allerschlimmsten ist für eine Macht, die es in Schach halten möchte – es ist an keinen geographischen Ort gebunden. In der Tat erreicht die europäische Finanzwirtschaft ihren ersten Höhepunkt in eben jenem 15. Jahrhundert. Ein neuer Geldadel beginnt bereits den

alten erblichen Adel zu verdrängen. Im 14. Jahrhundert war die Kirche die größte Wirtschaftsmacht der westlichen Welt. Sie profitierte von der Steuerfreiheit in allen Staaten Europas seit 1294 und hatte sich wunderbar bereichert, was sie jedoch nicht daran hinderte, ihrerseits mit Hilfe der Großhändler und der Tempelritter, die zum Lohn für ihre Dienste Renten und Privilegien erhielten, Abgaben einzutreiben.

Aber seit dieser Zeit haben sich Händler und Bankiers selbständig gemacht, und in Genua, Florenz, Augsburg, Antwerpen, London entstanden die ersten großen Finanzdynastien. Im 15. Jahrhundert trat mit dem Handelsbankier eine neue Figur auf, der im sogenannten Verlagssystem die Produktion in Manufakturen finanzierte und Fertigprodukte, wie Maschinen, Artikel aus Seide und Glas und andere Waren, vertrieb. Monopole für Bergbau und Fabrikation entstanden.

Die Geburt des Kapitalismus stand bevor und sollte später von den Reformierten, Lutheranern und Calvinisten dominiert werden, was den Lauf der Geschichte des Westens und der ganzen Welt änderte. Wie Max Weber, einer der größten Denker seiner Zeit, in seinem Aufsatz »Die protestantische Ethik und der Geist des Kapitalismus« in bewundernswerter Weise dargelegt hat, glaubt der Reformierte nur an das Heil durch Arbeit. Die Bruchlinie verläuft zwischen der lateinischen und der reformierten Welt: Der Protestant arbeitet von morgens bis abends bis zum Umfallen und wird dadurch reich; der Katholik hingegen glaubt an das Heil durch die Sakramente. Den Beweis erbringt das 20. Jahrhundert: Der Kapitalismus ist protestantisch, und sein Triumph zeigt sich am Niedergang des Katholizismus. »Gott macht reich«, sagt ein protestantisches Sprichwort. Aber sind denn die Armen keine Christen? Nie stand man dem Geist Jesu und dem ursprünglichen Gott ferner.

Der neue Geldadel war liberal, fortschrittlich und gegenüber neuen technischen Verfahren äußerst aufgeschlossen. Deswegen gedieh die Wissenschaft am besten im Norden, weit weg von den theologischen Zwängen der katholischen Kirche, die keinerlei Wissenschaft duldet, soweit sie nicht mit der Theologie konform ist. Diese Entwicklung führte nach der Reformation in eine Spaltung Europas – hier die katholischen Staaten, dort die reformierten. Zusätzlich zur Anbaugrenze für Wein und Olivenöl entstand in Europa eine Wissenschaftsgrenze. Die naturwissenschaftlichen Entdeckungen wurden seit der Reformation und erst recht nach der Aufhebung des Toleranzediktes von Nantes und den Dragonaden von Ludwig XIV., die die protestantischen Eliten nach Deutschland und in die Niederlande vertrieben, in Nordeuropa gemacht. Der Gott der Katholiken sollte die Naturwissenschaften nicht lieben, ganz im Gegensatz zu dem der Reformierten.

Die christliche Ideologie, die Rom seit dem 13. Jahrhundert verbreitet, ist der Thomismus, die Doktrin des heiligen Thomas von Aquin, ein universelles und totalitäres System, das alles erklärt, alles regelt und alles dem Gehorsam gegenüber der heiligen Schrift unterwirft. Der Thomismus ist ein Determinismus ohne Fehl: Die Vernunft und der Glaube müssen übereinstimmen, und was nicht dem Glauben entspricht, ist nicht vernünftig. Von Aristoteles inspiriert, verkündet er, ohne zu schaudern: »Der Beweis Seiner [Gottes] Existenz ist notwendig und möglich. Er ist notwendig, weil die Existenz Gottes nicht evident ist.«[10] Diese Überlegung macht den Gottesbeweis möglich: Weil Gottes Wesen unendlich und unfaßbar ist, »müssen wir diese Existenz, die wir nicht feststellen können, mit Hilfe der Überlegung erschließen«. Das ist die Grundlage des *credo quia absurdum,* und es ist zugleich eine Tautologie, die alle Erkenntnis der theologischen Autorität nach dem Motto unterwirft: Ich postuliere, daß Gott existiert, also werde ich es dadurch beweisen, daß ich es nicht beweisen kann; und wer mich kritisiert, ist unvernünftig.

In der Frühgeschichte des wissenschaftlichen Erkenntnisgewinns, in der Thomas von Aquin anzusiedeln ist, war es ihm gestattet, die Idee einer Naturtheologie zu entwickeln, die er beispielsweise aus der Beobachtung von Tieren ableiten wollte. Um die Institution der Ehe zu verteidigen, brachte er vor, daß selbst bei den nicht vernunftbegabten Tieren das Männchen während der zur Aufzucht der Jungen notwendige Zeit beim Weibchen bleibt, und kam zu dem Schluß, daß »das Fundament der Moral die menschliche Natur selbst« sei, eine idealistische Vision, die er von Aristoteles und Plato übernommen hat. Thomas hatte bestimmt nie das Verhalten von Großkatzen studiert, bei denen die Jungen ausschließlich von den Weibchen aufgezogen werden, und die gesamte moderne Verhaltensforschung widerlegt seine vorgefaßten Meinungen über das »Gesetz der Natur« mühelos. Wenn man die Grundzüge der Moral in der menschlichen Natur finden will, liefe das darauf hinaus, zu sagen, der Krieg sei moralisch. Dennoch überdauerte das Konzept dieses »Naturgesetzes« in der katholischen (und der protestantischen) Verhaltensforschung noch jahrhundertelang, weil es dem gesunden Menschenverstand zu entsprechen schien.

Für den Thomismus ist die wahrnehmbare Realität eine Kausalkette, an deren Gipfel Gott steht. Alle Handlungen der natürlichen Körper streben darin auf einen Endzweck zu. Aber welchem? Wenn Gott der Endzweck des Menschen ist, was ist dann der Endzweck Gottes? Seitdem sich im 16. Jahrhundert wissenschaftliche Erkenntnis wie etwa jene des Kopernikus unabhängig von den Zwängen der Religion zu verbreiten begann, verblaßte dieser Endzweck und verschwand sogar ganz. Jeder mag sich nun vorstellen, was er will, wie zum Beispiel Bernardin de Saint-Pierre, der darüber in Entzücken geriet, daß der Schöpfer die Melonen mit Linien versehen hatte, damit man sie im Familienkreis gerecht aufteilen konnte. Da der Thomismus darüber hinaus postuliert, daß Gott alle Eigenschaften dessen, was er geschaffen hat, kennt, stieg die Perplexität der Forscher im selben Maß wie die Entdeckungen der Naturwissenschaften: Wozu dienen die von Galileo Galilei 1610 entdeckten Sonnenflecken? Wozu die 1673 von dem Holländer Antony van Leeuwenhoek entdeckten Bakterien? Und was sind die Spermatozoen, die derselbe Leeuwenhoek vier Jahre später entdeckt? Lange Zeit hatten die kirchlichen Autoritäten die Sünden der Menschheit für Naturkatastrophen, Epidemien, Erdbeben Überschwemmungen verantwortlich gemacht, aber nachdem Beobachtung und Reflexion zeigten, daß weder Gebete noch Reue sie verhindern oder aufhalten konnten, mußte man eingestehen, daß die religiösen Erklärungen nicht immer die richtigen waren. Die Kirche zog übrigens Konsequenzen: die Zahl der römisch-katholischen Seligsprechungen wurde 1614 von 88 auf 15 reduziert.

Wieder einmal kann die Perspektive verzerrend wirken, und man mag nicht so sehr über die Starrheit des Katholizismus in Glaubensdingen staunen als vielmehr über seinen Anspruch auf Weltherrschaft. Der aber ergab sich zwangsläufig. Das römische Recht und die hellenistische Philosophie waren die Paten des Christentums. Es gab keine anderen. Seit dem 1. Jahrhundert u. Z. kannten die Christen nur ein einziges Rom. Und seit dem 2. Jahrhundert gab es für die Christen nur ein Ziel, nämlich das Römische Reich zu bekehren. Als das unter Konstantin erreicht war, hatte Rom das Christentum ebensosehr erobert wie das Christentum Rom. Man mußte doch regieren, und das geschah in den administrativen und juristischen Strukturen des Römischen Reichs. Auch hier gab es keine anderen, die Evangelien waren schließlich keine Regierungsverlautbarungen. Aber die Strukturen waren nicht jene der römischen Republik, sondern die des kaiserlichen Imperiums; dieses war schon zentralistisch, nun wurde es totalitär. Der christliche Kaiser, der *basileus*, stand dem Papsttum als König der Welt Modell.

Ebenfalls seit dem 2. Jahrhundert trat das Christentum in engen Kontakt zur hellenistischen Kultur. Auch hierin konnte es gar nicht anders – im gesamten Mittelmeerraum sprach man griechisch. Angefangen bei Lukas, der Griechisch als Muttersprache sprach, über den Evangelisten Johannes, der seine Konzepte und Terminologie von den Griechen übernommen hatte, von Saulus-Paulus ganz zu schweigen, der Hebräisch offenbar nicht mochte. Gilson, einer der besten Kenner der Geschichte des Urchristentums, bemerkt zu dessen Anfängen, daß das Johannesevangelium mit der Erklärung beginnt: Im Anfang war das Wort, ὁ λόγος. Später wird es von Jesus heißen, er sei »das fleischgewordene Wort«. »Dieser griechische Begriff des Logos ist deutlich philosophischen, hauptsächlich stoischen Ursprungs«,[11] meint Gilson und fragt, wer nun wen absorbiert habe, der Hellenismus das Christentum oder umgekehrt.

Als Erbe der Machtinstrumente des Römischen Reichs übernahmen die Christen dazu also auch die griechische Philosophie und hauptsächlich deren Logik. Es konnte gar nicht anders sein: Die beiden Lehrer, die das Denken des entstehenden Christentums prägten, waren Plato und Aristoteles. Plato orientierte sich am metaphysischen Monotheismus, Aristoteles war Determinist. Ihr Einfluß hielt jahrhundertelang an, noch im 13. Jahrhundert dachte ein Thomas von Aquin aristotelisch und deterministisch.

Auf dem Postulat, daß mit der Ankunft Jesu die Welt christlich geworden sei, daß sie nur christlich sein könne und restlos christlich werde, baute man eine Wissenschaft auf. Diese Theologie, die »Lehre von der Gottheit und den göttlichen Dingen«, sollte vor einer ungeheuren und vielleicht unüberwindlichen Schwierigkeit stehen, nämlich die Werkzeuge der Logik auf das grundlegend Irrationale, die Offenbarung, anzuwenden. Damit gab sie die Einheit der Christenheit preis. Wie wir gesehen haben, ließen die Urteile der Kirche in den ersten Jahrhunderten Schismen und Häresien ohne Ende entstehen. Die Folgen sind heute noch an den Gegensätzen zwischen den orthodoxen Kirchen und dem Vatikan feststellbar.

Schließlich und vor allem ließ das autoritäre Gebaren *ex cathedra* aller Kirchen zwischen der Geistlichkeit und den Gläubigen eine Wand entstehen, die für lange Zeit die Sicht auf Gott verstellte. Die äußeren Umstände und die weltlichen Motive, die die Reformation auslösten, können kaum verbergen, daß der tiefere Grund dieser Umwälzung in dem Willen bestand, die Bibeltexte nach eigenem Gewissen auszulegen. Es ist wahrscheinlich kein Zufall, daß die beiden katholischen Theologen, die heute eine Kirchenreform verlangen (und denen der Vatikan die Lehrbefugnis entzogen hat), Hans Küng und Eugen Drewermann, in Deutschland beheimatet sind.

Gott wurde also ein Römer jüdischer Herkunft, von griechischer Kultur durchtränkt. Der augenscheinlichste Einfluß der Kulturen auf das Bild Gottes: Der römische Gott wird sich in Rom niederlassen, der griechische bleibt im Osten.

Offensichtlich konnte er nicht mehr universal sein. Knapp sieben Jahrhunderte nach der Geburt Jesu kam Mohammed zur Welt. Und ein Jahrtausend später brachte die islamische Expansion die christliche Welt in große Bedrängnis. In Wien tanzte man 1830 Walzer, während nur wenige Tagesritte entfernt die Türken standen und Bosnien-Herzegowina, Serbien, Bulgarien, Rumänien, Rumelien und ganz Makedonien in ihrer Hand hatten. Aber da waren auch noch China, Japan, Indien und der Rest der Welt. Die ersten Missionare hatten davon geträumt, sie zum Evangelium zu bekehren und so den hegemonialen Wunsch Roger Bacons zu erfüllen. Dieser Traum ist offensichtlich hoffnungslos. Im 5. Jahrhundert regierte das Christentum das, was man damals »die zivilisierte Welt« nannte (obwohl es beispielsweise auch in China weder an Philosophen noch an Ingenieuren mangelte). Im 20. Jahrhundert stellt es nur noch einen Fünftel der Weltbevölkerung.

Und dennoch ist Gott allen Grenzen entkommen, die die Menschen mit ihren Diskursen und Kulten zu ziehen beabsichtigt hatten. Das menschliche Bedürfnis nach Gott ist heute so gut zu fühlen wie gestern, wenn auch manchmal auf Umwegen, wie man besonders im christlichen Westen mit seinen exotischen Vorlieben sieht. Wie wird man Ihn anrufen? In seinem bereits erwähnten Aufsatz »Die protestantische Ethik und der Geist des Kapitalismus«[12] erklärt Max Weber die »Entzauberung« der heutigen Welt dadurch, daß der aus der Reformation hervorgegangene Puritanismus die Möglichkeit, durch die katholischen Sakramente gereinigt wiedergeboren zu werden, ausgeschlosssen hat. Weber benutzt das Wort »Entzauberung« im Sinne einer »Ablehnung der sakramentalen Magie als Heilsweg«. Vielleicht geht heute diese »Entzauberung« zu Lasten der Tröstung, denn die christliche Religion verströmte seit Anbeginn eine ungeheuer tröstende Kraft. Diese Kraft war auch einer der Gründe, warum das Christentum über den Mithras-kult obsiegte: Jesus nahm den Schmerz der Entrechteten auf sich. Nicht einmal die Atheisten, oder jene, die sich so nennen, können sich über diesen Verlust an Trost freuen.

Ein Echo der verlorenen Verzauberung finden wir im »Aske-tischen Diskurs« des heiligen Nilus von Ankyra (Ankara), eines byzantinischen Apologeten des 5. Jahrhunderts und Protegés von Johannes Chrysostomos:

> »Die Eigenschaft einer reinen Seele ist es, aller Sorgen ledig zu sein; während die Seele des Heiden von Sorgen geplagt wird. In der Tat sagt man von der reinen Seele, sie sei ›eine Lilie inmitten von Dornen‹, was doch zeigt, daß sie ohne Sorgen inmitten jener wohnt, die voller Sorgen sind.«[15]

Die »reine Seele« war offenbar jene, die nach den angeblichen göttlichen Vorschriften lebte. Gott war demnach zum höchsten Tröster geworden; er verkörperte die Glückseligkeit an sich, und man sagte oft, die Wüstenväter seien »trunken von Gott«, eine zweideutige, ja gefährliche Formulierung: Sie waren ei-gentlich von Gott berauscht und nahmen Karl Marx' Wort über die Religion als »Opium des Volkes« um einige Jahrhunderte vorweg. Der Weckruf der Reformation, später der Hornstoß der Französischen Revolution waren ernüchternd im wahrsten Sin-ne. Das ist einer der Aspekte dessen, was man zu Recht die »Entzauberung« nennt.

Es werden jedoch Anstrengungen unternommen, um die Verzauberung zu beleben. Manche schlagen vor, die Religion unserer Zeit anzupassen, damit sie wieder werden könne, was sie einmal war. Das heißt, sie verlangen eine neue, noch viel radikalere Reformation als die letzte. Aus mindestens zwei Gründen wird es wohl beim Wunsch bleiben: Zum einen war es gerade die Reformation, die zur »Entzauberung« führte; zum anderen scheint eine neue Reformation unwahrscheinlich: Als Küng und Drewermann eine neue Entschlackung der Lehre und den Abschied von der Scholastik anregten, nicht zwecks demagogischer Simplifizierung, sondern um eines neu gestärkten Glaubens willen, dem Geist und nicht dem Buchstaben der Lehre Jesu gemäß, kamen sie in Konflikt mit dem Vatikan. Der reformatorische Geist, der 1955 leise zu wehen begonnen hatte, als Pius XII. in einer Rede Juristen zur Toleranz aufrief, und die Blitze wohlwollenden Verständnisses, die dank Johannes XXIII. das II. Vatikanische Konzil erhellten, waren vergessen. Die Kurie beeilte sich, die Fenster zu schließen, und sie wird sich nicht ändern. Am Ende dieses Jahrhunderts warten wir immer noch, daß die Worte von Johannes Paul II. über die »Verantwortung der Christen an den Übeln unserer Zeit«[14] in die Gewissen dringen.

Dies ist das Erbe von Byzanz: Verhüllung und Entzauberung. Müssen wir aus dem heutigen status quo schließen, die katholische Kirche werde Gott für immer und ewig mit dem historischen dogmatischen Gebäude gleichsetzen, das seit Saulus-Paulus Stein um Stein errichtet wurde? Man glaubt den Schrei von Boris Godunow zu hören, der sich an seinen Thron klammert: »*Ya tsar estcho!* – Noch bin ich Zar!« Aber Gott bleibt unfaßbar und ungreifbar: Das sagte schon Jesus, als er am Tempel vorüberging.

Die Gnostiker oder die Menschen, die Gott werden wollten

Schon seit langer Zeit bewiesen Männer und Frauen überall auf der Welt, daß es unmöglich ist (oder zumindest ihnen unmöglich war), die Gottheit auf den ausgetretenen Pfaden etablierter Religionen, mit Opferungen, Gebet oder Diskurs, zu finden. Die Verehrung des Gottes der Vorväter zu übernehmen ist eine soziale Handlung, die persönliche Überzeugung nicht zwingend impliziert. Oft führt sie bloß, wenigstens in den geoffenbarten Religionen, zu einer lauen und passiven Praxis, die die Seele kaum nährt. Das religiöse Gefühl jener Menschen war jedoch sehr lebhaft. Sie waren einfach überzeugt, daß es »Abkürzungen« zu Gott gebe, Arten, sich zu ihm zu erheben und selbst mit ihm zu verschmelzen.

Wir müssen zwei Arten solcher Abkürzungen unterscheiden. Für manche war es nicht möglich, die höchste Realität (die transzendente Definition der Gottheit) anders als durch ein gewaltsames und leidenschaftliches Sicherheben des ganzen Wesens wahrzunehmen. Nur so könne man zur höchsten Erkenntnis, der Gnosis (griechisch γνῶδις), vordringen. Diese Erkenntnis war, wenn man jene richtig versteht, die davon sprechen, keinerlei Resultat einer intellektuellen Tätigkeit, sondern eine buchstäblich physische Offenbarung, nach der heiligen Teresa von Ávila zum Beispiel eine Erleuchtung des Wesens durch das göttliche Licht – oder auch nach dem Zeugnis von Paul Claudel, den der Glaube aus heiterem Himmel packte, als er in der Nähe eines Pfeilers der Notre-Dame-Kathedrale von Paris stand. Diese Leute wären als Mystiker zu bezeichnen.

Laut anderen sollen (und werden) die Abkürzungen durch die »intuitive« Erkenntnis gewisser altüberlieferter Geheimnisse und Methoden zugänglich wie etwa der Numerologie oder

Zahlenmystik, der Astrologie, verschiedener Arten der transzendenten Meditation, Atemtechniken, gewisser sexueller Praktiken und so weiter. Die Alchimie ist ein berühmtes Nebenprodukt dieser Glaubensrichtung, die wir hier die »Große Geheimnistheorie« nennen wollen. Diese Leute könnte man »Eingeweihte« nennen. Ein Bestseller der Jahrhundertwende, *Die großen Eingeweihten* von Edouard Schuré[1], unternimmt den illusorischen Versuch, Jesus und Leonardo da Vinci zu »Eingeweihten« zu erklären.

Beide Gruppen bezeichnet man heute als »Gnostiker«. Sie unterscheiden sich im allgemeinen voneinander; die Anhänger der mystischen Offenbarung geben sich kaum der alchimistischen Spekulation hin, die »Eingeweihten« kaum der Suche nach der Offenbarung. Eines aber verbindet die beiden Richtungen: die Überzeugung, daß Materie etwas »Schlechtes« oder zumindest »Unreines« und allein das Spirituelle »gut« sei. Alle gnostischen Strömungen sind im Grunde dualistisch; das ist ihr eigentliches Merkmal. Den Mystikern erlaubt die direkte Offenbarung, die engen Schranken der Materie zu durchbrechen und sich Gottes Licht entgegenzustürzen. Den »Eingeweihten« erlaubt die Kenntnis von Geheimnissen, in der Materie die Strukturen des göttlichen Willens zu erkennen und, im Falle der Alchimie, Blei in Gold zu verwandeln, was sowohl im symbolischen wie auch im wörtlichen Sinne zu verstehen ist: eine Art der Erlösung der niedrigen Materie. Sieben Jahre seines Lebens widmete Isaac Newton diesem Unterfangen und hätte darüber beinahe den Verstand verloren.

Diese Strömung (deren psychologische Wurzeln in einem anderen Kapitel analysiert werden) hat eine beträchtliche Literatur hervorgebracht, umfangreich, heterogen und oft auch verwirrend in ihrer Ausgefallenheit, die sich über Jahrhunderte hinwegspannt. Zwar hat die katholische Kirche eine große Menge von Texten, die auf ihr Gebiet vordrangen, vernichtet, aber es ist doch, über Zeugenaussagen hinaus, genügend davon erhalten geblieben, um sich eine Vorstellung zu machen.

Die Gnostik ist ein Phantom, das alle Kulturen und Religio-

nen heimsucht. Der mathematische und metaphysische Pytha-
gorismus des 5. Jahrhunderts v.u.Z. und der Neuplatonismus
von Plotin im 2. Jahrhundert u. Z. sind Resultate des Gnostizismus, und wir finden Vorläufer der Gnostik im tibetanischen
Buddhismus mit seinen hypnotischen Mantras so gut wie im
islamischen Sufismus. Die (mystischen) Evangelisten Johannes
und Thomas sind davon geprägt, aber der *Roman de la Rose
(Rosenroman)* von Guillaume de Lorris sowie Jean de Meung
und Richard Wagner sind es, mit einigen Jahrhunderten Abstand, auch. Die jüdischen Kabbalisten des Mittelalters sind
(eingeweihte) Gnostiker, ebenso wie die »Essener« des 1. Jahrhunderts[2], die Katharer, die heutigen Rosenkreuzer[3] und die
Theosophen Anfang unseres Jahrhunderts, die Schamanen Sibiriens und Nordamerikas und die Hexer Afrikas (alles Mystiker), und wir können mit einigem Recht annehmen, daß der
Voodoo-Kult, die islamischen *Sar* und *Sikr* ebensosehr (mystische) Emanationen des weltweiten Gnostizismus sind wie die
Hypothesen gewisser heutiger Physiker. Die unerschöpflichen
zeitgenössischen Fleiß- und Nachtarbeiten über das »Geheimnis« der ägyptischen Pyramiden sind Nebenprodukte des Gnostizismus, genauso wie die extravaganten Berechnungen von
Sigmund Freud und seinem Arzt Wilhelm Fliess über die exi-
stenzbeherrschenden numerologischen Zyklen.

Ob transzendent oder intellektuell, die Gnosis hat die Eigenart, sich um den theologischen Diskurs zu ranken. Eine gnostische Kirche gibt es eigentlich nicht (aber es hat Ausnahmen
gegeben). Ursprünglich ist der Gnostizismus ein religiöses Gefühl des Unaussprechbaren. Sein Gott bleibt ohne Definition,
ist weder unitarisch noch trinitarisch, sondern ein letztes, über
alle Wörter erhabenes Wort. Wie wir noch sehen werden, ist
diese zusammengewürfelte heterogene Bewegung übrigens erstaunlich biegsam und geschmeidig. Deshalb konnte sich der
Gnostizismus dem frühen Christentum anpassen, wie er sich
zuvor dem Hermetismus der Alchimisten und anderen esoterischen Lehren angepaßt hatte.

Es wäre vergebliche Mühe, den Ursprung der Gnosis suchen

zu wollen. Einige wollten ihn in Ägypten sehen, andere in Babylon, im Iran, in Indien; aber man kommt rasch zu der Erkenntnis, daß die Gnosis universal ist, weil sie eine spontane Art und Weise ist, das Bedürfnis nach Gott zu stillen. Es gab auch Zentren des Gnostizismus, die so aktiv waren, daß ihr Licht die übrige Welt erhellte. Die Gnosis ist auch eine individuelle Art und Weise, dem Bedürfnis nach Gott zu entsprechen, und dies ist der Grund, warum die etablierten Religionen die Gnostiker immer voller Mißtrauen und manchmal Abneigung betrachten. Im 10. Jahrhundert verfolgte der Islam seinen großen mystischen Gnostiker Husain ibn Mansur al-Halladj und tötete ihn schließlich, und die katholische Kirche verwandelte Montségur, die letzte Festung der Katharer, in einen riesigen Scheiterhaufen. Der Gnostizismus ist tatsächlich die größte Gefahr für die institutionellen Kirchen: Er stellt deren gesamte Existenz in Frage, denn wenn jeder ohne die Hilfe von Theologie oder Priestern direkten Zugang zu Gott findet, wozu sollten sie dann noch nützen?

Eine allgemeine Geschichte der Gnosis wäre zweifelsohne so umfangreich wie dieses Buch. Wir müssen uns hier also auf einige Beispiele beschränken, um einen universalen Zugang zu Gott zusammenfassend darzustellen. Wir werden uns vor allem mit dem christlichen Gnostizismus beschäftigen, also mit Schriften, die den Evangelisten Johannes und Thomas zugeschrieben werden, mit Jesus selbst sowie mit einer herausragenden Figur des Urchristentums, dem Häretiker Markion (Marcion) und mit seiner unmittelbarsten Quelle, dem Masdaismus.

Dieser wurde bereits in einem früheren Kapitel beschrieben.[4] Er ist die reformierte iranische Religion, von Zarathustra auf der Basis der alten vedischen Religion der indischen Arier begründet. Der Masdaismus drängt sich als erste Quelle des christlichen Gnostizismus auf, weil er die erste systematisch dualistische Religion der Geschichte ist: Die Oberwelt wird von Ahura Masda regiert, dem Guten Gott, die Unterwelt von Ahriman, dem Bösen Gott. Weder sagt der Masdaismus, die materielle Welt sei schlecht, noch behauptet er, die geistige sei die einzig gute, weil der Mensch ein göttliches Ich in sich trägt, das *fravashi*, und frei ist, Gott oder dem Teufel zu folgen. Leib und Seele bilden eine unteilbare Einheit. Ja, der Masdaismus empfiehlt, den eigenen Körper zu genießen und zu pflegen, und erklärt den Asketismus zur Sünde. Deswegen wird er auch als »fröhliche Religion« bezeichnet: In dem Monat, wo man den Gott des Jüngsten Gerichts feiert, wird heiteres Lächeln empfohlen! Dennoch führte die Einteilung der Welt in antagonistische Kräfte später zu radikaleren Formen des Dualismus wie unter anderen etwa jener des »Essenismus« im 2. Jahrhundert v. u. Z.

Der direkte Zugang zur Gottheit, Kennzeichen des Gnostizismus, wird bei dem Masdaisten durch den bereits erwähnten halluzinogenen Trank *haoma* oder *soma* der vedischen Religion erlangt. Er garantiert die Unsterblichkeit am Weltenende, nach dem Gericht und der letzten Opferung. Er läßt die Feiernden an der Natur des Göttlichen teilhaben. Die Visionen, die er während einiger Stunden eingibt, sind in gewisser Weise ein Muster der künftigen, ewigen Ekstase. Zarathustra bezeichnete den Trank als »Abfall«; sein Verbot zeitigte offensichtlich jedoch keine Wirkung, denn *haoma* wurde auch danach noch lange Zeit weiter getrunken.

Die gegen Ende des 3. Jahrhunderts v. u. Z. in den jüdischen Glauben eingeführten Elemente des Masdaismus wurden von einem Teil Bevölkerung aufgenommen, der die Autorität der Priesterschaft von Jerusalem ablehnte, die sie als Hellenismus, und somit dem mosaischen Gesetz untreu, einschätzte. Dieser Bevölkerungsschicht gehörten die »Essener« an.[5] Die Schriftrollen vom Toten Meer erwähnen zwar Meditationssitzungen, die das Wesen dem göttlichen Licht öffnen sollten, nicht ausdrücklich. Aber sie sind noch nicht vollständig entziffert, geschweige denn veröffentlicht, und einige Stellen der Manuskripte aus Höhle 4 deuten darauf hin, daß die »Essener« sich mindestens der Wahrsagerei hingaben. Ihrer Bewegung gehörten Leute wie der von Flavius Josephus erwähnte Onias der Gerechte an, der in Kreisen zauberkundiger Regenmacher auch

»Onias der Vorzeichner« genannt wurde. In seiner kanonischen Epistel spricht Jakobus der Gerechte, genannt der »Bruder des Herrn«, oft vom Regen, dem er Offenbarungs- und Verkündigungskraft zuschreibt. Es gibt übrigens Gründe, zu glauben, daß derselbe Jakobus der Gerechte »Himmelfahrts«-Ekstasen erlebte, die für den Gnostizismus typisch sind. Nichts belegt formell, daß er ein »Essener« gewesen wäre; doch sein Beiname »der Gerechte« weist darauf hin.

Wahrsagerei, Regenmacherkunst, »Himmelfahrts«-Ekstasen − der Gnostizismus war in Palästina schon lange vor dem Auftreten des Christentums verwurzelt. Diese Form des Zurückgreifens auf das Übernatürliche wurde zwar vom orthodoxen jüdischen Glauben verboten: Die Auslegung der Zeichen *(nihusch)*, das Lesen der Zukunft im Sand und in den Steinen *(quesem)*, die astrologische Vorhersage *(onanut)*, das Hersagen von Heilssprüchen *(hever)* wurden gemäß der Mischna, dem mündlichen Gesetz der Juden, mit Auspeitschung bestraft; dieses setzt Magie den Handlungen gleich, die zum Götzendienst gehören. Wirkungslose Verbote, da die »essenische« Bewegung sich schon vor langer Zeit vom orthodoxen jüdischen Glauben entfernt hatte. Gott selbst ist kaum unduldsamer als letzterer, was die Handlanger des Übernatürlichen betrifft, sagt er doch: »Du sollst keine Hexe leben lassen«[6], (was immerhin beweist, daß es seit den Ursprügen des jüdischen Volkes welche gegeben hatte), aber Jakobus der Gerechte betrachtete sich gewiß nicht als Hexer, sondern eher als einen Erleuchteten. Zweifellos verhielt es sich mit den anderen Aposteln ebenso, man weiß, daß die Töchter von Philippus »Prophetinnen« waren.

War Jesus ein Gnostiker? Die Frage mag unverschämt erscheinen, wenn man bedenkt, mit welchem Eifer die Kirche in Europa lange Zeit alle Spuren des Gnostizismus zu tilgen suchte, beispielsweise bei der Verfolgung und Ausrottung der Katharer. Es ist jedoch eindeutig, daß Jesus der heterodoxen Bewegung der »Essener« viel näher steht als dem jüdisch-orthodoxen Glauben. »Da die Israeliten in einer Zivilisation lebten, wo Magie ein häufiges Phänomen war, beharrt die Bibel vehement darauf, alle Formen der Hexerei zu verbieten«, heißt es im *Enzyklopädischen Wörterbuch des Judentums*. Die Bibel geht sogar soweit, für alle, die sich der Hexerei schuldig gemacht haben, die Todesstrafe zu beantragen[7], ohne zwischen Schwarzer und Weißer Magie zu unterscheiden. Weder die Bibel noch der Talmud erlauben es, der Natur den eigenen Willen aufzuzwingen. Genau das aber machte Jesus laut den Evangelisten während der gut drei Jahre seines öffentlichen Wirkens noch und noch. Allein in den vier kanonischen Evangelien zählt man 27 Wunder (und weit mehr, wenn man auch die anderen berücksichtigt), darunter zwölf Heilungen, fünf Exorzismen und drei Auferstehungen. Das ist der Grund, warum seine Feinde und Skeptiker Jesus der Zauberei verdächtigten. Die Anklage lautete auf Todesstrafe (wenigstens theoretisch, denn in Palästina wimmelte es damals von Zauberern).

Die Frage, ob diese Wunder nach Ansicht jener Epoche statthaft waren, bleibt offen, weil die christlichen Theologen sie nachträglich als Werk des göttlichen Willens selbst rechtfertigen konnten, als dessen Inkarnation Jesus galt. Sie bleibt nicht weniger offen, da die Wunder eine direkte Beziehung zwischen dem Menschen, der Jesus war, und den Naturkräften oder der Gottheit anzeigten, was auf dasselbe hinauslief. Definitionsgemäß ist ein Wunder ein übernatürliches Phänomen, Zeugnis einer bevorzugten Beziehung zur Gottheit: Es ist weit mehr als ein erhörtes Gebet, es ist die Manifestation der übernatürlichen Macht, die vorübergehend in ein menschliches Wesen fährt.

Ein weiterer Hinweis auf den Gnostizismus Jesu ist die Bezeichnung »Menschensohn«, wie er genannt wurde und wie er sich auch selbst nannte. Erinnern wir uns zunächst, daß dies der Name ist, den die den jüdischen Traditionen nahestehenden Christen vorziehen, im Gegensatz zu den hellenistisch orientierten Christen, die Jesus als »Herr« bezeichnen, *Kyrios*. Der Ausdruck »Menschensohn« findet seinen Sinn erst in der Zukunft (er gehört in einen eschatologischen Rahmen), während der Begriff »Kyrios« den Herrn der unmittelbaren Gegenwart bezeichnet. Der erstgenannte Ausdruck ist aber spezifisch gnostisch; er meint den Ersten Menschen, den vollkommenen Menschen vor der Trennung in zwei Geschlechter, den androgynen Adam, der vor der Erschaffung der Welt existierte und der am Ende der Zeiten in Christus wiedererstehen wird.

Das Bild jenes Adams, des ersten, noch reinen Menschen, nach dem Abbild Gottes erschaffen, wurde bereits bei Ezechiel im Alten Testament entworfen, der in einer Vision eine menschliche Gestalt auf einem Saphirthron sitzen sah[8], vielleicht auch im *Buch Daniel*[9], sicher aber im *Buch Enoch*[10]. Was dieser Prophet sah, war kein Engel, sondern jemand Göttliches in menschlicher Erscheinungsform, der sich von Gott unterschied, eine Art Heros auf halbem Weg zwischen der definitionsgemäß unsichtbaren Gottheit und einer einfachen menschlichen Erscheinung. Die drei Texte, die ihn erwähnen, stehen dem Gnostizismus nahe: Das *Buch Ezechiel* und das *Buch Daniel* sind außergewöhnliche Visionen, dank denen die Autoren direkten Zugang zur höchsten Realität hatten. Was das *Buch Enoch* betrifft, einen intertestamentarischen Text, so steht er in direkter Verbindung mit der Bewegung der »Essener«.

Ezechiel verdient besondere Erwähnung als Begründer des jüdischen Glaubens nach dem babylonischen Exil; als Autor der ersten bekannten Apokalypse steht er zugleich am Ursprung der sogenannten »essenischen« Bewegung, deren grundlegendes Thema war, daß die Welt zu unrein ist, um weiterbestehen zu können, und der deshalb ein schreckliches Ende bestimmt war. Mit dem beträchtlichen Platz, den das Übernatürliche in seinem Buch einnimmt, brachte er die christlichen Autoren in Verlegenheit: »Es ist nur von Visionen, Wundern, Ekstasen, Gotteserscheinungen und bizarren symbolischen Akten die Rede, die Jahwe ihm auszuführen aufträgt, um die Zukunft Israels vorauszusagen«, schreibt Georges Codino.[11] Ein Beispiel: Gott soll dem Propheten aufgetragen haben, 390 Tage lang reglos und stumm zu verharren, und dann noch einmal 40 Tage. Ezechiels Extravaganzen ließen sogar den Verdacht neurologischer Störungen wie Schizophrenie aufkommen. Der Abt Loisy, der wegen seiner allzu eigenständigen Interpretation des Alten und des Neuen Testaments exkommuniziert wurde, schrieb schon 1903 über Ezechiel, er sei »der erste Prophet, der apokalyptische Visionen niederschreibt«.

Das Thema des Menschensohns hat jedenfalls zu einem unbestimmten Zeitpunkt zwischen der letzten Redaktion des Buches Ezechiel und dem 1. Jahrhundert unserer Zeitrechnung Form angenommen. Es wurde von jenen jüdischen Sekten aufgegriffen, die in Palästina die Taufe praktizierten. Die Taufe, eigenständig und dem orthodoxen jüdischen Glauben völlig fremd, ist übrigens eines der grundlegenden Rituale der »essenischen« Bewegung.

Die Evangelisten, wenn nicht sogar Jesus selbst, bedienten sich also eines bereits existierenden gnostischen Themas. Wenn Jesus am letzten Abendmahl nach Judas' Flucht sagte: »Jetzt ist der Menschensohn verherrlicht, und Gott ist in ihm verherrlicht« (eine Erklärung, der eine verwirrende Reihe von Tautologien folgt: »Wenn Gott in ihm verherrlicht ist, wird auch Gott ihn in sich verherrlichen, und er wird ihn bald verherrlichen«[12]), bezog er sich also auf ein bekanntes, ja paradoxes Thema, wie man betonen muß, denn das Konzept des Menschensohnes ist völlig unvereinbar mit jenem des Gottessohnes, das die christliche Tradition beitrug, wenigstens gemäß der christlichen Theologie, die Jesus an der Ewigkeit Gottes teilhaben läßt.

Auch wir sollten betonen, daß die vom Gnostizismus gefärbten oder geradewegs gnostizistischen Themen in den synoptischen Evangelien nichts Außergewöhnliches sind. So in den Seligpreisungen der Bergpredigt: »Selig, die ein reines Herz haben; denn sie werden Gott schauen« (Matth. 5,8). Die direkte Gottesvision eines Menschen ist ein außerordentliches Phänomen; nur zwei Propheten, Moses und Ezechiel, haben Gott gesehen. Hier wird sie dem erstbesten Sterblichen versprochen, der ein reines Herz hat, nicht einmal einer Gestalt der Vorsehung, die wie der Prophet das Instrument Gottes ist. Es ist jedoch just eines der Ziele der Gnosis, Gott zu schauen. Wenn

Matthäus, der diese Worte Jesus in den Mund legte, dies zufällig nicht wissen sollte, so mußte es Jesus selbst wissen und erst recht die zahlreichen Kopisten, die jedes Wort der kanonischen Evangelien wieder und wieder lasen und revidierten.

Der dritte Hinweis, der dazu auffordert, die Frage zu wiederholen, ob Jesus ein Gnostiker war, bezieht sich auf eine Größe, den »Fürsten dieser Welt«, der nicht Gott ist. »Ich werde nicht nicht mehr vieles mit euch reden, denn es kommt der Fürst der Welt.«[13] Diese Worte spricht Jesus, als er weiß, daß er verhaftet werden wird, und der Fürst dieser Welt ist offensichtlich der Teufel. Es handelt sich hier um eine vollkommen dualistische und im Innersten »essenische« Vorstellung, nach der die materielle Welt dem Teufel gehört. Gemäß der christlichen Theologie ist, weil Jesus noch nicht geopfert wurde, die materielle Welt noch nicht durch ihn erlöst worden. Dies hieße, daß die Welt vor der Ankunft Jesu tatsächlich das Reich des Bösen war und die Gnostiker also recht hatten.

Zwar nehmen alle vier Evangelisten den Ausdruck »Menschensohn« auf und legen ihn Jesus in den Mund. Aber warum wird dann nur der vierte kanonische Evangelist, Johannes, des Gnostizismus verdächtigt? Zunächst einmal, weil er sich von den drei Synoptikern durch seinen allegorischen Charakter unterscheidet: Markus, Matthäus und Lukas berichten die Worte und Taten Jesu mit wesentlich weniger »Intentionalität« und viel getreuer. Johannes berichtet nur von jenen Wundern, die ihm symbolhaft erscheinen: die Heilung des Lahmen (Joh. 5, 1–16), die Heilung des Blinden (Joh. 9, 1–34), die Hochzeit von Kana (denn der neue Wein ist das Blut des Neuen Bundes) und die Auferstehung des Lazarus, die sonderbarerweise nur er erwähnt, obwohl sie doch, wenn man sich an seinen Bericht hält, eines der großen Wunder ist. Johannes ist auch der einzige, der gewisse Begriffe verwendet: der »eingeborene Sohn« für Jesus, »Logos« (das Wort, eine Bezeichnung, die er, wie gesagt, von den Griechen entlehnt hat), das »Licht der Welt« (wie Jesus sich selbst bezeichnet haben soll, Joh. 8, 12), der »Tröster« (»Geist der Wahrheit«, vgl. Joh. 14–16), das Verb »erkennen« in einer viel weiteren Bedeutung, als in den synoptischen Evangelien und in den Texten Paulus' gebräuchlich. Schließlich gebrauchte Johannes die Wörter »Leben« und »ewiges Leben« wesentlich häufiger. Zwei dieser Begriffe sind aber höcht gnostizismusverdächtig: »Eingeboren« kann sich nur auf eine einzigartige, seit jeher vorbereitete Schöpfung beziehen, die sowohl Jesus wie der oben erwähnte Ur-Adam sein kann. Und »erkennen« im Sinne einer umfassenden Gotteserfahrung ist spezifisch gnostisch.

Andere Indizien verstärken diesen Gnostizismus-Verdacht. So beginnt Johannes sein Evangelium mit den Worten »Im Anfang war das Wort« und fährt fort: »Und das Wort ist Fleisch geworden.« Indem er also Jesus mit dem »Logos«, dem Wort, gleichsetzt, definiert er ihn als seit aller Ewigkeit präexistent und schwächt seine historische Ankunft ab oder verbirgt sie gar, was mit dem Gnostizismus übereinstimmt, für den Zeit und Geschichte Illusionen sind. In den synoptischen Evangelien muß man Gott lieben, um das ewige Leben zu erlangen, während man bei Johannes an Jesus glauben muß: »Amen, amen, ich sage euch: Wer mein Wort hört und dem glaubt, der mich gesandt hat, hat das ewige Leben« (Joh. 5, 24). Noch charakteristischer ist die spezifisch gnostische Unterscheidung zwischen der unverständlichen und undurchsichtigen irdischen Welt und der erleuchteten himmlischen Welt: »Es ist der Geist der Wahrheit, den die Welt nicht empfangen kann, weil sie ihn nicht sieht und nicht kennt« (Joh. 14, 17) und »Das Licht kam in die Welt, aber die Menschen liebten die Finsternis mehr als das Licht; denn ihre Taten waren böse« (Joh. 3, 19) und »Niemand kann zu mir kommen, wenn nicht der Vater, der mich gesandt hat, ihn zu mir führt« (Joh. 6, 44).

Hat Jesus das selbst gesagt, oder ist es Johannes, der ihn das sagen läßt? Das ist eine bis heute offene Frage. Aber man erkennt leicht, daß die Gnostiker ihren Nektar aus dem Johannesevangelium saugen. Ebenfalls muß betont werden, daß die Kirche selbst Jesus durch ihre widersprüchliche Darstellung in den Verdacht des Gnostizismus gebracht hat. Sie hat jahrhundertelang und von Konzil zu Konzil auf der gänzlich menschlichen Natur des fleischgewordenen Gottes beharrt und tut dies noch heute; sie hat aber alles unternommen, um sie zu leugnen, zum Beispiel indem sie ihm ein Sexualleben abspricht, um nur damit zu beginnen. Er war Jude und Mann, also müßte er sich eine Frau genommen haben. Aber entweder tat er es, und es wurde verheimlicht, oder er tat es wirklich nicht, dann gibt er damit starken Anlaß zu der Vermutung, daß er ein Gnostiker der »essenischen« Bewegung war.

Die Zweifel bezüglich des Gnostizismus des Johannesevangeliums halten in bezug auf das Thomasevangelium keinen Augenblick stand. Bei diesem handelt es sich um dreizehn mehr oder weniger vollständige Bände, die 1945 bei Nag Hammadi in Oberägypten[14] gefunden wurden und einen Teil der sogenannten »Bibliothek von Nag Hammadi« darstellen. Die Entdeckung dieses Evangeliums hat sowohl in der Öffentlichkeit als auch bei den Gelehrten außerordentlich heftigen Wirbel verursacht und das Interesse an den apokryphen Evangelien wiederbelebt, die noch nie zuvor so viele Liebhaber hatten. Das Thomasevangelium stellt tatsächlich eine brisante Frage: Ist die Geschichte der Ursprünge des Christentums vollständig?

Dieses Evangelium ist in koptischer Sprache verfaßt, soll aber nach Ansicht von Linguistikexperten aus dem Griechischen übersetzt worden sein. Griechische Fragmente waren ja auch schon im Oxyrhynchos-Papyrus[15] bekannt. Was das Thomasevangelium auszeichnet, ist seine größere Vollständigkeit. Es ist keine Erzählung wie die kanonischen Evangelien, sondern eine Sammlung von 114 überlieferten Aussprüchen, sogenannten »Logien« Jesu; dies muß die ursprüngliche Form aller Evangelien gewesen sein. Der vorliegende Text basiert ohne Zweifel auf einem verlorengegangenen Originaltext, der sich jedoch nicht besonders stark unterschieden haben dürfte, es sei denn, der letzte Kopist habe ganze Sätze Jesu hinzuerfunden, was kaum anzunehmen ist. Die Quellen der Evangelien scheinen überlieferte Berichte der Taten und Worte Jesu gewesen zu sein; erst ganz zuletzt nahmen diese Überlieferungen die Form von Erzählungen an. Man stellt im übrigen fest, daß die Autoren ihre Erzählungen um so mehr ausschmücken, je weiter man sich vom 1. Jahrhundert entfernt; das ist verständlich, denn mit der zunehmenden Zahl der Gläubigen wuchs auch das Interesse an Jesus, und der Wunsch der Autoren, die Existenz Jesu zu »beweisen«, wurde stärker und ließ sie »erlebte« Übergänge zwischen die elementaren Gegebenheiten einfügen, um die Geschichte in hagiographischer Absicht wahrhaftiger und damit auch glaubhafter erscheinen zu lassen.

Das Thomasevangelium zitiert einige Worte Jesu, die wir von den kanonischen Evangelien her kennen, aber in anderer Form. Zum Beispiel Logion 26: »Jesus sagte: Den Splitter, der im Auge deines Bruders ist, siehst du; aber den Balken, der in deinem Auge ist, siehst du nicht. Wenn du den Balken aus deinem Auge gezogen hast, dann wirst du (klar) sehen, um den Splitter aus deines Bruders Auge zu ziehen.« Oder Logion 42: »Jesus sagte: Seid Vorübergehende!« Einige Logia beeindrucken durch ihre verdichtete Weisheit: »Wehe dem Fleisch, das von der Seele abhängig ist, wehe der Seele, die vom Fleisch abhängig ist« (Logion 112). Andere Worte kommen in rätselhafter und provozierender Form daher: »Jesus sagte: Wer den Vater und die Mutter kennt, wird Sohn einer Hure genannt werden« (Logion 105). Dieser Satz setzt, gemäß der Interpretation von Henri-Charles Puech, »jede kommerzielle Ausnutzung der Sexualität, auch die legitime, der Prostitution gleich«.

Der esoterische Charakter des Thomasevangeliums wird schon in den ersten Worten deutlich: »Hier sind die geheimen Worte, die der Lebendige Jesus gesagt hat ...« Geheime, also auf einen kleinen Kreis Auserwählter beschränkte Worte, die sie auch verstehen konnten. Die esoterische Ausrichtung bestätigt sich im Logion 13 formell, wenn Jesus Thomas beiseite nimmt und zu ihm »drei Worte« sagt. Von den anderen Aposteln gefragt, was Jesus ihm denn gesagt habe, verweigert Thomas eine Antwort: »Wenn ich euch eines der Worte sage, die er mir gesagt hat, werdet ihr Steine nehmen (und) sie gegen mich werfen, und ein Feuer wird aus den Steinen hervorkommen (und) euch verbrennen.«

Thomas übertrieb natürlich, um die Bedeutung des Geheimnisses zu betonen: Wir kennen die drei Worte, die Teil der esoterischen gnostischen Tradition sind. Es sind die hebräischen Worte *kaulakau*, *saulasau* und *siërsam*, jedes von ihnen wiederholt. Das erste bedeutet: »Mühsal auf Mühsal«, das zweite »Hoffnung auf Hoffnung« und das dritte »Warte noch ein bißchen, ein kleines bißchen«. Wahrlich nichts, weshalb man Thomas hätte steinigen sollen.

Der gnostische Charakter kündigt sich im Logion 17 an: »Jesus sagte: Ich werde euch geben, was kein Auge gesehen und was kein Ohr gehört und was keine Hand berührt hat und was nicht zum Herzen des Menschen aufgestiegen ist.« Das heißt, er würde die Offenbarung geben. Er bestätigte das Logion 3 »... Das Königreich ist in eurem Inneren, und es ist außerhalb von euch« und verkündigte das Logion 22, das reiner Gnostizismus ist: »Wenn ihr aus zwei eins macht und wenn ihr das Innere wie das Äußere macht und das Äußere wie das Innere und das Obere wie das Untere und wenn ihr aus dem Männlichen und dem Weiblichen eine Sache macht, so daß das Männliche nicht männlich und das Weibliche nicht weiblich ist ..., dann werdet ihr in das [Königreich] eingehen.«[16] Ein getreues Abbild des Mythos des weiter oben beschriebenen, vollkommen androgynen Menschen.

Dies ist das Thema der »naassenischen«[17] Gnostiker, für die das Himmelreich, weil es zugleich innerlich wie äußerlich ist, ununterscheidbar ist und eigentlich weder das eine noch das andere: Es ist dort, wo es keinen Unterschied zwischen innen und außen mehr gibt. Es harrt, um entdeckt zu werden, nur der Erkenntnis durch den Menschen: »Erkenne das, was vor dir ist, und das, was vor dir verborgen ist, wird dir enthüllt werden; denn es gibt nichts Verborgenes, was nicht offenbar werden wird« (Logion 5). »Wer das All erkennt, sich selber (aber) verfehlt, der verfehlt das All« (Logion 67).

Die Frage, die sich aufdrängt, ist: War es Jesus, der diese Worte äußerte? Könnte das Thomasevangelium nicht eine spätere Fälschung der Gnostiker sein? Sollte ein geschickter Fälscher die gnostischen Erklärungen unter die Worte Jesu, die man von den anderen Evangelien her kennt, gemischt haben? Dies wäre offensichtlich die Meinung der Kirche. Aber nach Ansicht von Fachleuten wie Helmut Koester ist der Text von Nag Hammadi die Version eines Mitte des 1. Jahrhundert in aramäisch verfaßten Textes und war Autoren des 1. Jahrhunderts bekannt. Warum also finden wir in den anderen Evangelien nicht dieselben Worte Jesu wieder wie im Thomasevangelium? Die Hypothese von Philippe de Suarez lautet, daß die Autoren der synoptischen Evangelien und auch Johannes jene Sätze Jesu beiseite gelassen haben, die für das Publikum, an das sie sich richteten, zu schwierig zu verstehen waren. Diese Evangelien berichten übrigens, daß die Reden Jesu von seinen Zuhörern und sogar von den Aposteln selbst nicht immer begriffen wurden. Man versteht, daß sie eine Auswahl trafen, leicht, wenn man das Logion 107, und noch besser, wenn man Logion 114 liest: »Simon Petrus sagte zu ihnen: Mariham soll aus unserer Mitte fortgehen, denn die Frauen sind des Lebens nicht würdig. Jesus sagte: Seht, ich werde sie ziehen, um sie männlich zu machen, damit auch sie ein lebendiger Geist wird, vergleichbar mit euch Männern. Denn jede Frau, die sich männlich macht, wird in das Himmelreich gelangen.« Diese Logia haben zu tendenziösen Interpretationen Anlaß gegeben.

Das Thomasevangelium war nicht der einzige eindeutig gnostische Text, ja nicht einmal das einzige gnostische Evangelium, das in Nag Hammadi gefunden wurde. Man fand drei weitere Evangelien, das Evangelium der Wahrheit, das Ägypterevangelium und das Evangelium nach Philippus. Das erstgenannte ist ein ziemlich verwirrender Text, was die Bestimmung seines Rahmens betrifft, eine matte Erzählung, die die Traditionen der Urkirche nutzte, um eine Anzahl gnostischer Themen zu stützen, darunter den Vorrang der Offenbarung, die Authentizität des erleuchteten Wesens, den Geruch der Tugend, der sich während der Integration des Wesens in die Unvergänglichkeit des göttlichen Geistes und der Ruhe im Herrn verbreitet. Das Ägypterevangelium kann man eigentlich kaum als »Evangelium« bezeichnen. Im großen und ganzen ist es eine recht zusammengewürfelte, auf den ägyptischen Gott Seth zentrierte Geschichte von der Entstehung der Welt. Die gnostische Gemeinschaft von Nag Hammadi war innerhalb der großen gnostischen Gemeinschaft des Mittelmeerraumes und des Nahen Ostens tatsächlich äußerst aktiv.

Es gibt keine Schätzungen, wie viele Sektenanhänger in den gnostischen Gemeinschaften der ersten Jahrhunderte u. Z. lebten, ebensowenig übrigens wie von den christlichen Gemeinden. Bis zur Zeit Konstantins war der christliche Glaube, auf dem der Gnostizismus florierte wie zuvor auf anderen Religionen, kaum toleriert und wurde häufig unterdrückt. Die Römer machten keine großen Unterschiede zwischen Juden und der »jüdischen Sekte« der Christen, was natürlich erklärt, warum so viele gnostische Texte in Gebieten gefunden wurden, die unter den römischen Verfolgungen weniger direkt zu leiden hatten, wie in Syrien und Oberägypten. Jedenfalls gedieh der Gnostizismus so sehr, daß vom Ende des 2. und bis ins 7. Jahrhundert die Kirchenväter und Häresiologen die Intensität ihrer Angriffe und Verfolgungen unaufhörlich verstärkten. Die Gnosis stellte für das Christentum angesichts seiner tiefen Verwandtschaft tatsächlich eine ebenso große, ja größere Gefahr dar als der Mithraskult: Mithras war ein fremder, »heidnischer« Gott, während die Gnostiker denselben Gott und denselben Sohn anbeteten wie die orthodoxen Christen. Seit dem Ende des 2. Jahrhunderts donnerten Irenäus von Lyon und sogar Tertullian, der selbst stark durch den Gnostizismus geprägt war, gegen die »Valentinianer« genannten Gnostiker. Die Offensive der Gnosis aber war nicht mehr aufzuhalten, von Origenes und Hippolyt von Rom bis Epiphanios von Salamis. Die Verfolgungen hatten übrigens schon zu Lebzeiten Jesu begonnen, da Simon Magus bereits ein Gnostiker war und seine beiden Schüler Menander (den einige später als den Messias präsentierten) und Saturninus oder Saturnil eine typisch gnostische Lehre verbreiteten.

Die Verfolger hatten alle Hände voll zu tun. Die gnostischen Sekten begannen zu wuchern: Ophiten, Barbelioten und Borbo-

rianer, Basilidianer, Saturninianer und ähnliche, Peraten, Se-
thiten, Kainiten, Archontiker, Severianer, Karpokratianer, Mar-
cioniten, Valentinianer, Ptolemäer drohten das Christentum
unter der außerordentlichen Vielfalt von Ideen und Texten, die
sie hervorbrachten, zu ersticken. Die Lektüre der heute zugäng-
lichen gnostischen Weltentstehungslehren und Theologien erzeugt Schwindel und Ungläubigkeit. Offensichtlich hat sich der
aufklärerische Hellenismus einer Tendenz bemächtigt, die den
direkten Zugang zu Gott zu verschaffen behauptete. Ein wahr-
haftes Delirium der Logik, das sich in Sturzbächen ergießt und
alle Philosophien und Religionen mit sich fortreißt. Wir finden
darin nicht einmal mehr die Spuren der hellenistischen Quellen, wo sie entsprangen, selbst wenn Plato für sie einer der
höchsten Lehrer, der Große Vorläufer, war.

In der Schrift *Über die mystische Theologie* des Dionysius
Areopagita finden wir den folgenden Text:

»Wir sagen also (von Gott) aus, daß die Allursache, die auch
alles transzendiert, weder wesenlos noch leblos, weder
sprachlos noch vernunftlos ist. Sie ist auch kein Körper, besitzt weder Gestalt noch Form, weder Qualität noch Quanti-
tät noch Gewicht. Sie ist nicht auf einen Ort beschränkt;
weder Auge noch Tastsinn erreicht sie. Sie wird (tatsächlich)
weder sinnlich wahrgenommen, noch ist sie (überhaupt)
sinnlich wahrnehmbar. Sie erleidet auch weder Unordnung
noch Verwirrung, belastet mit aufs Materielle gerichteten
Leidenschaften. Sie ist weder machtlos, weil mit Merkmalen
behaftet, die dem Bereich der sinnlichen Wahrnehmung angehören, noch ermangelt sie des Lichtes. Auch keine Veränderung und kein Zerfall, keine Teilung und kein Verlust,
kein Zerfließen oder was sonst noch aus dem Bereich des
sinnlich Wahrnehmbaren genannt werden mag, ist ihr
gleichzusetzen oder zuzuschreiben.«[18]

Keine Seite in dieser Schrift, die von diesem begrifflichen Non-
sens frei wäre. Vielleicht gibt es in der gesamten Literaturge-

schichte keinen zweiten dermaßen im wörtlichen Sinne absurden Text, der weder etwas beweist noch bestreitet. Das Postulat Unfaßlichkeit und Undefinierbarkeit Gottes war zwar vom Beginn des christlichen Gnostizismus an anerkannt, aber in so systematischer Art vorgeführt wie hier, setzt es Gott gewissermaßen dem Nichts gleich. Ich zitiere diesen unglaublichen Text nur, weil er für das Delirium beispielhaft ist, in das die Anstrengung einer Definition Gottes ausufern kann, wenn sie allen Fußangeln einer Darstellung Gottes ausweichen will. Man kann sich beim Lesen dieses Textes der Vorstellung nicht erwehren, daß, wenn der anthropomorphe Gott des Alten Testaments diesen Gott jemals zu Gesicht bekommen hätte, von einem schier endlosen Lachkrampf geschüttelt worden wäre. Ein solcher Text schlägt die bereits außerordentliche Lächerlichkeit des Berichts der Erschaffung des Menschen in Platons *Timaios* um Längen. Er kondensiert sozusagen die Nichtigkeit jeder Bemühung um Gotteserkenntnis. Es handelt sich um den verzweifeltesten und verzweifelndsten Text aller Theologien; er entmutigt sogar den Wunsch der gnostischen Erkenntnis, Gott durch höchste spirituelle Anstrengung zu schauen. Warum sollte man sich anstrengen, ein unbedeutendes Nichts zu erkennen? Auf die äußerste Spitze getrieben, die meiner Ansicht mit den oben zitierten Sätzen erreicht ist, führt die Gnosis geradewegs in den Nihilismus, die Zusammenhanglosigkeit, in verrücktes Geschwätz. Oder sie kann zumindest dorthin führen, wie wir noch sehen werden.

Die Gnosis als organisierte Bewegung scheiterte ganz ohne Zweifel an ihrer eigenen Verblasenheit, was ihre Verteidiger auch immer sagten oder sagen mögen, zum Beispiel daß sie keine Häresie gewesen sei (ein recht verbreiteter, aber schwierig zu haltender Standpunkt − man ist doch immer der Häretiker eines anderen) oder daß sie »eine radikale und verfrühte Hellenisierung des Christentums« gewesen sei (Ernest Renan). Sie ließ die anarchistischsten Interpretationssysteme zu. Gewiß, nicht alle Texte und Regeln sind dermaßen absurd wie jene des Dionysius Areopagita, sonst wäre die Gnosis mit einer

Handbewegung beiseite gefegt worden, was im übrigen nicht geschah.

Ihre Hauptidee war die Verantwortlichkeit für das Böse. So nahm sie sich eines der grundlegenden Dilemmata an, die das Christentum vom jüdischen Glauben geerbt hatte und mit dem es nur dank eines *deus ex machina*, Satan, fertig wurde, der aber im Grunde nichts löste. Diese Dilemma ist simpel: Entweder ist Gott allmächtig und für das Böse verantwortlich, das in der Welt geschieht, oder er ist gut, und in diesem Fall stößt er an eine Kraft, die der seinen ebenbürtig ist, aber er kann nicht gut und allmächtig zugleich sein. Im alten jüdischen Glauben war Satan bloß ein Diener Gottes, der, wie im *Buch Hiob*, die Gottesfurcht von Gottes Geschöpfen auf die Probe stellen sollte. Doch dies lief darauf hinaus, Gott für das Böse verantwortlich zu machen, ein Gedanke, den das Christentum, schon durch die mystischen und apokalyptischen Strömungen beeinflußt, ja deren Gefangener, nicht akzeptieren konnte, denn er warf einen ewigen Verdacht auf Gott. Also wechselte Satan die Rolle und wurde angeklagt, für das Böse verantwortlich zu sein. Dies wiederum kam einer Reduktion der Macht Gottes gleich und bedeutete die Schaffung des apokalyptischen Systems, in dem Satan nur bis zum Ende aller Zeiten fortgesetzt Böses tun konnte. Am Weltenende würde Gott Satan vernichten. Die Erlösung und die Inkarnation hatten darauf abgezielt, die Welt den Klauen Satans zu entreißen, aber sie lösten das besagte Dilemma nicht: Gott wurde durch Satan in Schach gehalten.

Dies war im übrigen auch der Grund für das relative Scheitern der Verehrung von Ahura Masda: Nach der Reform Zarathustras und der Reduktion der vedischen Götterwelt auf zwei antagonistische Kräfte, Ahura Masda und Ahriman, fanden sich die Anbeter Masdas vor einem guten, aber in seiner Macht beschränkten Gott wieder. Sie wurden unzufrieden und erhoben einen Gott in den höchsten Rang, den Zarathustra »abgesetzt« hatte, Surwan, den Zeitgott, den Vater von Ahura Masda und Ahriman. In der neuen Weltordnung der Surwaniten war er weder für die Wohltaten des einen noch für die Schandtaten des anderen verantwortlich. Das Modell der Gnosis war entworfen: Die Welt war in das Gute und das Böse geteilt, die durch untergeordnete, antagonistische Gottheiten regiert wurden, den Gott des Alten Testaments und den Teufel; über ihnen herrschte ein Gott, der nicht zu erkennen war, weil er sich durch keinerlei Handlung manifestierte. Wir begreifen also, warum die Gnosis, um nur das mindeste zu sagen, keine Unterstützung durch das Christentum erhielt, und nun wird jedermann das Ausmaß der solchermaßen formulierten Häresie ermessen können (und die Argumentation beurteilen, nach der die Gnosis keine Häresie sein sollte).

Schlimmer noch, der Große Archont und Herr der Heerscharen, der die Welt im Einverständnis mit Satan geschaffen hatte, war laut Marcion (Markion), einem der berühmtesten Proto-Gnostikern, der Gott des Alten Testaments. In Sinope als Sohn des Bischofs der christlichen Gemeinde um das Jahr 85 u. Z. geboren, wurde Marcion von seinem eigenen Vater wegen mit dem Christentum nicht vereinbarer Theorien exkommuniziert. Saulus-Paulus war zwanzig Jahre zuvor in Rom gestorben und die christliche Gemeinde in ihrem neuen Glauben noch schwach und zerbrechlich. Marcion ging nach Kleinasien ins Exil, scheint dort als Reeder ein Vermögen erworben zu haben und reiste dann nach Rom, wo er sein »Neues Testament« und seine »Antithesen« schrieb. Er vermachte der christlichen Gemeinde ein beträchtliches Geschenk, 200000 Sesterzen, und lud die Presbyter zu einer Stellungnahme über seine Lehre ein. Diese schlossen ihn offensichtlich aus der Gemeinde aus, die ihm sein Geschenk zurückerstattete.

Er wurde der »Reformator des Urchristentums«, indem er nicht einfach eine weitere Sekte gründete, sondern eine veritable, durch und durch organisierte Kirche, die Zulauf gewann: die markionitische Kirche. Er stellte sich als Paulus' Nachfolger dar. Um 150, also rund sechs Jahre nachdem Marcion exkommuniziert worden war, berichtet Justinus, das Evangelium dieses Häretikers habe die ganze Menschheit erobert, und Tertullian sagt, daß »die häretische Tradition Marcions das Universum ausgefüllt« habe. Der Markionismus war also keine Kleinigkeit.

Er hatte doppelte Verführungskraft: Einerseits anerkannte er Jesus als den Sohn Gottes, andererseits erhob er gegen das paulinische Christentum Einwände, deren Treffsicherheit bis heute Bestand hat. Marcion stellte fest, daß Jesus die Nächstenliebe predigte, während der Gott des Alten Testaments eine Rachejustiz praktizierte: »Die gesamte im Alten Testament von Adam bis Christus beschriebene Weltgeschichte bildet ein umoralisches und abstoßendes Drama, das von Gott gelenkt wird, der diese Welt so schlecht wie möglich geschaffen hat und der in seinem Abgang nicht mehr wert ist als seine lamentable Schöpfung«, faßt H. Leisegang Marcions Lehre zusammen. Jesus konnte also nicht der Sohn *dieses* Gottes sein. Er war der Sohn eines guten Gottes, der Sohn dieses unbekannten Gottes, den Saulus-Paulus in Athen mit folgenden Worten angekündigt hatte: »Athener, nach allem, was ich sehe, seid ihr besonders fromme Menschen. Denn als ich umherging und mir eure Heiligtümer ansah, fand ich auch einen Altar mit der Aufschrift: EINEM UNBEKANNTEN GOTT. Was ihr verehrt, ohne es zu kennen, das verkünde ich euch.«[19]

Und Marcion war gekommen, zu verkünden, daß die Christenheit betrogen worden war, daß man sie glauben gemacht habe, Jesus sei der Sohn des Gottes des Alten Testaments, der nicht der liebe Gott war, während Jesus doch der Sohn des lieben Gottes war. Marcion stürzte sich in einen Disput, den man heutzutage als »revisionistisch« bezeichnen würde: Es hatte eine Verschwörung gegeben, um mit Hilfe von Jesus den Gott der Juden wieder ins Amt zu setzen. Wir brauchen hier kaum extra auf Marcions Fehler hinweisen: Die Priesterschaft von Jerusalem hatte Jesus wegen Ansichten verurteilt, die sie für aufrührerisch hielt und von denen sie wußte, daß sie von der Bewegung der »Essener« inspiriert waren. Und das Werk von Saulus-Paulus bestand darin, eine Kirche zu gründen, die sich gerade vom alten jüdischen Glauben unterschied. (Daher seine Querelen mit der Urgemeinde von Jerusalem, Petrus, Johannes,

Philippus und Jakobus d. Ä. sowie der fürchterliche Streit bei dem Nachtmahl von Antiochia, wo Petrus und er sich wechselseitig als Heuchler und Scheinheilige beschimpften und sich andere Liebenswürdigkeiten an den Kopf warfen, weil er Unbeschnittene zum Mahle zugelassen hatte.) Entweder wußte Marcion es nicht besser, oder er gab vor, es nicht zu wissen. Aber sein Einfluß stieg beachtlich, denn er stellte als erster die Evangelien, die Apostelgeschichte und die Briefe den Büchern Mose und den Propheten gegenüber; dank (oder wegen) ihm faßte übrigens die Kirche die Evangelien, die Apostelgeschichte und die Apostelbriefe in der Form eines Neuen Testaments zusammen. Aber erst auf dem Konzil von Trient (1545–1563) wurde die Liste der heiligen, als authentisch definierten Bücher festgelegt.

Doch die grundlegende Frage, die Marcion aufgeworfen hatte, blieb unbeantwortet. Und heute kommt man nicht daran vorbei, sich zu fragen, ob der Gnostizismus Marcions wirklich den Lehren Jesu und dem Johannesevangelium widersprach. Wenn nicht, würde dies seine enorme Vitalität erklären: Der Gnostizismus ist eigentlich nie erloschen, im Gegensatz zu den meisten anderen Häresien. Der christliche Gnostizismus der ersten Jahrhunderte, von Marcion, Valentinus, Basilides und anderen, besitzt zweifellos nur noch historische Bedeutung; das war die Chance des Christentums. »Wenn der Gnostizismus obsiegt hätte«, schreibt Marcel Simon, »wäre es um die Originalität des Christentums geschehen gewesen, das im Synkretismus darum herum aufgegangen wäre.«[20] Wir hätten einen Gott, der sich von jenem des Alten Testaments grundsätzlich unterscheiden würde, und man müßte in diesem Fall annehmen, daß die gesamte heutige Christenheit aus Ungläubigen bestünde. Bleibt die Frage: Wenn der Gnostizismus, vom Standpunkt der christlichen Dogmen betrachtet, eine Häresie war, waren dann auch seine Vorschläge unhaltbar?

Ein Teil der Christenheit teilte diese Meinung nicht. Die durch den Dualismus der ersten Jahrhunderte ausgestreute Saat sollte einige Jahrhunderte später aufgehen. Unter den

Dualisten des 2. Jahrhunderts gab es recht eigenartige Radikale, die Enkratiten, eine von dem griechischen Wort *enkráteia* (Enthaltsamkeit) abgeleitete Bezeichnung. Direkt von der »essenischen« Bewegung abstammend, verkündeten die Enkratiten, daß Adam nicht gerettet worden sei und daß die Ehe und der Wein dämonische Erfindungen seien; sie waren Vegetarier, feierten die Messe mit Wasser und lehnten den größten Teil des Alten Testaments ab. Die Sekte war paradoxerweise von einem christlichen Apologeten, Tatianus, gegründet worden. Nach dem Tode des Märtyrers Justinus in Rom wechselte Tatianus seine theologische Richtung und wurde zum Gnostiker, ein weiterer Beweis für die Anziehungskraft des Gnostizismus. Wir wissen zwar nicht sicher, ob Tatianus den Enkratismus tatsächlich begründete, aber sein Name ist eng damit verbunden. Wir sollten auch erwähnen, daß die Kirche später manche klösterlichen Strömungen enkratischen Ursprungs aufgriff.

Nach dem 5. Jahrhundert glaubte oder hoffte die Kirche, die sich durch die Einführung des Christentums als Staatsreligion des Römischen Reiches konsolidiert hatte, ein für allemal mit dem Gnostizismus fertig geworden zu sein. Deshalb war die Enttäuschung groß, als zwischen 1012 und 1020 im Limousin eine Sekte auftrat, die ebenfalls extreme Abstinenz predigte: Sie nannte sich »Katharer«, von dem griechischen Wort für rein. Auf diesen Namen geht das deutsche Wort »Ketzer« zurück. Man nennt sie auch die Albigenser, obwohl das Zentrum der Bewegung eher in Toulouse lag als in der südfranzösischen Stadt Albi. (Es ist denkbar, daß der Name eher daher rührt, daß sie sich in weiße Mäntel [lat. *albus* = weiß] zu hüllen pflegten.) Wir kennen die Texte, die sie inspirierten, fast überhaupt nicht, denn sie wurden von der Kirche vernichtet. Doch es zeigte sich bald, daß es sich hier um direkte Nachfahren der Enkratiten handelte.

Der Gnostizismus besaß demnach ein zähes Leben. Ganz Frankreich wurde in einen Bürgerkrieg gestürzt. Die Amtskirche tobte. Auf der Synode von Toulouse 1119, also fast ein Jahrhundert nach dem Beginn der Verbreitung, verlangten die Bischöfe bei der Bekämpfung der Häresie die Unterstützung der weltlichen Macht. Eine Glaubens- und Kultfreiheit bestand ganz offensichtlich nicht. Die weltlichen Instanzen hatten den Katharern, die sich selbst »Boni Homines« (Gute Menschen) nannten, nichts vorzuwerfen: Sie waren wirklich sehr fromm und führten ein untadeliges Leben. Zunächst unter dem Schutz von Wilhelm IX. von Aquitanien stehend, wurden die Katharer bald vom gesamten südfranzösischen Adel beschützt. So verging ein weiteres Jahrhundert, die Albigenser hielten Reden, in denen sie die katholische Priesterschaft nicht schonten. Als Innozenz III. (1198–1216) den päpstlichen Stuhl bestieg, drohten die katharischen Wogen, die seit fast zwei Jahrhunderten brandeten, im gesamten Süden von Agen bis zur Rhône den Sieg über den Katholizismus davonzutragen. Der Papst beauftragte 1209 die Zisterzienser mit einem Kreuzzug gegen die Katharer. In der Folge befand sich der nordfranzösische Adel im Krieg mit dem südfranzösischen. Außer den Opfern, die dieser Krieg forderte, zerstörte er die provenzalische Zivilisation und Kultur; sie sollte nicht die einzige bleiben, die im Namen Gottes vernichtet wurde. Der Pariser Vertrag von 1229 regelte, vom religiösen Gesichtspunkt betrachtet, nichts; die Häresie bestand fort. Während des gesamten 13. und in einem Großteil des 14. Jahrhunderts verhängte die Inquisition in allen großen Städten Südfrankreichs standrechtliche Todesurteile. Eine unbekannte Zahl von Albigensern und ihren Anhängern stieg auf den Scheiterhaufen, von den zweihundert Katharern ganz zu schweigen, die in Montségur 1245 an einem einzigen Tag verbrannt wurden.

Wegen einer Verleugnung der Fleischwerdung Gottes war dieser wie damals in Byzanz zu einer politischen Affäre geworden, zum Schaden ausgerechnet jener, die dies gar nicht wollten. Würde Er jemals aufhören, es zu sein? Viele glaubten und glauben noch heute, daß, wenn Gott menschliche Gestalt angenommen hatte, dann weder, um die Scheiterhaufen von Montségur und der Inquisition anzuzünden, noch für die Dragonnaden Ludwigs XIV. und die Bartholomäusnacht. Oder daß die

Gnostiker mit ihrer Behauptung die Wahrheit sagten, nicht der liebe Gott regiere die Welt, sondern der Andere. Dies ist der Grund, weshalb auch im 20. Jahrhundert noch eine große gnostische Bewegung besteht.

Es würde aber viel dazu gehören, den christlichen Gnostizismus als »Religion des Lichts« zu betrachten, die nur aus Pech nicht den Platz des Christentums einnahm. Es gab eine vorchristliche Gnosis, dann eine christliche, eine jüdische und eine islamische. Was bei der Lektüre der gnostischen Texte auffällt, ist, daß die christliche Gnosis als einzige etwas erkennen läßt, was man »Haß auf das Leben« nennen könnte. Von Marcion bis zu den Katharern dieselbe Ablehnung von Sex, Fleisch, Wein, Blumen, Vergnügen, der Schöpfung und ihres Schöpfers. Befreit man den Gnostizismus von seinem hellenistischen Wortschwall, seinen philosophischen Spitzfindigkeiten, seinem logischen Delirium, stößt man schließlich auf einen Schrei außerordentlichen Hasses auf Gott, weil dieser die Welt erschaffen hat. »Du hast mich geboren werden lassen!« Höchster Vorwurf. Wenn der gnostische Lehrer Valentinus zu seinen Schülern sagt: »Ihr seid unsterblich von Anfang an«, sagt er in Wirklichkeit: »Und es ist Gottes Schuld, daß ihr es nicht mehr seid, daß ihr die Beute der Verwesung seid, daß ihr altert, hinfällig werdet und sterbt!«

Es überrascht nicht, daß die christlichen Gnostiker Platon als ihren Lehrer ansahen, daß man eine Abschrift der *Politeia* unter den gnostischen Manuskripten von Nag Hammadi fand, daß der Märtyrer Justinus erklärte, im wesentlichen sei Platons Lehre jene von Jesus (welch ungeheure Dummheit!) und daß die gesamte christliche Gnosis der ersten Jahrhunderte den Stempel des Gründers der Akademie trägt! Platon lehrte die Ordnung, die vollkommene und absolute Ordnung, ohne Krankheit und Tod, ohne Leidenschaften, ohne Unordnung, ohne Körperausscheidungen, ohne Gefühle, ohne Poesie und ohne Musik (ausgenommen Militärmärsche, und ich übertreibe kaum), kurz, eine Welt ohne Sünde. Alle sprachen und schrieben sie Griechisch, und alle konnten sie sich nicht entschließen, die griechische Schablone aufzugeben, nämlich die Schablone eines schon damals imaginären, »weißen«, verkalkten Griechenland wie jenes der deutschen Antiquitätenjäger des 18. und der englischen Maulhelden des 19. Jahrhunderts, das ideale Arkadien. Sie waren im Grunde nicht christlicher als Platon und mit Sicherheit weniger weise als Sokrates.

Sollen wir ihnen das vorwerfen? Das ungeheure Paradoxon ist, daß dies blasphemisch wäre, da sie die Worte Jesu vernommen, nur zu gut vernommen hatten: »Heißt es nicht in eurem Gesetz (Psalm 82,6): ›Ich habe gesagt: Ihr seid Götter‹?« (Joh. 10, 34). Jesus selbst also hat sie von ihrer Göttlichkeit überzeugt! Noch einmal: Ist er der Gnostiker? Oder Johannes?

Der Glaube an einen vollkommenen Gott war für die christlichen Gnostiker mit dem Elend menschlicher Existenz unvereinbar. Wir treffen hier auf eine Veranschaulichung von Ludwig Feuerbachs These: Gott ist eine Projektion des menschlichen Geistes, und dieser, der sich selbst als Projektion des Göttlichen versteht, toleriert keine Unvollkommenheit: Wenn er unvollkommen ist, dann, weil Gott, der ihn erschaffen hat, selbst auch unvollkommen ist. Der christliche Gnostiker (und er allein) ist wie Kaliban, die Figur aus Shakespeares Komödie *Der Sturm*, der sich in einem Brunnen betrachtet und, weil er sich häßlich findet, das Wasser aufwühlt und dadurch sein Bild zerstört.

Besteht ein Unterschied zwischen einem Gnostiker und einem Mystiker? Kein großer. Der hellenisierende Gnostiker errichtet Systeme, der Mystiker sucht eine Methode, um zu Gott vorzudringen, wenn er sich nicht der »Narr[heit] um Christi willen« überläßt, von der Saulus-Paulus spricht.[21] Der »Narr um Christi willen« lehnt alle Liturgien und sozialen Konventionen ab. Er respektiert niemanden, aber dank einem merkwürdigen Paradoxon wird er als Mann Gottes respektiert. Das ist der Fall bei den drei Symeons (den zwei Säulenheiligen und dem Narren). Derartige Gestalten kommen in der russischen Tradition und Literatur insbesondere bei Dostojewski und Tolstoi häufig vor.

Alle waren und sind der Meinung, es gebe Methoden, die Offenbarung zu erlangen. Denn man muß sich körperlich und geistig auf die seligmachende Vision vorbereiten. Die tibetanischen Buddhisten besitzen ihre eigene Vision. Die christlichen Mönche des Ostens in den ersten Jahrhunderten auch; sie isolierten sich in Klöstern wie dem der heiligen Katharina im Sinai (das bis heute existiert). Dort gaben sie sich, wie ihre tibetanischen Brüder, der fortwährenden Schau Gottes hin, der *hesychía* (griech. »Ruhe«). Diese »Acemeten« genannten Mönche singen tagaus, tagein Lobpreisungen Gottes und lösen sich dabei ab, um die Kontinuität der *hesychía* sicherzustellen.

Sie gehen noch weiter: Sie kontrollieren ihren Atem, um Gott zu schauen, denn nach den Worten Symeons, des Neuen Theologen, ist es wichtig, Gott bereits in diesem Leben zu schauen. Dazu schreibt der Mönch Nikephoros im 14. Jahrhundert:

> »Du weißt, daß das, was wir atmen, Luft ist. Das Organ, mit welchem wir ausatmen, ist kein anderes als das Herz. Es ist der Grund des Lebens und der Körperwärme. Das Herz zieht den Atem an, um mit der Atmung seine Wärme zu temperieren und sich so die erträgliche Temperatur zu verschaffen. Und der Grund dieser Kombination, oder vielmehr das Mittel, ist die Lunge, die der Schöpfer in feinem, straffem, unermüdlichem Gewebe erschaffen hat wie einen Blasebalg, und welche die umgebende Luft eintreten und austreten läßt … Du aber, setzte dich, sammle deinen Geist, führe ihn ein, diesen Geist, in die Nasengegend, wo die eingeatmete Luft ins Herz eintritt, presse ihn und zwinge ihn, mit der eingeatmeten Luft ins Herz einzutreten. Ist er einmal eingetreten, wird, was folgt, nur Freude und Entzücken sein.«[22]

Diese Atemtechnik nennt man die »hesychastische Gebetsmethode«. Ihr Held, denn das war er in den Augen der orthodoxen Kirche, war Gregorios Palamas (geboren 1296 in Konstantinopel, gestorben 1359 in Saloniki). Er war der berühmteste Hesychastenführer und mit Sicherheit einer der bekanntesten Gnostiker. Für ihn bewirkte der Hesychasmus eine Erneuerung des Geistes, der, indem er sich die Intelligenz Jesu aneignet, Zugang zum göttlichen Überfluß gewährt.

Erfunden hat den Hesychasmus jedoch nicht Symeon, sondern der indische Buddhismus: Die obige Beschreibung entspricht exakt jener einer wesentlich älteren Technik, dem *pranayama* des Yoga, das »Mittel, das dazu dient, die *unio mystica* zu erlangen, die Vereinigung der menschlichen Seele mit der göttlichen«.[23] Indien hat den christlichen Glauben wiedererlangt! Hatte es ihn jemals verloren? Eigentlich verdanken wir ja dem hinduistischen reformierten Vedismus, was die Religion des Neuen Testaments von jener des Alten Testaments grundlegend unterscheidet – den Dualismus Gott–Satan.

Geboren in Afrika, hat die Menschheit ihren Religionsunterricht in Indien genossen. Die folgenden Jahrtausende dienten bloß Verfeinerungen und Wiederholungen. Das Geschenk Griechenlands, dieses Schmelztiegels für Einwanderer aus Asien, an den Westen war schließlich die Weisheit Asiens. Platon war nichts anderes als ein Brahmane und Diogenes der erste Starez (ostkirchlicher Mönch der höchsten asketischen Stufe). Der christliche Osten und Byzanz knüpften an die Traditionen von Benares an.

Indien hatte seit langem begriffen, daß die Sehnsucht nach Gott die Sehnsucht ist, Gott zu sein. »Wenn die Seele des Menschen in Frieden ist«, sagt Krishna in der *Bhagavadgita*, »ist seine Seele in Gott ..., in der unendlichen Freude der Vereinigung mit Gott.« Und noch einmal Krishna: »Wer in der Einheit der Liebe lebt, liebt mich in allem, was er sieht und wo er auch sei, dieser Mensch lebt in Wahrheit in mir ... und wer mich liebt, wird nicht verderben.« Der Schlüssel des ungeheuren und außerordentlichen Weges des christlichen Gnostizismus, der den Katholizismus prägen sollte, und wenn auch bloß durch die Reaktion, die er auslöste, ist derselbe Wille des Menschen, sich mit Gott zu identifizieren, in der Ekstase Gott zu werden. Er wurde im 2. Jahrhundert mit einem lapidaren Schluß von Klemens von Alexandria, einem der bedeutendsten und am häufigsten zitierten Autoren des Urchristentums, beschrieben: »Das Wort Gottes ist Mensch geworden, auf daß du von einem Menschen lernest, wie der Mensch Gott werden kann.«[24]

Außergewöhnliche, ja skandalöse Worte, aber dennoch ein getreues Echo jener Worte Jesu, die man ihm ungern und erst spät verzieh.

Hat die Kirche das Dilemma des Gnostizismus gelöst? Zwei Jahrtausende Theologie haben den Durst der Christen nicht gelöscht. Und die Gnosis hat überlebt. Seit dem Ende des letzten Jahrhunderts tauchte eine beachtliche Zahl von Abkömmlingen auf, von der Theosophie Annie Besants und ihrem geistigen Sohn Krishnamurti, dem heiligen »Weltenlehrer«, bis zur Gnosis von Princeton. Die Anthroposophie Rudolf Steiners und die »Kirche Satans« von Anton La Vey in Kalifornien[25] bedeuten gar eine Wiederkehr der Gnosis. Das Gefühl, daß es »etwas anderes« und einen anderen Weg gibt, ist lebhaft. Es wird bestimmt noch viel lebhafter, je mehr diese Welt in der Dunkelheit versinken wird.

Doch die neuen Wege sind schlammig.

Der unbewegliche Gott des Islam

Die Geschichte des Islam als des Auftauchens eines neuen Gottesbildes ist beispielhaft. Sie ist es aus ganz unmittelbaren Gründen, deren offensichtlichster die verblüffende Geschwindigkeit ist (weniger als 25 Jahre, also kaum eine Generation), mit der sich eine Religion konstituiert hat, die das Schicksal der Welt prägte und immer noch prägt. Keine andere der drei monotheistischen Religionen hatte dermaßen freie Hand, die Botschaft Gottes den beherrschten Völkern zu verkünden. Der jüdische Glaube und später das Christentum mußten während ihrer ganzen Geschichte mit fremden Mächten verhandeln — Babylon, Persien, Griechenland, Rom —, durch die sie geistig und politisch beeinflußt wurden, ob sie nun wollten oder nicht. Der Islam hingegen hat sich seit der Hedschra praktisch nicht verändert.

Die Religion hat die politischen Tribünen der meisten westlichen und asiatischen Staaten des 20. Jahrhunderts offiziell verlassen. Israel ist ein laizistischer Staat, wo (fast) jeder Mann und jede Frau unabhängig vom Diktat der Rabbiner abstimmen geht und wo eine Abgeordnete, Yael Dayan, die Tochter des Kriegshelden Moshe Dayan, vor der Knesset erklären konnte, König David sei homosexuell gewesen. Ein solcher Auftritt ist in keinem Parlament eines islamischen Staates denkbar, selbst wenn es bloß um eine unbedeutende Figur der islamischen Tradition und Geschichte ginge. Wir wissen, welcher Gefahr Salman Rushdie wegen einiger Stellen eines Romans ausgesetzt ist, die es gegenüber dem Propheten ein wenig an Respekt fehlen ließen. Der Islam ist der einzige der drei Monotheismen, der seine Prinzipien nie unter spirituellem Zwang ändern mußte. Dies ist der zweite Aspekt seiner Beispielhaftigkeit: Schlimmstenfalls erlitt er militärische Niederlagen, nie aber ein Schisma, das ihm einen Großteil seiner Gläubigen entfremdet hätte, wie dies im Großen Schisma, der Abspaltung der griechisch-orthodoxen Kirche, oder in der Reformation dem Christentum widerfuhr. Die Schiiten, die übrigens nicht »schismatisch« im christlichen Wortsinn sind, haben theoretisch Zutritt zu jeder sunnitischen Moschee. Der Islam bewahrt also ein intaktes Bild Gottes, der vor dreizehnhundert Jahren dem Propheten die bewundernswerten Verse eingab, deren Rezitation den Tagesablauf eines Fünftels der Menschheit bestimmt. Er erlaubt es, den Anteil des Menschen an der Schöpfung eines neuen Gottesbildes zu ermessen.

Der Islam war die Schöpfung eines einzigen Mannes. Drei Männer schufen in dreieinhalb Jahrtausenden die drei größten Religionen der Welt: Mose, Paulus und Mohammed. Mose verlieh, als er Oberhaupt eines unterdrückten Volkes geworden war, diesem seine Identität, indem er ihm einen Gott mit altehrwürdigem Namen, aber neuem Gesicht verschrieb. Paulus, der als Polizist und Christenverfolger im Dienste des Sanhedrin Jesus nur mit feindseligen Blicken verfolgt hatte, pflanzte den bereits wankenden Strukturen des Römischen Reichs den Glauben an Christus gegen den Auftrag und Willen jener ein, die Jesu Jünger waren und dem Menschen, der Messias genannt wurde, nahestanden. Mohammed ließ die Stimme eines neuen Gottes in den Sandwüsten Arabiens erschallen, und zwar so stark, daß sie dreißig Jahre später am Mittelmeer vernommen wurde und bald darauf im Rest der Welt.

So groß ist die Macht mancher Menschen. So groß ist auch die Sehnsucht nach neuen Göttern. So sterblich sind schließlich die Götter, was schon die alten Ägypter gelehrt hatten: Auch Götter sterben. Die Religionen, die heute die Welt beherrschen, sind im Abstand von rund je 600 Jahren entstanden. Im 6. Jahrhundert v. u. Z. traten Buddha, Vardhamana, Zarathustra, Laotse und Konfuzius auf, ungefähr drei Jahrzehnte nach Mose – der Pentateuch, die fünf Bücher Mose, stammen vom Ende des 7. Jahrhunderts v. u. Z.[1] Im 1. Jahrhundert erscheint Jesus. Ungefähr 600 Jahre später, zwischen 567 und 579, wird der Prophet Mohammed geboren.

Ein extraterrestrisches intelligentes Wesen, dem man dies erzählen würde, wäre sicherlich erstaunt. Denn die Völker, die für die drei Religionen gewonnen wurden, hatten schon vorher ihre Götter. Ihr Bedürfnis nach einer Darstellung des Höchsten Wesens war gestillt und damit zugleich auch jenes nach Schutz, das aus dem ersteren folgt. Die Hebräer hatten die Götter der Kanaaniter, bei denen sie sich niedergelassen hatten; die künftigen Christen die, die sie haben wollten – aus Rom, aus Griechenland, aus dem Orient und auch von den Juden. Und die Araber hatten die Götter anderer Völker, darunter auch die der Kanaaniter. Mohammed sagte übrigens, er habe bloß an die Tradition der Vorfahren angeknüpft, indem er die Religion Abrahams erneuerte.² Dies ist der zweite gemeinsame Punkt zwischen Mose und Mohammed: Beide stützen sie sich auf den Pentateuch. Jesus hingegen ist aus einer relativ späten apokalyptischen Strömung hervorgegangen, die den Pentateuch für überholt hielt, da der Verrat der jüdischen Priesterschaft den Bund habe hinfällig werden lassen.

Doch wer sind die Araber des 7. Jahrhunderts, und wer sind ihre Götter? Und warum werden sie diese für einen anderen aufgeben?

Die Araber bewohnten zu jener Zeit die Arabische Halbinsel. Es handelte sich um Beduinenstämme mit nomadischer oder halbnomadischer Lebensweise, die der Einverleibung durch die beiden großen zeitgenössischen Reiche entgangen waren: im Westen das Byzantinische Reich, das in seinem östlichen Teil den Nahen Osten, nach heutigen geographischen Begriffen Makedonien, Griechenland, die Türkei, Syrien, Palästina und Ägypten, und in seinem westlichen Teil den gesamten Mittelmeerraum bis zu den Säulen des Herkules, das heißt bis Gibraltar, beherrschte, und im Osten das Sassanidenreich, das sich von Georgien und Mesopotamien über das Zentrum Iran bis ins Gebiet des heutigen Pakistan und Afghanistan und mit Ausnahme des Emirats Oman auch entlang der Südküste des Persischen Golfs erstreckte.

Das Gebiet, das den Arabern blieb, war riesig; es entsprach ungefähr zwei Dritteln der Oberfläche Westeuropas. Und schon dreizehnhundert Jahre vor dem Erdöl war es wohlhabend: Auch wenn der letzte Abschnitt der Seidenstraße von Baktrien nach Ktesiphon in den Händen der Sassaniden lag, so besaßen die Araber doch auch ihre Trümpfe. Sie beherrschten das gesamte Netz der Karawanenpisten, auf denen die Güter, die von Barygaza (heute Bharuch, Broach) am Golf von Cambay in Indien über das Meer bis in die Häfen des Golfs von Persien oder von Afrika bis in die Häfen des Roten Meers kamen, auf dem Landweg nordwärts transportiert wurden: Gewürze, Straußenfedern, Elfenbein, Weihrauch, Papageien, Sklaven, Edelsteine. Jathrib, das künftige Medina und eine der drei großen Metropolen Arabiens neben Mekka und Taif, war eine reiche Stadt, auch wenn man die üppigen Bilder außerordentlichen Wohlstands relativieren muß, die einige Islamforscher vor zwanzig, dreißig Jahren gemalt haben: Keine Stadt der arabischen Halbinsel war je ein Babylon. Aber damals war Arabien mit einem milderen Klima gesegnet, das Landwirtschaft ermöglichte. Taif war ein Zentrum für Weinbau, anderswo baute man Dattelpalmen, Weizen, Gerste, Orangen, Zitronen und Feigen an (Kaffee kannte man noch nicht), die man den Sassaniden, Byzantinern und Äthiopiern verkaufte.

Nicht umsonst fügte Ptolemäus von Alexandria dem Namen Arabien das Adjektiv »glücklich, fruchtbar« hinzu: *Arabia felix*.

Die Araber hatten Götter, die sie eigenartigerweise aus dem Norden importierten, das heißt aus Palästina, Syrien und Jordanien. Ein Übersicht zu geben ist äußerst schwierig, weil die Bezeichnungen und Attribute von Heiligtum zu Heiligtum wechseln: Sa'd, der von den Kinâna-Arabern verehrt wurde, schien Schadrapa gewesen zu sein, der altsyrische Heilgott, der als junger Mann mit einem Skorpion oder einer Schlange in der Hand dargestellt wurde. Dusch-Schara oder Dusares, der große Gott der Nabatäer, der Araber des Nordens, schien eine arabi-

sierte Version von Dionysos zu sein, denn er hielt eine Wein-
traube in der Hand. Ruda, manchmal ein Gott, manchmal eine
Göttin, war der Abendstern Venus und wurde unter dem Namen Arsu in Palmyra verehrt. Als begeisterte Astrologen verehrten übrigens alle Araber die Venus unter diesem oder jenem
Namen (und zwar den Abendstern, nicht die römische Göttin
der Liebe). Amm, der Mondgott des Reiches von Kataban, dessen Bewohner sich »Kinder des Amm« nannten, wurde von den
jemenitischen Khawlan der großen kanaanitischen Göttin
Anath (Anat) zur Seite gestellt, der Schwester (und manchmal
auch Gemahlin) Baals. Doch existierte in Arabien noch ein
zweiter Mondgott, Wadd, der Schutzherr der alten Königreiche
Ausam und Main, dessen Name »Liebe« bedeutete oder
»Freundschaft« und dessen heiliges Tier eine Schlange war.

Allah gab es bereits, nämlich als das männliche Gegenstück
zu al-Uzza, der wichtigsten der drei großen Göttinnen, die Mohammed im Koran erwähnt: al-Uzza, al-Lat und Manat.[5] Die
beiden letzteren werden manchmal auch als die »Töchter Allahs« bezeichnet. Diese Göttinnen teilen sich in die Verehrung
durch einige Stammesgruppen. Der Name Allah, »der (wahre)
Gott«, ist aus der Kontraktion von arabisch *al-ilah*, das heißt *al*,
»der«, und *ilah* (aramäisch *elah*, hebräisch *eloah*), »Gott«, entstanden.

Die Kulthandlungen zu Ehren dieser Gottheiten waren weit
intensiver, als man mit mehr als dreizehnhundert Jahren Abstand und dem durch die Verachtung für den »Götzendienst«
früherer Zeiten gefärbten Blick zu glauben geneigt wäre. Sie
waren sogar einer der Gründe für den relativen Wohlstand Arabiens, da sie eine beachtliche Schar Gläubige anzogen. Mekka
war eines der wichtigsten Zentren dieser Kulte; hier erhebt sich
die Kaaba, der Kubus (eigentlich ein Doppelwürfel), das heißt
die Kapelle, die nach einer Überlieferung von Abraham auf
Gottes Geheiß erbaut worden sein soll, um Sein himmlisches
Haus darzustellen. Laut einer anderen Überlieferung soll Abraham sie errichtet haben, um jenen Stein zu schützen, auf dem
sein Haupt ruhte, als ihm Gott im Traum erschien. Zu Anfang

handelte es sich offenbar um ein rechteckiges Stoffzelt, das zu Beginn unserer Zeitrechnung durch ein Gebäude ersetzt wurde, das zweifellos mit jener schwarzverkleideten kubischen Steinkapelle vergleichbar ist, die heute im Hof der Großen Moschee von Mekka steht. Schon vor Mohammed waren die Frommen angehalten, eine Pilgerfahrt nach Mekka zu unternehmen und die Kaaba siebenmal zu umrunden.

Die Abhängigkeit vom Alten Testament ist in der Überlieferung der Geschichte vom heiligen Brunnen von Zamzam noch sichtbar, der derselbe sein soll, den Abrahams ägyptische Magd Hagar, die Mutter Ismaels, entdeckte, als Abraham sie in die Wüste verstoßen hatte, und der Mutter und Kind vor dem Verdursten rettete.

Wenn es also in Arabien vor Mohammeds Auftreten noch keinen alleinigen Gott gab, so verband einen Großteil der Araber doch eine lange Tradition mit dem Pentateuch. Das Land war sehr religiös, denn die Heiligtümer zogen große Scharen in die drei erwähnten Städte und in weitere wie Hurad, Nakhla el Shamiyya und Nedschran. Rivalitäten zwischen religiösen Zentren erschütterten aber das Gebiet (von einem »Land« kann man noch kaum sprechen), bis schließlich die zentralistische Politik der Herrschenden von Mekka diesen zuerst die religiöse, dann auch die politische Macht verschaffte. Schon lange vor Mohammed war Mekka die wahre »Hauptstadt« des Landes. Diesem Umstand kommt große Bedeutung zu, da er die Anfangsschwierigkeiten Mohammeds und das neue Gottesbild, das sich in Arabien formte, erklären hilft.

Noch war das Gebiet von Fanatismus frei. In Arabien standen christliche Kirchen so gut wie solche der homeritischen Christen, dieselben, wie die Nubier am Oberen Nil, die Äthiopier in Aksum und die Garamanten in Libyen erbaut haben. Überdies gab es große, prosperierende jüdische Kolonien im Jemen und im Hedschasgebirge, in Jathrib (Medina), Fadak, Chaibar und natürlich im jüdischen Königreich von Saba. Soviel zum äußeren Rahmen.

Was werden wir sehen? Innerhalb der 19 Jahre, die zwischen

der ersten göttlichen Vision, durch die Mohammed 610 mit seiner Mission beauftragt wurde, und der kampflosen Einnahme Mekkas im Jahr 630 liegen, wird sich in einem mystischen und militärischen Doppelabenteuer eine Religion, die sich theoretisch in direkter Linie vom Pentateuch herleitet, als von den beiden anderen Religionen, die sich auf die Heilige Schrift berufen, vollständig verschieden und ihnen gegenüber feindlich eingestellt entpuppen.

Der Mann, der diese Revolution durchführte, war ein von alten Leuten aufgezogenes, also sensibles und altkluges Einzelkind. Sein leiblicher Vater Abd Allah (dieser Name, »Diener Gottes«, weckt unfehlbar Aufmerksamkeit), hat ihn nie gesehen, denn er verschied, als seine Frau in den Wehen lag, und Amina, seine Mutter, starb, als er sechs Jahre alt war. Sie gehörten der Sippe Koraisch an und waren damit Angehörige des mächtigen, in mehrere Clans unterteilten Stammes, der in Mekka die Macht ausübte. Mohammed war seinem Großvater, Abd el Mottalib, anvertraut worden. Dieser starb, achtzigjährig, zwei Jahre später, und Mohammed bekam einen neuen Vormund, seinen Onkel Abu Talib. Dieser, ein tüchtiger Kaufmann, nahm den Neffen auf seine häufigen Handelsreisen mit. Die erste fremde Stadt, die Mohammed gesehen haben soll, war Bosra in Syrien. Dort erblickte er auch die erste große Kirche, denn Syrien stand unter byzantinischer Herrschaft. Der zehnjährige Knabe erlitt einen zweifellos beachtlichen Schock, als sich ihm Macht und Ruhm unter dem Schutz eines einzigen Gottes präsentierten.

Wir wissen nicht, in welcher Religion Mohammed selbst unterwiesen wurde; wahrscheinlich in der seines Vater Abd Allah, logischerweise mit der Verehrung der Drei Schwestern verbunden, die der Kult von Mekka und des Stammes der Koraisch war, aber sicher vermischt mit der Verehrung der Venus; kurz, ein Synkretismus. Woher nahm Mohammed die monotheistischen Grundlagen, die den Koran so stark prägen? Der Historiker Tabarri berichtet, daß Abu Talib und Mohammed auf dem Weg nach Bosra bei einer Einsiedelei haltgemacht hätten, wo der

Mönch Bahira oder Sergius wohnte, der in der christlichen Religion bestens bewandert, aber ein Häretiker war. (Aus dieser Anekdote spricht eine beachtliche Toleranz!) Bahira nun verkündete dem Onkel, sein Neffe trage das Zeichen der Prophezeiung, nachdem er auf dem Rücken des Knaben eine Anomalie in der Größe eines Taubeneis entdeckt hatte. Ein Neurom? Ein Muttermal? Was auch immer, Mohammed starb als Sechzigjähriger nach einem außerordentlich aktiven Leben. Die prophetische Deutung von Hautbesonderheiten war damals nichts Besonderes, das Erlebnis dürfte Mohammed aber tief beeindruckt haben.

Wie wir im vorangehenden Kapitel bereits gesehen haben, war es die hohe Zeit der Häresien. Bahira war sicherlich nicht der einzige religiöse Gesprächspartner, den der junge Mann im Laufe der Reisen mit seinem Onkel traf. Es gab sowohl Christen wie Juden, die auf den Handelsrouten unterwegs waren, und das Beispiel der Seidenstraße zeigt, daß die Ideen ebenso reisten wie die Handelsgüter. Die Reisenden waren nicht allesamt orthodox, denn es wimmelte von religiösen Synkretismen ebenso wie von Häresien. Einige Hypothesen stützen sich auf im Koran entdeckte qumranische Elemente, um daraus zu schließen, daß Mohammed zum Beispiel Mandäer oder Schüler Johannes des Täufers gehört haben soll; das wäre durchaus denkbar und würde nur von der geistigen Offenheit Mohammeds zeugen.

Zwei Elemente, das eine sozialer, das andere politischer Natur, trugen zu dem bei, was man Mohammeds Revolte gegen die in Arabien seit der Zeit seiner Geburt vorherrschende Situation nennen muß. Das erste bestand im Auftauchen neureicher Klassen, das die Gesellschaft der arabischen Halbinsel erschütterte, das zweite in den begehrlichen Blicken und Absichten der beiden benachbarten Reiche in bezug auf Arabien. Der Stamm der Koraisch hatte Mekka zu einem Wohlstand verholfen, von dem man zu der Zeit, als die Stadt noch von jemenitischen Hirten regiert worden war, nicht geträumt hätte. Mekka war zum größten Handelszentrum der Halbinsel, aber auch zu ihrem größten Kulturzentrum aufgestiegen, dessen Poesie-Festivals Berühmtheit erlangt hatten. Dank dem Aufkauf der landwirtschaftlichen Produkte und Handelsunternehmen von Jathrib und Taif beherrschten die »Bourgeois« von Mekka die Halbinsel. Ein nie zuvor gekannter Reichtum stellte die sozialen Beziehungen auf den Kopf. Die Brüderlichkeit der Wüste war zur Vergnügungssucht einer neuen Oligarchie verkommen. Es entstand eine Klasse verarmter Würdenträger und Entrechteter, also Unzufriedener. Abu Talib, Mohammeds Onkel und Vormund, war kein reicher Mann. Er und sein Neffe litten unter der Arroganz der Reichen und dem Schauspiel einer Ungerechtigkeit, die eine traditionelle Gesellschaft zerstörte. Eine Antwort auf diese Ungerechtigkeit finden wir in der Verpflichtung zur *zakat*, dem religiösen Almosen für die Armen, die Mohammed später einführen wird.

Der zweite Faktor bestand darin, daß die Kundschafter der beiden benachbarten Imperien über den Reichtum und die Unruhe in der Bevölkerung der Halbinsel bestens informiert waren. Es stand zu befürchten, daß diese Reiche eines Tages der Versuchung erliegen würden, in Arabien einzumarschieren, und es dann vorbei wäre mit einem Leben nach alter Väter Sitte. Es gibt kein Dokument, das die Behauptung stützt, Mohammed sei sich dieser Gefahr bewußt gewesen, aber alles in seinem zwanzigjährigen Kampf um die Macht gegen Mekka läßt es vermuten. Als künftiger Herrscher der Halbinsel kannte Mohammed die beiden gefährlichen Nachbarn zu gut, um die Bedrohung, die von ihnen ausging, zu unterschätzen. Seine hartnäckigen Anstrengungen, aus dem Mosaik der Stämme eine Nation zu bilden, scheinen unablässig von Eile angetrieben.

An diesem Punkt der Schilderung der Anfänge des Islam sei festgehalten, daß es vergeblich wäre, Mohammed und den Islam mit Hilfe soziologischer Faktoren »erklären« zu wollen, als ob es in der Abfolge von historischen Ursachen und Wirkungen eine Notwendigkeit gäbe. Von vielen Islamisten wie eine Rechtfertigung angerufen, hat der Soziologismus die Geschichte schließlich noch unbegreiflicher werden lassen, als sie es ohnehin schon war. Mohammed hätte auch, ebenso wie Mose, Zarathustra, Buddha oder Jesus, nicht erscheinen können. Andere wären erschienen und hätten andere Gedankensysteme mit anderen Gottesvisionen begründet. Diese Überlegung wird von vielen Islamisten und Historikern der allgemeinen Religionsgeschichte oft vernachlässigt.

Gewisse psychologische Eigenheiten der Persönlichkeit Mohammeds werden hier zwar beschrieben, aber bloß in Form von Hypothesen und absichtlich kurz gefaßt. Mohammed hat kein Tagebuch hinterlassen und erst recht keine Aufzeichnungen seines Seelenzustands. Wir wissen praktisch nichts von ihm, und die Beschreibung seiner physischen Erscheinung, die wir kennen, beschränkt sich auf ein Minimum: Als Fünfzigjähriger war er von mittlerer Größe und kräftiger Statur, er hatte breite Schultern und einen energischen Gang. Sein Kopf war groß, er hatte gewelltes Haar, einen hellen Teint und große, schwarze, weit geöffnete Augen. Woran er gestorben ist, wissen wir nicht, und Tabaris Beschreibung hilft uns kaum weiter: Eines Morgens konnte der Prophet sich nicht einmal im Sitzen mehr aufrecht halten, Schweiß trat auf seine Stirn. Er legte sich hin. Seine Frau Aischa setzte sich hinter ihn und bettete seinen Kopf in ihren Schoß. Am Nachmittag öffnete er den Mund, und »seine Seele entflog«. Dieses Krankheitsbild würde ebensogut auf einen Sonnenstich wie auf einen Gehirntumor oder ein Herzversagen zutreffen.

All dies ist recht wenig, um sich, wie einige es getan haben, in psycho-physiologische Hypothesen zu stürzen, auf Grund deren man eine (weitere) »Erklärung«, wie Mohammed ein neues Gottesbild konzipierte, ausarbeiten könnte. Die Psychologie bietet zwar interessante Hinweise, ist aber auch kein Schlüssel. Der historische Psychologismus selbst scheint nur zu Verirrungen führen zu können. Zur Zeit Mohammeds gab es viele Männer, die ihm glichen – keiner aber handelte wie er oder hat gar einen Koran verfaßt.

Mohammed, der nationale und soziale Held, war ohne Vermögen und ohne Verbündete, ja schlimmer noch, er hatte massenweise potentielle Feinde, zum Beispiel die Bewohner von Mekka, deren Vielgötterei er bekämpfte. Seine einzige Waffe war die Rede, Rede der Hoffnung und der Wut, aber auch der Inspiration, die Prophezeiung. Sie kam ihm mit erschreckender Plötzlichkeit.

Mohammed verbrachte einige Tage in frommer Abgeschiedenheit in einer Höhle des Berges Hira. Zuerst hatte er Visionen eines Lichts wie der »Morgenröte« (*falaq el sobh*, um die Worte aufzugreifen, die seine zweite Frau, Aischa, in ihrem Bericht verwendet). Dann, übergangslos, blendende Helle. Eines Tages hörte er eine Stimme: *»Enta rassul Allah!«* (»Du bist der Gesandte Allahs!«). Sie erfüllte ihm mit Schrecken. Er fiel auf die Knie, erreichte dann mit Mühe und, wie er sagte, zitternder Brust sein Haus. Er ging zu seiner ersten Frau Kadija, der reichen Witwe, die ihn zum Mann erwählt hatte, als sie vierzig Jahre alt war. »Bedeckt mich! Bedeckt mich!« rief er. Er fürchtete, verrückt geworden zu sein. Er spielte mit dem Gedanken, sich zu töten, indem er sich vom Berg Hira herunterstürzte. Kadija beruhigte ihn. War er ein Spielzeug des Dämons? Sie beruhigte ihn abermals, und er setzte seine Meditationen in der Zurückgezogenheit fort.

Dann, eines Nachts, am 26. oder 27. des künftigen Monats Ramadan, hatte er eine Erscheinung. Die islamische Überlieferung sagt, es sei der Erzengel Gabriel oder ein Seraph gewesen. »Ikrat — lies es!« befiehlt ihm dieses göttliche Wesen dreimal und wirft ihn zu Boden. »Was soll ich lesen?« antwortet er. »Lies! Im Namen des Herrn, der dich erschuf ...« Und Mohammed las die erste Sure: »Im Namen Allahs, des Erbarmers, des Barmherzigen!«

Der Himmelsbote diktierte ihm alle einhundertvierzehn Suren mit Ausnahme der berühmten »satanischen Verse« der 53. Sure:

»Wahrlich, er sah von den Zeichen seines Herrn die größten.
Was meint ihr drum von al-Lat und al-Uzza,
Und Manat, der dritten daneben?

Dies sind die erhabenen Gharaniq
(Schwäne? Reiher? Kraniche? ...),
deren Fürsprache (bei Allah) erwünscht (oder: zu erhoffen)
ist.«

Das waren die drei bereits erwähnten Göttinnen. Satan ließ
Mohammed polytheistische Verse sprechen! Göttinnen der
Götzendiener anrufen! Folglich wurden die Verse gestrichen.

Die moderne Medizin erklärte die göttliche Trance später als
Selbsthypnose oder als Zusammenbruch eines hypersensiblen
Mystikers. Das ist möglich, ja sogar wahrscheinlich, obwohl
sich viele selbst hypnotisieren und und viele andere einen Zusammenbruch erleiden, ohne innerhalb von zweiundzwanzig
Jahren (von 610 bis 632) Tausende von Versen hervorzubringen,
Verse von einem Schwung, einer Eloquenz und einer Musikali-
tät, daß die ersten Zuhörer sie auswendig lernten, während andere sie auf Palmblätter oder flache Steine schrieben (es ist
ungewiß, ob Mohammed selbst schreiben konnte). Verse
schließlich, die dreizehn Jahrhunderte lang zunächst von Dutzenden, dann von Hunderten Millionen Zuhörern verehrt werden sollten.

Gewiß ist gegenüber einem Wunder wie der Komposition
des Korans keine Respektlosigkeit angebracht. Aber es muß
daran erinnert werden, daß die göttliche Inspiration, wenn es
denn eine war, Ausfälle gehabt zu haben scheint. So besteht
offensichtlich eine Verwechslung zwischen Haman, dem Wesir
Ahasvers (Xerxes' des Großen) aus dem *Buch Esther*, und Haman, dem Wesir des Pharao (40. Sure, 38) sowie zwischen Mirjam, der Schwester Aarons, und Maria, der Mutter Jesu (19.
Sure, 16 ff.). Es gibt auch verwirrende Anklänge an beide Testamente wie in der Ähnlichkeit zwischen der 21. Sure, 105, und
Psalm 37, 29 oder zwischen der 1. Sure, 5, und Psalm 27, 2. Man
kann auch nicht umhin, auf die Ähnlichkeiten zwischen der 7.
Sure, 48, und den Versen 16, 24 und 44, 19 des Lukasevangeli-
ums hinzuweisen. Auch andere Reminiszenzen sind offensichtlich, zum Beispiel die Beschreibung Alexanders des Großen als

»Mann mit den zwei Hörnern«, die offenbar aus dem *Alexanderroman*, einem hellenistischen Epos, entlehnt wurde, in dem der makedonische Held so beschrieben wird, weil sein angeblicher Vater, Zeus Ammon, tatsächlich diese zwei Hörner (als Lichtstrahlen) trägt. Und die Exegeten haben auf Verweise auf apokryphe Evangelien, die Haggada und sogar auf die Schriftrollen vom Toten Meer aufmerksam gemacht. Schließlich könnte man sich mit Recht Fragen stellen bezüglich der Verse, die Mohammed außer den »satanischen Versen« gestrichen hat. Es gibt nur winzige Spuren davon, und ihre Zahl schwankt zwischen fünf und fünfhundert. Sollte Mohammed die himmlischen Diktate gekürzt haben?

Mohammed traf viele Leute in jenem äußerst heterogenen Universum, das der Orient seinerzeit darstellte: Mehr oder weniger orthodoxe Juden und mehr oder weniger heterodoxe christliche Mönche, griechische Dichter und asiatische Basarhändler erzählten ihm so manches. Es handelte sich also um den außerordentlichen Schmelztiegel eines Schatzes von Legenden, Religionen, Mythen, Hoffnungen, mystischen Wahnvorstellungen, der in den Staub gefallen wäre, hätte sie nicht sein Genie mit homerischem Sinn für Poesie destilliert.

»Wenn die Größe des Entwurfs, die Beschränktheit der Mittel und die Unendlichkeit der Ergebnisse die drei Maßstäbe für das Genie des Menschen sind«, schrieb Alphonse de Lamartine in seiner *Histoire de la Turquie*, »wer würde es wagen, einen großen Mann der modernen Geschichte mit Mohammed zu vergleichen? Die berühmtesten unter ihnen haben bloß Waffen, Gesetze, Reiche bewegt; sie haben bloß weltliche Mächte gegründet (wenn sie überhaupt etwas gegründet haben), die häufig noch zu ihren Lebzeiten wieder zerfallen sind.«

Je nach Standpunkt kann man sagen, daß Gott Mohammed zu Hilfe kam, um Seine Ziele zu erreichen (so die häufigste islamische Interpretation), oder daß Mohammed Gott (oder sein Bild des Gottes Abrahams) zu Hilfe rief, um eine Vision religiöser und ethischer Ordnung zu verkünden. Diese Vision ist selbst für Atheisten ein Wunder an poetischer Kraft. Wer dazu noch des Arabischen mächtig ist, wird durch deren Eloquenz und Wärme bezaubert. Wenn man sich über etwas wundern muß, dann darüber, daß sie die Bewohner von Mekka nicht auf Anhieb für sich gewann, und nicht einmal alle, die Mohammed nahestanden. Ganz im Gegenteil: Mohammeds Onkel und Vormund, Abu Talib, starb, ohne zu konvertieren, und ein anderer Onkel, Abu Lahab, bewies seinem Neffen gegenüber eine hartnäckige Abneigung (die der Prophet ihm in der Folge zurückzahlte: »Verderben über die Hände Abu Lahabs und Verderben über ihn!«[4])

Ein kurzer Überblick über den Koran zeigt drei große Hauptabschnitte: Die Betonung der Gerechtigkeit und der Barmherzigkeit sowie den Tadel der Habgier und des egoistischen Materialismus; dieser Abschnitt zeigt die Beschäftigung mit sozialen Fragen am deutlichsten. Der zweite Abschnitt handelt von der Trennung, die beim Jüngsten Gericht (das allerdings keinen apokalyptischen Charakter hat) zwischen den Tugendhaften und den Gottlosen stattfinden wird. Der dritte Abschnitt beschreibt die Beziehungen des Menschen zu seinem Schöpfer und stellt die eigentliche religiöse Botschaft des Korans dar. Sie ist eine Aufforderung zur Erhebung des einzelnen und zu seinem Aufgehen im Volk der Tugendhaften, denen die irdische und die himmlische Glückseligkeit versprochen ist. Diese 114 Suren (die Zahl ist klar vorgegeben – das Thomasevangelium hat Jesus ebenfalls 114 Logia, Sprüche, zugeschrieben) haben das Schicksal der Welt verändert.

Die bereits erwähnte Feindseligkeit gegenüber den beiden Religionen der Bibel ist entscheidend für das Verständnis des islamischen Gottes. Sie ist auch entscheidend für den jungen Islam, weil sie ihm später erlaubte, eine Identität aufzubauen, die sich von jener der Christen, die sich bereits als politische Macht konstituiert hatten, und von jener der Juden unterschied. Die erste offen feindselige Handlung richtete sich gegen die Juden des Kainuka-Viertels: Nach erbitterter Belagerung wurde das Judenquartier erobert, mehrere hundert Juden wurden auf den Marktplatz geführt, wo man Gruben gegraben hatte; Mohammeds Anhänger köpften sie und warfen sie hinein. Und im Jahr 628 vertrieb Mohammed selbst den jüdischen Stamm der Nadir aus der Oase Chaibar bei Medina. Diese feindselige Haltung wurde später durch die Gesetze der Omajjaden-Dynastie bestätigt, die Nicht-Moslems, Christen und Juden (und zuletzt auch die Anhänger der Lehre Zarathustras) zu Bürgern zweiter Klasse erniedrigte, die Kopf- und Grundsteuern zu bezahlen hatten, während die Moslems bloß das gesetzliche Almosen, die *zakat*, bezahlten.

Diese religiöse Diskrimination war eine damals relativ neue Erscheinung in der Geschichte der Zivilisationen. Eingeführt hatte sie das Oströmische Reich, die Moslems brauchten sie bloß wiederaufzunehmen. Alle, die nicht der Religion einer Stadt angehörten, galten als Fremde, während beispielsweise im alten Griechenland fremd einfach diejenigen waren, die nicht in der Stadt wohnten. Das römische Recht kannte keinerlei Ausschluß dieser Art. Jedermann hatte das Recht, sich in einer Stadt des Reichs niederzulassen und dort die Religion auszuüben, die ihm zusagte.

Mohammeds Haltung gegenüber den Juden war zumindest ambivalent. Eine seiner zwanzig Ehefrauen, Safija, war Jüdin und vermachte ihre Erbschaft ihrem Neffen, der Jude geblieben war. Man kann also nicht behaupten, der Prophet sei antijüdisch gewesen. Aber seine Verwünschungen gegen die Juden von Jathrib, die ihn kritisiert hatten, waren oft sehr heftig. Er beschuldigte sie sogar, die heiligen Schriften gefälscht und ihre Propheten verfolgt zu haben.

Diese Diskrimination bestätigt einen essentiellen und exklusiven Charakterzug der Offenbarungsreligionen, das heißt der drei Monotheismen: die Gleichsetzung des Religiösen mit dem Politischen. Wie der Gott Jahwe der Juden und wie der Gott der Christen ist auch Allah der Herr der Heerscharen und führt seine Gläubigen zur Eroberung der Welt. Die Projektion des Gläubigen in seinen Gott und seine Identifikation mit Ihm lassen ihn glauben, alles, was nicht diesem Gott und ihm unterworfen sei, sei eine Verweigerung diesem und ihm gegenüber. Er muß also den Planeten erobern, um endlich die göttliche Ordnung zu errichten. Die Ungläubigen sind entweder unwissend oder dem Bösen hörig, wenn nicht beides zusammen. So kommt das Paradoxon zustande, daß im 20. Jahrhundert die drei Religionen, die aus demselben Buch hervorgegangen sind, einander unversöhnbar feindlich gegenüberstehen. Die Propheten waren also nationalistische Generäle. Was aber den Islam betrifft, so hat der Begriff »Nation« mit dem westlichen Begriff nichts zu tun: Die einzige grundlegende Nation ist die »arabische Nation«, *umma-el-arabiya*, die sich über staatliche Grenzen hinwegsetzt. Wir werden noch sehen, welche Konsequenzen dieses Konzept nach sich zieht.

Die Moslems machten sich also daran, die Welt zu erobern, und sie eroberten sie. In wenig mehr als einem Vierteljahrhundert, zwischen 622 und 650, besetzten die Truppen des Propheten die Gebiete zwischen Libyen und der indischen Grenze. Um 750, gegen Ende des Kalifats der Omajjaden, erreichten sie Spanien. Im 11. Jahrhundert eroberte die Dynastie der Seldschuken den größten Teil des Byzantinischen Reichs und ein Stück des indischen Pandschab. Im 13. Jahrhundert beherrschte das Sultanat von Delhi mit Ausnahme von Pandya im äußersten Süden und Orissa im Osten ganz Indien. Und es gab keine Unterschiede zwischen einem Moslem aus Damaskus und einem Moslem von Lahore. Die gemeinsame Religion schuf eine internationale Brüderlichkeit, deren Echo man bei Ibn Chaldun oder al-Biruni wiederfindet.

Hier drängt sich eine geschichtliche Zwischenbemerkung auf: Wenn Europa und die Welt im 20. Jahrhundert in ihrer heutigen Form existieren, verdanken sie dies zum Großteil dem Widerstand der Moslems.

Zu jener Zeit war das China der Song-Dynastie ein vergleichsweise »kleines« Land, das im Westen kaum über den Jangtse Kiang und im Norden nicht über den Huangho hinausreichte. Unermeßliche Gebiete Asiens wurden von furchterregenden, ehrgeizigen und unberechenbaren Herren beherrscht: dem Großkhan, dem Tschagatai- und dem Quiptschak-Khan, den Ilkhanen im Iran und, im Nordwesten, von der Weißen und der Goldenen Horde, deren Einflußgebiet sich bis in die russischen Fürstentümer von Kiew bis Nowgorod erstreckte. Horden tobender, räuberischer Nomaden, die von Jurte zu Jurte ziehen und an übernatürlichen Mächten nur jene kennen, die ihre Schamanen erzittern lassen. Diese Menschenmasse, getrieben von grenzenloser Dynamik, war vergleichbar mit den Wassermassen, die ein Schiff aufgrund seiner Instabilität zum Kentern bringen. Und gerade die Moslems hielten diese heranrollenden Kräfte im Zaum. Wären nicht die Riegel gewesen, die das Sultanat von Delhi und das Osmanische Reich in Griechenland und der Türkei bildeten, wären der gesamte Orient und Europa für lange Zeit asiatisch gewesen. Der Gott der Christen und der Gott der Moslems wären für unbeschränkte Zeit durch die Grimassen schneidenden Gottheiten der Asiaten, ihre Geister und Phantome ersetzt worden.

Gerade das letzte aus dem heiligen Buch hervorgegangene Bild Gottes beschützte die beiden anderen.

Dieses Bild ist mit seinen Vorgängern übrigens identisch. Es handelt sich um das Bild eines Gottes, der zugleich Monarch und Herr der Heerscharen ist. Es gab keinen anderen Grund für die Überlegenheit der Moslemkrieger und für ihre Siege, mit denen sie den asiatischen Horden trotzten, das mächtige Sassanidenreich niederrangen und Teile des Byzantinischen Reiches eroberten, als die Überzeugung, daß sie für ihren Gott kämpften. Man führt zum Thema der wechselseitigen Beziehungen zwischen Religion und Politik häufig die Rolle des Papsttums Ende des 20. Jahrhunderts im Widerstand gegen den Kommunismus in Polen an. Sie war in der Tat auch etwas ganz Neues. Die Enzyklika *Cum primum* Papst Gregors XVI. an die polnischen Bischöfe 1831 hatte die polnische Erhebung gegen die russische Besatzungsmacht noch verurteilt und die Polen zur Unterwerfung unter die etablierte Macht aufgefordert. Vielleicht wird man eines Tages feststellen, daß der islamische Widerstand gegen den Kommunismus eine viel größere Rolle spielte. Napoleon staunte über den überwältigenden Erfolg des

Islam und gab sich mit seinem raschen Verstand selbst die Erklärung: Der islamische Glaube ist sehr einfach. Der Islam hat die Rhetorik vermieden; seine Theologie ist eigentlich eine Apologetik, eine wissenschaftlich-rationale Absicherung des Glaubens. Mohammed war ebenso ein Mann der Tat wie ein Prophet. Er rüstete sich mit einfachen Prinzipien und rief zur materiellen wie immateriellen Eroberung auf (das arabische Wort *futuwwa* heißt sowohl »Eroberung« wie »Eröffnung«). Nach rund fünf Jahrhunderten Beeinflussung durch die griechische Philosophie (von der noch die Rede sein wird) fand der Islam zur prophetischen Einfachheit zurück. Er umfaßt nicht mehr als fünf Gebote: Anerkennen, daß es keinen anderen Gott gibt außer Allah *(la illah el Allah)* und daß Mohammed sein Prophet ist; fünfmal täglich, Richtung Mekka geneigt, seine Gebete verrichten; während des Monats Ramadan fasten; das gesetzliche Almosen entrichten und mindesten einmal im Leben nach Mekka pilgern. Auch wenn er mit der Lossagung der Schiiten ein großes Schisma erlitt, hat der Islam weder die Querelen der Konzile noch die ins Unendliche verlängerten Debatten über die Konsubstantialität des Vaters und des Sohnes, die unbefleckte Empfängnis oder die Rolle der Frau im Gottesdienst kennengelernt. Gewiß, auch er hat seine Traditionen, die das Leben der Moslems zum größten Teil regeln, wie den Schleierzwang für die Frauen oder die Ablehnung von Volkszählungen, die als unmoralisch betrachtet werden, weil allein Gott die Menschen zählen kann. Aber als Ganzes ist er aller Welt zugänglich, von Patagonien bis Kamtschatka.

Diese Einfachheit hat drei Konsequenzen, deren Bedeutung man meines Wissens auch dreizehnhundert Jahre nach der Geburt des Islam noch nicht endgültig erfaßt hat: Erstens gibt es weder eine Stellvertretung Gottes noch einen analytischen Diskurs über Gottes Absichten; die einzigen Worte, die Gott betreffen, sind Lobgesänge; sie sind aber selten, denn wer wollte der inspirierten Eloquenz des Propheten gleichkommen? Zweitens kann sich, nachdem Mohammed die Offenbarung zuteil wurde, nichts Neues auf dem Gebiet der Erkenntnis ereignen. Die islamische Weltanschauung ist absolut statisch: Es gibt nichts zu lernen, und das ist der Grund, warum es trotz einer unaufhörlich fortschreitenden Alphabetisierung (die ihrerseits ein Problem aufwirft, von dem noch zu sprechen sein wird) drei Jahrhunderte nach der industriellen Revolution noch immer keine arabische Naturwissenschaft gibt, keine Astrophysik, keine Kosmologie, keine Astronomie, keine Physik, keine Chemie, keine Mathematik oder Biologie (ich spreche von den arabischen Ländern). Es gibt nicht einmal eine arabische Geschichtsschreibung im westlichen Sinne: Die alten arabischen »Historiker« wie Tabari oder Ibn Chaldun sind eigentlich Chronisten. Die modernen Autoren wie Ahmed Abd el-Razeq und Taha-Hussein haben sich, nach einer kritikfreudigen Periode, die in den dreißiger Jahren auf die (etwas einfache) Entmystifizierung der damals glorifizierten arabisch-islamischen Vergangenheit abzielte, selbst Schweigen auferlegt.[5]

Die dritte Konsequenz schließlich, die Gleichsetzung der Religion mit der Politik, die für den Islam wesentlich ist, bewirkt, daß er de facto die Nationalismen transzendiert und jede politische Reform, zum Beispiel im Iran, Ägypten so sehr betrifft wie Indonesien, weil sie im Grund religiös ist. Im Islam gibt es keinen religiösen Diskurs, der nicht auch politisch wäre, und umgekehrt. Ein Christ kann Amerikaner sein oder Bürger der Elfenbeinküste, er wird seinem Land im Kampf gegen ein anderes christliches Land dienen, ohne das Gefühl zu haben, seinem Glauben untreu zu sein. Als jedoch das Décret Crémieux vom 24. Oktober 1870 den Algeriern im Gegenzug zur Anerkennung der französischen Gesetze die Zivilrechte zugestand, waren die Juden einverstanden, die Moslems aber lehnten ab. Was für einen Moslem zählt, ist nicht seine Zugehörigkeit zu einem Staat, sondern zur arabischen Nation, und die Anerkennung anderer Gesetze als der islamischen *Scharia* käme für ihn einer Apostasie, einem Abfall vom rechten Glauben, gleich. Alle heutigen politischen Beobachter kennen das islamische Projekt der Errichtung eines Weltkalifats, gewissermaßen eines Äquivalents zum Vatikan, das das Leben von etwas mehr als einer Milliarde zu einer einzigen Nation vereinter Menschen auf Erden beherrschen würde.

Die erste dieser drei Konsequenzen ist von höchster Bedeutung: Die Ethik, die Mohammed diktiert wurde, entsprach in idealer Weise einer Stammeswelt, die von einem althergebrachten, patriarchalischen Kodex von Ehre, Treue und Heldenmut bestimmt wurde. Es war eine in ihren Grenzen abgeschottete Welt. Diese Ethik konnte auch nur dieser Welt, einer arabischen Welt, unter der Bedingung entsprechen, daß sie sich ausdehnte, bis sie den ganzen Planeten umspannte. Doch dies geschah nicht: Weder Europa noch China, noch Amerika sind vom Islam erobert worden. Seit Ende des 19. Jahrhunderts und mit zunehmender Internationalisierung der Handelsverbindungen findet sich die islamische Ethik immer weniger der Welt angepaßt, mit der sie *zwangsweise* in Kontakt steht. Das islamische Gesetz verbietet das Leihen auf »Wucherzins«, das heißt das Erheben oder Auszahlen von Zins auf geliehene Gelder, auf Bankkonten so gut wie auf Privatschulden. Aber alle Banken dieser Welt könnten ohne diesen »Wucherzins« praktisch nicht existieren. Daraus ergibt sich, daß sich kein Moslem mit größeren Geldgeschäften befassen kann, ohne mit seiner Ethik in Konflikt zu geraten. Entweder muß Gott einen neuen Propheten zum Thema »Wucherzins« inspirieren, oder man hat sich damit abzufinden, daß die islamische Ethik in diesem Punkt überholt, ja archaisch ist.

Dies ist nur ein Beispiel, aber es illustriert in beredter Weise die Tatsache, daß das Bildnis Gottes zugleich jenes einer Gesellschaft zu einem bestimmten Zeitpunkt seiner Geschichte ist. Wir könnten diesem Beispiel ein zweites hinzufügen, indem wir die Verdammungen anführen, mit denen orthodoxe Juden den Staat Israel tagtäglich überschütten, unter anderem weil dieser kein theokratischer Staat ist. Oder auch die Haltung der katholischen Kirche zu bestimmten Fragen wie der Sexualtität und der Geburtenkontrolle. Auch diese beiden Religionen sind in ihrer eigentlichen, orthodoxen Form äußerst archaisch, was auch ihren latenten Krisenzustand erklärt. Was Israel betrifft, so stellt der Konflikt zwischen einem spirituellen Judentum und der Versuchung, sich aus Solidarität dem Zionismus anzuschließen, eine Gewissensfrage dar, die von einer Lösung weit entfernt scheint.

Der Islam konnte genausowenig wie die beiden anderen Offenbarungsreligionen den negativen Folgen dessen aus dem Weg gehen, was man »politische Theologie« nennen könnte. Die Imperative und Absichten, die Gott vor dreißig, zwanzig oder dreizehn Jahrhunderten zugeschrieben worden waren, konnten ursprünglich »natürlich« und recht und billig erscheinen. Die gesellschaftlichen Entwicklungen ließen indes viele dieser Imperative verjähren, so daß sie mit der heutigen sozialen und politischen Ethik unvereinbar sind.

Die zweite Konsequenz der Einfachheit des Islams, das statische Weltbild, zeigt, wie schwierig es ist, ihn unter der technologischen Vorherrschaft des Westens (und Asiens) aufrechtzuerhalten. Eine Ausnahme bildet Malaysia, ein Land mit malaiischer, indischer und chinesischer Bevölkerung. Die technische Überlegenheit ist an die Stelle des alten Kolonialismus getreten, unsichtbar zwar, aber nichtsdestoweniger real. So gibt es zum Beispiel weder eine islamische Elektronik noch eine islamische Biologie, um nur zwei Gebiete zu nennen, auf denen der »technologische Aktivismus« des Westens und Asiens besonders deutlich erkennbar ist. Wenn Libyen oder der Irak Giftgasfabriken bauen oder bakteriologische Waffen herstellen wollen, sind sie von den Entscheidungen der westlichen Industrienationen und von käuflichen Söldnern ebenso abhängig wie vom Import von Rüstungsgütern, die diese beiden Länder nicht selbst fabrizieren können, also sind sie einem westlichen Veto ausgeliefert. Auf weniger kriegerischem Gebiet kann man nur feststellen, daß seit einem halben Jahrhundert kein arabisches Land einen wichtigen Beitrag zur naturwissenschaftlichen Forschung geleistet hat.

Großes Aufhebens ist, übrigens durchaus zu recht, seit einigen Jahrzehnten von dem »klassischen Erbe« gemacht worden, das durch den Islam vermittelt wurde, und dieses Thema wurde an den westlichen Universitäten ausführlich, bisweilen allzu ausführlich untersucht und abgehandelt. Es trifft zu, daß die islamischen Gelehrten des Mittelalters in bezug auf die Erhaltung und Kritik der griechischen und hellenistischen Texte wunderbare Arbeit geleistet haben. Dank islamischer Gelehrter sind viele Texte auf uns gekommen, die sonst verlorengegangen oder vernichtet worden wären. Während die christlichen Mönche in ihrem bilderstürmerischen Furor mit der Vernichtung griechischer Kunstwerke und Manuskripte fortfuhren und unter anderem auch die Bibliothek von Alexandria plünderten und in Brand steckten, retteten, inventarisierten und übersetzten sie arabische Gelehrte ins Arabische und Persische. Denn die Ausstrahlung der griechischen Kultur war zu dem Zeitpunkt, als die Sonne des Islam aufging, noch ungeheuer groß: Im Bagdad des 10. Jahrhunderts sprach man griechisch, und man fand griechische Manuskripte in Syrien, Mesopotamien, Palästina und Ägypten.

In ihrer Arbeit als Konservatoren wurden diese Gelehrten von Potentaten, Kalifen, Wesiren und anderen Herrschern ebenso ermutigt und unterstützt wie durch ihre eigene Initiative und jene der Hofphilosophen. Im 9. Jahrhundert sah beispielsweise der Abbasiden-Kalif Abdallah al-Mamun, der Sohn Harun al-Raschids, im Traum einen rothaarigen Mann, der sich ihm als Aristoteles vorstellte, worauf er seinen Weisen den Auftrag gab, alle Werke Aristoteles' und anderer berühmter Griechen zu übersetzen, deren sie habhaft werden konnten.

Das Interesse der islamischen Gelehrten am griechisch-römischen Erbe war ungeheuer. Sie übersetzten beinahe alle Worte Aristoteles' (mit Ausnahme der *Politeia*), Platons und der Neuplatoniker wie Plotin, Ptolemäus, Euklid und anderer und fügten ihnen eigene Kommentare hinzu. Ein Beispiel mag genügen: Die Kommentare von Averroes, einem spanischen Moslem (mit vollem Namen Abul Walid ibn Ahmad ibn Mohammed Ibn Ruschd), zu Aristoteles wurden rund zweihundert Jahre nach seinem Tod (1198) ins Lateinische und Hebräische übersetzt und bis weit über die Renaissance hinaus studiert.

Zwei wichtige Beobachtungen lassen sich indes nicht übersehen.

Erstens: Gewiß gab es eine arabische philosophische Schule, davon zeugen die Werke von al-Kindi oder Alkindus, al-Farabi, Miskawaih, Avicenna oder Ibn Sina, al-Ghasali, Averroes oder Ibn Ruschd, ar-Rasi oder Rhases, Aschari und den Ikhwan (Brüdern) El Safa. Doch der Widerspruch bestand darin, daß es weder eine arabische Philosophie im Sinne einer griechischen Philosophie gab, noch etwa den Unterricht in Philosophie, der an den Universitäten von Paris und Oxford erteilt wurde. Die islamische »philosophische Vorlesung« zielte auf die Bereicherung der islamischen Reflexion ab; sie verblieb ausschließlich in diesem präzise abgesteckten Rahmen, weil sie mehr oder weniger strenge Strafen vermeiden wollte. So wurde Averroes verbannt, weil er dem spanischen Omajjaden-Kalifen al-Mansur verdächtig erschien. Paradoxerweise aber nützte gerade Averroes der christlichen theologischen Reflexion am meisten, denn durch ihn lernten Roger Bacon und Duns Scotus Aristoteles kennen! In lobenswerter Voraussicht bat der Staufenkaiser Friedrich II. (1212–1250) die christlichen Arabisten an seinen Hof, die bei den christlichen kirchlichen Autoritäten kein Vertrauen genossen. Und ausgerechnet gebildete Juden brachten die islamischen philosophischen Werke nach Europa!

Halten wir fest: Den arabischen Mathematikern und Mechanikern verdankt der Westen das erste durch Gewichtsteine angetriebene Uhrwerk. Gerbert von Aurillac, der spätere Papst Silvester II., hat dank der Vorarbeiten arabischer Mechaniker offenbar die erste Uhr konstruiert.

Doch die islamische Begeisterung für Philosophie dauerte nur relativ kurz, nämlich vom 9. bis ins 12. Jahrhundert. Abu Hamid Muhammad al-Ghasali (1059–1111) wies die Naturphilosophie und Naturtheologie mit der Begründung zurück, sie seien Instrumente, mit denen alles Mögliche bewiesen werden könne, zum Beispiel die Existenz Gottes, die Schöpfung der Welt, der Aufbau des Universums und die Unsterblichkeit der Seele. Seine berühmteste Schrift, *Tahaffout el falasifah*, »Die

Widersprüchlichkeit der Philosophen«, entwickelte den Vorrang der prophetischen Inspiration vor der Philosophie. Man
mag einwenden, daß al-Ghasali, oft als »der größte Moslem
nach Mohammed« bezeichnet, in melancholischem Mystizismus versunken sei, aber es genügt, die Meinung von Ibn Chaldun (1332–1406), einem herausragenden Gelehrten seiner
Zeit, einzuholen, für den die Philosophie unnütz und eitel war
und der sich der Meinung al-Ghasalis, die dieser zwei Jahrhunderte zuvor geäußert hatte, anschloß.

Ganz nebenbei sei erwähnt, daß sich einige islamische Autoren jener Zeit nicht gerade durch ihren Sinn für Strenge und
Reinheit der Lehre auszeichneten und sich manchmal einem
verwirrenden Eklektizismus hingaben. So finden wir bei al-Biruni, dem afghanischen Vorläufer des 10./11. Jahrhunderts von
Giovanni Pico della Mirandola, folgende Zeilen:

> »Platon schreibt im 4. Kapitel seines *Buches der Gesetze*:
> ›Wer den Göttern die höchsten Ehren erweist, muß sich um
> das göttliche Mysterium und das Mysterium der Musen
> kümmern, aber er darf gewisse Idole nicht dem Ahnenkult
> vorziehen, erst recht nicht der Frömmigkeit gegenüber den
> noch lebenden Eltern, die eine der Hauptaufgaben ist.‹ Bei
> Platon betrifft das ›Mysterium‹ die Initiation. Heutzutage ist
> dies bei den Sabäern des Harran, den manichäischen Duali-
> sten und den hinduistischen ›Theologen‹ ein geläufiger Be-
> griff.«[6]

Hier haben wir, was man, gelinde gesagt, als »Kraut und Rü-
ben« bezeichnen muß. Nie und nimmer hat Platon im 4. Buch
der *Nomoi* (*34. Rede an die Ansiedler: Das fromme Verhalten
gegen Götter und Menschen*) etwas dieser Art geschrieben, es
hat nicht das geringste mit den Sabiern zu tun, auch nicht mit
dem Manichäismus und noch weniger mit den hinduistischen
Theologen. Al-Biruni fabulierte einfach drauflos. Glücklicherweise ist nicht alles bei ihm und seinen Zeitgenossen aus diesem Stoff.

In ihrem Wissensdurst hatten die Gelehrten des jungen Islam alle griechischen und hellenistischen Texte aufgesogen, von denen die Bibliotheken des Orients förmlich überquollen. Im 9. Jahrhundert geboren, erreichte diese Leidenschaft für das griechische Wissen ihren Höhepunkt im 12. und 13. Jahrhundert. Rund zweihundert Jahre später aber hatte das Interesse nachgelassen, die negative Sehweise eines al-Ghasali oder eines Ibn Chaldun herrschte vor. Zu Beginn des 16. Jahrhunderts gehörten die Griechen für den Islam einer fernen Vergangenheit an: Sie hatten die Offenbarung nicht vorausgesehen und ihr in ihren Schriften keinen Platz eingeräumt. Dies bewies, daß nichtislamische Denker, so bemerkenswert sie auch sein mochten, dem Islam nichts Grundlegendes hinzufügen konnten. Zwar hatte der Umgang mit Aristoteles, Platon und anderen die religiöse und juristische Gedankenwelt des Islam beträchtlich bereichert; er hatte den Geschmack der Muselmanen an der Abstraktion und an der Logik entwickelt, ihre Rhetorik verfeinert, ihren kritischen Verstand geschärft, ihnen zu einer komplexeren Grammatik verholfen (was sich nicht immer ohne Zusammenstöße abspielte) und ihr Interesse an den Naturwissenschaften – der Alchimie, der Astronomie und der Geometrie – geweckt.

Die Ironie der Geschichte wollte es aber, daß der Islam denselben Weg einschlug wie die christlichen Bilderstürmer, wenn auch mit weniger Wut als diese. Vielleicht sollte man daraus schließen, daß Gott die Griechen letztlich nicht besonders liebte. Die Christen hatten an deren Kultur nur das geschätzt, was ihnen auf ihre eigene Religion hinzuweisen schien, und auf diese Weise kam Aristoteles in den scholastischen Eintopf, wenn man so sagen darf. Nachdem sich die Moslems am griechischen Wein gehörig berauscht hatten, fanden sie ihn auf einmal giftig: Diese Griechen waren doch entschieden zu unverschämt gegenüber ihren eigenen Göttern und zu kritisch gegenüber der Welt! Suchte man sie zu oft auf, würde man schließlich das eigene religiöse Feuer verlieren. Der Islam begann, sich auf sich selbst zu besinnen: Im 20. Jahrhundert steht das einst verehrte Wort *falsafah*, Philosophie, als Synonym für »Fälschung«. Und der großartige Islamist Gustav Edmund von Grunebaum zitiert Mohammed Rafi el Dine, den Direktor der Iqbal-Akademie in Karatschi in Pakistan, der meinte, »islamisch« sei allein jene Forschung, die sich auf den Koran und den *Hadith* beschränkt, man müsse deshalb alles ausschließen, was die islamischen Gelehrten über andere Themen – Medizin, Physik, Astronomie – in der Vergangenheit geschrieben hätten oder in Zukunft schreiben könnten. Ebenfalls auszuschließen sei alles, was Nichtmoslems über die heiligen Bücher schreiben würden, weil der Inhalt Ungläubigen nicht zugänglich sei und die Moslems keine Möglichkeiten hätten, sie ihnen verständlich zu machen.

Der Islam hatte also ein für allemal mit dem Westen und, gemeinsam mit dem Christentum, mit dem griechisch-römischen Erbe gebrochen. Man kann sagen, daß die Neuzeit im 16. Jahrhundert einsetzte. Ein neues Kapitel in der Geschichte von Gott begann: jenes der Intoleranz. Gott hatte zu seinen Auserwählten gesprochen, zuerst zu den Juden, dann zu den Christen, dann zu den Moslems. Und jedes dieser auserwählten Völker behandelte die anderen als Ungläubige. Die Reaktion ließ nicht lange auf sich warten: Ein intellektueller Widerstand formierte sich und steigerte sich bis zum radikalen Atheismus. Denn es ist ein altes Gesetz: Radikalismus weckt Radikalismus.

Die zweite Beobachtung, die sich bei der Vermittlung des klassischen Erbes durch den Islam aufdrängt: Es handelte sich eher um das Resultat einer Akkulturation, einer kulturellen Übernahme, als einer eigenständigen Kultur im klassischen Wortsinn. Darüber hinaus war die Mehrzahl der Helden der sogenannten »arabischen Renaissance« entweder Fremde oder Konvertiten. Al-Farabi zum Beispiel war Türke, Rhases und Avicenna waren Perser. Die islamische Philologie war im wesentlichen mesopotamisch (die erste arabische Grammatik-Abhandlung schrieb Sibawaih von Basra, und Ibn Kutaiba – mit Sicherheit ein Pseudonym, denn es bedeutet »Büchersohn« –, Sakkaki und Ibn Malik waren allesamt Mesopotamier aus Bagdad).

Die Namen jener, die der Kalif al-Mamun mit der Übersetzung des Artistoteles und anderer Griechen beauftragte, sind im übrigen bekannt: Hunain ibn Ishak al-Ibadi, Ibn an-Nadim, Banu Shakir el-Munajjim, Luka el-Balabakki, el-Hajjaj ben Matar, Ibn el-Bitrik, Salm. Drei dieser Gelehrten waren Konvertiten, wie ihre Namen anzeigen: zwei Juden, Hunain ibn Ishak (»Johannes, Sohn des Isaak«), den die christlichen Scholastiker Johannitius nannten, und Ibn an-Nadim, dessen richtiger Name ebenfalls ben Isaak lautete, und ein Christ: Luka el-Balabakki, Lukas von Baalbek. Salm war Perser. Mit wenigen Ausnahmen waren also alle Übersetzer Juden oder Christen – Nestorianer, Jakobiten oder Melkiten. Die Schüler von Hunain ibn Ishak waren Mesopotamier.

Der entstehende Islam führte den Enthusiasmus sehr unterschiedlicher Völker zusammen, von denen mehrere, die Mesopotamier, Iraner, Türken, Syrier, nicht zu vergessen die Alexandriner, auf eine lange kulturelle Traditionen zurückblickten. Doch als der Islam sich gefestigt hatte, welkten die »hundert Blumen«, um ein Wort Maos in einem zweifellos anachronistischem Zusammenhang zu gebrauchen.

Gewiß, der Islam ist nicht monolithisch. Er hat ein Großes Schisma, eine Spaltung, erlebt und eine weitere, zwar weniger große, aber nicht weniger wichtige, den Sufismus. Die beiden sind übrigens miteinander verknüpft. Die *Schiat Ali* (Partei Alis, der orthodoxen Mehrheit der *Sunna*, »Weg, Gewohnheit«, entgegengesetzt) entstand im 7. Jahrhundert aus einem Thronfolgestreit. Ali, zugleich Vetter und Schwiegersohn Mohammeds (Fatima, die Tochter des Propheten, schenkte ihm zwei Söhne: Hassan und Hussein), wurde 656 zum Kalifen ernannt, zum Statthalter Allahs auf Erden und höchsten Herrscher der Gläubigen, nachdem Osman, der dritte Kalif – auch er ein Schwiegersohn Mohammeds – unter ungeklärten Umständen ermordet worden war. Ein blutiger Bürgerkrieg war die Folge, und im jahrelangen Kampf um die Nachfolge wurde Ali schließlich ermordet. Sein geschworener Feind, Moawija, wurde – sehr zum Verdruß der *Schiat Ali* – sein Nachfolger in Bag-

dad. Als Moawija starb, bat die Partei Alis den Enkel Mohammeds und Sohn Alis, Hussein, Moawijas Nachfolge anzutreten.
Damit war Mekka nicht einverstanden. Zwischen Mekka und
der *Schiat Ali* von Bagdad brach ein Bürgerkrieg aus, Husseins
Anhänger wurden am 10. Oktober 680 bei Kerbela, vierzig Kilometer nordwestlich von Kufa, vernichtend geschlagen, Hussein selbst fiel.

Die *Schiat Ali* wurde jedoch größer und größer, vor allem,
weil fromme Männer die Auslegung des Korans durch Moawija
und dessen Anhänger für zu weltlich und zu wenig inspiriert
hielten. Die Schiiten gründeten an den Ufern des Kaspischen
und des Roten Meers mehrere Kleinstaaten und spalteten sich
ihrerseits in Sekten wie die Saiditen (Zaiditen) – die Anhänger
Said (Zaid) ibn Alis, die darauf bestanden, daß der Kalif aus der
Nachkommenschaft Mohammeds zu stammen habe –, die Ima-
miten (Zwölferschiiten) – Anhänger eines charismatischen
Herrschers und Propheten, eines Imams – oder die Ismailiten
(Siebenerschiiten). Einige von ihnen neigten zum Mystizismus,
versicherten, ihnen wohne ein »mohammedanisches Licht«
inne, und die Schiiten fingen an, die Rückkehr eines im Jahr
873 verschwundenen Imams, des Mahdi, zu erwarten, um den
sie eine messianische Mythologie entstehen ließen. Der Thronfolgestreit hatte sich zum religiösen Konflikt ausgeweitet, die
Schiiten fühlten sich von den Sunniten verfolgt.[6] Der sufistische
Mystizismus war nicht mehr weit. Allah hatte die Welt erobert,
aber über seiner Auslegung hatten sich die Seinen ein weiteres
Mal zerstritten.

Und dies um so mehr, als den islamischen Siegen und Eroberungen der ersten Jahrhunderte Unruhen gefolgt waren. Die
Macht lag in den Händen militärischer Befehlshaber, die überall Tyranneien errichteten. Und die Reichtümer der eroberten
Länder hatten die Gesellschaft in zwei Schichten geteilt, zum
einen neureiche Potentaten und deren Gefolge, die in unver-
schämtem Luxus lebten, zum anderen bescheidene oder arme
Leute, die mit ihrer Arbeit ihr Leben nur mühsam fristen konnten und die das Spektakel der Habgier, der Intrigen und des

schamlosen Materialismus täglich vor Augen hatten. Schon seit dem Ende des 7. Jahrhunderts begann die Frommen Weltekel zu packen. Eine große Zahl von ihnen zog sich aus der Gesellschaft zurück, »um zu hungern, sich von der Welt und den Familienbanden zu lösen und auf das zu verzichten, was die Menschen für gut halten, und nicht aus Hader«, wie der irakische Mystiker Junaid schrieb. Damit drückte er seinen Ekel auf diplomatische Art aus. Die neuen Eremiten kleideten sich in Wolle, *Suf*, daher der Name Sufis. Einige gründeten sufistische Klöster wie Abu Hashem von Kufa um 800 in Ramla in Palästina, doch in der Mehrheit setzten sich die Sufis aus Einzelgängern zusammen, die nach Art der christlichen Bettelmönche von Stadt zu Stadt zogen. Sie hatten jedes Familienleben und jede weltliche Tätigkeit aufgegeben und widmeten sich ganz der Rezitation des Korans. Indem sie sich dem Vertrauen in Gott, *tawakkol*, hingaben, verkörperten sie in vollkommener Weise das Wort *Islam*, »Hingebung«.

In christlichen Begriffen würde man diese Haltung Quietismus nennen. Rasch wurde daraus ein Mystizismus. Recht pikant ist, daß der erste Theoretiker des Sufismus, Maaruf von Bagdad, ein Christ persischer Abstammung war. Er definierte schließlich den Sufismus als Theosophie zur Erkennung der »göttlichen Wirklichkeiten«. Man hatte zur Gnosis zurückgefunden, und wir können den Sufismus als islamischen Gnostizismus betrachten. Es war zu der Zeit, als der Islam, wie bereits erwähnt, die griechische und hellenistische Philosophie in sich aufnahm. Die Sufis fanden da genug Holz für ihr Feuer, insbesondere in den späten alexandrinischen Texten über die Inspiration wie der Pseudo-*Theologie* von Aristoteles oder christlichen Schriften wie jenen des bereits zitierten Dionysios Areopagita. Die Sufis stützten sich also, mindestens zum Teil, auf christliche Quellen.

Jedenfalls bewegte sich der Sufismus in Richtung eines diffusen Pantheismus, was die religiösen Autoritäten alarmierte. Seine Glut entwich, wenn man so sagen kann, nach oben und entging dem Islam, er näherte sich dem Namenlosen und wurde häretisch. Der berühmteste Sufi, Husain ibn Mansur al-Halladj, hatte dies klar gesehen: »Gott allein ist es, der die Zustände der göttlichen Ekstase bewirkt, auch wenn die Gelehrsamkeit der Lehrer es nicht zu begreifen vermag.«[7]

Vielleicht begriffen die Lehrer aber nur zu gut. Die Hingabe und der direkte Zugang zu Gott erfüllten die Inhaber der offiziellen religiösen Macht nie mit Begeisterung, denn dies bedeutete eine Negation ihrer Autorität. Alle Funktionäre der Religion betrachten sich als Polizisten Gottes, gestern so gut wie heute. Al-Halladj wurde zum Tode verurteilt. Vor dem Kreuz rief er:

> »›Tötet mich, o meine Freunde! Denn im Tod nur ist mein Leben. Ja, im Leben ist mir Tod nur, und im Sterben liegt mein Leben!‹ Da trat Abu'l-Hasan der Henker vor und gab ihm eine Ohrfeige, daß seine Nase blutete und das Blut auf sein graues Haar floß. Da schrie Schibli auf und zerriß sein Gewand. Abu'l Husain al-Wasiti und eine Menge berühmter Mystiker wurden ohnmächtig, und fast wäre ein Aufstand losgebrochen. Aber die Wächter taten, was sie taten.«[8]

Was taten sie? Sie hackten ihm die Hände und die Füße ab und kreuzigten ihn. *»Ana l-hakk«*, »Ich bin die (göttliche) Wahrheit«, hatte er gesagt, denn er hatte sich in Gott versenkt, der die Wahrheit war. Der »islamische Christus«, einer der größten Mystiker der Religionsgeschichte, einer der größten Dichter, der Mann, der niemals einen Menschen gekränkt und der sein Leben Gott geweiht hatte, wurde barbarisch abgeschlachtet wie ein Verbrecher. Er hatte die Einzigartigkeit des Islam bestritten; das war sein Verbrechen gewesen.

> »Ich dachte ernsthaft nach: Was sind Religionen?
> Und fand: Ein Wurzelgrund mit mannigfachen Zweigen.
> Verlang nicht, daß ein Mensch sich einen Glauben wähle,
> Der ihn absperren wird von Bindungen, von festen.
> Er suche jenen Grund, aus dem der Sinn erwächst,
> die hohen Ziele auch, daß er's versteht am besten!«

Er hatte sich noch klarer ausgedrückt: »Wisse, daß Judentum und Christentum und andere Religionen nur verschiedene Beinamen und unterschiedliche Namen sind; aber das, was damit bezweckt wird, ändert sich nicht und ist nicht verschieden.«[9]

Ich sagte zu Beginn dieses Kapitels, die Geschichte des Islam sei beispielhaft – das Martyrium von al-Halladj ist ein weiterer Beweis. Jeder Gläubige, dem man das Recht einräumt, das Schwert zu führen, ist ein potentieller Mörder. Das führt uns zur dritten und letzten Konsequenz der Einfachheit des Islam, seiner Gleichsetzung von Politik und Religion.

Es gibt die relativ alte, zusammenhängende, ausgeklügelte Argumentation über den Islam, die zu belegen sucht, daß die religiöse Tyrannei, die man in so vielen islamischen Ländern sieht, den Islam nicht wirklich repräsentiert; der Prophet habe unterschieden zwischen der Welt, *dunya*, und der Religion, *din*. Das heißt, die Tyrannei der Religion über die islamische Gesellschaft sei weder vollständig noch unveränderlich, und ließe man »die Gesellschaft sprechen«, um einen Ausdruck des Historikers Mohammed Arkun aufzugreifen, käme man zu einem relativen Gleichgewicht. Diese Argumentation scheint mir veraltet, weil sie auf den islamischen Reformismus zu Beginn des 20. Jahrhunderts, etwa eines Ahmed Khan Bahadur, eines Mohammed Abdu oder eines Kassem Amin zurückgeht, die glaubten, der Islam müsse sich reformieren oder verschwinden. Eine vorschnelle Einschätzung ergibt: Der Islam reformiert sich nicht, und er scheint auch nicht im Begriff zu verschwinden.

Jedenfalls läßt die *gegenwärtige* Entwicklung der islamischen Gesellschaften dies kaum vermuten. Jedesmal, wenn es in einer spezifisch islamischen Gesellschaft eine Veränderung gab, verlief sie in Richtung zunehmender Rigorosität. Dies belegt, neben manch anderem, die Stellung der Frau: Im Koran, der ihr 19 Kapitel widmet, hat die Ehefrau das Recht, ihre Güter allein und unabhängig zu verwalten, und die Mitgift, die sie erhält, gehört allein ihr. Diese Rechte wurden ihr in Ägypten aber erst bei der Unabhängigkeitserklärung 1923 zugestanden. Doch im Oktober 1952 verbot eine *Fetwa* der islamischen Al-

Azhar-Universität in Kairo die Abbildung des Frauenkörpers, sei es als Skulptur oder Gemälde, und zwei Monate später verbot dieselbe Universität die Teilnahme von Frauen am öffentlichen Leben, ihre Anwesenheit in Klubs, bei öffentlichen Zeremonien und auf Versammlungen (diese *Fetwa* blieb übrigens wirkungslos). Im folgenden Jahr postulierte diese Universität das »Prinzip der Überlegenheit des Mannes über die Frau, des Intellekts über das Emotionale«. Die Entscheidung eines religiösen Gerichts erlaubte einem Mann die Scheidung, weil sich seine Frau an einem Strand mit nackten Armen und Beinen gesonnt hatte, denn ihre Handlung »war ihr vom Dämon eingegeben und verstieß klar gegen das göttliche Gesetz und gegen die guten Sitten«.

Die mit dem Islam einhergegangene Offenbarung hat einen Rahmen geschaffen, der immer dann rigider wird, wenn er sich bedroht fühlt. Dieser Rahmen kann noch ein weiteres Jahrtausend bestehen. Dies ist der Grund, warum fast alle islamischen Länder, die der Welt ein »modernes« Bild präsentieren wollen, unter praktisch diktatorischen Regimen leben wie in Syrien, im Iran und Irak, in Libyen, Algerien, im Sudan, in Indonesien oder unter autoritären Monarchien wie Jordanien, Marokko, Saudi-Arabien und anderen.

Deshalb auch zählt die Stellung des arabischen Intellektuellen zu den gefährdesten der Welt, weil ein Intellektueller in einer Umwelt, wo der Koran alles erklärt hat und wo die einzigen Kommentare, die abzugeben wären, Sache der religiösen Autoritäten sind, theoretisch keine Daseinsberechtigung hat. Es ist schließlich der Grund, warum diese vom Kolonialismus befreiten Länder weiter durch die Technik der ehemaligen Kolonialherren kolonialisiert sind. Die Lautsprecher, die die Gesänge der Muezzins an den Küsten von Java erschallen lassen, werden in Malaysia hergestellt, die Kassetten, die der Verbreitung der Flüche des Ayatollah Khomeini dienten, kamen aus Hongkong, die Satelliten, die die Bilder der islamischen religiösen Feste übertragen, sind vom Westen hergestellt und in ihre Umlaufbahn gebracht worden.

Einige Beobachter staunen, daß die Abteilungen der islamischen Universitäten, »wo die fundamentalistischen Studenten in der Mehrzahl sind, naturwissenschaftliche Abteilungen sind«, erklärt Farida Fawzia Charfi, Professorin für Physik an der Universität von Tunis. Doch »die Fundamentalisten sind in größerer Zahl in den Ingenieurschulen anzutreffen als in den naturwissenschaftlichen Fakultäten. Sie sind also eher Anwender und Nutzer der Resultate der naturwissenschaftlichen Forschung als kreative Forscher.« Und Charfi fährt fort: »Die islamischen Fundamentalisten lassen nur das zu, was die Behauptungen der klassischen Auslegungen der religiösen Texte nicht in Frage zu stellen droht. Bei den Fortschritten in der Biologie kann man sich auf die Errungenschaften der medizinischen Entwicklung beschränken; Evolutionstheorie darf nicht gelehrt zu werden. Genau besehen wollen sie [die Fundamentalisten] die Gesellschaft mit den Ideen der Vergangenheit verwalten.«

Manche mögen einwenden, dies sei die Situation, in der sich der Westen noch heute befände, wenn den Kirchen die weltliche Macht nicht entzogen worden wäre und die weltlichen Instanzen den Fortschritt des Wissens nicht erlaubt hätten. Noch gibt es schließlich in den Vereinigten Staaten (und in Frankreich) Christen, die dagegen protestieren, daß man ihren Kindern die Evolutionslehre Darwins vorstellt, und die darauf bestehen, daß man sie ebenso die biblische Schöpfungsgeschichte lehren müsse. Was darauf hinausläuft, mit falscher Objektivität die Theorie zu lehren, nach der die Erde ein flache Scheibe ist, um die sich die Sonne dreht. Der fundamentalistische Islam hält uns tatsächlich einen unerbittlichen Spiegel dessen vor, was das Wissen im Westen vor der Französischen Revolution war – eben ein Nicht-Wissen. Darüber hinaus belastet der islamische Fundamentalismus die Gesamtheit des Islam mit der Hypothek seines Obskurantismus. Eine gewisse Vorstellung von Gott hält mehr als eine Milliarde Menschen als Geiseln.

Es wäre Betrug oder Selbstbetrug, das Gegenteil zu behaupten. Der philosophischen und psychologischen Gefahr bewußt, die der laizistische Westen darstellt, fühlt sich der Islam bedroht und verharrt in einer Position des Mißtrauens, die bis zur Aggression gehen kann. Die Gentechnologie, die Quantenmechanik, des Prinzip der Indetermination, die Entdeckungen der Paläontologie wirken der etablierten Ordnung schwerstens entgegen. Unbeweglich seit dreizehn Jahrhunderten, toleriert das Bild des Allmächtigen, wie es sich der Islam vorstellt, kaum eine Veränderung, die nicht auf die Vergrößerung Seines Reiches abzielt.

Das Geschlecht Gottes

Die Gottheit, diese Projektion des Menschen, besaß immer ein Geschlecht. Manchmal, wenn auch selten, war sie zweigeschlechtlich, wie Shiva, und manchmal bisexuell, wie Zeus. Aber mindestens *ein* Geschlecht hatte sie immer.

Als Projektion des menschlichen Verlangens war sie in den Zeiten von Not und Mangel eine üppige Frau gewesen, weil nur Frauen mit Fettreserven Steroidhormone in genügender Menge zu produzieren vermochten und eine Schwangerschaft austragen konnten. Die Höhlenmalereien und Skulpturen zeigen in aller Deutlichkeit, daß die Weiblichkeit keine Abstraktion war, sondern ein genaues Konzept, das durch eine spezifische Darstellung der weiblichen Sexualorgane (die die Medizin mit schöner Schamhaftigkeit als »sekundäre Geschlechtsmerkmale« bezeichnet) charakterisiert wurde. Vor rund neuntausend Jahren, als den prähistorischen Menschen dank Landwirtschaft eine mehr oder weniger regelmäßige Versorgung mit Lebensmitteln sicher war und die Männer, als unabwendbare Folge angehäufter Vorräte, mit Verfolgungen und Raubzügen begannen, das heißt Krieger und damit potentielle Helden wurden, nahm die Gottheit allmählich das männliche Geschlecht an. Auch hier ist kein Irrtum möglich: In allen Religionen werden die männlichen Geschlechtsorgane unzweideutig, wenn auch mit wechselndem Realismus, dargestellt.

Die Beziehung des Menschen zur Gottheit enthielt also eine starke sexuelle Komponente. Die im folgenden aufgeführten Beispiele aus der Geschichte belegen dies deutlich, und es gibt keinen Grund, anzunehmen, daß es in prähistorischer Zeit anders gewesen sei. Die Frau konnte sich mit der weiblichen Gottheit, die eine Steigerung ihres eigenen Wesens darstellte, lediglich identifizieren, während der Mann seinerseits ein direktes sexuelles Verlangen in das Abbild der Gottheit projizierte. Den Beweis dafür liefern mehrere Höhlenmalereien, die Männer darstellen, welche sich einer rituellen Handlung hingeben. In der Höhle von Lascaux zum Beispiel sieht man die fünfzehntausendjährige Darstellung einer ithyphallischen Gestalt (mit erigiertem Penis) im Zustand höchster Erregung neben einem Wisent, dessen Vulva durch konzentrische Ovale eindeutig wiedergegeben wird, also einer Wisentkuh. Darstellungen dieser Art sind in der prähistorischen Kunst sehr häufig. Sie stehen am Ursprung von Naturgöttern wie Pan.

In einer gemischten Götterwelt wie etwa der griechischen fanden Männer wie Frauen gleichzeitig die Steigerung des Ichs und das Objekt ihres Verlangens nach dem anderen. Die Frauen konnten sich je nach Temperament mit Hera, Athene, Aphrodite oder Artemis identifizieren (solange es nicht Hekate, die gefährliche nächtliche Artemis war) und die Götter begehren, das gleiche galt *mutandis mutatis* auch für die Männer. Die menschliche Vorstellungskraft ließ die Götter auf Erden niedersteigen, oft genug zu amourösen Abenteuern. Zeus persönlich verließ den Himmel, um Alkmene beizuwohnen, die so den Halbgott Herakles empfing, ein anderes Mal verwandelte er sich in einen Stier, um die schöne Europa zu entführen, Artemis verliebte sich unsterblich in Endymion, Apoll verliebte sich in Daphne, die lieber in einen Lorbeerbusch verwandelt werden wollte, als seine Geliebte zu werden. Aber es gab nicht nur gemischtgeschlechtliche Paare, wie man weiß: Zeus verliebte sich in Ganymed, Apoll in Hyazinth und Kyparissos (dessen Metamorphose uns die Zypressen beschert hat).

Diese unglücklichen Affären der Sterblichen mit den Unsterblichen illustrieren zweifelsohne die alte Weisheit, daß es gefährlich ist, sich mit Stärkeren einzulassen. Die Chinesen warnten die Menschen vor Feen, die sich in hübsche Frauen verwandelten, um die Männer zu verführen, und die Inkas erzählen die Geschichte von der hinreißend schönen Jungfrau Cavillaca, die sich dem Mondgott Coniraya verweigerte. Da habe dieser sich in einen prächtigen Wundervogel verwandelt und auf den Baum gesetzt, in dessen Schatten Cavillaca webte. Er rollte seinen Samen zu einer wunderbaren Frucht, welche die naive Cavillaca mit Vergnügen aß, worauf sie so doch von dem Gott schwanger wurde.

Die Sexualität nimmt also in den Phantasie-Beziehungen zur Gottheit eine vorrangige Stellung ein und verwickelt die Geschöpfe der menschlichen Phantasie in tragische, komische oder symbolische Abenteuer. Die ägyptische Mythologie berichtet: Als Osiris von seinem Bruder Seth entmannt und in vierzehn Stücke zerteilt worden war, wollte seine Schwester und Geliebte Isis seinen Körper vor der Beerdigung wieder zusammenfügen und verlor sich in der Suche nach dem Phallus, dem dreizehnten Stück. Sie fand es nicht, denn die Fische hatten es gefressen; da formte sie aus Wachs und Gewürzen einen Ersatz. Es konnte für den Gott so lange keine Ruhe geben, wie sein Körper unvollständig war, und der Körper konnte ohne Geschlecht nicht vollständig sein. Die Symbolik der Legende ist eindeutig: keine Gottheit ohne Geschlecht.

Die Suche nach dem verlorenen Körper ist allen östlichen Mythologien gemein. Die akkadisch-babylonische Göttin Ischtar sucht den jungen, schönen Tammuz, Demeter sucht ihre Tochter Kore, das in die Hölle entführte Symbol weiblicher Fruchtbarkeit, Aphrodite sucht Adonis – Sex ist der Motor des Kosmos.

Die Liebe wurde nicht erst gestern erfunden: Von den herausragendsten Beschreibungen der Liebesleidenschaft sei jene des Gilgamesch-Epos zitiert: Die Herrscherin der Hölle, Ereschkigal, ist in Liebe entbrannt für Nergal, den Herrn des Sommers und der Hitze. Der ist damit einverstanden, für kurze Zeit das Lager mit der Liebestollen zu teilen, verläßt sie dann aber wieder, um in seine Höhen zu steigen. Die Unersättliche ist untröstlich und schickt Namtar als Boten zum Himmel; er soll ihr den verlorenen Geliebten wiederbringen. »Nergal, mein köstlicher Geliebter! Es war mir nicht vergönnt, mit ihm genug Vergnügen zu haben!« klagt sie. Man glaubt, eine viktorianische Heldin zu hören: Sie beklagt sich über eine unglückliche Kindheit, nie durfte sie die Spiele der geringeren Göttinnen spielen. Endlich, endlich fand sie den idealen Geliebten, Nergal, er hat sie geschwängert, sie liebt ihn und wird immer nur ihn lieben! *Wuthering Heights – Die Sturmhöhe –* von Emily Brontë, um drei Jahrtausende vorweggenommen.

Nergal willigt schließlich ein, in die Hölle zurückzukehren, kommt dort äußerst schlechter Laune an, spielt den Wächtern der Sieben Tore übel mit und bricht, als er vor Ereschkigal steht, in Gelächter aus, packt sie an den Haaren und wirft sie von ihrem Thron, während sie nicht aufhört, voller Liebesbrunst zu stöhnen. Sie will ihn als ewigen Geliebten, sie bietet ihm an, ihren Thron mit ihm zu teilen, er ist schließlich einverstanden. Das Märchen hat für alle ein gutes Ende.

Die Liebeswut, mit der Ischtar für den schönen Gilgamesch entbrannte, stand der Ereschkigals in nichts nach. Die Sterblichen hatten den Göttinnen und Göttern menschliche Leidenschaften verliehen: Sie liebten, sie litt, sie verehrten die Schönheit, und ihre Leidenschaften waren entschieden sexueller Natur. Kann man sich einen Gott ohne Geschlecht vorstellen? Nur die Gottheiten des Todes sind asexuell.

Die amourösen Abenteuer des Olymps sind so zahlreich, daß das Himmelsleben einer langen *chronique scandaleuse* von Seitensprüngen gleicht. Hera, Gattin des Zeus, hat nie gelebt, ebensowenig wie ihr Gatte und alle anderen, sie war bloß der Archetyp der eifersüchtigen Matrone, die sich ständig über die zahllosen galanten Abenteuer ihres Göttergatten mit Göttinnen, Göttern und Sterblichen erboste. Ihr selbst gestand man keinen einzigen Liebhaber zu.

Die Vorstellungskraft der Antike kannte bezuglich der menschlichen und göttlichen Sexualität kaum Grenzen, so, wenn die mittelamerikanischen Pipil, sobald das Korn ausgesät worden war, kopulierten, um die Fruchtbarkeit des Saatguts sicherzustellen, und auf den Inseln im Norden Australiens wurden Saturnalien organisiert, um die Fruchtbarkeit der Erde während des Besuchs von »Herrn Sonne«, dem Sonnengott

Upulero, zu Beginn der Regenzeit zu gewährleisten. In der Ukraine pflegte der Pope das junge Getreide am 23. April, dem Sankt-Georgs-Tag, zu segnen, dann rollte man ihn ohne Rücksicht auf seine Würde darüber, und die Jungverheirateten rollten und wälzten sich ebenfalls in den Feldern. Man weiß nicht, ob in den Eleusinischen Mysterien die Heirat des Oberpriesters, des Hierophanten, der den irdischen Gatten verkörperte, mit der Erntegöttin Demeter bloß symbolisch war, aber man beging die Hochzeit dieses irdisch-himmlischen Paars feierlich. Der Priester stieg allein in eine Höhle. Die Feiernden erwarteten oben auf Hockern den Ausgang dieser einzigartigen Hochzeitsnacht, und endlich erschien der Hierophant mit einer Kornähre in der Hand, um zu verkünden, daß die Heirat vollzogen worden sei und die Göttin eine Ernte geboren habe.

Bis zu einem bestimmten Zeitpunkt der Geschichte stand es nie zur Debatte, die göttliche oder die irdische Sexualität schamhaft (vielmehr eigentlich schamlos, weil mit der Bedeckung der verbotene, also schamlose Charakter des verhüllten Gegenstandes eingestanden wurde) mit Schleiern zu bedecken. Dieser Zeitpunkt kam mit dem ersten Monotheismus, jenem der Hebräer. Ich habe die historischen Gründe bereits aufgezählt, die vermuten lassen, der Pentateuch sei viel jünger, als die Tradition es will. Was nicht heißt, daß es nicht seit ältester Zeit eine Tradition gab, die sich im 6. Jahrhundert v. u. Z. in der Form der fünf Bücher Mose kristallisierte. Doch hier manifestiert sich eine der größten Revolutionen in der Geschichte Gottes: Er hat zwar ein Geschlecht, ist aber asexuell im Sinne von »nicht an geschlechtlichen Dingen interessiert«. Er ist ein Mann, die Texte des Alten Testaments lassen in dieser Hinsicht kaum einen Zweifel, sie alle verwenden männliche Wortendungen, um von Ihm zu sprechen, aber zum ersten Mal ist er in keiner Weise sexuell aktiv. Mehr noch: Er nimmt vielmehr eine zugleich repressive und possessive Haltung gegenüber der Sexualität ein.

Die Symbolik der Genesis bietet sich für mehrere gelehrte Auslegungen an. Die Intuition der Kirchenväter und deren Nachfolger behielt davon bloß eine – Adam und Eva wurden aus dem Paradies vertrieben, weil sie den Liebesakt vollzogen hatten. Die Geschichte wird in überzeugender Art erzählt: Nach dem Genuß der verbotenen Frucht werden Adam und Eva sich ihrer Nacktheit bewußt; sie bedecken ihre Geschlechtsorgane mit Feigenblättern (vielen Völkern muß diese Geschichte fremd gewesen sein, denn bis zur Ankunft der Weißen bedeckten sie ihr Geschlecht nicht; ganz im Gegenteil, die Männer von Neu-Guinea stellten es mit Penisschäften zur Schau, die ihnen eine herausragende Position und Bedeutung verschafften).

Da hörten Mann und Frau Gott »im Garten gegen den Tagwind einherschreiten« und versteckten sich unter den Bäumen. Gott rief Adam und fragte ihn, wo er sei. Der erste Mensch antwortete ihm: »Ich habe dich im Garten kommen hören; da geriet ich in Furcht, weil ich nackt bin, und versteckte mich.« Gott fragte: »Wer hat dir gesagt, daß du nackt bist?« Es folgt das wohlbekannte Geständnis Adams, dann das Verhör Evas, die die Schuld auf die »Schlange« abwälzt. Wir finden, seit dem mythischen Ursprung der Welt, hier das Schema der Schande, das im ganzen Alten Testament und auch in einem Teil des Neuen vorherrschen wird: Als Noah bei Ausschlafen seines Rausches die Geschlechtsteile entblößt, beeilen sich zwei seiner Söhne, sie zu bedecken. Die übrige Welt lebte nackt, zog nackt in den Krieg und wurde in aller Unschuld nackt regiert. Von Shiva bis Apoll, von Quetzalcoatl mit dem schönen Penis bis zu Amun (in seiner ithyphallischen Darstellung Amenapet) waren auch die Götter nackt. Die Verfasser des Alten Testaments hoben die Unschuld im Namen Gottes auf.

Das Entscheidende der Episode im Paradies liegt auf der Hand: Adam ist sich seiner Sexualität bewußt geworden. Durch dieses Bewußtsein macht er sich schuldig und wird deshalb dazu verdammt, sein Brot »im Schweiße seines Angesichts zu essen« (was, wie ich bereits erwähnte, zeigt, daß die Geschichte vor der Einführung der Landwirtschaft stattfand, also bevor der Mensch im 9. Jahrtausend v. u. Z. seßhaft wurde). Die Sexualität wird verflucht, denn sie ist das Werk der Schlange. Auf die phallische Symbolik dieses Reptils ist von vielen Autoren zur Genüge hingewiesen worden, es ist nicht nötig, darauf zurückzukommen. Der Schluß der Episode – Gott tritt als Zensor auf, die Sexualität wird verboten.

Dies ist die erste Schuldigsprechung der Sexualität in der Religionsgeschichte. Zwar war und ist sie in allen Gesellschaften der Welt durch Codes geregelt, aber sie wurde nicht als Verfehlung, ja Sünde angesehen, die nach der Höchststrafe, dem Tod, ruft. Wegen ihrer geschlechtlichen Beziehungen wurden Adam und Eva und alle ihre Nachkommen in der Tat sterblich. Die Sexualität geriet zum eigentlich Bösen, und bis ans Ende des 20. Jahrhunderts wird die katholische Kirche sie als unvermeidliches Übel betrachten, dem die Keuschheit unvergleichlich überlegen sei.

Die Genesis besiegelt den Mythos von der zutiefst verführerischen Natur der Frau, eine alte Vorstellung, die so manche Kultur seit der Einführung der patriarchalischen Götter durchzieht. Es ist Evas Schuld, daß wir alle zum Tode verurteilt sind. Aber die Genesis erfindet in dieser Hinsicht nichts Neues. In der griechischen Mythologie wird der Halbgott Herakles durch seine Frau Deianeira zum Selbstmord getrieben, denn sie schenkt ihm ein vergiftetes, im Blut des Kentauren Nessus getränktes Gewand. Als er es anzieht, erleidet der Held derartige Verbrennungen, daß er einen Scheiterhaufen besteigt, um den Leiden ein Ende zu bereiten. Im Gilgamesch-Epos hat die Muttergottheit Mami oder Mamitu den Tod erfunden, und in den babylonischen Mythologien waren weibliche Sterbliche und die Göttinnen nach Belieben unersättliche, sexbesessene Furien.

Griechen und Römer hegten im allgemeinen keine schmeichelhaftere Meinung über Frauen. Die einzige Eigenschaft, die uns von Xanthippe, der Gattin Sokrates', überliefert ist, war ihr Hang zu Zänkereien. Aristoteles hielt die Frauen für »weniger tugendhaft« als die Männer, der Stoiker Seneca glaubte im 1. Jahrhundert u.Z. es sei eine Schmach, seine Frau zu sehr zu lieben. Man möchte sich fragen, wo hier das objektive Urteil eines großen Zeitalters bleibt. Im 1. Jahrhundert brandmarkt Philo Judaeus von Alexandria in seiner Schrift *De Specialibus Legibus* I, 1–12 »jene wollüstigen Menschen, die in ihrer frenetischen Leidenschaft exzessive Liebesbeziehungen nicht zu den Frauen anderer, sondern zur eigenen« unterhalten, was sich nicht gehöre. Papst Johannes Paul II. hört sich im 20. Jahrhundert wie ein Echo Senecas und Philos an, wenn er sich zu der Behauptung aufschwingt, man könne mit der eigenen Ehefrau Ehebruch begehen.

Neu in der Genesis ist die Verbindung der Verdammung der Frau und der Verdammung der Sexualität im selben Urteil Gottes. In der Geschichte von Adam und Eva wird vorausgesetzt, daß am Anfang der Zeiten in der besten aller Welten alles bis zu jenem Tag bestens bestellt war, als die Frau sich einmischte. Daher dann die Ächtung der Sexualität.

Eine widersprüchliche Ächtung, da derselbe Gott im folgenden seinem Volk befehlen sollte: »Seid fruchtbar, mehret euch und bevölkert die Erde!« (1. Mose 9, 1). Es bleibt die Tatsache, daß er selbst niemals »persönlich« in die Sexualität der Menschen eingreift, wenn es sich nicht darum handelt, die Vorhaut der Seinen als Opfer zu verlangen:

»Und Gott sprach zu Abraham: ›Du aber halte meinen Bund, du und deine Nachkommen, Generation um Generation. Das ist mein Bund zwischen mir und euch samt deinen Nachkommen, den ihr halten sollt: Alles, was männlich ist unter euch, muß beschnitten werden. Am Fleisch eurer Vorhaut müßt ihr euch beschneiden lassen. Das soll geschehen zum Zeichen des Bundes zwischen mir und euch.‹« (1. Mose 17, 9–11)

Dieser Befehl verblüfft durch seine Beschränkung und durch den Umfang der Verpflichtung im Vergleich zum symbolischen Objekt, der Vorhaut. Der Bund mit dem Herrscher des Universums hängt von der Opferung eines Stückchens Haut ab, mit dem Er doch selbst die Männer versehen hat. Es handelt sich um ein Opfer, um ein symbolisches Opfer der Sexualität. Es ging nicht darum, ob dieses Opfer der Hygiene förderlich war und ob man dies damals wußte oder nicht: Gott war nicht der Hausarzt der Juden.

Man könnte geneigt sein, dieses Opfer einfach für einen bizarren Einfall des Verfassers der Genesis zu halten. Doch die Beharrlichkeit, mit welcher der göttliche Befehl wiederholt wird, belegt die Bedeutung, die er der Opferung der Vorhaut beimaß. Der Text fährt, ohne sich um Wiederholungen zu scheren, fort:

»Alle männlichen Kinder bei euch müssen, sobald sie acht Tage alt sind, beschnitten werden in jeder eurer Generationen, seien sie im Haus geboren oder um Geld von irgendeinem Fremden erworben, der nicht von dir abstammt. Beschnitten muß sein der in deinem Haus Geborene und der um Geld Erworbene. So soll mein Bund, dessen Zeichen ihr an eurem Fleisch tragt, ein ewiger Bund sein« (1. Mose 17, 12–13).

Mit anderen Worten, die Hebräer mußten unter Mißachtung der Glaubensfreiheit des anderen auch ihre Sklaven beschneiden. Der diktatorische Charakter der göttlichen Entscheidung spiegelt mit größter Deutlichkeit die Zeit des Verfassers dieses Textes wider. Denn jede Erwähnung der Sklaverei als vollendeter und normaler Tatsache würde heute bei den Juden wie anderswo Protestgeschrei auslösen und ein Eingriff in die körperliche Unversehrtheit dieser Sklaven noch viel mehr. Doch zu jener Zeit erschien der Umstand, daß man einen anderen Menschen kaufte und Herr über seinen Körper war, ganz natürlich.

Noch um einiges erstaunlicher ist der Jahwe zugeschriebene Befehl der Beschneidung selbst eines Gastes zum Passah-Fest: »Lebt bei dir jemand als Fremder, der das Pascha zu Ehren des Herrn feiern will, so muß er alle männlichen Angehörigen beschneiden lassen; dann darf er sich am Pascha beteiligen« (2. Mose 12, 48). Es handelt sich hier um den Versuch, die Freiheit des anderen buchstäblich zu beschneiden, sogar wenn er ein Jude war, wie man anhand des Umstands, daß er das Passah-Fest feiern wollte, vermuten muß. Der Befehl wurde mehrere Jahrhunderte später erhört, denn der makkabäische oder has-monäische König Johannes Hyrkanos I. auferlegte ihn den von ihm unterworfenen Völkern. Die Preisgabe der Vorhaut scheint eine beständige Sorge der Verfasser des Alten Testaments gewe-sen zu sein, denn außer der hier zitierten Stelle wird sie in der Genesis noch drei weitere Male erwähnt (17, 9–13, 23–26; 21, 4 und 34, 14f.), zweimal in Exodus (4, 25–26 und 12, 48–49), zweimal in Leviticus (12, 1–3 und 26, 41), zweimal im Deute-ronomium (10, 16 und 30, 6), einmal bei Josua (5, 2–9) und zweimal bei Jeremia (4, 4 und 9, 25), im ganzen also mehr als ein dutzendmal.

Die beiden Stellen des Deuteronomiums sprechen von der »Beschneidung des Herzens« in einzigartigen Worten: »Ihr sollt die Vorhaut eures Herzens beschneiden und nicht länger halsstarrig sein« (5. Mose 10, 16). Man kann darin eine Anspie-lung auf die Erektion des männlichen Geschlechtsteils sehen, aber sie bleibt unverständlich, denn die Beschneidung beein-flußt diese ja nicht. Die andere Stelle betrachtet die Vorhaut als einen Auswuchs, was noch einmal die persönliche Ansicht des Verfassers widerspiegelt; nicht ein einziges Mal scheint dieser sich einzugestehen, daß die Vorhaut letztlich (oder in erster Li-nie) eine Schöpfung Gottes ist und daß Adam nicht beschnitten wurde (der erste Beschnittene war laut Altem Testament Mo-ses).

Gestützt auf das Deuteronomium, interpretierte der jüdische Philosoph Philon von Alexandria, der im 1. Jahrhundert den jüdischen Glauben mit dem Platonismus (übrigens erfolglos) in Einklang bringen wollte, die Beschneidung als eine Form der Kontrolle des sexuellen Verlangens. Diese Auslegung vermag kaum zu überzeugen, verändert doch die Beschneidung den Se-xualtrieb nicht im geringsten. Eine Auslegung, die im übrigen auch mit dem jüdischen Glauben wenig übereinstimmt, zu des-sen Herold Philo sich aufschwang: Er gibt an, daß Israel von

517

beschnittenen Engeln regiert werde (eine Präzision, die man als außerordentlich bezeichnen muß, weil sie erstens den Engeln ein Geschlecht zugesteht und zweitens einen Körper, da man ja nur einen Penis aus Fleisch und Blut beschneiden kann).

Die der Beschneidung als religiösem Symbol beigemessene Bedeutung hielt sich bis zu den Jüngern Jesu, denn dreimal rief der Umstand, daß Saulus-Paulus Unbeschnittene taufte, Streitigkeiten mit dem Rat der Apostel von Jerusalem hervor. Das hinderte ihn allerdings nicht daran, eigenhändig seinen Schüler Timotheus zu beschneiden. Man muß sich vorstellen, daß die Beschneidung häufig überstürzt und wenig sorgfältig durchgeführt wurde und Infektionen und andere Komplikationen nach sich ziehen mußte, denn schließlich verbaten die Römer sie sich, setzten sie Mitte des 2. Jahrhunderts einer Verstümmelung gleich und verboten sie gesetzlich.

Der Verfasser der Genesis scheint die Beschneidung als eine Erfindung Gottes eigens für die Juden auszulegen und belegt damit seine Unkenntnis der Sitten und Gebräuche der Nachbarvölker. Die Beschneidung ist nämlich älter als das Judentum; in Ägypten wurde sie schon viertausend Jahre v.u.Z., ja vielleicht sogar früher, praktiziert. Sie ist ein weltweit verbreiteter und sehr alter Brauch: Die einzigen Völker, die sie nicht kannten, waren die Indoeuropäer, die Mongolen und die Völker der finno-ugrischen Sprachgruppe. Sie wurde durchaus zu Recht als ein hygienischer Eingriff angesehen, was auch ihre letztendliche Mythifikation erklärt. Aber nur die Hebräer verliehen ihr die doppelte Bedeutung eines Zeichens des Bundes mit dem Schöpfer und des Opfers im Sinne eines Verzichts. Die mythologischen Erklärungen der Ägypter zum Beispiel erhoben die Beschneidung bald in den Rang eines tragischen Ereignisses bei den Göttern (es war das Blut des Sonnengottes Re oder Ra, der sich selbst beschnitten hat, das den Himmel bei Sonnenuntergang rot färbt), bald erlebten sie sie als einen Initiationsritus, der die Zugehörigkeit des einzelnen zu seiner Gemeinschaft bestätigte.

In Schwarzafrika markiert die Beschneidung (die vor Beginn der Pubertät vorgenommen wird) in der Mehrheit der Fälle den

Übergang zum Erwachsenenleben. Die Vorhaut wird als der »weibliche Teil« des Knaben angesehen, ihre Preisgabe wird aus ihm also einen ganzen Mann machen. Die Beschneidung ist, so schmerzhaft die Initiationsriten manchmal auch sein mögen, also Anlaß zur Freude. Sie ist eine Feier der Sexualität, die für die Afrikaner wie für alle Völker der Welt eine der großen Naturkräfte ist. Das Alte Testament hingegen stellte das Schema der Beziehungen zur Gottheit völlig auf den Kopf, indem es den ersten asexuellen Gott der Geschichte einsetzte. Er war ein Patriarch ohne Frau, was die Hebräer übrigens oft nur mit Mühe zugeben konnten: Archäologen haben in Palästina Inschriften gefunden wie »Für Jahwe und seine Ashera«, wobei diese die Gattin oder Mutter von El ist, dem »Prototyp« Jahwes in der kanaanitischen Religion, die in Palästina immer noch praktiziert wurde.

Doch dieser einsame Gott zeigte in den Reden der Propheten einen aufschlußreichen Zug. Er war eifersüchtig, wie Josua ausdrücklich erklärt.[1] Es wimmelt bei den Propheten nur so von Verwünschungen, Bestrafungen und göttlichem Zorn, hervorgerufen durch die »Untreue« Seines Volkes.

»Ja, Jerusalem stürzt und Juda fällt;
denn ihre Worte und ihre Taten richten sich gegen den Herrn,
sie trotzen den Augen seiner Majestät ...«

Und der Fluch traf beide Geschlechter:

»Der Herr sprach: Weil die Töchter Zions hochmütig sind, ihre Hälse recken und mit verführerischen Blicken daherkommen,
immerzu trippelnd daherstolzieren
und mit ihren Fußspangen klirren,
darum wird der Herr den Scheitel der Töchter Zions mit Schorf bedecken,
und ihre Schläfen kahl werden lassen.

An jenem Tag wird ihnen der Herr ihren Schmuck wegneh-
men: die Fußspangen, die kleinen Sonnen und Monde, die
Ohrgehänge und Armkettchen, die Schleier und Turbane,
die Fußkettchen und die Prachtgürtel, die Riechfläschchen
und die Amulette, die Fingerringe und Nasenreife, die Fest-
kleider und Umhänge, die Umschlagtücher und Täschchen
und die Spiegel, die feinen Schleier, die Schale und Kopftü-
cher.
Dann habt ihr Moder statt Balsam,
Strick statt Gürtel, Glatze statt kunstvolle Locken,
Trauergewand statt Festkleid,
ja, Schande statt Schönheit.«[2]

Das ist die Rache eines Eifersüchtigen, ja des eifersüchtigen
Ehegatten. Der Bund, den Er mit dem hebräischen Volk gestiftet hat, ist im weiteren Sinne eine Heirat: Im Tausch für Seinen
Schutz verlangt er ausschließliche, absolute und bedingungslo-
se Treue. Ein einziger Prophet gab die sexuelle Natur des Bundes offen zu – Ezechiel. Seine Begriffe sind dermaßen explizit,
daß ihn einige Kommentatoren aus Schamgefühl des Wahnsinns bezichtigen werden. Der Herr wandte sich durch den
Propheten an Jerusalem und rief dieser seiner Tochter ihre
Geschichte in Erinnerung, und wie er sich ihrer angenommen
hätte (denn Jerusalem ist weiblichen Geschlechts):

»Wie eine Blume auf der Wiese ließ ich dich wachsen. Und
du bist herangewachsen, bist groß geworden und herrlich
aufgeblüht. Deine Brüste wurden fest, dein Haar wurde
dicht. Doch du warst nackt und bloß. Da kam ich an dir
vorüber und sah dich, und siehe, deine Zeit war gekommen,
die Zeit der Liebe. Ich breitete meinen Mantel über dich und
bedeckte deine Nacktheit. Ich leistete dir den Eid und ging
mit dir einen Bund ein – Spruch Gottes, des Herrn, – und du
wurdest mein. Dann habe ich dich gebadet, dein Blut von dir
abgewaschen und dich mit Öl gesalbt. Ich kleidete dich in
bunte Gewänder, zog dir Schuhe aus Tahasch-Leder an und

hüllte dich in Leinen und kostbare Gewänder. Ich legte dir prächtigen Schmuck an, legte dir Spangen an die Arme und eine Kette um den Hals.«[3]

Dies ist unbestreitbar der Bericht einer Hochzeitsnacht mit einer Anspielung auf die Entjungferung. Es folgen die Vorwürfe: Jerusalem habe sich wie eine Dirne aufgeführt, mit den Erstbesten Unzucht getrieben, den Ägyptern, den Chaldäern und sogar mit aus Silber, Gold und Edelstein gefertigten Bildnissen, die Gott ihr gegeben hatte, kurzum: Sie sei eine schamlose Hure gewesen, die Rache würde folgen: »... dann entblöße ich vor ihren Augen deine Scham, damit sie deine Scham unverhüllt sehen.« In der Folge behandelt er Jerusalem als Lesbierin, weil sie sich wie ihre jüngere Schwester Sodom aufgeführt hat, die ihren Gatten und ihre Söhne haßte und mit ihren Töchtern zusammenlebte. Man kann die Verlegenheit der Exegeten unschwer verstehen. Der figurative Stil sei tatsächlich ein wenig roh, räumten einige ein, während andere den Text Ezechiels als geistige Nachtarbeit abqualifizierten und sein Buch als Pseudepigraph, das heißt als ein fälschlich zugeschriebenes Werk bezeichneten.[4]

Jeremia griff bei der Beschreibung der Beziehung zwischen den Juden und Gott das Bild der Jugend Israels als eines heiratsfähigen Mädchens wieder auf, aber diesmal war Gott dessen Vater. Und die Vorwürfe Gottes an Israel wegen dessen Untreue sind jenen eines Vaters an seine Tochter vergleichbar: »Doch du hattest die freche Stirn einer Dirne und wolltest dich nicht schämen. Gewiß, von da an hast du mir zugerufen: Mein Vater, der Freund meiner Jugend bist du!«[5] Außer Ezechiel — irgendwann zwischen dem 7. und 3. Jahrhundert v. u. Z. — hat niemand die Sexualisierung der Beziehung Israels zu Gott je angesprochen. Es mochte noch hingehen, daß Jerusalem feminisiert wurde, aber Israel beschränkte sich nicht auf Jerusalem. Und überhaupt, was sollte man von den ehemaligen und zeitgenössischen Herrschern des Landes denken? Sollte man etwa sagen, sie seien verliebt in einen himmlischen Herrn? Ein solcher Gedanke wäre ehrenrührig und für die Frauen unschicklich gewesen.

Gott wurde folglich von den anderen Propheten wieder in seine Vaterrolle eingesetzt. Das Schema amouröser Phantasmen, das bei der Schöpfung früherer Götter und Göttinnen Pate gestanden hatte, wurde schlicht und einfach annulliert. Unter den schwierigen, ja gefährlichen Bedingungen, unter denen sich die Hebräer in Palästina niedergelassen hatten, brauchten sie tatsächlich weder männliche noch weibliche himmlische Geliebte, sondern einen Vater, der, wie sie sich versicherten und wie es im Buch Josua steht, ihnen dieses Land geschenkt hatte – zum Nachteil und auf Kosten der früheren Bewohner. Die Sexualität durfte nur noch nach den strengen Richtlinien der Fortpflanzung dienen, die Er für Sein Volk aufstellte: Beschneidung alles Männlichen und Verbot jedes Geschlechtsverkehrs mit Fremden. Im Gegenzug hob Er nach Seinem Willen die Naturgesetze auf und ließ Frauen schwanger werden, die die Menopause längst hinter sich hatten: Sarah, das Weib Abrahams, Hanna, das Weib Elkanas und Mutter des Propheten Samuel, Elisabeth, das Weib Zacharias' und Mutter Johannes' des Täufers.

Aus unerfindlichen Gründen tolerierte Er auch eindeutig unmoralische Vereinigungen: Von ihrem Schwiegervater Juda empfing Tamar ihren Sohn Perez, den Vorfahren von Boas, die in der Genealogie Jesu beide unvorsichtigerweise erwähnt werden.[6] Boas war übrigens der Sohn Salomos und der Prostituierten Rahab und heiratete eine »Ungläubige«, Ruth, ohne daß dies dem Allmächtigen zu mißfallen schien. Auch Batseba empfing ja Salomo aus dem ehebrecherischen Verhältnis mit David.

Dies war die Rolle, die Gott während der Entstehung des Christentums und des Islams aus dem jüdischen Glauben – mit Ausnahmen, die wir noch betrachten werden – durchgängig innehatte. Bei der Geburt Jesu hatte Gott ein Geschlecht, wie er es in der alten jüdischen Religion hatte. Aber es war der Heilige Geist, der Jesus mit einer Frau zeugte. Dieses Detail ist wichtig, denn durch die Verlagerung ergab sich eine Entmaterialisierung Gottes, die seine Entsexualisierung ankündigte und später in der außergewöhnlichsten Tautologie der Religionsgeschichte gipfelte: Jesus, der nach einem Beschluß des Konzils von Nicäa vom Anfang aller Zeiten an präexistent war, wurde so zu seinem eigenen Vater! Was spielt dies aber schon für eine Rolle, da die Entmaterialisierung Gottes zu dieser umfassenden Unlogik geführt hatte: Die Ursache war ihre eigene Wirkung, weil ja die Wirkung mit der Ursache seit aller Ewigkeit koexistierte. In der Umgangssprache faßt man dies in der Formel zusammen: »Alles hängt mit allem zusammen, und umgekehrt.«

Die Geburt Jesu entsprach gewissermaßen Zug für Zug der Geburt der Halbgötter, die man in vielen alten Religionen findet, mit der Ausnahme, daß sie um alles Sexuelle gestutzt worden ist. Der körperliche Liebesakt und damit der Orgasmus sind verbannt, wenigstens nach den Fassungen des Neuen Testaments. Matthäus und Lukas geben sich größte Mühe, zu »beweisen«, daß Jesus von David abstamme (sein Adoptivvater soll ein Nachkomme dieses Königs gewesen sein), daß es sich aber um eine spirituelle Abstammung handle (was im Widerspruch zu den jüdischen Gesetzen stand, die ausschließlich die leibliche Abstammung anerkannten), denn zwischen Joseph und seiner Frau habe kein Geschlechtsverkehr stattgefunden. Das größte Paradox aber ist: Der Mythos der Inkarnation führte zur Desinkarnation des Inkarnierten.

Die gesamte christliche Tradition zielt im Grunde darauf ab, die Sexualität Jesu vollständig zu negieren. Als Mann geboren, war oder soll er gerade da kein Mann gewesen sein, wo sich die Zugehörigkeit zum männlichen Geschlecht zeigt, nämlich in der Ausübung der Sexualität. Wenn er *so* das männliche Ideal verkörpert, dann impliziert er damit zugleich das Ende der Menschheit durch Aussterben mangels Nachkommen. Wenn er aber das rein menschliche Ideal verkörpert, negiert er die Sexualität. Alle Hypothesen bezüglich seiner Beziehungen zum Evangelisten Johannes, zu Maria von Magdala, Maria von Bethanien und zu deren Bruder Lazarus bleiben Gerüchte und wurden von christlichen Kommentatoren heftig abgelehnt.

Die Christenheit hingegen akzeptierte nicht auf Anhieb und nicht ohne Widerstand das Bild eines entsexualisierten Jesus, das ihr die Kirche mit aller Macht, unter Androhung des Kirchenbanns und ohne dabei Widerstand zu dulden, aufzwängen wollte und will.[7] Auf den ersten Bildern wird Jesus als bartloser junger Mann, mit einem gewissen sexuellen Verführungspotential ausgestattet, dargestellt; so etwa auf der Freske des Guten Hirten in der Calixtus-Katakombe aus dem 3. Jahrhundert und der ebenfalls bartlosen Darstellung des Guten Hirten in der Giordani-Katakombe aus dem 4. Jahrhundert. Auch die »Tauffreske« und die Freske von der Heilung der Blutflüssigen in der Katakombe Santi Pietro e Marcellino aus dem 3. Jahrhundert, das Mosaik im Mausoleum der Galla Placidia und das Kuppelmosaik im Baptisterium der Arianer in Ravenna, die Christus-Apollo-Statue im Museo Nazionale Romano o delle Terme in Rom, das Halbrelief aus dem 4. Jahrhundert im Museum von Arles, eine Darstellung der Verwandlung von Wasser in Wein bei der Hochzeit von Kana – sie alle zeigen einen bartlosen jungen Mann, ebenso wie alle Darstellungen Jesu auf dem Sarkophag des Junius Bassus in Rom, dem Halbrelief auf dem »Via Crucis«-Sarkophag in der Domitilla-Katakombe in Rom (beide aus dem 4. Jahrhundert) und in dem Mosaik des Guten Hirten aus dem 4. Jahrhundert in der Basilika von Aquileia.

Die leicht androgyn angehauchte Adoleszenz war der verbreiteten Gegenwart des Gnostizismus im Christentum der ersten Jahrhunderte wahrscheinlich nicht fremd. So findet man im syrischen Huarté ein einzigartiges Mosaik aus dem 5. Jahrhundert, das zugleich Adam, den idealen androgynen Menschen, wie auch Jesus, den Menschensohn, darstellt: Die fragliche Person ist Adam, denn er sitzt inmitten der Tiere, die Jahwe ihm zuführte, um zu sehen, wie er sie nennen würde, wie es in der Genesis (2, 19–20) heißt; aber es ist nicht bloß Adam, denn dieser wird in der Bildsprache jener Zeit nackt (und zumeist in Begleitung Evas) dargestellt. Hier aber ist er bekleidet, und zwar so wie Christus der Herr in Mosaiken jener Zeit, in königlicher Haltung; und die Gegenwart des Phönix, eines Symbols von Androgynität, bestätigt diese Interpretation.

Die Vorstellungskraft der neuen Christen, eigentlich nicht-jüdischen Konvertiten auf Gebieten, die zuvor polytheistischen Kulten geweiht waren, wo man sich keine Gottheit ohne aktives Sexualleben vorstellen konnte, versuchte eine der wichtigsten Verbindungen zur Gottheit wiederaufzunehmen – die sexuelle Verbindung. Die Metapher von Saulus-Paulus zur neuen Sexualität – »Ihr sollt aber wissen, daß Christus das Haupt des Mannes ist, der Mann das Haupt der Frau und Gott das Haupt Christi«[8] – hat die Künstler wegen der von Napoleon beklagten Kompliziertheit der christlichen Botschaft ganz offensichtlich nicht besonders angeregt. Darüber hinaus fiel es ihr schwer, sowohl Männer zu verführen, die zur Kenntnis nehmen mußten, ihr Körper sei weiblich, als auch Frauen, die vernahmen, sie seien ein Körper ohne Kopf. Der Mann wurde androgyn. Diese mystische Vision (und Saulus-Paulus ist entschieden mystisch, wenn er auf die Verschmelzung des Menschen mit Christus zu sprechen kam) lief schließlich Gefahr, eine homosexuelle Komponente zu bekommen, was schon damals sicher nicht jedermanns Sache war.

Die Sexualisierung des Körpers Jesu schritt gegen den Strom der Tradition bis zum Ende der Renaissance mehr oder weniger klar fort, beginnend mit der Sexualisation des kindlichen Jesus. Diese Interpretation wurde von dem amerikanischen Wissenschaftler Leo Steinberg[9] brillant analysiert: Bis ins 16. Jahrhundert zeigen die Gemälde der Madonna mit Kind, ein von praktisch allen Renaissancemalern aufgegriffenes Sujet, mit wenigen Ausnahmen das Geschlecht Jesu. Die Reformation, die auf das Heidentum der italienischen Renaissance-Kunst reagieren wollte, sowie das Konzil von Trient (1545–1563) führten den Puritanismus ein, den wir heute kennen. Dennoch belegt die Zahl der Pfarrkirchen, die sich in den vergangenen Jahrhunderten die Reliquie der »echten Vorhaut Jesu« streitig machten, zur Genüge, wie sehr die westliche Christenheit, wenn auch abergläubisch und abgöttisch, an einer Sexualität Gottes festhielt.

Vom 17. Jahrhundert an wird das vor allem für kleine Gemälde in Privatkapellen beliebte Motiv seltener, und die Nacktheit des Kindes wird zunehmend durch Tücher oder kunstvoll drapierte Ornamente bedeckt, oder die Geschlechtsteile des Kindes sind wegen dessen Körperhaltung einfach nicht zu sehen. Im 18. Jahrhundert ist die Darstellung des Geschlechts des Jesuskindes vollkommen außergewöhnlich, und man begann sogar, ältere Bilder, die es zeigten, zu übermalen. Auch zur Zeit ihrer Entstehung, bemerkt Steinberg, wurde die explizite Darstellung manchmal als der Schicklichkeit zuwiderlaufend angesehen. Aber es blieben nicht weniger Bilder übrig als Kruzifixe, die einen völlig nackten Christus zeigten, so nackt wie übrigens zur Römerzeit alle zu dieser Todesart Verurteilten ans Kreuz geschlagen wurden. Später verhüllte man den Gekreuzigten Jesus mit Gipstüchern. Sowohl die Künstler, die Christusfiguren schufen, als auch die Gläubigen, die sie aufstellten, wußten genau, was sie taten: Die Nacktheit Jesu sollte ganz bewußt an seine menschliche Natur einschließlich seiner Sexualität erinnern.

Der Hinweis auf die menschliche Sexualität Jesu zog sich für lange Zeit in die Tücher zurück, die seine Lenden bei der Auspeitschung, Kreuzigung und Grablegung umhüllten und die in manchen Fällen extravagante Ausmaße annahmen, so zum Beispiel in der Kreuzigung von Lukas Cranach aus dem Jahr 1503, wo die Form des Lendentuchs unvergleichlich viel suggestiver ist, als es die Darstellung der Geschlechtsorgane je gewesen wäre, oder bei dem erstaunlichen Gemälde *Schmerzensmann* des Maarten van Heemskerck von 1532, das eine Erektion suggeriert.

Im 19. Jahrhundert war jede Darstellung der Nacktheit Jesu verpönt. Seit dem 15. Jahrhundert bestand die Vorstellung des bartlosen Christus nicht mehr und war einem bärtigen Jesus gewichen (dessen Bart allerdings so dünn war wie der eines Jünglings, eine Reminiszenz der vorherigen knabenhaften Jesusgestalten). Im Laufe der Jahrhunderte hatte die Männlichkeit Jesu auf den Bildern abgenommen, sei es aufgrund von

Instruktionen der Mäzene, sei es auf eigene Entscheidung der Maler. Der kräftige Gekreuzigte eines Rubens oder eines Caravaggio war einem jungen Mann mit weichen, geradezu erschlafften Formen gewichen, das Gesicht war so glatt, daß es asexuell gewirkt hätte, wäre da nicht der Bart gewesen. Eine neue Einmütigkeit in bezug auf die Asexualität Jesu trat mit systematischer Hartnäckigkeit auf, die von der Kunst, wie sie das Priesterseminar von Saint-Sulpice förderte, bekannt ist: Jesus war nicht mehr die historische Figur des 1. Jahrhunderts, ein muskulöser Palästiner (mit breiten Schultern, wie Origines berichtet), stark genug, mit eigener Hand die Händler aus dem Tempel zu jagen, sondern eine bleichsüchtige, melancholische, unweltliche Gestalt fast ohne physische Realität, jedenfalls ohne erkennbare sexuelle und affektive Realität. Dieses Bild entspricht im übrigen der gegenwärtigen theologischen Ausrichtung der Kirche, die zugleich die historische Realität Jesu postuliert und sich einer historischen Analyse seines Lebens widersetzt. Kurz und gut, der Menschensohn hat über Jesus triumphiert und das androgyne Wesen über die Inkarnation Gottes. Der Jesus, den die Tradition heute verteidigen will, ist derselbe, den die schlimmsten Feinde der römisch-katholischen Kirche, die Katharer (Albigenser) und die Gnostiker jeglicher Couleur verteidigten – ein Nicht-Mann.

Die sexuelle Beziehung zur Gottheit ist für alle drei Religionen der Bibel mit Sicherheit endgültig verlorengegangen. Die Sexualität bleibt für die Kirche die große Gefahr, die sie seit der Zeit von Saulus-Paulus darstellte, denn sie droht von Gott abzulenken. »Die Zeugung von Kindern in der Ehe ist erlaubt«, schrieb der heilige Hieronymus, »doch die Gefühle sinnlichen Vergnügens, wie sie die Huren in ihrem Verkehr empfinden, sind bei einem Eheweib verdammenswürdig.«[10] Der berühmte Apologet und Bibelübersetzer war vielleicht nahe daran, die Exzision (Beschneidung) der Klitoris zu empfehlen.

Der aus dem Alten Testament hervorgegangene Islam übernahm einen schon durch den jüdischen Glauben von jeder sexuellen Referenz losgelösten Gott, um so mehr, als er sich nicht auf den Bund mit Jahwe beziehen konnte: Allah hätte in keiner Weise zum potentiellen Ehemann der islamischen Nation getaugt – welch blasphemische Vorstellung! Zudem wäre, weil er sich nicht inkarniert hatte, jede Anspielung auf Seine Sexualität deplaziert und unverständlich gewesen. Mohammed nahm klugerweise davon Abstand, die sexuellen Verbote zu vermehren. Die Traditionen der Stämme der arabischen Halbinsel reichten zweifellos aus, um gute Sitten zu garantieren. Mit bis zu vier Ehefrauen (vorausgesetzt, er konnte für deren Unterhalt sorgen), die jeder Moslem wie der Prophet selbst nehmen konnte, sobald sie das heiratsfähige Alter erreicht hatten (Aischa, Mohammeds zweite Frau, war zum Zeitpunkt ihrer Eheschließung dreizehn), lief er kaum Gefahr, von ungestilltem sexuellem Verlangen gequält zu werden. Doch der Einfluß des Gnostizismus, der im Orient so weit verbreitet war, sollte sich auf den Islam nicht weniger auswirken; und hier mußte man die Wirkung eines ersehnten und begehrenswerte Gottes auf das Individuum feststellen, nämlich die virtuelle Feminisierung Gottes.

Das berühmteste Beispiel stellt Husain Mansur al-Halladj, der bereits im Kapitel über den Gnostizismus erwähnte Mystiker des 10. Jahrhunderts, dar. Al-Halladj hat uns einige der bewegendsten Texte der Weltliteratur über die Liebe des Geschöpfs für seinen Schöpfer und über die Liebe schlechthin hinterlassen. Es handelt sich nicht um die entfleischlichte und diffuse Liebe der orthodoxen Religionen, sondern um leidenschaftliche Liebe. Der Mann al-Halladj wendet sich an Gott wie an den Geliebten und nennt ihn auch explizit so.

»Hier bin ich, mein Geheimnis, mein Vertrauter!
Hier bin ich, Dir zu Dienst, mein Ziel, mein Sinn.
Ich rufe Dich, vielmehr rufst Du mich zu Dir:
Spräch' ich ›zu Dir‹, wenn Du nicht sprächst ›zu mir‹!?
Kern meines Wesenskernes, Ziel des Strebens,
Mein Ausdruck, meine Sprache und mein Stammeln!
Du Ganzes meines Ganzen, Aug' und Ohr mir
und Glieder und Gestaltung, mein Gesamtes …

An den mein Geist sich klammerte, vergehend
In der Ekstase – da wardst Du mein Pfand.«[11]

Und:

»Dein Geist hat sich gemischet mit dem meinen,
Wie Moschus mit dem Ambra, duftend reinen:
Was Dich berührt, muß mich sogleich berühren:
So bist Du ich – ein ungetrennt Vereinen!«[12]

Und:

»Wenn der Jüngling vollkommenes Fühlen erreicht hat,
Im Rausch nicht mehr an die Vereinigung denkt,
Bezeugt er in Wahrheit, was Liebe ihn lehrt:
Gebet ist für Liebende Unglauben nur!«[13]

Es ist schon ein außerordentliches Paradox, wenn das Gebet
zum Unglauben wird, weil es von Gott ablenkt! Und schließlich:

»Ich wünsche Dich – doch nicht für die Belohnung.
Ich wünsche nur für die Bestrafung Dich.
Denn ich erlangte alles, was ich brauche –
Nur den nicht, der durch Qual begeistert mich.«[14]

Man stelle sich den Aufruhr unter frommen (weder besonders
feinsinnigen noch toleranten) Moslems vor, die diese Ausbrü-
che der Leidenschaft für Gott entdeckten und gar nicht anders
konnten, als darin die schlimmste aller denkbaren Blasphemien
zu wittern, die homosexuelle Liebe zu Gott. Man hätte ihnen
vergeblich entgegengehalten, daß die erotische Sprache aus
ganz konkreten materiellen Gründen nichts anderes als ein
Symbol sein könne – die Tatsache blieb bestehen, daß al-Halladj, wie übrigens ein Großteil der islamischen Mystiker, von
allen Symbolismen sich des erotischen bedient hatte. Al-Halladj hatte sich in der Gottesliebe »homosexualisiert« und über

jede religiöse Vorschrift hinweggesetzt. Aus dem latenten Skandal resultierte sein Tod, und al-Halladj blieb nicht der einzige Märtyrer des Islam. Im Jahr 982 wurde Ibn Khafif aus Shiraz hingerichtet, 1131 Ayn el Quudat Hamdhani aus Delhi, um nur zwei weitere zu nennen.

Wenn der theosophische Sufi Ibn al-Arabi die Tendenz umkehrte und anzunehmen schien, Adam sei eigentlich weiblich, weil Eva aus ihm entsprungen ist, und wenn die folgenden Verse unzweideutig seine Heterosexualität belegen: »Gott hat mich drei Sachen eurer Welt lieben gemacht: das Parfüm und die Frauen, und der Trost meines Herzens liegt im Gebet«, dann stimmt seine Wahl des femininen Begriffs *dhat* für die »Schöpferin«, das Wesen Gottes, und seine Bezeichnung des Propheten als »empfangendes Gefäß« und »Ausgießen«, wenn man sie unter dem (anachronistischen) Blickwinkel der Psychoanalyse betrachtet, nachdenklich. Jedenfalls aber zeugt »die parasexuelle Symbolik seines Werkes«, um das Wort eines Kommentators zu benutzen[15], von der Schwierigkeit, die Beziehung zu Gott aus der Sphäre des Physischen und Sexuellen herauszuhalten. Weder al-Halladj noch Ibn al-Arabi, um nur sie zu nennen, waren Einzelfälle, was die Sexualisierung Gottes betrifft: Ibn al-Farid, ein Zeitgenosse Ibn al-Arabis, »verwendete die weibliche Form, wenn er vom geliebten göttlichen Wesen sprach«.[16] Durch die Lebenszwänge an eine Gebärmutter in einem Körper ohne Kopf gefesselt, wenn sie sich nicht für das Leben eines Mönchs entschieden, blieb den Männern der drei monotheistischen Religionen daher allein Gott als Liebesobjekt für ein Gegenüberstehen Aug' in Auge.

Der Mystizismus der drei Monotheismen ist aus ausgesprochen maskulinen Kulturen hervorgegangen, ob es sich nun um die jüdische, christliche oder islamische handelte. Ungeachtet der Ausschmückungen, Auslegungen und Rechtfertigungen, die viel später in pedantischer Heuchelei und hohlen Spitzfindigkeiten aufblühten, wurde und wird die Frau in diesen drei Kulturen als Mensch zweiter Klasse betrachtet. Gott ist männlich und hat als erstes einen Mann erschaffen, und nichts kann daran etwas ändern. Die Inspirierten waren und sind mit wenigen Ausnahmen noch heute Männer, wir wissen von keiner einzigen Frau, die einen der drei Monotheismen in wirklich erkennbarer Weise beeinflußt hätte. Thomas von Aquin schrieb, der Kontakt eines Mannes mit seiner Ehefrau erniedrige dessen Seele, und in seiner *Summa theologica* weist er den Frauen mangelhafte Intelligenz zu und verbietet ihnen, daß sie beim Aufsetzen von Testamenten mitwirken.

Zwar gab es heilige Moslemfrauen, so wie es heilige Christinnen gab, aber sie sind in erster Linie nur den Gebildeten bekannt. Wir werden daher nie erfahren, was die weibliche Hälfte der jüdischen, christlichen und islamischen Gemeinden über die Gottheit dachte, und noch weniger, wie ihre Beziehungen zu dieser Gottheit beschaffen waren. Zweifellos wird man sich an die bestürzende Aussage von Saulus-Paulus halten müssen, wonach die Frau ein Wesen ohne Kopf ist; ebenso unzweifelhaft war ihr Ehemann ihr Gott, und alles andere wurde als unwichtig betrachtet. Nur die Männer besangen die Gottheit und unterhielten zu ihr Liebesbeziehungen.

Man darf sich nicht wundern, daß die Welt einer Frau gleichgesetzt wurde: »Die Welt ist wie eine alte Frau, die ihr schreckliches, zahnloses Gesicht schminkt und sogar einige Fetzen eines zerrissenen und grell erleuchteten Korans auflegt, um ihre Falten zu maskieren«, schrieb Jalal od-Din Rumi, ein persischer Mystiker des 13. Jahrhunderts. Und Annemarie Schimmel zitiert die Beschreibung des islamischen Asketen und Predigers Hasan al-Basri: Die Welt ist »eine laszive, treulose und gemeine Prostituierte, eine Mutter, die ihre Kinder verschlingt«. Diese Vorstellung wurde von islamischen Mystikern wie al-Ghasali oder Attar aufgegriffen. Kein Zweifel, daß in diesem Geisteszustand nichts anziehender war, als mystische Beziehungen zu einem himmlischen Liebhaber zu unterhalten. Gott war reine Männersache. Eine zusätzliche Bestätigung der Behauptung Feuerbachs, wonach die Gottheit eine Projektion des Ichs ist.

Die Schönheit des Mystizismus, des islamischen wie der anderen beiden, bewirkte, daß eine dermaßen organische Beziehung zur Gottheit eine Gefühlssublimierung zur Folge hatte, die zu so vielen wunderbaren Gedichten und Schöpfungen inspirierte. Man liebte nicht mehr eine Frau, sondern die Inkarnation der göttlichen Schönheit, die sie verkörperte, letztlich liebte man die Liebe, das heißt, man liebte die Vorstellung, die man sich von der Liebe machte, und in letzter Konsequenz liebte man sich selbst. Die höfische Liebe, die die europäische Romantik hervorbrachte, war eine direkte Emanation des westlichen Mystizismus. In der Kultur verlor die Kirche jenen Kampf, den sie in der Theologie gewonnen hatte: Die Rauchschwaden des Scheiterhaufens von Montségur (1245) trugen das Parfüm des *Rosenromans* (1230) bis zu Richard Wagner.

Im 16. Jahrhundert fand der heilige Johannes vom Kreuz, der Klassiker der spanischen Mystik, die Töne von al-Halladj (unbewußt?) wieder und schrieb im »Gesang zwischen der Seele und dem Ehegatten«:

»Wo hast du dich versteckt, mein Geliebter,
und lässest mich erschauern?
Wie der Hirsch bist du geflohen,
und hast mich verletzt;
schreiend bin ich dir gefolgt und du bist gegangen.«

Drei Jahrhunderte zuvor hatte Jalal od-Din Rumi geschrieben:

»Die Liebe, diese Königin, ruft dich: Komm sofort zurück!
Ich fliege in Ekstase um dieses Dach und um diesen Taubenschlag,
ich bin der Engel Gabriel der Liebe und du bist mein Jojoba-Baum. Ich bin der Kranke und du bist Jesus, Marias Sohn.«[18]

Der Kreis hatte sich tatsächlich geschlossen. Die Mystiker entkamen den Religionen, wie sie der Welt entkamen, Allah und Jesus konnten ineinander übergehen, sie waren der namenlose Liebhaber. Sie warteten so ewig, wie König Amfortas wartet, daß Parzival ihn mit seiner Lanze berührt.

Auf trat die Erfindung des Laizismus, geboren aus dem Atheismus, der wiederum aus der Französischen Revolution hervorging. Die Frau befreite sich. Die Kirche blieb geschlossen, Gott lebte im Zölibat. Durch den Willen einiger Männer, für die die Sexualität im übrigen keine Bedeutung mehr hatte, mußte er allein bleiben, keusch und eifersüchtig, und doch Gesetze für die Sterblichen erlassen.

Der Atheismus
oder die falsche Abwesenheit Gottes

Am 16. Juli 1789 kam unter den Bewohnern der Stadt Königsberg in Ostpreußen Unruhe auf. Um elf Uhr vormittags hatte Herr Immanuel Kant sein Haus nicht zu seinem täglichen Spaziergang verlassen. Ob bei Regen, Wind oder Hitze, der berühmte Philosoph pflegte pünktlich aus dem Haus zu treten und einen kleinen Gesundheitsspaziergang zu machen; danach kehrte er zu einer leichten Mahlzeit zurück und machte sich wieder an die Arbeit. Das war seine kleine Gesundheitspflege, denn er war von zarter Natur. Was war an diesem Tag geschehen? War er krank? Am Nachmittag vernahm man den Grund dieses außergewöhnlichen Verhaltens: Der Autor der *Kritik der reinen Vernunft* hatte mit der Postkutsche die Nachricht erhalten, daß in Frankreich die Revolution ausgebrochen war.

Er mußte gefühlt haben, daß sie in der Luft lag, obwohl er kaum je reiste; er hielt sich auf dem laufenden. Der *Discours préliminaire* von Jean Le Rond d'Alembert datierte aus dem Jahr 1751, das *Dictionnaire philosophique* von Voltaire, der in Potsdam Gast Friedrichs II. gewesen war und in ganz Deutschland Berühmtheit erlangt hatte, aus dem Jahr 1764. Wie sollte man aus diesen Werken nicht schließen, daß sich die Vorstellung von Gott ändern würde? Kant war zwar gewiß kein Atheist wie d'Alembert: In seiner 1781 erstmals, 1788 in zweiter Auflage erschienenen *Kritik der reinen Vernunft* hatte er erklärt, er glaube unausweichlich an Gott und die Unsterblichkeit der Seele, doch er präzisierte, es handele sich dabei um ein moralisches, nicht ein logisches Gefühl. Seine »Transzendentalphilosophie« befaßt sich nicht mit Gegenständen, sondern mit der Art unserer Erkenntnis von Gegenständen. Raum und Zeit sind »reine Anschauungsformen«, Gott, Welt und Seele sind

»Ideen«, die als »Postulate der praktischen Vernunft« zur Siche-
rung der Existenz Gottes, der menschlichen Freiheit und der
Unsterblichkeit der Seele führen. Man kann an die göttliche
Weltordnung und an Gott glauben, aber man kann sie nicht
beweisen. Zwar unterstützte Kant den Übergang von der »Kir-
chenreligion« zur »ausschließlichen Vorherrschaft des reinen
religiösen Glaubens«, eine Utopie, die zum Träumen verleitet.
Aber dennoch hieß er die Revolution voller Hoffnung willkommen. Im Vorwort der Erstausgabe der *Kritik* hatte er ja auch
erklärt, der Mensch habe keinen Glauben und keine Religion
nötig, um moralisch zu handeln, und kam zu dem berühmten
Urteil, die Moral sei autonom und stütze sich ausschließlich auf
die Kritik der reinen Vernunft.

Dogmatismus war Kant ein Greuel. Was er von der Französischen Revolution erahnen und vor allem erhoffen konnte,
ging in Richtung seiner Wünsche, nämlich daß der Mensch aus
der klerikalen Tyrannei befreit und der Glaube zur persönlichen Angelegenheit würde. In diesem Sinne stand er dem republikanischen Ideal sehr nahe. Aber weder er noch die übrigen
deutschen Denker seiner Zeit ahnten voraus, daß die Konvul-
sionen der Revolution, die Frankreich erschütterten, den Christengott nicht nur aus Frankreich, sondern auch aus anderen
Ländern, die diesem Beispiel folgten, vertreiben sollten.

Voller Vertrauen in eine bessere Zukunft wagten die deutschen Denker also den Schritt auf die Enzyklopädisten zu. Die
deutsche Aufklärung war zwar nicht das genaue Spiegelbild des
Siècle des Lumières. Kein deutscher Zeitgenosse rief mit Voltaire: *»Écrasons l'infâme!«* Doch zwei der großen Gestalten, Johann Gottlieb Fichte und Gotthold Ephraim Lessing, standen
der französischen Aufklärung näher als jeder andere deutsche
Philosoph. Fichte verfaßte 1793 eine *Zurückforderung der
Denkfreiheit* und den *Beitrag zur Berichtigung der Urtheile des
Publikums über die französische Revolution*[1] und gab sich damit
als Anhänger der Prinzipien der Französischen Revolution zu
erkennen, und auch Lessing forderte seit 1753 das Recht auf
Gewissensfreiheit und brandmarkte die Ungerechtigkeit des

theologischen Dogmatismus.[2] Bei Kant, Fichte, Lessing und Johann Benjamin Erhard gingen diese Proklamationen der grundsätzlichen Freiheit einher mit dem Postulat des »Naturrechts auf Revolution«[3], jenes Rechts, das Robespierre in die Konvents-Verfassung vom 24. Juni 1793 aufnahm.

Es gab zwar Atheisten in Deutschland, aber sie hielten sich bedeckt, denn die Zensur war wachsam und gegenüber Unvorsichtigkeiten der Freidenker nicht zum Scherzen aufgelegt. Selbst Kant, bestimmt kein Brandstifter, erfuhr ihre Härte: Den ersten Teil seiner *Kritik* konnte er zwar ohne Schwierigkeiten veröffentlichen, aber der zweite wurde verboten.[4] Im Europa der Monarchien des 18. Jahrhunderts hatte die Ausdehnung der Alphabetisierung, die mit der Entstehung einer seit dem 16. Jahrhundert prosperierenden Bourgeoisie verknüpft war, eine Klasse von Intellektuellen geschaffen, die weder die Interessen der Aristokratie noch deren Werte anerkannte oder gar teilte. Durch die Lektüre antiker griechischer und lateinischer Autoren geprägt, kultivierten sie ein Gerechtigkeits- und Freiheitsideal, das weder durch die Feudalherrschaft noch den kirchlichen Dogmatismus erfüllt wurde. Das Interesse eines Friedrich II. oder einer Katharina der Großen für die neuen Ideen, die Freundschaft des einen mit Voltaire, der anderen mit Diderot, darf nicht täuschen. Diese beiden gekrönten Häupter waren miteinander befreundet, der eine wie die andere waren Querköpfe, die unter dem Joch ihrer brutalen und oft dummen königlichen Familien gelitten hatten, und der Umgang mit französischen Philosophen bedeutete eine späte, wenngleich begrenzte Rache an dem Obskurantismus, der ihre Jugend überschattet hatte. Der Schwung der deutschen und französischen Denker der Aufklärung trug sie in Richtung eines griechisch-römischen politischen und philosophischen Ideals, das sie bis zur Irrealität, wenn nicht bis ins Lächerliche wie bei Winckelmann idealisieren sollten.

Die Vorstellung des Göttlichen konnte für die Philosophen dieser beiden Länder nicht mit der Vorstellung übereinstimmen, die sich eine außerordentlich korrupte Priesterschaft und eine der sie umgebenden Gesellschaft gegenüber gleichgültige Aristokratie machten. Sowohl für das Volk wie für die Philosophen waren Religion und Ethik untrennbar. Doch die französische Monarchie verletzte die Ethik seit der Régence, der Herrschaft des Bürgerkönigs Philippe von Orléans. Wenn die religiösen Autoritäten in ihrer Lehre konsequent gewesen wären, hätten sie praktisch den gesamten Adel exkommunizieren müssen. Das konnten sie offensichtlich nicht – sie waren ja selbst Teil des Skandals. Außer Charles-Maurice de Talleyrand-Périgord, Bischof von Autun und ein echter Hinketeufel, zählte man so fragwürdige und zwielichtige Gestalten wie Jarente, Bischof von Orléans, Loménie de Brienne, Exminister, Kardinal und atheistischer Bischof, der nach 1789 den Club von Sens mit einer roten, in seinen Hut eingenähten Mütze präsidierte (sie willigten übrigens ein, den Eid auf die Revolution abzulegen) und dann einen Haufen von entlaufenen und verdorbenen Prälaten wie Gobel de Lydda und Miroudot de Babylone dazu.

Ein solches Bild mag im 20. Jahrhundert erschrecken oder übertrieben erscheinen; doch nach Ansicht selbst der gemäßigtsten konservativen Historiker war die Priesterschaft korrupt und weit davon entfernt, ein christliches Ideal zu repräsentieren. Man konnte sich die Bischofswürde mit Geld kaufen, die Seminare dienten als Auffangbecken mißratener Söhne, und wenn sie keine Dummköpfe waren, verhielten sich die Äbte, die daraus hervorgingen, oft als pflichtvergessene Hurenböcke und Verschwörer, sie sich bereicherten, wo sie nur konnten. »Die Kirche, die so viel Land besaß wie im Mittelalter«, schrieb Tocqueville in seinem 1856 erschienenen Werk *L'Ancien Régime et la Révolution (Der alte Staat und die Revolution)*, »durchdrang die Regierung.« Sie steckte also mit ihr unter einer Decke.

Es war klar: Die Priesterschaft taugte nicht mehr als die Herrschenden. Deswegen werden wir im 18. Jahrhundert Zeugen einer Teilung des Gottesbildes – hier der äußerst dürftig repräsentierte Gott der Kirche, dort der recht abstrakte Gott der Philosophen. Nicht die Existenz Gottes wurde in Frage gestellt, sondern seine Repräsentation. Diderot verwarf nicht das Gotteskonzept, sondern weigerte sich, diese Frage zur wichtigsten der Welt zu erheben. Im Gegensatz zu allem, was uns glauben gemacht werden soll, war auch Voltaire kein Atheist, wie der Artikel »Gott« in seinem *Dictionnaire philosophique* belegt. In einem Dialog zweier fiktiver Personen, eines »Theologen aus Konstantinopel« namens Logomachos und Dondindacs, des »guten Alten« aus dem Kaukasus, der Voltaire als Sprachrohr dient, erklärt Dondindac, das Schauspiel der Natur genüge als Beweis der Existenz Gottes, der als Richter und Vater beschrieben wird. Womit sich Voltaire kaum vom jüdisch-christlichen Konzept unterscheidet. Rousseau hingegen ist ein wenig konfus und oberflächlich, denn wenn er glaubt, die Welt werde von einem »starken und weisen Willen« beherrscht, ist dieser Wille nicht jener des Schöpfers. In *Profession de foi d'un vicaire savoyard (Glaubensbekenntnis eines savoyischen Vikars)* setzt Rousseau an die Stelle des »christlichen« Gottes einen aus der Naturanschauung erfahrenen Gott, tritt für gegenseitige Toleranz der Religionen ein und legt eine aus dem Gefühl des Subjektes hergeleitete Morallehre dar. Fichte mokierte sich in seinen *Überlegungen zur Französischen Revolution* später über Rousseaus Oberflächlichkeit in liebenswürdiger Form.

La Mettrie und Holbach glänzen nicht gerade durch theologische Kompetenz. Sie ersetzen Gott durch die Natur, also ein Wort durch ein anderes, und vertiefen ihr Konzept kaum. Der einzige echte Atheist war d'Alembert, und er war es mit wilder Entschlossenheit. Aber einige schreiben diesen Zug einer unglücklichen Kindheit und abgestumpften, gleichgültigen Lehrern zu. Der rasende Marquis de Sade schrieb seine Obszönitäten, um die Leute zu schockieren, aber sein zorniger Atheismus war gewiß kein Motor der Revolution.

Es ist einfach zu erkennen, daß die Kehrreime der Reaktionäre, »Es ist die Schuld Voltaires« und »Es ist die Schuld Rousseaus«, die bis heute blind übernommen werden, um die »Helfershelfer der Revolution« zu verunglimpfen, nur auf hartnäckigem Unwissen beruhen. Weder der eine noch der andere waren der »Unfrömmigkeit«, das heißt des Atheismus, schuldig, schlimmsten- oder bestenfalls der Lauheit. Sie waren sicher weniger unfromm als die Priesterschaft, obwohl heute viele Leute für sich in Anspruch nehmen, diese Epoche mit den Augen der gegenwärtigen zu beurteilen, doch die tatsächlichen Widerwärtigkeiten, die die Priester unter der Revolution erleiden mußten, präsentierten sich als langer *Dialogue des carmelites* wie Georges Bernanos' gleichnamiges Stück (deutsch: *Die begnadete Angst*). Es ist albern, die Französische Revolution den Enzyklopädisten anzukreiden, und noch alberner, sie der Abschaffung der Religion durch den Atheismus anzuklagen.

Die Jakobinerklubs wurden ebenfalls der Irreligiosität bezichtigt, aber kein Historiker, der diesen Namen verdient, nimmt diese Anklage ernst. Die Jakobiner wiederholten, variierten und übertrieben bloß die Ideen, die seit der Veröffentlichung von Montesquieus *Esprit des Lois* 1748 (deutsch: *Vom Geist der Gesetze*) umliefen: Gewaltentrennung, konstitutionelle Monarchie, persönliche Freiheiten. »Man darf nicht durch göttliche Gesetze festlegen, was durch menschliche Gesetze festzulegen ist«, schrieb Montesquieu. Exakt das gegenteilige Prinzip wurde befolgt: Man riskierte in Frankreich zum Beispiel die Todesstrafe, wenn man nicht den Hut zog, wenn der Wagen mit den heiligen Sakramenten vorbeifuhr. Ungeachtet dieser Auswüchse von Heuchelei hat kein Jakobiner auch nur eine einzige Schrift veröffentlicht, in der er verlangt hätte, daß der Atheismus institutionalisiert werde. Die Jakobiner forderten einfach die Trennung von Kirche und Staat.

Auch die Freimaurer wurden der Unfrömmigkeit beschuldigt. Es ist eine alte Obsession der römisch-katholischen Kirche, daß sie diesen Bruderschaften im höchsten Grade mißtraut. Die erste Freimaurerloge in Frankreich wurde 1721 in Dünkirchen gegründet. Man weiß nicht, ob sie jakobitisch oder englisch (hannoveranisch) war, aber man weiß, daß es unter anderen auch jene des Chevalier de Ramsay gab. Von der Gedankenwelt der ersten Freimaurer ist wenig bekannt, und wer sie als Atheisten bezeichnet, gibt sich selbst als Ignorant zu erkennen. Eine der wenigen gesicherten Erkenntnisse ist, daß die Freimaurer

Deisten waren. Ihr Gott stand in keinem Widerspruch zum Gott der Bibel und definierte sich entsprechend platonischen Vorstellungen wie jener als »der Große Baumeister und Herrscher der Welt« aus der Natur. Sie wiesen nicht einmal die Offenbarung zurück, sie erschien ihnen nur überflüssig. Es wäre ebenso absurd, sie für unmoralisch zu halten: »Ein Freimaurer ist durch seine Charge verpflichtet, das moralische Gesetz zu befolgen; und wenn er die Kunst wohl versteht, wird er nie ein stupider Atheist oder ein unreligiöser Freidenker« sein, verkündet seit 1723 James Andersons *Konstitutionsbuch*, ein Grundprinzip, das die Große Vereinigte Loge von England im 19. Jahrhundert beibehielt, als sie die Großen Logen von Schottland und Irland in ihren Schoß aufnahm.

Wenn Papst Clemens XII. 1736 den christlichen Logenmitgliedern die Exkommunikation androhte, dann deshalb, weil die Freimaurer ihm in ganz anderer Hinsicht subversiv erschienen: Sie propagierten liberale, parlamentarische Vorstellungen, die nun tatsächlich den französischen monarchistischen Prinzipien widersprachen (doch Friedrich II. von Preußen trat dessenungeachtet einer Loge bei). Den Freimaurern also vorzuwerfen, der Revolution den Weg bereitet zu haben, heißt, als Monarchist von Gottes Gnaden Farbe zu bekennen. Die Freimaurer hätten dennoch alles Recht, nachtragend zu sein, denn vor 1793 waren sie nicht mit von der Partie: Als die Loge Thalia 1779 nach der Art der Loge der Neun Schwestern eine Versammlung zugunsten Voltaires abhalten wollte, widersetzte sich der Polizeikommandant Le Noir entschieden und ließ die Räumlichkeiten überwachen, damit niemand Zutritt bekam, denn die Polizei arbeitete mit dem Erzbischof von Paris zusammen.

Es wäre aus dem einfachen Grund umsonst, ein Verzeichnis der angeblich für den revolutionären Atheismus Verantwortlichen weiterzuverfolgen, weil ein solches Verzeichnis nie bestanden hatte: Es entstand (im Sinne einer den etablierten Religionen feindlichen Bewegung) erst 127 Jahre später in der russischen Revolution. Beim »Fest des Höchsten Wesens« am

8. Juni 1794 setzte Robespierre höchstpersönlich eine Statue in Brand, die den Atheismus darstellte und verkündete, »der Atheismus ist aristokratisch«, was damals die allerschlimmste Beschuldigung war.

Die Bezeichnung »Atheismus« wird heutzutage oft eher als gegenwärtiger denn als historischer Begriff verwendet. Pikant ist, daß die Christen des Atheismus beschuldigt wurden, und zwar von ihren römischen Verfolgern! Sie lehnten ja tatsächlich alle Götter Roms ab. Die Anklage war nicht neu: Sie findet sich schon bei Platon gegen jene, »deren üble Natur sie mit Macht zur Negation des Göttlichen, zur Maßlosigkeit und zur Ungerechtigkeit drängt«.[5] Sie wurde von Hegel wiederaufgenommen. Hegel, von der Französischen Revolution begeistert, propagierte in seinen Jugendschriften *Der Geist des Christentums und sein Schicksal* und *Die Positivität der christlichen Religion*, 1798/99 in Bern verfaßt, eine »Volksreligion« in Opposition zur christlichen Dogmatik. Im Übergang von der reinen moralischen Lehre zur positiven Religion, der »schönen Religion«, war für Hegel die christliche Religion als die »absolute« Religion Synthese aller bisherigen geschichtlichen Erscheinungsformen und der Atheist eigentlich ein »Pluralist«, der die Einheit der Welt ablehnt, wo doch »die Wahrheit das Ganze« ist, und der Macht, die die Welt beherrscht, das Vertrauen verweigert.[6]

Mit Sicherheit hatte das kulturelle Leben die Revolution begünstigt, aber nicht jenes, von dem man dies unbesehen annimmt, also weder die *Hochzeit des Figaro* von Beaumarchais noch die Schriften der Enzyklopädisten, noch die Reden der Jakobiner, denn man vergißt allzuleicht, daß es außer der Kultur der Druckschriften, deren Verbreitung nicht ins Gewicht fiel, noch jene andere gab, die Kultur der Straße, die im anthropologischen Sinne mindestens ebenso wichtig war. Der einzig Schuldige in den Augen des Volkes und der Bürger war das monarchistische Regime selbst. Der reaktionäre schottische Historiker Thomas Carlyle glaubte zwar, das Königtum zu verteidigen, schwächte es aber eigentlich, wenn er zum Thema der berühmten Affäre um das Diamanthalsband der Königin Marie Antoinette die Akteure mit wütendem Schwung beschreibt:

> »Der rotbehutete Cardinal Louis de Rohan; der sicilianische Zuchthäusler Balsamo Cagliostro; die Putzmacherin, Dame de Lamotte ›ziemlich pikant von Gesicht‹; die höchsten Würdenträger der Kirche, die sich wie im tollen Walpurgistanz mit falschen Propheten, Beutelschneidern und öffentlichen Dirnen drehen; die ganze, unaufhörlich arbeitende, geheime Satanswelt wird ans helle Tageslicht gezogen; schmuziger Qualm steigt gen Himmel.«[7]

Seit der Régence (1715–1723), der Regierungszeit des Bürgerkönigs Philippe II. von Orléans, hatten die Bourbonen zugelassen, daß sich ein Regime etablierte, dessen Ungerechtigkeit, Korruption und Wahnsinn immer schlimmer wurden. Wo ein starker Monarch nötig gewesen wäre, um die Fehler des Herrschaftssystem zu korrigieren, hatte Frankreich nur den Dauphin Ludwig, den Sohn von Maria Leszczyńska, »drei geölte Kugeln Elfenbein«[8]. Frankreich war eben ein Land, in dem zwei Sorten von Menschen lebten, Arme und Mächtige.

Der König war fromm, das wußte man, und das wurde gegen ihn verwendet. Man ließ nicht davon ab, die Priester zu verfolgen, um ihren Schutzherrn zu quälen, und man war dabei so erfolgreich, daß er krank wurde. Von der Unterstellung der Priester unter das Zivilrecht am 12. Juli 1790 bis zur Trennung von Kirche und Staat, die am 21. Februar 1791 vollzogen wurde, nahm sich die Revolution das Christentum vor, weil dieses direkt mit dem monarchistischen Prinzip verknüpft war. Sie tat es mit einer Ungeschicklichkeit, Ungerechtigkeit, Grausamkeit und Dummheit, die nur in der Beschränktheit Ludwigs XVI. und der Unentschlossenheit des Vatikans, der die Ereignisse in Frankreich nicht ernst genug nahm und jahrelang zwischen Realismus und Sturheit hin und her schwankte, ihr Gegenstück findet. Dieses Chaos entstand aus einer verwirrten Logik, denn es existierte keine Theorie, mit deren Hilfe man das Höchste

Wesen vom Christengott hätte unterscheiden können, und weder Marats noch d'Héberts Geschwätz und schon gar nicht das des Priesters Jacques Roux, des Wortführers der Sansculotten, boten da einen Ersatz.

Es gab für das Massaker vom 2. bis 5. September 1792 an den im Bicêtre und anderen Pariser Gefängnissen eingesperrten Priestern keinen anderen Grund als blinden, irrationalen Haß. Die Aufhebung des Konkordats von 1516 zwischen Frankreich und dem Vatikan hätte sehr wohl ohne Blutvergießen vonstatten gehen können, und die Enteignung des Klerus (der zum großen Teil freiwillig verzichtete) ebenfalls. Das bewies das neue Konkordat von 1801, das bloß neun Jahre später ohne jede Gewaltanwendung zustande kam. Die Revolution hätte die Trennung von Kirche und Staat ohne Verluste an Menschenleben erklären können, wenn sie über ein wenig politische und juristische Kompetenz verfügt hätte (Talleyrand war in diesem Fall außerordentlich zurückhaltend oder abwesend). Doch der Haß beherrschte alles, und die Folgen waren verheerend.

Einer der verwirrendsten Züge der Französischen Revolution ist die Vermengung dieses Hasses mit einem gewaltigen Bedürfnis nach sozialer Gerechtigkeit. Politisch und sozial gab es zehn Französische Revolutionen: die Revolution der Konstituante, jene der Sansculotten, jene der Girondisten, jene der Montagnards, jene der *ventôse*, des Windmonats März, die Thermidor-Revolution und andere. Philosophisch gesehen, war sie konfus und brachte nichts Neues. Alles war schon gesagt worden, und zwar besser, zum Beispiel von Montesquieu. Ihr Verdienst bestand darin, die Ideen in die Tat umgesetzt zu haben. Der englische Philosoph Edmund Burke – nun wahrlich kein Beispiel des revolutionären Proselytismus – sagte über die französische Verfassung von 1793, sie sei ein »Konzentrat der Anarchie« und eine »Einladung zum Aufstand«, was, wenn auch übertrieben, nicht ganz falsch war. Doch trotz ihrer Unvollkommenheiten besaß sie genügend Substanz, um innerhalb von zwölf Jahren Monarchie und Feudalherrschaft zu ersetzen. Erst 1804, fünfzehn Jahre nach der Eroberung der Bastille, durfte Napoleon ungestraft erklären: »Die Zeit der Revolution ist vorbei. Es gibt nur noch eine Partei in Frankreich.«

Die Religion sollte nie mehr das sein, was sie einmal gewesen war. Was war geschehen? Was hatte sich derart ausgewirkt und sollte sich in Zukunft noch mehr auswirken? Man hatte Gott zu stark mit der politischen Macht gleichgesetzt. Letzten Endes war er ein Bourbone. Er hatte die Ungerechtigkeit verkörpert. Nicht auf die Gottheit hatte es die heulende Volksmenge abgesehen, die am 20. Juni 1792 die Tuilerien stürmte, als Ludwig XVI., schlotternd vor Angst, sich weigerte, die Dekrete gegen die widerspenstigen Priester zu sanktionieren, nicht auf die Gottheit hatte es die neue Bourgeoisie abgesehen, die eiligst die noch warmen Sitze der Aristokratie einnahm – denn es war letztendlich die Bourgeoisie, und sie allein, die diese Revolution ausgebrütet hatte und die vor Ungeduld bebte – nein: Man war hinter dem Gott der Kapetinger her. Sansculotten und Bourgeois wollten gleichermaßen ihren eigenen Gott, und zur »Fête de la Fédération«, der Bundesfeier, später zum Fest des »Höchsten Wesens« hatten sie mit Anleihen bei den Freimaurern, den Enzyklopädisten und den aktuellen Schriftstellern hastig eine zusammengewürfelte Vorstellung gebastelt, die Idee des »Höchsten Wesens«. Es war noch immer Gott, doch dank der Namensänderung wurde daraus ein Bürger-Gott mit der phrygischen Mütze der Revolution, und man hatte ihm seinen Sohn Jesus geraubt, das heißt seine Inkarnation.

Der unbeabsichtigte Schwindel wäre zum Lachen, wenn er nicht die Bürde einer so großen Bedeutung trüge. Die Gottheit fand sich offiziell durch den Staat verkörpert. Ein paar Jahre später sollte Hegel daraus nach den Worten des Historikers und Philosophen Ernst Cassirer die »höchste und vollkommene Realität«[9] machen. Die Begriffe waren unzweideutig: »Es ist die Verbreitung Gottes in der Welt, die den Staat ausmacht.«[10] Von nun an sollte also der Staat die Ethik diktieren. Von der monarchistischen und religiösen Tyrannei wechselte die Welt zur Staatstyrannei. Das unwiderstehliche Bedürfnis nach Ordnung und der blinde Glaube in die Allmacht der Vernunft und der

Logik schickten sich an, West- und Mitteleuropa für zwei Jahrhunderte zu verheeren. Das berühmte Diktum Nietzsches, »Gott ist tot«, wird noch immer zu unrecht als Provokation aufgefaßt, doch es enthält in Wirklichkeit eine kaum übertriebene Feststellung; tatsächlich ist eine bestimmte Vorstellung des Christengottes tot.

In ihrem blutigen, selbstzerstörerischen Chaos (alle ihre Anführer endeten selbst auf der Guillotine: Danton, Marat, Robespierre, Saint-Just, Desmoulins und andere) hatte die Revolution deutlich gemacht, daß sie keine Macht des göttlichen Rechts mehr wollte, sondern eine Ethik verlangte, die im Zivilgesetz verankert war. Die politische Macht hatte im Verbund mit dem Christengott Leiden über das Volk gebracht, und das Volk hatte die beiden einander gleichgesetzt, eine Versöhnung war nicht mehr möglich. Die Ausflüchte und Hinhaltetaktik Ludwigs XVI., seine Versuche, sich der Revolution zu nähern, wie etwa, als er sich am 17. Juli 1789 am Fenster des Pariser Rathauses zeigte und eine Trikolore-Kokarde an seinem Hut befestigte, hatten ganz von Anfang an gezeigt, wie schwach er war. Ein weiterer Grund für das Volk, ihn abzulehnen – er war nicht einmal ein Held.

Die Revolution hatte sich von Konvulsion zu Konvulsion in Richtung eines neuen Mythos bewegt, des laizistischen republikanischen und demokratischen Staates, entworfen in der Verfassung der Girondisten (Proklamation der Republik) und erreicht in der Verfassung der Montagnards (Besteuerung der Reichen, Aufteilung des Großgrundbesitzes, Preisüberwachung). Der berühmte Ausspruch Ludwigs XIV., »L'État c'est moi«, war vom Volk auf eigene Rechnung wiederaufgenommen worden. Es verkörperte von jetzt an den Staat, es identifizierte sich mit dem Held-König-Gott-Mythos und wurde so zu seinem eigenen Gott!

Diesem wesentlichen Schema sollte jedoch ein anderes übergeordnet werden, dem man, wie es scheint, nur wenig Aufmerksamkeit gewidmet hat: den nicht sozio-politischen, sondern spezifisch religiösen Ursprüngen der Revolution. Ein Umstand springt sofort ins Auge: Schon 1764, ein Vierteljahrhundert vor der Revolution, wurde Ludwig XV. auf die Rolle eines konstitutionellen Monarchen beschränkt. Er besaß weniger politische Macht als der König von England, Georg III., wie sich an zwei Ereignissen feststellen läßt, die sich in diesem Jahr abspielten: Das Parlament von Paris löste den Jesuitenorden auf, und der Gouverneur der Bretagne, der Herzog d'Aiguillon, wurde vom Parlament von Rennes vor Gericht gestellt, zwei Entscheidungen, die ganz offen gegen den Willen des Königs getroffen wurden.

Zwei Ereignisse untergruben das Ansehen der königlichen Macht und bereiteten die Ausschreitungen von 1789 vor, und beide waren ausgesprochen religiöser Natur.

Der erste Fall war im Widerstand der Provinzparlamente gegen die königliche Macht und in der doppelten Verletzung begründet, als welche ein Großteil der französischen Christen erstens die 1685 erfolgte Aufhebung des Edikts von Nantes empfand, mit der Ludwig XIV. den Privilegien ein Ende setzte, die Heinrich IV. der reformierten Kirche zugestanden hatte, und zweitens die Verfolgung der Jansenisten, die 1710 in der Zerstörung ihrer Abtei in Port-Royal gipfelte. Diese beiden Entscheidungen der Bourbonen waren bedeutungsschwer; sie schafften die Gewissensfreiheit und die Freiheit, die Bibel zu lesen und auszulegen, ab und unterwarfen die französischen Christen der Autorität Roms. Doch die französischen Christen waren treue Anhänger der von Rom verhältnismäßig unabhängigen gallikanischen Kirche und zugleich dem römischen Katholizismus, dem Ultramontanismus, feindlich gesinnt. Auch wenn sie keine Jansenisten waren, waren viele Franzosen Gallikaner.

Der Jansenismus gehört, theologisch gesehen, zwar nicht zur reformierten Kirche, aber er stand ihr philosophisch nahe, in den Überlegungen zur Gnade und Vergebung sogar sehr nahe (die Jansenisten warfen den Jesuiten vor, sie erteilten die Absolution zu leichtfertig und verließen sich zu sehr auf die Gnade des Sakraments). Die Verfolgung durch den Ultramontanismus, dessen eindeutiges Werkzeug die »Gesellschaft Jesu« war, brachte den Jansenismus der reformierten Kirche noch näher. Der Abscheu vor den Jesuiten war in Frankreich zu Beginn des 18. Jahrhunderts weit verbreitet: Sie galten als ausländische Agenten, und es ging sogar das Gerücht, sie arbeiteten an der Wiederherstellung einer universellen Monarchie unter der Herrschaft des Papstes. Der Ton der Schmähschriften gegen die Jesuiten erreichte in den Gazetten eine beachtliche Schärfe. Darüber hinaus, und dies ist ein entscheidender Punkt, waren die Rechtsprechung und die Provinzparlamente den Jansenisten wohlgesinnt.

Intrigen, Kabalen und Komplotte folgten einander Schlag auf Schlag, und um die »Gesellschaft Jesu« noch mehr in Verruf zu bringen, brachte man sogar (in mehr als zweifelhafter Weise) einen Jesuiten mit einer gigantischen Gaunerei in Verbindung, die sich auf die damals enorme Summe von acht Millionen Pfund belief. Aus einem guten Dutzend Jahren hartnäkkiger Kampagnen dieser Art resultierten zwei Ergebnisse, die beide die königliche Autorität bedrohten: Im November 1764 verbot das Parlament von Paris die »Gesellschaft Jesu« im gesamten Königreich (schon 1763 war sie übrigens von den meisten Parlamenten verboten worden, Ausnahmen waren die Herzogtümer Lothringen und Bar). Zweitens richteten sich die Parlamente, das Bürgertum und der Amtsadel noch mehr gegen die königliche Macht.

In der »Affaire d'Aiguillon« standen sich diese, in der Person des Gouverneurs der Bretagne, und Monsieur de La Chalotais, Generalprokurator des bretonischen Parlaments, in erster Linie aus Ehrgeiz und persönlicher Eitelkeit und dann wegen einer Schrift von La Chalotais mit dem Titel *Compte rendu des constitutions des jésuites* gegenüber. Beide galten als eitle und nicht besonders liebenswürdige Zeitgenossen; d'Aiguillon war stolz auf seinen Titel und seine freundschaftlichen Beziehungen zum Hof, La Chalotais auf sein Amt und seine intellektuellen Ambitionen. Was als eine Rangelei zwischen zwei Streithähnen begann, wuchs sich zur Staatsaffäre aus. Eigentlich wollte d'Aiguillon die Intrigen von La Chalotais verhindern. Das Parlament von Rennes, den Jansenisten wohlgesonnen, ergriff für La Chalotais Partei und schrieb dem Herzog: »Eure Provinz Bretagne sieht in den Privilegien nichts Heiliges mehr.« Gipfel der Unverschämtheit: Dieses Parlament empfahl einen Steuerstreik!

Der Prozeß gegen d'Aiguillon wurde erst 1770 in Versailles in Gegenwart des Königs und des Dauphins eröffnet. Er fand kein Ende. In der Folge wurde die Fronde der Parlamente 1771 im sogenannten »Coup des Königtums« des Kanzlers Maupeou aufgelöst und durch Gerichtshöfe ersetzt. Inzwischen waren die Parlamentarier unter Hausarrest gestellt, verhaftet oder in die Bastille geworfen worden. Man kann sich ihre Haltung angesichts solcher Kränkungen vorstellen. Ein tiefer Riß hatte die königliche Macht von ihren Institutionen und der Nation getrennt. Der Weg für die Revolution stand offen.

Sicher wäre es übertrieben, den Aufstand von 1789 einzig dem Einfluß der Jansenisten zuzuschreiben. Doch es bleibt trotzdem wahr, daß es sich um einen religiösen Streit handelte, nämlich den Streit zwischen Jansenisten und Jesuiten, der die Feindseligkeit der Parlamente gegenüber der königlichen Macht kristallisierte und die öffentliche Meinung auf die Erschütterungen vorbereitete, die 18 Jahre später mit der Einnahme der Bastille beginnen sollten. Der religiöse Nationalismus der Jansenisten und ihrer Verbündeten hatte paradoxerweise die Entstehung einer Staatsnation beschleunigt, die man später pauschal »atheistisch« nennen sollte. Die Jansenisten betrachteten sich als royalistischer als der König; das machte sie, vielleicht ohne ihr Wissen, zu den ersten Jakobinern.

Ein aufschlußreiches Detail: Die Parlamente der Zeit vor der Revolution verlangten von den Jesuiten genau das, was die Konstituante nach der Revolution von dem französischen Klerus fordern sollte, den Huldigungseid!

Das zugrundeliegende Schema verdient nähere Betrachtung; es weist auf die Analogien des Jansenismus und der Ideale der Revolution hin. Die Jansenisten hatten eine aus Richtern bestehende Regierung gewollt; die Revolution gab sie ihnen. Männer wie Camille Desmoulins, Mirabeau, Saint-Just, Robespierre und Marat hielten tatsächlich Reden, die zahlreichen jansenistischen Schriften aus der Zeit vor 1789 erstaunlich glichen. Jakobiner und Jansenisten waren sichtlich von der Idee der Gerechtigkeit besessen. Beide wollten sie eine nationale Theokratie, ganz so wie zweieinhalb Jahrtausende zuvor die masdeistischen Priester, die Schüler Zarathustras. Letzten Endes gleichen sich alle Revolutionen: Sie wollen einen schneidend scharfen Gott.

Die Vorstellung des demokratischen und republikanischen Staates war gewiß alt. Er wird in Platons *Politeia* beschrieben, doch seine Realität war leider sehr zerbrechlich; wir kennen die Mühen, die sich Athen gab, seine Verfassung als Stadtstaat allen Komplotten, die nur darauf aus waren, eine Oligarchie oder eine Tyrannis zu etablieren, zum Trotz zu bewahren. Auch die römische Republik war ein solches Staatswesen; die unausbleibliche Heldenverehrung machte Schluß damit und ließ das Kaiserreich entstehen. Der Stadtstaat war die Repräsentation Gottes und der Held seine Inkarnation. Wenn man den Vergleich noch weiter treibt, könnte man sagen: Der Stadtstaat war die Gottheit des Alten Testaments und das Imperium Jesu.

Diese Sakralisation des Staatswesens, die die Revolutionäre praktizierten, findet sich in unerwarteter Weise bei Augustinus. Wenn er die Idee des Staates aufgriff, so »redefinierte« sie der Bischof von Hippo Regius, wie Cassirer sagt, um sie in das System des *Gottesstaates* zu integrieren, das heißt, er belegte sie gänzlich mit Beschlag, machte sie zum Werk und zur Schöpfung Gottes oder, mit anderen Worten, zu einer Theokratie, dem absoluten Gegensatz der westlichen demokratischen Konzeptionen. In *Contra Celsum* schreibt Origenes, das Gesetz sei nicht etwas vom Willen Gottes Unabhängiges, sondern diesem Willen Entsprechendes, was auf dasselbe hinausläuft. Und exakt darin bestand die jansenistische Interpretation.

Bleibt zu sagen, daß der Staatsbegriff, ob platonisch oder modern, dem westlichen Denken bis zur Französischen Revolution

fremd gewesen war. Der König regierte nur »von Gottes Gnaden«, und wie der ausgesprochen reaktionäre Thomas Carlyle
schrieb: »Der, welcher mein Herrscher sein und dessen Wille
dem meinigen übergeordnet sein soll, ist für mich im Himmel
ausgewählt worden.«[11] Der König war nur ein Sinnbild und
nicht der Inhaber der weltlichen Macht, wie die Parlamente
Ludwig XV. hartnäckig demonstrierten. Und es mußte ein gal-
likanischer, wenn nicht gar gallischer Gott sein.

Es wäre übrigens nützlich, eines Tages den ausgesprochen
nationalistischen Charakter aller nationalen Revolutionen und
die geheimen religiösen Quellen der Demokratien zu untersuchen.

Frankreich läutete als erste Republik seit der Antike die Moderne ein, enthob den Gott von Rom der weltlichen Macht und
ersetzte ihn durch die eigene. Wenn einer dies erkannte, dann
Napoleon, der bei seiner Krönung 1804 eine Geste von geradezu
handgreiflicher Symbolik wagte: Er nahm die Kaiserkrone aus
den Händen des Papstes entgegen (er hatte die Stirn besessen,
ihn wie einen gewöhnlichen Landpfarrer nach Paris zu zitieren) und setzte sie sich selbst aufs Haupt. Er wollte nicht wie
die Bourbonen nach der berühmten Formel »von Gottes Gnaden« regieren, sondern aus eigener Kraft. Er hatte auch den
Sinn der Revolution begriffen: Es war nicht so sehr die Republik, die das Volk verlangt hatte, sondern vielmehr ein Staat, der
die Ethik garantierte. Wie zum Beweis wurde er als Inhaber der
erblichen Kaiserwürde im Plebiszit vom 18. Mai 1804 mit einer
unglaublichen Mehrheit (3572000 Ja- gegen 2579 Neinstim-
men!) bestätigt. Das Volk vertraute den Staat und sich selbst
Napoleons Schutz an. Ein wenig verkörperte es sich in ihm,
jedenfalls verkörperte er das Volk wie die antiken Helden. Hatte
er nicht 1813 in Dresden zu Metternich gesagt: »Eure auf dem
Thron geborenen Herrscher können sich zwanzigmal schlagen
lassen und immer noch in ihre Hauptstädte zurückkehren. Ich
kann das nicht, weil ich ein Soldat bin, der sich hochgedient
hat.« Wahrscheinlich fügte er aus Bescheidenheit nicht hinzu:
»Weil ich nur ein Held bin.«

Die Revolution, die aus Gedankenlosigkeit und beinahe automatisch als religionsfeindlich eingeschätzt wird, hat den römischen Katholizismus im Namen eines seiner eigenen grundlegenden Prinzipien zurückgewiesen, der Ethik. In der Geschichte des Atheismus registrierte man nur die Zurückweisung. Das Christentum betrachtete sich stets als *die* Religion schlechthin, und viele Historiker vernachlässigen, daß sich Unfrömmigkeit und Religionsfeindlichkeit zuerst im Ancien Régime einnisteten (die ziemlich öffentlichen Galanterien Ludwigs XV. trugen ebensosehr dazu bei, das Königtum zu diskreditieren, wie die sozialen Ungerechtigkeiten). Doch man müßte betonen, daß die Revolution ganz im Gegenteil religiöser war als das Regime, das sie gestürzt hatte, und daß eben genau dies der Grund für ihren Fanatismus war, wie wir am Beispiel der Jansenisten und der Jakobiner gesehen haben.

Die Religiosität des Volkes war mit der Übernahme der Staatsgewalt zwar zufriedengestellt, aber sie begann, sich zu langweilen, weil sie sich stets ausdrücken können muß. Napoleon verstand auch dies, und obwohl nicht gläubig, konnte er auf der Basis der 1795 erfolgten Trennung von Kirche und Staat wieder eine öffentliche Religion einführen. Er ging dabei kein großes Risiko ein: Der Papst hatte sich mit der Konfiszierung der Kirchengüter abgefunden, und selbst wenn er die Artikel, die die Schaffung einer unabhängigen gallikanischen Kirche besiegelten, zurückgewiesen hätte, so er hätte nichts ausrichten können. »Meine Politik«, erklärte Napoleon, »ist es, die Menschen so zu regieren, wie die große Zahl regiert sein will. Darin liegt meiner Meinung nach die Anerkennung der Souveränität des Volkes. Indem ich katholisch wurde, habe ich den Krieg in der Vendée beendigt, indem ich zum Islam übergetreten bin, habe ich mich in Ägypten festgesetzt, indem ich Ultramontanist wurde, habe ich die Geister in Italien für mich gewonnen.«[12] Im selben Stil setzte er 1812 die Emanzipation der Juden durch, die noch immer einem Spezialstatut unterstellt waren, und bereitete so dem laizistischen Staat den Weg.

Karl Marx' Bemerkung, die Geschichte wiederhole sich

nicht, wurde widerlegt, noch bevor er sie gemacht hatte (Marx bezeugte auf seine Weise dieselben mystischen Neigungen wie die Logiker und Philosophen, die an die vollkommene, »wissenschaftliche« Voraussagbarkeit der Welt glaubten). Im 18. Jahrhundert fanden zahlreiche Revolutionen statt. Sie alle haben einen grundlegenden Zug mit der von 1789 gemein: die Ablehnung des Königtums von Gottes Gnaden. Zwei von ihnen, die amerikanische und die russische, sollten die Weltgeschichte verändern. In bezug auf ihre Beziehungen zur Gottheit verfolgten sie dabei aber diametral entgegengesetzte Richtungen.

Die Revolution der englischen Kolonien Nordamerikas von 1775 brach aus denselben sozio-ökonomischen Gründen aus, die später auch zur Französischen Revolution führen sollten: wegen der Ungerechtigkeit der Macht des englischen Königs. Die willkürlichen Verbote, sich westlich der Appalachen niederzulassen, die Behinderung des autonomen Handels der Kolonien, die Erhebung von Steuern, die Vorschrift einer königlichen Marke auf den Dokumenten und die exorbitanten Zollforderungen zeugten ebenso von der fehlenden Voraussicht wie von der Kurzsichtigkeit der englischen Krone. Offensichtlich hielt Georg III. die Amerikaner für Menschen zweiter Klasse, nach Gutdünken steuer- und fronpflichtig. So wurde die Unabhängigkeitserklärung vom 4. Juli 1776 von der Erklärung der Menschenrechte begleitet, die wiederum die französischen Revolutionäre inspirierte. Eine Ablehnung des Christentums, wie wir sie 15 Jahre später in Frankreich erlebten, gab es jedoch nicht, nur die Garantie der Gewissensfreiheit im Artikel 16 der »Bill of Rights« vom 12. Juni 1776. Jeder hatte das Recht, die Religion zu praktizieren, die ihm zusagte. Der Grund für dieses Maßhalten der amerikanischen Revolutionäre liegt in den Ursprüngen der amerikanischen Kolonien selbst: Die Siedler waren in die Neue Welt aufgebrochen, um dort das Neue Jerusalem zu gründen, ein irdisches Paradies der guten Sitten und der Arbeit gemäß der protestantischen Ethik, die Max Weber so treffend analysiert hat. Und ein König von England jenseits des Meeres konnte sie anderthalb Jahrhunderte später nicht von ihrem Ziel abbringen. Bei ihnen gab es weder ein korrupte Aristokratie noch eine mit Pfründen gesegnete Priesterschaft, die ihnen das Schauspiel der moralischen Verkommenheit boten.

Überdies waren sie weit entfernt. »Durch 1300 Seemeilen von ihren Feinden getrennt, ... verdankten die Vereinigten Staaten den Sieg noch viel mehr ihrer Lage als der Stärke ihrer Armeen.«[13] Die Revolution hatte auf einem neuen Territorium stattgefunden (was in Irland später geschah und bis heute geschieht, zeigt, daß sich die religiöse Toleranz umgekehrt proportional zur geographischen Nähe verhält). Die »atheistischen« Revolutionen finden immer auf seit langem bewohnten Gebieten statt, dem Hauptfaktor des Identitätsgefühls einer Nation.

Eine etwas kurze, aber außerordentlich weit verbreitete Schrift stellt die Französische Revolution als Quelle des Atheismus dar, der in Rußland nach der bolschewistischen Revolution wütete. Das ist richtig und falsch zugleich: Wohl hat der Bolschewismus den Atheismus proklamiert, doch er war niemals ohne Gottheit. Wohl hat er Kirchen zerstört, sie in Museen oder Technische Hochschulen oder wer weiß was verwandelt, doch gab es, wie Bergson erkannte, niemals eine atheistische Gesellschaft: Die Gottheit wechselte »ganz einfach« den Namen, die Kultorte und Erscheinungsformen. In den Hochzeiten des Kommunismus stieß man in sowjetischen Zeitschriften und Publikationen häufig auf die Reproduktion eines Gemäldes im Stil jenes akademischen, konventionell-pompösen Manierismus (Pompierismus) à la Saint-Sulpice, dem Shdanow und sein Gefolge den Namen »sozialistischer Realismus« angeheftet hatten; man sieht darauf Lenin, wie er eine Ansprache an die Massen hält. Dabei erweist sich das Bild als geradezu gefährlich aufschlußreich: Es ist eigentlich das Portät eines Geistlichen, der seine Predigt hält! Der Bolschewismus, der »atheistisch« war wie alle kommunistischen Herrschaftsformen, ob in Osteuropa oder in Asien und von der Verfassung der modernen Türkei unter Kemal Atatürk ganz zu schweigen, hatte das Christentum »einfach« verbannt. Und in einem Gedanken-Automatismus,

der jede Ablehnung des Christentums dem Atheismus gleichsetzt und sich auf den Standpunkt stellt, man könne nicht
»gläubig« sein, wenn man nicht an die Dogmen der Kirche, ob
katholisch, reformiert oder orthodox, glaube, schloß man auf
Atheismus, das heißt das Verschwinden aller Sehnsucht des
Menschen nach einem göttlichen Wesen. Es handelt sich einfach um ein sprachliches Phänomen.

Was die russische Revolution von 1793 sehr wohl übernommen hatte, war der Kult der Staatsnation, der den modernen
Staat ausmacht. Doch sie ging von vollkommen anderen Prä-
missen aus als die amerikanische Revolution (die eigentlich viel
mehr ein Unabhängigkeitskrieg gewesen ist als eine soziale Revolution), die Macht des Zaren war direkt vergleichbar mit der
Macht der Bourbonen (übrigens besaßen Nikolaus II. und Ludwig XVI. einige gemeinsame Charakterzüge wie etwa politische Inkompetenz und Entscheidungsunfähigkeit). Das Zaren-
regime lief der Ethik ebenso zuwider wie das französische
Ancien Régime: Seine einzige Rechtfertigung leitete es aus seiner Existenz an sich ab, einer Existenz, die sich auf die Tradition, eine ungerechte Administration und eine Staatspolizei
stützte, die die bolschewistische GPU kaum noch »verbessern«
konnte. Der Roman *Die toten Seelen* von Nikolai Gogol schildert
das Elend, in dem die Bauern lebten, Leibeigene, die mit Hab
und Gut den Großgrundbesitzern gehörten; sie waren, um einen Ausdruck des ägyptischen Schriftstellers Albert Cosséry
aufzugreifen, »von Gott vergessene Menschen«. Und was die
Zarenfamilie betraf, so war Heldentum in der Dynastie der Ro-
manows ebenso unbekannt wie bei den Bourbonen.

Die Priesterschaft vermochte kaum andere Hoffnungen zu
wecken, als nach dem Begräbnis in Weihrauchwolken im Himmel zu enden. Die Popen zelebrierten in einem vergoldeten De-
kor leere Rituale und organisierten Prozessionen, hätten es aber
bestimmt nie gewagt, die Zaren mit einem Bannfluch zu belegen. Aberglaube und die ausgefallensten Sekten standen in voller Blüte. Scheue Starzen, die Wandermönche der russischen
Tradition, durchstreiften, Gebete oder Verwünschungen mur-

melnd, die Felder und lebten von der Barmherzigkeit der Leute.
Die Reaktion war vorhersehbar. Ab 1917 entweihten oder zerstörten die Bolschewiken Kirchen und Klöster, »verjagten, erschossen oder massakrierten Priester, Mönche, Nonnen und Bischöfe«. Die Dekrete, die die Religionsfreiheit einschränkten, wurden noch im selben Jahr erlassen, und das Dekret vom 23. Januar 1918 untersagte der russischen Kirche jeden Einfluß auf den Staat.

Theoretisch sollte die Religion Privatsache bleiben, doch wir wissen, daß unter dieser Sprachregelung ein wütender Krieg gegen den christlichen Glauben entfesselt wurde: »Die Machthaber unterdrücken Klöster, Kirchenakademien, Seminare, reduzieren die Zahl der Bischöfe, verbieten religiöse Veröffentlichungen ...« 1919 und 1920 nehmen sich zwei Rundschreiben sogar die Reliquien vor. Am 10. Mai 1922 wurde der Patriarch Tichon unter Hausarrest gestellt, und 1927 reduzierte man das orthodoxe Christentum einerseits auf ein Repräsentationsamt und stufte es andererseits durch die Dezimierung der Priesterschaft und der religiösen Stätten in der Ausübung auf eine immer anämischere Praxis zurück. Bis zum Ende der UdSSR blieb es in dieser unwürdigen Sklaverei versunken.

Für den sowjetischen Kommunismus war Gott eine Fiktion, und wenn er es nicht war, dann war er ein Komplize der feudalen Tyrannei gewesen. Ein eindeutiger Beweis, daß die zweite Komponente Gottes nach dem grundsätzlichen Narzißmus des Menschen seine soziale Repräsentation ist. Feuerbach hatte dies richtig gesehen. Aber Feuerbach ist ein Kliniker, kein Therapeut.

Die unfaßbare Zerstörung des russischen kulturellen Erbes (zu der die wütende Bilderstürmerei von Byzanz das Vorbild gegeben hatte und die von den chinesischen Roten Garden vierzig Jahre später wiederaufgegriffen werden sollte) kann im Rückblick wie ein wahnsinniger Rachefeldzug aussehen; sie vollzog sich aber ganz im Gegenteil in einer außerordentlichen Heiterkeit.

»Ein Offizier der Weißen Armee
Wenn ihr ihn verhaftet
Schlagt ihn
Und wenn er von Raphael wäre
Es ist Zeit, die Mauern
Der Museen in Zielscheiben zu verwandeln
Damit die Mündungen der großen Kanonen
Die alten Fetzen der Vergangenheit zerreißen«,

schrieb der russische Dichter Wladimir Majakowski 1920 und suggerierte damit, daß alles, was seit Adam existierte, auf den Müll geworfen werden sollte. Die russischen Eliten wurden von einem freudigen zerstörerischen Wahn gepackt, vergleichbar jenem der Mexikaner während der *potlatches*. Alles, was nützlich gewesen war, warf man zum Fenster hinaus, man errichtete eine neue Welt! Der Mensch war erfüllt von der Mission, die Erde neu zu erbauen. Rußland bot der Welt das Schauspiel einer feurigen, enthusiastischen Jugend, deren Feuer sich auch den Kühlsten und Reserviertesten mitteilte. Die Jugend verging, aber ihr Ruhm war unsterblich, er war göttlich.

Man wundert sich noch heute, Ende des 20. Jahrhunderts, über den Eifer, mit dem Hunderte von Millionen Menschen, die gewiß nicht alle zu den ungebildeten Massen gehörten, im selben Jahrhundert totalitäre Regime begrüßt hatten, die im Rückblick Schrecken einflößen (bei manchen jedoch, bei Naiven, Unwissenden, Verrückten, auch Nostalgie), wie den leninistisch-marxistischen Kommunismus, den Nazismus, den Faschismus und den maoistischen Kommunismus. Denn es ist offensichtlich: Stalin wurde praktisch vergöttert, ebenso Hitler, Mussolini und Mao, wobei man ein paar Cäsaren von geringerer Bedeutung übergehen kann. Man braucht darüber nicht zu staunen. Seit der Französischen Revolution war der Staat zusehends vergöttert worden, und seine Repräsentanten in der Folge ebenso. All diese Regimes und ihre Führer hatten einen Staat begründet, der theoretisch auf der Ethik basierte. Und alle hatten sie Staaten ohne allmächtige himmlische Götter ge-

gründet, die das Privatleben der Bürger zu beherrschen vorgegeben hätten. Es ging um das Paradies auf Erden und in der
Gegenwart, *hic et nunc.* Seit dem 18. Jahrhundert war in der
Geschichte Gottes ein außerordentliches Phänomen aufgetreten – er war von der Ethik losgelöst worden. Für viele heutige
Denker bleibt Er es auch. Die Schrecken des Zweiten Weltkriegs lassen sich für sie mit der Vorstellung eines gütigen Gottes nicht mehr vereinbaren. Dies ist die Quelle jener vagen Bewegung, die sich Postmodernismus nennt.

Dies ist auch die Erklärung des beträchtlichen Einflusses,
den die Russische Revolution auf den Rest der Welt hatte,
selbst in Ländern, die sich ihren Exzessen gegenüber dank ihrer
demokratischen Verfassung für immun hielten (es gab sogar in
Amerika eine kommunistische Partei!). Sie hatte das Ziel der
Französischen Revolution erreicht, deren Reformeifer durch
die Restauration, das Zweite Kaiserreich und die Julimonarchie
teilweise verlorenging, teilweise zunichte gemacht und jedenfalls gebremst wurde. Sie hatte dem Staat die Rolle eines
Schutzherrn und Verteidigers des Volkes, die bis dahin dem jüdisch-christlichen Gott vorbehalten gewesen war, voll und ganz
überschrieben. Der Sowjetstaat beanspruchte für sich allein die
Aufgabe, für das Wohlbefinden seiner Angehörigen zu sorgen –
mit medizinischer Versorgung, Urlaub, Wohnungen, Erziehung
und Unterhaltung. Deshalb wurde, entgegen allen westlichen
Erwartungen, Stalins Tod in sowjetischen Haushalten spontan
und aufrichtig beweint.[14] Die Schrecken und Leiden seiner
Herrschaft, die Massenerschießungen und Gulags waren vergessen. Er war der Vater des Volkes gewesen. Der Held, der
wahre Statthalter Gottes auf Erden und vielleicht Gott selbst.

So groß ist die Macht der Mythen, daß in den dreißiger Jahren das Prestige des Kommunismus in Europa den Lauf der
Welt veränderte. Es ging nicht mehr bloß um Immanuel Kant,
der auf seinen täglichen Gesundheitsspaziergang verzichtete.
Zwischen 1934 und 1935 überquerten Hunderttausende von
Partisanen Mao Zedongs auf ihrem »Langen Marsch« Richtung Nordosten nach Jenan in der Provinz Shensi achtzehn Ge-

birgszüge und vierundzwanzig Flüsse; sie vollbrachten damit eine der größten Wanderleistungen der Geschichte seit den Zügen des Cro-Magnon-Menschen. Kein Gott hatte je so viele Menschen mobilisiert. Kein Intellektueller konnte dem Kommunismus jemals mehr gleichgültig gegenüberstehen, selbst wenn er ihn ablehnte. Der Mythos des in der Staatsnation inkarnierten Gottes auf Erden wurde der mentale, entweder negative oder positive Pol, der ganzen Menschheit.

Es ist unmöglich, das Gewicht dieses Mythos in den politischen Entscheidungen der Epoche exakt zu wiegen, aber es steht fest, daß zum Beispiel in Frankreich der Erfolg der Volksfront, der sich in den Übereinkommen von Matignon vom 7. Juni 1936 (40-Stunden-Woche, bezahlter Urlaub, Arbeitervertreter in den Unternehmen, Erhöhung der niedrigsten Löhne um 7 bis 15 Prozent) manifestierte, teilweise dem sowjetischen Vorbild zu verdanken war. Die französische Republik konnte nicht hinter dem Land des marxistischen Materialismus zurückstehen. Der Erfolg der »antifaschistischen« Kultur (ein dermaßen strapazierter Begriff, daß er heute nichts mehr bedeutet), kräftig unterstützt durch die Komintern und später das Kominform, mischte die Karten. Kein Beobachter stellte angesichts des deutsch-sowjetischen Pakts von 1939 und später des unerwarteten Angriffs Deutschlands auf die UdSSR fest, daß es sich hier um den Kampf zweier Staatsgottheiten handelte: der Gottesstaat Hitlers gegen den Gottesstaat Stalins, deren Protagonisten von ihren Subjekten bereits selbst vergöttert wurden.

Der Erfolg Hitlers war parallel zu jenem Stalins verlaufen. Auch er hatte sein Volk aus der Schmach der Niederlage von 1918 gerissen, auch er hatte einen Verheißungsstaat geschaffen (dem später überraschenderweise auch George Bernard Shaw und Charles Lindbergh ihre Anerkennung nicht versagten), er hatte für das Volk die Arbeitslosigkeit beseitigt und für die Bourgeoisie die kommunistische Gefahr, er hatte dem Land nicht nur wieder zu Wohlstand verholfen, sondern ihm auch Würde und Stolz wiedergegeben. In den Augen der Deutschen hatte auch er eine ethische Revolution vollbracht. Doch in den Augen der Weltmeinung beging er einen Fehler: Er hatte sich als Herold und Held der deutschen Nation, und ausschließlich dieser, präsentiert, während die Sowjets instinktiv (in einer Wiederaufnahme des slawischen Messianismus, denn schließlich hatte Stalin ein Priesterseminar besucht) oder aus Berechnung als Botschafter und Helden des Proletariats und der ganzen Menschheit aufgetreten waren. Diese aus unverschämten Lügen und Propaganda gewobene, von angesehenen Persönlichkeiten beweihräucherte List trug vor allem in Frankreich Früchte. In den Nachkriegsjahren »vergaß« man die Millionen in Gulags Deportierten einfach, und als 1949 entkommene Flüchtlinge die Existenz dieser Lager enthüllten, in denen sich die Gefangenen manchmal gezwungen sahen, Leichen auszugraben, um nicht zu verhungern, behandelte man sie als Provokateure, amerikanische Agenten und Lügner. Es brauchte schon den Ruhm eines Solschenizyn (und seines Nobelpreises), damit in der Welt schließlich (und nicht ohne heftigsten Widerstand und Empörungsgeschrei) zugegeben wurde, daß das Sowjetregime für die Russen das war, was die Naziherrschaft für die Juden bedeutet hatte. So sehr wurde Gott zugunsten des Staatsmythos zurechtgebogen.

Der Zweite Weltkrieg war ebenso die Feuerprobe der Religionen und Philosophien wie auch, mit viel größeren Leiden, der in diesen Stahlgewittern betroffenen Völker, um den Titel eines Werks von Ernst Jünger zu zitieren.

Die Haltung der institutionalisierten Religionen, das heißt der katholischen, protestantischen und orthodoxen Kirche und des Islam, zeichnete sich in der ersten Hälfte des 20. Jahrhunderts weder durch Voraussicht noch durch Heldenhaftigkeit aus. Von der kommunistischen Terminologie des marxistischen Materialismus geblendet, ließ die römische Kirche seit 1937 nicht davon ab, den atheistischen Kommunismus und die kollektivistische Gesellschaft zu verdammen. In bezug auf das Dritte Reich sorgte sie sich allein um die Situation der Kirche in Nazideutschland.[15] Während des gesamten Krieges bewahrte

Papst Pius XII., was man ihm nachher lange vorwarf, erstaunliches Stillschweigen zur Judenverfolgung, zu den Verfolgungen nichtnazistischer Nichtarier, der Zigeuner, Kommunisten, der »sexuell Abartigen« und anderer. Verschiedene Stellungnahmen betonten, Pius XII. habe geschwiegen, weil er die deutschen Katholiken nicht in Gefahr bringen wollte. Doch die Sicherheit der katholischen Kirche im Dritten Reich bot keinen Anlaß zu großen Sorgen. In *Mein Kampf* verkündigt Hitler klar seine Strategie, die Katholiken nicht zu reizen, sondern ihnen zu schmeicheln, weil sie auf dem Weg des künftigen Kanzlers an die Macht eine wichtige Wählerschicht darstellten. Die katholische Kirche war in ihren Entscheidungen immerhin frei genug, um Propagandaminister Joseph Goebbels 1941 zu exkommunizieren – mitten im Krieg also und während die Konzentrationslager sich füllten –, weil er eine Protestantin geheiratet hatte, und Hitler vorzuwerfen, daß er diese Heirat gebilligt hatte!

Hitlers Tischgespräche im Führerhauptquartier 1941–42, auf Veranlassung Martin Bormanns von Henry Picker aufgezeichnet und 1983 veröffentlicht[16], geben Aufschluß darüber, daß die Strategie Hitlers, der gewiß kein Christ im üblichen Wortsinn war, darin bestand, den deutschen Klerus zu neutralisieren. Mit bemerkenswerter Klarheit verkündet er: »Wenn wir in diesem Moment die Religionen mit Gewalt eliminieren, wird das Volk von uns einstimmig einen neuen Kult verlangen.« Wie Napoleon hatte Hitler also die Gottessehnsucht der Völker erkannt.

Selbst wenn die Motivation, die deutschen Katholiken nicht zu gefährden, begründet gewesen wäre, bleibt festzustellen, daß der Vatikan sich ausschließlich um das Los der Katholiken kümmert; die übrigen Verfolgten interessierten ihn nicht, ob angeblich oder wirklich nicht, wird man nie mehr erfahren. Gott wachte nur über die Katholiken. Aber das ändert nichts daran, daß, wenn Pius XII. in einer heroischen Geste von Rom ins Exil gegangen wäre, um die Unabhängigkeit der Kirche gegenüber jeder totalitäten Macht zu proklamieren, sein Beispiel die Geschichte des Katholizismus verändert hätte.

Die protestantischen Kirchen trennten sich nach territorialen Gesichtspunkten. Die anglikanische Kirche verknüpfte ihr Schicksal mit jenem Großbritanniens, und wenngleich ihre Haltung teilweise durch den Umstand bestimmt wurde, daß der König ihr Oberhaupt war, gelang es ihr, die Fahne des christlichen Glaubens im Krieg hochzuhalten. Rückblickend kann man feststellen, daß sie zweifellos die einzige war, die die Ethik von Gott niemals loslöste. Die amerikanischen protestantischen Kirchen nahmen da eine wesentlich komplexere und oft verurteilenswerte Haltung ein. Niemand hat in den Vereinigten Staaten die wütenden Radioansprachen des faschistischen, rassistischen, antidemokratischen Father Coughlin vergessen, der im wesentlichen die Meinung vertrat, das Dritte Reich werde Europa von dessen antichristlicher, unsittlicher parlamentarischer Korruption reinigen, und Amerika habe überhaupt keinen Anlaß, den europäischen Demokratien zu Hilfe zu eilen. Das war noch vor dem Krieg. Getreu der Illusion der Gründerväter, Amerika sei dem Rest der Welt überlegen, verwickelten sich die amerikanischen protestantischen Kirchen in fundamentalistische Diskussionen, die nach dem Krieg von Fernsehpredigern wie Billy Graham, Oral Roberts, Jerry Falwell und anderen manchmal bis an den Rand des schieren Wahnsinns geführt wurden.

Der Islam bewahrte zur Zeit des staatlichen Cäsarenwahnsinns eine diskrete Haltung. Obwohl der Marxismus dem Islam diametral entgegengesetzt war, gab es kaum offene Konflikte zwischen Moskau und den islamischen Gemeinden der Republiken Westasiens. Die latente Identifikation des Islam mit dem arabischen Nationalismus löste während des Zweiten Weltkriegs höchstens einige kleinere Zwischenfälle aus, zum Beispiel Solidaritätskundgebungen zugunsten des Dritten Reichs, aus dem einfachen Grund, weil es ein Feind der britischen Besatzungsmacht war. Der Islam erwachte erst mit dem Erstarken der Nationalismen, das heißt nach der ägyptischen Revolution von 1956.

Der Atheismus beschränkte sich im westlichen Bewußtsein

also auf ein Antichristentum, was paradoxerweise die wirksamste Art war, die Vergötterung des Verheißungsstaates und in einigen Fällen der Staatsnation, der höchsten Verkörperung des Gemeinschaftswillens, das heißt letzten Endes des Narzißmus, zu stärken. Aus dieser Verwirrung folgte ein Irrtum, den nicht alle erkennen: Solange sich der Bürger des 20. Jahrhunderts als Christ bezeichnet (selbst wenn er nie einen Fuß in die Kirche setzt und keinen Geistlichen kennt, weder beichtet noch am Abendmahl teilnimmt, wie es in so vielen Ländern des Westens der Fall ist, wo die religiöse Praxis unaufhaltsam zerfällt), vermeidet er Aufsehen und geht zugleich dem Problem seiner tiefen Sehnsucht nach dem Göttlichen aus dem Wege. Er wird zwar nicht auf die Gottesvorstellung verzichten, die seinen einzigen Ausweg in die Transzendenz darstellt, aber er wird auch die Dualität Staat–Ich nicht aufgeben.

Die amerikanische Zivilisation, die dank ihrem eroberungslustigen Narzißmus ihre historischen Wandlungen besonders aufmerksam verfolgt, staunte in den sechziger Jahren über das Auftreten eine Generation, die noch stärker auf sich selbst konzentriert war als alle vorhergehenden und die sie die *Me Generation* nannte. Sie war durch den Freudianismus und den Postmarxismus Marcuses und Reichs geprägt, gemäß denen die Sexualität »gut« war, weil sie das Ich gegenüber dem repressiven Staat emanzipierte.

Während das Jahrhundert seinem Ende entgegengeht, scheint es nicht, daß diese Generation sich überholt hätte: Ganz im Gegenteil, ihre Eigenheiten haben die ganze Welt erobert, sie hat sich vom kommunistischen Schanghai bis zu den Metropolen des antiken Europas von Rom und Moskau bis Rio de Janeiro ausgebreitet. Sie hat im Verlaufe eines Jahrzehnts einfach den Namen geändert, man nennt sie heute X-Generation, und es wird eine Nachfolgerin geben, die sich vielleicht Out-Generation nennt, und so weiter. Sie beherrscht die Szene, die Medienlandschaft und den imaginären Olymp, den die Menschen schon immer in den Wolken errichtet haben, um dort ihre eigenen Psychodramen zu spielen. Man erkennt ihre Eigenheiten beim ersten Blick auf die Welt: die wilde Jagd nach dem großen Geld, die Gleichgültigkeit gegenüber Fragen der Gesellschaft, den übersteigerten Körperkult, den außerordentlichen, ja pathologischen Stellenwert der Mode, wie er in keiner Epoche der Geschichte bisher je vorkam und der aus Tand und Flitterkram eine absolut krisensichere Industrie geschaffen hat, einen unbändigen Egoismus, die Musik als Religion (ich meine eine Musik mit hämmernden, betäubenden Rhythmen, nicht Bach oder Schumann) und die Drogen (legale und illegale, Kokain oder Tranquilizer, was letztlich alles auf dasselbe hinausläuft) als Banalität.

Man möge mir die respektlose Bemerkung erlauben: Dies scheint die letzte Verkörperung der Idee der Göttlichkeit zu sein. Der Mensch hatte in den vorhergehenden Jahrtausenden eine wundersame Laufbahn durchschritten, von der Idealisierung seiner Wünsche zu einem universellen Begriff; dann stieg er die Stufen wieder hinab, zunächst führten sie zum Staat, schließlich zum Ich.

Das endlos scheinende Ausmaß dieser Vergötterung des Vergänglichen, ja Bedeutungslosen wird nirgends so wahrnehmbar wie in der Welt des Schauspiels, das schließlich nichts anderes ist als die moderne Projektion der Nationen. Vor ungefähr einem halben Jahrhundert schuf diese Welt, vor allem die amerikanische, Gestalten, die sich im Laufe der Jahre in Mythen verwandelten, wie die Früchte, die man in die Kalkquellen von Puy de Dôme legt, sich durch die Kalkschichten, die sich darauf ablagern, nach und nach in mineralische Skulpturen verwandelten. Von Schichten der Vorstellungen und des Wunschdenkens der ganzen Welt überzogen, sind Marilyn Monroe, James Dean, Elvis Presley, John Wayne und ein paar andere zu Vorbildern einer neuen Menschheit geworden, Aphrodite, Adonis, Dionysos, Mars und andere. Künftig muß man die westliche Gesellschaft viel stärker mit dem Blick des Ethnologen beobachten als dem anderer wissenschaftlicher Professionen.

Auch der Sport hat in den Vorstellungen der Welt eine Bedeutung erlangt, die klar anzeigt, wohin sich die Leidenschaften gewandt haben. Es bedürfte eines Ereignisses wie der Landung Außerirdischer, um die Männer in den westlichen Ländern gleichermaßen so vor dem Bildschirm festzunageln, wie dies beispielsweise die Fußball-Weltmeisterschaft vermag. Und man erinnert sich zweifelsohne daran, was die Beatles in einem Anflug naiver, durch Humor ausgeglichener Überschätzung erklärten: »Wir sind heutzutage bekannter als Jesus Christus.« Ihre Nachfolger können es belegen: Der 1996 ermordete Sänger Tupa Chakur, ein Star der extrem gewalttätigen schwarzen Musikform des *Gansta Rap*, hatte allein in den Vereinigten Staaten fünf Millionen CDs verkauft, zehnmal mehr, als in derselben Zeit Bibeln verkauft wurden.

Zwar ist die Religion nicht aus dieser Welt verschwunden. Die afghanischen *Taliban* sprechen ihre fünf Gebete täglich, wenn die von den Partisanen dieser oder jener rivalisierenden Gruppe abgefeuerten Raketen sie dazu kommen lassen. Zur Gebetszeit verwandeln sich die Straßen Kairos in riesige Gebetsstätten, der Verkehr kommt zum Erliegen. Der Hinduismus ist noch sehr lebendig, und die Verehrung der Japaner für den Buddhismus scheint nicht nachgelassen zu haben. Doch das Christentum steckt in der Krise. Zwar gibt es noch Christen, doch noch nie zuvor löste eine Papstvisite Hunderte von Austrittsbegehren aus, wie dies 1996 in Frankreich geschah.[17] Einige Christen mobilisieren ihre psychologischen Reserven, um zu widerstehen, und behalten ihre stoische Gelassenheit im Sturm bei. Doch das auffälligste Element in ihren Bejahungen des jüdisch-christlichen Gottes ist, daß diese viel stärker den letzten Anrufungen eines verzweifelten Gläubigen gleichen, den man in der Arena den Löwen vorwerfen wird, als spontanen Äußerungen. Und die Löwen sind diesmal unzählig, in den Medien, in der Werbung, auf der Straße, in der Musik oder sonst irgendwo. Die neuen Christenverfolger sind elektronisch, und die Flammen, auf denen die Märtyrer geröstet werden, sind das kalte Licht der Dioden und die elektrisch tausendfach verstärkten Vibrationen in den Discos und Nachtklubs.

Die Philosophen nehmen die Gefahr, vor der die Lektüre der

Griechen und Römer sie doch hätte warnen können, kaum wahr. Das Erhabene ist vom Lächerlichen nicht weiter entfernt als der Tarpeische Felsen vom Kapitol. Der Übermensch Nietzsches überlebt nur noch in den grotesken Gestikulationen eines Rambo, eines Terminators und ähnlicher Kinogrößen und der von Maurice Barrès beschriebene Ich-Kult in der Verehrung von Models und Filmstars!

Diesseits und jenseits des Atlantik haben die beiden großen Revolutionen, die amerikanische und die russische, das mediterrane Erbe hinweggefegt. Die eine hat der Welt die unerwartete Religion der Marktwirtschaft beschert, in der sich das ökonomische Denken praktisch in eine Theologie verwandelt hat, deren Erfolg selbst China, die letzte Bastion des Kommunismus, durchdringt. Die andere hat ihren ehemaligen Territorien nur wirtschaftlichen und ideologischen Schutt hinterlassen, in denen mafiose Organisationen sich vermehren wie Ratten in ausgebombten Städten.

Die Gleichgültigkeit des Volks gegenüber politischen Fragen und der Politik im allgemeinen zeigt sich in der Stimmbeteiligung bei Wahlen. Hier wie dort überlebt die Religion nur in archaischen Formen, und die Gottessehnsucht zieht sich in die Zugehörigkeit zu Sekten zurück, deren eine ausgefallener und suspekter ist als die andere (und die häufig von finanziellen Überlegungen beherrscht werden).

Dennoch überlebt das dreifache Bedürfnis nach Gott, Ethik und Staat. Vor rund zweitausend Jahren begründete ein Jude namens Jesus eine Ethik auf der Beziehung zum Mitmenschen, zum Nächsten. Gekreuzigt, in einen Mythos verwandelt, zerfleischt und schließlich verhöhnt von jenen, die sich als seine Richter ausgaben, erscheint heute niemand einsamer als er. Und doch wird niemand so sehr herbeigesehnt wie er.

Von der Himmlischen Gnade für die Koleopteren zu den Schwarzen Löchern: Die Naturwissenschaften auf der Suche nach Gott

Der große englische Biologe J. B. S. Haldane wurde in den fünfziger Jahren einmal gefragt: »Was würden Sie Gott sagen, wenn er heute die Erde besuchte?«, worauf er antwortete: »Ich würde über seine Fürsorge für die Koleopteren, die Käfer, staunen, von denen er vierhunderttausend Arten schuf, während er bloß achttausend Arten von Säugetieren geschaffen hat.« Eine humorvolle Art, zu sagen, daß Gott für die Naturwissenschaften unfaßlich und unbegreiflich ist. Die Botschaft wurde nicht verstanden, wie wir im folgenden sehen werden. Die heutige Welt hat sich an die Naturwissenschaften als oberste Instanz gewandt, um jene Beweise für die Existenz Gottes zu erhalten, die sie in den heiligen Texten nicht gefunden hat.

Ein tragischer Irrtum, denn wenn die Naturwissenschaft die Philosophen auch inspirieren kann, ist sie, was die erhofften »Beweise« anlangt, eine trockene Amme und ist es im übrigen immer schon gewesen. Der historische Gesichtspunkt der Beziehungen zwischen Naturwissenschaften und Instanzen des Glaubens wurde schon genügend ausführlich geschildert, so daß ich ihn hier nur zusammenzufassen brauche. Es müßte eigentlich heißen, den Instanzen des *christlichen* Glaubens, denn weder die Moslems der präkolonialen Zeit noch die Hindus oder die Chinesen haben ihren Gelehrten in dieser Hinsicht Vorschriften gemacht. Im Gegensatz dazu gestattete das Christentum, das unter dem Schutz der europäischen Imperialismen aufblühte, von den ersten Jahrhunderten unserer Zeitrechnung bis in unsere Zeit hinein nicht, daß man die »objektive« Wahrheit des Alten Testaments in Zweifel zog, dessen Autoren und Anhänger, das heißt die Juden, doch sonst durch die Anhänger des Neuen Testaments sehr in Frage gestellt und schlechtgemacht wurden. Mit großer weltlicher Macht ausgestattet, wachten das Papsttum und die katholische Kirche darüber, daß Dissidenten umgehend festgesetzt wurden. Diese Wachsamkeit wurde in der Folge als Beweis der Intoleranz kritisiert. Vielleicht sollte man diese Kritik etwas zurücknehmen und sich in eine Epoche zurückversetzen, als die weltliche und die geistliche Macht einander viel näherstanden als heute und es die demokratische Meinungsfreiheit noch nicht gab. Die weltlichen so gut wie die kirchlichen Behörden setzten daher abweichende Meinungen oder »Häresien« mit einer Ablehnung der politischen Machtverhältnisse gleich.

So konnte sich die katholische Kirche des 17. Jahrhunderts absolut nicht zu der Erkenntnis durchringen, die Erde drehe sich um die Sonne, wie dies Kopernikus behauptet hatte, weil diese Behauptung im Widerspruch zur Heiligen Schrift stand. Steht nicht in der Genesis, daß Gott zuerst die Erde erschuf, danach die Sonne, um den Tag zu erhellen, und den Mond, um die Nacht zu bescheinen? Hat man nicht gehört, daß Josua den Lauf der Sonne am Himmel aufhielt? Der Prozeß gegen Galilei bildete den Höhepunkt des Konflikts zwischen dem Glauben und jenen, die für sich beanspruchten, die Welt unabhängig vom Inhalt der heiligen Schriften zu beobachten. Doch diese waren von Gott geoffenbart worden (wenigstens wurde dies behauptet, wenn auch entgegen der Ansicht des heiligen Augustinus, der es für unvorsichtig hielt, Gott allzusehr in die Erkenntnisse der Physik zu verwickeln). Zu behaupten, die Erde drehe sich um die Sonne, war eine Gotteslästerung.

Aber es muß betont werden, daß der »Fall Galilei« als »dramatischer Konflikt« zwischen wissenschaftlicher Gedankenfreiheit und blinder Intoleranz des Vatikans zum großen Teil eine Simplifikation, wenn nicht eine Karikatur durch die nachfolgenden Jahrhunderte darstellt. Galilei wurde keineswegs als gemeiner Gefangener behandelt, auch nicht in Handschellen dem Tribunal vorgeführt, wie man behauptete. Der Papst ließ ihm sogar einen Wagen leihen, damit er sich vor dem Urteil durch Rom fahren lassen konnte, empfahl ihm allerdings, sich nicht zu sehr in der Öffentlichkeit zu zeigen. Galilei hätte seine Ideen zum Heliozentrismus sehr wohl ohne das Imprimatur der Kirche veröffentlichen können; das hatten andere bereits vor ihm getan, insbesondere Kopernikus. Er selbst bestand auf diesem Imprimatur, um seinen Verleumdern zu zeigen, daß er die Unterstützung des Vatikans genoß. Tatsächlich erfreute er sich dieser Unterstützung, denn die Päpste Clemens VII. und Urban VIII. bezeugten ihr Interesse an seinen Ideen. Man verlangte von ihm nur, seine Ansichten als Hypothese zu präsentieren, was sie auch waren. Es gab noch keinerlei Beweise für den Heliozentrismus, wie man zugeben muß. Man verlangte von ihm auch, einige Korrekturen anzubringen, um die öffentliche Meinung zu beruhigen. Ohne Zweifel beabsichtigten die Päpste, die Gläubigen nach und nach auf den Heliozentrismus vorzubereiten.

Doch Galilei brachte keine der verlangten Korrekturen an und wandte ungeschickt kleinliche Kniffe an, gab sich sogar als Gegner der Ideen von Kopernikus aus; aber seine Inquisitoren waren nicht so dumm, daß sie nicht erkannt hätten, daß Galileis Heliozentrismus zum größten Teil nichts anderes war als jener des Kopernikus. Es geht hier nicht darum, die Inquisition in Schutz zu nehmen, sondern lediglich um eine möglichst genaue Wiedergabe der Tatsachen. Das Urteil der Inquisition war gewiß bedauerlich; es wäre aus den oben angeführten und weiteren Gründen aber eine Überraschung gewesen, wenn es anders ausgefallen wäre. Galilei hätte es besser nicht eingefordert.

In der Legende um Galilei hat man sich vor allem an die berühmte Replik gehalten, die er nach seiner Verurteilung gemurmelt haben soll: *»Eppur si muove«*, »Und sie bewegt sich doch«. Ein hübsches Thema für eine Oper, die Verdi leider nicht geschrieben hat. Doch der Heliozentrismus war nicht der einzige Grund für Galileis Verurteilung. Es gab einen zweiten, verborgenen: Der italienische Gelehrte war Atomist, das heißt, er glaubte an die zu jener Zeit höchst spekulative, ja geradezu nach Schwefel und dem Leibhaftigen riechende Theorie Demokrits, wonach sich die Materie aus Atomen aufbauen sollte.

Wie sollte man da die Transsubtantiation der Hostie im Augenblick der Segnung verstehen? Wie sollte man erklären, daß der Leib Christi mit allen seinen Atomen in einer dünnen Hostie steckte? Und in vielen Hostien zugleich, allerorten? Dies war ein zweiter Grund, und vielleicht der wichtigere, weshalb Galilei verurteilt wurde. So begann der große und leise als »Eucharistiestreit« bezeichnete Konflikt, der zwei Jahrhunderte dauern sollte.

Das Beispiel spricht für sich: Der Glaube (oder vielmehr dessen Dogmen) steht im Widerspruch zur objektiven Beobachtung der Welt. Dies wurde im 19. Jahrhundert deutlich sichtbar, als die Mönche im Kloster von Brünn nach dem Tod eines ihrer Brüder, eines gewissen Gregor Mendel, des Begründers der Genetik, die Papiere, die er hinterlassen hatte, verbrannten. Seine Untersuchungen zur Vererbung, selbst wenn es nur um die gesetzmäßige Vererbung von Blütenfarben der Erbsen ging, rochen nach Ketzerei, nach Schwefel. Einige recht rührige Minderheiten, wie etwa die Kreationisten, halten auch im 20. Jahrhundert die Paläontologie für eine Albernheit: Die Welt sei sehr wohl in sieben Tagen erschaffen worden, ganz so, wie die Genesis berichtet; sie beanspruchen zur Vertretung ihrer Ansichten in den amerikanischen Schulen dieselbe Zahl von Unterrichtsstunden, wie den »atheistischen Gelehrten« zur Verfügung stehen, um die Evolutionslehre darzustellen.

Es ist offensichtlich, daß die beiden Testamente nicht die geringste Spur einer von Gott inspirierten wissenschaftlichen Lehre enthalten. Was man dort aber reichlich findet, ist der Beweis unseres Glaubens an Ihn – und der Beweis der Tatsache, daß diese Texte von Menschenhand stammen. Von den ersten Zeilen an springt uns bei jedem Wort die mythische Unwahrscheinlichkeit ins Auge, und die Unwissenheit jener Zeiten, in denen die Testamente verfaßt wurden, steht im Widerspruch zu allem heutigen Wissen. So erschuf Gott in der Genesis Adam als Erwachsenen. Der erste Mensch hatte demnach weder eine Kindheit noch eine Mutter, und keine Frau stillte ihn; wie hat er bloß überlebt? Und wie konnte sich sein Gehirn entwickeln?

Das Beispiel von Wolfskindern wie Kaspar Hauser zeigt, daß er, wenn er nicht im Kindesalter eine Sprache gelernt hätte, geistig unheilbar zurückgeblieben wäre. Überspringen wir seine vollkommen diffuse Gefühlswelt. Ein interessantes Detail, das die Genesis nicht erwähnt, das aber offensichtlich ist: Er hat keinen Nabel. Übergehen wir die Erschaffung Evas aus einer Rippe Adams, doch halten wir bei ihren Kindern einen Augenblick inne: Es sind ausschließlich Söhne; wie haben die sich fortgepflanzt? Und wenn sie Schwestern hatten, eine noch heiklere Frage: Stammen wir etwa alle von inszestuösem Verkehr ab? Die Beschränkheit des genetischen Pools hätte unter diesen Umständen bewirkt, daß die menschliche Spezies innerhalb weniger Jahrhunderte degeneriert wäre, bestimmt in kürzerer Zeit als den neunhundert Jahren, die der legendäre Methusalem gelebt haben soll.

Doch die Hauptfrage: Welcher Mensch war Adam? Der Neandertaler oder der Cro-Magnon-Mensch, *Homo sapiens sapiens*, unser direkter Vorfahre? Wenn er der Neandertaler war (eine schreckliche Blasphemie angesichts des Satzes, der da besagt, Gott habe den Menschen nach seinem Ebenbilde geschaffen!), endete die göttliche Schöpfung vor rund 40 000 Jahren, denn diese Gattung ist ausgestorben (zumindest, wenn wir den Yeti, den Sasquatch und andere mythische Bergkreaturen außer acht lassen). War er also der Cro-Magnon-Mensch? Aber was wäre dann der Neandertaler gewesen? Ein erster Entwurf? Einige stellen sich auf den Standpunkt, er sei trotz allem ein Mensch gewesen. Wenn man darunter versteht, daß er dem Cro-Magnon-Menschen glich, dann ist die Ähnlichkeit sehr dürftig, denn der Unterschied zwischen dem Neandertaler und uns »ist größer als der Unterschied zwischen uns und den Affen«.[1]

Sollte der Cro-Magnon-Mensch nicht vom Neandertaler abstammen? Sollten sie sich nicht gekreuzt haben können? fragen jene, die die Evolutionslehre mit der Bibel versöhnen möchten. Diese Hypothesen werden jedoch verworfen. Welcher von beiden ist dann der von Gott geschaffene Mensch der Schöpfungsgeschichte? Wenn es der Cro-Magnon-Mensch ist, so war er nie im Paradies. Und wenn es der Neandertaler ist, dann ist die Schöpfungsgeschichte schon lange beendet.

Und die Sintflut? Wir haben bereits gesehen, daß die Autoren des Alten Testaments viel von den mesopotamischen Überlieferungen übernommen haben. Diese Überlieferungen hielten Zeugnisse von Klimaveränderungen fest, die gegen Ende der letzten Eiszeit stattgefunden hatten, darunter schreckliche Hochwasserkatastrophen, die durch das Abschmelzen der Gletscher verursacht wurden. Doch in Mesopotamien gilt es auch zu berücksichtigen, daß es zahlreiche »Sintfluten« wegen Überschwemmungen von Euphrat und Tigris gab. Von welcher Sintflut spricht das Alte Testament?

Gewiß, es nimmt auch Bezug auf neuere Begebenheiten und enthält mehr oder weniger exakte historische Überbleibsel, aber das ist auch bei der *Odyssee* der Fall. Da lesen wir etwa den Bericht von der Eroberung Jerusalems durch die Truppen König Davids, die durch unterirdische Gänge schlichen, teils Karsthöhlen natürlichen Ursprungs, teils von Menschenhand geschaffen, die unter der Stadt ein Labyrinth bilden. Andere Erzählungen sind ein wenig suspekt: der Einsturz der Mauern von Jericho schien eher auf ein Erdbeben zurückzuführen zu sein als auf die Trompeten Josuas, denn seismische Erdbewegungen sind in dieser Gegend häufig.

Doch darin stimmen die aufgeklärten Theologen überein: Das Alte Testament ist kein naturwissenschaftliches Dokument. Andere sind zwar weiterhin davon überzeugt, daß die intellektuelle Freiheit ein Übel ist, und verkünden dies auch lauthals. So auch der Erzbischof von Paris, Kardinal Lustiger, dem wir die überraschende Formulierung verdanken: »Das Land der Aufklärung wurde zum Land des Nazismus.«[2] Das Jahrhundert der Aufklärung als Vorläufer des Nationalsozialismus darzustellen und Voltaire, d'Alembert und Rousseau als Wegbereiter Himmlers und Heydrichs, das ist schon von irritierender Originalität. Wer waren denn die Vorläufer der Scheiterhaufen der katholischen Inquistion und der Bartholomäusnacht?

Die Widerstände der Kirche gegen den Fortschritt der wissenschaftlichen Erkenntnis und der Eindruck eines allmählichen Zusammenbrechens waren lange Zeit unbegründet. Erst sehr viel später bekam das Gebäude der »christlichen« Wissenschaft mit Darwin Risse und stürzte schließlich mit Getöse ein. Bis dahin war die wissenschaftliche Erforschung der Welt ohne direkte Referenz gegenüber der Bibel keine so große Gefahr, wie Kardinal Bellarmino und die Inquisition befürchtet hatten. In der Astronomie diente die Entdeckung der Bewegung der Himmelskörper dazu, das Genie des Großen Weltenerbauers zu zeigen, und in der Medizin bezeugten die Fortschritte in der Anatomie und Physiologie den wundersamen Einfallsreichtum, den der Gott der jüdisch-christlichen Tradition auf die Erschaffung des Menschen verwendet hatte. Schließlich waren die Wissenschaftler, die diese Entdeckungen machten, Christen, und ihre Untersuchungen wurden mehr oder weniger bewußt von ihrem Glauben gesteuert. Die christlichen Autoritäten gewöhnten sich beispielsweise rasch an das heliozentrische System.

In einer der radikalen und tendenziösen Übertreibungen, für die er bekannt war, behauptete Heidegger, daß der Nihilismus mit Kopernikus eine entscheidende Etappe erreicht habe. »Nihilismus« ist ein großes Wort, denn Heidegger kommt selbst zu dem Schluß, daß der Nihilismus die Naturwissenschaften nicht erwartet habe, um sich zu entwickeln, so wenig wie diese den Nihilismus. Der Begriff ist so weit gefaßt, daß man sogar sagen könnte, die Anlagen zum Nihilismus fänden sich bereits im Jainismus oder dem ursprünglichen Buddhismus. Aber schließlich trifft es zu, daß nach Kopernikus die geoffenbarte Wahrheit nicht mehr als geoffenbart erschien, sondern vielmehr relativ. Die heiligen Schriften verloren den wörtlichen Sinn und begannen einen symbolischen anzunehmen. Und Heidegger hatte die wichtige Tatsache vernachlässigt, daß die Gottessehnsucht bei den Wissenschaftlern selbst die Tendenz zu dem, was man damals »Atheismus« nannte, ausgleichen würde.

Es wäre daher irrig, anzunehmen, mit Galilei sei der längste

Wahn in der Geschichte der Menschheit zu Ende gegangen, nämlich der Wahn einer Hypothese oder, schlimmer noch, einer Gewißheit von *Beweisen* für die Existenz Gottes außerhalb der Texte, die Er persönlich diktiert hatte. Der Wahn fand seine Fortsetzung in der Vorstellung, man könne diese Beweise mit Hilfe der Naturwissenschaften finden.

Ich möchte anmerken, daß ich das Wort *»science«* für »Naturwissenschaft« *faute de mieux* verwende, und auch nur um von den Leserinnen und Lesern leichter verstanden zu werden. Als Chefredakteur einer naturwissenschaftlichen Zeitschrift seit einem Vierteljahrhundert habe ich mich wahrhaftig schon recht früh mit der Frage beschäftigt, was *science* ist. Zunächst gilt es festzustellen, daß das Wort ursprünglich nichts anderes als eine gelehrte, vom Verb *»savoir«* abgeleitete Form war, die in der Basoche, dem ehemaligen Schiedsgericht der Schreiber des Pariser Parlaments, im 13. Jahrhundert auftauchte. Eigentlich geht es um ein Zusammenspiel von Erkenntnissen und Erfahrungen, die mit Hilfe einer Methode erworben und verifiziert worden sind. Die Definition ist gefährlich. Denn auch eine Laborratte hat ihre begrenzte, durch die Erfahrung verifizierte Wissenschaft; sie hat ihre Methode, die Angelsachsen nennen sie *trial and error*; sie ist sogar zur Abstraktion fähig, denn sie erinnert sich mehrere Tage später an den Weg, der sie aus einem Testlabyrinth führt, rechts-links-links, rechts-rechts-links usw. Man mag einwenden, das Wissen eines Tiers sei nicht übertragbar – doch, ist es, zu einem gewissen Grad jedenfalls. Die Affen haben keine wissenschaftlichen Zeitschriften, doch einige unter ihnen erfinden Werkzeuge und teilen sich Methoden zu deren Herstellung oder Verbesserung mit.[5]

Jedes Lebewesen, so glaube ich, also auch die Ratte, ist ein mit mehr oder weniger großen Abstraktionsfähigkeiten begabter Wissenschaftler. Diese Fähigkeiten basieren zum Teil auf Intuition, wie man das Denken in Analogien nennt, zum Teil auf der Hypothese der Beziehungen zwischen Ursachen und Wirkungen, die den übrigen Angehörigen einer Art entgehen. Die größten Naturwissenschaftler sind die, die gerade diese

»Feinbeziehungen« feststellen. Nehmen wir zum Beispiel Einstein. Es wurde viel Zutreffendes über ihn geschrieben, und nur wenige Menschen haben eine so umfangreiche Literatur und so zahlreiche Analysen bewirkt. Doch über sein Genie scheint mir nicht viel Richtiges geschrieben worden zu sein. So liest man an unzähligen Stellen, der Nobelpreis sei ihm 1922 für seine Formulierung der Relativitätstheorie verliehen worden; doch das ist falsch, und er sagt es selbst: Er wurde ihm für seine statistische Interpretation der Wellenfunktion von Schrödinger verliehen. Einstein hatte eine Methode zur Messung dessen gefunden, was in der heutigen Physik ein Rätsel bleibt: der Moment, in dem sich ein Teilchen zugleich als unabhängige Einheit und als »approximativ« bestimmter Ort einer Welle zeigt, die es trägt. Er hatte eine Beziehung festgestellt, die seinen Forscherkollegen, die ja auch nicht untalentiert waren, nicht aufgefallen war.

So hat sich die Wissenschaft, von Abstraktion zu Abstraktion, von Gesetz zu Gesetz, aufgebaut, mit oder ohne den Segen der religiösen Autoritäten. Denn der Wille und Drang, zu erkennen und zu verstehen, sind seit den Anfängen der Menschheit ununterdrückbar und unbesiegbar: Verstehen heißt auch wissen, ob man nicht der Sklave einer blinden Gottheit ist. Die Babylonier und Chaldäer, die den Himmel Nacht für Nacht beobachteten und geduldig die Bahnen dieses und jenes Sterns aufzeichneten, betrieben keine »Astrologie«. Diese ist in ihrer alten und besonders heute aktuellen abergläubischen Form das unvollkommene Resultat ihrer Schlüsse – nein, sie versuchten zu verstehen. Ihre Astrologie war für ihre Zeit genau das, was die Astronomie für die unsrige ist: eine ungeheure Anstrengung, zu verstehen, die Hand der Götter zu erkennen.

Mit zunehmenden Erkenntnissen entstand gegen Ende des 18. Jahrhunderts im Abendland eine Art Laienbruderschaft, die Gelehrten, deren Ansehen im 19. und mehr noch im 20. Jahrhundert wuchs und ein Ausmaß annahm, das mit dem Ruhm der antiken Propheten vergleichbar ist. Dieser Ruhm ist durchaus berechtigt, denn die Entdeckung der Atomspaltung und der

DNS, um nur diese zwei Beispiele zu nennen, hat die Kulturen der Welt mindestens ebenso verändert wie manche größere Religion. Die praktische Verifikation der Idee Demokrits, laut der es als einzige Realität nur Atome gibt, »die im leeren Raum umhergeschleudert werden«, hat zunächst einen Weltkonflikt beendet, der noch mehr Menschenleben gefordert hätte als die erste, über Hiroshima abgeworfene Atombombe. In der Folge hat sie der Welt neue Energiequellen erschlossen und damit das Leben für die Menschen einfacher gemacht. Was die Entdeckung der DNS betrifft, so hat sie die Molekularbiologie ins Leben gerufen, die manchen Fehler der Natur zu korrigieren erlaubt.

Der Aufschwung der Naturwissenschaft hat es vor allem ermöglicht, jedem Forschungsgebiet eine passende Methode zuzuordnen, anstatt wie früher der Intuition vertrauen zu müssen, und damit die Beobachtung zu interpretieren und zu vertiefen. Die Entdeckung des Doppler-Fizeau-Effektes zum Beispiel hat (weil das Licht eine bestimmte Zeit benötigt, um von einer Quelle bis zum Auge zu gelangen) zu der Erkenntnis geführt, daß die Rotverschiebung eines Lichtsignals darauf hinweist, daß sich die Lichtquelle entfernt (so entstand die Theorie vom Urknall, dem »Big Bang«).

Der Vorteil dieser Methode ist, daß sie die Wissenschaft vor Verfälschungen schützt, die die Gelehrten aufgrund mehr oder weniger offen zugegebener persönlicher Überzeugungen etwa an ihr vorzunehmen versucht waren, besonders auf religiösem Gebiet. Wir werden dies an drei berühmten Beispielen sehen: Descartes, Newton und Faraday.

René Descartes, der angebliche Vater des modernen Cartesianismus, bemühte sich zu seiner Zeit, das Universum zu erklären. Er versucht es gleichzeitig als getreuer Neuplatoniker und als – etwas anrüchiger, nach Schwefel riechender – Christ, denn er glaubt an ein weltbeherrschendes Gesetz. Dieses Gesetz kann zugleich das platonische System und die jüdisch-christliche Welt vereinen (in dieser Hinsicht greift er übrigens nur die leider gescheiterten Versuche des jüdischen Philosophen Philon von Alexandria aus dem 1. Jahrhundert wieder auf, der um jeden Preis Platon mit Mose zu versöhnen trachtete). Er glaubte also an Gott, den absoluten Herrn einer universellen Mechanik, und er glaubt auch an den Lieben Gott, den er großzügig von gräßlichen Mißgeburten freisprach. Diese rührten in seinen Augen von einem Fehler in der »Mechanik« her, waren sozusagen »Montagsexemplare«. Von der Mechanik geradezu besessen, glaubte Descartes, auch Tiere seien mechanische Maschinen, was die Engländer schockierte (in seiner Jugend hatte er einen mechanischen Fasan konstruiert, der von einem mechanischen Stöberhund verfolgt wurde). Er glaubte auch an die Unsterblichkeit der Seele (er spürte übrigens, daß die seine »sehr eng mit seinem Körper verbunden« war). Er glaubte schließlich, der Mensch sei die einzige mit einer Seele begabte mechanische Maschine.

Tatsächlich wäre Descartes ein perfekter Christ gewesen, hätte er nicht gegenüber den letzten Zielen des Menschen größtes Unbehagen empfunden. Als ziemlicher Pessimist zweifelte er daran, daß alles irgendwohin geht. Nicht daß er ein Nihilist gewesen wäre, aber er war zu sehr damit beschäftigt, sich der Realität der Dinge zu versichern, als daß er Spekulationen über ihre Bestimmung angestellt hätte. Bei dem Versuch, sich − gewissermaßen als Anfang − seiner eigenen Existenz zu versichern, formulierte er eine der berühmtesten Tautologien der Geschichte der Philosophie: *»Cogito ergo sum«*, »Ich denke, also bin ich«. Doch wie kann man wissen, daß man ist, wenn man nicht schon die Erfahrung des Seins gemacht hat?

Es bleibt amüsant, zu beobachten, wie heutige Atheisten sich auf den Cartesianismus berufen, das heißt auf ein System von Hypothesen und Postulaten, die jemand aufstellte, der fest an Gott glaubte. In seinen *Principia philosophiae* erklärte Descartes, die physikalischen Körper existierten bloß, weil Gott ihnen die Existenz zugestanden hätte, und er glaubte, Gott wache darüber, in diesen Körpern »eine gewisse Menge von Bewegungen« aufrechtzuerhalten − eine interessante, wenn auch seltsam formulierte Vorstellung. Tatsächlich hat Descartes, der ein wenig vorschnell als Vater des modernen Rationalismus hingestellt wird, keine Seite geschrieben, die sich nicht direkt oder indirekt auf Gott bezöge.

Dennoch lebt er kaum in Frieden mit den kirchlichen Autoritäten seiner Zeit. In einem Brief an den Pater Mersenne aus dem Jahre 1630 erwähnte er, er könne seine *Dioptrique* (deutsch: *Dioptrik*) nicht veröffentlichen, ohne eine neue Theorie des Lichts aufzustellen, und sei »folglich verpflichtet, darin zu erklären, warum das Brot beim Abendmahl weiß bleibe«.Was Descartes damit sagen will: Da das weiße Licht sich aus den sieben Regenbogenfarben zusammensetzt, müßte die weiße Hostie, da sie im Augenblick der Weihe ihre Natur verändert, weil sie ja zum Leib Christi wird, für einen kurzen Moment alle Regenbogenfarben annehmen. Die Toleranz der Päpste gegenüber einem Galilei erstreckte sich nicht über alles und jedes, und wir sehen, wie schwierig es zu jener Zeit war, über Optik zu sprechen, ohne den Glauben zu tangieren. Descartes ging später übrigens daran, die Transsubstantiation der Hostie in dieser Hinsicht zu erklären! Der Eucharistiestreit ging also weiter, diesmal aus Gründen der Optik. Ohne Verweis auf Gott war es schlichtweg ausgeschlossen, die kleinste wissenschaftliche Idee vorzutragen. Der himmlische Patriarch der Hebräer war zum Präsidenten auf Lebenszeit einer virtuellen Akademie der Wissenschaften geworden.

Der Klerus jener Zeit witterte in den Ideen Descartes' den alten, wohlbekannten Schwefelhauch des Antichrist, und besonders die französischen Jesuiten, die eine außerordentlich feine Nase dafür besaßen, stellten diesen Geruch auch bei Newtons Ideen wieder fest. Sie versuchten gar, »wissenschaftlich« zu beweisen, daß seine Farbenlehre falsch sei. Dennoch war auch Newton, auf den Descartes zunächst einen grundlegenden Einfuß ausübte, kaum des Atheismus verdächtig, was nicht weiter verwundert, begann er doch seine Ausbildung mit theologischen Studien. Dieses Ausnahme-Genie, das in allen exakten Wissenschaften eine gleichermaßen glückliche Hand besaß, von der Astronomie (Erklärung der Planetenbewegungen dank dem von ihm gefundenen Gravitationsgesetz) bis zur Optik (Emissionstheorie des Lichtes und Farbenlehre, Newtonsche Interferenzringe) und von der Mathematik (Differentialrechnung, die er »Fluxionsrechnung« nannte) bis zur Mechanik (die drei Bewegungsgesetze der Mechanik), bleibt doch einer der rätselhaftesten Geister der Geschichte der Wissenschaften, wenn nicht der Geschichte überhaupt. Es ist bekannt, daß er sich mit der Alchimie beschäftigte, und 1693 hätte er infolge jahrelanger Einwirkung von Quecksilberdämpfen beinahe den Verstand verloren. Er verfiel in eine schwere Depression. 1694 wurde er in Berichten als verrückt geschildert. Er importierte aus ganz Europa Lehrbücher der Magie (die selten und teuer waren und deren Besitz, weil mit Strafverfolgung bedroht, gefährlich war). In seiner Jugend hatte er offenbar an satanistischen Ritualen teilgenommen, eindeutig ein Beweis für seinen Glauben. Ungefähr ab 1670 glaubte er, das Wesentliche der Bibel liege eher in der »Vorhersage der Menschheitsgeschichte als in der Offenbarung von Wahrheiten, die den menschlichen Verstand in Richtung des ewigen Lebens übersteigen«.[4] Die »Offenbarung des heiligen Johannes«, die Apokalypse des Neuen Testaments, nahm in seinen Reflexionen einen wichtigen Platz ein. In der Einführung zu seinen *Observations upon the Prophecies of Holy Writ, particularly the Prophecies of Daniel and the Apocalypse of St. John* schreibt er:

»Nachdem ich das Wissen in den prophetischen Schriften erforscht hatte, fühlte ich mich verpflichtet, es zum Wohle der anderen zu veröffentlichen, weil ich mich daran erinnerte, welches Urteil jenen traf, der sein Talent in einem Umschlag versteckte. Denn ich bin überzeugt, daß diese Absicht von großem Nutzen sein wird für all jene, die der Meinung sind, es genüge für einen aufrechten Christen nicht, wenn er sich hinsetzt, befriedigt durch die Prinzipien und die Lehre Christi, wie der Apostel die Lehre von der Taufe erzählt, und befriedigt durch die Handauflegung und die Auferstehung der Toten und das Jüngste Gericht; sondern, indem sie diese und ähnliche Prinzipien beiseite lassen, bis zur Vollendung fortschreiten wollen, bis sie ihre Mündigkeit erreicht haben und ihre Sinne durch deren Gebrauch zur Unterscheidung von Gut und Böse geschärft haben.«[5]

Ja, diese konfuse und rätselhafte Prosa stammt tatsächlich von dem großen Newton! Man könnte Dutzende von Seiten in derselben Tonart zitieren. Mit solchem Gewäsch käme der Autor heute auf den Index der Wissenschaftler-Gemeinde. Und Newton hat beträchtliche Zeit darauf verwendet, den Zeitpunkt zu berechnen, zu welchem laut Offenbarung der Antichrist zerstört werden würde. Man könnte auch ein dickes Buch über die numerologischen, pythagoräischen, kabbalistischen und mystischen Irrlehren schreiben, von denen es in den Texten und Aufzeichnungen Newtons überaus zahlreiche Kostproben gibt.

Der größte Gegensatz zu einem objektiven und »cartesianischen« Gelehrten also. Heutzutage würde man ihn als gestörten Obskurantisten bezeichnen. Er hat zwar die Wissenschaft mit mehr Entdeckungen bereichert als jeder andere Mensch, und er war so brillant, daß sein Professor Isaac Barrow, Inhaber des Lehrstuhls für Mathematik in Cambridge, emeritierte, damit Newton, der damals erst 26 Jahre alt war, sein Nachfolger werden konnte. Doch das fulminante Paradoxon ist, daß Newton bei all diesen Entdeckungen von antiwissenschaftlichen und alchimistischen Vorstellungen geleitet wurde. Die Alchimie gab ihm die Sicherheit, daß im Universum ein »Prinzip der Sympathie« herrsche, die die Körper einander anziehen lasse. Das war damals eine alte und bereits überholte Vorstellung; er verhalf ihr wieder zu Ehren und wandte sie mit den bekannten Ergebnissen an, deren berühmtestes das Gesetz der universellen Schwerkraft ist. Newton ist vielleicht der einzige, der aus Blei-Ideen Gold machen konnte!

Doch war die Alchimie für ihn keine Marotte, denn er widmete ihr viele Jahre seines Lebens. Sie wirkte sich auf ihn sogar segensreich aus: Sie befreite ihn aus der Zwangsjacke der mechanistischen Theorie Descartes'. Sie schürte seinen glühenden, wenn auch ungestümen Glauben an Gott, den Glauben, den er in der Ausgabe von 1713 seines Hauptwerkes *Philosophiae naturalis principia mathematica (Mathematische Prinzipien der Naturlehre)* mit erstaunlicher Kraft verkündet. Er verwendete sogar achthundert Wörter darauf, Gott zu definieren, ohne allerdings die geringste Vorstellung zu geben, was er darunter verstand. Für die Positivisten Biot und Laplace war Newtons Interesse an der Religion pathologisch; eine völlig falsche Einschätzung, denn Newton war fest davon überzeugt, daß Religion und Wissenschaft untrennbar seien. Er sagt selbst, sein Werk ziele darauf ab, den Atheismus und Cartesianismus zu zerschlagen. Er versuchte sogar, seinen Kollegen, den Geologen Thomas Burnet, davon zu überzeugen, daß Gott die Welt tatsächlich in sechs Tagen erschaffen habe und daß dies keine poetische Idealisierung sei. Die Erde habe sich damals sehr viel langsamer gedreht, argumentierte er. Also noch einer, der sich in die Theologie einmischte. Für Newton transzendierte Gott die Gesetze des Universums. Deren Entdeckung war für ihn ein prophetisches Werk und eine Vision der Pläne des Schöpfers.

Man könnte zu der Annahme neigen, Descartes und Newton seien die Ausnahmen, die die Regel bestätigen, und die religiösen und spiritualistischen Überzeugungen des einen und die religiöse Besessenheit des anderen seien »Fälle« in der Wissenschaftsgeschichte. Das ist falsch. Einer der größten Gelehrten nach Newton, Michael Faraday (1791–1867) war im modernen Sinn des Wortes kaum wissenschaftlicher. Der Pionier des Elektromagnetismus (und in gewisser Weise auch des Kinos, denn er erfand die Laterna magica) war zugleich ein religiöser Ideologe, der an eine universelle Kraft glaubte, die er die »Naturphilosophie« nannte, eine Kraft, die von Gott ausgeht und die die Grundvoraussetzung der natürlichen Ordnung sei; wir werden diese »Kraft« später in der Theorie des »Vitalismus« wieder antreffen. Faraday machte sich also an den Beweis der Existenz dieser bisher nicht erkannten Kraft und hatte Erfolg. Für ihn war dies der Beweis, daß Gott überall ist. Seine Leidenschaft für unsichtbare, aber wirksame elektrische Felder und Magnetfelder ist vergleichbar mit der Passion eines Theologen, der ein neues Glaubensmysterium entdeckt hat. Der Elektromagnetismus schien ihm eine Zwischenform zwischen der rohen Materie und dem Geist. Er glaubte, mit der Mission beauftragt zu sein, die Wunder Gottes sichtbar und faßbar zu machen.

Descartes, Newton, Faraday und viele andere waren Theologen »in partibus infidelium«, eine Art heterodoxer Priester ohne Weihen, die sich aber trotzdem unablässig mühten, die Existenz Gottes auf anderen Wegen als den traditionellen der Kirche zu zeigen.

Bis zum Beginn des 19. Jahrhunderts mußten die christlichen Kirchen, die bürgerlichen Gesellschaften, deren Stützen sie waren, und die öffentliche Moral für die Freiheit, die die Wissenschaft für sich errang, nicht allzusehr büßen. Nach den ersten Streitigkeiten mit den großen religiösen Institutionen gaben die Christen zu, daß die Entdeckungen der Forscher sie in ihren religiösen Überzeugungen stärkten. Descartes bewies, daß die Seele existierte, und wenn man nicht zu genau hinsah, schulte er seine Leser in der Anwendung von Verstand und Logik, was natürlich für Männer nützlich war, die die Vorsehung zur Führung von Staaten auserwählt hatte. Newton bewies, daß es im Universum Gesetze gab wie auf Erden und daß sie von Gott selbst, dem »Großen Uhrmacher«, aufgestellt worden waren. Faraday glaubte, es gebe in der Natur eine Kraft, die mit Sicherheit die Emanation Gottes sei, und im übrigen erlaubten seine Entdeckungen auf dem Gebiet des Elektromagnetismus die Konstruktion von Maschinen mit großer Zukunft. Man konnte durchaus, ja man mußte ihre Leistungen an Schulen und Universitäten lehren. In der westlichen Welt herrschte moralische Ordnung. Nur Verrückte konnten sich als Atheisten bezeichnen, denn damit zeigten sie nur ihre Unkenntnis der Schönheiten der Naturwissenschaft.

Gleichzeitig hatte die Wissenschaft ihre Natur und ihre Grenzen zu erkennen gegeben: Sie erschuf kein einziges neues

Konzept mehr und war der herrschenden Kultur vollständig unterworfen. Im Gegensatz zu dem, was gewisse Strömungen des 20. Jahrhunderts glauben machen wollen, war die Naturwissenschaft niemals eine Feindin des Glaubens. Sie war vielmehr dessen gehorsame Dienerin, und ihre tollsten Streiche beschränkten sich auf ein paar Verstöße gegen die Auslegung der Schriften wie etwa das durch die Entdeckung der Saurierskelette festgestellte Artensterben.

Sie war von der Realität der göttlichen Gesetze und der Allmacht und Allwissenheit Gottes so vollständig durchdrungen, daß sie sich nie über den doch offensichtlichen Konflikt zwischen der absoluten Güte Gottes und seiner Omnipotenz Gedanken machte; wenn er gut war, warum gab es dann Krankheiten, an denen Kinder schon in der Wiege sterben konnten? Ersparen wir dem Leser hier weitere obskure und abergläubische Theorien mehr oder weniger gelehrter Kommentatoren jener Zeit über die offenkundig mysteriösen Pläne der göttlichen Vorsehung wie etwa die folgende: Wenn die Kinder in der Wiege sterben, dann werden die Väter natürlich unreife Trauben gegessen haben, und die Zähne der Kinder wurden dadurch angegriffen und stumpf. Kurzum, es waren gewiß nicht die naturwissenschaftlichen Arbeiten, die bei den Philosophen die Logik und die Analyse der Gottesvorstellung bereicherten.

Wie die Gesamtheit des abendländischen Denkens, das zu jener Zeit monarchistisch ist, war die Wissenschaft an die christliche Theologie gebunden, das Abbild der himmlischen Monarchie. Sie kannte auf der Welt keine andere Ursache als den Willen Gottes. Wir werden sehen, daß sie sich in dieser Hinsicht bis ans Ende des 20. Jahrhunderts nicht sehr veränderte.

Tausende von Menschen starben weiterhin an Infektionskrankheiten, weil die Krankheit ja bestimmt die Folge der Sünde war, und die größten Gelehrten sollten die Erkenntnisse des Holländers Antony van Leeuwenhoek über Bakterien (vierhundert Schriftstücke gingen bei der Royal Society in London ein!) vom 17. bis ins 19. Jahrhundert verachten. Der berühmte Linné beispielsweise zählte die Bakterien später verächtlich zum

»Chaos der Infusorien, der Aufgußtierchen«. Das Wort »Mikrobe« prägte erst 1878 der Franzose Sédillot; endlich begannen die Gelehrten daran zu zweifeln, daß die Krankheiten nur durch »Miasmen« (»Krankheitsstoffe«) verursacht würden oder Strafe für Sünden wären, und geruhten, sich für die Mechanismen der Infektion zu interessieren. Doch die Vorstellung, man müßte Infektionskrankheiten durch Impfungen bekämpfen, weckte den Widerstand vieler Christen, die glaubten, dies widerspreche dem Willen Gottes. In diesem Sinn war Papst Leo XIII. ein erklärter Feind der Impfung.

Da erschütterte plötzlich ein gewaltiger Donnerschlag die abendländische Welt: Am 24. November 1859 veröffentlichte Charles Darwin sein Werk *Die Entstehung der Arten durch natürliche Zuchtwahl.* Dieses Buch löste eine der größten Erschütterungen aus, die Westeuropa jemals erlebt hatte.

Der Verleger hatte anfänglich eine Auflage von nur 1250 Exemplaren geplant. Er mußte schnellstens 3000 weitere nachdrucken – außerordentlich viel angesichts der Trockenheit des Themas. Ende des Jahrhunderts war das Buch in alle wichtigen Sprachen der Welt übersetzt. Die Anfeindungen, die es auslöste, waren in ihrer Heftigkeit beispiellos und blieben unerreicht. Die Unruhen gelangten auch auf die politische Ebene. Daran zeigte sich, bis zu welchem Punkt das göttliche Prinzip, wie es von der religiösen Lehre dargestellt und von Darwin ziemlich gewalttätig über den Haufen geworfen wurde, in den europäischen Kulturen verankert war. Die Idee der natürlichen Auslese, eines der Hauptthemen des Buches, die sich ein wenig summarisch in der Formel *struggle for life* (»Kampf ums Dasein«) zusammengefaßt findet, wurde leider von unzähligen Ideologien benutzt und mißbraucht, die vom amerikanischen Liberalismus der Jahrhundertwende bis hin zum deutschen Nationalsozialismus die menschliche Spezies mit dem Galápagos-Finken oder der Kaukasus-Ziege verwechselten. Ein amerikanischer »Sozialdarwinist«, William Graham Sumner, notierte gar ganz unverzagt: »Wenn wir das Überleben des Tüchtigsten nicht akzeptieren, bleibt uns nur eine einzige mögliche Alternative, das

Überleben des Untüchtigsten. Jenes ist das Gesetz der Zivilisation, dieses das Gesetz der Antizivilisation.«[6]

Darwin hatte weder die Philosophie und noch weniger die Theologie angegriffen. Er hatte einfach seine Beobachtungen, Schlüsse und Hypothesen zur Anpassung der Tierarten an eine gegebene Umwelt durch die natürliche Auslese der Öffentlichkeit zugänglich gemacht. In einer bestimmten Umgebung überlebt die am besten daran angepaßte und dafür gerüstete Art; die anderen sterben aus oder passen sich an. Die gesamte Evolution der Arten hatte sich so abgespielt.

Schrecken aller Schrecken, wenn man Darwin darin glauben wollte, dann stammte der Mensch vom Affen ab.[7] Adam war dann nicht mehr länger der prächtige Athlet, den Michelangelo an die Decke der Sixtinischen Kapelle gemalt hatte, der verliebt und sehnsüchtig darauf wartete, daß Gottes Finger ihn zum Leben erwecke, sondern ein Abkömmling von Affen. Und damit wurde nicht nur die tierische Natur des Menschen verkündet, sondern auch die Nutzlosigkeit der Ankunft Christi. Denn wenn der Mensch vom Affen abstammte, war er nicht in Gottes Ungnade gefallen, wie die Bibel behauptete, sondern vielmehr zur Gnade aufgestiegen. Ohne Erbsünde auch kein Bedarf an Erlösung.

Wir erkennen an diesem Beispiel leicht, daß es keine Wissenschaft gibt, die sich nicht auf die Theologie auswirken würde. Die Auswirkungen waren schrecklich und sind es noch heute. Das Ausmaß der Erschütterungen überstieg bei weitem das im Fall Galilei.

Nicht nur verlor die Bibel ihren historischen Wahrheitsgehalt: Die Schöpfungsgeschichte der Genesis, an die die überwiegende Mehrheit der Menschen noch fest glaubte, die Geschichte der Arche Noah, die Erschaffung des ersten Menschen aus einem Stück Lehm, die poetische Entstehung Evas aus einer Rippe ihres Gefährten wurden ins Reich der Fabeln verwiesen. Doch darüber hinaus wurde die Autorität der Bibel insgesamt abgelehnt. Die Schöpfung war tatsächlich nicht mehr ein von einem allwissenden Gott harmonisch gelenkter Garten, sondern ein Dschungel, in dem sich die Arten unter dem Druck der Umwelt und auf sich selbst gestellt entwickelten. Entweder lebte Gott nicht mehr – und die Wächter des Glaubens zögerten nicht, Darwin als Atheisten zu behandeln –, oder er war blind. Die Kirchen sahen, wie ihnen jede Herrschaft über Ethik und Moral entglitt.

Der etwas kränkelnde junge Mann, der 1831 mit 22 Jahren an Bord der HMS *Beagle* in See stach, um die Fauna Südamerikas einschließlich der Galápagos-Inseln zu studieren, war auf die Gewalt der Reaktion nicht gefaßt, doch er akzeptierte sie voll und ganz. Dies vergrößerte den Skandal nur noch. 1856 schrieb er: »Was für ein Buch würde ein Kaplan des Teufels über die Verschwendung, die ungeschickten, niederen und schrecklich grausamen Werke der Natur schreiben!« Der Glaube an die Weisheit der Vorsehung und das vom Thomismus übernommene »Gesetz der Natur« erhielt einen schweren Schlag. Darwin erklärte, die Religionen der »Wilden« seien keine verabscheuungswürdigen, von Dämonen wimmelnden »heidnischen« Glaubensformen, wie man sie sich im überheblich triumphierenden Westeuropa vorstellte, sondern nützliche religiöse Formen, die zur Entstehung ethischer Normen beigetragen hätten; und die Entstehung des Gewissens und der Moral sei mit der Bildung der Urgesellschaften verknüpft. Eine immanente Moral gab es folglich nicht. Und der Glaube an Gott? Ihn vergleicht Darwin in seiner Autobiographie mit der Angst des Affen vor der Schlange. Damit war Darwin, so schlossen viele seiner Zeitgenossen, ein Feind Gottes.

Einen Gelehrten nach seinem Glauben zu beurteilen ist gefährlich, wenn nicht lächerlich. Sicher ist, daß Darwin die lange Reihe der spiritualistischen Gelehrten unterbrach. Er war der erste, der die Erkenntnis von der Theologie und vom Spiritualismus loslöste, die einen Descartes, einen Newton und einen Faraday noch so grundlegend geprägt hatten. Er war mit der HMS *Beagle* nicht in See gestochen, um seine Ideen zu beweisen, sondern um zu beobachten. Er hatte seine Beobachtungen nach einer erprobten Methode geplant und aus ihnen die

Schlüsse gezogen, die sich aufdrängten. In dieser Hinsicht ist er der wahre Begründer der modernen Wissenschaft.

Seine Lehre ist jedoch leider in Gefahr, wie wir sehen werden. Mehr als ein Jahrhundert nach der Veröffentlichung des Buchs *Die Entstehung der Arten* hat sich die Unruhe, die es bei gewissen Geistern auslöste, noch nicht gelegt. Eine beträchtliche Zahl von Wissenschaftlern gibt sich nicht mit einem blinden Gott zufrieden. Ende unseres Jahrhunderts strengen sich manche unter ihnen in naiver (aber gefährlicher) Weise an, einen Gott an seine Stelle zu setzen, dessen Bild ebenso naiv erscheint, auch wenn es vorsichtigerweise revidiert wurde.

Noch zu Lebzeiten Darwins zeigte sich die Unfähigkeit, auf das »Spirituelle« zu verzichten, ganz offen. Einer der besten Darwinisten des 19. Jahrhunderts und Koautor der Theorie der natürlichen Auslese, Alfred Russel Wallace (1823–1913), stürzte sich in wilde Spekulationen, um die »unbekannten« – seiner Meinung nach eigentlich spirituellen – Umstände der Abstammung des Menschen zu erhellen. Wallace war, kurz gesagt, ein überzeugter Spiritist. Darwin empörte sich, zugunsten von Tischerücken verzichte Wallace auf die natürliche Auslese. Der berühmte Physiker und Chemiker Sir William Crookes, der Erfinder des Strahlungsmeßgerätes und Verfasser der Theorie des vierten Aggregatzustandes der Materie, der Astronom Camille Flammarion und viele andere, weniger berühmte Wissenschaftler nahmen die Hilfe von Medien wie D. D. Home und Eusapia Palladino in Anspruch.

Im Sturm um den Darwinismus verhielten sich die Dominikaner und Jesuiten am wachsamsten. Letztere brachten den Vatikan dazu, seine Stimme zu erheben. 1879 nahm die Reaktion der Kirche die feierliche Form der Enzyklika *Aeterni patris* an, in der Papst Leo XIII. den Wissenschaftlern verkündete, der Thomismus stelle die Autorität dar, der man in allen wie auch immer gearteten Forschungen zu folgen habe. Darwin war in der Zwischenzeit zum Agnostiker geworden.

Das außerordentlichste Beispiel der Beziehungen zwischen der Vorstellung Gottes und den exakten Naturwissenschaften war ohne Zweifel der Fall des Mathematikers Georg Cantor (1845–1918), eines Wissenschaftlers, der aus offenkundig theologischen Gründen mit einer in Mathematikerkreisen bis dahin respektierten Tradition brach, niemals auf das Konzept unendlicher Größen zurückzugreifen. 1831 hatte Carl Friedrich Gauß, der größte Mathematiker seiner Zeit, erklärt: »Ich protestiere gegen den Gebrauch der unendlichen Größe als etwas Bestimmten; das ist in der Mathematik niemals zulässig.« Cantor setzte sich darüber hinweg.

Um die revolutionäre Kühnheit zu erklären, die ihn zur Theorie der transfiniten Zahlen geführt hatte, postulierte Cantor, die ganzen Zahlen könnten, ob »physisch« oder »ideell«, als zur Gedankenwelt gehörige Entitäten der »intrasubjektiven Realität« oder, als Teil der Außenwelt, der »transsubjektiven Realität« zugehörig betrachtet werden. Darin drückte sich eine metaphysische Haltung aus, wie er selbst erklärte: »Dank mir wird die christliche Philosophie zum ersten Mal über die wahre Theorie des Unendlichen verfügen«, schrieb er dem Dominikaner Thomas Esser. Diese Einstellung erstaunte um so mehr, als Cantor Jude war (sich aber in der christlichen Theologie bestens auskannte und wahrscheinlich Kabbalist war). Er betrachtete die Theorie der transfiniten Zahlen als von Gott eingegeben!

Die Jesuiten beeilten sich, sie auszunützen; sie sahen darin endlich die gesuchten Beweise für die Existenz Gottes (was Cantor trotzdem ärgerte). »Im Alter von 50 Jahren stellte Cantor seiner letzten Arbeit über die transfiniten Zahlen ein Zitat des Apostels Paulus voran: ›Die Zeit wird kommen, da ans Licht gebracht wird, was im Finstern verborgen ist.‹«[8] Cantor starb als 73jähriger in einer Irrenanstalt in Halle. 1905 bezeichnete Henri Poincaré, der Cantor an Größe gewiß nicht nachstand und der dessen Beschäftigung mit religiösen Fragen kannte, Cantors Werk als »pathologisch«; heute wird Cantors Beitrag zur Mathematik allgemein als grundlegend anerkannt. Unter anderem hat er ein Problem gelöst, das die Mathematiker seit Pythagoras umtrieb. Alle Wege führen nach Rom, vorausgesetzt, man verfährt nach einer Methode.

Die Beschäftigung mit Spiritualismus und Metaphysik hat heutzutage auch das strenge Milieu der theoretischen Physik erreicht. Der Physiker Jean Charon stellte das Postulat auf, es gebe »höhere Elektronen«, die für spirituelle und lebendige Phänomene verantwortlich seien, Oliver Costa de Beauregard glaubt, es könnte Beziehungen zwischen den »feinen« Phänomenen der Quantenmechanik und jenen der Parapsychologie geben, und auf dem Kolloquium von Córdoba, wo sich im Jahr 1979 angesehene Wissenschaftler trafen, um unter anderem die unbekannten Aspekte der Materie zu diskutieren, bezeichnete Brian Josephson, Nobelpreisträger für Physik, »den Astralleib als mögliche Erklärung der Distanzvision«.

Gegen Ende der achtziger Jahre unseres Jahrhunderts erlebte man ein nicht weniger überraschendes Schauspiel. Die Köpfe einiger ausgezeichneter Wissenschaftler neigten sich über ein mit einem Weltraumteleskop aufgenommenes Foto entfernter Regionen des Universums und fragten sich, ob man darauf den »Finger Gottes« erkennen könne. Mit mehreren Jahrhunderten Distanz wurde da der Rekord in Naivität geschlagen: Im Paris des 11. Jahrhunderts hatte man sich nämlich die gelehrte Frage gestellt, wie viele Engel auf einer Nadelspitze Platz hätten. In den wissenschaftlichen Zentren des 20. Jahrhunderts fragen sich gelehrte Häupter (vielleicht gegenüber den mystischen Tendenzen, mit denen sie in der Öffentlichkeit liebäugeln, nicht ganz gleichgültig, denn die Gelehrten sind Persönlichkeiten der Medien geworden), ob man nicht mit Hilfe etwas stärkerer Teleskope endlich den Schöpfer am Werk sehen würde – wahrscheinlich mit hochgekrempelten Ärmeln.

Man könnte glauben, ich übertriebe mit der Ironie, doch das ist nicht der Fall: Einer der Wissenschaftler, seines Zeichens Astrophysiker, gab, als er von seinen Kollegen gescholten wurde, zur Verteidigung an, er hoffe Gott auf einem Foto zu sehen.

Entgleisungen drohten und blieben auch nicht aus. Eine ziemlich seltsame konfusionistische Literatur wütet seit zwei oder drei Jahrzehnten, die die Wissenschaft in Verruf zu bringen droht. Mit heilsamer Impertinenz stellte Jacques Demaret von der Universität Lüttich fest: »Wenn man Gott, den Urknall und die Inflation mischt, erhält man einen Cocktail à la mode.«[9] Die Respektlosigkeit dieser Bemerkung war tatsächlich heilsam: Hubert Reeves, ein anderer populärer Astrophysiker, hatte eine sentimentale Frage gestellt, die leider für nicht wenige unausgegorene Theorien (unausgegoren, *half-baked*, ist die übelste Beschimpfung englischer Wissenschaftler für eine Theorie) als Referenz diente: »Wie ist es möglich, daß aus den Quarks und den Elektronen vom Anfang der Welt ein Mozart entstand?«[10] Als ob das Quark nicht selbst schon ein Wunder wäre, und vielleicht ein größeres als Mozart.

Doch der Schwung erwies sich als zu stark, um durch Ironie gebremst werden zu können. So versichert Richard Dawkins, Biologe an der Universität von Oxford: »Unsere Existenz war einst das größte aller Mysterien, aber sie ist es nicht mehr, weil sie aufgeklärt worden ist.«[11] Das ist rasch dahingesagt. Und der amerikanisch-vietnamesische Astrophysiker Trinh Xuan Thuan erklärt recht prophetisch: »Die Existenz des menschlichen Wesens ist in den Eigenschaften jedes Atoms, jedes Sterns, jeder Galaxie des Universums und in jedem physikalischen Gesetz, das den Kosmos beherrscht, festgeschrieben.«[12] Beide Behauptungen sind nicht verifizierbar und führen in die gute alte Zeit vor Galilei und Kopernikus zurück, das heißt zum christlichen Geozentrismus, der den Menschen zum einzigen Objekt einer Schöpfung von Milliarden von Sternen machte; und zu dem metaphysischen Axiom, Gott habe das Universum nur geschaffen, um sich im Spiegelbild der menschlichen Spezies zu betrachten. Und dabei haben wir Einsteins allzu berühmten Satz »Gott spielt nicht mit Würfeln« noch nicht einmal zitiert, den Gipfel des Anthropomorphismus.

Doch dies sind keine vernachlässigbaren Nuancen. Seit ungefähr 1970 vertreten gewisse Wissenschaftler eine pseudoneue Idee, das »anthropische Prinzip«. Dieses Prinzip möchte den Menschen nicht nur zum Mittelpunkt des Universums machen, sondern auch zur Rechtfertigung für dessen Erforschung. »Die Eigenschaften des Universums müssen mit unserer Existenz kompatibel, vereinbar sein«, nichts Geringeres behauptet Trinh Xuan Thuan. Wenn auf dem Planeten Erde ein Asteroid einschlüge, ihre Rotationsachse ein wenig verschöbe und damit die Menschheit als Ganzes auslöschte, wäre dies also ein Verstoß gegen die Kompatibilität des Universums mit der menschlichen Spezies, die sich ihrerseits seit ihrem Auftreten unaufhörlich gegenseitig umbringt. Das fragliche Prinzip ist eigentlich ein unbeweisbares Postulat. Der Buddhist Trinh Xuan Thuan versichert zwar: »Niemals werde ich Gott durch mein Teleskop sehen«, es bleibt um nichts weniger wahr, daß das »anthropische Prinzip« beinahe exakt eine Version nach dem Geschmack der Zeit des Geozentrismus ist, dessen unerbittlicher Anwalt die Kirche war und gegen den sich Kopernikus und Galilei zu Recht aufgelehnt hatten. Mit dem Unterschied, daß die neuen Argumente des Geozentrismus aus der Wissenschaft geschöpft werden, daß er noch mehr eingeschränkt und ganz einfach kurz und gut zum Anthropozentrismus wurde.

In der Tat wollen diese Naturwissenschaftler mit einem rhetorischen Kniff auf dem Umweg über die Philosophie (die auf naturwissenschaftlichem Gebiet immer suspekt ist) die Naturwissenschaft durch die Theologie ersetzen. Zweifellos sind sie eine Minderheit, der auch heftig widersprochen wird. Ebenso zweifellos haben sie Nietzsches Satz »Nicht der Zweifel macht verrückt, sondern die Gewißheit« nicht beherzigt. Doch einer so auffälligen Bewegung kommt immerhin genügend Bedeutung zu, daß es etwas vorschnell wäre, sie einfach einer mystischen Versuchung zuzuschreiben. Denn sie ist symptomatisch. Eigentlich ist der Unterschied zwischen dem modernen Naturwissenschaftler und dem Theologen von einst in erster Linie pittoresk; im Grunde ist er viel weniger ausgeprägt: Der eine wie der andere sucht Gott. Wie soll man sich da nicht des Satzes von Schelling erinnern: »Die Angst des Lebens selbst treibt den Menschen aus dem Centrum, in das er erschaffen worden«[13]? Die Naturwissenschaftler sind unsere Aufklärer auf der Suche nach Gott und werden als erste vom Schwindel erfaßt. Einige neigen sich in dem Versuch, das Unerkennbare zu erkennen, so weit über den Balkon der Naturwissenschaft, daß sie ihren Titel riskieren. Ob es sich nun um die Biologie oder die Kosmologie handelt, der Gedanke einer Forschung ohne den »Punkt Omega«, um den berühmten Ausdruck Teilhard de Chardins zu gebrauchen, ist für sie unerträglich.

Viele Naturwissenschaftler lehnen derartige Spekulationen aber ab, ganz einfach weil diese die Kategorien durcheinanderbringen und sich auf ein diffuses und deshalb unbrauchbares Vokabular stützen und Wörter wie »Seele«, »Geist«, »Astralleib« und so weiter verwenden. Wenige von ihnen sahen in bezug auf das Objekt der Wissenschaft (und indirekterweise ihrer religiösen Resonanzen) so klar wie Jacques Monod, der 1965 (zusammen mit André Lwoff und François Jacob) für seine Untersuchungen einiger Gene, der Operonen, die den Stoffwechsel der Zellen mit Hilfe der Synthese von Enzymen bestimmen, den Nobelpreis für Medizin erhielt. Sein Buch *Zufall und Notwendigkeit* stellt die große Frage jeder Wissenschaft: Hat die Welt einen Sinn? Und wenn ja, welchen? Die Ableitungen, die Folgesätze liegen auf der Hand: Wenn es einen Sinn gibt, besteht vielleicht ein finales Ziel, und das ist die Notwendigkeit, selbst wenn man zögert, es Gott zu nennen. Wenn es aber keinen Sinn gibt, dann regiert der Zufall, das heißt das organisierte Chaos, und wenn es einen Gott gibt, der ihm Leben einhaucht, ist dieser Gott definitiv »unleserlich«, unverständlich. Dieser letzte Punkt ist von größter Bedeutung, weil der menschliche Geist sich weigert, sich einen unentzifferbaren Gott vorzustellen, der morgen dazu fähig wäre, zu beschließen, daß die Zeit der menschlichen Spezies abgelaufen sei, daß ihre Stunde geschlagen habe und die Zeit der Koleopteren (Käfer) gekommen sei, deren Übermacht ja schon Haldane bewundert hat.

Die Frage beherrschte ein Vierteljahrhundert des Existentialismus, das heißt der Reflexion über das Absurde, und ein Jahrhundert der Reflexion über die Evolution, das heißt über das virtuelle Ziel, zu dem uns die Modifikation der lebenden

Spezies führen oder nicht führen wird. Monod führt ein einfaches Konzept ein, die Teleonomie, die Eigenschaft eines Lebewesens, mit einem Existenzplan ausgestattet zu sein. Alles, was lebt, hat demnach einen solchen Existenzplan. Ist dieser Plan gut, leben und überleben das Individuum und seine Spezies. Ist er nicht gut, verschwindet das Individuum. Monod scheint Immanuel Kants Frage: »Wie ist eine Wissenschaft des Lebendigen möglich?« zu beantworten. Er gibt der Biologie endlich eine Forschungsgrundlage. Eigentlich bleibt Kants Frage aber dennoch unbeantwortet, zumindest teilweise. Zunächst auf der miskroskopischen Ebene, denn die Entdeckung der »egoistischen« DNS wird die Vorstellung der auf die Zelle angewandten Teleonomie beträchtlich stören. Die DNS reproduziert sich in einer Art und Weise, die offensichtlich mit den Bedürfnissen der Zelle nichts gemein hat. Sie reproduziert sich sozusagen zum Spaß. Neunzig Prozent der in einer Zelle vorhandenen DNS nützen offenbar nichts. Die Teleonomie der DNS ist damit unerkennbar, oder sie ist schlecht gemacht.

Auch auf makroskopischer Ebene wäre Kant enttäuscht. Die prähistorischen Monster besaßen eine hervorragende Teleonomie. Sie haben rund 175 Millionen Jahre lang ohne andere Sorgen überlebt, als sich in einem Höllenspektakel von Panzerplatten, Hörnern und schuppigen Schwänzen gegenseitig aufzufressen. Da schlug vor sechzig Millionen Jahren ein riesiger Meteorit in der Gegend des Golfs von Mexiko ein. Er verursachte – außer einer Flutkatastrophe, Erdbeben und Vulkanausbrüchen – eine Klimaveränderung, die sich für die Dinosaurier als fatal erwies. Eine Staubschicht verdunkelte den Himmel jahrelang, es wurde kalt, und vielleicht ertrugen die Saurier dieses Klima nicht, oder ihre Freßpflanzen wuchsen wegen mangelnden Sonnenlichts nicht mehr, oder vielleicht war der Iridiumstaub, den der Meteorit in der Atmosphäre verbreitet hatte, für diese Tiere Gift. Obwohl sie über eine Teleonomie »erster Güte« verfügten, starben die Dinosaurier aus. Zufall oder Notwendigkeit? Offensichtlich Zufall, es sei denn, man stelle sich einen Gott vor, der es müde war, die Erde unter den Schritten des Diplodokus beben zu hören, und deshalb beschloß, mit diesen Monstern ein Ende zu machen. Und statt dessen Mozart zu hören, wie Hubert Reeves sagen würde.

Doch die überwältigende Mehrheit der Argumente spricht für den Zufall. Bei der Analyse der Evolution der Spezies kommt François Jacob zu dem Schluß, es handle sich um eine »Bastelei«.[14] Man findet haufenweise Teleonomien, aber sie sind vom Zufall und mit offenkundigen Absurditäten wie etwa der Tatsache improvisiert, daß der Rosa Flamingo wegen seines übertrieben gebogenen Schnabels den Kopf unter Wasser halten muß, um sich ernähren zu können, wie Stephen Jay Gould beobachtet hat. Wollte Gott dem Rosa Flamingo einen Streich spielen? Doch: »Raffiniert ist der Herrgott, aber boshaft ist er nicht«, meinte Einstein, der offensichtlich seine genaue Vorstellung von Ihm hatte.

Wenige haben meiner Ansicht nach in die Frage der Beziehungen zwischen Gott und der Wissenschaft so viel Klarheit gebracht wie Monod: Wenn die Wissenschaft forscht und sucht, sucht sie nach einem Sinn, einem Paradigma, das heißt einem Modell, und das heißt wiederum nach Gott.

Wie soll man also das Auftreten von Leben verstehen? Ist die Geburt der ersten Alge oder der ersten Bakterie nicht endlich der »Beweis«, der unwiderlegbare Beweis einer übernatürlichen Intervention in die Erschaffung der Lebewesen? Diese Überlegung führt dazu, die »Hand Gottes« diesmal in der DNS zu suchen.

Die jüngsten Forschungsergebnisse entkräften diese Hoffnung anscheinend, auf Erden ebenso wie im Kosmos. Auf Erden entdeckten zwei Forscher der Yale und Colorado University seit Beginn der achtziger Jahre zwei Moleküle einer freien Ribonukleinsäure, die zu keiner lebenden Zelle gehören. Die RNS ist jene Kette von chemischen Molekülen oder Nukleotiden, die die zur Synthese der Proteine nötigen Elemente produziert; diese Proteine stellen die DNS her, die sich dupliziert, um erneut RNS zu produzieren und so weiter. Es gab also, kurz nachdem die Erde entstanden war, RNS-Moleküle. Sie produzierten Proteine, die sich zusammenfügten und ihrerseits die ersten lebenden Zellen bildeten.

War diese RNS nicht der wunderbare Keim, der die Handschrift der übernatürlichen Intervention trug? Nein: Es gab davon Milliarden und Abermilliarden in den Pfützen der Urzeit. Sie bildeten sich spontan aus in Wasser gelösten Nukleotiden. Diese Nukleotiden wiederum waren ebenso zufällige Verbindungen unbelebter Elemente: Kohlenstoff, Wasserstoff, Sauerstoff – eben Kohlenwasserstoffe. Die überwältigende Mehrheit dieser Zufalls-Ribonukleinsäuren war nicht lebensfähig; aber es gab zwei oder drei, die es doch waren. Wenn sie sich teilten, ließen sie eine weitere RNS entstehen, die sich wieder teilte und so weiter. Die Erde wurde also von zwei oder drei Ribonukleinsäuren überschwemmt. Der Beweis dafür wurde jüngst von dem amerikanischen Biochemiker Jack Szostak erbracht. Er und seine Assistenten führten zwischen tausend und zehntausend Milliarden freie RNS-Moleküle zusammen und beobachteten ihr Verhalten. Einige teilten sich natürlich; sie produzierten Millionen von Kopien, und nachdem die Wissenschaftler sie hatten mutieren lassen, erhielten sie eine hochwirksame RNS von dem Typus, der zur Produktion von Proteinen und damit lebensfähigen Zellen imstande ist. Bei der Analyse der Bedingungen, unter denen sich ein solches System entwickelt, erkannte ein weiterer Biologe, Stuart Kauffmann, daß das Leben kein Zufall ist: Es ist unvermeidlich.

So kommt man also zu folgendem Paradox: Ein bestimmter Zufall führt zur Notwendigkeit. Das ist eine Variante des Satzes von Monod.

In bezug auf den Kosmos besteht zwar die weitverbreitete Annahme, das Universum sei rational und meßbar. Doch »aus ausgeprochen irrationalen Gründen ist dieses Konzept eines der am schwierigsten zu akzeptierenden, da es die schwerwiegendsten metaphysischen und religiösen Konsequenzen hat«, wie der Physiker Marceau Felden[15] sagt. Vielleicht sind diese Gründe nicht alle metaphysisch oder religiös.

Tatsächlich gerät die Vorstellung einer »kosmischen Gesetzmäßigkeit« oder eines praktisch perfekten Funktionierens nach unabänderlichen Gesetzen, die zu erkennen der Mensch einfach noch nicht fähig ist, unter Beschuß. Ich beschränke mich hier darauf, die drei wichtigsten Gründe dieses Scheiterns anzugeben.

Der erste ist die Entdeckung der Schwarzen Löcher. Das erste wurde 1983 vom Satelliten »Einstein« im Doppelstern Epsilon Aurigae entdeckt. Es ist ein Körper mit der 23fachen Masse der Sonne, dessen Gravitationskraft so stark ist, daß die Fluchtgeschwindigkeit (das heißt die Geschwindigkeit, die zum Beispiel von einer Rakete aufzubringen wäre, um seiner Anziehungskraft zu entkommen) höher sein müßte als die Lichtgeschwindigkeit, was unmöglich ist. Dieses »Monstrum« von einem Himmelskörper sendet folglich überhaupt keine Strahlen aus, da ihm ja kein einziges Partikelchen entkommen kann. Das Schwarze Loch von Epsilon Aurigae absorbiert alles, wohlgemerkt auch den Nachbarstern. Seither wurden noch einige weitere »Kannibalensterne« oder Schwarze Löcher entdeckt. Wir wissen so gut wie nichts über sie: Kann die darin eingeschlossene Materie den Kernschmelzpunkt erreichen, der zu einer Explosion und zur Geburt neuer Sterne führen würde, oder ist sie auf das »absolute Schweigen« reduziert, das heißt auf die praktisch vollkommene atomare Reglosigkeit bei minus 273 Grad Celsius (dem absoluten Nullpunkt)? Es gibt auch kein Modell, das die Vorgänge in dieser Art Himmelsmülltonne beschriebe. Die Aufhebung (oder unendliche Kontraktion) von Raum und Zeit ist im Grunde mit dem Übrigbleiben der Materie nicht vereinbar, und die Materie wird anscheinend nicht vernichtet. Und man kann sich fragen, von welcher Stufe an ein Schwarzes Loch, das beispielsweise eine Galaxis verschluckt hat, sein Zerstörungswerk fortsetzt und das ganze Universum schluckt.

Zweites Beispiel: die »Havarien« der Mechanik des Sonnensystems. Die Anomalien in der Bewegung des Planeten Merkur müssen nach einer bestimmten Zahl von Jahren dazu führen, daß dieser aus dem Sonnensystem verschwindet. Da jedoch die

Umlaufbahnen der anderen acht Planaten durch ihre gegenseitigen Gravitationskräfte bestimmt werden, würde das Verschwinden von Merkur (dessen finale Bahn unbekannt ist und der beispielweise in die Sonne stürzen könnte) einen heute nicht zu berechnenden Dominoeffekt auslösen. Entgegen landläufigen Annahmen herrscht also im Sonnensystem nicht mehr Ordnung als im Universum, und das wunderbare, den modernen christlichen Apologeten so teure Uhrwerk hat ein Verfallsdatum: Es wird nicht ewig laufen.

Drittes Beispiel: Ebenfalls entgegen weitverbreiteten, auch von einigen Physikern und Astrophysikern vertretenen Annahmen ist der »Big bang«, der Urknall, keine Gewißheit und läßt sich auf alle Fälle nicht feststellen oder beweisen. Die Rotverschiebung der nahen Galaxien beweist anscheinend, daß diese sich von der Erde wegbewegen, aber diese Verfärbung könnte ebensogut auf einem Alterungsprozeß des Lichtes beruhen, das sich in Richtung Rot verfärbt und so die Illusion vermittelt, das Objekt entferne sich. Nichts garantiert übrigens, daß die aktuelle Expansion nicht aufhört und morgen oder in einer Milliarde Jahren von einer entsprechenden Kontraktion, dem »Big crunch«, abgelöst wird.[16]

Die Urknall-Theorie ist die kosmologische Hypothese mit theologischer Inspiration schlechthin. Sie wurde 1927 von dem katholischen Theologen und Astronomen belgischer Herkunft Georges Lemaître formuliert, doch es war sein wichtigster Gegenspieler, der Astrophysiker Fred Hoyle, der ihr – über die wilden Spekulationen, die sie weckte, verärgert – in den sechziger Jahren zum Spott den Namen »Big-bang-Theorie« gab (der erste Name war »punktuelles Ur-Universum«). Diese Hypothese zeigt die Grenzen menschlicher Forschungsmethoden exemplarisch auf. Um ein solches Modell rational zu analysieren, gibt es nur zwei Instrumente: die allgemeine Relativitätstheorie auf makrokosmischer Ebene und die Quantenmechanik auf der Ebene des unendlich Kleinen, das heißt der Kernverschmelzung in den Sternen. Nach der Relativitätstheorie hätte der Durchmesser des Universums zum infinitesimalen Zeitpunkt unmittelbar nach der Explosion des virtuellen Ur-Atoms zehn Milliarden Zentimeter, laut der Quantenmechanik weniger als einen Zentimeter betragen.

Ist das Universum also nicht erforschbar? Im Moment nicht. Zu dem Zeitpunkt, in dem diese Zeilen geschrieben werden, kennt man nicht einmal sein Alter. Neun Milliarden Jahre? Oder fünfzehn? Der Unterschied ist folgenschwer, und die beiden amerikanischen Forscherteams, die die Daten des Hubble-Weltraumobservatoriums auswerten, rechnen nicht damit, die Antwort vor Ablauf einiger Jahrzehnte zu erhalten. Wenn das Universum bloß zehn oder neun Milliarden Jahre alt wäre, würde dies alle Modelle zur Konsolidierung der Urknall-Hypothese widerlegen. Und man wüßte nicht einmal, was das »Objekt Universum« ist. »Weder die Logik noch die Mathematik können uns die geringste Wahrheit über das Universum vermitteln«, schreibt Marceau Felden.

Wir erfassen nur Brocken und kennen nur Ableitungen. Alle Welt spricht wie selbstverständlich vom Elektron, aber niemand hat je eines gesehen, und niemals hat man etwas anderes bemerkt als seine Spur. Vielleicht müssen wir uns entschließen, zuzugeben, daß die verfügbaren intellektuellen Instrumente nur Fragmente des Realen wahrnehmen können, oder sogar, daß sie alle der Verzweiflung anheimfallen lassen, die auf einen Determinismus hoffen. Denn Gott oder vielmehr der Glaube an Gott ist deterministisch, ist platonisch und rational. Wie soll man seinen Glauben bewahren, wenn man nicht an einen Großen Plan glaubt? Eines der kostbarsten wissenschaftlichen Instrumente zur Erforschung der Welt, die Quantenmechanik, verurteilt uns zum Indeterminismus: Sie hat »zufällige Ereignisse einer viel … radikaleren Art [als die Unvollständigkeit unseres Wissens] eingeführt: den absoluten Zufall«, schreibt Karl Popper.[17]

Niels Bohr, einer der größten Theoretiker der modernen Physik, hat in sehr wenigen Worten die Unmöglichkeit einer grundlegenden Erkenntnis der Welt nach den von Platon erträumten Vorstellungen formuliert: »Die Erklärung ein und desselben Objekts kann mehrere Gesichtspunkte erfordern, die eine einheitliche Beschreibung ausschließen.« Mit anderen Worten, die rationale Erkenntnis ist unerreichbar; es bleibt nur die »Unerkenntnis«. Das war es, was Newton vor rund zweieinhalb Jahrhunderten in poetischerer Sprache niederschrieb, und Gott sei Dank in einem Moment größerer Erleuchtung denn als er sich über die Theologie ausließ: »Ich weiß nicht, was sich die Welt von mir für ein Bild macht, doch mir selbst scheint, daß ich wie ein Knabe war, der am Sandstrand spielt und sich freut, wenn er von Zeit zu Zeit einen glatteren Kiesel oder eine schönere Muschel findet, während der große Ozean der Wahrheit unergründet vor ihm liegt.«

Alle Wissenschaft ist zweifellos Suche nach Gott, aber seit sich die Intelligenz dazu verstiegen hat, Ihn als naturwissenschaftlich erkennbares Objekt aufzufassen, verschreibt sie sich eitler Betriebsamkeit, Geschwätz und Wahnsinn. Vielleicht erfüllt sich hier der Sinn des Gleichnisses vom Turmbau zu Babel. Entgegen einem außerordentlich weitverbreiteten Vorurteil, dem vielleicht am weitesten verbreiteten der Welt, ist jede geistige Tätigkeit und um so mehr jede Sprache logisch und rational, auch wenn man sie als irrational bezeichnet: Die Rationalität ist nur eine Stufe der Integration von immer zahlreicheren Ursachen und Wirkungen. Das Kind, das an den Weihnachtsmann glaubt, verhält sich nicht *irrational*, es steht einfach auf einer tieferen Stufe der Rationalität als ein Erwachsener, der aus Erfahrung weiß, daß es den Weihnachtsmann nicht gibt. Da wir Gott nicht anders wahrnehmen können als mit Hilfe einer unweigerlich logischen geistigen Tätigkeit und einer ebenso unweigerlich logischen Sprache, lassen wir den Geist des Deliriums aus der Flasche entweichen.

Es ist schon bemerkenswert, daß wir die Delirien früherer Zeiten erkennen können und wissen, daß eine der allerersten Lebensformen auf der Erde eine Bakterienart war, *Methanococcus jannaschii*, ein Bakterium, das Temperaturen von über 100 Grad Celsius und einen Druck von über 1000 Atmosphären überleben kann, das heißt Bedingungen ähnlich jenen, die auf der Erde vor dreieinhalb Milliarden Jahren herrschten. 1982 im Atlantik vor der Küste Mexikos in rund dreitausend Meter Tiefe entdeckt, ist dieses Bakterium ein weiterer Beweis, daß es auf der Erde schon sehr früh und in bisher unbekannten Formen Leben gab.[18] Diese schwärzliche Kugel, als die das Bakterium unter dem Mikroskop erscheint, war Adam. Der Rest ist Mythos, das heißt logisches Beiwerk.

Das Kleingeld
des göttlichen Gefühls

Während eines Aufenthalts in Rom vor rund dreißig Jahren wurde ich Zeuge eines überraschenden Streits zwischen einem menschlichen Wesen und einer himmlischen Gestalt. In der Kapelle von Santa Rita di Caccia, der Schutzpatronin Verzweifelter, in der Kirche Unserer Frau der Barmherzigkeit *(della Mercede)* in der Via della Mercede beschimpfte eine ältere Frau mit Worten und Gesten die Statue der Heiligen. Ich blieb stehen und versuchte mitzubekommen, worum es in diesem Streit ging. Die Anklägerin hatte der Heiligen Geld versprochen und auch in den Opferstock gelegt, damit diese ihre Tochter davon abbringe, einen bestimmten Mann zu heiraten. Aus ihren Worten zu schließen, war er eine wenig empfehlenswerte Partie, *»un mascalzone«*, ein Lump. Doch die Heirat hatte dennoch stattgefunden.

Die enttäuschte Gläubige sprach mit lauter Stimme, und weil das Kirchentor zur Straße sperrangelweit offenstand, hörten einige Passanten der Anklage aufmerksam zu, ein paar traten ein und amüsierten sich, andere zeigten Anteilnahme. Eine Frau wandte sich zu mir und sagte: »Sie hat recht. Wo kämen wir hin, wenn die Heiligen uns nicht erhörten?« Ich wandte ein, der Schwiegersohn der Klägerin habe vielleicht ebenfalls um die Hilfe der Santa Rita gebeten, aber diese Hypothese gefiel meiner Gesprächspartnerin gar nicht.

Die katholische Religion ist voll von solchen kleinen Riten und Verehrungspraktiken, die man eher im afrikanischen Busch oder am Amazonas erwarten würde als in Städten, wo man noch heute über die Konsubstanz Jesu mit Gott debattiert. Doch der dogmatische Starrsinn des Vatikans kommt anscheinend mit Praktiken, die er zu anderen Zeiten als »heidnisch«

eingestuft hätte, ganz gut zurecht. Die Sekundärkulte des Christentums sind wahrlich unzählbar. An wie vielen Armaturenbrettern ist nicht eine Medaille des heiligen Christophorus befestigt (obwohl man mit dem dazugehörigen Wagen doch kaum das Jesuskind transportiert), in wie vielen Hauseingängen steht nicht eine Statue des heiligen Antonius von Padua (nicht des Eremiten aus der Wüste, denn der ist dafür nicht zuständig), der verlorene Gegenstände wiederzufinden hilft! Ein Blick auf den Heiligenkalender lehrt uns, daß der heilige Georg (den es anscheinend nicht gab) vor Hautkrankheiten wie der Schuppenflechte schützt und der heilige Ägidius vor nächtlichen Alpträumen. Jede Innung hat ihren Schutzpatron: die Alpinisten St. Bernhard (Bernard) von Menthon und die Winzer den heiligen Vinzenz von Saragossa.

Die Kirchen in Hafenstädten und an der Küste stellen Votivgaben in Schiffsform aus, die Kirchen im Landesinneren Votivgaben in Form eines Beins, eines Fußes oder eines anderen aus Wachs oder Ton modellierten oder aus Silber getriebenen Körperteils auf einem Samtpolster; rührende Zeugnisse der Dankbarkeit gegenüber einer Madonna oder einem Heiligen, die den Spender vor einem Schiffbruch, einem Beinbruch oder irgendeinem Zipperlein bewahrt haben. Schade übrigens, daß die modernen Kirchen die Ausstellung dieser naiven Kunst ablehnen. Entweder ist der Glaube blaß und fade geworden, oder die Priester sind zu streng.

Man mag sich über den naiven Glauben lustig machen, vielleicht. Die Kirche ist angesichts dieser Praktiken geteilter Meinung, einige ihrer Mitglieder wittern darin einen Hauch von Magie, andere sehen in ihnen ganz im Gegenteil eine Glaubensgeste, die an die Menschenmenge gemahnt, die Christus umdrängte. Jeder versichert, die Heiligen würden nur als Vermittler angerufen, denn es sei Gott allein, der die Bitten erhöre. Nicht ohne eine gewisse Weisheit tolerieren aber die katholische und die orthodoxe Kirche diese Verehrungen aus zwei Gründen, die sie offensichtlich nicht bekanntgeben. Zum einen stärken diese Heiligenkulte die Verwurzelung der Kirchen in althergebrachten Traditionen, die älter sind als das Christentum. Zum Beispiel ist Sankt Georg, obwohl der offizielle Schutzpatron Großbritanniens, in Wahrheit nur eine »Transmogrifikation«, eine Metamorphose des absolut heidnischen Helden Perseus; Georg soll eine Jungfrau aus den Klauen eines Drachen befreit haben, just wie Perseus Andromeda gerettet hatte. Drachen gab es viele auf der Welt, und sie alle hatten Appetit auf Jungfrauen. Und hier war ein beliebter Held und Krieger; man vergab sich gewiß nichts, wenn man ihn in den Heiligenkalender aufnahm.

Der zweite Grund ist menschlicher Natur. Die kirchliche Toleranz ist anscheinend von Weisheit gelenkt: Das Absolute hat gewissermaßen Kleingeld nötig. Alle Religionen haben solche »kleinen Münzen« geprägt, und dennoch sahen – entgegen dem, was man vermuten würde – weder die Religionen noch die Philosophien der Antike deren Zirkulation gerne; abergläubische Vorstellungen stellten gewissermaßen eine direkte Verbindung zu den übernatürlichen Kräften dar, also einen Eingriff in die Gesetze der Glaubensgemeinde, die vorschrieben, die Anbetung der Götter habe kollektiv zu geschehen. Der Abergläubische trat außerhalb der sozialen Bande der Religion, um seine Privatgeschäfte mit den Mächten des Himmels oder der Hölle direkt abzuwickeln. Der Mensch war schon immer der Meinung, sein Ich sei wertvoll genug, um die allerhöchste Aufmerksamkeit zu verdienen.

Erinnern wir an den politischen Charakter des offiziellen Verständnisses der Religion in der Antike: Die Götter erhörten nur das Kollektiv, was eine interessante Auslegung des Charakters der Gottheiten war. Deshalb verdammt Platon, streng und wenig zur Nachsicht neigend, Magie, Aberglauben und dergleichen in vielen seiner Texte. Wir können daraus eine wertvolle Lehre für die Zukunft ziehen: Der Aberglaube ist das eigene System einer Minderheit zur Interpretation der Welt, das heißt der Beziehungen zur Gottheit oder zu übernatürlichen Kräften. Sein sozialer Status hängt von der Zahl seiner Anhänger ab. Die Christen wurden von den Römern als Atheisten und Abergläubige behandelt und behandelten ihrerseits die Völker als gottlos und abergläubisch, die andere Religionen praktizierten.

Ob nun erlaubt oder verboten, die Aberglauben florierten, und geldgierige Hexer, Magier, Wahrsager und Priester verfertigten Orakel, brauten Zaubertränke, sagten kabbalistische Zaubersprüche auf, riefen die höllischen Gottheiten aller Religionen und auch nichtexistente Götter an, brachten Opfer dar, damit mehr oder weniger heimliche Wünsche in Erfüllung gingen, zum Beispiel daß ein störrischer Liebhaber verführt oder ein Rennen gewonnen wurde, das Schicksal beschworen oder jemand Bestimmtes verhext wurde, und dergleichen Schabernack mehr.

»Gruß dir, Raharaktes, Vater der Götter! Gruß euch, ihr Sieben mit roten Bändern geschmückten Hathors! Gruß euch, ihr Gottheiten, Herrscherinnen des Himmels und der Erde! Macht, daß die und die, Tochter der und der, mich sucht wie das Rind sein Futter, wie eine Dienerin ihre Kinder, wie ein Hirte seine Herde! Wenn ihr nicht macht, daß sie mich so sucht, werde ich Busiris in Brand stecken und sie verzehren!«[1]

So lautete beispielsweise der Spruch eines ägyptischen Hexers. Er war dreist, weil er den Göttern mit Rache drohte, wenn sie nicht gehorchten. Die Ägypter nahmen also an, daß sich die erschrockene Gottheit aus Angst vor der Behandlung, die ihr der lästige sterbliche Bittsteller androhte, auf der Stelle an die Arbeit machen werde.

All dies war offensichtlich reinste Scharlatanerie. Wenn ein bettelnder Priester in der Zeit vor dem Christentum in Athen, Korinth, Rom oder Alexandria an eine Haustür klopfte und verkündigte, er könne mit seinen Praktiken erreichen, daß die Sünde eines Vorfahren vergeben werde, so ist zu bezweifeln, daß viele Kunden die angebliche Verfehlung des Ahnen für bare Münze nahmen oder den Erlöserkräften des Bettelmönchs vertrauten. Ägypter, Griechen oder Phönizier waren kaum dümmer als wir, aber man sah, daß der Mann Hunger hatte und daß dies sein Broterwerb war, und man gab ihm zu essen, weil er schließlich ein interessantes Schauspiel versprach. Und dann wußte man ja nie, was man sehen würde. Der pflichtvergessene oder gottlose Vorfahr erschien vielleicht im Rauch des Bilsenkrauts, der Schwalbenwurz oder der Petunie, die der Priester unter gemurmelten Beschwörungen verbrannte.

Von den Schamanen Sibiriens bis zu den Hexern Afrikas, von den Knocheneinrenkern Europas zu den Medizinmännern Nordamerikas bestanden diese Praktiken seit unvordenklichen Zeiten. Sie bildeten den Bodensatz der Religionen vor der Erfindung der Schrift, der sogenannten »primitiven« Religionen, die ihrerseits das Fundament der Religionen der Schrift darstellen. Sie dienten und dienen noch heute Dutzenden von Millionen Menschen in der ganzen Welt als Trost. Der Gott der Monotheismen ist für viele Menschen abstrakt; man darf Ihn nur in einer Sache anrufen, die Seiner würdig ist, und entgegen dem Sprichwort ist es manchmal besser, nicht zum Schmied zu gehen, sondern zum Schmiedchen, sich in kleineren, geheimen, oder gar schändlichen Fragen an kleinere Götter zu wenden. Das Christentum, das die Gebiete des Römischen Reichs eroberte und dort sehr viele Kulturen absorbieren mußte, zu denen später noch all jene der Kolonialreiche und der missionierten Gebiete kamen, das Christentum weist deshalb weit mehr tolerierte Aberglauben auf als das Judentum oder der Islam. Diese beiden monotheistischen Religionen haben sich vehement gegen Götzenverehrungen gewehrt. Der jüdische Glaube beherrschte nie ein Imperium, der Islam seines nur eine verhältnismäßig kurze Zeit lang. Das Christentum tolerierte alte Mythen und integrierte sie dadurch, daß es ihnen seinen eigenen Stempel aufdrückte. Das Geburtsdatum von Mithras wurde zu dem von Jesus, das Bäumchen, das die Mithrasverehrer zur Feier der Wiederkunft des Lichts nach der Wintersonnenwende pflanzten, wurde zum Weihnachtsbaum, und so weiter.

Doch es gibt auch anderes Kleingeld des Göttlichen; zum Beispiel die Sekten.

Die Adoption des Teufels durch das Christentum mußte die Spielarten des Aberglaubens sowohl bei den Inquisitoren wie auch bei den Gläubigen beträchtlich erweitern. Überall begann ein langes Verzeichnis von Sekten und Häresien, von den Adamiten des Mittelalters, die nackt mit ihren Frauen lebten, bis zu den Tessaradescaditen der gleichen Epoche, die Ostern erst im vierzehnten Vollmond nach den vorangegangenen feiern wollten. Von den Tnetopsychikern aus den Anfängen der Kirche, die von der Sterblichkeit der Seele überzeugt waren, bis zu den Ende des 18. Jahrhunderts aus den Quäkern hervorgegangenen *Shakers* in den USA, die Jesus keine Göttlichkeit zubilligten und die sich, wenn vom Geist ergriffen, Tänzen hingaben, die als »bizarr« angesehen wurden (aber eigentlich eher einer Polka glichen). Von den Borborianern oder Borboriten, Gnostikern aus der Frühzeit der Kirche, die behaupteten, Jesus sei nur Gottes Adoptivsohn und Maria habe ihre Jungfräulichkeit bei der Niederkunft verloren (was nur einleuchtend wäre), bis zu den Mährischen Brüdern des 18. Jahrhunderts – auch Herrnhuter Brüdergemeine oder, nach ihrem gräflichen Gründer, »Zinzendorfer« genannt und außer in Mähren auch in der Wetterau, in Holland und in England verbreitet –, in deren Gemeinden eine Person Tag und Nacht ohne Unterlaß für alle betete. Die Aufzählung füllt Bände und könnte weitere füllen. Immer geht es um das erwähnte Kleingeld des Glaubens. Weil die Gottheit eine Schöpfung der Logik ist und diese als geistige Tätigkeit letzlich ein Produkt der Kultur, brachte jede Region ihre eigene Vielfalt von Glaubensrichtungen hervor, so wie die verschiedenen Weinbaugebiete verschiedene Weine erzeugen.

Ein kurzer Blick auf die katholischen Kirchen und die orthodoxen Ostkirchen zeigt übrigens, daß der Glaube an einen einzigen Gott auch außerhalb der Sekten eine recht beachtliche Vielfalt von Riten und offiziellen kirchlichen Autoritäten ins Leben gerufen hat: Elf Riten zählen die katholischen Kirchen, 26 Territorien und Patriarchate gibt es bei den orthodoxen.

Im 18. Jahrhundert bildete sich eine Form religiöser Dissidenz heraus, die seither eine erstaunliche Zahl von Bewegungen hervorgerufen hat, die nicht einfach zu definieren sind: Handelte es sich um eigentliche Schismen, das heißt Gemeinden, die aus echten, die Lehre betreffenden Differenzen mit einer der großen Kirche entstanden waren wie die Arianer? Oder um Sekten, das heißt Personengruppen, die mehr oder weniger charismatischen und geschickten Führern folgten, die ihrerseits danach trachteten, sich in der Gesellschaft eine gewisse Stellung zu erkämpfen (und nebenbei zu Geld zu kommen)? Dieser Unterschied mag zweitrangig scheinen; es wird sich herausstellen, daß er wesentlich ist.

Zwei Beispiele mögen dies erhellen. Das erste ist verhältnismäßig frisch. In den zwanziger Jahren rief Frank Buchman, ein obskurer Pastor aus Overbrook bei Philadelphia, eine Bewegung zur »Reinigung der Seelen« ins Leben, deren Erfolg die reformierten Kirchen in Erstaunen versetzte und deren Einfluß bis nach Europa reichte: Mitte der dreißiger Jahre erklärte C. J. Hambro, der Präsident des norwegischen Parlaments, sein Leben sei durch den Buchmanismus, der damals unter dem Namen *»Oxford Grouper«* bekannt war, verändert worden, und ganz Norwegen könnte ebenso verändert werden. War dies nun ein Schisma oder eine Sekte? Die Lehre war zwar nicht schismatisch, doch ihre Unabhängigkeit gegenüber der reformierten Kirche gab zu dieser Vermutung Anlaß.

Das zweite Beispiel: Im 18. Jahrhundert sagte sich eine verstreute Gruppe von Russen in den Gouvernements Jekaterinoslaw und Tambow, empört durch das, was sie als Korruption betrachteten, von der orthodoxen Kirche los, widersetzte sich der Ikonenverehrung und forderte, die Popen sollten sich wie Männer kleiden und nicht wie Frauen. Sie nannten sich »Duchoborzen«, »Kämpfer für den Geist«. Sie wollten, wie die amerikanischen Gründerväter, eine evangelische Gemeinde gründen, die auf Arbeit und Tugend beruhte. Ein unbekannter Quäker gab ihnen eine Struktur, Zar Alexander I. überließ ihnen ein Gebiet zwischen dem linken Djneprufer und dem rechten Ufer der Molotschna, sie gründeten blühende Dörfer und gerieten mit der orthodoxen Kirche in Konflikt.

Die von Gott den Duchoborzen gesandten Oberhäupter folgten eins dem anderen: Nach dem unbekannten Quäker war es ein gewisser Sylwan Kolesnikow, ihm folgten Ilarion Pobirochin, Iwan Kapustin, Wassili Kalmikow, dessen Sohn Ilarion, dann wieder dessen Sohn Peter und so weiter. Es müssen im ganzen elf gewesen sein, der charismatischste unter ihnen war Peter Wassiliwitsch Werigin. Die Polizei verbündete sich mit der orthodoxen Priesterschaft, wie es sich gehörte, und die Verfolgung begann. Man verhaftete die Oberhäupter, Zar Nikolaus I. verbannte sie nach Transkaukasien, man beschlagnahmte ihre Güter. 1899 kamen die englischen und amerikanischen Quäker sowie der berühmte Schriftsteller Leo Tolstoi, nach dessen Prinzipien sie lebten, den Duchoborzen zu Hilfe und bezahlten 7500 von ihnen die Überfahrt nach Kanada. Sie wurden von der kanadischen Regierung in der Provinz Saskatchewan angesiedelt.

Mit ihrer Niederlassung in Kanada war ihre Mühsal noch lange nicht zu Ende. Von der »Christlichen Gemeinde der universalen Brüderlichkeit« spalteten sich die radikalen »Söhne der Freiheit« ab, was Peter Werigin veranlaßte, aus Rußland nach Kanada zu kommen, um die Ordnung wiederherzustellen. Er gründete eine neue Gemeinde in Britisch-Kolumbien. Bei den *Dukhobors* handelte es sich um harte, fleißige Arbeiter, die ein absoluter Pazifismus und tiefe Frömmigkeit beseelten, die vegetarisch lebten, Tausende von Obstbäumen pflanzten und Hunderte von Straßenkilometern bauten. Darüber hinaus errichteten sie Sägewerke, Ziegeleien, Konservendosenfabriken, Modelldörfer und vieles andere mehr. In den dreißiger Jahren verfügte ihre Gemeinde über ein Kapital von einer Million Dollar, für die damalige Zeit und für Einwanderer, die mit praktisch nichts in der Hand angekommen waren, eine beträchtliche Summe. Dennoch trugen ihnen ihre eigentümlichen Verhaltensweisen Konflikte mit den kanadischen Behörden ein: Sie schickten ihre Kinder nicht in die öffentlichen Schulen, zahlten keine Steuern, weigerten sich, Geburten, Eheschließungen und Todesfälle bekanntzugeben, und jedesmal, wenn die Behörden gegen die Extremisten der Gemeinde, die »Söhne der Freiheit«, vorgingen, zogen diese sich vollständig aus (oft bei größter Kälte). Die Gefängnisse Britisch-Kolumbiens waren voll mit nackten Menschen.

Schließlich (und vor allem, nachdem sie unvorsichtigerweise damit gedroht hatten, in die UdSSR zurückzukehren, worauf die kanadische Regierung in vollem Ernst einging und im Jahr 1957 2500 Duchoborzen die Rückkehr nach Rußland erlaubte) beugten sich die Duchoborzen den Sitten der übrigen Kanadier und akzeptierten 1959, ihre Kinder in die Schule zu schicken. Gegenwärtig erwarten sie immer noch die Ankunft eines Oberhauptes, des zwölften, der ihr wahrer Christus sein wird. Schisma? Sekte? Wenn wir die Optik des 1. Jahrhunderts verwenden, als man die Vorstellung eines Schismas offensichtlich noch nicht kannte, waren die ersten Christen mit ihrem abendlichen Liebesmahl, dem Brechen des Brotes, dem kursierenden Weinbecher und der unaufhörlichen Streiterei um die Vorhaut Sektierer. Heute sind sie eine Kirche und bezichtigen ihrerseits andere des Sektierertums. Müßte man daraus etwa schließen, daß diejenige Sekte zu Recht besteht, die in der Geschichte erfolgreich war? Sollte man so Gott gewissermaßen einer historischen Prüfung unterziehen? Hätte man sich zwischen Gott, Jahwe, Allah, Vishnu und Shiva ein gewaltiges Turnier vorzustellen und festzulegen, daß der, der am Ende die Meisterschaft gewinnt, der Sieger und wahre Gott wäre?

Die Prägung des Kleingelds hört hier nicht auf. Das Beispiel der Duchoborzen ist der Modellfall eines alten und eines neuen Problems, die beide noch kein Philosoph und keine Regierung gelöst haben, nämlich die richtige und angemessene Verhaltensweise gegenüber Sekten. Das alte Problem berührt die Glaubensfreiheit. Die Duchoborzen zum Beispiel waren und sind überzeugte Gläubige. Aus welchem Grund wurden sie von der russischen Kirche mit Unterstützung von Zar Nikolaus I. verfolgt? Weil sie deren Autorität ablehnten. Die Entscheidung des Patriarchen von Moskau ließ tief blicken: Der Prälat beharrte auf der geistlichen Herrschaft und übte so die Funktion einer Polizei Gottes aus. Doch diese ist Ende des 20. Jahrhunderts nicht besser zu ertragen als die Herrschaft der Inquisition und noch weniger als das oben erwähnte Turnier.

Dadurch, daß die Religionsfreiheit, eines der Fundamente der republikanischen Ethik, heutzutage von den demokratischen Regierungen mehr oder weniger garantiert wird, ist ein neues Problem entstanden, das heißt die geistige Manipulation durch Sekten. Es gibt tatsächlich recht wirksame Methoden der Gehirnwäsche und der psychologischen Konditionierung, einige nutzen gar die Hypnose. Diese Methoden können emotional oder intellektuell instabile Menschen ihrer Urteilskraft berauben und sie ins Verderben stürzen, gemeint sind Depressionen, sexuelle Ausbeutung und Selbstmord. In den letzten Jahrzehnten haben wir zahlreiche und tragische Beispiele gesehen, die im kollektiven Selbstmord und in Blutbädern endeten. In den Vereinigten Staaten war der Sturmangriff der Bundesbehörden auf David Koreshs Sekte der *Branch Davidians* das Thema der neunziger Jahre und beschäftigt die Gemüter bis heute. In Deutschland hat die ablehnende Haltung der Behörden und eines Teils der öffentlichen Meinung gegenüber der »Scientology-Kirche« ein Dossier eröffnet, das sicher noch lange nicht geschlossen wird. In Frankreich beweisen die Sonnentempler-Affäre und die Anklage wegen sexuellen Mißbrauchs gegen den Führer der Mandarom-Sekte, daß das Problem der Sekten auf beiden Seiten des Atlantiks gleichermaßen akut ist. Und in Japan erinnern sich noch alle an die Giftgas-Anschläge der Aum-Sekte in der U-Bahn von Tokio.

Daraus geht hervor, daß gewisse Sekten eine potentielle Gefahr darstellen. Doch von welchem Moment an kann man, muß man annehmen, daß eine Sekte dem Wohlergehen ihrer Anhänger schadet und eine Gefahr für die Gesellschaft darstellt? Bedarf es regelmäßiger psychologischer Prüfungen der Sektenmitglieder und ebenso regelmäßiger Befragungen ihrer Familien? Oder sollte man alle Sekten verbieten? Und ist eine Definition des Begriffs »Sekte« überhaupt möglich? Es gibt Sekten, die sich gegen diese Bezeichnung vehement verwahrt haben und den Titel einer »Kirche« beanspruchen, das heißt einen

Status, der jenem der alten Institutionen wie der katholischen, orthodoxen und reformierten Kirche sowie der jüdischen Religion und dem Islam gleichkommt.

Doch die Unterscheidung zwischen tolerierbaren Sekten und anderen, mit dem Ziel, die letzteren zu verbieten, wäre ein ebenso fruchtloses wie lächerliches Unterfangen und fiele im übrigen auch nicht in den Zuständigkeitsbereich eines demokratischen Staates. Nach welchen Kriterien sollte man beispielsweise dem Druidenkollegium von Bibracte den Vorzug vor der Krishna-Gemeinde geben, oder der parapsychologischen »Fakultät« von Paris vor den französischen Sonnentemplern? Wir müssen betonen, daß das Sektenproblem kein ausschließlich europäisches, ja nicht einmal ein westliches ist. Soll man die *Soka-gakkai*, die wichtigste der »neuen Religionen« Japans, als eine Sekte, eine Religion oder eine philosophische Vereinigung betrachten?[2] Und wie ist die »Église de Jésus-Christ sur la Terre par le Prophète S. Kimbangu« (EJCSK), die »Kirche Christi auf Erden« des Zaïrers Simon Kimbangu, einzustufen? Oder der karibische Voodoo-Kult? Oder der brasilianische Candomblé? Diese »Kirchen« vereinigen Dutzende von Millionen Anhänger, und keine Behörde, erst recht keine internationale Instanz, würde ihrer Herr.

Schließlich wäre die Überwachung der Anhänger durch die offiziellen Gesundheitsbehörden der Départements, der Regionen oder der Länder wegen der praktischen Schwierigkeiten, die sich stellen würden, eine fiktive Vorstellung. Sie käme zudem der Einführung einer Gedankenpolizei gleich, die prinzipiell nicht tolerierbar wäre. Letztlich widerspräche das Verbot aller Sekten dem Prinzip der Gedankenfreiheit, das ebenso eines der Fundamente der freiheitlichen Demokratien ist. Es bleibt nichts als der pragmatische Kleinkrieg, den übrigens die meisten Staaten führen und der darin besteht, diese Organisationen einer besonders strengen Kontrolle durch die Steuerbehörden zu unterziehen. Doch dies ist keine Antwort auf die oben gestellten Fragen.

Allein der Glaube an Gott oder eine Gottheit oder die Verfol-

gung mystischer Ziele kann die Ethik gefährden. Eine einfluß-
reiche Sekte, die von einem Tag auf den anderen erklärt, sie
werde verfolgt und das Ende der Welt sei nah, könnte Hunderte, ja Tausende von Selbstmorden und eventuell auch von At-
tentaten auslösen. Geschichtsfreunde wenden sich vielleicht
mit bloß lauem Interesse Episoden der Antike zu, doch es ist
wohl erwähnenswert, daß die tausend Zeloten, die sich im Jahr
66 u.Z. in der Festung von Masada in der Wüste von Judäa
verschanzt hatten, sich lieber gegenseitig töteten, als sich den
römischen Belagerern zu ergeben, und daß der Name der Sekte,
die in Waco 1993 kollektiv Selbstmord beging, *Branch Davidians*, das heißt »vom Stamme Davids«, derselbe ist, den sich auch
die »Essener« zugelegt hatten.

Daß das Paradoxon, daß gewisse Vorstellungen von Gott
schädlich sein können, verhältnismäßig jung ist, verringert seine akute Bedeutung in keiner Weise. Inwiefern der einzelne
und der demokratische Staat durch Sekten gefährdet werden,
ist eine Frage der Einschätzung, die von der jeweils zuständigen
Polizeibehörde abhängt. Doch man kann nicht auf der einen
Seite die Bewachung und Verteidigung der demokratischen
Ethik den Polizeibehörden überlassen und andererseits die Ri-
siken kollektiver Selbstmorde und durch mystischen Wahnsinn
ausgelöster Attentate, wie etwa der Aum-Sekte, vernachlässigen. Es ist notwendig, zu bedenken, daß neue Vorstellungen
über die Gottheit potentiell der Ethik zuwiderlaufen. Das Paradoxe eines Konflikts zwischen Ethik und Gott mag schockierend sein, aber es ist unausweichlich. Es ist eines der Verdienste
der Sektenproblematik, dies ans Licht gebracht zu haben.

Ein anderes Verdienst ist es, die Anpassungsschwierigkeiten
der großen, organisierten Kirchen an die heutige Zeit offenzule-
gen. Die Verbreitung der Sekten in den westlichen Ländern ist
ein Anzeichen für die wachsende Ratlosigkeit der Bevölkerung,
der die vor fünfzehnhundert Jahren entstandenen Dogmen und
Riten nicht mehr genügen. Die Vitalität synkretistischer Religionen wie des Candomblé belegt die Schwierigkeiten der traditionellen Kirchen, sich über Europa hinaus weiter zu verbreiten.

Man berücksichtigt zu wenig, daß viele Konversionen oder Zugehörigkeiten zur katholischen oder reformierten Kirche nur auf dem Papier bestehen. So mancher Gläubige, der sich Christ und getauft nennt, nimmt ohne weiteres an Voodoo-Ritualen teil. Das im Westen geprägte Gottesbild läßt sich nur schlecht in Länder exportieren, wo die einheimischen Kulturen stark geblieben sind und wo darüber hinaus ein mehr oder weniger deutliches Ressentiment gegenüber der Religion der Länder besteht, die als reich und kolonialistisch gelten.

Ist die Welt also erstarrt und verschlossen? Ist schon alles gesagt? Muß man Gefangener der Geschichte bleiben und sich an die bestehenden Kirchen halten? Dies sind Fragen, die die Gottessehnsucht aufwerfen kann, eine Sehnsucht, die sich niemals mit einer vorgefertigten Antwort zufriedengeben kann, denn diese ist von anderen für andere konzipiert worden, während das Ich eine Antwort verlangt, die wesentlich auf es selbst zugeschnitten ist.

Dies ist der Grund, warum außer der Metaphysik, die eine anspruchsvolle und für die Dringlichkeit der Gottessehnsucht zu strenge Disziplin ist, eine Anzahl diffuser Bewegungen unter anderem versucht hat, das Weiterleben der »Seele« zu »beweisen«, was auch immer sie unter dem Begriff »Seele« verstehen mögen.

Die bekannteste dieser Bewegungen ist der Spiritismus. Er weckte Tausende von Glaubensrichtungen und eine Anzahl von magischen Riten, die bis auf den heutigen Tag von den Schamanen (das Wort ist tungusisch-mandschurischen Ursprungs) Sibiriens, Zentralasiens, Nord- und Südamerikas, Australiens, von den *Ojun* der Jakuten, den mongolischen *Bögä*, den *Kam* der Turk-Tataren und den koreanischen *Mudang* praktiziert werden. Die Anrufung der Verstorbenen geht von dem logischen Axiom aus, daß diese, weil sie nicht mehr unserer Welt angehören, am göttlichen Wissen teilhaben und vor allem den Nachkommen, an denen sie hängen, Erklärungen geben und Ratschläge erteilen können, um die sie gebeten werden. Es ist anzunehmen, daß auch die griechischen Wahrsagerinnen, die von ihrem Dreifuß die Beschlüsse der angerufenen Götter verkündigten, auf ihre Weise Medien waren.

Von zahlreichen Kritikern als unlogisch und irrational eingestuft, ist der Spiritismus im Gegenteil anscheinend durch ein Übermaß an Logik begründet. Er entströmt tatsächlich einem der tiefsten Gefühle des Ichs, der Ablehnung des Todes und dem Glauben an ein zumindest spirituelles Weiterleben. Zu dieser instinktiven Komponente kommt die kulturelle: Alle Religionen der Vergangenheit wie der Gegenwart postulieren ohne Ausnahme das Weiterleben dieses undefinierbaren Etwas namens »Seele«.

Der eigentliche Spiritismus leitet sich von der Mystifikation der amerikanischen Schwestern Maggie und Kate Fox her, die sich in den fünfziger Jahren des letzten Jahrhunderts ein Vergnügen daraus machten, im elterlichen Haus seltsame Geräusche zu erzeugen. Sie schlugen mit einem Seil auf den Boden ihrer Schlafkammer, die über dem Schlafzimmer ihrer Eltern lag, und behaupteten, es seien Geister, die diese Geräusche erzeugt hätten. Ihre ältere Schwester, Lea Fox Fish, ohne Zweifel mit einem außerordentlich geschäftstüchtigen Sinn begabt, nutzte das Interesse der Gegend für die sich überstürzenden Gerüchte aus, und bald machte sich ganz Nordamerika ans Geisterhorchen. Der christliche Glaube an die Unsterblichkeit der Seele, eine Reihe nebulöser Theorien, darunter jene des Österreichers Franz Anton Mesmer gegen Ende des 18. Jahrhunderts über das »tierische Fluidum« (»Mesmerismus«) und jene des schwedischen Naturforschers, Theosophen und späteren Mystikers Emanuel von Swedenborg, der behauptete, Besuch von Geistern Verstorbener zu erhalten, hatten im übrigen den Boden bereitet.

Vergeblich wandte der amerikanische Philosoph Ralph Waldo Emerson ein, der Spiritismus sei eine »Offenbarung aus der Gosse«, vergeblich zeigte man, daß die zu Matronen des Spiritismus avancierten Schwestern Fox die geheimnisvollen Geräusche auf verschiedenerlei Weise selbst erzeugten, insbesondere indem sie ihre Zehengelenke am Boden knacken ließen – die

Mode hatte sich etabliert. Dieser Marotte verfielen einige der hellsten Köpfe des 19. Jahrhunderts. Physiker wie der berühmte Michael Faraday, ein Mystiker wie Newton, Thomas Edison und Sir William Crookes, Erfinder der nach ihm benannten Crookesschen Röhre, der Astronom Camille Flammarion, Ärzte wie der Nobelpreisträger Charles Richet, Philosophen wie William James, Schriftsteller wie Iwan Turgenjew, der Dichter Robert Browning und Sir Arthur Conan Doyle, der »Vater« von Sherlock Holmes, Politiker wie der englische Premierminister Arthur Balfour und Zar Nikolaus I. befragten Medien und glaubten ans Tischerücken. Gesellschaften zur Erforschung psychischer Phänomene wurden gegründet – zu wenige übrigens –, die versuchten, das Mysterium zu erhellen.

Die unzähligen Untersuchungen, die inzwischen angestellt wurden, haben erwiesen, daß fast alle professionellen Medien wie Daniel Home, Eusapia Palladino, Elizabeth Hope (genannt »Madame Espérance«) und viele andere Scharlatane waren und nur ein sehr geringer Prozentsatz der von Zeugen beobachteten Phänomene unerklärlich blieb, je nach Zahl der betrachteten Fälle fünf bis zehn Prozent, hinter denen man Tricks vermutete, die die Beobachter nicht entdeckt hatten. Der berühmte Entfesselungskünstler Harry Houdini (eigentlich Erik Weiß, geboren 1874 in Budapest, gestorben 1926 in Detroit) entpuppte sich als echte Plage dieser Medien. Er kannte die Regeln des Handwerks genau und verriet unablässig dessen Tricks.

Bleibt der kleine Prozentsatz, der sich aus spontanen Phänomenen zusammensetzt wie Erscheinungen, die unvorbereitete Menschen hatten und die deshalb kaum durch Selbsthypnose erklärt werden können (einer Form der Autosuggestion, deren Bedeutung im täglichen Leben mir sowohl von der klassischen Psychologie wie auch von jener der Beschreibung unerklärlicher Phänomene, die man Parapsychologie nennt, unterschätzt worden zu sein scheint). Mit ihm beschäftigt sich eine ansehnliche Literatur. Ich käme sehr in Verlegenheit, müßte ich jene Werke nennen, die meiner Meinung nach am meisten Aufmerksamkeit verdienen. Diese Phänomene sind wegen ihrer

tiefen *Bedeutungslosigkeit* bemerkenswert: Schwere Möbel-
stücke, die sich von allein bewegen, Steinhagel in abgeschlossenen Zimmern, Geschirr, das nach einem Flug durch die Luft
ohne menschliche Einwirkung vor den Augen der Polizei zer-
bricht, das sind Gespenster aus alten Tagen, all dies beweist
nichts.

Die Existenz solcher auf nichts zurückzuführender und deshalb unerklärlicher Phänomene (wie auch von Pseudo-Phäno-
menen, zum Beispiel »Erinnerungen an frühere Leben«) hat
am Ende unseres 20. Jahrhunderts die Entstehung einer Anzahl
diffuser, um nicht zu sagen konfuser Bewegungen bewirkt, die
man mit dem Sammelnamen *»New Age«* bezeichnet. Darin
tummeln sich fröhlich bunt zusammengestückelte Disziplinen
und Lehren, die von sich behaupten, sie stammten irgendwo aus
dem Orient, seien Techniken der »Kanalisation psychischer
Energien«, astrologische Nachtarbeiten, kurz, wir erleben eine
Renaissance der hochverdächtigen Theosophie vom Anfang
des Jahrhunderts. Anscheinend handelt es sich hier um eine
Politik der Ekstase, die im Vergleich zum oben erwähnten
»Kleingeld« des Glaubens eher aus ungedeckten Schecks besteht.

Dennoch finden diese Phänomene entgegen aller Erwartung außerhalb des Gebietes des Glaubens, der Mystik und der
Philosophie statt. Tatsächlich haben Geschirr, das sich in die
Lüfte erhebt, um dann am Boden zu zerschellen, die plötzliche
Erinnerung an vergangene, gegenwärtige oder künftige Begebenheiten oder Phantome von Menschen, die seit Jahrhunderten tot sind, in keiner – weder logischer noch religiöser – Weise
mit der Existenz Gottes oder der Seele auch nur das geringste
zu tun. Sie widersprächen sogar dem religiösen Glauben. Außer,
um sich mit Pennälerscherzen zu vergnügen, was ihn endgültig
in Verruf brächte, hätte der Teufel (den es übrigens nicht gibt)
keinerlei Interesse an derartigem Zeitvertreib, und auch Gott
und seine Heiligen nicht. Und die Existenz von Gespenstern
einschließlich Tiergespenstern, die jahrhundertelang herumir-
ren, widerspricht der Existenz des Fegefeuers, ja der Hölle. Der

fast vollständige Mangel an Interesse seitens der Kirchen für solche Manifestationen rührt zweifelsohne daher. Wenn allerdings ein Mitglied der Priesterschaft solchen Erscheinungen zum Opfer fällt, riskiert er wie der Kapuzinerpater Pio die Verfolgung durch kirchliche Behörden. In anderen Fällen wittert der Dorfpriester eine Teufelei und schreitet zum Exorzismus, und in den meisten, wenn nicht allen Fällen erweist sich dieses Ritual als unwirksam. Die fraglichen Erscheinungen dienen überhaupt keiner Sache; sie haben anscheinend den Charakter biologischer Phänomene, genauer: biologischer Störungen. Sie sind inkohärent und treten unregelmäßig auf.

Sie haben die Wissenschaft auf indirektem Weg interessiert, obwohl ihre klinische Untersuchung oft enttäuschend verlief. J. B. Rhine zum Beispiel, einer der gewissenhaftesten Forscher, die einen der Aspekte dieser Phänomene, nämlich die Gedankenübertragung, untersuchten, hat sein Leben darauf verwendet, ohne den geringsten schlüssigen Beweis führen zu können (sein Assistent war erfolgreicher, aber nur dank der Manipulation von Resultaten, woraufhin Rhine, als er den Schwindel entdeckte, sich von ihm trennte). In der Neurologie gibt es jedoch eine »nicht-orthodoxe« Richtung, die von den erstklassigen Wissenschaftlern Sir Roger Penrose und Sir John Eccles, Träger des Nobelpreises für Medizin, vertreten wird und deren Theorie den Versuch einer Erklärung gewisser oben erwähnter Phänomene erlaubt.

Um Penroses Theorie richtig einzuordnen[3], muß zunächst daran erinnert werden, daß das Gehirn wie alle Organe ein Ort elektrischer Aktivität ist, die aus intensiven chemischen Reaktionen resultiert.[4] Diese Reaktionen erzeugen ein elektrisches und damit auch elektromagnetisches Feld, das vor mehr als einem Jahrhundert entdeckt wurde und seit damals das Forschungsobjekt immer feinerer Messungen ist.[5] Wer elektrisches Feld sagt, sagt auch Quantenphänomene, das heißt Phänomene, die nicht isolierte Atompartikel betreffen, sondern ganze »Energiepakete« oder von Wellen getragene Quanten, da die Elektronen sich in Form von Wellen bewegen. Laut Penrose ist die elektrische Aktivität, die sich über die Milliarden von Neuronen des Gehirns mitteilt, viel intensiver als jene, die der Austausch zwischen einzelnen Neuronen erzeugt. Im Innern der Neuronen ziehen sich kleine röhrenförmige Elemente, die Mikrotubuli, unaufhörlich zusammen und erweitern sich wieder und multiplizieren so die Stärke des elektrischen Feldes mit einem Faktor von zehn Milliarden. Das hieße, daß die elektrische Gesamtaktivität des Gehirns viel wichtiger wäre, als man bisher angenommen hat, und daß das Gehirn also der Sitz einer räumlich weit ausgedehnten Quantenaktivität wäre, die es mit seiner Umgebung verbinden würde.

Wenn es gelänge, diese Theorie zu beweisen, würde sie dennoch bloß gewisse Phänomene der Gedankenübertragung und, äußerst hypothetisch, gewisse Phänomene der Psychokinese (Bewegen eines Gegenstandes, ohne ihn zu berühren) erklären. Jedenfalls würde sie nur die »materielle« Beschaffenheit der psychischen Aktivität bekräftigen, und nichts deutet darauf hin, daß sie Bestätigungen einer moralischen Beschaffenheit erbrächte, wie sie traditionellerweise dem im übrigen vagen Konzept der »Seele« zugeschrieben wird. Auch weist nichts darauf hin, daß sie Schlüsse auf die Existenz oder Nichtexistenz Gottes, seine Natur, seine Immanenz zuließe.

Bleibt ein Problem, das häufig mit den bereits erwähnten Fragen in Verbindung gebracht wird, aber sich von ihnen dennoch vollständig unterscheidet, die physischen Phänomene des Mystizismus. Im Laufe der Jahrhunderte wurde in Lebensläufen katholischer Heiliger von Stigmen und körperlichen Veränderungen, die am Karfreitag auftreten, von Schmerzunempfindlichkeit und anderen medizinisch seltsamen Erscheinungen berichtet. Dabei wurde der Tatsache, daß dieselben Phänomene auch in anderen Religionen, insbesondere im Buddhismus und im Hinduismus, beobachtet wurden, wenig Aufmerksamkeit geschenkt. Viele Asienreisende, zu denen auch ich zähle, waren in den vergangenen Jahrzehnten Zeugen von Phänomenen, die sich über die klassischen medizinischen Vorstellungen hinwegsetzen: Menschen, die sich in der Öffentlichkeit verschiedene Körperteile – Zunge, Wangen, Lenden, Rücken, Arme – mit vor allem zylindrischen Metallgegenständen, Kabeln, Ahlen und Spießen mit einem Durchmesser von fünf bis fünfzig Millimetern durchbohren, ohne anscheinend Schmerzen zu empfinden und vor allem ohne die geringsten äußeren oder inneren Blutungen. Es gibt Fakire, die sich an zehn, zwanzig, dreißig Metallhaken aufhängen lassen und stundenlang mit zum Zerreißen gespannter Haut verharren, ohne den geringsten Blutverlust zu erleiden. Würden diese Körperverletzungen an normalen Menschen begangen, müßte man die Opfer schleunigst in eine Notfallklinik bringen. Doch diese Menschen kamen und gingen während Stunden (natürlich mit Ausnahme derer, die an Bäumen aufgehängt waren) und unterhielten sich, wenn ihr Mund oder ihre Zunge nicht durch Gegenstände behindert war, die sie sich hineingerammt hatten, ganz normal mit Gesprächspartnern (zu denen auch ich gehörte[6]). Es ist bekannt, daß man, um eine Blutung zu verhindern, wie sie normalerweise hätte erfolgen müssen, auf drei Faktoren einwirken muß: das Fibrinogen, die Blutplättchen und den Prothrombinspiegel, die Kontraktion der Blutgefäße einmal außer acht gelassen. Wenn ein solches Vorgehen einfach wäre, wären die Chirurgen überglücklich.

Zudem waren die benützten Gegenstände nicht sterilisiert, die Menschen setzten sich der Gefahr einer Tetanusinfektion oder einer Blutvergiftung aus. Ich hatte die Adressen zweier dieser »freiwilliger Märtyrer« erhalten und besuchte sie zwei Wochen später wieder. Ich stellte fest, daß sie sich offensichtlich guter Gesundheit erfreuten und ihre Wunden optimal vernarbt waren.

Ein ebenso berühmter wie rätselhafter Fall ist die »leuchtende Frau von Pirsano«, die während der Karwoche regelmäßig fastete und in der Nacht von Gründonnerstag auf Karfreitag zu phosphoreszieren begann und den ganzen Freitag über leuchtete. Am Samstag abend »erlosch« sie und schwitzte heftig. Ärzte der Universität Pisa beobachteten sie 1934 und konnten ihren Fall nicht erklären.

Es ist bekannt, daß die Selbsthypnose die Kontrolle einer gewissen Zahl von Körperfunktionen erlaubt, einschließlich solcher, die durch das vegetative Nervensystem gesteuert werden und damit im Prinzip nicht willentlich beeinflußbar sind, wie der Herzschlag. Wenn es auch anerkannte Tatsache ist, daß man einen Menschen schmerzunempfindlich machen und sich damit die Anästhesie, zum Beispiel bei der Zahnmedizin, ersparen kann, so ist es weniger bekannt, daß man bei denselben Eingriffen den Patienten auch dazu bringen kann, die Blutungen unter Kontrolle zu halten.

»Selbsthypnose« ist der gelehrte Name für eine Praxis, mit der jede und jeder vertraut ist, ohne zu wissen, was es ist: ein Geisteszustand verminderter Wachsamkeit und größerer Entspannung, in dem wir aufhören, den Lauf unserer Gedanken willentlich zu steuern, und unwillentlich mit unserem Unterbewußtsein, unseren tiefen Gefühlen und den während der Phasen willentlicher Gedanken unterdrückten (weil unnützen oder lästigen) Vorstellungen in Verbindung treten. Unser Widerstand gegenüber Suggestionen wird dabei schwächer, und manche Autoren vergleichen diesen Zustand, der eigentlich eine hypnotische Trance ist, mit einer vorübergehenden Psychose. Wir können uns selbst von der Realität von Phantasmen, der außerordentlichen Richtigkeit einer Intuition oder Interpretation einer realen Erfahrung überzeugen wie in den Fällen von Paranoia. Diese Geisteszustände sind Halluzinationen genauso förderlich wie die professionell geführte Hypnose, die Menschen von der Realität von Visionen, Gerüchen oder Geräuschen, wenn nicht gar von konstruierten Erinnerungen überzeugt. Diejenigen, die versichern, sie seien von Marsmenschen gekidnappt worden, sind wahrscheinlich Opfer solcher Trancen.

Diese Trancen können leicht, mittel oder schwer sein, im umgekehrten Verhältnis zum intellektuellen Widerstand und zur Intensität der unbewußten Emotionen. Die Mystiker versichern, ein übernatürliches Licht oder göttliche Gestalten zu sehen, die sie danach in Einzelheiten beschreiben. Diejenigen, die dazu fähig sind, den Strom ihrer unbewußten Gedanken zu kontrollieren, können ihre Physiologie beeinflussen wie bei der von Psychotherapeuten praktizierten Entspannungstechnik des »autogenen Trainings«. Sie fühlen sich dann außerordentlich leicht oder im Gegenteil sehr schwer und können sich gegenüber Schmerz unempfindlich machen und die Wahrnehmung von Hitze und Kälte, Helligkeit oder Geschmack von Nahrungsmitteln beeinflussen. Die Erfahrungen mit der geführten Hypnose haben diese Wahrnehmungsveränderungen experimentell bewiesen (Geiger, die glaubten, auf ihrem Instrument zu spielen, während sie in Wirklichkeit ein Lineal und einen Stock in den Händen hielten, oder Menschen, die weder extreme Kälte noch extreme Hitze spürten). Isolation und Meditation unterstützen solche Trancen, und es ist wahrscheinlich, daß sich Propheten und Mystiker auf diese Weise konditionierten und so »übernatürliche« Visionen hatten, die eigentlich nur unbewußte Vorstellungen und Gefühle umsetzten. Es ist erwiesen, daß ganz gewöhnliche Menschen willentlich oder unwillentlich, absichtlich oder unabsichtlich zu vergleichbaren Egebnissen gelangen können.

Auf jeden Fall sind viele, wenn nicht gar alle physischen Phänomene des Mystizismus, einschließlich der sehr realen wie Wunderheilungen, auf Bewußtseinsveränderungen des Subjekts selbst zurückzuführen. Sie sind nicht Auswirkungen einer übernatürlichen Intervention und tragen deshalb nichts zur Beantwortung der Frage nach der Gottheit bei. Sie belegen nichts außer dem ununterdrückbaren Bedürfnis, an »etwas Höheres« zu glauben. Gott? Aber läßt sich Gott auf diese Phänomene reduzieren? Gott, die immense Autorität des Universums? Das Kleingeld der Metaphysik bietet anscheinend keine große Hilfe, weder für den Glauben noch für die Philosophie. Aber gewiß kann es die Ethnologie bereichern.

Fazit: Aus Bronzemünzen läßt sich kein Gold machen. Erst recht nicht aus gefälschten.

Das »Was?« und das »Wer?«

Die erste Vorstellung, es müsse eine immanente Gottheit geben, resultierte aus der Logik angesichts eines außerordentlichen Phänomens, zum Beispiel des Blitzes. Was oder wer entfesselte dieses furchterregende Wunder? Denn es *mußte* eine Ursache haben. So legte der menschliche Geist den Grund zu einer Disziplin, die vierzigtausend Jahre später, in den zwanziger Jahren unseres Jahrhunderts, unter Mitwirkung einiger der klügsten Köpfe der Moderne, der Logiker des »Wiener Kreises«, zu folgendem Axiom führte: »Alles, was einen Anfang in der Zeit hat, muß eine Ursache haben.«

Wie wir später sehen werden, konnte diese Logik lediglich zu einer vagen Vorstellung von der Ordnung der Welt führen. Es *mußte* eine universelle Beziehung zwischen Ursachen und Wirkungen geben, und die kleinsten Ursachen, beispielweise die Reaktionen des Immunsystems unter der Haut, in den einzelnen Zellen, in den Körperflüssigkeiten, hatten für das Individuum lebenswichtige Folgen, wie die Resistenz oder Anfälligkeit des Körpers gegenüber Krankheiten, oder entschieden über Leben und Tod. Doch auf welches letzte Ziel ist das Zusammenspiel der Beziehungen zwischen Ursachen und Wirkungen ausgerichtet? Gibt es eine letzte, eine Höchste Ursache? Von der Intelligenz der Viren, die das Abwehrsystem überwinden, bis zur offensichtlichen Expansion des Universums – wozu dient dies alles? Gibt es einen Höchsten Herrscher?

So stellten die Zivilisationen aller Zeiten und auf der ganzen Welt Überlegungen an und entwarfen Gedankensysteme, die zur Gottheit führten. Gestützt auf die offensichtlichen Beweise einer Logik, die die Welt beherrschen sollte, das heißt gestützt auf die Beobachtung der physischen Welt, stellte das Bewußtsein zunächst Gesetze auf: »Jede Flüssigkeit, die man in einem Topf auf ein Feuer stellt, kommt nach einer bestimmten Zeit, die von der Art der Flüssigkeit und der Hitze des Feuers abhängt, zum Kochen.« Das Bewußtsein entwickelte nach und nach einen eigenen Ehrgeiz und stellte auch für Dinge, die sich seinem direkten Einfluß entzogen, Gesetze auf, zum Beispiel für die Himmelskörper: »Der Mondmonat hat 29 Tage.« Dann ging das Bewußtsein zur Metaphysik über, das heißt zu einer Vorstellung oder vielmehr zu Vorstellungen von einem höchsten Willen, der das Ganze regiert.

Die vorhergehenden Kapitel haben die immense Vielfalt dieser Konzeptionen vorgestellt. Sie gingen von einer weiblichen Universalgottheit zu einer männlichen über; von vielzähligen Göttern zu einem einzigen Gott; von einem gütigen Gott, der sich bis zum Ende der Zeiten im Kampf mit einem bösen Gott befindet, zu einem höchsten, gegenüber den Schicksalen geringerer Götter gleichgültigen Gott. Eines haben alle Konzeptionen gemeinsam: Sie sind anthropomorph, das heißt, sie sind das Abbild der Sehnsüchte und Bedürfnisse des Menschen zu einem bestimmten Zeitpunkt seiner Geschichte. Als die menschliche Spezies durch Hungersnöte und Mangel vom Aussterben bedroht war, verlieh der Mensch der Gottheit die Züge einer fruchtbaren Frau, und als die menschliche Gesellschaft von Männern regiert wurde, die Züge eines Patriarchen. Die Gottheit wies auch manche der Umwelt entliehene Züge auf: Ganesh wurde sie einem Land genannt, wo es viele Elefanten gibt, und hatte den Kopf eines Elefanten, und Anubis in einem Land, wo es viele majestätische Schakale gab. In Ländern mit angenehmen Lebensbedingungen hatten die Götter viele Frauen und waren auf erotische Abenteuer aus, doch in Ländern, wo man die Frauen nicht mehr als Garanten des Überlebens der menschlichen Spezies ansah, sondern als eine gefährliche Versuchung zur »Verschwendung« männlicher Energien, lebte und lebt der Gott im Zölibat. Die Gottheit ist also unausweichlich das Abbild einer Kultur, einer kriegerischen wie mit dem skandinavischen Gott Odin, einer Agrarkultur wie mit Ceres, einer intellektuellen wie mit jenem Gott, den die Griechen den Byzantinern und dann den Christen vermacht hatten.

Niemand hat je Gott oder Zeus oder Odin gesehen. Und keine Religion, keine Philosophie, keine Wissenschaft hat je die Kardinalfrage beantwortet: Hat das, was er macht, einen Sinn? Und wenn ja, was beabsichtigt Gott? Existiert er bloß sich selbst zu Ehren, hat er die Welt bloß zu seinem Vergnügen erschaffen? Die Frage scheint akademisch und steckt doch im innersten Kern der Existenzangst. Seit Heraklit, seit den Jainas gibt es darauf keine Antwort, und Shakespeare läßt seinen König Lear im gleichnamigen Stück sagen: »Aus nichts kann nichts entstehn« *(»Nothing will come of nothing«)*. Doch der Nihilismus ist für den Menschen unerträglich. Sollen all die Anstrengungen eines ganzen Lebens, soviel Liebe und soviel Mühe dazu bestimmt sein, sich in Staub aufzulösen, ohne eine andere Spur zu hinterlassen als in der Erinnerung anderer Menschen, die ihrerseits denselben Weg gehen werden, ohne etwas anderes als unbestimmte Worte auf verwitternden Steinen zu hinterlassen oder auf Papier, das sich zersetzt, in Datenbanken von Rechnern, die ein Kurzschluß zum finalen Koma verdammt? Dies ist der Grund, weshalb man die Logik des Realen durch die Logik des Irrealen ergänzte und das Bild Gottes Kategorien der unverdienten Gnade unterwarf − wenn nicht gar Kategorien des Wahns, eines Deliriums, wie es Psychologen und Psychiatern bestens bekannt ist.

Es würde den Rahmen diese Buches sprengen, in die endlose Debatte über die Subjektivität einzutreten. Selbst ein Kant konnte ihr kein Ende setzen. In der historischen Perspektive, die wir eingenommen haben, ist die Frage, die sich stellt, wissenschaftlich und betrifft das Bewußtsein. Was ist diese Entität, die Gott entworfen hat? Alles, was wir darüber mit relativer Sicherheit aussagen können, ist, daß sie ihren Sitz im Gehirn hat, im Innern der Schädelkapsel, im menschlichen Gehirn, obwohl auch die Tiere ein Bewußtsein besitzen. Was ist das Gehirn? Eine Masse von spezialisierten Zellen, den Neuronen: Zellen wie andere auch, mit einem Kern und einer Membran, aber zusätzlich einer fadenförmigen, Axon genannten Verlängerung; dieses Axon endet in einer kleinen Schwellung, der sogenannten Synapse. Die Snyapse bildet die Verbindung zum Dendriten eines nächsten Neurons. Das Neuron empfängt seine Informationen via Dendriten, behandelt sie und leitet sie dann als elektrische Botschaft das Axon entlang zu den Dendriten des nächsten Neurons.

Diese Darstellung ist eine schematische Vereinfachung zwecks besserer Verständlichkeit. In Wirklichkeit gleicht ein Neuron keineswegs den hübschen Zeichnungen der populärwissenschaftlichen Darstellungen, sondern viel eher einer frisch gekeimten Erbse, die man aus der Erde gezogen hat, mit Dutzenden von Würzelchen, den Dendriten, unten, und einem nach oben keimenden Sproß, dem Axon, das sich aus einem Gewirr von weiteren Dendriten-»Würzelchen« zu befreien sucht. Hier, in diesem sterblichen Knäuel, hat die Vorstellung von Gott ihren Sitz.

Hinzuzufügen ist, daß ein Neuron im Schnitt tausend Synapsen bildet, daß einige aber fünf- oder sechstausend aufweisen und daß ein normales Gehirn seinerseits zehn Milliarden Synapsen hat. Die Kommunikationen zwischen Neuronen scheinen größtenteils lokal: Ein Neuron hat die meisten Synapsen mit benachbarten Neuronen und weniger mit jenen, die ein paar Zentimeter entfernt sind, in der gegenüberliegenden Gehirnhälfte beispielsweise.

Die Übertragung geschieht zwar elektrisch, aber sie erfolgt nicht analog zum Stromkreislauf, der eine Glühlampe leuchten läßt. Sie wird durch die Zirkulation chemischer Substanzen, die Neurotransmitter, hergestellt, die im Spalt einer Synapse vom Axon eines Neurons zum Dendriten des nächsten Neurons wandern. Diese Substanzen leiten einen Ionenaustausch durch die Zellmembran des Dendriten ein, so wird chemische Energie in elektrische umgewandelt. Das elektrische Potential des Dendriten beeinflußt die Freisetzung von Ionen in Richtung des nächsten Neurons. Und so weiter, von Neuron zu Neuron. Bei einem bestimmten Menschen wird das Wort »Gott« beispielsweise die Freisetzung von Serotonin, einem spezifischen Neurotransmitter, auslösen, der eine beruhigende Wirkung hat; bei einem anderen dagegen kann dasselbe Wort ganz im Gegenteil die Ausschüttung von Noradrenalin bewirken, das einen »Alarmzustand« und erhöhte Wachsamkeit hervorruft. Welcher Neurotransmitter nun ausgeschüttet wird, hängt von den assoziierten Erinnerungen und Erfahrungen des betreffenden Menschen ab. Wer das Wort »Gott« mit dem gütigen höchsten Wesen gleichsetzt, wird bei dessen Nennung Serotonin ausschütten; wem dasselbe Wort noch nicht gelöste philosophische Fragen in Erinnerung ruft, der wird seine Aufmerksamkeit verdoppeln, wenn er es hört.

Das Zusammenspiel von Milliarden von Neuronen (die Zahl schwankt laut Neurologen zwischen 10 und 100 Milliarden) hat eine mittlere Frequenz von 40 Hertz, kann aber je nach Niveau der Gehirnaktivität bis auf 35 Hertz fallen oder bis 75 Hertz ansteigen. Das Zusammenspiel dieser Einheit bestimmt das Bewußtsein. Das Bewußtsein ist das Ergebnis der Gehirntätigkeit, doch zugleich auch eines ihrer charakteristischen Merkmale. Das Bewußtsein ist mit dem Gehirn ebenso untrennbar verbunden wie das Gehirn mit dem Bewußtsein. Hier liegt einer der großen Unterschiede zwischen der Neurologie des 20. Jahrhunderts und der Philosophie der seit Descartes vergangenen Jahrhunderte: Descartes war tatsächlich der Meinung, das Bewußtsein entziehe sich der Erforschung durch die Naturwissenschaft. Er führte eine grundlegende Unterscheidung zwischen der »unbewußten« Gehirnsubstanz und dem bewußten Geist ein. Doch wie John R. Searle, einer der bekanntesten Erkenntnisphilosophen unserer Zeit, schreibt: »Von den alten Griechen bis zu den ersten elektronischen Erkenntnismodellen war das gesamte Thema des Bewußtseins und seiner Beziehung zum Gehirn recht konfus«.[1] Und es trifft zu, daß viele der zu diesem Thema veröffentlichten Texte sowohl schwerfällig sind, was der Konfusion Vorschub leistet, wie auch von vornherein eine bestimmte These beweisen wollen.

Wir werden uns hier nicht mit der Psychoanalyse befassen.

Die Ethnologie hat seit den zwanziger Jahren gezeigt, daß ihre Erkenntnisse nicht universell gültig sind: In Ozeanien sucht man den »Ödipuskomplex« zum Beispiel vergeblich. Und wenn das Unbewußte existiert, handelt es sich offenbar um eine Sammlung von im Gedächtnis gespeicherten Gefühlen oder Gefühlsstrukturen wie alle anderen nicht unmittelbar nützlichen Erfahrungen (wir verbringen unsere Zeit nicht damit, uns die Jahreszahl der Schlacht von Marignano – 1515, um genau zu sein – wieder ins Gedächtnis zu rufen, selbst wenn es uns in der Schule eine schlechte Zensur eintrug, wenn wir sie nicht wußten). Die Unterschiede zwischen dem »Unterbewußten« und dem »Unbewußten« bleiben äußerst willkürlich. Die Psychoanalyse hat zur Erkenntnis des Bewußtseins im engeren Sinne überhaupt nichts Neues beigetragen.

Von der Geburt bis zum Tod ist das Bewußtsein ständig an der Arbeit; im Schlaf, wenn das Gehirn sich sozusagen nicht anstrengt, sondern »erholt«, ist es am wenigsten aktiv, im Wachzustand am aktivsten, wenn das Gehirn unablässig damit beschäftigt ist, Dinge aus der Erinnerung abzurufen oder Denkmuster, die zur Analyse und zur Synthese notwendig sind, zu aktivieren. In dem Augenblick, in dem die Neuronen nicht mehr elektrisch miteinander kommunizieren, setzt das Bewußtsein aus. Dem Elektroenzephalogramm, das nicht mehr ausschlägt, dem Hauptkriterium des klinischen Todes, das ganz einfach aussagt, daß im Gehirn keine elektrische Aktivität mehr stattfindet, entspricht das Verschwinden der Individualität: Der Körper ist zu keinen Empfindungen und Wahrnehmungen mehr fähig, er ist gefühllos geworden und hat keine Erinnerungen, also auch keine Identität, keinen Willen, keine Ausdrucksmöglichkeiten mehr und ist auch zu keinem Urteil mehr fähig. Das Herz kann weiterschlagen, und ein minimaler Stoffwechsel kann sich dank dem vegetativen Nervensystem aufrechterhalten und dem physiologischen Individuum ein Weiterleben ermöglichen, doch seine Individualität ist tot. Dieser Mensch wird nicht mehr lieben, nicht mehr hoffen, sich nicht mehr fürchten, seine politischen

Rechte nicht mehr wahrnehmen. Er wird auch nicht mehr wissen, was Gott ist.

Descartes' Dualismus ist, in die heutige Sprache übersetzt, also nicht jener zwischen »Seele« und Körper, sondern der zwischen der elekrischen Aktivität in der Hirnrinde, den sogenannten »grauen Zellen«, einerseits und der elektrischen Aktivität im primitiven, von den Reptilien her stammenden limbischen System, dem Randgebiet zwischen Großhirn und Gehirnstamm, andererseits. Das limbische System beeinflußt die hormonale Steuerung und das vegetative Nervensystem, steuert unwillkürliche Aktivitäten wie den Herzschlag und die Atemtätigkeit, die Drüsensekretion und den Stoffwechsel, von ihm gehen Reflexe und gefühlsmäßige Reaktionen auf Umweltreize aus, es ist weiterhin für die Grundgefühle und -bedürfnisse wie Hunger, Durst, Angst, Aggression, Fluchtreflex und Fortpflanzungsinstinkt zuständig und verdient, hier etwas näher vorgestellt zu werden.

Diese verhältnismäßig kleine Formation findet sich bei allen Wirbeltieren (Vertebraten), weshalb das limbische System manchmal Paläo-Kortex oder Ur-Kortex genannt wird. Was man allgemein Gehirn oder Neo-Kortex nennt, ist ein Gewebe, das sich im Laufe der Evolution entwickelte, den Paläo-Kortex gewissermaßen »gezähmt« hat und die »edlen Gehirnfunktionen« wie Analyse, Abstraktion, Sprache, Willensakte und so weiter beherbergt. Im Inneren unseres Nervensystems herrscht daher ein dauernder Konfliktzustand, das limbische System löst so gewaltige Emotionen aus wie Angst, der Neo-Kortex hat die »Aufgabe«, diese unter Kontrolle zu bringen.

Allzuoft wirft man Descartes vor, einen »groben spiritualistischen Fehler« begangen zu haben, als er zwischen »Seele« und Körper unterschied. Doch man vergißt groteskerweise, daß die Neurologie zu seiner Zeit noch unbekannt war und der berühmte Philosoph keinerlei Möglichkeit besaß, sich auch nur im entferntesten vorzustellen, wie beispielsweise die Struktur einer Gehirnzelle aussehen könnte oder wie die Neurotransmitter beschaffen sein könnten.

Hätte Descartes, der als eines der Genies am Anfang der modernen Naturwissenschaften steht, als Neurologe in einem heutigen Krankenhaus gearbeitet und hätte er feststellen können, daß mit dem Erlöschen des elektrischen Signals im Elektroenzephalogramm das Bewußtsein verschwindet, hätte er zweifellos diese Worte nicht geschrieben, die man ihm unentwegt vorhält: »die Seele, dank welcher ich bin, was ich bin«. Descartes stand nur der Wortschatz seiner Zeit zur Verfügung und einzig das Wort »Seele«, um das Zusammenspiel der Charakteristika eines Menschen zu definieren, seine Intelligenz, seine Sensibilität, seine Individualität; das Wort »Bewußtsein« bezeichnete damals in erster Linie die moralische Fähigkeit, zwischen Gut und Böse im theologischen Sinne zu unterscheiden. Für Descartes ist die »Seele« das Denken.

In diesem Neuronensystem vollzieht sich das Denken. Von der Wahrnehmung (Kognition) des Realen mit Hilfe der fünf Sinne (dem visuellen, auditiven, taktilen, gustativen, olfaktorischen) bis zur Abstraktion ergibt sich in unablässigem Hin und Her eine Art der Anpassung, die zu einem Wahrnehmungsbild der Welt führt. Erkennt das Gehirn, das heißt das Bewußtsein, die Welt so, wie sie ist? Das erscheint immer weniger wahrscheinlich. Wir wissen seit einigen Jahren, daß beispielsweise die Bienen nur jene Blumen »sehen«, die ultraviolette Strahlen reflektieren. Die Fliege ihrerseits sieht mit ihren Facettenaugen die Welt bestimmt nicht so, wie sie ist, sondern Hunderte von Malen vervielfacht. Was das visuelle System des Menschen betrifft, so erscheint es immer klarer, daß es dem Gehirn Reaktionen der Nervenfaserschicht im Augenhintergrund, der Stäbchen und der Zäpfchen, auf externe Stimulationen vermittelt. 1995 hat der Physiologe Semir Zeki in London Neuronen lokalisiert, die im Gehirn Farben »produzieren«. So können wir nicht mehr sicher sein, daß Rot wirklich aus sich heraus »rot« und Weiß wirklich aus sich heraus »weiß« ist, sondern bloß noch, daß unser Gesichtssinn auf eine bestimmte Art auf verschiedene Wellenlängen des Lichts reagiert. Eigentlich konstruieren wir mentale Vorstellungen der Welt.

Niemand hat zum Beispiel je den Planeten Mars um die Sonne kreisen sehen, doch eine Unzahl astronomischer Beobachtungen erlaubte den Schluß auf eine solche Bahnbewegung, die in verkleinertem Maßstab in naturwissenschaftlichen Museen und Planetarien wiedergegeben wird und die dort jedermann beobachten kann. Aber auch wer noch nie ein solches Museum besucht hat, weiß, daß sich dieser Planet um die Sonne dreht, denn er kann sich einen festen Himmelskörper in einer Umlaufbahn um die Sonne vorstellen, das heißt, er ist zur Abstraktion fähig. Niemand hat sich selbst je schlafen *gesehen* und hat vom Schlaf mehr als eine indirekte, aus den Beobachtungen der anderen gezogene Kenntnis, doch jeder weiß, daß seine Wachsamkeit zu mehr oder weniger regelmäßigen Zeiten nachläßt und die sensorische Wahrnehmung seiner Umgebung aufhört, sobald er die Augen geschlossen hat. Die vergleichsweise größere Helligkeit der Umgebung beim Erwachen informiert ihn, daß diese »Absenz« einige Stunden gedauert hat; er ist also in der Lage, sich seinen Schlaf abstrakt vorzustellen. Er hat aber keinen Beweis, sondern nur logische Ableitungen aus seiner Erfahrung.

Diese Fähigkeit, sich vorzustellen, was man nicht erfahren hat, wird »Denken« genannt. Nicht alle Neurologen sind sich über die Gleichsetzung von Denken und Bewußtsein einig. Einige beharren auf einem »Mysterium des Bewußtseins«; andere widersprechen den »Materialisten«, die der Meinung sind, die mentalen Prozesse würden durch die Nervenzellen und nichts anderes bewirkt, oder den »Interaktionisten«, die daran festhalten, daß der Geist und das Gehirn zwei verschiedene, für Interaktionen empfängliche Entitäten seien, gerne und oft. Der Begriff »Materialismus« ist in den vergangenen Jahrzehnten mit so vielen negativen Konnotationen beladen worden, vor allem, seitdem er sozusagen automatisch mit dem Begriff »Marxismus« in Verbindung gebracht wurde, daß die Unterscheidung *a priori* subtil verfälscht ist. Man hat noch nichts, absolut nichts gefunden, was die Vorstellung erlauben würde, das Denken werde durch etwas anderes geleistet als durch die Nervenzellen, oder die Vorstellung unterstützte, das Bewußtsein könne vom Denken unterschieden werden. Die Materialisten sind in dieser Hinsicht nicht »materialistischer« als die Physiker, die erklären, der elektrische Strom werde durch die Bewegung von Elektronen in einem leitenden Material hervorgerufen. Müssen wir daran erinnern, daß der Blitz vor den Untersuchungen von Benjamin Franklin als übernatürliches Phänomen galt? Was die Interaktionisten betrifft, die man besser mit jenem Namen bezeichnen sollte, der auf sie zutrifft, nämlich Panpsychisten, so steht ihre Hypothese in formalem Widerspruch zum Energieerhaltungssatz; sie liefe darauf hinaus, daß die in Frage stehende Menge an Energie, ein großes, irgendwo vorhandenes Reservoir »psychischer Energie« (was immer man sich darunter auch vorstellen mag), nicht in sich abgeschlossen sei und daß die menschlichen Gehirne von dort mehr oder weniger regelmäßig »versorgt« würden – eine ebenso unwissenschaftliche wie ausgefallene Vorstellung.

Das »Mysterium des Bewußtseins« bringt anscheinend eine beachtliche Zahl außerwissenschaftlicher Überlegungen mit sich, die ihrerseits zwei Kategorien angehören: Die einen haben damit zu tun, daß die Neurologen, ebenso wie die Astronomen und die Biologen, der öffentlichen Meinung hofieren, und weil diese wiederum der Naturwissenschaft oft genug nicht wohlgesinnt ist, weigern sich die Neurologen, zu sagen, der antike Begriff »Seele« sei ein Konzept religiösen Ursprungs. Jede Epoche hat ihre kulturellen Beschränkungen, die ihrerseits religiösen Ursprungs sind. In diesem Sinne bekämpfte das 17. Jahrhundert – wie an den »Fällen« Kopernikus und Galilei ersichtlich – die öffentliche Verkündung der Tatsache, daß sich die Erde um die Sonne dreht. Das 18. Jahrhundert wurde durch die Vorstellung der Evolution der Arten schockiert, wie sie Buffon und Lamarck entwickelten, und das 19. Jahrhundert durch den Gedanken des tierischen Ursprungs des Menschen (Charles Darwin). Das 20. Jahrhundert schließlich schreckt vor dem Gedanken zurück, daß elektrochemische Reaktionen zwischen Neuronen einen Begriff bestimmen, der von unzähligen philosophischen Vorstellungen besetzt ist. Im letzten Drittel des 20. Jahrhunderts bezeichnete der Träger des Nobelpreises für Medizin Jacques Monod das Problem des zentralen Nervensystems als »zweite Grenze« des Wissens (die erste ist der Ursprung des Lebens selbst).

Die Überlegungen der zweiten Kategorie haben damit zu tun, daß man Bewußtsein, wenn es durch elektrochemische Reaktionen festgelegt ist, auch den Tieren zugestehen muß, was für eine sehr große Zahl von Neurologen einen geradezu blasphemischen Schritt bedeutet, ungeachtet aller Erkenntnis, die ihre eigenen Forschungsresultate ihnen vermitteln. Selbst die Darwinisten haben das Problem vorsichtig umgangen, und Sir John Eccles, der 1964 für seine bemerkenswerten Arbeiten auf dem Gebiet der Neurologie den Nobelpreis für Medizin erhielt, weist mit folgenden Worten darauf hin: »Es ist irritierend, daß die Evolutionisten das große Rätsel, das die Emergenz geistiger Fähigkeiten in der tierischen Evolution für ihre materialistische Theorie darstellt, weitgehend ignoriert haben.«[2] Der berühmte Wissenschaftler ist anscheinend mehr über den Materialismus aufgebracht als sich der Tatsache bewußt, daß es zur Zeit Darwins und in den folgenden Jahrzehnten bereits ein Skandal war, zu sagen, die Vorfahren des Menschen seien einst auf allen vieren gegangen (eigentlich kletterten sie auf den Bäumen herum, denn wir stammen von den Lemuren ab), geschweige denn, zu behaupten, die Tiere hätten ein Bewußtsein und – warum nicht? – eine »Seele«! Wir sind in dieser Hinsicht noch immer Gefangene des großen Irrtums, den man Descartes zu Recht unterstellen kann, des Irrtums nämlich, daß Tiere bloß »Maschinen« bar jeder Vernunft und Intelligenz seien und die »Seele« natürlich von Gott allein dem Menschen verliehen worden sei.

Der große Sir Karl Popper schreibt: »Das Auftreten des Bewußtseins im Tierreich ist vielleicht ein ebenso großes Wunder wie die Entstehung des Lebens selbst.« Und eigenartigerweise fährt er fort: »Man muß jedoch annehmen, obwohl dies ein undurchdringliches Problem darstellt, daß hier ein Evolutionseffekt vorliegt, ein Resultat der natürlichen Auslese.«[5] Es handelt sich nicht um das Problem, an das man zunächst denkt, und es ist vielleicht auch nicht so undurchdringlich, wie Popper behauptet: Es geht eher um die intellektuelle Bereitschaft der Naturwissenschaft, dieses Problem zu untersuchen. Wir besitzen einen riesigen Fundus von Daten zur Neurologie der Tiere und zur Verhaltensforschung, der Fortschritte in der Kenntnis der Tiere zuließe oder erkennen ließe, warum die Tiere im Gegensatz zu Bergsons Behauptung lachen und sich in Individuen verlieben, die für sie wie für uns unersetzlich sind. Entscheidend ist der Wille, die Hypothese der tierischen Intelligenz (die schon mehr als eine Hypothese ist) und des tierischen Bewußtseins (das noch unzureichend erforscht ist) aufzustellen. Auf Objektivität wird in der Neurologie nicht zu verzichten sein, die neben der Kosmologie eines der naturwissenschaftlichen Forschungsgebiete ist, die der Philosophie und der Religion geradezu beunruhigend nahestehen.

Zweifellos versteht man die Befangenheit der Forscher besser, wenn sie das Kapitel des Ichs aufschlagen, das untrennbar mit jenem des Bewußtseins verknüpft ist. Denn das Zusammenspiel der Gehirnfunktionen, das wunderbare Hintergrundgeräusch des Austauschs zwischen den Neuronen, wird beherrscht von einem Zusammenspiel mentaler Strukturen, dem Ich. Es allein ordnet eine bestimmte Wahrnehmung oder ein Gefühl, eine Idee oder eine Handlungsabsicht dieser oder jener Gehirnzone, zum Beispiel dem Erinnerungsvermögen, zu, um zu versuchen, herauszufinden, wo es eine Person, die es auf der Straße trifft, schon einmal gesehen hat, wie sie heißt oder wie die letzte Begegnung mit ihr verlaufen ist. Oder ob es am Steuer seines Wagens eine Verkehrsampel in einer bestimmten Zeit und mit einer bestimmten Geschwindigkeit passieren kann. Denn es gibt im Gehirn Gebiete, die auf die Behandlung bestimmter Informationen wie auf auditive Wahrnehmungen, Musik und Sprache, visuelle Wahrnehmungen und so weiter spezialisiert sind. Diese Abschnitte sind nicht auf beide Gehirnhälften symmetrisch verteilt und auch nicht bei jedermann gleichermaßen angeordnet.

Obwohl Verallgemeinerungen ein wenig schwierig und etwas gefährlich sind, läßt sich feststellen, daß bei der Mehrheit der Neurologen bis Ende der achtziger Jahre unseres Jahrhunderts Konsens bestand, bei jener Aristokratenschicht der Naturwissenschaftler, die sich den Luxus philosophischer Exkurse erlauben können, ohne zweifelnd gehobene Augenbrauen zu riskieren, was dieselben Exkurse beispielsweise bei den Kosmologen bewirken würden. Ein Neurologe kann sich in einem Kommentar zu Tizian ergehen, und man lauscht ihm gespannt, ja mit Bewunderung, während ein Kosmologe, der über die Bibel spricht, mit derselben Skepsis rechnen muß, die einem Gebrauchtwagenhändler, der über dasselbe Thema spräche, entgegenschlüge. Der Konsens lautete wie folgt: Das Gehirn ist eine großartige Maschine, die bewundernswürdige Konzepte hervorbringt, von der Relativitätstheorie Einsteins (dessen Gehirn in einem gegenwärtig räumlich nicht lokalisierbaren Behälter ruht) bis zu Max Plancks Quantenmechanik, ganz zu schweigen von den Kompositionen eines Mozart, eines Beethoven, eines Schubert. Das Gehirn Platons hatte den *Phaidon* entworfen, das von Aristoteles die *Nikomachische Ethik*, Dantes Gehirn die *Göttliche Komödie*, jenes von Shakespeare den *Sommernachtstraum* und so weiter. Es war ein Organ, das die Resonanzen des Universums auffangen konnte, und es hatte die erhabenste Idee der Welt hervorgebracht, Geheimnis und Offenbarung in einem: Gott. Das Gehirn konnte sich gelegentlich irren, wie alles hier auf Erden, doch es war der einzige Schlüssel zum höchsten Gut in dieser materiellen Welt, der Moral. Und wenn man einige historische Anpassungen vornahm, konnte man die Philosophie der Antike mit dem modernen Gedankengut versöhnen und das Gehirn weiterhin als den Sitz der Freiheit darstellen, die auf den bekannten Wegen, die nach Rom führen, unweigerlich zu Gott führen mußte: über die Logik, die Mathematik, die Astrophysik oder die Biologie.

Mit anderen Worten, man rettete das Konzept der »Seele« auf mehr oder weniger großen Umwegen.

Da wurde, im letzten Viertel des 20. Jahrhunderts, eine Reihe von beunruhigenden wissenschaftlichen Arbeiten veröffentlicht, die belegten, daß die Lokalisation der Gehirnfunktionen viel weiter fortgeschritten war, als man geglaubt oder gehofft hatte. Tatsächlich berührte sie Aspekte des Bewußtseins, die man für reine Produkte des Intellekts gehalten hatte. Um genau zu sein: Mehrere dieser Arbeiten waren bereits in wissenschaftlichen Zeitschriften oder Fachpublikationen veröffentlicht worden. 1969 hatte der hervorragende Neurologe J. M. R. Delgado vom einzigartigen Fall eines Mädchens berichtet, das nach einer Enzephalitis im Alter von 18 Monaten mit zwanzig Jahren an Charakterstörungen eindeutig pathologischer Natur in Form unkontrollierbarer Wutanfälle litt. Die Analyse ergab Anomalien der Gehirnströme im Hippocampus und in der Amygdala (zwei Gehirnregionen, die in der Verbindung zwischen dem limbischen System und dem Neo-Kortex den Ausdruck der Gefühle steuern). Die Anfälle hörten nach einer Elektrokoagulation der Amygdala auf. Dies bewies, daß das Ich viel stärker mit der materiellen Natur des Gehirns verknüpft ist, als man angenommen hatte.

Eccles erstellte eine lange Liste von Arbeiten, die seit Ende der fünfziger Jahre darauf hinwiesen, daß sich auf solider experimenteller Grundlage eine Beziehung zwischen physischen Veränderungen des Nervensystems und verschiedenen Manifestationen des Bewußtseins herstellen ließ, die bis dahin entweder der individuellen Psycho-Biographie des Individuums oder einer durch moralisch (oder unmoralisch) gefärbte Begriffe wie Gutartigkeit, Aggressivität, Vergnügungssucht, Sozialverhalten, Begeisterungsfähigkeit und so weiter geprägten Veranlagung zugeschrieben worden waren. So weckte eine seitliche Implantation von Elektroden in die Amygdala von Patienten, die an unkontrollierbaren Epilepsieanfällen litten, bei ihnen den Eindruck von Wärme, Schweben und Überreizung. Die berühmten Arbeiten von Olds hatten schon gezeigt, daß Tiere, denen man die Möglichkeit gegeben hatte, durch die Aktivierung von Elektroden ihre Lustzentren zu stimulieren, die in einem anderen Bereich des limbischen Systems, dem Septum, lagen, damit nicht mehr aufhörten.

Doch Tiere waren schließlich Tiere, und eine Übertragung der Ergebnisse auf den Menschen hätte von schlechtem Geschmack gezeugt. Es gibt in den Naturwissenschaften wie in jeder sozialen Tätigkeit ungeschriebene Gebote und Tabus. Es wäre unmoralisch, einem Choleriker zu sagen, er habe wahrscheinlich Störungen der Amygdala, und einem prassenden Wüstling, er habe Störungen des Septums. Das hieße, sich über eine vorausgesetzte Moral hinwegzusetzen, die Moral der Entscheidungsfreiheit und des freien Willens.

Diese Entdeckungen interessieren auf den ersten Blick anscheinend nur die Pathologie. Doch wie die Studierenden der Medizin schon in den ersten Semestern lernen, erklärt das Pathologische das Normale, und diese Arbeiten zeigten an, daß die Gefühle mindestens ebensosehr vom (unkontrollierbaren) Zustand gewisser Gehirnregionen wie vom freien Willen abhingen. Mir scheint nicht, daß aus diesen Beobachtungen Schlüsse gezogen worden sind. Sie drängten sich jedoch auf, denn angenommen, daß die Gefühle die Ideen beherrschen, würde sich erweisen, daß viele Ideen von Gefühlen beherrscht würden, die ihrerseits durch außerhalb unserer Willenskraft stehende physiologische Zustände bestimmt würden.

Dazu als Beispiel der Fall Phineas P. Gage, der bis ins Jahr 1848 zurückreicht. Man grub ihn, beinahe wörtlich, 1993 wieder aus. Gage war ein kräftiger 25jähriger Kerl gewesen, Vorarbeiter bei einer Eisenbahnbaufirma in New England, ein Musterangestellter, pünktlich, höflich, »verantwortungsbewußt«, intelligent. Dann hatte er einen Unfall. Einige Felsblöcke waren zu sprengen, die einer Eisenbahntrasse im Weg standen. Man füllte ein Bohrloch mit Sprengstoff. Gedankenlos stopfte Gage den Sprengstoff mit Hilfe einer eisernen Brechstange in das Loch. Der Sprengstoff explodierte und jagte Gage die Stange in den Schädel. Sie penetrierte die linke Wange, schlug ihm einige Zähne und ein Auge aus, durchbohrte die Frontallappen seines Gehirns, durchschlug mit hoher Geschwindigkeit die

Schädeldecke und fiel, mit Blut und Gehirnmasse beschmiert, einige Dutzend Meter entfernt zu Boden. Weniger kräftige Männer als Gage hätten diesen Unfall nicht überlebt. Er jedoch kam ein paar Minuten, nachdem er zu Boden geworfen worden war, wieder zur Besinnung und konnte sogar sprechen; er setzte sich aufrecht auf die Sitzbank einer Pferdekarre und war bei vollem Bewußtsein, als er bei den Ärzten eintraf. Diese desinfizierten seine Wunden und staunten über seine Widerstandskraft. Er wurde ein berühmter medizinischer Fall. Zwei Monate später war er wieder auf den Beinen.

Doch was niemand in dieser außergewöhnlichen Geschichte vorausgesehen hatte: Seine Persönlichkeit hatte sich verändert. Die Zeugenaussagen stimmen darin überein: Er hatte alle seine körperlichen und geistigen Fähigkeiten bewahrt, Aufmerksamkeit, Wahrnehmung, Gedächtnis, Sprache, Intelligenz sowie die vollkommene Beherrschung seines Handwerks; folglich nahm er seine Arbeit wieder auf. Doch er war unzuverlässig geworden, entscheidungsunfähig, nervös und vor allem unerträglich grob. Sein soziales Verhalten hatte sich durch den Unfall grundlegend geändert, ebenso seine Fähigkeit, durch situationsangepaßtes Verhalten sein Verbleiben in einer vorgegebenen Umwelt sicherzustellen. Man konnte ihn nicht weiter beschäftigen. Er wurde von einem Zirkus als »Ausstellungsobjekt« angeheuert und erlag nach einem Vagabundenleben mit 38 Jahren, also 13 Jahre nach seinem Unfall, nervösen Störungen epileptischer Natur. Er schien dazu bestimmt, nach seinem Tod nur eine der vielen Nischen in der langen Reihe merkwürdiger Geschichten zu belegen.

Zum Glück für die Geschichte der Neurologie ließ der amerikanische Physiologe John Harlow Gages Leichnam 1868 exhumieren und präparierte den Schädel, der dann im Warren Anatomical Museum der Harvard University aufbewahrt wurde. 1993 nahmen Neurologen den Fall wieder auf und fertigten per Computer eine exakte dreidimensionale virtuelle Kopie des Schädels mit dem Eintritts- und Austrittsloch der Eisenstange an, um die durch den Unfall zerstörten und verletzten Gehirnregionen möglichst genau lokalisieren zu können. Sie rekonstruierten auch die Brechstange mit denselben Methoden. So konnten sie feststellen, daß der präfrontale Kortex beider Gehirnhälften betroffen war.

Die Folgerungen lagen auf der Hand: Es gibt nicht nur Gehirnzentren, die auf gewisse Gehirnfunktionen spezialisiert sind, sondern einige dieser Zentren sind Sitz von Manifestationen des Ichs wie des sozialen Verhaltens und der Fähigkeit, mit seinesgleichen Beziehungen zu unterhalten. Eine an zwölf Patienten mit Verletzungen der frontalen Gehirnregionen vorgenommene vergleichende Untersuchung erweist, daß solche Verletzungen die Veränderung zweier spezifischer Funktionen nach sich ziehen: die Veränderung der Fähigkeit, rationale Entscheidungen zu treffen, und die Veränderung der Gefühlskontrolle.

Wenn Fälle wie der Gages auch selten sind, so wimmelt es in den Annalen der Neurologie doch von Beispielen der Veränderung von verschiedenen Gehirnfunktionen infolge eines Tumors, einer Gehirnblutung oder einer Verletzung. Der Schluß drängt sich auf, daß die Struktur des Ichs wesentlich von neurologischen Strukturen abhängt. Folglich kann man auch nicht ausschließen, daß es eine Gehirnregion gibt, die beispielsweise auf das Gefühl für das Göttliche spezialisiert ist, so wie es andere gibt, die auf das soziale Verhalten spezialisiert sind.

Die Vorstellung der Göttlichkeit wird wie die übrigen Vorstellungen vom Gehirn erzeugt, und sie wird es aus Gründen der Logik. Wie die übrigen Vorstellungen impliziert sie die Notwendigkeit eines Weltmodells, das heißt, sie appelliert an die Integrationsfunktionen des Gehirns. Der Welt der Vernunft gegenübergestellt, verhält sich der Mensch wie die junge Heldin in dem berühmten phantastischen Film-Märchen *Der Zauberer von Oz*: Er will wissen, wer dieses Land regiert. Er hofft stets, einen alten Herrn anzutreffen, der von der Kommandozentrale aus die Hebel betätigt, die gewaltige Maschinerien in Gang setzen. Diese Maschinerien werden als die göttliche Logik angesehen.

Und was ist die Logik? Auf den ersten Blick die Kunst, zwischen Ursache und Wirkung exakte Verbindungen herzustellen. Eine Laborratte lernt rasch, daß sie zu fressen erhält, wenn sie auf einen Knopf drückt. »Knopf gibt Fressen«, heißt hier die Verbindung zwischen Ursache und Wirkung. Wenn man ihr beispielsweise nur jedes dritte Mal zu fressen gibt, wird sie lernen, dreimal hintereinander auf den Knopf zu drücken; die Verbindung ist komplizierter, aber vorhanden. Doch ein Hund, der gelernt hat, auf einen bestimmten Pfiff zu reagieren – nach der logischen Verbindung: Pfiff bedeutet »ich muß zu meinem Herrchen« – verliert die Nerven und verzweifelt, wenn man denselben Pfiff gleichzeitig von zwei verschiedenen Orten aus erklingen läßt: Seine logische Verbindung zur Welt ist gestört. Auch ein Hund erträgt keine absurde Welt, wie Pawlow bewiesen hat.

Eine Ratte in einem Labyrinth wird den Ausgang finden, indem sie logische Überlegung mit Erinnerungsvermögen kombiniert: Erster Gang führt in Sackgasse – vermeiden; zweiter Gang führt auch in Sackgasse – ebenfalls vermeiden. Dritter Gang führt weiter, erste Abzweigung nach links erfolgreich, zweite Abzweigung nach links führt in Sackgasse – vermeiden, und so weiter. Die Ratte lernt also den Ausgang dank einem Schema von falsch und richtig zu finden: Genau wie jeder Rechner, der ja nur die beiden Werte 1 und 0 kennt. Der Stoiker Chrysippos, ein Schüler Zenons, sagte bereits im 3. Jahrhundert v. u. Z.: Ein Hund, der bei der Verfolgung einer Beute an einer dreifachen Weggabelung ankommt, wird auf Anhieb den richtigen Weg einschlagen, wenn er seiner Nase folgt, und dieser Hund ist ein Logiker, weil er nach der Eliminationsmethode vorgeht. Die moderne Logik ist das Studium der Struktur von Behauptungen und Deduktionsbedingungen; als Ganzes interessiert sie sich nicht für die Inhalte dieser Behauptungen, sondern für deren Form. Sie ist mit ihren Zeichen und Methoden eine streng formalisierte Sprache.

Doch man braucht kein Logiker zu sein, um Logik zu betreiben. Seit Aristoteles begreift man den folgenden Syllogismus:

»Alle Menschen sind sterblich; Sokrates ist ein Mensch; also ist Sokrates sterblich.«

Ein zweites berühmtes Beispiel stammt von den indischen Logikern der Nyaya-Schule im 1. Jahrhundert; es besagt: »Ein Topf ist ein Produkt; also ist er zerstörbar. Ein Wort ist ein Produkt; also ist es zerstörbar.«

Die Logik ist wahrscheinlich ebenso alt wie die Sprache. Ihre unumgängliche Hochzeit mit der Mathematik, einer weiteren formalen Sprache, wurde jedoch recht spät gefeiert. Man könnte sagen, die Verlobung sei anläßlich der Veröffentlichung der *Logica Hamburgensis* von Joachim Jungius 1638 verkündet worden; aufgeboten worden seien die Verlobten 1662 mit *La Logique ou l'art de penser* der beiden berühmten Autoren Antoine Arnauld und Pierre Nicole aus dem Pariser Kloster Port-Royal, und richtig gefeiert worden sei die Hochzeit mit den *Nouveaux Essais* von Gottfried Wilhelm Leibniz zum logischen Rechnen, die in den ersten Jahren des 18. Jahrhunderts verfaßt wurden. Vollzogen wurde die Hochzeit zweifellos erst später. Die Historiker sind sich darin einig, daß sich die Logik erst zwischen dem Ende des 19. und dem Beginn des 20. Jahrhunderts im Werk von Gottlob Frege, einem wahren Geistestitanen und Begründer der modernen Logik, der die Arithmetik als Zweig der Logik betrachtete, mit der Mathematik vereint hat.

Seit Frege ist deutlich geworden, daß die Logik nicht bloß die Mutter der Arithmetik ist, sondern, wenn mir ein unverschämter Vergleich erlaubt sei, auch die inzestuöse Schwester der Metaphysik und der Philosophie. Die Logik war das moderne Mittel, um zur Gottheit vorzudringen. Sie erlaubte, über die intuitive Sprache der Theologie »hinwegzuspringen«, und war diese vollkommene Sprache, deren Perfektion allein den alten platonischen Traum der Befreiung der Erscheinungen, das heißt der berühmten Schatten im Höhlengleichnis, verwirklichte. Frege war Platoniker. Für ihn sprach man, wenn man Logik betrieb, die Sprache der Götter, man sprach tatsächlich von Gott, wenn man nicht gar mit Ihm sprach. Übrigens hatte schon Leibniz unumwunden bekannt: Die Welt, wie wir sie kennen, ist das Resultat eines göttlichen Plans. Am Ende der großen Askese, die vor zweieinhalb Jahrtausenden mit Pythagoras begonnen hatte, hatte das Bewußtsein endlich die Sprache gefunden, die die Existenzangst zum Schweigen brachte (oder bringen sollte). Endlich waren die Logiker, wenn man mir eine weitere Unverschämtheit zugesteht, Betbrüder, die zur Privatvesper gingen und ihre Gebete in einem mathematischen Esperanto sprachen. Freges beide großen Nachfolger, der Engländer Bertrand Russell und der Österreicher Ludwig Wittgenstein, sind als Philosophen tatsächlich ebenso bekannt wie als Logiker. Die Aufgabe, die sie sich gestellt hatten, war, eine Syntax der Logik zu begründen, die eine universelle »göttliche« Sprache sein sollte.

Vier Persönlichkeiten, wahre Ausnahmeerscheinungen, sollten das bewundernswerte, in jahrhundertelanger Arbeit errichtete Gebäude der Logik dennoch innerhalb von weniger als einem Jahrhundert erschüttern: Georg Cantor, Bertrand Russell, Ludwig Wittgenstein und schließlich Kurt Gödel.

Der bereits erwähnte Cantor (1845–1918) war ein außergewöhnlicher Mensch, der der Phantasie eines Thomas Mann oder eines Michail Bulgakow entsprungen zu sein schien. Der Lutheraner jüdischer Herkunft aus Sankt Petersburg war geradezu verliebt in Papst Leo XIII. und hatte sich in den Kopf gesetzt, die Theologie durch die Mathematik zu verifizieren. Diese Idee mag auf den ersten Blick weit hergeholt erscheinen, doch sie lag recht nahe, zum einen, weil sich die Philosophen und Mathematiker seit Pythagoras darum bemüht hatten, die Sphärenmusik, das heißt die göttliche Sprache, zu transkribieren, zum anderen, weil sich die Theologen aus eigenem Antrieb eingemischt hatten. Thomas von Aquin hatte gegen die Verwendung des Begriffs der Unendlichkeit in der Philosophie formalen Einspruch erhoben, da doch Gott allein unendlich sei. Die Logik hatte daraufhin derartige Begriffe ebenfalls ausgeschlossen. Außergewöhnlich war die Methode, mit der Cantor diesem Verbot trotzte.

Als echter Revolutionär beschloß Cantor, in seine Arithmetik »transfinite Zahlen« einzuführen, Zahlen jenseits der Endlichkeit, also unendliche Zahlen, denen er – welch verwegene Kühnheit – die Würde realer Zahlen verleihen wollte.[4] Ein wütendes Protestgeschrei erhob sich, weil damals nur finite Zahlen zugelassen waren. Selbst die Mystiker (und die Mystik suchte die Logik weiß Gott genug heim) stimmten in dem Superdogma überein, daß Gott sich ausschließlich in ganzen Zahlen ausdrücke. Wie der berühmte Leopold Kronecker erklärt hatte: »Gott hat die ganzen Zahlen geschaffen, alles andere ist Menschenwerk.« Nicht nur die Mathematiker, sondern auch die Theologen gerieten in Harnisch, und am 22. Januar 1896 mußte Cantor einen Beschwichtigungsbrief an den aufgeschreckten und alarmierten Kardinal Franzelin aufsetzen, in dem er ausführte, daß seine Unendlichkeit in gewisser Weise … relativ sei und daß die absolute Unendlichkeit Gott allein gehöre! All die Prüfungen und intellektuellen Anstrengungen forderten schließlich ihren Tribut: Der arme Cantor starb an einer schweren Depression, seiner vierten oder fünften, in einer Irrenanstalt in Halle.

Dadurch, daß sie sich mit der Logik einließ, war die Cantorsche Unendlichkeit zum Teufelskreis geworden: Versuchte man, sich die Unendlichkeit zu denken, verfiel man in eine Tautologie und konnte überhaupt nichts mehr beweisen. Ein kleines Muster des Problems macht dies begreiflich. Stellen wir uns eine Gerade vor; sie besteht aus einer bestimmten Anzahl von Punkten. Legt man fest, daß diese Punkte einen endlichen Wert haben, kann man die Gerade in ebenso viele endliche Werte aufteilen. Wenn diese Punkte aber einen unendlichen Wert besitzen, ist die Gerade »unzählbar«, denn wenn man mit der Numerierung der Punkte begonnen hat, 1, 2, 3 usw., müßte man zwischen 1 und 2 beispielsweise eine »2 bis« mit unendlichem Wert, dann eine »2 ter«, eine »2 quater« usw. einsetzen. Man stößt so auf das Paradoxon, das Paul Valéry poetisch beschrieben hat:

»Zenon, grausamer Zenon, Zenon von Elea,
hast du mich mit diesem gefiederten Pfeil durchbohrt,
der zittert, fliegt und nicht fliegt?«

Daraus folgt, daß es unmöglich ist, die Unendlichkeit (das heiß
Gott) in logische Überlegungen einzubinden, weil sie diese
Überlegungen zunichte macht. Doch wenn man keine unendliche Größe in eine logische Behauptung oder Aussage mehr
einbauen kann, folgt daraus, daß keine logische Behauptung
oder Aussage die Unendlichkeit berücksichtigen kann, daß also
der metaphysische Wert logischer Überlegungen von allem Anfang an beschränkt ist. Doch wonach suchte die Logik, wenn
nicht nach der Metaphysik?

Cantor wurde zwar von seinen Zeitgenossen unbarmherzig
verfolgt – allen voran von Leopold Kronecker, der ihm eine
erbitterte Feindschaft entgegenbrachte –, konnte jedoch den
großen deutschen Mathematiker Richard Dedekind von seiner
Theorie überzeugen; danach trat Frege in Dedekinds Fußstapfen. Zu Beginn des 20. Jahrhunderts sprach man von der Theorie Cantor-Dedekind-Frege. Die Kritik, die der junge Bertrand
Russell an Frege richtete, ließ diese Theorie in Stücke zersplit-
tern. Frege gestand das Scheitern pathetisch ein: »Es gibt nichts
Schlimmeres für einen Wissenschaftler, als zu sehen, wie die
Grundlagen genau in jenem Zeitpunkt zerbröckeln, da sein
Werk sich dem Ende nähert. In diese Situation wurde ich durch
einen Brief von Herrn Bertrand Russell gebracht, den ich in
dem Augenblick erhielt, als diese Arbeit beinahe im Druck
war.« Tatsächlich hatte Russell auf seine Art bewiesen, daß sich
die Theorie Cantor-Dedekind-Frege in den Schwanz biß wie
die berühmte aztekische Schlange, das Symbol der Unendlichkeit.

Die Logik erhielt zwar keinen tödlichen Schlag, aber einen,
der sie außer Gefecht setzte. Sie befaßte sich später nie (oder fast
nie) mehr mit der Unendlichkeit. Man mußte vollständig bei
Null und mit einem neuen Ziel beginnen. Wenn man keine
göttliche Sprache hatte, war es dann wenigstens möglich, die

Realität zu erfassen? Diese Aufgabe stellte sich der »Wiener Kreis«, eine Ansammlung unvergleichlich brillanter Geister wie Moritz Schlick, Rudolf Carnap, Friedrich Waisman und vor allem Ludwig Wittgenstein. Die von Schlick in den zwanziger Jahren gegründete Denkschule wurde »logischer Positivismus« genannt (in Wirklichkeit war sie jedoch kaum positivistisch). Sie stützte sich auf zwei Grundprinzipien: Erstens, die metaphysischen Theorien sind nicht falsch, sondern schlicht uninteressant, weil nicht verifizierbar, und die metaphysischen »Probleme« sind Scheinprobleme (das war die Lehre, die man aus dem Scheitern der Theorie Cantor-Dedekind-Frege gezogen hatte). Zweitens, die einzige interessante Frage, die Frage, nach deren Antwort zu suchen sich lohnt, ist, was die Sprache ist: zu wissen, was einen Sinn hat und was nicht, richtig von falsch zu unterscheiden und so weiter, und dafür ist eine Syntax unentbehrlich (von der bis heute noch keine Version entwickelt wurde, die jedermann zufriedenstellt).

In den Naturwissenschaften war es das große Verdienst des Wiener Kreises, den philosophischen und unwissenschaftlichen Begriff der Allgemeingültigkeit und Gewißheit, der seit Aristoteles vorgeherrscht hatte, aufzuheben. Eine Beziehung zwischen Ursache und Wirkung kann lediglich approximativ sein, ein perfekter Kausalzusammenhang wäre nur möglich, wenn man alle Ursachen und alle Wirkungen kennen würde. Doch dies wird nie der Fall sein. Die Biologen erfahren dies täglich bei der Untersuchung von Krankheiten: Keine davon hat nur eine einzige, umfassende und unvermeidliche Ursache; selbst im Falle von AIDS mußte man zugeben, daß es Personen gibt, die gegen das Erregervirus immun sind, was bedeutet, daß dieses nur unter bestimmten Bedingungen aktiv und nicht universell ansteckend ist. Kein Naturgesetz erreicht jemals eine Gültigkeit von hundert Prozent. Wenn es stimmt, daß man ein Modell zur Darstellung der Welt nur mit Hilfe einer Theorie oder, genauer, eines Paradigmas entwerfen kann, so trifft umgekehrt auch zu, daß dieses Modell unweigerlich nach einer gewissen Zeit dem Untergang geweiht ist, daß folglich jede

Darstellung der Welt provisorisch ist, wie unter anderen Thomas S. Kuhn nachgewiesen hat.[5] Wir sehen, was wir sehen, aber ein anderer nach uns wird besser sehen, weil unsere Interpretation dessen, was wir sehen, gezwungenermaßen unvollkommen ist und er daraus gelernt haben wird.

Heute wird anerkannt, daß die Gewißheit eine Sache des Glaubens ist und die Wissenschaft das Gebiet des Zweifels, eine unerwartete Illustration von Nietzsches bereits zitiertem Satz: »Nicht der Zweifel macht verrückt, sondern die Gewißheit.«

Die Logik war von dem Ehrgeiz besessen, sich von den »Unreinheiten« der Intuition, die in der gewöhnlichen Sprache eine so große, wenn nicht die wichtigste Rolle spielt, soweit wie möglich zu befreien. Es war in erster Linie Ludwig Wittgensteins Ehrgeiz. Dieser Mann, der weite Gebiete der modernen Mathematik und Philosophie prägen sollte, war von apollinischer Schönheit und unermeßlich reich; er wurde am 26. April 1889 in Wien geboren und starb 1951 in Cambridge. Im Juni 1916, im Sommer der großen Niederlagen des Ersten Weltkriegs, gab ihm eine Reihe von Intuitionen ein (denn die Intuition ist wie der Teufel – stellt man sie vor die Tür, kommt sie durchs Fenster wieder herein), daß es eine direkte Beziehung zwischen den abstraktesten Problemen der Logik und den »Lebensproblemen« gebe, mit anderen Worten zwischen dem korrekten Verständnis einer logischen Aussage und der korrekten Haltung gegenüber dem Leben. So setzte er der Sache gewissermaßen die Krone auf, da diese Beziehung ein unpassendes Verhältnis zwischen Logik und Ethik schuf.

Es entstand eines der schwierigsten und berühmtesten Werke der Welt, der *Tractatus logico-philosophicus*. Es war ein Traktat der Logik im eigentlichen Sinn, darin täuschte sich niemand, am wenigsten die Mitglieder des Wiener Kreises. Wittgenstein zeigte sich darin von einer Strenge, die eines Frege würdig gewesen wäre: Wenn ein Satz keinen Sinn habe, so könne das nur daran liegen, daß man einigen seiner Bestandteile keine Bedeutung gegeben habe.[6] Aber gleichzeitig schrieb er der Logik die Grenzen der Welt zu.[7] Er erinnerte auch an ihre

Eigenschaft als Sprache und löste sie von den Naturwissenschaften, denn – und hier näherte sich Wittgenstein spezifisch der Philosophie – »Alles, was wir sehen, könnte auch anders sein«[8]; dieseWorte sind ein Vorgefühl der Schlüsse, die die Neurologie mehr als ein Dreivierteljahrhundert später ziehen sollte.

Wir erkennen hier den charakteristischen Relativismus des Wiener Kreises: Eine wissenschaftliche Beschreibung ist, was sie ist, es gibt keine Garantie, daß sie absolut exakt ist. Dieses Prinzip ist direkt verwandt mit dem berühmten Prinzip der »Unschärferelation« der theoretischen Physik, das Werner Heisenberg einige Jahre später aufstellte: Ein Partikel X, das am Ort A beobachtet wird, könnte sich ebensogut am Ort A' befinden, weil allein die Tatsache, daß es beobachtet wird, seine Lokalisierung beeinflußt. Wir können die tatsächliche Bahn eines atomaren Partikels nicht bestimmen, wenn sie nicht durch einen Szintillationszähler abgelenkt worden ist. Wenn man Gott wissenschaftlich beobachten könnte, wäre man sich also nie sicher, daß er es wirklich ist.

Das schlimmste aber war Wittgensteins verwirrender Satz: »Es ist klar: Die logischen Gesetze dürfen nicht selbst wieder logischen Gesetzen unterstehen.«[9] Wenn Leibniz das gehört hätte, er hätte sich im Grabe umgedreht. Um die Logik als Versuch der Aneignung der Welt war es geschehen. Um die Sache auf die Spitze zu treiben, schrieb Wittgenstein: »Wir fühlen, daß selbst, wenn alle *möglichen* wissenschaftlichen Fragen beantwortet sind, unsere Lebensprobleme noch gar nicht berührt sind. Freilich bleibt dann eben keine Frage mehr; und eben dies ist die Antwort.«[10] In seinem Vorwort zum *Tractatus* weist Russell auf den Mystizismus seines ehemaligen Schülers hin.

Ein weiterer Donnerschlag im, ehrlich gesagt, nicht mehr besonders blauen Himmel der Logik: der »schreckliche« Unvollständigkeitssatz von Kurt Gödel. Dieser Mathematiker und Logiker von einer Größe ohnegleichen wurde 1906 im mährischen Brünn in der damaligen österreichisch-ungarischen Doppelmonarchie geboren und starb 1978 in Princeton, New Jersey. Sehr früh schon beschäftigte sich Gödel mit einem Problem, das die Mathematik und die Logik seit beinahe einem Jahrhundert heimsuchte: Wie konnte man Axiome aufstellen (ein Axiom ist eine Aussage, die von allein einleuchtet und keines Beweises bedarf, wie zum Beispiel »1 ist nicht 2«), die eine tragfähige Basis für alle Zweige der Mathematik und damit für die Logik bilden konnten? Bisher hatte man sich mit der formidablen Arbeit Bertrand Russells (in Zusammenarbeit mit Alfred North Whitehead), den berühmten, von 1910 bis 1913 erschienenen *Principia Mathematica* zufriedengegeben.

Gödel zeigte 1931 zunächst, daß nicht alle Axiome von Russell und Whitehead zuverlässig waren; schlimmer noch, in der Folge bewies er, daß es in jedem beliebigen streng mathematischen und logischen System Aussagen und Sätze gibt, die durch die grundlegenden Axiome dieses nämlichen Systems weder bestätigt noch widerlegt werden können. Folglich mußte man befürchten, daß die Axiome, und zwar alle grundlegenden Axiome der Arithmetik, zu Widersprüchen führen konnten. – Die Diskussion darüber ist noch heute im Gange.

Wenn ein Mathematiker einem Rechner Operationen zur Durchführung aufgibt, schließt er sein Programm häufig beispielsweise mit den drei Buchstaben *etc.* ab, um eine allzu lange Reihe zusammenzufassen. Der Rechner hat den Auftrag, die Berechnungen bis an die Grenze fortzusetzen; in der Fachsprache nennt man das »idealisieren«. 1993 zeigte Brian Rotman, ein in den Vereinigten Staaten arbeitender englischer Mathematiker, daß ein Rechner, der den Auftrag hatte, langweilige Berechnungen anzustellen, nach Angaben zur Idealisierung verlangte, das heißt, in gewisser Weise übernahm der Rechner selbst das Kommando über die Operationen und eignete sich diese Operation an, modifizierte also den Begriff des Mathematikers vom Ideal.

Vielleicht erreicht die Logik eines Tages die perfekte Syntax, von der man hofft, daß sie die Sprache Gottes reflektieren, wenn nicht konstituieren kann. Doch vielleicht hat dies nicht die erhoffte Tragweite, denn die Handlungsweise Gottes ist nicht von der strengen Folgerichtigkeit, die sich Newton einst vorgestellt hatte. Seit 1993 wissen wir, daß es allein im Sonnensystem eine beträchtliche Anzahl von Variablen gibt, deren Interaktionen man nicht kennt. Der Tag, das tropische oder Sonnen-Jahr, der Mondmonat verlängern sich wegen der Reibungskräfte der Gezeiten, die Tagundnachtgleichen treten unregelmäßig ein, die Bewegungen der Planeten des Sonnensystems sind chaotisch. Die Anomalie hat zur Fomulierung der berühmten Theorie des »Schmetterlingseffekts« geführt: Das instabile Gleichgewicht all dieser Unregelmäßigkeiten zusammen kann einen kritischen Punkt erreichen, wo ein einziger Flügelschlag eines Schmetterlings ausreicht, um alles in ein Chaos zu stürzen. Kein Kalender der Welt kann das Zeitintervall voraussehen, das die Mitternacht des 31. Dezember 2000, das Ende des 2. Jahrtausends, von der Mitternacht des 31. Dezember 3000 trennt; es kann sein, daß diese Mitternacht um 0 Uhr 11 eintritt – oder überhaupt nicht.[11]

Die gelehrten Aufsätze über die künstliche Intelligenz ändern nichts an der Tatsache, daß die menschliche Intelligenz ziemlich chaotisch ist: Die Verbindungen zwischen den Milliarden von Dendriten und Neuronen folgen keinem bekannten logischen Schema. Die Eigenart des Gehirns besteht darin, daß es nicht linear funktioniert, sondern assoziativ. Wenn sich beispielsweise zehn Millionen Neuronen einer bestimmten Gehirnregion miteinander in Verbindung setzen, um eine bestimmte Information zu bearbeiten, dreht es sich nicht immer nur um die betroffenen Neuronen, sondern das elektrische Feld, das sie erzeugen, kann benachbarte Neuronen aktivieren. Die Konsequenzen auf den Ablauf von Gehirnfunktionen sind daher beim jetzigen Stand der Neurologie vollkommen unvorhersagbar: Aktivierung unzeitiger Erinnerungen, Gefühle größter Freude oder Angst (oder Langeweile), der Wunsch zu fliehen und so weiter, alles ist möglich je nach Art der Funktion, der Intensität des Feldes und der beteiligten Gehirnregionen. Das Gehirn ist ein chaotisches Energiebündel, was gewiß nicht mit Unordnung gleichzusetzen ist, weil auch das Chaos seine Gesetze hat. Doch weil diese Gesetze auf unendlichen Kausalketten basieren, ist das Chaos unvorhersagbar.

Das Ich ist folglich so undefinierbar wie das atomare Partikel Heisenbergs. Es ist hier und dort, es ist ein instabiles Gleichgewicht, und wenn die Instablilität nachläßt, verändert es sich wie in der Schizophrenie; wenn die Instabilität aufhört, stirbt es wegen »Enzephalogramm ohne Ausschläge«. Das einzige Geheimnis des Ichs wie des Bewußtseins besteht in dieser durch Wahrscheinlichkeitsrechnungen definierten Instabilität, die aber zur Unvorhersagbarkeit werden kann. Eine Phalanx der hervorragendsten Köpfe unseres Jahrhunderts arbeitet daran, die Gesetze des Chaos aufzustellen, sie hat sie noch nicht gefunden, wenn sie sie überhaupt je finden kann; für den Moment bleibt das Ich ein Chaos. Es ist ein »Wer?«, teilweise durch seine Geschichte definiert und vollständig durch seine physische, neurologische, elektrochemische Existenz konditioniert, aber auch durch seine Umwelt, die genau denselben »Chaosgesetzen« gehorcht wie es selbst.

Denn das Zimmer, das Haus, die Stadt, die Gesellschaft, das Land, der Kontinent, die Erde und das Universum sind derselben Instabilität unterworfen: Das Maß der Instabilität mißt sich nur in der Zeit. Ein Individuum ist immer und augenblicklich instabil, die tektonischen Schichten dagegen bewegen sich nur in den Intervallen mehrerer Jahre, die ihrerseits ebenfalls unvorhersagbar sind. Man ist sich ziemlich sicher, daß in Frankreich in absehbarer Zeit ein Erdbeben stattfinden wird, und es ist vorhersehbar, daß, wenn es stattfindet, die Ichs des betroffenen Gebiets dadurch grundlegend verändert werden. Doch für ein einzelnes Ich kann schon viel früher ein Ereignis eintreten, das seine Gefühle erschüttert, und in diesem Fall wird dieses Ich ebenfalls grundlegend verändert. Nichts wird uns je aus der Conditio des »Wer?« herauslösen. Denn auch nach dem Tod kann das Schicksal eines Toten die Vorstellung ändern, die man sich zu seinen Lebzeiten von ihm machte.

Wie groß das Abstraktionsvermögen des Gehirns auch sei, die Sprache, die es formuliert, wird stets die Zeichen – um nicht zu sagen Stigmen – dieses aleatorischen, zufallsbedingten Funktionierens an sich haben, die mit seinem organischen Gewebe verknüpft sind. Kein Gehirn noch dessen Schöpfungen werden je der Unvollkommenheit entkommen, die sie Gott ersehnen läßt. Keinem Rechner wird Gott je innewohnen, denn ein Rechner ist niemals etwas anderes als ein Auffangbecken der menschlichen Sprache. Wenn wir auch die Grenzen des Bewußtseinszustands definieren können, wissen wir doch nicht, was das Bewußtsein ist, weil wir nicht besser wissen, was wir unter diesem Wort verstehen, als was wir unter dem Wort »Gott« verstehen. Wir können das Bewußtsein folglich weder quantifizieren noch umschreiben, und noch weniger, wie sich der Psychoanalytiker Jacques Lacan in einer erstaunlichen Utopie vorgestellt hatte, die ganze psychoanalytische Bezeichnung auf eine Berechnung reduzieren, aus dem einfachen Grund, weil man ein Objekt, dessen Bedeutung unbestimmt ist, nicht definieren kann. Es ist bestenfalls ein »Wer?«.

Die Gottesvorstellung läßt sich folglich nicht auf irgendeine Sprache, auch nicht die Logik, reduzieren. In ihrem unendlichen Wesen trägt sie, wie die Logik, das Zeichen unseres Chaos. Sie ist bestenfalls ein »Was?«. Und zwar das »Was?« eines »Wer?«.

NACHWORT

Jesus gegen Gott?

Ich hoffe, dem Leser ein wenig nützlich gewesen zu sein.

Nach all den Seiten, die im Idealfall zwischen ihm und mir eine gewisse Vertrautheit geschaffen haben, vermute ich, daß er mir eine Frage stellen wird wie jener Kalif, der seine Gelehrten damit beauftragt hatte, ihm eine Geschichte der Welt zu schreiben, und der sie, als er einige Jahre später, lange vor dem Abschluß des in Auftrag gegebenen Werkes, sein Ende nahen fühlte, aufforderte: »Faßt mir das Ganze in wenigen Worten zusammen.« (Die Gelehrten antworteten: »Sie wurden geboren, lebten, litten und starben.«)

Meine Antwort ist einfach: Die Gottesvorstellung ist unwiderstehlich. Sie ist eine Projektion des Ichs, das seine Grenzen, insbesondere jene des Todes, nicht anerkennen kann. Im Gegensatz zu allem, was ein bei den Gläubigen aller Religionen wie bei den Atheisten gängiges Mißverständnis glauben läßt, ist sie logisch. Nichts ist rationaler als die Gottesvorstellung; sie ist sogar das höchste Resultat der Vernunft. In meiner langen Laufbahn als Wissenschaftsjournalist staunte ich stets über die Feindschaft, die Rationalisten und Religiöse trennt. Der einzige Unterschied, den ich feststellen kann (allerdings ein großer, wie ich zugebe), ist, daß die Rationalisten bescheiden sind und nicht vorgeben, alles begriffen zu haben, während die Religiösen versichern, es gebe nichts mehr zu lernen.

Sobald man versucht, die Gottesvorstellung zu vertiefen, verfällt man dem Wahn, denn es gibt auch einen logischen Wahn. Die klügsten Logiker waren nicht erfolgreich. Da ist eine Mauer. Versucht man sie abzulehnen, findet man sich in das Ich eingesperrt. Das ist die Wüste.

Einer Religion anzugehören ist gefährlich. Es bedeutet zum

einen, einen potentiellen Mörder aus sich zu machen, und zwar den schlimmsten aller Mörder, den Mörder mit ruhigem Gewissen. Die Geschichte der Gegenwart und die Chronik der vergangenen Jahrhunderte wimmeln von Menschen, die im Namen Gottes töteten, ohne sich im geringsten um die damit verbundene Gotteslästerung zu kümmern, die sie auf direktem Weg in die tiefste Hölle stürzen müßte, wenn es diese gäbe. Die Überzeugung, im Alleinbesitz der göttlichen Wahrheit zu sein, ist eine schändliche Bösartigkeit. Es bedeutet weiter, sich in einem Gemisch aus Ignoranz und Arroganz einzuschließen, das Dante bei seinem berühmten Besuch der imaginären Hölle zu beschreiben vergessen hat. Die Würde des Menschen liegt im Zweifel begründet; dieser ist zwar unbequem, doch Bequemlichkeit ist das Privileg der Wilden, der Verrückten und der Mörder. Beispiele der Arroganz wurden uns von all jenen Religionen geliefert, die das Privileg beanspruchten, Gott gesehen und gehört zu haben. Die vorsichtigsten Exegeten sind sich beispielsweise darin einig, daß Ezechiel verrückt war. Ich lehne jede Offenbarung ab. Ich glaube nicht, daß Hesekiel Gott je sagen hörte, er werde Israel die Schamhaare ausreißen, und sage das in aller Bescheidenheit. Diese Rede eines besessenen und delirierenden Greises ist allein Hesekiels Rede. Ich glaube, daß Hesekiel die Augen fest geschlossen hatte.

Leben ohne Religion macht für Wahnsinn anfällig. Die Sekten spähen und warten wie Geier, die den Sterbenden in der Wüste beobachten. Ebenso lauert die Verzweifelung. Einige wundertätige Menschen haben die Jahrtausende überdauert; für mich gibt es nur einen, dessen Stimme nicht erloschen ist, der weder ein Nihilist ist wie Buddha oder Vardhamana, noch müde und überdrüssig wie Lao-tse, noch zynisch wie Konfuzius. Der Leser wird erraten haben, daß es Jesus ist. Er ist der einzige, der Verzweiflung und Wahnsinn ausweichen kann.

Er glaubt an Gott, gewiß, aber er hat sich sehr, gewaltig, ja schrecklich widersprochen. Einmal sagt er »Selig, die Frieden stiften; denn sie werden Söhne Gottes genannt werden« (Matth. 5, 9), dann aber wieder: »Meint ihr, ich sei gekommen, um Frieden auf die Erde zu bringen? Nein, ich sage euch, nicht Frieden, sondern Spaltung« (Luk. 12, 51). Einmal sagt er: »Ich bin bei euch alle Tage bis zum Ende der Welt« (Matth. 28, 20), dann wiederum: »Mich aber habt ihr nicht immer« (Matth. 26, 11). Einmal sagt er: »Mir ist alle Macht gegeben im Himmel und auf der Erde« (Matth. 28, 18), um fortzufahren: »Von mir selbst aus kann ich nichts tun; ich richte, wie ich es (vom Vater) höre« (Joh. 5, 30). Einmal sagt er: »So soll euer Licht vor den Menschen leuchten, damit sie eure guten Werke sehen« (Matth. 5, 16), und kurz darauf: »Hütet euch, eure Gerechtigkeit vor den Menschen zur Schau zu stellen, sonst habt ihr keinen Lohn von eurem Vater im Himmel zu erwarten« (Matth. 6, 1). In den Evangelien wimmelt es von weiteren Widersprüchen. Die Evangelisten hätten sich an das Wesentliche halten müssen, dann hätten sie viele Schnitzer vermieden. Die schwerste Prüfung, die die Zeit der Kirche auferlegte, war die Erfindung des Buchdrucks.

Doch gerade diese Widersprüche machen Jesus so anziehend. Sie sind der Widerhall der Stimme eines zerrissenen Menschen und keineswegs der entscheidende Diskurs, den eine Kirche, die außerhalb seines Einflußbereichs gegründet wurde, daraus machen wollte. Jesus glaubt an Gott, doch er lehnt das Halseisen der Religion ab, macht den Sabbat lächerlich, beleidigt Priester und den Tempel, auf den diese so stolz sind, obwohl er von einem Araber, dem Nabatäer Herodes, gebaut wurde. Und mit Buddha ist er der erste, der vom Mitleid mit dem Anderen, dem Nächsten spricht. Seine Moral gründet auf dem Anderssein, wie man heute sagen würde.

Den Ägyptern mangelte es gewiß nicht an Göttern, aber keiner von ihnen hat uns eine Anweisung hinterlassen, wie man auf der Erde leben soll. Nur die arme Isis, die ewige Witwe ihres Bruders und Geliebten Osiris, vermag uns noch zu rühren. Doch sie spricht nur von Entbehrung. Auch die Griechen, deren Licht uns noch immer blendet und zu denen wir unablässig zurückkehren, wenn wir Reflexion und Schönheit suchen, hatten viele Götter. Aber leider waren sie alle unerträglich langweilig, und es wäre eine wahre Strafe, mit Zeus und seiner Gattin, oder noch schlimmer, mit dem rachedurstigen Schönling Apollo zu Abend zu essen (am ehesten noch mit Dionysos, auch wenn die Nacht wahrscheinlich lang würde und das Erwachen schmerzhaft). Sogar der Selbstmord des von seiner Frau Deianeira verratenen Herakles kann bei uns kaum mehr als ein bißchen Mitleid auslösen.

Poetisch, manchmal bis zur Unverständlichkeit, zärtlich, rachelustig, cholerisch verachtete Jesus weder gute Abendessen, auch wenn sie bei Pharisäern wie Simon dem Aussätzigen stattfanden, noch die Gesellschaft von Frauen, weder Parfums, mit denen man in der Öffentlichkeit (und warum nicht auch privat) sein Haupt besprengte, vor allem aber war er beseelt von der Sehnsucht nach Gott und der Freiheit, und er ist unglaublich modern. Nur das Lachen fehlt ihm. Ich bin überzeugt, daß man es wegzensiert hat.

Für manche ist er Gott geworden und ist dennoch in erster Linie ein Mensch. Seine widersprüchliche Erscheinung steht im Gegensatz zur Gestalt des ewig zürnenden, stirnrunzelnden Richtergottes der Juden, die immerhin Sein Volk waren, und der Christen, die ihn für sich beanspruchten. Wird man Gott Jesus entgegensetzen? Das hieße, den religiösen Gemütern zu widersprechen, obwohl man sich schließlich fragen kann, ob nicht gerade jemand heimlich, beinahe unbewußt, danach tendiert, der sagt, daß die Menschen 35 000 Jahre lang von der Erlösung ausgeschlossen waren.

Das Christentum kritisieren? Seine Wohltaten sind heute ebenso offensichtlich wie seine Laster, seine Tröstungen wie sein Mangel an göttlicher Inspiration, wenn es sie je gab. Die islamischen Fundamentalisten, mit sieben Jahrhunderten Verspätung gegenüber dem Christentum aufgebrochen, halten uns täglich den Spiegel jener Intoleranz vor, die Giordano Bruno und Jeanne d'Arc auf den Scheiterhaufen brachte, Handschriften und Tempel zerstörte und sinnlose Kreuzzüge entfesselte. Zugunsten welcher Religion sollte man das Christentum aufgeben? Sie sind alle Spiegelungen ihrer Zeit, sind nichts als dies,

Reflexe der Gottessehnsucht zu einer bestimmten Zeit an einem bestimmten Ort. Aus diesem Grund unterschieden sich die Gottheiten der griechischen Städte des 8. Jahrhunderts v. u. Z. fundamental von den altsteinzeitlichen Göttern in Babylon, Benares oder Theben. Es ist müßig, die Vergangenheit und die verlorenen Religionen zu idealisieren. Sie alle hatten pingelige Priesterschaften, absurde Gebote, Verblendungen; und welcher Bürger des 20. Jahrhunderts wollte das Los seiner Stadt den geistigen Nachtarbeiten einer Pythia oder den Kniffen eines Haruspex, eines Eingeweideschauers, unterwerfen, wie es in Athen oder Rom gang und gäbe war?

Einige Wissenschaftler und Philosophen haben in den letzten Jahren ein Phänomen ausgelöst, das neu sein soll: die »Entzauberung der Welt«. Darin liegt ein erstaunlicher Hinweis auf eine Verzauberung, bezüglich deren man sich fragen kann, wann und wo sie je geherrscht haben mag. Zur Zeit Perikles', als die Kindersterblichkeit so hoch war, daß man zehn Kinder zeugen mußte, damit zwei oder drei das Erwachsenenalter erreichten? Im China zur Zeit der kämpfenden Staaten, als Hungersnöte ganze Landstriche entvölkerten? Im 18. Jahrhundert, als Pocken, Pest und auch hier wieder Hungersnöte, religiöser Obskurantismus und Fürstenlaunen die Bevölkerung Europas dezimierten? Vielleicht im 19. Jahrhundert, dessen Arroganz die beiden schrecklichsten Weltkriege der ganzen Menschheitsgeschichte anbahnte und den Haß in seinen Kolonien schürte? Furchtbare und lächerliche Nostalgie: Man glaubt die Gräfin in der Oper *Pique Dame* zu vernehmen, die der Pracht am Hof Ludwigs XV. nachtrauert. Schon wieder Wunder des Ichs!

Während ich diese Zeilen schreibe, töten sich wieder einmal Menschen wegen heiliger Orte. Die Geschichte lehrt uns also nichts. Leben werden jäh beendet, auf allen Seiten. Herzen werden gebrochen, man sät Haß, es wird noch mehr Blut fließen. Wie lange wird man erlauben, daß Barbarei und Fanatismus Gott als einen Mörder hinstellen und sich auf Worte berufen, die Er nie gesagt hat?

Ein religöses Gebäude gibt es auf der Erde, ein einziges, das den Respekt der ganzen Welt verdient. Es steht in Houston, Texas, unweit des Museums für moderne Kunst. Eine Frau hat es errichten lassen, Jacqueline de Mesnil; es steht den Riten der Eheschließung, Taufe und Trauerfeier aller Religionen offen, dem Shintoismus ebenso wie orthodoxen Juden, dem Islam so gut wie den Christen, und genau dieses Haus hat mich schon vor vielen Jahren zu diesem Buch inspiriert.

Paris, Ende September 1996

ANMERKUNGEN

TEIL 1

Zunächst einmal war Gott eine Frau

1 1. Mose, 18, 1–2. Es handelt sich um eine der wunderlichsten, aber auch reizvollsten Passagen der Genesis, da Gott hier geschildert wird, wie er, unter den Terebinthen sitzend, vor Abrahams Zelt Kuchen ißt.

2 Vermutlich auf akkadisch und später auf kanaanäisch, bevor es ins Hebräische übertragen wurde. Milton Fisher, »Literature in Bible Times«, in: *The Origin of the Bible*, Wheaton, Ill., 1992.

3 Altbabylonische Version, Tafel 3, IV, 6–8, in: *Das Gilgamesch-Epos*, eingeführt, rhythmisch übertragen und mit Anmerkungen versehen von Hartmut Schmökel, Stuttgart u.a. ⁵1980, S.43.

4 André Leroi-Gourhan, *Die Religionen der Vorgeschichte, Paläolithikum*, Frankfurt/M. 1981, S. 65 f.

5 A. Leroi-Gourhan, a.a.O., S. 108–113.

6 Ebd., S. 63. Leroi-Gourhans unnachgiebiger Eigenwilligkeit sei hier Anerkennung gezollt: Es war eine – im übrigen noch gar nicht so überkommene – Zeit, in der die westliche »Welt der Wissenschaft« den Zeichen aus Archäologie und Ethnologie ihre Entschlüsselungsstrukturen aufzuzwingen gedachte und man sich beispielsweise bedenkenlos an die Psychoanalyse Alexanders des Großen oder irgendeines Pharaos heranwagte. Den Schluß zu ziehen, die Höhlen seien keine religiösen Grabstätten gewesen, während ein Großteil der gelehrten Welt »ganz eindeutige Anzeichen« dafür sah, das erforderte schon einigen Mut.

7 Alexander Marshack, »Images of the Ice Age«, *Archaeology*, Juli/August 1995.

8 André Leroi-Gourhan, a.a.O., S. 138.

9 Jérôme Carcopino, *La vie quotidienne à Rome à l'épogée de l'Empire*, Paris 1939. Carcopino wurde 1995 Mitglied der Académie Française.

10 R. K. Harrison, *Ancient World*, Edinburgh 1971.

11 A. C. L. Brown, *The Origin of the Grail Legend*, zit. in: Mircea Eliade,

Geschichte der religiösen Ideen, 4 Bde., Freiburg u.a. 1979–91, Bd. 2, S.133.

12 Unterschätzt bedeutet nicht ignoriert. So entdeckte man zwar auf Korsika eine große Anzahl Steinskulpturen aus dem Paläolithikum mit eindeutig dargestellten weiblichen Geschlechtsteilen. Doch fand man dort auch zahlreiche, gleichfalls in Stein gemeißelte und nicht minder eindeutige Darstellungen männlicher Geschlechtsteile. Rosé Ercole, *Un peuple de sculpteurs – Le paléolithique corse – Art industrie*, Ajaccio 1977.

13 Das Sammeln wildwachsender Getreidearten wie etwa des wilden, stärkehaltigen Einkorns ging dem Ackerbau auf jeden Fall um einige tausend Jahre voraus.

14 Dies um so mehr, als sich das archäologische Ausgangsmaterial ständig verändert. Bis zu Beginn der neunziger Jahre ging man beispielsweise davon aus, daß die älteste Besiedlung Ozeaniens die von Papua-Neuguinea war und etwa 40 000 Jahre zurückreichte. 1995 aber wurden in Australien Gebrauchsgegenstände entdeckt, die die bisherigen chronologischen Theorien über den Haufen warfen und den Zeitpunkt der ersten Besiedlung Ozeaniens auf die Zeit vor 70 000 Jahren zurückdatierten (was ein weiteres Problem aufwirft, denn sollte diese Datierung stimmen, so müßte man daraus schließen, daß Australien anfangs von Neandertalern bevölkert war). Vorläufig allerdings verfügen Historiker und Ethnologen in diesen Regionen keineswegs über anschauliche Spuren wie etwa Felsmalereien, und es gibt nahezu keine Fundobjekte aus vorkolonialer Zeit, die also älter als dreihundert Jahre wären. Obendrein sind unermeßlich viele religiöse und Gebrauchsgegenstände aus vorkolonialer Zeit durch Missionare zerstört worden, die diese als »Abfall des Heidentums« betrachteten. Und die Berichte der ersten, oftmals von christlichen Missionaren begleiteten Forscher sind meist verzerrt oder falsch interpretiert worden.

15 Zu den berühmten Beispielen unbewußter Entstellung gehören die »Beweise«, die der Anthropologe Andrew Lang 1887 für monotheistische Glaubenshaltungen bei den australischen Ureinwohnern gefunden haben wollte und deren Nichtigkeit 1907 ein anderer Anthropologe, Carl Strehlow, nachwies: Die monotheistischen Äußerungen der Australier ließen sich schlicht durch den Einfluß christlicher Missionare erklären, die nur wenige Kilometer entfernt gepredigt hatten (Carl Strehlow, *Die Aranda- und Loritja-Stämme in Zentral-Australien*, Frankfurt/M. 1907–1908).

Wie auf die Bevölkerungen vieler anderer Regionen der Welt, die dem

Ansturm von höherentwickelten Zivilisationen, das heißt von starken Militär- und Handelsmächten, ausgesetzt waren, wirkten sich auch die westlichen Einflüsse auf die Urbevölkerung Ozeaniens mit der Gewalt eines Wirbelsturms aus. Das belegen zwei weitere Beispiele. Im ersten Beispiel handelt es sich um den einigermaßen frappierenden Fall von Aneignung einer fremden Gottheit: Anläßlich eines Krieges zwischen zwei Maori-Stämmen in Neuseeland 1835 hatte sich einer der beiden Stämme Jesus Christus zum Kriegsgott erkoren. Das zweite Beispiel führt die erstaunliche Anpassungsfähigkeit der ozeanischen Mythen vor Augen: Gegen Ende des 19. Jhs. tauchte in der Kosmogonie der Fidschi-Inseln plötzlich der Mythos von einem Kampf zwischen dem Gott Denggei – dem »alten« Weltschöpfer und Vater Kokimautus, eines weiteren Gottes, der die Erde aus den Meeren aufsteigen ließ – und Jehova auf!

Männliche Götter besteigen den Thron

1 »Climate and Weather«, *The New Encyclopaedia Britannica,* 1994.

2 Manche Anthropologen, so etwa Richard B. Lee an der Universität von Toronto, haben die Beobachtung gemacht, daß z. B. in der Kalahari, einem Steppengebiet mit sehr geringem Niederschlag, die Kung-Buschmänner, die noch vom Jagen und Sammeln lebten, mit einer Nahrungsgrundlage von 2140 Kalorien pro Tag gesundheitlich relativ gut auskamen (ihre Durchschnittsgröße beträgt 1,50 Meter). Das würde bedeuten, daß die durch Jagen und Sammeln bedingte Ernährungsweise an sich nicht schädlich ist. Allerdings sind ihre Lebensumstände mit denen der Altsteinzeitmenschen nicht zu vergleichen, die sich nicht einmal sicher sein konnten, diese Kalorienmenge regelmäßig aufzutreiben oder sie gar, wie die Kung, durch pflanzliche Lebensmittel wie Wurzeln, Knollen, Beeren und Melonen zu ergänzen.

3 Es handelt sich um ein Gebiet, das tatsächlich in etwa die Form eines Halbmondes aufweist und das vom Niltal bis zu den Ausläufern des Sagrosgebirges im Iran reicht und – in heutigen Begriffen – Israel, Westjordanien, den Libanon, den Westen Syriens, die Ausläufer des Taurusgebirges und einen Streifen des Irak umfaßt.

4 Daniel Helmer, *La domestication des animaux par les hommes préhistoriques,* Paris 1992. Das zweihöckrige Kamel tritt erstmal um 3000 v.u.Z. in Südrußland in Erscheinung, und zwar gleichzeitig wie etliche tausend Kilometer entfernt, im heutigen Saudi-Arabien, das Dromedar. Zur sel-

ben Zeit wird auch die Biene im Niltal domestiziert. Die Gans scheint erst spät zum Haustier geworden zu sein, und zwar gegen 1500 v.u.Z. in Deutschland.

5 Tatsächlich findet man im Jungpaläolithikum nur sehr wenige Darstellungen des männlichen Geschlechts, wie etwa das phallische Amulett mit Eichel und Hoden von Dolní-Věstonice in Mähren aus dem 30000 Jahre v.u.Z. zu datierenden Gravettien (mittlerer Abschnitt der jüngeren Altsteinzeit), oder den vogelköpfigen Mann mit erigiertem Glied von Lascaux. Alain Daniélou, *Le Phallus*, Puiseaux 1993.

6 Es gab auf der Erde vier Eiszeiten (Günz-, Mindel-, Riß- und Würmeiszeit), die in dem Zeitraum zwischen 1 000 000 und 10 000–9000 Jahren v.u.Z. das Klima der Zonen, die heutzutage als gemäßigt bezeichnet werden, im Juli auf Höchsttemperaturen von 12–16 °C hielten. Im Winter waren in diesen Zonen (dem Großteil Nordamerikas, in Nordeuropa und zahlreichen Gebieten Innerasiens) Temperaturen um die −20 und −30 °C nicht ungewöhnlich. Der durch den Rückzug der Gletscher hervorgerufene Rückgang der Vereisung war um 10 000 v.u.Z. in etwa − wenn auch nicht einheitlich − abgeschlossen, und das Klima begann sich zu erwärmen, bis es schließlich die heutigen Werte erreichte. Dann trat plötzlich ein Phänomen ein, das 1920 von dem serbischen Gelehrten Milutin Milankowitsch beschrieben wurde: Wie alle 41 000 Jahre veränderte sich die Rotationsachse der Erde. Bisher war es die nördliche Erdhalbkugel gewesen, die die meiste Sonneneinstrahlung abbekommen hatte; jetzt aber war die Südhalbkugel an der Reihe. Durch die beschleunigte Erwärmung der australischen Gebiete, die durch das Abschmelzen der Gletscher mit der Freisetzung beachtlicher Mengen an Süßwasser verbunden war, entstand »urplötzlich« ein tropisches Klima (»Climate and Weather«, *The New Encyclopaedia Britannica*, 1994).

7 Die Gesamtheit der von Prähistorikern und Anthropologen derzeit anerkannten Sachverhalte deutet darauf hin, daß die indoarischen Eroberungszüge von dem Gebiet der Kurgan-Kultur in den nördlich von Kaukasus und Schwarzem Meer zwischen Dnjepr und Ural gelegenen südrussischen Steppengebiete ausgingen (das Wort »kurgan« bezeichnet ursprünglich ein Hügelgrab). Allerdings ist diese These umstritten, da wir fast nichts über die Kurgan-Sprache, das Früh-Indogermanische also, wissen. Zugegebenermaßen gibt es, vor allem auf diesem Gebiet, kaum eine geschichtsanthropologische These, die nicht umstritten wäre, wovon auch die ziemlich erbitterten Dispute über Ursprung und Ausdehnung der Streitaxtkultur zeugen. Über den ursprünglichen geogra-

phischen Kulturbereich der Arier existieren nicht weniger als vierzehn Hypothesen, die seit 1960 aufgestellt wurden.

Immerhin bleiben einige leidlich zuverlässige anthropologische Fakten, die mir für die Kurgan-These zu sprechen scheinen. Hier die fünf wesentlichsten: Die Indoarier waren hellhäutige Menschen; folglich unterschieden sie sich von der dunkelhäutigen dravidischen Bevölkerung Indiens und bildeten durch wiederholte Rassenmischung unter ihren Volksstämmen einen separaten genetischen Pool. Sie besaßen weder die Kultur noch die Religion um die Muttergöttin, die zur Zeit ihres Vordringens nach Osten und Westen in Europa eine vorherrschende Rolle spielten. Das untermauert auch die These von ihrer genetischen − verbunden mit einer geographischen und kulturellen − Isolierung. Neben dem Hirtennomadentum scheinen sie auch ein eroberungsorientiertes Nomadentum betrieben zu haben, das schätzungsweise zwischen dem 4. und 2. Jahrtausend in dem Gebiet zwischen Dnjepr und Donezbecken und dem Mittleren Osten (Iran, Afghanistan, Nordindien) anzusiedeln ist. Bei den dravidischen Bevölkerungsgruppen, deren Nomadenstämme hauptsächlich Herdenhaltung und Handel betrieben zu haben scheinen, war das nie der Fall.

Die Verbreitung ihrer Sprache − der des *Rigveda*, des Vedischen also, aus dem das Sanskrit entstand − geht mit ihren geographischen Wanderungen einher, bis hin zur Eroberung Europas. Die kulturellen Wesenszüge der Indoarier finden sich nämlich verstärkt in den von ihnen abstammenden Bevölkerungen wieder, die Europa später besiedelten. Die Indoarier sind also keine Fiktion. Sie waren eine autonome Volksgruppe. Man kann ihre Wanderungsbewegungen und die in den jeweiligen Lebensräumen eingetretenen Umbrüche nachvollziehen. Aufgrund dieser Gegebenheiten erscheint das Gebiet der Kurgan-Kultur durchaus plausibel als vorübergehendes, zentrales Sammellager, wo sie sich immer wieder neu formieren konnten.

8 Der Begriff *arya* bedeutet im Sanskrit »treu« bzw. »edel«. Er rührt angeblich von der Wurzel *ar* her, was soviel wie »die Erde öffnen« heißt, und bezeichnet verschiedenen Aussagen zufolge (Louis Frédéric, *Dictionnaire de la civilisation de l'Inde*, Paris 1987) Ackerbau betreibende, seßhafte Bevölkerungsgruppen, die als den Nomaden übergeordnet eingestuft wurden. Wahrscheinlicher aber, wenn nicht gar gewiß, scheint es, daß die Arier Halbnomaden waren. Das schließt übrigens keineswegs aus, daß sie Ackerbau betrieben, was mit der Domestizierung der Pferde einhergegangen wäre, wobei sie offenbar Wegbereiter waren. Und dies

würde sogar erklären, weshalb sie einigen Anlaß hatten, sich den alteingesessenen Draviden gegenüber als überlegen zu halten. Hätten sie vor den Draviden die Kunst des Ackerbaus beherrscht, wären sie unabhängiger und wohlhabender gewesen. Auch ist es denkbar, daß sich diese wirtschaftliche Überlegenheit durch die körperlichen Merkmale der hellhäutigen Arier in deren Selbstverständnis noch verstärkte: »groß, blauäugig, langköpfig«, physisch anders also als die dunkelhäutigen Draviden. Und in der Tat gibt es mehr als ein Zeugnis dafür, daß sich die Brahmanen im indischen Kastensystem, das ja speziell von den Ariern errichtet worden war, wegen ihrer Hellhäutigkeit als Menschen vornehmer Abkunft ansahen. Strenge Gesetze untersagten übrigens die Eheschließung mit Draviden (Giuseppe Sormani, *India; The Bhagavad Gita*, London 1971). Die Arier scheinen den ersten in der Menschheitsgeschichte bekannten Fall von Rassismus eingeführt zu haben. Das Werk, das meines Wissens den arischen Rassismus am eingehendsten beleuchtet, ist Merlin Stone, *When God Was a Woman*, New York 1976.

9 *Bhagvad Gita*, 1,20–2,38, in: *Bhagvad Gita. Das Hohe Lied Indiens. Sanskrit – Deutsch.* Übers. aus dem Sanskrit, Einleitung und Anmerkungen von Helmut Maldoner, Hamburg 1986, S. 17–29.

10 Die sogenannte indoeuropäische Ausbreitung der Arier ging nicht nur in Richtung Westen. Abgesehen von ihrer zunehmenden Ausbreitung in Indien etablierten sich die Indoarier ebenso in Baktrien, Drangiane, Arachosien, Gedrosien, Kameoja und Kaschmir, d. h. in dem gesamten Gebiet, das dem heutigen Afghanistan, Pakistan und Iran entspricht.

11 Der Brauch, Menschenopfer zu bringen, hielt sich übrigens sehr lange: In den Torfmooren von Grauballe, den Moorgebieten von Schleswig-Holstein, Jütland, Borremose und andernorts fand man zahlreiche Opfer, die nach 2000 bis 2400 Jahren, je nach den Umständen, erstaunlich gut erhalten waren.

12 Die Bezeichnung »Kelten« ist im allgemeinen den Völkern der zweiten indogermanischen (und dritten indoarischen) Wanderungswelle um 800 v.u.Z. vorbehalten. Die Völker der Glockenbecher-, Streitaxt- und Urnenfelderkultur werden als Frühkelten bezeichnet. Dieser Begriff wird hier verwendet, um all die Volksstämme zu kennzeichnen, die sich vom Zeitpunkt der indoarischen Völkerwanderung im 8. Jh. v.u.Z. an herauskristallisierten, Gallier, Germanen und Skandinavier hauptsächlich.

13 C. Julius Caesar, *Der Gallische Krieg*, Lateinisch – Deutsch, hrsg. von Georg Dorminger, Buch VI, 17, 1–2 und 18, 1.

14 Manfred Lurker, *Lexikon der Götter und Dämonen*, Stuttgart ²1989.

15 Mircea Eliade, *Geschichte der religiösen Ideen*, Bd. II., Freiburg u.a. 1979, S. 149f. (§ 177).

16 Friedrich Nietzsche, *Die fröhliche Wissenschaft*, 3. Buch, 151 »Vom Ursprung der Religion«, in: Nietzsche Werke, Kritische Studienausgabe (KSA) in 15 Bänden, hrsg. v. Giorgio Colli und Mazzino Montinari, München 1988, Bd. 3, S. 494.

17 Mircea Eliade, a.a.O., S. 143f.

18 Mircea Eliade, a.a.O., S. 144.

19 Cornelius Tacitus, *Germania*, Abschn. 43,4, in: Cornelius Tacitus, *Agricola – Germania*, hrsg., übers. und erläut. von Alfons Städele, München 1991.

20 Jan de Vries, *Altgermanische Religionsgeschichte*, Bd. II, *Die Götter – Vorstellungen über den Kosmos. Der Untergang des Heidentums*, Berlin [2]1975, S. 13 (§ 350).

21 Proinsias Mac Cana, *Celtic Mythology*, London 1983; Frank Delaney, *Legends of the Celts*, London 1991.

22 Ebd.

Ruinen und Rätsel der afrikanischen Religionen

1 Was das Problem, je nach Blickwinkel, kompliziert oder vereinfacht, ist die Tatsache, daß über die Entwicklungsetappen vom Menschenaffen zum *Australopithecus* und von diesem zum *Homo sapiens* in Afrika kein Zweifel besteht. Wenn Afrika nicht sogar *die* Wiege des Menschengeschlechts war, so zumindest *eine* davon. Gleichwohl drängt sich durch die Entdeckung in Australien eine Theorie erneut in den Vordergrund, die ebenfalls auf zuverlässigen paläontologischen Spuren gründet und der zufolge sich die Entstehung des Menschen an mehreren, voneinander unabhängigen Orten der Welt, insbesondere auf Java, abgespielt haben soll. Die Existenz des Java-Menschen, die sich auf den Fund eines vermutlich 60 000 Jahre alten Schädels stützt und noch vor wenigen Jahren so stark angezweifelt wurde, rückt also durchaus wieder in den Bereich des Möglichen.

2 Michel Leiris, *L'Afrique fantôme*, Paris 1934. Leiris war gewiß nicht der einzige, der unter der Exilsituation, die jede Ethnologenarbeit darstellt, zu leiden hatte. Dies wird auch durch das Tagebuch bestätigt, das der bedeutende Ethnologe Bronislaw Malinowski während seiner Feldstudien über die Eingeborenen der Trobriandinseln (Papua-Neuguinea)

führte: »Der halbakkulturierte Typus des Eingeborenen, dem man auf Samarai begegnet, ist in meinen Augen ein grundsätzlich abstoßendes und uninteressantes Wesen.« Und weiter: »Was die Ethnologie betrifft: Ich empfinde das Leben der Eingeborenen als völlig uninteressant und belanglos; wie etwas, das mir so fremd ist wie das Leben eines Hundes.« Ja, es kommt noch besser: »Um ehrlich zu sein, lebe ich weit, weit weg von Kiriwina und verabscheue die Nigger dabei von Herzen.« (*Journal d'ethnographie*, Recherches anthropologiques, Paris 1985) Man wird einsehen, daß in einer solchen Verfassung entstandenen Aussagen nicht immer über den Weg zu trauen ist.

In einer großenteils amüsanten Studie erinnert auch Francis Affergan (*Critiques anthropologiques,* Presses de la Fondation nationale des sciences politiques, 1991) an die depressiven Krisen bei Franz Boas, der 1884 auf Baffin Island (Kanada) alles als »ausgesprochen widerwärtig« empfand. Und Alfred Métraux erlitt auf seinen Reisen als Anthropologe etliche Nervenkrisen.

3 Claude Lévi-Strauss, *Strukturale Anthropologie II*, Frankfurt 1975, S. 47.

4 Louis-Vincent Thomas und René Luneau, *Les Religions d'Afrique noire*, Arthème Fayard, 1969.

5 Hubert Deschamps, *Traditions orales et archives au Gabon*, 1962, zitiert bei Honorat Aguessy, »Visions et perceptions traditionnelles«, in: *Introduction à la culture africaine*, Unesco/10–18, Paris 1977.

6 Lucien Lévy-Bruhl, *Die geistige Welt der Primitiven*, München 1927, S. 311f.

7 Michel Leiris, *L'Afrique fantôme*, a.a.O. Ich möchte hinzufügen, daß die »künstlerischen« Produkte Afrikas dem westlichen Laienurteil gegenüber deshalb so verwundbar sind, weil sie allesamt »primitiv« und somit absonderlich wirken. Daher kommt es, daß man von der »afrikanischen Kunst« spricht, während es im Grunde dort ebenso viele Kunstformen wie Kulturen gibt, also ebenso viele Unterschiede zwischen dem Schaffen des Senufostammes und der dem der Tschokwe wie zwischen der griechischen und der ägyptischen Kunst. Daher auch die Verblüffung eines westlichen Menschen, wenn er den »westlichen« Realismus der Ife-Kunst aus dem Benin im heutigen Nigeria entdeckt.

8 Manfred Lurker, *Lexikon der Götter und Dämonen*, Stuttgart [2]1989.

9 *Der Koran*, aus dem Arabischen übersetzt von Max Henning. Einleitung und Anmerkungen v. Annemarie Schimmel, Stuttgart 1960, 1991, 2. Sure, 27 (29).

10 Einer verschwommenen Vorstellung zufolge hieß es lange Zeit, Voodoo (das Wort bedeutet ganz einfach »Geist«) sei in Haiti zu Hause und ein transatlantischer Überrest afrikanischer Kulte. Dem ist ganz und gar nicht so: Ursprünglich beim Stamm der Fon beheimatet, wird er heutzutage nach altem Brauch bei den Ewe im südlichen Togo und südöstlichen Ghana praktiziert. Diese Zeremonie, die darin besteht, Besessenheit durch Geister bei den Teilnehmern auszulösen, soll diese in die kosmische Ordnung zurückführen, um »Krankheiten« zu heilen, wobei dieser Begriff auch persönlichen Verdruß mit einbezieht.

Indiens Religion ohne Kirche und Zentrum: der Hinduismus

1 *Der Rig-Veda*, übersetzt v. Karl Friedrich Geldner, 4 Bde., Cambridge, Mass., 1951–57, Bd. I, 92, 13 (S. 119).

2 *Chandogya Upanishad*, 6.2, zit. in: Alain Daniélou, *Mythes et dieux de l'Inde*, Flammarion 1992. Das *Chandogya Upanishad* gehört in die Reihe der vedischen Upanischaden (»Abhandlungen zur Äquivalenz«, im Grunde genommen erläuternde Kommentare), die vom 6. Jh. v.u.Z. an entstanden und die ältesten philosophischen Schriften Indiens darstellen (Louis Renou, *L'Hindouisme*, PUF 1974; Louis Frédéric, *Dictionnaire de la civilisation indienne*, Paris 1987).

3 Die als frühaustraloid bezeichneten Munda-Populationen haben in Form kleiner, isolierter Gruppen bis in unsere Zeit hinein überlebt. Die Volksstämme der Santal und Bhil, der Bewohner der Nikobaren, der Khasi in Assam, der Ho und der Naga im nördlichen Birma (Nagaland) wie auch der Ahir werden zu ihnen gezählt. Einer Hypothese nach sollen diese Populationen lange vor den Ariern bereits versucht haben, nach Westen, d.h. nach Europa, in den Mittelmeerraum und nach Afrika, einzuwandern, aber zurückgedrängt worden sein. Tatsächlich gibt es Ähnlichkeiten zwischen den Pygmäen in Afrika und den Munda (Alain Daniélou, *Histoire de l'Inde*, Paris 1971). Die Untersuchung ihrer Sprachen hat gezeigt, daß sie der weitverzweigten Familie der austrischen bzw. austroasiatischen Sprachen angehören, die ebenso auf den Osterinseln und an der Westküste Südamerikas wie in Neuseeland und auf Madagaskar gesprochen werden. In gewisser Weise decken sich also die Gebiete ihrer Verbreitung mit den polynesischen, zumindest im Pazifik (E. J. Rapson, *The Cambridge History of India*, Ram Nagar, New Delhi, 1987).

Die Besiedelungsdaten Indiens verweisen bis ins 30. Jahrtausend auf die Präsenz Munda-Sprachen sprechender Völker, der Nishada, zurück. Folglich hätten sie den ersten Cro-Magnon-Menschen angehört. Ob diese nun aus Europa oder Anatolien kamen und wie ihre religiösen Überzeugungen aussahen, ist unmöglich festzustellen. Am glaubwürdigsten scheint der Umstand, daß die älteste Religion Indiens, der Shivaismus, von den Draviden oder zumindest unter deren Einfluß gegründet wurde, da sie rund viertausend Jahre nach deren Ansiedlung in Indien in Erscheinung getreten ist. Dem Namen Shiva begegnet man in Mohenjo-Daro wieder, jener 2500 Jahre v.u.Z. gegründeten Stadt der Induskultur (Alain Daniélou, *Histoire de l'Inde*, a.a.O.).

4 Julian Jacobs, *Les Nagas – Société et culture*, Genf 1991.

5 Es sei darauf hingewiesen, daß der trinitarische Charakter zahlreicher Götter Indiens, der oft (zu Unrecht) als Grundstruktur der Theologie interpretiert wird, nicht auf drei unterschiedlichen Persönlichkeiten beruht, sondern darin besteht, daß diese Götter sich im Zentrum der Gegensätze befinden. So ist Shiva das Gute, das Böse und das Weder-Gute-noch-Böse, das das kosmische Gleichgewicht darstellt.

6 Diese Gesichter stellen den unumschränkten Herrn, das höchste Wesen, den Nicht-Schrecklichen, den Gütigen und den Neugeborenen dar.

7 »L'hindouisme«, in: *Grand Atlas Universalis des religions, Encyclopaedia Universalis*, 1988.

8 Alain Daniélou, *Histoire de l'Inde*, a.a.O.

9 E. J. Rapson, *The Cambridge History of India*, a.a.O.; Alain Daniélou, *Histoire de l'Inde*, a.a.O.; Hermann Kulke und Dietmar Rothermund, *A History of India*, New York 1986. Das letztgenannte Werk erinnert daran, daß die Historiker lange Zeit daran zweifelten, ob besagter Krieg überhaupt stattgefunden hat, daß aber archäologische Funde seiner Existenz schließlich eine seriöse historische Basis geschaffen haben. Nach Kulke und Rothermund soll sich der Krieg um das Jahr 1000 v.u.Z. ereignet haben.

10 »Brahmanism«, *Encyclopaedia Britannica*, a.a.O.

11 Maria Piantelli, *L'Hindouisme*, a.a.O.

12 Madeleine Biardeau und Carles Malamoud, *Le Sacrifice dans l'Inde ancienne*, PUF 1976.

13 Wegen der Vielfalt im Hinduismus und der schieren Unmöglichkeit, all seine Aspekte »systematisch« oder einheitlich zu erfassen, gibt es ebenso viele verschiedene Deutungen Indiens, wie es Deuter gibt. Allerdings verwechseln manche Kommentatoren das Wesen des hinduistischen

Verhaltenskodex mit dem kategorischen Imperativ bei Kant: Dieser ist universell und konditioniert, wie bei dem Gebot, nicht zu töten, die inneren Überzeugungen auf einheitliche Art und Weise. Dem hinduistischen Verhaltenskodex hingegen wohnt eine ergebnisbezogene Praxis inne. So schickt es sich eben nicht, daß ein Fürst sich frömmlerisch verhält; und Totschlag gilt in manchen Fällen als zulässig.

Buddhismus und Janaismus

1 Der Großteil der »Lebensläufe Buddhas« gehört eher der Legende als der Geschichte im westlichen Sinne des Wortes an. Seit Etienne Lamottes maßgeblicher Studie »La légende du Buddha«, in: *Revue de l'histoire des religions*, Nr. 134, 137–171, 1947–1948, wagen sich nur noch wenige Historiker an dieses Thema heran. So gibt es etwa sechs mutmaßliche Geburtsdaten zu seiner Person (624, 558, 556, 550, 546 und 540 v.u.Z.), und die Singhalesen ordnen seinen Tod dem Jahr 543, die Japaner dem Jahr 549 v.u.Z. zu. »In den Ländern, in denen sich der Theravada-Buddhismus großer Beliebtheit erfreut und die Pali-Tradition noch gewahrt wird, wurde 1964 der 2500. Jahrestag von Buddhas Geburt gefeiert, was diese in das Jahr 564 v.u.Z. legen würde.« Gestorben (die Buddhisten würden sagen, »ins Parinirwana eingegangen«) ist Buddha im Alter von achtzig Jahren (Louis Frédéric, *Dictionnaire de la civilisation indienne*, Paris 1987).

2 »Vermutlich handelt es sich um Piprava, nahe Basti im nordindischen Uttar Pradesh«, nach L. Frédéric, *Dictionnaire de la civilisation indienne*, a.a.O.

3 Der ursprüngliche Buddhismus, auch Urbuddhismus bzw. »Buddhismus um den historischen Buddha« genannt, wurde von seinen Zeitgenossen auch als »Kleines Fahrzeug«, Theravada, bezeichnet, weil nur wenige Gläubige es aufgrund seiner Strenge zu »besteigen« vermochten. Das Gegenstück zum Theravada bildet das Große Fahrzeug oder Mahayana, eine spätere, im Sinne des Theismus abgewandelte Form des Buddhismus (ca. 1. Jh. u. Z.).

4 Wie man sieht, ist religiöse Zensur in vielen Religionen geübt worden. In Anbetracht dessen definiert Louis Frédéric die Barhaspatyas in seinem *Dictionnaire de la civilisation indienne* als »Schüler der Theorie des Brihaspati, die von den orthodoxen Hindus als materialistische und realistische Leute ohne Religion angesehen wurden«. Da Brihaspati die

Sanskritbezeichnung für Jupiter ist, könnte sich leicht die Frage stellen, ob dies nicht vielleicht ein Pseudonym für Charvâka ist. Tatsächlich stellt er in den shivaistischen Überlieferungen eine berühmte Persönlichkeit dar: Der als Großer Meister und Präzeptor-der-Götter bezeichnete Sohn eines Gelehrten ehrte Shiva »tausend Jahre lang« und erhielt zur Belohnung seine Verwandlung in den Planeten Jupiter. Charvâka soll lediglich sein Sprachrohr gewesen sein (s. A. Daniélou, *Mythes et dieux de l'Inde*, Paris 1992).

5 Der Begriff »Überdruß« wird von Buddha selbst gebraucht: »Wenn der fromme Schüler sich über diese Erwägung (daß die Welt nur Illusion ist) klargeworden ist, wird er Überdruß gegen die Materie empfinden. Und durch die Empfindung von Überdruß wird er nicht mehr an ihr hängen.« »Predigt über die Wandelbarkeit«, in: *Vinayapitaka des Dharmaguptaka*, Ausgabe von Taisho Issaikyo, Nr. 1428, zitiert bei André Bareau in: *En suivant le Bouddha*, Paris 1985.

6 »Vor allen Dingen müssen Sie wissen, daß es nur drei Philosophen auf Erden gibt, die diese Bezeichnung überhaupt verdienen: Buddha, Platon und Kant. (...) Im Grunde genommen bin ich kein Pantheist, ich bin Buddhist.« Gespräch (auf französisch) mit Frédéric Morin, in: Schopenhauer, *Gespräche*, hrsg. v. Arthur Hübscher, Stuttgart/Bad Cannstatt 1971, S. 324, 330. Gleichwohl macht sich Schopenhauer ein völlig irriges Bild von Buddhas Lehre, denn ein Stück weiter sagt er: »(...) der Buddhismus und das Christentum sind die beiden einzig wahrhaft religiösen Religionen der Menschheit«, was völlig widersinnig wäre, falls es ihm um den ursprünglichen Buddhismus ging; und weiter: »Denn beide haben den Kult des Leides verherrlicht, denn beide haben die heiligen Bitternisse, denn beide bieten Dogmen an, die jedes Lebewesen erschauern lassen!« (S. 331). Noch ein Widersinn, und was für einer, denn der Urbuddhismus ist keine Religion, da er keine Gottheit anerkennt und keinen Kult vorschreibt, da er kein Dogma vorweist und sogar gerade auf die Aufhebung des Leides abzielt. Doch wie Nietzsche, der aus Zarathustra eine Persönlichkeit macht, die mit dem Original in keinem Zusammenhang steht, neigen die großen deutschen Philosophen, sobald sie auf den Orient zu sprechen kommen, eben tatsächlich zu exotischen Vorstellungen.

7 Satipattanasutta, Majjhimamikaya 10 (Suttapitaka), in: *Weisheit des alten Indien*, Bd. 2, *Buddhistische Texte*, übers. v. Johannes Mehlig, Leipzig–Weimar 1987.

8 »Geschichte des Mönches Rastrapala«, in: *Rastrapâla-sûtra, Madhyamaâgama*, Ausgabe von Taisho Issaikyo, Nr. 26, zitiert bei Bareau, a.a.O.

9 »Sutta des Sieges«, in: *Sutta-nipata*, übers. v. H. Saddhatissa, London 1985.

10 »Die Bekehrung des Yaçaskara«, in: *Vinayapitaka des Dharmaguptaka*, a.a.O.

11 »Predigt über die Wandelbarkeit«, in: *Vinayapitaka des Dharmaguptaka*, a.a.O.

12 Mit dem Buddhismus entwickelte sich das Genre der Chroniken, die, auf Objektivität bedacht, über die Ereignisse berichteten und so mit der Tradition der Legendenerzählungen brachen.

13 A. Daniélou, *Histoire de l'Inde*; L. Frédéric, *Dictionnaire de la civilisation de l'Inde*; *Cambridge History of India*, Bd. I und II.

14 Das erste Konzil fand 483 v.u.Z., unmittelbar nach Buddhas Tod, statt und bestand darin, daß die Klosterregeln, die Aussprüche Buddhas und die ihn betreffenden Berichte aufgeführt wurden. Das zweite, etwa hundert Jahre später, hatte die Verdammung der zehn Verfehlungen zum Inhalt, die gegen die Klosterregel verstießen, und wurde zur Geburtsstätte des ersten Schisma.

15 Jean-Noël Robert, »Le bouddhisme«, in: *Grand Atlas Universalis des religions*, Encyclopaedia Universalis, 1988.

16 »Jainism«, *Encyclopaedia Britannica*, 1994. Es gibt sehr viele Werke und Enzyklopädien, die detaillierte Darstellungen des Jainismus bieten. Man wird verzeihen, wenn ich diese alle hier nicht aufgreife, denn sie würden mehr als ein Kapitel üblichen Ausmaßes in Anspruch nehmen. Der Jainismus ist nämlich äußerst ergiebig an Kategorien und Postulaten, angefangen bei den fünf Größen *(astikâyas)* bzw. sechs Substanzen *(dravyas)*, aus denen sich das Universum zusammensetzt, bis hin zu dem Rad mit zwölf *ârâs* (Zeitalter) genannten Speichen, das die Zeit symbolisiert, von den sieben bewohnten Weltetagen zu den zwei Himmelsetagen, von den 54 Großen Seelen der Welt zu den 64 Richtungsgöttinnen bzw. *Dikkumâris*, die dafür sorgen, daß der Prophet gleich nach seiner Geburt gestillt wird. Der Jainismus scheint durch eine Zahlensymbolik strukturiert, die um so schwieriger zu erfassen ist, als seine Ethik im Verzicht auf die Welt gründet. Es schien mir sinnvoller, die Haltung zu definieren, die diese Lehre in bezug auf die Göttlichkeit einnimmt, um deren Geschichte es in diesem Buch ja eigentlich geht.

17 Im Gegensatz zu dem, was zahlreiche Autoren angeben, die ihn nur in seiner Verbindung zum Buddhismus behandeln und den Zeitpunkt seiner Entstehung erst im 6. bzw. sogar 5. Jh. v.u.Z. unter Vardhamanas Einfluß ansetzen, scheint der Jainismus unzweifelhaft älteren Ursprungs

zu sein. Die jainistische Überlieferung spricht von Vardhamana als dem vierundzwanzigsten heiligen Propheten bzw. *Tirtankhara*. Bei einem Propheten pro Generation würde das bereits eine Vergangenheit von 1500 Jahren bedeuten und die Ursprünge auf das Ende des 3. Jahrtausends verlegen. Dieser Überlieferung nach soll der Jainismus bis in eine Zeit etliche Jahrtausende v. u. Z. zurückgehen. Daraus läßt sich ableiten, daß der Jainismus durch Vardhamana sicherlich zwar erneuert, nicht aber gegründet wurde.

18 Das Schicksal des Jainismus ist tatsächlich mit dem des Buddhismus vergleichbar. Gleich nach Vardhamanas Tod begannen die Zwistigkeiten, und vier aufeinanderfolgende Konzile verwandelten sie, wie es meist geschieht, in Schismen. Die schwerwiegendste Spaltung ereignete sich zwischen den *Digambaras* (»Luftbekleideten«), die »den Luftraum« zum Kleid haben, das heißt nach dem Vorbild Mahaviras nackt gehen, und den *Shvetambaras* (»Weißgekleideten«); diese wollten den bis dato mündlich überlieferten Kanon kodifizieren, und jene bezichtigten sie der Korruption und verweigerten jegliche normative Ausarbeitung. Die islamische Eroberung Nord- und Westindiens im 12. Jh. dann regelte diese kasuistischen Streitigkeiten, indem sie Buddhismus und Jainismus beträchtlich schwächte. Das Verschwinden der königlichen Pfründe und Unterstützung bildete allerdings nicht den einzigen Grund für ihren Niedergang; auch der wiederauflebende Hinduismus spielte dabei eine wesentliche Rolle, und so machten die Konversionen diesen Zerfall vollends komplett, denn es war sogar zu beobachten, daß Jainas zum Islam konvertierten und bedeutende Ämter im islamischen indischen Reich bekleideten.

Zarathustra oder das Auftreten des einzigen Gottes

1 Über das Mederreich und seine Entstehungsgeschichte ist sehr wenig bekannt. Es wird allgemein angenommen, daß es in Herodots *Historien* an wenig vertrauenswürdigen folkloristischen Elementen nur so wimmelt (R. Peyton Helm, *Herodotus' Mêdikos Logos and Median History*, Iran, Nr. 19). Gewiß ist einzig die Existenz Daiaukkus und seines Sohnes Kyaxares, unter dessen Herrschaft sich tatsächlich gegen Ende des 8. Jhs. v. u. Z. ein medisches Königreich, verschiedene Stammesgebiete im westlichen Iran umfassend, gebildet haben soll (das jeweils von einem Stamm besetzte Territorium pflegte letztendlich immer mit dessen Namen belegt zu werden). Manche Forscher sind der Meinung, daß die-

ses Königreich zunächst nur von geringer Dauer war und kurz nach seiner Entstehung wieder zerfiel; die Identität Mediens hätte sich demnach auf ein System unbeständiger Allianzen zwischen verschiedenen Stämmen beschränkt. Ein Jahrhundert später dann sollen sich die Meder schließlich doch ein Königtum aufgebaut haben, dessen Zusammenhalt groß genug war, um Assyrien zu beunruhigen. Wenn diese These stimmt, würde das Zarathustras Ansicht über die Notwendigkeit nationaler Einheit untermauern (*The Archaeology of Western Iran*, unter der Leitung von Frank Hole, Washington–London 1987).

Die ethnischen Ursprünge der Meder sind ebenso ungewiß, doch einer weitverbreiteten Auffassung in Forscherkreisen nach waren etliche ihrer Volksstämme, so etwa die Geli, die Kadusier, Amardoi und Utioi, weder indogermanischer noch iranischer Abstammung (»Media«, *Encyclopaedia Britannica*), obwohl sie sich indogermanischer Sprachen bedienten (Colin Renfrew, *Archaeology and Language – The Puzzle of Indo-European Origins*, London 1987). Sie sollen »autochthone« Populationen aus der Zeit vor der indoeuropäischen Besetzung Westasiens, des indischen Subkontinents und des Mittleren Ostens gewesen sein (möglicherweise uralo-altaischer, vielleicht aber doch auch weit älterer indoeuropäischer Abstammung). Die Tradition der Magier könnte dann von einem früheren, ins 2. Jahrtausend zurückgehenden Schamanentum herrühren.

2 Jeremia 4,13, »Der Krieg im Land«. Alle Bibelstellen zit. nach: *Die Bibel*, Einheitsübersetzung, Herder Verlag, Freiburg 1997.

3 Sydney Smith, Hans G. Güterbock, »Babylonian and Assyrian Religion«, *Encyclopedia Britannica*.

4 Homer, *Odyssee*, übers. v. Johann Heinrich Voss, Text der ersten Ausgabe, Stuttgart o. J. (Reclams Umiversalbibliothek Nr. 280–283), 11. Gesang, 13–19. Homer scheint sie mit den Bewohnern der arktischen Regionen verwechselt zu haben.

5 Herodot, *Geschichten und Geschichte*, Buch 1–4, übers. von W. Marg, Zürich 1973, IV, 73 ff., S. 313.

6 V. Gordon Childe, »Scythia«, *Encyclopedia Britannica*.

7 Gerald Messadié, *Histoire générale du Diable*, Robert Laffont, 1993.

8 *L'Iran, des origines à l'Islam*, Albin Michel, 1976.

9 Es gibt heutzutage nur noch einige zehntausend Masdaisten zwischen Indien, wo man sie unter der Bezeichnung *Parsi* (Parsen, d. h. Perser) kennt, und dem Iran, wo sie als *Zardushti* (von Zardusht, Zarathustras iranischem Namen) bezeichnet werden.

10 Jean Varenne, »L'Iran antique et Zoroastre«, in: *L'Histoire des religions* de la Pléiade, Bd. I, Gallimard.

11 Fünfzig Jahre nach Zarathustras Tod eröffnete der Magier Saena eine Mönchsschule (J. Varenne, a.a.O.).

12 Zoroasters Lehre ist uns teilweise durch eine Sammlung von Fragmenten des *Avesta*, auch *Zend-Avesta* genannt, erhalten, das einen von Zarathustra eigenhändig geschriebenen, sehr umfangreichen kosmogonischen, gesetzgebenden und liturgischen Korpus gebildet zu haben scheint. Das Original soll bei der Eroberung des Iran durch Alexander den Großen zerstört worden sein.

Die uns überlieferten Fragmente wurden zwischen dem 3. und 7. Jh. u. Z. unter der Herrschaft der Sassaniden-Könige rekonstruiert. Sie bestehen aus fünf Teilen, deren interessantester im *Yasna* oder Kanon enthalten ist: Es handelt sich um die *Gathas*, die Zarathustrischen Lobgesänge, die als wortgetreue Wiedergabe der Originalversion des Propheten gelten. Die vier übrigen Teile sind das *Vispered*, bestehend aus Huldigungen an masdaistische Religionsführer, das *Vendidad* bzw. *Videvdat*, in dem der masdaistische Religions- und Zivilkodex enthalten ist, die *Yashts*, bestehend aus einundzwanzig Lobgesängen auf verschiedene Helden, darunter auch die Engel oder *Yazata*, und das *Khorda Avesta*, das verschiedene unbedeutendere Texte beinhaltet. Diese Schriften scheinen weniger vertrauenswürdig, da sie, wie im *Vispered* angedeutet, von masdaistischen Priestern neu geschrieben, d. h. womöglich abgeändert oder gar völlig neu abgefaßt worden sind. Die Überzeugung, daß diese Schriften von nach-zarathustrischen Schreibern neu bearbeitet worden sind, rührt aus Textstellen des *Yasna*, wo eine genaue Schilderung der Zubereitungs- und Einnahmeriten für den heiligen vedischen Haoma-Trank zu finden ist. Zarathustra hatte dessen Genuß verboten, die nach ihm kommenden Priester aber führten ihn wieder ein.

13 Herodot, a.a.O., I, 132, S.77.

14 Jacques Duchesne-Guillemin, *Zoroastre*, 1948. Es gab Anlaß zu der Überlegung, ob Zarathustra nicht durch die Kenntnis des Judentums beeinflußt war. Als er 597 v.u.Z. einunddreißig Jahre alt war, waren die Juden nämlich in die babylonische Gefangenschaft geführt worden. Die Vermutung ist nicht abwegig, da Arax und Euphrat nur 800 km (Luftlinie) auseinanderliegen und die Leute damals – im Gegensatz zu allgemeinen Annahmen heutiger Zeit – viel umherreisten. Zarathustra hätte sich beispielsweise sehr wohl mit einer Abordnung anderer Magier nach Babylon begeben können, wo man Weissagungen von Magiern jeglicher

Art sehr schätzte. Doch obgleich plausibel, ist die Hypothese eigentlich gar nicht *nötig*: Alle Bestandteile des Masdaismus sind bereits in Vedismus, den Zarathustra reformiert, vorhanden. Man könnte sogar sagen, daß es sich umgekehrt verhielt: Der Masdaismus war es nämlich, der die im Alten Testament noch gar nicht existierenden Vorstellungen von einem mit Gott verfeindeten Teufel, einer Wiederauferstehung der Toten und vom Heiligen Geist in das späte Judentum und somit auch ins Christentum einbringen sollte.

15 Das *Xvarenah* war die glühende Samenflüssigkeit himmlischen Ursprungs, die den Göttern aus der Stirn quoll.

Die verborgenen und sterblichen Götter Ägyptens

1 Solons Reise zu König Krösus nach Lydien ist ebenso unwahrscheinlich: Krösus' Herrschaft begann um 564 v. u. Z., Solon hingegen soll den berühmten König im Laufe der zehn Jahre nach seiner Abreise aus Griechenland, d. h. zwischen 593 und 584, getroffen haben. Übrig bleibt von der Legende lediglich Solons pessimistischer Ausspruch bei Herodot, I, 32: »Ehe er (nämlich der anscheinend Glückliche) gestorben, soll man sich hüten, ihn glücklich zu nennen, sondern nur von ihm sagen, es gehe ihm gut« (zit. n. *Geflügelte Worte*, gesammelt u. erläutert v. Georg Büchmann, München 1967, Bd. 2, S. 594 f.)

2 Zit. in: Philippe Aziz, *Moïse et Akhenaton*, Paris 1980. Ein ganzes Buch würde kaum ausreichen, um alle ägyptologischen Zeugnisse von der Lebensfreude der ägyptischen Kultur zu erfassen, die den Teufel gewiß nicht zu Grabe trug, wie gewisse moderne Darstellungen glauben machen wollen.

3 Archäologisches Museum von Florenz. Diejenigen, die schon einmal damit beauftragt wurden, ägyptische Flachreliefs zu kopieren, kennen die Fallstricke und Gefahren, die diese Aufgabe birgt. Denn es geht nicht nur darum, exakt, d. h. streng nach der Vorlage zu arbeiten, sondern auch treffend, d. h. unter Beachtung der jeweiligen Intentionen des Künstlers. Ein falscher Federstrich bewirkt bereits, daß eine Lotosblume, ein Auge oder ein Falke ihren Charakter und somit ihre Bedeutung verlieren.

4 Grabstätte aus der 19. Dynastie in Theben.

5 In: A. Erman und H. Ranke, *La Civilisation égyptienne*, Paris 1976. Es handelte sich vermutlich um die heute verschollene Illustration einer Legende.

6 Claude Traunecker, *Les Dieux de l'Égypte*, PUF 1992.

7 Das veranschaulicht eine von vielen Geschichten: Als die Göttin Isis während ihrer Reisen auf Erden einmal vor einem Haus anlangt, schlägt ihr die Herrin des Hauses und Ehefrau eines Gauverwalters die Tür vor der Nase zu. Nach altem Brauch wird Isis nämlich von einer Schar Skorpione begleitet, die die Frau in Angst und Schrecken versetzt. Eine arme Frau hingegen bietet der Göttin ihre Gastfreundschaft an, die gekränkten Skorpione aber schmieden Rachepläne gegen jene, die ihnen die Aufnahme verweigert hat. Sie schicken einen der Ihren, namens Tefen, aus, um den Sohn der Hausherrin zu stechen, und legen Feuer an deren Haus. Laut über ihr Leid klagend, läuft die Frau durch die Straßen. Isis, weit davon entfernt, sich über den von ihrer Eskorte angezettelten Racheplan zu freuen, wird von Mitleid ergriffen. Sie eilt an das Lager des Jungen, der im Sterben liegt, und befiehlt dem Gift, sich aus seinem Körper zurückzuziehen. Der Junge erwacht zu neuem Leben. Und Isis beginnt ihm zu erklären, daß sie so gehandelt habe, weil sie sich an den Tag erinnert fühlte, an dem sie ihren Sohn Horus tot auffand und ihn durch Zauberkräfte ins Leben zurückholte. E. A. Wallis Budge, *Egyptian Magic*, 1901, Neuauflage New York 1971.

8 Gaston Maspero, *Histoire de l'Égypte*, in: *Histoire des peuples de l'Orient ancien*, Paris 1897.

9 C. Traunecker, *Les Dieux de l'Égypte*, a.a.O.

10 Philippe Derchain, »La religion égyptienne«, in: *Histoire des religions*, Bd. I, unter der Leitung von Henri-Charles Puech, Paris 1970.

11 Manfred Lurker, *Lexikon der Götter und Dämonen*, Stuttgart [2]1989.

12 C. Traunecker, *Les Dieux de l'Égypte*, a.a.O.

13 Marcel Griaule, *Dieu d'eau, entretiens avec Ogotemmêli*, Paris 1966.

14 A. Erman und H. Ranke, *La Civilisation égyptienne*, a.a.O.

15 Ph. Derchain, »La religion égyptienne«, a.a.O.

16 Claude Traunecker, *Les Dieux de l'Égypte*, a.a.O. Dabei geht es um Schriften aus der Römerzeit, die in Koptos (Qift, Kuft) in Oberägypten entdeckt wurden.

17 Friedrich Nietzsche, *Die fröhliche Wissenschaft*, 3. Buch, 340.

18 A. Erman und H. Ranke, *La Civilisation égyptienne*, a.a.O.

19 Diese beiden verfallenen Kolosse in der oberägyptischen Hauptstadt Theben sind die einzigen Überreste des gewaltigen Totentempels, den sich Amenophis III. im Nordwesten der Stadt hatte errichten lassen. Da es sich um ein Bauwerk aus ungebranntem Ziegel handelte, ist heute freilich nichts mehr davon vorhanden, im Unterschied zu jenem anderen

Tempel, den dieser König in Luxor errichten ließ. Die Kolosse hingegen, die beide jeweils aus einem einzigen, mehr als 700 Tonnen schweren rosa Quarzitblock gehauen wurden, haben die Zeiten überdauert. Im frühen Altertum löste nach der nächtlichen Abkühlung des Gesteins durch den Wüstenwind die Erwärmung in der Morgensonne eigenartige Töne aus, die von der zunehmenden Verwitterung des Gesteins herrührten. Deshalb wurden sie »die singenden Kolosse« genannt. Nachdem sie von Septimius Severus restauriert worden waren, verstummte der »Gesang«.

20 Bouriant, in: Ph. Aziz, *Moïse et Akhenaton*, a.a.O.

China oder der leere Himmel

1 René Grousset, *Histoire de la Chine*, Paris 1942. Vom Boxeraufstand über den Langen Marsch und das Ende der Kaiserin Tz'u Hsi bis hin zum Prozeß gegen die sog. »Viererbande« mangelt es der chinesischen Geschichte allein schon in den letzten hundert Jahren wahrhaftig nicht an tragischen bzw. dramatischen Begebenheiten.

2 Kenneth Scott Latourette und C. Martin Wilbur, »China, History«, *Encyclopaedia Britannica*. Gegen Ende der Jungsteinzeit erlebte China einen ebenso plötzlichen wie erstaunlichen sozialen und technologischen Aufschwung. Hunderte von Dörfern, deren Bewohner sowohl vom Akkerbau wie auch von der Jagd lebten, entstanden beispielsweise an den Terrassenhängen über den Tälern von Honan. Eine so erlesene Keramikkunst und -malerei, wie man ihr sonst nirgendwo begegnete, und eine hochentwickelte Technik der Bronzebearbeitung zeugen von der Entstehung einer Kultur an den Randgebieten der eigentlichen Zivilisation. Diese erstreckte sich über ein weites Gebiet, bis hin in den Westen der Provinz Kansu, bis Szetschuan, Jehol und Liaoning. Eine große Retrospektive der chinesischen Kunst, 1996 den Museen von Taiwan entliehen und im New Yorker Metropolitan Museum ausgestellt, zeigte auch in Jade gearbeitete Gegenstände, darunter aus der gleichen Epoche (ausgehende Jungsteinzeit) eine Zhong-Vase von einer Erlesenheit, wie sie in anderen Kulturen jener Zeit nicht zu finden ist. Es ist ganz offensichtlich, daß die klimatischen Veränderungen nach dem Ende der letzten Eiszeit das Aufkommen einer ebenso widerstandsfähigen wie feinsinnigen Kultur begünstigt haben. Vgl. J. G. Andersson, »Researches into the Prehistory of the Chinese«, Bull. Nr. 15 des Museum of Far Eastern Antiquities, Stockholm 1943.

675

3 Lao-tse, *Tao-Tĕ-King, Das Heilige Buch vom Weg und von der Tugend*, Übers., Einltg. u. Anm. v. Günther Debon, Stuttgart 1979, Kap. 27, S.51.

4 Ebd., Kap. 9, S.33.

5 Ebd., Kap. 67, S.96.

6 Kristofer Schipper, »Le taoïsme«, *Grand Atlas Universalis des religions, Encyclopaedia Universalis*, 1988.

7 Friedrich Nietzsche, *Die fröhliche Wissenschaft*, 4. Buch, »328. Der Dummheit Schaden thun«, a.a.O., S.555.

8 Eine Sekte taoistischer Magier und Heiler, die etliche hunderttausend bewaffnete Anhänger zählte, die an ihren gelben Turbanen zu erkennen waren, daher ihr Name. Da sie in vielen Fällen, wenn die kaiserlichen Behörden versagten, in die Bresche sprangen, Straßen und Brücken bauten und Reis an die Hungernden verteilten, hatten sie beträchtliches politisches Gewicht erlangt. Im Jahre 184 wurden sie in Honan von den kaiserlichen Truppen eingekesselt und niedergemacht, wodurch das Elend im Volk allerdings nur noch größer wurde. R. Grousset, *Histoire de la Chine*, a.a.O.

9 Christine Mollier, »Le taoïsme: les apocalypses«, *Grand Atlas Universalis des religions, Encyclopaedia Universalis*, 1988.

10 Marcel Granet, *La Religion des Chinois*, PUF 1951.

11 Das *Shu-jing* (»Kanonisches Buch der Urkunden«), einer der konfuzianischen »Fünf Klassiker«, setzt sich aus zwei Teilen zusammen: aus der »alten Schrift«, einer Sammlung von Urkunden und Reden, die mit historischen und pseudohistorischen Ereignissen verknüpft sind, und dem *Shi-jing* (»Buch der Lieder«), einer Anthologie von Gedichten. Einige eindeutig anstößige darunter bereiteten den Konfuzianern, die sich alle Mühe gaben, ihnen eine politische Bedeutung beizumessen, etliche Probleme. Anthony Christie, *Chinese Mythology*, London 1968.

12 Konfuzius, *Gespräche des Meisters Kung (Lun Yü)*, hrsg. v. Hans Schwarz, München ⁴1991, II, 21.

13 Ebd., XV, 28.

14 Ebd., VII, 20.

15 Als Vorwand diente der Umstand, daß in einem buddhistischen Kloster ein geheimes Waffenlager entdeckt worden war. In Wirklichkeit sieht es aber eher danach aus, als sei das Ganze von einem taoistischen Minister angezettelt worden.

16 »Chine: le retour aux religions«, *Courrier international*, nach: *The Far Eastern Economic Review*, Nr. 297, 11. Juli 1996.

17 Ebd.

18 Noch widersinniger ist, daß die den Juden bewilligten Visa von japani-
    schen Konsulatsbeamten ausgestellt wurden, die die Anweisungen ihres
    Ministeriums außer acht ließen: Die Flüchtlinge landeten also in Kobe
    (Japan). Als die Japaner ihren Angriff auf Pearl Harbor unternahmen,
    deportierten sie diese Flüchtlinge in damals unter japanischer Herr-
    schaft stehende Gebiete wie etwa Hongkou (»To Shanghai with
    Thanks«, *Newsweek*, 23. September 1996).

Die Götter der Hebräer und der Gott der Propheten

1 Richter, 2, 11–17, in: *Die Bibel*, Einheitsübersetzung, Freiburg 1997.

2 1. Samuel, 12, 10.

3 1. Könige, 9, 5–7.

4 Jerobeam, Angehöriger des Stammes Ephraims und Günstling Salomos,
   schmiedete ein Komplott, um Salomos Nachfolge anzutreten. Bei diesen
   Plänen wurde er von dem Propheten Achija aus Schilo unterstützt. Salomo erfuhr von der Verschwörung und versuchte, Jerobeam ermorden zu
   lassen. Dieser floh nach Ägypten, wo er eine Prinzessin königlicher Abstammung heiratete und die Stunde seiner Rückkehr abwartete. Als Salomo starb, sollte dessen Sohn Rehabeam seine Nachfolge antreten. Das
   war der Augenblick, den Jerobeam für seine Heimkehr wählte. Ganz
   Israel war in Sichem zusammengekommen, um den neuen König auszu-
   rufen. Doch durch eine überraschende Wendung der Dinge wurde Rehabeam von der Versammlung zurückgewiesen und an seiner Statt
   Jerobeam gewählt. Jerobeam herrschte eigentlich über die Stämme des
   Nordens und bereitete so die Spaltung des Hauses David in das Königtum Israel (im Norden) und das Königtum Juda (im Süden) vor. André-
   Marie Gerard, *Dictionnaire de la Bible*, Paris 1989.

5 Welch bedeutsame Rolle die Kulturen spielten, die vor der Ankunft der
   Hebräer in Palästina ansässig waren, läßt sich allein schon am Ursprung
   der Namen Israel und Juda ermessen. Wie Sir James Frazer in *Le Ra-
   meau d'or* berichtet, soll der Name Israel an sich phönizischen (eigentlich
   kanaanitischen) Ursprungs sein, da er eine andere Bezeichnung für den
   phönizischen Gott Cronus mit der Bedeutung »Gott möge fortbestehen«
   (ezra-El) sei, und zwar ebenso im Kanaanitischen wie im Hebräischen,
   denn das Hebräische, das zahlreiche Ähnlichkeiten mit dem Kanaanitischen aufweist, gehört der westsemitischen Sprachgruppe an, und in
   beiden Sprachen finden sich viele gemeinsame Begriffe (mindestens

zwölfhundert, wie ägyptische und babylonische Schriftstücke aus dem 16. Jh. v. u. Z. bestätigen). Cronus hatte einen einzigen Sohn, Yehud, was auch soviel wie »einzig Empfangener« bedeutet. Juda war also in den Augen der Phönizier Israels Sohn (der ehemalige Verwaltungsbezirk Juda zwischen dem Toten Meer und der Philisterebene, mit der Wüste Negev im Süden, wurde später zur Provinz Judäa).

6 1. Könige, 18, 21.

7 Richter, 6, 32 und 9, 57.

8 1. Chronik 8, 33 f.

9 So ergab die scharfsinnige Analyse, die von Paul-Marie Couteaux, Honorarprofessor für europäisches Recht an der Universität Paris-VIII, anläßlich des allgemeinen Getöses um die festliche Begehung von Chlodwigs Taufe im Jahr 1996 vorgebracht wurde (*Le Monde*, 26. Juli 1996).

10 Es handelt sich hier um Volksgruppen, die eher ziellos umherstreiften, als ein geregeltes Nomadenleben führten und gegen Ende des 3. Jahrtausends v. u. Z., von Fall zu Fall plündernd, von Mesopotamien zum Mittelmeer zogen. Der Begriff Habiru (Apiru) hat eine abwertende Konnotation. Sie gelten nicht als reguläre Nomaden, wie die Beduinen oder Wüstenvölker, von denen genau bekannt war, wann und wo sie ihre Herden durchtrieben, und zu denen man geregelte Beziehungen unterhielt. Vielmehr waren sie ein »umherstreunendes Volk«, das sich anscheinend zerstörerisch gebärdete. Tatsächlich waren Weideland und Wasser knapp; sobald sich die Habiru also auf einem fruchtbaren Stück Land niederließen, um ihre Herden weiden zu lassen, gerieten sie mit den regulären Wanderhirten in Streit. Wie die Männer des Stammes Abraham beim König von Sodom (1. Mose, 14) verpflichteten sie sich gelegentlich auch zu Söldnerdiensten. Sie bedienten sich einer westsemitischen Sprache aus derselben Sprachfamilie, der auch das Hebräische angehört. In der zweiten Hälfte des 2. Jahrtausends folgten ihnen dann die Aramäer nach; die allerdings wurden seßhaft (Jean Bottéro, *Mésopotamie – l'écriture, la raison et les dieux*, Paris 1987).

11 J. Bottéro, *Mésopotamie*, a. a. O. Diese sicherlich etwas pointierte Hypothese wendet auch Paul Johnson auf die Juden an: »Die Israeliten waren das erste Volk, das religiöse Fragen systematisch mit der Vernunft anging. Seit Moses und die ganze Geschichte der Juden hindurch war der Rationalismus ein zentraler Bestandteil des jüdischen Glaubens« (Paul Johnson, *A History of the Jews*, New York 1997). Wie ich noch im zweiten Teil dieses Buches vor Augen führen werde, sollte man vielleicht den

Vaterschaftsanspruch des Rationalismus auf jegliche Form religiöser Reflexion ausdehnen.

12 Manfred Lurker, *Lexikon der Götter und Dämonen*, Stuttgart ²1989.

13 *Eloha* ist die Singularform, *Elohim* der Plural. Dieser scheinbar undifferenzierte Gebrauch von Singular und Plural zur Benennung eines einzigen Gottes ist einer der sonderbarsten Punkte in der Geschichte der Ursprünge des Monotheismus.

14 Die imaginäre Verlegung dieser Säulen an die äußersten Grenzen der damals bekannten Welt, d. h. an die Meerenge von Gibraltar, sollte dieser den sagenhaften Namen »Herkulessäulen« einbringen, da Baal ja mit Herkules bzw. Herakles gleichgesetzt wurde.

15 »Noms de Dieu – Elohim«, *Dictionnaire encyclopédique du judaïsme*, Paris 1996.

16 2. Mose 32, 5. Genaugenommen wollte Aaron durch das Goldene Kalb nur ein sichtbares Symbol des Gottes bieten, der die Hebräer aus Ägypten geführt hatte, ein Symbol Jahwes also. Im Grunde war er demnach gar nicht abtrünnig, und sein Verstoß hätte lediglich darin bestanden, daß er dem Verbot, Bildnisse anzufertigen, zuwidergehandelt hatte. In erster Linie aber mag man sich wohl Gedanken machen über den höchst sonderbaren Umstand, der es so will, daß sich Moses eigener Bruder, noch dazu als Hoherpriester, ein so schweres Vergehen zuschulden kommen ließ. Wobei man allerdings annehmen darf, daß für Aaron persönlich kein Unterschied bestand zwischen Jahwe und dem einstigen mesopotamischen El, dessen Symbol eben ein goldenes Kalb war.

17 Die Abfassung der fünf Bücher des Pentateuch – Genesis, Exodus, Levitikus, Numeri und Deuteronomium – wird traditionsgemäß (Talmud, Philon von Alexandria, Flavius Josephus) Mose (Moses) zugeschrieben. Die Gesamtheit dieser Bücher nennt man Thora, Gesetz, Mosaisches Gesetz oder auch die Bücher Mose.

18 2. Mose, 34, 13–16.

19 »Im achtzehnten Herrschaftsjahr des Josia (622 v. u. Z.) wurde ein ›Buch der Thora‹ (auch ›Buch des Bundes‹), das bis dahin unbeachtet geblieben war, von einem Priester im Tempel von Jerusalem entdeckt« (*Dictionnaire encyclopédique du judaïsme*, a.a.O.). Man wird sich zu Recht darüber wundern, daß ein so bedeutsames Buch »unbeachtet« geblieben sein soll.

20 1. Könige, 18, 21.

21 David Rosenberg, interpretiert von Harold Bloom, *The Book of J*, New York 1990.

679

22 Wer die Mitglieder dieses Rates sein sollen, weiß man nicht. Die *New English Bible* (Cambridge University Press, 1970) beispielsweise übersetzt folgendermaßen: »Die Mitglieder des himmlischen Gerichtes«. A. Chouraqui hingegen übersetzt (in *La Bible*, übers. v. André Chouraqui, Paris 1985): »Die Söhne Elohims«. Einer eher populärwissenschaftlichen Version nach (franz. Ausg. des *Reader's Digest*, Paris u. a. 1990) heißt es, daß »die Engel Gottes kamen und dem Herrn Bericht erstatteten«. Für diese Worte gibt es ebenso viele Übersetzungen wie Versionen. Auch weiß man nicht, welche Aufgabe dieser Rat hat, der regelmäßig zusammenzukommen scheint. Jedenfalls handelt es sich ganz offensichtlich um eine dichterische Inszenierung, die andeuten soll, daß Gott im Himmel Versammlungen abhält, die denen der Stammesräte durchaus vergleichbar sind.

23 1. Korinther 1, 19–27.

24 »Job«, *Dictionnaire encyclopédique du judaïsme*, a. a. O. Diese Zweifel rühren aus dem Umstand, daß das Buch Hiob zahlreiche Grundideen aufweist, die edomitischen Ursprungs sind (die Edomiter, Nachkommen Edoms, eines Sohnes Isaaks, bewohnten ein Gebiet, das vom südlichen Toten Meer bis zum Golf von Akaba reichte; sie waren offenbar keine Juden und wurden im übrigen von den Propheten verflucht, weil sie Jerusalem geplündert hatten, nachdem es von Nebukadnezar erobert worden war). Hiob soll Edomiter gewesen und seine Geschichte demnach nicht beispielhaft sein. Übrigens existiert ein vergleichbarer älterer Text, der »babylonische Hiob«. Es ist der Monolog eines vom Unglück geschlagenen gottesfürchtigen Königs, der allerdings nicht die philosophische Lektion seines hebräischen Pendants beinhaltet (Millar Burrows, »Job«, *Encyclopedia Britannica*, 1964).

25 In seiner schriftlichen Fassung ist das Buch Hiob nicht vor dem 5. Jh. v. u. Z. entstanden, und es gibt sogar gute Gründe, es erst auf das beginnende 4. Jh. zu datieren. Sehr wahrscheinlich aber existierte eine viel ältere mündliche Version (Burrows, »Job«, a. a. O.), was die Erklärung dafür liefern könnte, daß Hiob bei Jesaja und Ezechiel erwähnt wird. Es sei daran erinnert, daß es bis 400 v. u. Z. keinen Kanon, d. h. keinen Korpus verbürgter Schriften für die Bücher gab: Je nach ihren Schreibern variierten diese also in Form und Inhalt. Der Kanon taucht paradoxerweise erst im Jahre 200 beim biblischen Volk auf (P. Johnson, *A History of the Jews*, a. a. O.).

26 Philon d'Alexandrie, *Contre Flaccus*, 55–56; 66–68 et seq., Bd. III (*Contra Flaccum*), Cambridge, Mass., und London; Flavius Josèphe, *Antiqui-*

tés judaïques, XVIII, 8, 1, XIX, 280 et seq., Cambridge, Mass., und London.

27 Psalm 28, 1.

28 Sprüche 10, 32 und 14, 23.

29 Vgl. Teil 2: »Warum die Götter immer durstig sind: das Rätsel der Opferung«.

30 Psalm 94, 1 f.

31 2. Chronik 20, 5–10.

32 Hesekiel 35, 3–7 und 11–15; 36, 5 und 8.

33 4. Mose 25, 7–9.

34 5. Mose 7, 1.

35 1. Samuel 15, 3–4.

36 Jeremia 9, 23.

37 Jeremia 19, 9.

38 Klagelieder 2, 20.

39 Hesekiel 10, 3–7.

40 Jeremia 23, 25–28 und 31–32.

Die verkannten Monotheisten des archaischen Griechenland

1 Die Kurgan-Kultur zeichnet sich durch einen besonderen Keramiktyp, die sog. Schnurkeramik, und die Errichtung von Hügelgräbern aus (daher auch ihr Name, denn *kurgan* bedeutet im Russischen »Hügelgrab«), ist aber ebenso von einem bestimmten Typ von Waffen und Gerätschaften, steinernen Streitäxten und Keulenköpfen und Werkzeugen aus Hirschhorn, geprägt. »Das Volk dieser Kultur soll zur ethno-linguistischen Gruppe der Indogermanen gehören und im 3. Jahrtausend zwischen Karpaten und Kaukasus gelebt haben« (Isabelle Ozanne, *Les Mycéniens, pillards, paysans et poètes*, Paris 1990).

2 Die Entschlüsselung der kretischen, sog. Linear-B-Schrift durch Michael Ventris und John Chadwick gilt als eine Glanzleistung, vergleichbar mit Champollions Entzifferung des berühmten Steins von Rosette. Zusammenfassend läßt sich folgendes sagen: Drei Schrifttypen wurden auf Bronze-, Stein- und Tontafeln auf Kreta gefunden: Der erste wurde von dem großen »Ausgräber« der Insel, Arthur Evans, wegen der Ähnlichkeit der Schriftzeichen mit den ägyptischen Piktogrammen als »hieroglyphisch« bezeichnet, der zweite wurde »Linear A« genannt, weil er aus der vorhergehenden Schrift abgeleitet erschien (die Bildzeichen waren

zu einfachen Strichen vereinfacht), während der dritte Schrifttyp, »Linear B«, wiederum auf Linear A zurückging.

3 Thukydides, *Der Peloponnesische Krieg*, I, 2, 1, Essen o. J., S. 3.

4 Bei den Schutzriten mancher Feste, wie etwa der attischen oder ionischen Thargelien, stellte der *pharmakós* das Sühneopfer dar: Mit Blaustern- und Feigenbaumzweigen peitschte man ihm die Genitalien.

5 Francis Vian, »La religion grecque à l'époque archaïque et classique«, *Histoire des religions, Encyclopédie de la Pléiade,* Paris 1970.

6 *Rhesos*, 943. (*Rhesos* wurde zwar als Tragödie des Euripides überliefert, entstand aber erst im 4. Jh. v. u. Z.)

7 F. Vian, in: *Histoire des religions*, a. a. O. Schamanismus ist der hellenischen Kultur bereits fremd, und missionierende Schamanenmönche, Bettler und Vagabunden erst recht. Viele Autoren haben die Verbindungen zwischen der Orphik und den Doktrinen des Mystikers und Philosophen Pythagoras aufgezeigt, dessen Lehre im klassischen Griechenland und in Süditalien auf einigen Widerhall stieß. Doch das plötzliche Auftauchen der pythagoreischen Mystik bleibt ein unerklärlicher Punkt in der Geschichte der religiösen Strömungen.

8 Die uns erhaltenen orphischen Texte verdanken wir den Kirchenvätern, der hier zitierte ist uns durch Eusebios von Caesarea, einen Kirchenschriftsteller des 3.–4. Jhs., überliefert. Weitere orphische Schriften sind uns durch Klemens von Alexandria und Justinus den Märtyrer bekannt.

9 *Die Vorsokratiker*, ausgewählt und eingeleitet von Wilhelm Nestle, Wiesbaden 1978, S. 102, Fragm. 17, 18, 20.

10 Ebd., S. 105, Fragm. 25. Das vorliegende Fragment Heraklits wurde uns von Diogenes Laertius in seinen *Vitae philosophorum (Über Leben und Meinungen berühmter Philosophen)* überliefert.

11 Ebd., S. 107, Fragm. 48.

12 Ebd., S. 116, Fragm. 8.

13 Ebd., S. 143, Fragm. 82.

14 Al Birouni, *Le Livre de l'Inde*, Sindbad/Unesco, 1996.

15 Die Haltung des Christentums gegenüber der hellenischen Kultur war höchst vielschichtig: Irenäus und Tertullian beispielsweise verabscheuten sie generell, während Hippolyt sehr wohl begriffen hatte, welchen Nutzen man aus den Vorsokratikern ziehen konnte. Da er aber mit der Widerlegung der gnostischen Häresien befaßt war, die sich ja gerade an manche Vorsokratiker anlehnten, sah er sich in seinen Äußerungen über diese Philosophen zu einer recht verschlungenen Rhetorik gezwungen. Diese Verrenkungen, die weniger mit dem Auftreten des Monotheismus

in Griechenland als mit der Entstehung des Christentums zu tun haben, werden in Teil 2, »Die Dynamik der messianischen Erlöser«, ausführlicher behandelt.

Vom klassischen Griechenland zur hellenistischen Epoche

1 Friedrich Nietzsche, »Das Problem des Sokrates«, 6., in: *Götzendämmerung*, Kritische Gesamtausgabe 6,3, Berlin 1969.

2 F. Nietzsche, »Das Problem des Sokrates«, a.a.O., 10.

3 1. Mose 1, 26.

4 Nach allgemeiner Auffassung der Kritik sollen *Timaios* und *Kritias* zwischen 358 und 356 v.u.Z. entstanden sein, d. h. etwa zehn Jahre vor Platons Tod um 348/347 v.u.Z.

5 Platon, *Definitionen*, 2.

6 Ebd., 45.

7 Der »utilitaristische« englische Philosoph, Wirtschaftswissenschaftler und Rechtstheoretiker Jeremy Bentham (1748–1832) ist der radikalste Verfechter einer autoritären Gesellschaftstheorie.

8 Jean-Pierre Vernant, *Les Origines de la pensée grecque*, PUF 1962.

9 Platons Beziehungen zur Diktatur beschränkten sich nicht auf die sizilianische Episode: Sowohl der Bruder wie auch der Cousin seiner Mutter Periktione, d. h. Kritias und Charmides, zählten zu den größten Extremisten der oligarchischen Schreckensherrschaft im Jahre 404 v.u.Z. (»Plato«, *Encyclopedia Britannica*).

10 J.-P. Vernant, *Les Origines de la pensée grecque*, a.a.O.

11 Arrian, *Alexanders des Großen Siegeszug durch Asien*, eingel. u. übertr. v. Wilhelm Capelle, Zürich 1950, S.127.

12 Leukipps Existenz wird von Aristoteles und Theophrast belegt. Epikur allerdings bestritt, daß es diesen Philosophen je gegeben habe, der angeblich aus dem süditalienischen Elea stammte. Die modernen Historiker haben Epikurs Widerlegung bestätigt. Leukipp, den man – nach Ansicht des Verfassers zu Unrecht – zuweilen mit Demokrit gleichsetzte, soll ein Gegner der Theorien Zenons von Elea gewesen sein, denen zufolge Bewegung nicht existiert und alle Atome gleich sind. Nach Leukipp existiert die Bewegung sehr wohl, und die Differenzierung der Materie beruht auf den Unterschieden im Aufbau der Atome, eine erstaunlich zutreffende Vorstellung, zieht man die moderne Physik in Betracht (vgl. »Leucippus«, *Encyclopedia Britannica*).

13 Die erste Phase – und auch die entscheidendste, da sich hier das eigentliche Wesen der Stoa prägte – dauerte hundert Jahre, von 304 bis 205
v.u.Z., die zweite begann mit der Einführung des Stoizismus in Rom im
2. Jh. v.u.Z. und die letzte, die des späten, sog. kaiserlichen Stoizismus,
endete noch im 2. Jh. v.u.Z. mit Seneca, Aulus Persius, Lukan, Epiktet
und Mark Aurel.

14 Immerhin sollte aber doch vermerkt werden, daß die Ideen der Stoiker
bei aller scheinbaren Ungereimtheit geradezu beispiellos intuitiv manche Aspekte der Quantenmechanik vorwegnahmen. So etwa das Postulat, daß ein physikalisches Teilchen einerseits eine Partikel ist und daher
einen bestimmten Punkt im Raum einnimmt, andererseits aber auch
eine Wellenfunktion, die an unendlich vielen Punkten erkennbar ist.
Vlg. auch J.-J. Duhot, *La Conception stoïcienne de la causalité*, Paris 1987.

15 Übersetzung aus: Hans Joachim Störig, Kleine Weltgeschichte der Philosophie, Fischer, 1992, S.194f. nach: Will Durant, Geschichte der Zivilisation. Zweiter Band: Das Leben Griechenlands, Bern o.J., S.754f.

16 Klemens von Alexandria, *Stromata*, VII, 9.

17 Aetios, zit. bei Émile Brehier, *La Théorie des Incorporels dans l'ancien
stoïcisme*, Paris 1989.

18 Pindar, 3. Pythische Ode, Z. 61f., in: Pindar, *Siegeslieder*, griech.-dt., hrsg.
v. Dieter Bremer, München 1992, S.133.

19 Homer, *Ilias*, I, 357–362.

20 Der Mithraskult ist der Kult um den Sonnengott Mithra, der auf den
ehemaligen, im 6./5. Jh. v.u.Z. durch Zarathustra reformierten Masdaismus zurückging. Seine Eigenständigkeit dem ursprünglichen Masdaismus gegenüber scheint er gegen Ende des 3. oder Anfang des 4. Jhs.
v.u.Z. entwickelt zu haben. Der weitestverbreiteten Annahme nach sollen die römischen Truppen ihn – z. B. im Zuge des Krieges gegen den
Seleukidenkönig Antiochos III. und des Baktrienfeldzuges (ins heutige
Afghanistan) – aus dem Orient mitgebracht haben. Dieser Heldenkult
breitete sich in allen römischen Legionen aus. Im ersten Kapitel des
2. Teils wird er ausführlicher erörtert.

TEIL 2

Vom unzählbaren Gott zum totalitären und politischen Gott

1 Ernst Diehl, *Anthologia Lyrica Graeca*, Leipzig 1922.

2 William Robertson, *A History of America*, 3 Bde., Edinburgh 1805.

3 Nach der spanischen Referenzausgabe von Adrian Recinos, französisch von Valérie Faurie, Albin Michel, 1991. Angesichts des Untergangs ihrer Kultur verfaßten die von den Spaniern unterdrückten Quiché-Maya diesen Bericht 1688 mit der unerwarteten Hilfe des Dominikanerpaters Francisco Jiménez, der zweifelsohne den Spaniern darlegen wollte, woran die Eingeborenen glaubten.

4 Das Wasser, von dem die Chimu genauso abhängig waren wie die Mexikaner, wurde offensichtlich auch als Gottheit angesehen. Ebenso hat man eine Anzahl von Tiergöttern identifiziert: Götter mit dem Körper eines Vogels, einer Schlange, einer Krabbe, mit einem Fuchskopf. Doch es ist möglich, daß die Chimu wie die Einwohner Nordamerikas glaubten, alle belebten oder unbelebten Gegenstände der Welt seien von Geistern beseelt, die keine Gottheiten waren, sondern Mächte in einem untergeordneten Rang. C. A. Burland, *People of the Sun*, London 1976.

5 Die schamanischen Bräuche ihrer Nachfolger, der Inka (Anrufung der Toten, der Vorfahren und der Götter in Trancezuständen, die anscheinend durch halluzinogene Substanzen hervorgerufen wurden), belegen, daß der Glaube an das Jenseits bei ihnen Tradition hatte. Wie bei den Einwohnern Nordamerikas wurde das Individuum als Teil eines großen Ganzen gesehen, worin sich die Götter, die Vorfahren, die Toten und die Geister aller Geschöpfe gemäß einer genauen Rangordnung bewegten. Vgl. Victor von Hagen, *The Desert Kingdoms of Peru*, London 1964.

6 Als erster Europäer setzte der englische Pirat William Dampier im Jahr 1688 seinen Fuß auf australischen Boden und erforschte den Westen des neuen Kontinents. Es verging etwas weniger als ein Jahrhundert, bis der berühmte Seefahrer James Cook 1770 den Osten Australiens im Namen der englischen Krone »in Besitz nahm«.

7 1887 behauptete der Anthropologe Andrew Lang, die australischen Religionen hätten praktisch monotheistischen Charakter, eine Aussage, die damals für bare Münze genommen wurde. 1925 griff ein weiterer Anthropologe, Herbert Basedow, diese These wieder auf und stützte sich, um sie zu beweisen, auf die Tatsache, daß die Mitglieder des Stammes der Arrundta einen »sprechenden« Ausdruck verwendeten: »Auf daß

Gott mich vernehme«. Die logische Schlußfolgerung war, daß dieser Gott derselbe war, den die Arrundta *Altjira* nannten. Und daß dieser Gott, der unter demselben Namen auch von anderen Stämmen verehrt wurde, demnach eine Präfiguration des einen biblischen Gottes war. Eine Gegenuntersuchung ergab, daß ausschließlich Arrundta, die mit christlichen Missionaren in Berührung gekommen waren, den Ausdruck »Auf daß Gott mich vernehme« gebrauchten.

8 Japan wurde »offiziell« am 11. Februar 660 v. u. Z. durch Jimmu-tennô gegründet, den ersten Kaiser und direkten Abkömmling der Sonne. Die meisten heutigen Historiker vertreten die Auffassung, daß die Geschichte Japans im 2. Jh. u. Z. begann (Joseph M. Kitagawa, »Shinto«, *Encyclopedia Britannica*).

9 »Ein Volk, ein Land, ein Reich«, nach der Formel des Reichskanzlers Hitler.

10 Das vollständige Zitat lautet: »Die Religion Jesu basiert auf der Moral Sokrates'; auch zu jener Zeit neigt man einem einzigen Gott zu. Worin Mohammed überlegen ist ...« usw. Gesprächsaufzeichnungen des Generals Gourgaud auf Sankt Helena, *Journal*, Bd. 3. Man erkennt in diesem Zitat die Übereinstimmung von Napoleon und Nietzsche, was den semitischen Charakter des Sokrates betrifft.

11 11. Sure, »Hud«, 121, 122. Dieses und alle weiteren Koran-Zitate aus *Der Koran*, aus dem Arabischen übersetzt von Max Henning. Einleitung und Anmerkungen von Annemarie Schimmel, Stuttgart 1960, 1991.

12 Vgl. Kap. »Von Byzanz zur ›Entzauberung‹« (Teil 2).

13 *Codex Iuris Canonici*, auctoritate Ioannis Pauli PP. II promulgatus – *Codex des kanonischen Rechtes. Lateinisch-deutsche Ausgabe*, hrsg. im Auftr. der Deutschen und der Berliner Bischofskonferenz u. a., Kevelaer 1983, S. 87. Kanon 204, § 1, des kanonischen Rechts definiert: »Gläubige sind jene, die durch die Taufe Christus eingegliedert, zum Volke Gottes gemacht und dadurch auf ihre Weise des priesterlichen, prophetischen und königlichen Amtes Christi teilhaftig geworden sind; sie sind gemäß ihrer je eigenen Stellung zur Ausübung der Sendung berufen, die Gott der Kirche zur Erfüllung in der Welt anvertraut hat« (a. a. O., S. 85).

14 *Le Monde*, 11. April 1981.

15 C. N. Cochrane, *Christianity and Classical Culture*, London 1940, zit. v. Arnold Toynbee, *A Study of History*, London 1972.

16 Arnold Toynbee, a. a. O.

Der Sonnengott der Mithrasverehrer und
der Rachegott der Essener

1 In einem mittelalterlichen persischen Text (irrigerweise) Zarathustra zugeschriebene Worte, in: Franz Cumont, *Les Religions orientales*, 1929.

2 Ernest Renan, *Histoire des origines du christianisme*, Bd. 2, Paris 1995.

3 Richard L. Gordon, »Les ›religions orientales‹ dans l'Empire romain«, *Grand Atlas Universalis des religions, Encyclopaedia Universalis*, 1988.

4 E. Renan, *Histoire des origines du christianisme*, a.a.O.

5 Justinus, *Dialog mit dem Juden Tryphon*, 70, 78.

6 Tertullian, *Apologese IX*, 13–14.

7 Jean Daniélou, *Les symboles chrétiens primitifs*, Paris 1961.

8 Jesaja 1, 21–22 und 2, 10. Die Bibel wird zitiert nach: *Die Heilige Schrift*, Einheitsübersetzung, Stuttgart 1981, 1991.

9 Im Jahr 159 v.u.Z. ist der Süden Palästinas eine Kolonie der ägyptischen Ptolemäer, im Norden regieren die Seleukidenherrscher, Erben Alexanders des Großen. Jerusalem ist verhältnismäßig autonom, und der Hohepriester schaltet und waltet mit Zustimmung der politischen Machthaber als geistliches und weltliches Oberhaupt. So ist die Tempelpolizei befugt, Gesetzesübertreter zu verhaften und hinzurichten. Im Jahr 58 oder 59 hat die Polizei immerhin noch das Recht zu Verhaftungen im Tempelbezirk – der Kommandant läßt Saulus-Paulus festnehmen –, doch das »Recht des Schwertes« steht nur noch den Römern zu, seit Palästina römische Provinz geworden ist. Der oberste Geistliche und seine Priesterschaft sind hellenisiert, das Griechische ist die *lingua franca* des ganzen Mittelmeerraums. Man kann daher zu Recht vermuten, daß die Provokation des Yose ben Yo'ezer, wäre sie ungestraft geblieben, die weltliche Macht des Hohenpriesters und seiner Gefolgschaft in Frage gestellt, ja gefährdet hätte. So erklärt sich die Strafe, zu welcher dieser Schreiber verurteilt wurde: der Tod am Kreuz. Diese grausame Form der Hinrichtung, die *crux*, hatte erst nach mehreren Tagen den Tod wegen allmählicher Erstickung zur Folge. Sie war spätestens seit dem 3. Jh. v.u.Z. üblich, wie verschiedene Erwähnungen in Stücken des lateinischen Dramatikers Plautus belegen, z. B. *Aulularia*, 522, und *Bacchides*, 584. Von den Anhängern des »Lehrers der Gerechtigkeit« wurde sie als höchste Beleidigung empfunden, war dies doch eine besonders schmachvolle Art der Todesstrafe und den schlimmsten Verbrechern vorbehalten. Der Verurteilte wurde nackt am Kreuz zur Schau gestellt, zur Todesqual kam die Schande.

10 Joachim Jeremias, *Jerusalem zur Zeit Jesu*, Berlin (Ost) ³1963. Die Etymologie des Namens »Essener« ist keine besonders große Hilfe, um die
»Essener« in den jüdischen Kontext jener Zeit zu stellen. Mehrere Ursprünge aus dem Hebräischen wurden schon vorgeschlagen – *Hashsha'-
im*, die Schweigsamen, *Hasaya*, die Frommen, *Cenou'im*, die Keuschen
... Letztere Erklärung scheint die wahrscheinlichste; persönlich halte ich
aber die Herkunft von dem aramäischen Wort *Hasen*, Mehrzahl *Hase-
nin*, die Frommen, der direkten Entsprechung des hebräischen Wortes
hasidîm, wegen der phonetischen Ähnlichkeit mit dem Namen »Essener« für einleuchtender. Was die »Essener« jenen Juden zuordnen würde, die gegen den Hellenismus der Hohenpriester revoltierten.

11 Paul Johnson, *A History of the Jews*, New York 1987.

12 *Altjüdisches Schrifttum außerhalb der Bibel*, übersetzt und erläutert von
Paul Riessler, Freiburg 1928 (⁵1984), S. 355–451, Zitat S. 381 ff.

Die Dynamik der messianischen Erlöser

1 Max Kaltenmark, »Le taoïsme religieux«, in *Histoire des religions*, hrsg.
v. Henri-Charles Puech, Paris 1970; Christine Mollier, »Le taoïsme: les
apocalypses«, *Grand Atlas Universalis des religions, Encyclopaedia Universalis*, 1988; A. Seidel, *La Divinisation de Lao-tseu dans le taoïsme des
Han*, Paris 1969.

2 C. Mollier, a. a. O.

3 Jesaja, 1, 27; 4, 4; 9, 5–6.

4 Philosophie des Widerstands, vor allem vertreten durch die Anhänger
der zelotischen Bewegung (Flavius Josephus, *Antiquitates judaicae*,
XVIII, 3–9).

5 Vgl. Fragment IV Q 477 der Höhle IV, Robert Eisenmann und Michael
Wise, *Les manuscrits de la mer Morte révélés*, Paris 1995. Man liest darin,
daß jemand, der nicht genannt wird, die Gemeinschaft verläßt, weil er
»tollwütig ist«, derselbe oder ein anderer, weil er »den Geist der Gemeinschaft verdirbt« oder weil er »außerdem die Ausscheidungen seines Körpers liebt« (eine Anschuldigung, die im höchsten Maß verwundert).

6 Das Überwiegen von Gräbern von Menschen, die bei ihrem Tod weniger
als vierzig Jahre alt waren, würde darauf schließen lassen, daß die Lebensbedingungen in Qumran für junge Männer besonders ungünstig
waren. Oder daß es einen anderen Grund für diese irreführende Sterblichkeit gibt. Es gibt ihn sehr wohl, nämlich den Hunger: Wer die Regeln

übertreten hatte, wurde durch Reduktion des Essens bis auf die Hälfte der Tagesration bestraft. Wer aus der Gemeinschaft vertrieben wurde, blieb, von seinen Gelübden festgehalten und von der täglichen Versorgung mit Nahrung abgeschnitten, er konnte nicht in der Stadt um Almosen bitten, sondern war gezwungen, Wurzeln und Gras zu essen, worauf er bald verhungerte. – Einen Großteil dieser Überlegungen verdanke ich der Studie von Max Campserveux, »Méditations sur les Esséniens exclus«, *Cahiers du Cercle Ernest Renan*, Nr. 190/2, 1995.

7 Matth. 10,4; Mark. 3,18; Lukas 6,15; APG 1,13.

8 Joh. 11,50.

9 Matth. 21,1–5.

10 Zach. 9, 9.

11 »Messie«, *Dictionnaire encyclopédique du judaïsme*, Paris 1996.

12 Ebd.

13 Lukas 21, 25–33.

Warum die Götter immer durstig sind

1 Diese Geißelungen sollen den Tod Husains, des Enkels des Propheten und dritten Imams, in der Schlacht von Kerbela in Erinnerung rufen. Husain wurde am 10. Oktober 680 von Truppen des Kalifen von Bagdad, Jasid I., getötet. Die Geißelung ist jedoch keineswegs eine schiitische Eigenheit: Schon im 1. Jh. v. u. Z. zogen die Priester der Kriegsgöttin Bellona durch die Straßen Roms und anderer Städte des Römischen Reiches und fügten sich mit Messern blutende Wunden zu, wie Th. Mommsen in seiner *Römischen Geschichte* berichtet.

2 Von der katholischen Kirche im 4. Jh. ungehorsamen Priestern auferlegt, wurde die Flagellation in der Folge als Mittel der Abtötung des Fleisches auch von anderen Priestern und Laien übernommen. Seit der Mitte des 12. Jhs. bildeten sich in Europa Bruderschaften von Flagellanten, um diese Form der Hingabe auszuüben. 1349 nahm die Flagellation solche Auswüchse an, daß Papst Clemens VI. und das Konzil von Konstanz (1414–1418) sie untersagten. Dennoch blieb die Praxis der Geißelung bestehen, in Südeuropa entstanden Flagellantensekten, und im 16. Jh. lebte sie, von den Jesuiten angestiftet, wieder auf.

3 Zum Thema der Buße heißt es im *Katechismus der katholischen Kirche*, München 1993: »Neben der durchgreifenden Läuterung, die durch die Taufe oder das Martyrium bewirkt wird, nennen sie [die Schrift und die

Väter] als Mittel, um Vergebung der Sünden zu erlangen, ... die Tränen der Buße ...« (Art. 1434); und weiter: »Bekehrung geschieht im täglichen Leben durch ... die Annahme der Leiden und das Ausharren in der Verfolgung um der Gerechtigkeit willen« (Art. 1435).

4 Der Kannibalismus der Azteken scheint jedoch nicht immer eine religiöse Konnotation gehabt zu haben. Hernán Cortés berichtet, daß die Spanier, die zu einer Strafexpedition gegen die Azteken aufgebrochen waren, auf Mengen von Mais und geröstete Kinder gestoßen seien, die die Azteken als Proviant mit sich geführt und auf der Flucht zurückgelassen hätten. Zitiert von Michael Harner, »The Ecological Basis for Aztek Sacrifice«, *American Ethnologist*, Nr. 4, 1977.

5 Mircea Eliade, *Geschichte der religiösen Ideen*, Bd. II, Freiburg u.a. 1979, S. 16. Eliade zitiert David N. Keightleys Studie »The Religious Commitment: Shang Theology and the Genesis of Chinese Political Culture«, *History of Religions*, Nr. 17, 1978, und teilt anscheinend dessen Ansicht über das Alter dieser Bräuche, die bis in die Bronzezeit zurückgehen sollen.

6 1. Mose 22,1–19.

7 1. Mose 17, 10–14 und 2. Mose 12, 48.

8 5. Mose, 10,16 und 30, 6.

9 Sir James George Frazer, *The Golden Bough*, New York 1963.

10 Es versteht sich von selbst, daß diese kurze Beschreibung der Revolution, die durch die Kreuzigung Jesu auf dem Gebiet der religiösen Opferung ausgelöst wurde, nach erschöpfenderen Kommentaren ruft – und sie auch erhalten hat. Von den Kirchenvätern bis zu den Theologen und Philosophen der Moderne hat das theologische Thema des Gottes, der sich selbst als höchstes Opfer darbringt, so viele Werke hervorgebracht, daß man eine riesige Bibliothek damit füllen könnte. Ich habe beschlossen, mich hier strikt an den historischen Gesichtspunkt der Umkehrung des Opferritus zu halten. Die unzähligen Widersprüche zwischen den messianischen Hoffnungen der Juden zur Zeit Jesu (und zwischen den Bezügen, die die kanonischen Evangelisten zwischen ihnen herstellten) und dessen Taten und Worten beispielsweise würden gewisse theologische Konzepte grundsätzlich in Frage stellen. So sagt Matthäus ohne jede Zweideutigkeit, daß die Vorstellung von dem Messias, den die Juden erwarteten, die von Jesus niemals bestritten wurde, ausgesprochen jüdisch war: »Hosanna dem Sohn Davids!« (Matth. 21, 9). Dieser Messias mußte König sein (»Gesegnet sei der König, der kommt im Namen des Herrn!« Lukas 19, 38). Streng histo-

risch gesehen, implizierte das Scheitern Jesu als König der Juden in keiner Weise ein zugleich durch den Vater und den Sohn dargebrachtes Opfer, weil Jesus zwar der Gesandte Gottes war, aber in erster Linie der Nachfolger Davids.

11 Jacqueline Khayat, *Rites et mutilations sexuels*, Paris 1977.

12 Siehe die hervorragende Studie der Historikerin Uta Ranke-Heinemann, *Eunuchen für das Himmelreich. Katholische Kirche und Sexualität*, Hamburg 1988, zum Thema der Unterdrückung der Sexualität im Katholizismus.

13 Lucien, Lévy-Bruhl, Die geistige Welt der Primitiven, München 1927, S. 158.

14 »Quetzalcoatl's Revenge: Primordium and Application in Aztec Religion«, *History of Religions*, a.a.O., Bd. 1, 9 (4).

15 Vgl. Lawrence Karder, *Karl Marx as Ethnologist*, Transactions of the New York Academy of Sciences, 2 (35).

16 Der Konflikt zwischen den laizistischen und den religiösen Auslegungen des Islam wird in Kapitel 7 analysiert.

17 In der Paraphrase Ludwig Feuerbachs, die den Unterschied zwischen dem Augustinismus und dem Pelagianismus (einer Lehre, die Gott negiert) zusammenfaßt; »L'essence du christianisme«, in *Das Wesen des Christentums* (Gesammelte Werke, hrsg. v. Werner Schuffenhauer, Berlin [DDR] 1989).

Von Byzanz zur »Entzauberung«

1 Konstantinopel I (381), Ephesus (431), Chalkedon (451), Konstantinopel II (553), Konstantinopel III (680–681), Nicäa II (787), Konstantinopel IV (869–870), Lateranum I (Rom, 1123). Lateranum II (1139), Lateranum III (1179), Lateranum IV (1215), Lyon I (1245), Lyon II (1274), Vienne (1311–1312), Konstanz (1414–1418). In der Folge gab es natürlich weitere Konzilien: Basel–Ferrara–Florenz (1431–1449), wie erwähnt, dann Lateranum V (1512–1517), Trient (1545–1563), Vaticanum I (1869–1870), Vaticanum II (1962–1965).

2 Markus 1,1.

3 Matth. 28,19.

4 Bei seinem Tod im Jahre 337 hatte Konstantin der Große jedem seiner drei Söhne Konstantin, Constantius und Constans ungefähr ein Drittel des Reiches hinterlassen. Konstantin der Große war Kaiser des Oströmi-

schen Reiches gewesen, Licinus Kaiser des Weströmischen Reiches. Als Konstantin diesen 325 absetzte, hatte er folglich das Reich wiedervereinigt.

5 M. Simonetti, »Arius, Arianisme«, *Dictionnaire encyclopédique du christianisme ancien*, Bd. I, Paris 1983.

6 Adolf von Harnack (1851–1930), *Lehrbuch der Dogmengeschichte*, 4 Bde. Leipzig 1922.

7 Roger Bacon, »Opus tertium«, XXIII, in: *Opus majus*, 3 Bde., J. H. Bridges, Hrsg., Oxford, 1897–1900. Zit. nach Étienne Gilson, *La Philosophie au Moyen Âge*, Paris 1986.

8 Ebd., XXIV.

9 Das waren: Hippolytus (217–235), Novatianus (251–?), Felix II. (355–365), Ursinus (366–367), Eulalius (418–419), Laurentius (498–505), Dioskur (Herbst 530), die rivalisierenden Gegenpäpste Theodor und Paschalis (September 687), Constantinus II. (767–769), Philipp (Juli 768), Johannes (Januar 844), Anastasius (855), Christophorus (903–904), Bonifatius VII. (Juni–Juli 974, dann 984–985), Johannes XVI. (997–998), Gregor (Mai–Dezember 1012) ... (Helmut Hiller, *Die Geschäftsführer Gottes*, München 1986.

10 É. Gilson, »De Thomas d'Aquin à Gilles de Rome«, *La philosophie au Moyen Âge*, a.a.O.

11 Ebd.

12 Max Weber, »Die protestantische Ethik und der Geist des Kapitalismus«, in: *Gesammelte Aufsätze zur Religionssoziologie*, Bd. 1, Tübingen [6]1972, S. 17–206. Der Begriff »Entzauberung der Welt« ist in verschiedenen anderen Bereichen aufgegriffen worden, insbesondere von der Astrophysik, wo ihm ein leicht spiritualistischer Beigeschmack anhaftet, der mit dem, was Weber meinte, nichts zu tun hat.

13 *La Philocalie – Les écrits fondamentaux des pères du désert aux pères de l'Église (IVe–XIVe siècle)*, vorgestellt von Olivier Clément, Paris 1995.

14 Das vollständige Zitat lautet: »Eine ernsthafte Gewissensprüfung wurde von zahlreichen Kardinälen und Bischöfen vor allem für die *Kirche der Gegenwart* gewünscht. An der Schwelle des neuen Jahrtausends müssen die Christen demütig vor den Herrn treten, um sich *nach den Verantwortlichkeiten zu fragen, die auch sie angesichts der Übel unserer Zeit haben.*« Verlautbarungen des Apostolischen Stuhls, 119, *Apostolisches Schreiben TERTIO MILLENIO ADVENIENTE von Papst Johannes Paul II. an die Bischöfe, Priester und Gläubigen zur Vorbereitung auf das Jubeljahr 2000*, Bonn, 10. November 1994, Nr. 36 (S. 31).

Die Gnostiker oder die Menschen, die Gott werden wollten

1 Edouard Schuré, *Die großen Eingeweihten. Geheimlehren der Religionen*, mit einem Vorwort von Rudolf Steiner, Weilheim 1965.

2 Im Kapitel »Der Sonnengott der Mithrasverehrer ...« (Teil 2) habe ich ausgeführt, weshalb ich es für an den Haaren herbeigezogen halte, von einer eigenen Sekte, die aus heiterem Himmel in der Wüste aufgetreten sein soll wie Astronauten auf dem Mond, zu sprechen, die man »Essener« nannte und die Jesus »erklären« sollen. Deswegen setze ich »Essener« in Anführungszeichen.

3 Die weltweit größte Gruppe der Rosenkreuzer ist heutzutage der »Alte mystische Orden vom Rosenkreuz« (AMORC), der sich auf eine beachtliche Tradition beruft, da er sich von den »alten Geheimschulen Ägyptens« herleitet. Es handelt sich um einen weltweiten philosophischen Geheimbund (*Quid*, Paris 1996). In Logen gegliedert, aber von den Freimaurern unabhängig, ist er in mehreren Punkten ein Abkömmling des Gnostizismus.

4 Vgl. Teil 1, »Zarathustra oder das Auftreten des einzigen Gottes«.

5 Vgl. Teil 2, »Der Sonnengott der Mithrasverehrer ...«.

6 2. Mose 22, 17.

7 3. Mose, 20, 27.

8 Ezechiel 1, 26.

9 Daniel 7, 9.

10 1. Enoch 46, 1.

11 Vgl. »Le mythe du prophète Ézéchiel«, *Cahiers du Cercle Ernest Renan*, Nr. 194, 1996.

12 Joh. 13, 31–32.

13 Joh. 14, 30; aber auch: »Jetzt wird der Herrscher dieser Welt hinausgeworfen werden«, Joh. 12, 31.

14 Zitiert nach: Wilhelm Schneemelcher, *Neutestamentliche Apokryphen*, Band I, Tübingen 1990.

15 Oxyrhynchos ist eine alte hellenistische Stadt in Oberägypten, deren äußerst trockenes Klima alte Handschriften wie in Nag Hammadi über Jahrhunderte konserviert hat. Zahlreiche Fragmente von Texten des Neuen Testaments wurden hier seit dem Ende des letzten Jahrhunderts gefunden, deren ältestes, bekannt als Johannesevangelium, aus dem 3. Jh. stammt. Drei griechische Fragmente des Thomasevangeliums wurden hier gefunden, das eine 1897, die beiden anderen 1903.

16 Dieses Logion reicht aus, um die Ansicht von Philippe de Suarez zu

widerlegen, gemäß welcher eine »gnostische Färbung [des Thomasevangeliums] einer gründlichen Untersuchung nicht standhält« (Suarez in seiner Einführung zum Thomasevangelium, Métanoïa, Montélimar 1975). Suarez ist meines Wissens der einzige Autor, der sowohl den gnostischen Charakter des Thomasevangeliums wie auch den generellen häretischen Grundzug des Gnostizismus nicht wahrhaben will. »Die Gnosis generell als Häresie zu taxieren, heißt das Beste mit dem Schlechtesten verwechseln«, schreibt er in seiner Einführung. Dies ist auf alle Fälle die Haltung Roms.

17 Es handelt sich dabei um eine gnostische Sekte des 2. Jhs., welche die Schlange (hebräisch *naas*) als Emblem gewählt hatte und mit den Ophiten (griech. *ophis*, Schlange) gleichgesetzt wird. Die Schlange, das prophetische und spirituelle Tier schlechthin, symbolisierte die sexuelle Vereinigung mit Gott.

18 Zit. nach: Pseudo-Dionysius Areopagita, *Über die Mystische Theologie und Briefe*, Einltg., Übers. u. Anm. v. Adolf Martin Ritter, Stuttgart 1994, S. 79.

19 Apostelgeschichte 17, 22–23.

20 Marcel Simon, ›La Civilisation de l'Antiquité et le christianisme‹, Arthaud, 1972.

21 1. Korinther 2, 7.

22 Irénée Hausherr, S. J., *La Méthode d'oraison hésychaste*, Rom 1927.

23 Mircea Eliade, *Techniques du yoga*, Paris 1975.

24 Clemens von Alexandria, *Protreptikos*.

25 Dieses Thema wird im letzten Kapitel behandelt.

Der unbewegliche Gott des Islam

1 Vgl. Teil 1, »Die Götter der Hebräer und der Gott der Propheten«.

2 Die Anlehnung an das Alte Testament ist in vielen Suren sichtbar, wie Vers 33 der Sure 3 »Das Haus Imran« zeigt: »Siehe, Allah erwählte Adam und Noah und das Haus Abraham und das Haus Imran vor allen Menschen.« Letzterer ist der Enkel Levis und hatte von seiner Tante Jochebed zwei Söhne, Moses und Aaron, und eine Tochter, Miriam. (Nach dem Koran ist Imran, der sonst in den Traditionen als Vater Mosis auftritt, der Vater der Jungfrau Maria und ihrer Schwester Elisabeth. Diese bilden mit Jesus, Johannes und Zacharias das »Haus Imran«. *Der Koran*, aus dem Arabischen übersetzt von Max Henning, Einleitung und

Anmerkungen von Annemarie Schimmel, Stuttgart 1960, 1991, S.71, Anm. 7.)

3 Sure 53, »Der Stern«, Vers 19–20, hier wie im folg. zit. nach *Der Koran*, a.a.O.

4 Sure 111 (1), »Verderben! (Abu Lahab)«.

5 In den letzten Jahren wurden die arabischen Intellektuellen wegen ihrer »Unterwerfung« unter die herrschenden Mächte und Machthaber kritisiert. Die Kritiker waren sich offenbar des versteckten (und offenen) Druckes, der auf Intellektuelle, Schriftsteller und Künstler ausgeübt wird, die versuchen könnten, sich von den Zwängen der »arabischen Nation« zu befreien, nicht bewußt. Diesen Druck belegt unter anderem der Mordanschlag auf den ägyptischen Literaturnobelpreisträger Nadjib Mahfus, dessen plötzliche Bekanntheit »das unmoralische Bild, das er von der ägyptischen Gesellschaft entwarf, verschlimmerte« (Die Anführungszeichen stehen nicht für ein wörtliches Zitat, sondern für die Argumentations- und Sichtweise der Verteidiger des islamischen Glaubens). Unweigerlich muß man auch an die Ermordung unzähliger algerischer Intellektueller durch Fundamentalisten denken.

6 Ab ur-Raihan Mohammed ibn Ahmed al-Biruni, *Le Livre de l'Inde*, Paris 1996 (engl. *Alberuni's India*, 2 Bde., 1888).

7 Mohammed Husain ibn Mansur al-Halladj, *Diwân*, übers. u. hrsg. v. Louis Massignon, Cahiers du Sud, 1955.

8 Al-Halladsch, *»O Leute, rettet mich vor Gott«. Wort verzehrender Gottessehnsucht*, ausgew., übers. u. eingel. v. Annemarie Schimmel, Freiburg i. Br. 1985, S.105f.

9 Ebd., S.69.

Das Geschlecht Gottes

1 Josua 24, 19.

2 Jesaja 3, 8 und 16–24

3 Ezechiel 16, 7–10.

4 Die Identität Ezechiels und das Entstehungsdatum seines Buches sind weiterhin Gegenstand lebhafter Diskussion. Die letzte Version diese Buches scheint im 3. oder 2. Jh. v. u. Z. aufgrund einer älteren Vorlage verfaßt worden zu sein, die bis ins 7. Jh. zurückgehen könnte (Ezechiels Geburtsdatum wird mit 627 v. u. Z. angegeben). Historisch gesehen, sind die Angaben diese Buches ebenso absurd wie jene des Buches Je-

remia (46, 13–24): So haben sich die von Ezechiel Gott zugeschriebenen Vorhersagen, er werde den Pharao Hophra (Apries, ägypt. Wahibre) Nebukadnezar ausliefern, nicht erfüllt. Nach einem kurzen Einfall ins Nildelta zog sich Nebukadnezar mit seinen Truppen wieder zurück. Es war nicht Hophra, der von den Chaldäern überfallen wurde, denn er war bereits tot, sondern sein Nachfolger Amasis (Ahmose), zu dessen Regierungszeit (568–525 v. u. Z.) Friede und Wohlstand herrschten. Der Perserkönig Kambyses war es, der Ägypten besetzte. (Für nähere Einzelheiten vgl. die ausgezeichnete Studie von Georges Codino, »Le mythe du prophète Ézechiel«, *Cahiers du Cercle Ernest Renan*, Nr. 194, 1996.

5 Jeremia 3, 3–4.

6 Matth. 1, 3 und Lukas 3, 33.

7 Man wird sich des internationalen öffentlichen Wirbels erinnern, der um den Film *Die letzte Versuchung Christi* (1988) des amerikanischen Regisseurs Martin Scorsese gemacht wurde. In Frankreich protestierten die Kardinäle Decourtay und Lustiger gegen einen Film, den sie nicht gesehen hatten, wie sie selbst zugaben (*Le Monde*, 7. September 1988), und die kirchlichen Würdenträger anderer Länder standen ihnen nicht nach. Es war purer Zufall, daß zur selben Zeit der erste Band meines Buches *L'homme qui devint Dieu* (dt. *Ein Mensch namens Jesus*) in Frankreich erschien. Die Veröffentlichung rief Kommentare von einer solchen Unverschämtheit und Verlogenheit hervor, daß die Verfasser sich hätten schämen müssen, wenn sie überhaupt zu Schamgefühlen fähig und mit Wahrheitsliebe gesegnet gewesen wären. Der Grund dieser Schmähungen war, daß ich in meinem Buch einen menschlichen Jesus zeigte, wenn auch mit dem nötigen Respekt vor seiner Gestalt.

8 1. Korinther 11, 3. Saulus-Paulus fügt dem andernorts hinzu: »Ihr Frauen, ordnet euch euren Männern unter wie dem Herrn (Christus); denn der Mann ist das Haupt der Frau, wie auch Christus das Haupt der Kirche ist« (Epheser 5, 22–23).

9 Leo Steinberg, *The Sexuality of Christ in Renaissance Art and in Modern Oblivion*, Pantheon Book, 1983.

10 »Commentaires sur les Éphésiens«, III, 5, 25.

11 Al-Halladj, »*O Leute, rettet mich vor Gott«. Worte verzehrender Gottessehnsucht*, ausgewählt, übersetzt und eingeleitet von Annemarie Schimmel, Freiburg i. Br. 1985, S. 33.

12 Ebd., S. 80.

13 Ebd., S. 65.

14 Ebd., S.88. Annemarie Schimmel schreibt in einer der gründlichsten und klarsten Untersuchungen zu diesem heiklen Thema, *Mystische Dimensionen des Islam. Die Geschichte des Sufismus*, Köln ²1992: »In der Tat ist es für Uneingeweihte sehr peinlich, bei Ibn Arabi das Schlußkapitel über Mohammed zu lesen, das Siegel der Propheten und der Heiligen.« Und mit ihr muß man vor einer allzu wörtlichen Lektüre Ibn Arabis warnen, wie im übrigen aller Mystiker des Islam.

15 Zit. v. A. Schimmel, a.a.O.; vgl. auch Dies., *Jesus und Maria in der islamischen Mystik*, München 1996, S.156.

16 Fazlur Rahman, in *Islam*, 1966, zitiert von A. Schimmel, *Mystische Dimensionen des Islam*, a.a.O.

17 A. Schimmel, a.a.O.

18 Das spanische Original gibt das Geschlecht des Sprechers nicht preis: *Adónde te escondiste/amado, y me dejaste con gemido?* (Johannes vom Kreuz/Juan de la Cruz, *Sämtliche Werke*, übers. v. Ambrosius a Santa Theresia u. Aloysius ab Immaculata Conceptione, Neuausgabe 1987–88).

19 Djalal od-Din Rumi, *Mesnewi*, (6 Bde., 26 000 Doppelreime), Buch 4, »Wie der König dem Fakir das Manuskript übergibt mit den Worten: ›Nimm es, wir müssen es nur tun.‹«

Der Atheismus oder die falsche Abwesenheit Gottes

1 *Fichtes Werke*, 8 Bde., Berlin 1971.

2 Gotthold Ephraim Lessing, »Apologies«, zit. in *Aufklärung, les Lumières allemandes*, Texte und Kommentare von Gérard Raulet, Paris 1995.

3 Maurice Boucher, *La Révolution française vue par les écrivains allemands*, Paris 1954.

4 Der erste Teil der *Kritik* wurde in der *Berlinischen Monatsschrift* veröffentlicht, doch der preußische »Minister des Geistlichen Departements«, Johann Christoph von Wöllner, verbot 1788 im Rahmen des »Edikts, die Religions-Verfassung in den preußischen Staaten betreffend«, mit dem die drei Hauptkonfessionen gegen die angeblich schädlichen Wirkungen der Aufklärung geschützt werden sollten, den Abdruck des zweiten Teils (*Aufklärung, les Lumières allemandes*, a.a.O.).

5 Platon, *Politikos*, in: Sämtliche Werke, Bd. 5, Hamburg 1959.

6 Friedrich Hegel, *Vorlesungen über die Religionsphilosophie*.

7 Thomas Carlyle, *Die französische Revolution*, 2 Bde., Leipzig ⁸1919, Bd. 1, S.59 f.

8 Emmanuel Le Roy Ladurie, *L'Ancien Régime*, Paris 1993, eines der gründlichsten Werke zu diesem Thema.

9 Ernst Cassirer, *Vom Mythus des Staates*. Cassirer führt den Staatskult auf den Heroenkult zurück, vernachlässigt dabei aber anscheinend eine Grundgegebenheit der Ethnologie und der Religionsgeschichte: Der Heroenkult ist der Ursprung *aller* Mythen.

10 Friedrich Hegel, *Grundlinien der Philosophie des Rechts*, in: G. W. F. Hegel, *Sämtliche Werke*, Jubiläumsausgabe in 20 Bd., Stuttgart/Bad Cannstatt ⁴1964, Bd. 7.

11 Thomas Carlyle, *Über Helden*. Man muß hinzufügen, daß Carlyle neben Joseph de Maistre einer der vehementesten Reaktionäre des 19. Jhs. ist.

12 André Castelot, *Napoléon*, 2 Bde. Paris 1989.

13 Charles Alexis de Tocqueville, *Die Demokratie in Amerika.*

14 Eine persönliche Anmerkung: Alexei Antonkin, der ehemalige Chef des Büros der Agentur Tass in Beijing, berichtete mir, daß die Leute in Kiew bei der Nachricht von Stalins Tod auf offener Straße weinten.

15 Enzyklika *Mit brennender Sorge* von Papst Pius XI., 14. März 1937.

16 *Hitlers Tischgespräche im Führerhauptquartier 1941–42 (Henry Pickers Aufzeichnungen)*, Frankfurt am Main/Berlin 1989.

17 Der Erzbischof von Paris gab bekannt, daß einige dieser Forderungen von einer irritierenden Vehemenz waren: »Eine Frau rief uns an und beschimpfte den Papst. Sie bestand darauf, daß ihr Name noch vor der Ankunft von Johannes Paul II. in Frankreich aus dem Taufregister gestrichen werde.« Einige Abtrünnige aus Sète und Montpellier waren ebenso energisch: »Als Antwort auf alle diese Verkleideten, die uns Unsinn erzählen, die unsere Angst, unser Unwissen, unsere Schwäche und unsere Sehnsucht nach Hoffnung und Glauben ausnützen, die uns seit einer Ewigkeit unterdrücken, enttaufen wir uns!« (François Debinat, »Les papophobes déchirent leur carte«, *Liberation*, 11. August 1996).

Von der Himmlischen Gnade für die Koleopteren zu den Schwarzen Löchern

1 Jean-Jacques Hublin, Forschungsleiter beim CNRS, in einem Interview im *Figaro*, 26. Juni 1996 (Anne-Marie Romero, »L'homme de Cro-Magnon n'avait pas l'oreille du neandertalien« [»Der Cro-Magnon-Mensch hatte nicht das Ohr des Neandertalers«]). Der Neandertaler hatte nicht dasselbe phonetische System wie der Cro-Magnon-Mensch. Dies wird

durch einen seltenen Fund am Carmelberg in Israel im Jahr 1989 belegt, ein Zungenbein, den Knochen, der zwischen der Zungenwurzel und dem Kehlkopf (Larynx) liegt. Dieser Knochen ist »bei uns« mit dem Kehlkopf durch zwölf Muskeln verbunden, die in zwei Gruppen unterteilt sind und dessen Struktur und damit die Lautbildung beeinflussen. Dieser Knochenfund, der noch in Untersuchung ist, bestätigt anscheinend eine Studie des Paläontologen P. Liebmann an einem Schädel von La Chapelle-aux-Saints, laut welcher der Neandertaler nicht dieselben Laute aussprechen konnte, insbesondere nicht die Vokale i, u und a.

2 Kardinal Jean-Marie Lustiger, *Dieu merci, les droits de l'homme*, Critérion 1990. In gleicher Art könnte man sagen, daß das heilige Rußland des Zaren Pogrome und Gulags hervorgebracht hat!

3 »Intelligence animale: les nouvelles preuves« (»Tierische Intelligenz: die neuen Beweise«), G. Messadié, Dossier von *Science et Vie*, Nr. 919, April 1994. Die jüngsten Arbeiten der Verhaltensforscher zeigen, daß Tiere fähig sind, komplexe Handlungen zu planen, mentale Bilder zu entwerfen, eine psychologische Strategie zu entwickeln, mit der Technik fertig zu werden, und daß sie auch einen Sinn für Individualität haben. Ebenso verfügen sie über eine (rudimentäre) Sprache. So zum Beispiel den Gabun-Papagei Alex), ein Versuchstier der Verhaltensforscherin Irène Pepperberg. Als sie ihn zwecks einer Operation beim Tierarzt zurückließ, schrie er: »Komm zurück. Ich liebe dich. Es tut mir leid. Ich will nach Hause.« Er benützte also in logischer Reihenfolge vier Sätze, die er schon einmal gehört hatte und deren Sinn er anscheinend sehr wohl erfaßt hatte. Entgegen Descartes' Überzeugung haben Tiere Gefühle, und entgegen Henri Bergsons Meinung können sie lachen: Der Verhaltensforscher Hans Kummer beobachtete Hamadrya-Affen, die sich über die Mißgeschicke eines Artgenossen schieflachten. (*Vies de singes*, Paris 1992).

4 Richard Westfall, *Never at Rest: A Biography of Isaac Newton*, Cambridge University Press, Cambridge 1980.

5 Ebd.

6 John Hedley Brooke, *Science and Religion – Some Historical Perspective*, Cambridge, 1991.

7 Innerhalb von 125 Jahren hat eine beachtliche Zahl von paläontologischen und biologischen Entdeckungen den Darwinismus bereichert und modifiziert, zum Neo-Darwinismus gemacht. Darwin standen weder die afrikanischen Ausgrabungsfunde, die eine genauere Rekonstruktion der Entwicklung des menschlichen Stammbaums erlaubt haben, zur Verfü-

gung, noch die Erkenntnisse der Molekularbiologie, die es ermöglicht haben, genetische Erklärungsmodelle für Mutationen wie für interspezifische Verwandtschaften zu liefern. Darwins Intuition war dennoch ziemlich zutreffend: Der Mensch und der Affe stammen *beide* aus derselben Linie: Ihr genetisches Material unterscheidet sich nur zu 3 Prozent. Der Mensch stammt also zwar nicht vom Affen ab, ist jedoch dessen »Vetter«. Die Entstehung neuer Arten, zu welcher Darwin lediglich allgemeine Vorstellungen haben konnte, wurde lange Zeit durch »Sprünge« erklärt, so etwa von Hugo De Vries und später Richard Goldschmidt. Doch Zellgenetiker wie Jean de Grouchy haben bewisen, daß sich diese Übergänge nur mit Hilfe eines isolierten Individuums abspielen können, das Träger eines veränderten, aber immer noch benutzbaren Chromosomensatzes ist, und daß solche Übergänge sich langsam abspielen. Spiritualistische Strömungen versuchten und versuchen noch immer, den Darwinismus zu widerlegen, mit der Begründung, die Evolution sei vorausbestimmt. Dies war z. B. auch Teilhard de Chardins Theorie. »Dies anzuerkennen bedeutet, in den Kreationismus zurückzufallen, oder zumindest Gott durch das ›Programm aller Programme‹ ersetzen. Das heißt nicht das Problem lösen, sondern es verschieben.« (Jacques Ruffieé, *Traité du vivant*, Paris 1982) In Wirklichkeit paßt sich eine Art entweder in ihrer Evolution der Umwelt an (die es zwar in gewissem Ausmaß beeinflussen kann), oder die Art stirbt aus. In dieser Hinsicht bleiben Darwins Erkenntnisse aktuell.

8 Pierre Thuillier, »Dieu, Cantor et l'infini«, in *Le Petit Savant illustré*, Paris 1980.

9 Zitiert nach Dominique Leglu, »L'homme entre Dieu et Big Bang«, *Libération*, 4. Juni 1996.

10 Die Rede ist von Hubert Reeves. Dieser hervorragende Astrophysiker wagte zweifelsohne nicht, die etwas abgenützte Formulierung der Kreationisten zu verwenden: »Zu glauben, der Mensch sei aus dem Zufall geboren, kommt dem Glauben gleich, wenn ein Wirbelsturm durch eine Montagehalle voller Einzelteile fege, hinterlasse er am Ende eine Boeing 747.« Man möchte jedenfalls glauben, daß ein göttlicher Wirbelsturm Besseres zu tun hätte, als ausgerechnet eine Boeing 747 zu schaffen, eine doch etwas unerwartete Gleichsetzung mit dem Menschen.

11 Richard Dawkins, *L'horloger aveugle*, Paris 1989.

12 Trinh Xuan Thuan, *La Mélodie secrète*, Paris 1989. Der Autor »bekennt Farbe« und präzisiert, er ziehe es vor, »wie Pascal auf die Existenz eines Höheren Wesens zu setzen«.

13 Friedrich Wilhelm Joseph von Schelling, *Philosophische Untersuchungen über das Wesen der menschlichen Freiheit* (1809), in: *Schellings Werke*, 4. Hauptbd., hrsg. v. Manfred Schröter, München 1927 (³1978), S. 273. Als Heidegger diesen Satz 1925 in einem Schelling-Seminar zitierte, fügte er, an seine Zuhörer gewandt, hinzu: »Meine Herren, können Sie mir bei Hegel einen einzigen Satz von dieser Tiefe zeigen?« (Hans-Georg Gadamer, »Heidegger et l'histoire de la philosophie«, in »Heidegger«, *Cahier de l'Herne*, 1983).

14 Jacques Monod, *Zufall und Notwendigkeit*, München 1971.

15 François Jacob in *Le Jeu des possibles*, Paris 1981.

16 Marceau Felden, *Et si l'homme était seul dans l'univers?* ..., Paris 1994.

17 Die Wahrscheinlichkeit dieser Hypothese hängt von der fehlenden Masse des Universums ab; gemäß den theoretischen Berechnungen würde (im Rahmen der Big-Bang-Theorie) im Universum ein entscheidender Teil dieser Masse fehlen, ebenso von der Masse des Neutrinos, des Teilchens, das bei der Geburt des Universums in Massen entstanden sein soll. Wenn diese Masse gleich Null oder sehr gering wäre, »würde dies unsere Vorstellungen von der Geschichte [des Universums] komplett ändern: Die Expansion würde aufhören und einem Crunch Platz machen«. Marceau Felden, a. a. O.

18 Sir Karl Popper, *L'Univers irrésolu*, Paris 1984.

19 *Methanococcus jannaschii* gehört zu einer Gruppe von sehr alten Mikroorganismen, der erst 1977 entdeckt wurde und der keiner der beiden bereits bekannten Gruppen angehört: weder den Prokaryoten, die keinen Zellkern aufweisen, noch den Eukaryoten, die einen Kern haben wie die Bakterien und die Zellen, aus denen die mehrzelligen Lebewesen, etwa die Pflanzen, bestehen. Dieses Bakterium produziert Methan. Das Genom, der einfache Chromosomensatz, von *Methanococcus jannaschii* wurde 1996 bestimmt, und zur Überraschung der Genetiker stimmten 56 Prozent seines genetischen Materials mit nichts überein, was man von Tieren und Pflanzen kennt. Was nach den Worten des Molekularbiologen Douglas W. Smith zeigt, wie wenig wir über das Leben wissen. Virginia Morell, »Life's Last Domain«, *Science*, vol. 273, 23 August 1996; »Complete Genome Sequence of the Methanogenic Archeon, *Methanococcus jannaschii*«, ebd.

Das Kleingeld des göttlichen Gefühls

1 Zit. v. André Bernard in: *Sorciers grecs*, Paris 1991.

2 Es handelt sich dabei um eine 1930 gegründete Laienbruderschaft, die der Vereinigung Nichiren Soshu nahesteht, die ihrerseits aus dem Wirken des buddhistischen Reformers im 13. Jh. Nichiren hervorging. Laut der Lehre kann jeder Mensch durch den Buddhismus gemäß diesem Lehrer Erleuchtung und Glück erlangen. Soka-gakkai wurde jedoch in den letzten Jahren nicht besonders religiöser Aktivitäten verdächtigt.

3 Die Theorie von Sir Roger Penrose wird vorgestellt in: *Shadows of the Mind: A Search for the Missing Science of Consciousness*, Oxford 1994.

4 Dieser Aspekt des neurochemischen Austausches wird im folgenden Kapitel diskutiert.

5 1875 entdeckte der Engländer Richard Caton mit Hilfe am Schädel angebrachter Elektroden die ersten elektrischen Potentiale im Gehirn. Die Wissenschaft schenkte dieser Entdeckung keine Beachtung. Als 1924, beinahe ein halbes Jahrhundert später, der Deutsche Hans Berger die ersten Aufzeichnungen von Spannungswechseln dieser Potentiale präsentierte, hielt man ihn für einen »Erleuchteten«. Es waren dies immerhin die ersten echten Enzephalogramme. Es waren die Engländer Adrian (Nobelpreisträger) und Matthews, die 1934 die Realität und Nützlichkeit der Elektroenzephalogramme unter Beweis stellten. (Gérald Messadié, *Les Grandes Découvertes de la science*, Paris 1992).

6 Zur Illustration eines Artikels über diese Phänomene habe ich unter anderem Fotos eines jungen Mannes veröffentlicht, der seine rechte Wange mit einem gedrehten Stahlkabel von einem Durchmesser von 30 mm durchbohrt hatte, und Fotos eines Mannes, der sich an einer religiösen Feier in Thailand die Zunge mit sechs Stecheisen, eins davon mit 10 mm Durchmesser, durchstoßen hatte (G. Messadié, »Le cerveau qui guérit«, *Science & Vie*, Mai 1994, Nr. 920). Einige Skeptiker haben eingewandt, diese Leute hätten ohne Zweifel Drogen eingenommen, die sie schmerzunempfindlich gemacht hätten. Doch jeder Anästhesist weiß, daß Drogen keine erkennbare Wirkung auf die Blutgerinnung haben und ebenso wenig auf die Gefahren einer Infektion.

Das »Was?« und das »Wer?«

1 John R. Searle, »The Mystery of Consciousness«, *The New York Review of Books*, 2. November 1995.

2 Sir John C. Eccles, *Die Evolution des Gehirns – die Erschaffung des Selbst*, München 1989, S. 284. Eccles staunt auch darüber, daß weder das klassische Werk von Mayr, *Artbegriff und Evolution* (1973) noch Jacques Monod in *Zufall und Notwendigkeit* (1971) die Evolution des Geistes erörtert.

3 Sir Karl Popper, *L'Univers irrésolu – Plaidoyer pour l'indéterminisme*, Paris 1984.

4 »Um neue Zahlen einzuführen, ist die Mathematik lediglich verpflichtet, Definitionen dazu zu liefern, dank welchen diese Zahlen so gut determiniert oder, wenn dies nicht möglich sein sollte, zu den älteren Zahlen in Beziehung gesetzt werden, daß sie im gegebenen Fall unzweideutig von den anderen unterschieden werden können. Sobald eine Zahl diese Bedingungen erfüllt, kann, ja muß sie in der Mathematik als existent angesehen und mit einer Realität ausgestattet werden« (Georg Cantor, *Gesammelte Abhandlungen mathematischen und philosophischen Inhalts*, hrsg. von Ernst Zermelo, Hildesheim 1932).

5 Thomas S. Kuhn, *The Structure of Scientific Revolutions*, Chicago 1970.

6 Ludwig Wittgenstein, *Tractatus logico-philosophicus*, 5.4733, in: *Schriften 1*, Frankfurt/M. 1969, S. 11–83. Mit dieser Reduktion der Logik auf eine Syntax, wie sie Wittgenstein und Rudolf Carnap vertreten, setzt sich Gödel in einem nicht veröffentlichten Artikel indirekt auseinander: »Ist die Mathematik eine Syntax der Sprache?«.

7 »*Die Grenzen meiner Sprache* bedeuten die Grenzen meiner Welt«, 5.6, ebd. Dieses Postulat erhellt den Einfluß Wittgensteins auf Carnap, der von mehreren Autoren herausgearbeitet worden ist, insbesondere von François Rivenc in *Recherches sur l'universalisme logique – Russell et Carnap*, Paris 1993. Diesem Einfluß wird man den von Carnap eingeführten Begriff des »Wahren durch Konvention« verdanken.

8 Ebd., 5.634.

9 Ebd., 6.123.

10 Ebd., 6.52. Die Trockenheit von Wittgensteins Standpunkt war der Grund dafür, daß die Philosophie sich seit den siebziger Jahren vorübergehend von seinem Werk abgewandt hat, insbesondere in den Vereinigten Staaten, wo der Positivismus die Philosophie als eine Ableitung der Naturwissenschaften zu präsentieren können glaubte und das Modell

der »Kognitiven Wissenschaft« entwarf. Die Ambitionen der amerikanischen Schule, das Denken mit Hilfe von Informatik-Modellen wiederherzustellen, führte zu den bekannten Entgleisungen der »künstlichen Intelligenz«.

11 Im Jahr 1994 stürzte ein großer Asteroid auf den Planeten Jupiter, und die Astronomen und Astrophysiker der ganzen Welt verfolgten dieses Ereignis mit höchster Aufmerksamkeit. Zum einen, weil die beträchtlichen durch diese Kollision hervorgerufenen Störungen Informationen über die Zusammensetzung der Atmosphäre des Jupiter versprachen (und auch tatsächlich lieferten), zum anderen, weil der Zusammenstoß die Rotationsachse des Planeten hätte verschieben können. In diesem Fall hätte sich auch die Jupiter-Umlaufbahn ändern können und damit die Mechanik des gesamten Sonnensystems. Und nichts konnte garantieren, daß nicht einer der Jupiter-Satelliten seine Umlaufbahn verlassen und mit einem anderen Planeten zusammenstoßen würde, und so weiter …

Personenregister

Historisch nicht belegte Gestalten des Alten Testaments sind mit dem Zusatz (AT) gekennzeichnet.

714